第八册編輯説明

本册收録光緒十五年正月至光緒二十一年六月，即張之洞出任兩廣總督、湖廣總督（含署理兩江總督）期間的電牘共一千九百四十九件（不含附件），包括底本《張文襄公全集》（北平文華齋一九二八年刊本）第一百三十一卷中的後二十四件至第一百四十七卷中的前二十四件，計九百五十八件；另增補九百九十一件，其中除少量外，均録自抄本《張之洞電稿》（中國社會科學院經濟研究所圖書館藏）。凡增補各件，均在目録中相應標題的上方標示圓圈，并隨文分别注明出處。

本册由吴劍杰負責點校整理。薛國中參加了底本電牘部分的標點，張寧、黎浩參加了增補文獻的搜集。

第八册目録

電牘 光緒十五年正月至光緒二十一年六月

光緒十五年

光緒十六年

光緒十七年

光緒十八年

光緒十九年

光緒二十年

光緒二十一年

光緒十五年

致欽州馮督辦[一] 光緒十五年正月初二日戌刻發

總署來電：法使照稱，十月廿八，芒街法兵追匪至北市大河，匪渡河回華界，中國官兵迎河庇護，法兵官在河干親見，實背條約，請查明懲辦等語。如果屬實，大有關係。希即嚴密查明電覆等語。此項越匪何以竄回華界，渡河後竄往何處，官兵是否實有庇護情事，當時詳細情形，請速飭查防營，據實電覆。沃。

致總署 光緒十五年正月初八日發

初二晚奉朔電，當即電查。此電未到欽州之先，已接馮提督初一、初二等日電，稱據古森上峒鄉正及防營各員弁報稱：臘月廿四，那沙墟嚴姓打死黄姓一人，屍親黄汝秀帶族衆抬屍赴那沙與嚴姓理論。法遥見人衆，疑是游匪，陡率兵二百餘圍剿那沙墟，焚劫一空，斃男婦三四十名。分防前哨聞報赴救，法兵已回。那沙離峒中法營一里餘，離防營十餘里，是以法越界焚殺快捷，赴救不及。現聞五畫到峒中將三畫鎖押，責其妄爲，擄捉婦女多放回，人給洋一元，米數包等情。頃據馮初七日電稱：初五奉沃電謹悉。北市在加隆對面，離芒街、東興均百餘里，并無防勇汛兵駐紥，亦無法人到此。至東興近處緝匪甚嚴，豈有過河入華之理，且早經示禁軍民毋許往來，犯者重辦，何敢庇匪。既係十月廿八日事，法何不早説，想因臘月廿四背約越界焚劫那沙，故圖抵賴等語。查法人并不查詢事情，遽行背約越界，枉殺數十命，擄劫一村，財物俱空，情知理屈，憑空結撰，捏稱官兵在北市庇匪，以爲先發制人之計，實屬狡譎可惡，豈有十月廿八日事，新正始來照會之理，虚謬顯然。事關背約越界，焚殺慘毒，邊民憤激，豈給銀所能私了。應請鈞署照會法使，嚴飭駐越兵頭交出三畫懲辦，并估計所劫財物，照數賠償，以平衆怒，而弭邊衅。彼既鎖押該三畫，自知理屈，若向嚴詰，當不至硬賴强庇。若此案辦不透澈，以後邊事難辦。至禱。庚。

致烟臺盛道台[二] 光緒十五年正月十二日亥刻發

招工事函件均悉，李守亦晤。巴那馬開河一事，去臘洋報載總辦告退，擬將股分攤還，事已中止，嗣有另擬承辦者，未有把握。詳核所議招工章程，尚須詳酌。出洋謀生，宜久不宜暫，宜任便往來，不宜定限，工資總數雖鉅，分給各得無幾，難期積蓄，兩年後全數回粤，安插頗難，一也。不禁出洋則可，代招則不可。設局派員代法國募人應工，有礙政體，二也。廣州乏人應工，招募必由内地，限期齊集，非給小口糧不可，費已不貲。若届時人數不齊，法人必作鬧，是無故自招苦累，三也。每人月抽一元以充公費，年得六萬，約計員司、管工、醫藥、繙譯、書識、什役薪工等費，已虞不給。此外工所之小口糧，商局之派船費以及運柩、卹賞之資，皆無由出，四也。工滿分次載回，後歸者坐耗餘貲，不免受累，五也。此數節皆緊要關鍵，望籌慮周妥，有實濟，無後患，方可准辦，否則不如中止。元。

〔一〕指馮子材。

〔二〕指山東登萊道兼東海關監督盛宣懷。

致福州船政大臣裴〔一〕光緒十五年正月十八日丑刻發

來咨船工推展太遲，衹可按停工八月之期推展。本年所成各船，雖有遲逾，尚可勉從。其丁、壬、癸三船，務請提前趕辦，於本年一律告成，並須精緻堅好。此三船能限内趕成，格外獎銀三千兩，逾限不給，未成之船粵亦不用，只可將原款提回，船聽閩辦矣。祈俯加鑒原，轉諭局員是荷。咨另細覆。嘯。

裴大臣來電光緒十五年正月二十三日未刻到

嘯電謹悉。現為粵船晝夜兼營，斷不敢有意遲延。惟廠中衹有三船臺，製船工匠、機器及常年經費，衹有此數。本年四船定當緊催趕成。其丁、壬、癸三船必俟船臺騰空之後，方能接造，斷難提前趕辦，自係實在情形，求原諒。森。養。

致天津副將劉恩榮光緒十五年正月十八日發

該將速回粵，現委管帶廣甲兵輪，不歸武統。即電稟起程日期，並飭再招天津學生十餘人，以備水陸學堂挑選，年歲定在十五六至二十内，即同來粵。各生到粵後，如有不能入選者，當優給盤費，派人送回。均速電覆。十八。

致煙臺盛道台光緒十五年正月十八日發

願電悉。巴那馬招工一事，法領事亦稱該處瘴癘極惡，死亡過多。既乏兩全之策，應作罷論。查蘇門答刺之日裏埠需工甚殷，水土較勝，華民皆自備川資，任便往來，經惠潮嘉道督同印委各員酌議章程，嚴行稽查，以杜誘拐。本衙門批准試辦將及一年，尚無流弊。去秋和使抵汕，與議去苛虐，禁賭博，加意厚待各節，俱各應允，往者日多，常有餘資寄回。現皆德商派船攬載，因思招商局若能派輪來往汕頭、日裏，復在日埠設一分局，經理華傭事宜，客到爲之收留引薦，使東道有主，出外之人自可放心，既可自己稽查，亦免外人凌虐，且可奪德商攬載之利，於商局未嘗無益。請籌議見覆。嘯。

致瓊州朱道光緒十五年正月二十三日發

箇電悉。鍾仁寵收降林開信，合殲陳鍾青，爲此次平黎功首。前奏明該紳勞勛爲瓊紳冠，宜久駐凡陽，鎮撫黎歧。軍營非官場，不禁用子姪，但當論其才否。惟該營既經裁撤，暫如所議，募土勇五十，合凡陽未撤一哨爲百人，辦理凡陽一帶墾荒、開市事宜，以後再體察情形酌辦。仍將該營能否得力，隨時查核稟聞。漾。

致開封吴河台〔二〕光緒十五年正月二十五日發

諫電悉。調員測繪一節，據蔡道稟稱，連日尋覓，頗難其選，舊有好手或赴天津鐵路公司，或回上海，現有三四人，且非最上選。鄙意人少工遲，北洋人材衆多，盍商之。如必須粵調，望即電覆，當飭議定，并將需用儀器擇要購備，隨帶應用。有。

吴河台來電光緒十五年正月十六日未刻到

河圖無善本，擬設局調員，用西法測繪，乞屬蔡守選舉精於測算者數員，候覆即調。澂。諫。

〔一〕指裴蔭森。
〔二〕指東河總督吴大澂。

致龍州太平歸順道蔡道 光緒十五年正月三十日發

龍州法領事改派安迪，十八日由東起程，以内地乍見洋人，恐或滋事，浼廣州口領事代求派兵保護，當與訂明由道酌撥弁目一名、勇二十名，在領事署外左右駐紮保護，不准在署内役使，并不得跟隨出門。以六箇月爲期，届時由地方官體察情形，如尚須保護，准再展限數月，最久以一年爲限，期滿裁撤。該領事一一遵依，備文立案。除咨行外，特電飭照辦，即將遵辦情形電覆。有。

致雲南唐督辦[一] 光緒十五年正月三十日發

昭通、曲威各廠鑛苗孰旺，何時可見大功，每年解京外餘銅若干可供外省採用。聞滇銅刻下尚不甚旺，甯遠與昭通同一山脈，産銅素盛，閣下所知，何不咨商川督兼辦。粤患機速銅少，不足供鑄，奈何。豔。

致欽州李牧 光緒十五年二月初四日發

總署初一日來電：法使文稱，據駐越法官電稱，那沙墟不在中國界内，實在北圻横模社對面，先安河北岸，與板邦相近，實無越界情事。查署存畫押原圖，並無那沙墟之名，中越界址分明，法使所云與來電迴殊，必須按圖查明速覆，以便與之辯論。又法使稱去冬官兵迎收被剿敗匪，係指離芒街八里之甯陽、大廟對面，大河北岸而言，亦希查明速覆。凡交涉事，總須確查真情，方可酌辦，若稍有不實不盡，轉遺口實等因。查馮督辦佳電稱那沙即那舍，界圖亦無此名，凡引用界圖所無之土名，須就界圖所有者，照羅經方向指明在某處偏東北或偏西南若干里，方知的確部位。究竟此段分界處以何山何水爲限，總以鄧星使分界畫押之圖爲主。除電馮查外，該牧務即遣一明白誠實人，親往分界處一查。速電覆，務須確實明晰。豪。

致韶州林道、吴守 光緒十五年二月初八日發

南韶連新書院，即名北江書院。庚。

致天津李中堂[二] 光緒十五年二月十三日發

爵堂轉示尊函已悉。海軍備用欵已經海署奏奉懿旨允准咨行，自應遵照奏案，原數原期撥解，未便再有更張，即如此，粤力已甚竭蹶矣。元。

致東京黎欽差[三] 光緒十五年二月十四日發

聞包日本銅廠之法商現已倒閉，請速探明，如確，即詢該廠每年須包銀若干，或包幾年。如原包數在百萬兩以下，即代粤包定。此事關繫緊要，懇速覆。願。

致東京黎欽差 光緒十五年二月十六日發

翰電悉。法商既倒，仍在收銅，想係先付價未收清者。究竟何時方能收完，其合同係按斤數抑按年數，原訂銅價每百斤銀若干，

〔一〕指督辦雲南鑛務大臣唐炯。
〔二〕指直隸總督兼北洋大臣李鴻章。
〔三〕指中國駐日本公使黎庶昌。

現下時價若干，能減至十兩否。擬乘此法商倒歇銅積價減之時與立合同，購定十年，每年運粵四百萬斤如多購可再減，或定［每年］千萬斤，或二十年［每年］四百萬斤均可。希詳晰密探速示。諫。

致倫墩劉欽差[一] 光緒十五年二月二十二日發

請代覓銅鑛師一名，須精鑛學化學，善測鑛苗，兼曉煎鎔，曾著成效，確有把握者，即與訂合同，飭速來粵應用。探鑛鑽具及考驗鑛質各器，隨同帶來，費電示即匯。又懇代查開銅鑛兼煎鎔機器全副，價若干，併賜覆。此係瓊州用。養。

致欽州馮督辦 光緒十五年二月二十三日發

真電悉。邊防地闊兵單，自係實情，惟餉源奇絀，勇營萬難再添，他處亦無可撥。孫丞鴻勳代理防城，飭帶一底營籌辦建置等事，可飭東興防營與之商酌，將防城所屬要隘派勇補紮，各營騰出弁勇遏紮他處，自無虞單薄矣。漾。

致東京黎欽差 光緒十五年二月二十四日發

十九元太貴，可不買。敬。

致欽州馮督辦 光緒十五年二月二十九日發

尊處去年四月寒電華軍在板奔村築壘，離界約七里云云。此次總署電，法使所稱華兵仍紮越南之板邦地方，或即指此板奔也。邦、奔音略同，請姑勿與爭兩字之異，必須確實查明板奔是否我界，有何界據，現有無華兵駐彼，明白示覆。如板奔實係勘界時畫歸越境，今日勢難强爭，亦望實告，以便斟酌，轉復總署。儻法使藉邦奔音近，强以我之板奔指作圖內歸入越界之板邦，意圖混賴，亦請按圖界方向分別明白指出，彼方無可置喙。豔。

致倫墩劉欽差 光緒十五年三月初七日發

布機擬織六種，一曰原色扣布，即J. Cloths，闊一碼，長四十碼，重八磅，W爲記。二曰原色布，即Grey Shirtings，上等重十一磅，印較翦爲記，次等重十磅，印五蝠爲記，皆闊三十八英寸半，長四十碼。三曰白色布，即White Shirtings，上等重十磅，印船及三H爲記，次等重八磅，印龍虎爲記，皆闊一碼，長四十碼。四曰竹布，即Linen，印鹿爲記，闊三十英寸，長五十碼。五曰斜紋布，即Drills，闊三十英寸，長四十碼，印藍雙獅爲記。六曰提花色布，即Dyed Brocade，闊一碼，長四十碼，染深藍、桃紅二色。以上皆海關貿易册載通行之布，無須寄様，請照勘電先定機鑪，即立合同。應先交價若干，電到即匯。棉花様照寄。陽。

致欽州李牧 光緒十五年三月初八日申刻發

江電悉。此事中法各執，膠葛太多，惟鄧約内但有以峒中三里爲界語，並無以溝爲界語，必須親赴履勘，是否與圖約相符，始能折服。若稍有含糊，萬一猝生枝節，必難收拾。昨總署函務須確切查明，未可遽信防營掩飾之詞等語，該牧速即親自馳往那沙、板奔兩處，切實履勘，究竟板奔距峒中幾里，那沙距峒中幾里，那沙屬建延社，不屬横模，有何明顯證據，萬勿稍涉遷就。

［一］指中國駐英國公使劉瑞芬。

如防營實有率意生事，强詞奪理之處，務須實告，以便及早斡旋，不可稍隱，恐彼族詰問，更難補救。至甯陽、大廟一帶，上年十月間有無潰匪被追渡河、華兵迎收之事，可於那沙查明後，一併親往查確。先電覆。庚。

致欽州馮督辦、李牧 光緒十五年三月初八日發

總署電稱：法使照會，據北圻提督電稱，距横模社二里之東越界內，有華兵築三壘，槍隊各百名，疑爲股匪冒充官軍。現飭查如係官軍，即與華官理論，否則力剿等語。按圖，横模社係越界，究竟有無華兵築壘，希速查明電覆爲要。魚。等語。望速確查覆。庚。

致總署 光緒十五年三月初八日發

魚電謹悉，已轉電確查矣。法所謂華兵駐紮之板邦，即敝處去年四月洽電之板奔，確係華境，光緒十三年即有防營駐此，法無異議。至所稱距横模二里華壘槍隊一節，昨接馮提督電，擬派一哨往那沙巡防，當即此軍，想係因去臘那沙被擾，故往保護。現當辯論那沙之際，已電馮此哨暫勿派往，如已往，速即撤回，俟考定明確再往。并電飭欽州李受彤親身馳往勘明，兼再確查大廟收匪之事。總之，板奔非越之盤邦，板邦亦非廣西邊之板邦隘，距越地六七里，久有華壘。那沙係新立墟，故圖無之，距越界一里。法以此墟新立，又正在交界處，故蒙混耳。先撮要奉覆，另電詳陳。庚。

致總署 光緒十五年三月初八日發

前接有電，即電馮提督確查，并電欽州李受彤遣妥人密查。茲據李受彤電稱：遵查，州西分界自八莊，歷板興、板山、冷峒止，前有溝，離越南峒中三里，即以此溝爲界。冷峒係丑艮寅向，峒中係未坤申向，那沙在西北，戌乾亥向，峒中墟居中，兩旁有溝，水向西合流入先安州河。以方向論，溝西南概爲越地，溝西北概爲華地。以社論，那沙與板峒爲建延社地，與峒中爲横模社地無涉。以交界論，那沙北歷那懷，約二十五里即北岩，係廣西上思州地。以欽差所定界圖論，那懷屬我，那沙即附連那懷，相離僅三里，前并無墟，去年正月，峒中墟華民始由峒中遷此。去年十一月以前，法未踰溝到此，十二月始有焚殺那沙墟事，擄去婦女，隨即給銀放回，其法官自向婦女言係踰界誤拏。再查界圖，西北有板邦隘，係廣西地。又土人言，横模西南離六十里，有板邦，屬越地。峒中之東并無板邦，只有板奔，離峒中約九里，係內地，去年秋萃軍防營駐此，因疫退駐板興，今板奔并無防勇。又查甯陽離芒街十餘里，在東興西南，中隔河，必船乃渡，即有勇亦難迎庇，且并無勇等語。又接馮電稱：查板邦在越界之南，離板奔六七十里。板奔在華界之北，距越地六七里，坐冷峒東北方，與板典、板興相近，本係敝部駐守，去秋患疫移板興，華軍斷無過界紮營，本日已專差賫圖呈鑒等語。查李、馮兩電尚屬詳晰，以鄙意揣之，大約兩説歧異，由於華民以溝水爲界，法以先安河北岸爲界，溝即河也，原圖均未指明，那沙係去年正月新立之墟，距界甚近，故致彼此爭執。板邦隘另是一地，屬廣西界。庚。

致輪墩劉欽差、柏林洪欽差光緒十五年三月初十日發

粵多鐵鑛，質美價廉，惟開采煎煉未得法，故銷路甚隘。請查開鐵鑛機器全副需價若干，將生鐵煉熟鐵，將鐵煉鋼，兼製造鋼板、鋼條、鐵板、鐵條及洋鐵針並一切通用鋼鐵料件需用機器，約價幾何。粵擬設煉鐵廠，請詳詢示覆。蒸。

洪欽差來電光緒十五年四月二十二日午刻到

開鑛機價自十萬馬至五六十萬不等，須相地而施。煉鐵機器亦須知日煉若干，無從懸揣，總以鑛師測驗為首務。現正物色良師，未敢草率報命。鈞。號。

致輪墩劉欽差光緒十五年三月初十日發

請覓上等鑛師，已訂妥否，如能得兩人更佳，一查瓊州銅鉛各鑛，一查廣韶惠潮及廣西鐵銀各鑛。相隔太遠，均宜速辦，分查較速。各處均久開辦，免致徒虛勞費。瓊州炎熱，須耐瘴者。利益粵民，實賴公力。蒸。

致肇慶多道、吴守，高要縣包令、圍工總局朱守，三水縣孫令光緒十五年三月十一日發

韶州初十來電，連日大雨，韶東西兩河盛漲，東尤甚等語。以後雨勢未已，圍工可慮，西潦亦恐續至。各該道府縣速飭各圍員弁紳董，上緊預籌防護，毋稍玩違干咎。肇慶道府并朱守即飛飭高明、四會兩縣。真。

致總署光緒十五年三月十五日發

二月十九日函謹悉。洋人置地，若概作永遠租業，貽害甚鉅，幸得鈞署辯論，德使允添將來用時仍可置回字樣，所益實多，自當照辦。竊擬以後此項契照，皆載明此地現因中國暫不需用，永遠租與德國某某，如某某欲將此地轉租他人，須報明地方官另易租照，不得私相授受。如中國將來爲公務起見仍願置回該地時，德國亦可推情會商無却等語。以永遠字貼某人言用示限制以轉租必由中國易契隱收主權，皆本題應有之義。趁此與德使再商，當可就範。請酌辦示覆。翰。

致總署光緒十五年三月十六日發

越界詳細地名，鄧圖不及備列，圖上所畫界綫，地上並無實蹟可指，以致彼蒙混狡執，多生枝節，日後轇轕何所底止。自前年定界後，早經飭備椿石，擬立界標，而法員迄今不來，無從動辦。請鈞署照會法使速令該國派在越文吏到界，會同欽州知州早日辦竣，以息争端，而杜後患爲幸。銑。

致桂林沈撫台〔一〕光緒十五年三月十六日發

廣西鑛産甚多，大可開采，貴縣天平寨銀鑛尤佳，已開多年，因李鑑堂堅欲封禁，迄無成議。今需用各鑛甚亟，似可擇要招商試辦。公如有意，望示覆。銑。

〔一〕指廣西巡撫沈秉成。

沈撫台來電光緒十五年三月十七日亥刻到

銑電敬悉，即由尊處裁奪辦理。姪成。篠。

致輪墩劉欽差光緒十五年三月十七日發

文電悉。年中出布總數未蒙示及，今作十成按算，擬定第二、三號各四成，第一、五號各一成。提花布重七磅零，一印龍、一印義和二字爲記，所銷不多，每年擬織五千疋，另改花樣，請匀留機張，俟花樣寄到再配，餘請先定。染紗機并請照添。至織布機，請共訂一千張，紡紗機照配。洽。

致柏林洪欽差[一]光緒十五年三月十八日發

中國歲銷洋鐵值五百餘萬金，粵銷即不少，漏卮宜杜。購機開采，設廠煎煉，皆所必需，煉鐵尤要。欵已籌備，請仍照元、諫兩電查示。再，粵東西兩省銅、鐵、鉛、銀、錫皆有，開辦已久，急需上等良師二人，皆善測鑛苗，兼曉煎鎔者，優其薪，久其期，想亦肯來，如有大效，酬以重金，許以奏奬。務須學精名著者。盼覆。效。

致潮州王鎮、洋務委員廖維杰光緒十五年三月二十二日發

鄧鎮禀汕頭海坪填築船港及商局馬頭，適在沙汕汛礮臺之前，有礙礮路，且阻瞭望等情。查汕頭近年商務日旺，户口日增，今昔情形不同，該礮臺如係舊式，地非扼要，自不便因一廢臺而棄海坪之地。該臺何年重修，有新舊礮大小各若干，是否扼要之地，如有海防，應移建於何處，迅即詳勘電覆。養。

王鎮來電光緒十五年三月二十七日酉刻到

沙汕汛礮臺建自康熙五十六年，周圍四十丈，高一丈七，舊存鐵土礮十尊，二千斤至數百斤不等，地屬扼要。如有海防，擬即移出海坪，築建新式之臺，與商局碼頭排列，則前後均無阻礙矣。容再繪圖詳陳。祺禀。感。

致韶州林道、吴守光緒十五年三月二十五日發

辦瑶乃匪鄉械鬬一類事體，不過分清曲直，辦案懲匪，不比瓊州撫黎開山，禀報不可鋪張。切要。敬。

致總署光緒十五年三月二十六日發

葡人出關閘外設一路燈，意在矇占我界，已照會詰責，令即撤去。近來修復前山營廠卡，距關閘不遠，澳酋照稱關閘外至北山嶺中間一帶，向爲局外之區，建廠須兩國會商，非一國所能擅主，已照會鈞署等情。查條約載未定界以前，俱照依現時情形勿動，自係指澳境關閘以内彼所已占者而言。同治元年，葡使來京議約，亦言關閘以外係華官把守，從未敢侵及關閘外之地，從無局外之説，此次來文實堪詫異。若關閘尚不足爲限，何所底止。除駁覆并已詳晰咨呈鈞署外，合併電聞，以備折辯。宥。

致柏林洪欽差光緒十五年四月初一日發

接大咨，感悉。槍礮請各募一匠師，能監造廠屋，安置機器，

[一] 指中國駐德國公使洪鈞。

即先來，不能兼者，廠成乃來。平屋甚是，候圖到即興工。槍上尖刀機器，并請照定。東。

致憑祥蘇督辦光緒十五年四月初五日發

寘電悉。法人狡謀避險，速請就彼新開之路繪圖帖説，籌擬築臺設營處所見示，以便商酌。歌。

蘇督辦來電光緒十五年四月初五日未刻到

近日南官帶諒山法四畫，由文淵、扣波至平而關界外查看地勢，欲開此小路行商運貨。揣彼族之意，因避南關關前隘連城防營，故較便。如果開行此路，平而關近岸各小隘，又須築臺籌營彈壓。元春。寘。

致天津李中堂光緒十五年四月十二日發

粵省久擬設鑄造槍礮廠，因無欵未辦。查官弁紳商前捐船礮專欵，已期滿，現擬續行捐辦購機建廠經費，以敷用爲度，三年捐齊，竭力諄勸，幸已成議。當經電託洪文卿星使向德廠議購槍礮，兼鑄機器。迭次往復電商，訂明槍機百廿匹馬力，每日成新式毛瑟連珠十響槍五十枝，兼造克虜伯式七生半至十二生過山礮，十一箇月成，凈價一百五十一萬七千七百六十馬，約共合銀三十餘萬兩，廠屋亦需銀數萬兩。查前奉懿旨，嗣後購買器械撥用經費，先期咨報海軍衙門，再行辦理。此項由外捐辦，並非動撥庫欵。惟關係海防，自應請海署核示，但欵係勉力續籌，易致觀望，不速興工，無以示信催收。且議訂機式廠圖扣定期限，情節繁重，亦須早日飭知洋廠趕辦。除咨呈海署外，用特電懇轉達，並請海署先行電覆，以便飭催外洋動工，一面擇地建廠。禱切。文。

李中堂來電光緒十五年四月二十一日巳刻到

海署電覆：捐欵開廠鑄械，與動帑不同，文到時本署當核准，即代覆云。鴻。號。

致總署光緒十五年四月十三日發

正月廿九密函謹悉。英德兩使要求各節：一、單貨未離，不得加徵等語。查此係定章，從無加徵之事，若單貨不符，或舊單影射，照章罰辦，咎在洋商，非關暗阻。以後當再行切飭沿途關卡務守定章，有單斷不加徵，此可允者一也。一、領單之貨至交單之內地，不得如現在辦法，與未領單之貨較爲多徵等語。查此語不可解，單貨既離之後，土貨未售之前，所徵內地種種釐捐，皆出華商，本已於彼無涉。且一商之貨，所徵皆同，并無畸輕畸重，安能就一鋪之中，一一分別考其何貨自領單而來，何貨將領單而去而爲之加徵哉。如能指出某貨某處有意偏重多徵，自可隨時核辦，此可允者二也。一、開廣州封口等語。查沙路河道封堵，洋船稍有未便，本不能開。然彼因法人獲利，相形曉瀆不已，要求甚切。鈞函既慮横生枝節，謂終難概行拒絶，囑令擇可通融者酌量允許。謹當允其開通此河，惟須言明只留口門十五丈，兩旁偏竪鐵樁，有事易於封堵，旁立紅緑燈標識分明，斷不礙船。若再有挑剔，即斷不開通，此鄙意萬不欲允而格外讓允者三也。若内地租屋頓貨，萬萬不可。隨地可以租屋，粘貼字號，隨時可以購收散户之貨，則與通商口岸何異，大非條約限口通商之本指。蓋聯單之設，意在輕其釐税，並非准其隨處屯積收買，所予聯單之利益止於如此，故曰内地運貨，而不言内地收貨。蓋洋商入内運貨，總係大宗貨物，或辦貨，或銷貨，皆必有交易之華商，未買定之前，貨皆華商之貨，自有華棧屯積，何須租屋。既與華商議定貨數價數之後，即從華商棧内起運，或水或陸，立登舟車，又何須租屋。華商向業户收之，向山場定之，零星屯積存儲，待價發之外商，此坐賈之利也。洋商領單，只向華商已收積者買運出口，此行商之利也。如買茶有茶行，不能搜諸采茶之山，買桂有桂店，不能收諸種桂之户，安用屋爲。此論入内辦貨，其入内銷貨仿此。今租屋寄頓，即是買地設行棧之别名，既可寄頓，即可粘貼字號。既可棲止存貨，即可買可賣，是既擅行商輕税之利，又盡奪坐賈屯積轉販之利。大利微息，通衢僻壤一律壟斷，小民販夫尚以何爲生計。既開端於兩粤，必推行於他省，是無異十八省内地州縣皆開口岸矣。地球萬國皆無此例，此斷不可允者也。至於梧州圖開口岸，前已料其蓄此狡謀，去年九月函電早已奉達，此可謂謬妄無理，彼當亦自知。若西江行輪，不論釐税利害，民情萬萬難行，前次函電已詳，此亦斷不可允者也。尤望轉告兩使，與言粤省開河，此乃自主之權，粤督奏准永不開通之案，今因該兩國和好，利益格外情讓，允此一端，此外萬不可再爲無厭之求。若忌法人獲利，以後該兩國貨價格外輕減，辦事格外和平，自然英德多銷，法商減色，但當返求諸己，不能問之中國。所要五事，駁二允三，似已周至。先此電達，詳由函陳，統候裁度堅持，幸甚。元。

總署來電 光緒十五年四月二十八日亥刻到

元電甚詳悉。前二欵可允，後二欵必不可允，自當力持。封口一事，非萬不得已，斷不鬆口。勘。

致總署 光緒十五年四月十三日發

領事職分較卑，外洋官制視爲雜流，去彼國有職掌之地方官遠甚，去中國督撫自亦遠甚。中外相處格外從謙，向用札，彼用申陳。自光緒六年新章始免申陳，互用照會，已屬謙而又謙。向來督撫到任者，彼先差人賀喜，隨即約期來謁，然後答拜，從無先往拜之事，亦無差人先拜之事。即如英領事謁彼之香港總督，港督例不答拜。彼之總督待領事禮節如此，可以想其分際，則中國將軍、督撫斷無先拜之例可知。粤省從無領事責望大吏先拜之事，即省城司道亦無先拜者，至今皆然。粤省如此，他省可知。況督撫爲大吏地主，彼乃僑寓，專管商務之員，理自不宜先拜。元。

致天津李中堂 光緒十五年四月十三日發

廣、韶、惠、瓊鑛産甚富，開辦已久，因未得法，徒虚勞費。聞熱河募有鑛師哲爾者，工夫甚好，並聞徐道潤云，擬於八月間禀請借來粤勘大嶼山鑛，擬并奉借徧勘兩粤鑛山。薪水粤省如何分認，請酌定。能借幾月，何時能來，均示覆。元。

致欽州馮督辦、憑祥蘇督辦、桂林沈撫台 光緒十五年四月十三日發

總署函稱：中越界址當時僅憑所繪之圖畫綫而定，於山水形勢曲折，並未親歷指明，現尚未立界牌，此疆彼界，不免有疑似之處。已與法使約明，未立界牌以前，彼此照舊不動，以免争論。此時中國官兵自不宜稍有移動等因。希轉飭各軍一體遵守爲要。

元。

致總署光緒十五年四月十四日發

法國族里絲〔一〕商船救出遭風華人張大發等十四名一案，前准咨查如果相符，由粵仿照寶星章程奏明辦理等因，飭查屬實。查上年七月，法六司海救華船二十九人，經敝處查詢外洋辦法，酌造一兩數錢重金功牌獎賞船主，鍍金功牌獎賞水手，彼甚欣感。此案當經援照去年辦法，由敝處獎賞該船主魯喇結功牌一面，以示嘉獎。領事覆文極爲感謝云云，即飭賫送法使，轉給船主等語。除咨呈外，合先電達。至寶星所以示優異，常案仍由外給獎即可，未便瀆請，故未具奏。寒。

致欽州馮督辦、李牧，防城縣孫代令

光緒十五年四月十七日發

總署來電：出使劉大臣電稱，法外部云現在藩部願將界牌速辦，期以兩月竣事，請派地方官會同法員辦理等語。務速派員前往會辦，一切總宜按照圖上紅綫爲界限，不可於綫外求多，致生枝節。其牌宜用高大之石，大書深刻漢、洋文，深埋數尺，方可經久等因。即派李牧暨孫代令鴻勳，會同法員辦理，并由省派委通判范鼎馳往會辦，并派黄立富、陸奇湘兩弁隨同辦理。速查明界圖紅綫内外地名，預將石料工匠備齊，石高八尺，寬三尺，入地四尺，漢文大字，中書大清國欽州界，前書欽字第幾段，後書年月日。防城縣界則書防字第幾段，另繪圖於界綫上，注明欽字一段至幾段止，防字一段至幾段止，各畫押存案。洋文刊碑陰，應如何寫，臨時與法員商定稟辦。經費核實開報，札由驛發，隨帶弁勇，由馮帥酌派，繙譯生即由省派往。洽。

致惠州府、潮州府光緒十五年四月十八日發

惠、潮兩屬，海盜爲重，現擬專派兵輪巡緝。惠、潮一帶沿海所有膏店牌費，應留備此項輪船經費之用。該府即飛飭各屬自本年四月起，海陽、潮陽、揭陽三縣自本年正月起，牌費專款存儲，不准動用分毫，候籌辦飭遵。嘯。

致韶州吴守光緒十五年四月二十日發

前曲江縣陳塏稟請刊張文獻集，上年已批准，速催鄭令索取生員張雲翱藏本交便差送省，勿延。效。

致雲南唐督辦光緒十五年四月二十九日發

漾電悉。平彝得黄土坡、凉水井兩處鑛苗多至廿里，欣感之極。現工作有若干人，承辦係何人，官耶商耶，何時可得銅，確示覆。銅本已飭司籌辦。粵力甚困，勉解此欵，意在得銅如實。粵廠無成效，司局恐不能踊躍籌解也。豔。

致輪墩劉欽差光緒十五年五月初一日發

豔電感悉。鑛師一、鑛工二，即請照議訂定，盤費若干，望

〔一〕亦譯作挨里絲。

酌墊匯還，催速來，煉鐵廠機器價并速示。東。

劉欽差來電光緒十五年五月初九日巳刻到

東電悉。詢明煉鐵廠煉熟鐵、煉鋼、壓板、抽條機器鑪具各件，價共需英金二萬五千十九鎊，運保費在外，十二箇月交清，每禮拜出鐵二百噸。芬。齊。

致總署光緒十五年五月初二日申刻發

三月初二日函謹悉。關閘至北山嶺從無局外之説，關閘以外自不容葡人更踰尺寸，彼亦不能過問一詞。此事彼萬分無理，約載彼此均不得有增減改變之事，自係指舊在澳門界内之地而言。若關閘以外係屬香山營縣地，舊有汛防，今不過修明舊制，似不在此條之内。即如前山廳，上年大修城垣，彼豈能妄阻。若關閘以外准彼設路燈，而不容我建兵卡，豈非倒置，蔓延不已，數年即侵占至前山廳城下矣。南北諸邊與各國接界處，皆無此例，並非因其國小輕視，稍有過舉。先經敝處駁覆，録稿詳晰咨呈，并由宥電奉達在案，想已鑒悉。昨據澳酋復稱此件本應與鈞署商議辦理，目前照會敝處，係以優禮相待，故特照知，今無庸答覆。又謂敝處駁覆之文，爲聞所未聞，刻即照會鈞署等情，狂謬已極。查駁覆稿并未過當，即與咨呈鈞署之文相同。澳境與香山毘連，案關違約侵界，豈能舍粤省而徑商鈞署。務請嚴詞駁折，仍推出外辦，當與堅持，彼理屈辭窮，必可就範。此事關繫至鉅，務望卓裁。沃。

致總署光緒十五年五月初二日申刻發

再，三月初二日函，葡人照會又有倪姓標貼告條招人稟控一事。查此乃署香山縣丞倪姓，自前任數年來向駐澳門，歷久相安。該員照會葡人，抄録舊稿，誤沿用夷字，葡人不悦，因促令移出澳地。亦經照會敝處，專以此事爲詞，其他皆未言及。旋經紳商調停，今仍住澳，彼亦不問矣。敝處曾申飭該縣丞，令以後文字勿疏忽。至貼條招控云云，實無其事，彼故託之。風聞此事甚瑣細，彼皆捏詞聳聽也。查香山縣丞原駐澳門，後葡人日繁，該縣丞或住前山，或住澳門，皆賃屋居住。澳事交涉頗多，該縣丞寄寓其間，藉通聲息，間亦有用，故只可聽之。沃。

總署來電光緒十五年五月初六日午刻到

沃電悉。關閘以北與澳無涉，必應力辯。覆葡使照會已咨貴處轉遞矣。微。

致天津李中堂光緒十五年五月初二日發

總署咨張星使奏美約中輟，善後無期，請飭籌補救一案。查鄭議自禁事本不妥，然示禁在我，猶可説也，一與立約，即是授權於人，無怪輿情憤急，樵野歸咎，津、粤併坐。鄺其照一人煽動，似非情理。查約未批准，美遽自行禁例，殊失友誼。且地球萬國人人可往，獨禁華人，大違公法。樵野遽將賠欵接收，補救尤難。以後非無脅制相抵之法，但恐總署不肯耳。尊處有何良籌，望電示大略。沃。

李中堂來電光緒十五年五月初六日午刻到

沃電悉。樵野追怨總署先照會美使，津、粤為代達下情以自立脚步，美遽自行禁例尤狡，强樵復請署示，允收賠欵，是甘入圈套也。現總統、外部雖易人，改例甚不易言，即有脅制相抵法，署必不肯。崔使瀕行，方戒之勿生事，鴻邵屬其設法控躡，未知有益否。歌。

致輪墩劉欽差 光緒十五年五月初十日發

齊電悉。請如議訂定合同，價能核減尤妙。廠屋占地丈尺間數及高廣幾何，先電示，以便覓地蓋廠。總、分圖速繪寄粵，需用洋匠目幾人，亦望訂定。洋鐵針及一切通用鋼鐵料件，如各種農具、錨鏈、釘錸、鐵綫、鐵管、各種螺絲，用處行銷最多，擬兼造。此次所訂機器能否兼造以上各物，如不能即望添訂全備。此等製造鐵器廠與鎔煉鐵料廠合爲一所，較省費便經理，應將製造廠圖一併繪寄。至車床、刨床、鑽孔、翦刀各機器是否在内，所訂鑄鐵之模能否兼製通用各機輪，均望添足。英國最大鐵廠機器若干副，日可出鐵若干噸，懇詳查電覆。蒸。

劉欽差來電 光緒十五年五月十六日午刻到

蒸電悉。此次所訂，專為鎔煉生熟鐵鋼，不能兼造各器。車刨床、鑽刀各機器并不在内。至製造各種器具料物，另是一廠，未便兼辦。餘俟詢明再覆。芬。刪。

致煙臺盛道台 光緒十五年五月十三日戌刻發

尊意囑粵官電由三水至省亦加一綫，已飭沈守照辦。鄙意商綫若由鄂接造至長沙、湘潭，官商報皆必多，於商局似有益。元。

致韶州吴守 光緒十五年五月十三日發

相江書院改作北江書院，費省易舉，且形勢雄秀，尤善。可與地方紳士商妥，即速興工。另擇一處改建相江府書院可也。元。

致南雄危署牧 光緒十五年五月十三日發

梅關挂角寺向祠唐曲江張文獻公，聞往來官差例必瞻拜，謂之拜相。查離中站行臺十餘里，可即以中站移至挂角寺。聞寺内屋宇甚多，且有空地，可略加修治，令其整潔，以後過往者就此打尖，藉可瞻拜，更免躭閣路程。如此則自然人人入廟瞻謁，歲歲常加修理，張文獻之祠祀自然日盛，不致冷落湮廢矣。此爲表章前賢起見，該牧妥速舉辦，切切。元。

危牧來電 光緒十五年五月十四日戌刻到

大庾至挂角三十里，挂角至中站二十里，中站至州七十里，若改中站，恐程途長短不勻。擬即迅籌修整，添設茶尖，伺接主考進祠瞻拜，永為定章。是否，候示。德連稟。寒。

致輪墩劉欽差 光緒十五年五月十七日發

刪電悉。煉鐵廠機爐請即訂立合同，催開工，依限運粵。廠地丈尺速示大略，以便度地，粵省地甚難覓。製鐵器機價仍望詢覆，當另設一廠。銑。

致福州船政大臣裴 光緒十五年五月十九日發

船政學堂因節省經費，裁撤學生，聞所學多已就緒，棄之可惜。粤設水陸師學堂，正需人學習，請擇材堪造就學經四五年者，咨送三四十人來粤。可否，望電覆。效。

裴大臣來電 光緒十五年六月初七日未刻到

效電敬悉。駕駛、管輪兩班學生，經陸續傳到，考選材堪造就在堂已經三年者，約定三十餘人，擬酌給盤川，日内附輪咨送。森肅。陽。

致三水孫令 光緒十五年五月二十一日發

北江暴漲，慎防基圍要緊，並飛傳清遠。養。

致潮州官運局周令 光緒十五年五月二十三日發

灾重商傷，惟有官濟其急，已飭司解四萬往。官可承之，不可壟斷，務宜設法恤商，寬減通融。民鹽不缺，官餉不空，商計不絶，此爲三要。水客復振，不憂鹽不暢銷。養。

致輪墩劉欽差 光緒十五年五月二十六日發

敬電悉。英廠一爐每禮拜出鐵六百噸，前齊電云每禮拜出二百噸，所差太遠。鄙意每禮拜須出六百噸，方足用。請商該廠，或添數爐，或改較大，以何爲宜，速復，以便速訂早造。匠首匠目即訂三年。織布紡紗廠若連曬場及各員匠住屋併計，約若干丈，祈示。宥。

劉欽差來電 光緒十五年五月二十九日午刻到

宥電悉。已詢該廠，每禮拜出鐵六百噸最合宜。爐再添配，惟所出生鐵以十成計之，應煉熟鐵暨鋼各幾成，乞先核示，以便添配機器。又，鐵條方圓、大小、尺寸，亦乞酌示。織廠佔地丈尺，俟查明再陳。芬。儉。

致總署 光緒十五年五月二十九日發

朔電謹悉。關閘事已由沃電詳陳。舵尾山在十字門小横琴島上，爲香山縣屬，向無葡人居此。該處瘋人得葡人養濟，此不過尋常善舉，何得視爲管治證據，如各省常有洋人施醫院，豈能即爲洋界乎。上年經敝處駁覆，并於七月間録案咨呈在案，請查照，嚴切駁覆。改建磚屋，我辦我界之事，與彼無涉。彼貪狡無厭，因草約有附島字樣，直欲囊括十字門四島，斷我海道，稍一放鬆，彼將得寸進尺矣。大抵葡人最爲鄙謬，政令荒陋，力量怯弱，即如近日倪縣丞一事，捏謊聳聽，與照會粤省文不符，伎倆淺陋，不成國體，迥非英、法各國之比。澳民亦不畏服，動輒抗違挾制，彼即遷就。此後彼一切妄想貪求，望鈞署嚴切駁斥，或交與粤省外辦，彼不能任意虚誑，較易駁折。豔。

致韶州林道 光緒十五年五月二十九日發

該道於瑶事並未辦竣，不候批檄，遽行回韶，實爲可怪。猺匪未誅一人，該道所稱最惡三瑶排，亦未辦其一民，村凶匪亦未嚴拏，僅墩一蕭三喜，豈足示懲，不過起放六人，焚燬一寨，酌令賠還對换而已。雖訊結數案，不過排解息争，民瑶焉能儆畏，又未將移官增兵各事刻日舉行。彼見大員帶兵來辦，草草即歸，窺破官力不能大舉，官意不欲深求，數月後即如故矣。該道此歸實屬粗率，殊負委任。若謂弁勇不得力，儘可密稟請換，經費不敷，可另請發。此事必須奏聞，如此結局，何以入告。已飭電局造綫直至連山，該道接此電後，務即馳回三江口，如暑瘴已盛，可即駐三江督飭調度，所需經費可即稟請。現已飭司委鄭敦善署綏瑶同知，准其募勇五百名，擇要築卡，扼其出路，斷其鹽布木植貿易，專用困之一策。九月凉爽，焚山開路，相機進兵，相持半年，瑶必不支，自當縛獻凶匪，聽受約束，將兵勇移紮近内扼要之所，酌换瑶長，一面將民匪澈底拏辦，如此庶可期十年之安。然經營必從此時動手起，不可再緩。懔遵速辦。豔。

致總署 光緒十五年六月初一日

密。感電謹悉。法人北海漁船發照事，既肯轉圜，自當籌一中外之權均無所礙辦法。如法使來商，請令派廣州領事于雅樂就近商議。于明白曉事，較易商辦。東。

致雲南唐督辦 光緒十五年六月初二日發

粵局擬試鑄，滇銅太少，價奇貴，質又不浄，莫受機器壓力，且有五金雜其内。滇省向用何法能於已經攙和鉛沙内提出純銅，請由電詳示。沃。

唐督辦來電 光緒十五年六月十二日亥刻到

沃電悉。溶法用大石和泥砌煅窰一座，高八尺，中為夾槽，一頭封滿，一頭下砌成門，限樣高六寸，門限下留一孔，窰底鋪木炭數百斤，炭上放銅，銅上蓋炭，由門限孔内癮火，多煅數次，鉛汁由孔内流出，自成浄銅。請試之。炯。蒸。

致輪墩劉欽差 光緒十五年六月初二日發

儉電悉。禮拜六百噸，即是每日百噸，以日計爲簡明。請與訂每日百噸以上，煉熟鐵及鋼各半。鐵鋼條方員尺寸，即查外洋歷年來華多銷式樣照訂，能兼備鐵路用者尤佳。再，初辦出鐵尚少，將來必當擴充。如預備日後多煉數百噸，此時應否將機爐加大加多，抑或只可寬留廠地，以備另添機爐，二者孰便。祈詢示。沃。

致潮州德道 光緒十五年六月十三日發

該道府電均悉。鎮平灾重，河隄坑隄共倒七八千丈，修築萬不可緩。以來電修費計之，約需四、五萬，豈可全恃於官。業户不宜坐視，丁壯不宜坐食，此時惟有官民合力，方可人定勝天。兹再電匯一萬兩，作以工代賑之用。該道速解張守，責成張守督縣妥辦，招集丁壯，酌給工資，將隄段擇要趕築，一面挑沙墾復，業户有力者，酌量助工，總以早開能種晚稻爲善。婦孺老羸不能力作者，仍發米。房屋倒塌太多，祇可暫作棚寮，以蔽風雨，實在無力之户，酌給棚費。此時無論工匠難覓，無力併營，且非倉卒可成，必俟數年始可復還舊觀。平遠亦貧，祇分五百太少，並飭張守酌量接濟。元。

致欽州李牧 光緒十五年六月十四日發

細核黄國傳案情，以一微末捐職土紳，擅用刑具，鎖拏良民，抑勒多贓，法所必誅，其藐法横行之罪，尤重於勒索，不論贓之多少也。邊地荒遠，尤宜使民知官法。馮帥重辦黄國傳，正是救時要政，該牧不必以此疚心。粤省紳棍暴横，日甚一日，往往私設公堂，擅用刑鎖，將來必致釀成亂階。本部堂近日查出此類案情甚多，深堪痛恨，必應嚴加禁遏，以挽頹風。鹽。

致輪墩劉欽差光緒十五年六月十五日發

元電悉。中國棉花縷粗質重，布可耐久，甚合銷，宜多織，應占六成。參用洋花，出布可多四種，計亦合算，應占四成。織機仍請照定千張，懇將洽電所配成數，改爲第一、五號及二號次等者各二成，餘四種各一成。紡機各項，務懇照配。即照此速定議，并示覆。切盼。咸。

劉欽差來電光緒十五年六月十四日午刻到

該廠將中國棉花詳細試驗，只能紡成二十號至二十五號之紗，於寄來布樣中，能織原色扣布、斜紋布及原色次等布。若織原色上等布及白色上次兩等布，則紗縷稍粗，斤量亦重，不似布樣之紗細而輕，因此三種布皆用三十號至三十四號之紗織成。該廠云，如添購美國棉花，與中國棉花各半摻和，即可紡成三十六號之紗，因洋花質柔而絲長也。又，提花布亦用三十四號之紗。可否先定布機五百二十二張，先織中國花所宜之布，餘機從緩定辦。應如何辦法，統乞核示。芬。元。

致柏林洪欽差光緒十五年六月二十七日發

鑛師正副，祈即訂定，副者即與匠頭先來，正者九月初務催其來華。感謝。沁。

致潮州道府、肇慶道府、惠州府、瓊州府、欽州光緒十五年七月十二日發

前飭通省各屬查開捐攤款目進出各項一事，迄今日久，除已到外，惟廣州府暨所屬之從化縣，又潮州府暨所屬海陽、揭陽、饒平、惠來四縣，又惠屬之長甯縣，又嘉應屬之興甯縣，又肇羅道屬之陽江同知，又肇屬之開建縣，又瓊州府暨所屬之瓊山、文昌、澄邁、臨高、樂會、會同、感恩、昌化、儋州、萬州十州縣，又欽州暨所屬之防城縣，合共二十四處未據稟覆，實屬延玩可恨。該道府州速即飭催所屬各處，趕緊查明稟報。該府州未稟者，亦迅即自行具稟，均毋再延，致干未便。此事有何難稟，殊不可解也。停案以待，切切。文。

致瓊州李鎮光緒十五年七月十五日發

前奏裁營改練，爲時已久。六七月連裁兩營，又將該鎮中軍改委熟手，均爲練軍起見，應即查照奏案，先就鎮標左右營挑練一營，務臻精整，爲諸營倡。尤須體察兵情，妥爲辦理，勿稍粗率。各兵如有積累，該鎮即設法妥籌，據實稟陳，本部堂必加體恤。以後所有練軍事宜，應與朱道會商，可隨時電商妥辦。能否即從八月初一日起，方爲妥善。此舉久經奏定，事在必行，萬勿延緩。速覆。咸。

致福州船政裴大臣光緒十五年七月十八日發

前擬調英文學生三四十人，請飭來粤。此外英文學已就緒者尚有若干人，能否多調，請示覆。嘯。

致輪墩劉欽差光緒十五年七月十八日發

粵設西藝學堂，考究鑛學、電學、化學、公法律學、植物學共五種，請延洋教習五人，或一人能兼兩藝者亦可，須學優藝精，有書院憑照者爲要。酌訂薪資年限，令速來粵，合同細欵到時議定。嘯。

致天津李中堂光緒十五年七月二十日發

電局邸報十二日旨洞調兩湖，自爲創辦鐵路。昨自津來人面述尊教，知此舉由公推轂，惶愧無似。令兄南來，粵事有託，欣慰尤深。此舉一切章程，諒早經公籌定。擬分幾段，限期幾年，借欵若干，如何分年歸還，此外指撥何欵若干，擬籌何欵若干，直隸究竟是否同時並舉，鄂省是否由洞設局分辦，祈速詳晰電示，俾得籌畫。盼甚。號。

李中堂來電光緒十五年七月二十二日巳刻到

調楚想為創辦鐵路，聞由邸〔一〕主持，非鄙意也。凡鐵道須由近水處生根，木鐵機器均易轉運，辦一節有一節利益。鴻初擬由漢口而北，邸謂須兩頭分辦，由漸前進合攏，事在必行，似難限期。借欵尚未議章，籌欵更無指撥。鄂省應另設局招集公司，祈豫籌，俟開辦時再商。鴻。馬。

致肇慶多道光緒十五年七月二十日發

上年飭孔道擇地修建八賢四公祠，經費早已籌有專欵，惟地址何處，日久未覆，速即擇定飛稟，以便發欵興修，毋延。皓。

致輪墩劉欽差光緒十五年七月二十二日巳刻發

香港現議交犯新例，意在革除從前留難陋習，想由大力斡旋所致。外部授意原有以華官印文爲憑，詎議例局員刪去此節，緊要關鍵全在於此，否則仍屬無益。請向外部力争，此實治粵要著，關係甚大，機會難得。切禱。養。

致廉州奈守、瓊州道府光緒十五年七月二十二日發

現存廉、瓊州各營繳回槍及彈碼各若干，速查明，分晰電稟。切切。養。

致武昌奎撫台〔二〕光緒十五年七月二十二日發

新命移鄂〔三〕同舟快慰。鄂省每年司庫及善後、牙釐各局所入内銷外銷各欵共若干，例支及京協本省勇餉薪水雜用共若干，現有勇幾營，駐何處，何人統帶，小輪幾隻，今年收成若何，有無被水地方，會匪、刀匪近年斂戢否，祈先電示大略，並望查開清摺，交文報局速寄粵。至感。養。

致柏林洪欽差光緒十五年七月二十二日發

戊子二月養電改訂廿四生臺礮二十尊，原擬十年匯運，兹欲

〔一〕指海軍衙門大臣、醇親王奕譞。

〔二〕指湖北巡撫奎斌。

〔三〕本年七月十二日，諭張之洞調任湖廣總督。

改爲一年内全數造齊到粤，請向該廠改訂提前日期，並如何匯欵。緣洞奉命移鄂，海防經手事須早辦結。養。

洪欽差來電光緒十五年七月二十七日申刻到

移節敬賀。克廠云能一年造齊。承詢如何匯欵，具徵遠慮，鄙意如能全數匯來尤妙。鑛師合同本載明兩廣及中國他處，楚北煤鐵極富，挈往亦可。鈞。宥。

致華盛頓張欽差[一]光緒十五年七月二十三日發

大咨華商黄秉常請在廣東試設電燈，便民用，塞漏卮，甚好，已咨覆准辦，請飭該商速來。洞現調湖廣，如該商願於武昌、漢口設辦，亦甚佳，請詢覆。漾。

致天津李中堂光緒十五年七月二十五日發

馬電悉。兩頭分辦，極是。此等大事既一發端，即當期於必成。朝廷既令洞辦此事，洞尤須作必可辦成之想。細章雖未奏定，公意中必已擬有大概，海署亦必擬有規模。洞係在事之人，似可及早與聞，敬當悉心籌度，稍效一得之愚，且尚須儲備人材，考校辦法。粤近香港，在粤規畫較便，抵鄂再籌晚矣。若茫無成算，到彼後臨時應付，枝枝節節而爲之，成否聽之時會，恐於公事無益也。此舉籌欵最要務，望速將所擬借欵、辦工日期、辦法遲速，明晰電示，以便籌酌奉商，有兩月工夫可得大略，到鄂庶易措手，至感。再，此事若見明文，宜云開辦陸路運道，以漕弊河患勞費無底爲辭，則題目平正易曉，是中法非西法，萬不可云創辦鐵路，此似是最要之義。有。

致輪墩劉欽差光緒十五年七月二十七日發

煉鐵機爐能經行山路運至山西等處否，或能拆開分運尤好，最大之件約重若干，祈詢示。感。

劉欽差來電光緒十五年九月十二日申刻到

爐機笨重，均不能拆開，只宜水運。芬。真。

致總署光緒十五年七月二十九日發

勘電謹悉。此係總税司發端，意恐有礙併徵，但粤辦此案，實與加抽有别。各屬煙店執業猥雜，獲利甚厚，民間羣集吸買，易藏匪人，非編號領牌，無可稽查，猶如各店之領帖輸銀，其銀爲開店而繳欵，非因賣貨而繳欵。定名爲牌費，迥與煙膏抽釐不同。然店有大小，即費有多寡，不查其賣貨之多少，無從知生意之大小，不能定牌費之多寡。故辦法係以每膏一兩繳銀三分計算，不過藉是知其賣貨若干，爲大店小店之别。銀出自店，非出自土，與賣貨之洋商絶無干涉。且名爲每兩三分，各店賣多報少，實抽不及一半，税司亦明知之，故云稍收牌費，洋商自無異議。該縣不知每兩三分乃定費之辦法，誤入告示之内，致滋口實，已嚴飭更正。英使謂膏釐違章，粤實並未開抽，豈膏釐不可抽，即牙帖亦不可抽乎。以本處之錢，充本處之用，經費難籌，似難停止。儉。

[一] 指中國駐美國公使張蔭桓。

致柏林洪欽差光緒十五年七月二十九日發

宥電悉。前定克廠二十四生礮二十尊，望改訂。十六年十月一起運粤，交價仍照向章，分三期，先交三分之一，造成交三分之一，運到粤交三分之一。祈即商訂，應先交若干，示覆即匯。鑛師仍令先到廣東。勘。

致瓊州李鎮光緒十五年八月初一日發

海口東西礮隄丈量應用工部尺，不應用弓尺，致欠明晰。隄工全用石灰太貴，即用土沙，能厚亦好。應高厚各若干，即酌擬候核示。本部堂意，大率分四路，海口街外舊得勝礮臺故址築三臺爲首路，迤西之水英塲築三臺爲中路，再迤西之西塲築三臺爲尾路，大英山上築三臺爲後路，俱安二十四生大礮，共洋式臺十二座，礮十二尊。已電飭陶鎮赴瓊會同勘丈籌辦，都司林國祥、千總黃倫蘇隨同測量，並札游擊謝桂秋、都司陳良傑、千總王得勝，携帶測量器具赴瓊勘估。該鎮可詳察博采，臺應築幾座，何處扼要，酌擬電覆，並令各抒所見，分晰電陳。此電並發與林國祥、黃倫蘇閱看。東。

致欽州廣捷林國祥、瓊州鎮濤黃倫蘇光緒十五年八月初一日發

都司林國祥、千總黃倫蘇均即赴瓊州海口，隨同李鎮履勘東西礮隄工，應築厚若干，高若干，作何式樣，礮臺應築幾座，測準敵船所泊遠近，何處築臺最爲扼要。大英山地高土堅，築臺似最爲得力，距海面兵輪泊處究有若干里，克虜伯廿四生新式長礮力能及否，礮路於海口民房有礙否，該都司等會同詳細測量，毋稍舛錯，各抒所見，擬議辦法，詳晰電稟，勿稍遷就。東。

致輪墩劉欽差光緒十五年八月初一日發

前議鐵機内兼造鐵軌，請詢明每日能造鐵軌若干尺。若造兩車並行、一來一去之雙軌，每里用鐵約須若干噸，祈示覆。朔。

致瓊州李鎮、顧道光緒十五年八月初二日發

有電悉。左右兩營一同起練尤善，即速辦，宜全練，不必挑一半，并知照顧道、朱道。沃。

致總署光緒十五年八月初五日發

據瓊州鎮道及署崖州知州稟稱：七月内有法船駛進崖東百里之榆林港，上岸釘樁四處，港口有二大石樁，均用灰塗，東西岸分插紅白小旗，立標十五處，來往無常，心殊叵測，有海關巡船遇見等情。當電飭瓊關税司查覆。現據覆稱：該關名開辦之巡船，在榆林港遇法國兵船，詢其何事，據稱到瓊島西南方測量水道。查瓊州除海口而外，皆非通商處所，法國何得派船在榆林港等處測探水道，上岸釘樁插標，豈惟存心叵測，實屬越權妄爲。除飭將各旗標撤去，嚴切禁阻，不准土惡乘機句引外，請詰責法使，立電該兵船毋得擅進不通商口岸，以杜狡謀，俾免滋事。歌。

致瓊州府光緒十五年八月初五日發

捐攤欵目一事，該府所屬之陵水、文昌、臨高三縣，仍未稟

來，實屬玩誤，可恨可厭。此事在本部堂任内必須辦妥，若因各該縣耽延全案，必干未便。速由府飭催，務令即日稟報來省，勿延。歌。

致欽州李牧 光緒十五年八月十一日發

前飭開捐攤欵目，必須詳細，以憑核奪。兹據申覆，捐攤二千餘，陋規七百餘，差費九百餘，攏統申叙，無從分别裁留。該州撥地增縣，新改章程，考費一項尤爲大宗。現在如何攤派，並無一字論列，亦屬疏漏。昨因該署牧稟覆日久未到，復經專弁守催，即將某欵細數若干，分别是否實解實支，詳細列摺稟覆，交去弁帶回。如弁已行，專差飛遞，一面先分晰電稟。專待核辦，勿再延誤，至要。真。

致天津李中堂 光緒十五年八月十一日發

歌電寄諭恭悉。三省出示一節，竊以爲萬不宜急，須俟洞到鄂體察情形，商定辦法後，將失業之人籌有安撫之策，再行商酌出示。必須將民間如何有利無害之處，詳晰宣布，庶免梗阻。三省尤須同時出示，詞意均歸一律方好。此時路未勘，欵未籌，鐵未購，一切毫無眉目，驟然出示，商民不悉其詳，必致謠言繁興，處處惶擾，則此事必辦不成矣。此乃樞紐所在，關繫甚鉅，務望詳籌速覆，並轉商豫省爲要。真。

致三江署綏瑶同知鄭丞 光緒十五年八月十四日發

佳電悉。該丞當遵札招募土勇，切不可濫招楚勇。連山地近楚境，一聞募勇之信，游勇接踵而來，必致麕聚生事，麾之不去，將爲南韶無窮之害矣。近聞已多游勇來連滋事，該丞慎勿濫行招納，致生事端。切切。願。

致柏林洪欽差 光緒十五年八月十六日發

青電悉。庚電詢三種礮準遠近，請再詳詢各種攻城攻艦遠近里數，分晰電示，感甚。大礮用昂度攻鐵艦，於距臺十二里處亦尚有力否，如海口礮臺距敵船停泊處十二里，豈遂無礮以擊之乎。務望詢示。諫。

致天津李中堂[一] 光緒十五年八月十六日發

真電悉。再，恭查初二寄諭，内有并臚陳籌欵、購地各節，所奏頗爲賅備云云。諭内并未及原折給閲，是否將原折附發，抑由海署行知，祈電示，并望將籌欵、購地各節大端先摘要電知，感禱。諫。

致柏林洪欽差 光緒十五年八月二十日發

篠電悉。九批前價，頭批後價，均即電匯，請改訂合同。哈廠鐵樁需添購鐵件及監造工匠薪資酬勞，均請照訂。惟工程有限，何至三載，未免太遲，務請訂明一年趕成，酬勞當格外從優。至禱。效。

[一] 録自《李鴻章全集·電稿二》，第一三二頁，上海人民出版社一九八六年版。原題為「調鄂督張來電」。

致武昌裕制台〔一〕、奎撫台光緒十五年八月二十日發

北洋來電恭悉。初二寄諭，鐵路事有直、豫、鄂三省出示一節。竊以爲此事尚毫無端倪，出示萬不宜急，徒滋浮議，須俟鄙人到鄂體察情形，從容商辦。計廷寄鄂先奉到，千萬暫緩出示。昨電商北洋，亦以爲然，業經緩出，豫省並由北洋知會矣。效。

致輪墩劉欽差光緒十五年八月二十日發

元電悉。此事該廠忽然更議，殊出意外。工料騰漲，亦應約期催定，或請加價，如過期不定，方可罷議。該廠均未知會，忽作罷論，殊不可解，此中必有曲折，請公明察。真電我已允，照漲價酌量增欵，自無難再與切商。商賈抬價圖利積習，似不必與之計較。粵東此舉已由司局詳議，籌定專欵，不動常年正欵，即將出奏，其勢不能中止。務懇再與駁詰，總以購成爲度。切禱。再，此廠即在輪墩否，是何廠名，并示。效。

劉欽差來電光緒十五年九月初九日巳刻到

連日與該廠研磨，仍照原議，不另加價。現已訂合同，給付定銀。廠名諧塞德公司，距英京尚遠，教習當留意選覓。芬。齊。

致柏林洪欽差光緒十五年八月二十三日發

請定鎔鐵大爐二座，日出生鐵一百噸，并煉熟鐵、煉鋼各爐，壓板抽條兼製鐵路各機器，一切配全。能拆開分運，經行山路至內地者尤好。共價若干，幾月造成，需用洋匠幾人，薪工若干，望詳悉查示。欵已籌備。此係詳籌必辦之事，務懇速議見覆。漾。

致瓊州李鎮光緒十五年八月二十四日發

榆林港深廣若何，山勢有無扼要，築臺能否辦理，先電陳大略，速速。漾。

致瓊州李鎮光緒十五年八月二十六日發

榆林港情形已悉。拋石填港一節，未嘗不可，但寬至六十餘丈，深至三丈餘，若欲填滿，工費須若干，即約估稟覆。若留此港，設我有鐵艦與敵艦在瓊海爭戰時，尚可入港收泊藉臺爲護，塞之則於我亦有不便矣。再酌覆。宥。

致瓊州陶鎮、李鎮、顧道光緒十五年八月二十六日發

瓊海水淺灘闊，以防舢板登岸爲要。礮隄最爲相宜，高八尺，厚二丈餘即可。只用沙土，不必用灰，或沙土各半，或四六成，隨宜酌辦，間有坍塌，每歲修補不難。頂面略用三合土，以免雨淋水浸足矣。外種勒竹護隄，兩年後自然堅固。儘可一面築隄，一面種竹，不必待竹既長成始行築隄。至招工作營用小鐵路造橋等事，均可照辦。將來發給七生半車礮一百尊，以備有事時沿隄攻擊。其海口、水英、西場三處礮臺，何處安礮幾尊，均詳勘確估。至大英山俯瞰海口，山上若築大礮臺，敵雖登岸，不能久踞海口，最爲制勝要策。此山擬安二十四生礮五尊，即相度地勢，

〔一〕指湖廣總督裕祿。抄本《張之洞電稿》載此電發於八月三十日。

將礮位疏密高下配妥。一切均詳細繪圖貼説禀覆。宥。

致武昌奎撫台〔一〕 光緒十五年八月二十六日發

大冶向來出鐵，近來民間有無開採，出産多少，請詳詢曾任大冶、興國一帶州縣，或遣妥人密查，萬勿宣播。切禱。宥。

致梧州志守、洪令、方運同、黄參將榮華 光緒十五年八月二十九日發

私梟如此猖獗，大屬不法。已令利川、保靖兩輪昨晚駛回，並添派靖海輪船本日午刻開來。現又飭總帶河海營都司武永泰乘坐靖安輪船，並派廣貞大兵輪來梧，協同緝拏，並電飭駐肇慶之廣安水軍添派舢板二十號馳往。聲勢既壯，匪梟自然解散。如果尚敢抗拒，該守等速會商黄參將相機拏辦，務獲首匪，迅交輪船暫解東省。總之，若能將武生區别解散，若係私梟，無妨攻擊殲斃〔二〕。輪船、舢板均暫留梧州駐紮，防其餘黨報復。一切務須妥慎辦理，至要。勘。

致梧州志守、洪令、鹽局方運同、黄參將、靖安輪船武都司 光緒十五年八月二十九日發

目前糾衆拒捕梟匪多於考生，此事總以開除武生爲要義。若武生不附和，私梟雖多雖悍，不足慮也。此時暫與相持數日，俟各船到齊，兵威既盛，大張曉示。武生來府縣報明，各給考費銀五十兩，勸令不必包庇私梟，其銀立刻發給，代爲换船速行。俟武生行後，即可放手攻擊，必痛懲乃已。此銀無論多少，由官運局給發，多費不惜。此次辦好，下届科場本部堂已籌有良法。萬勿吝惜誤事，速會商遵辦。此外更有何策，餌以重利，專解散武生之處，均准酌辦。豔。

致肇慶吴守 光緒十五年九月初一日發

前委陳倅虞書查勘該府各屬應修監羈、遷善所等處，恐九月底未能依限回省禀覆。現在已查幾處，未查幾處，該守速電覆，以便添派一員往查。朔。

致輪墩劉欽差 光緒十五年九月初二日發

西學格致，實自强要圖。嘯電五種，相需尤殷。粤有英文學生，收功較易。望公留意速覓，薪資不妨從豐。洞抵鄂後仍當籌欵協助，成斯美舉。沃。

致河南倪撫台〔三〕 光緒十五年九月初三日發

八月初二日寄諭，因籌辦鐵路，令直、豫、鄂三省出示曉諭一節，尊處想先期奉到。竊以爲告示萬不宜即出，須俟將來體察情形，開辦有期，將失業之人籌有安撫之策，再行商酌出示，必

〔一〕 録自抄本《張之洞電稿·致各省電》。
〔二〕 底本誤為弊，據刊本《張文襄公電稿》卷十一改。
〔三〕 指倪文蔚。録自抄本《張之洞電稿·致各省電》。

須將民間如何有利無害之處，詳晰宣布，庶免梗阻。三省尤須同時出示，詞意均歸一律方好。此時路未勘，欵未籌，鐵未購，一切毫無眉目，開辦尚遠，驟然出示，商民不悉其詳，徒致謡言繁興，處處惶擾，關繫甚鉅，務望詳籌暫緩出示。前已商北洋允轉致尊處，想已達覽。並望電覆。江。

致福州船政大臣裴 光緒十五年九月初五日發

廣乙八月初三日已下水，惟尚須三月完工，未免太遲。鄙人約十月半交卸，即將去粵。此事集資奏准，頗費周章。廣乙係穹甲新製之船，必欲親自一觀，亦以自慰數年經營之苦心。務祈嚴飭工員晝夜趕辦，限九月底到粵，不勝感盼。廣庚即派管駕赴閩，所有該船應須預備一切，並飭辦妥，尤禱。希電覆。支。

裴大臣來電 光緒十五年九月初七日申刻到

支電敬悉。廣乙輪機係定購洋廠，逾限尚未到工，萬難趕辦。廣庚已嚴飭工匠限月底試車，以副觀成，即請派管駕官來閩。蔭森肅。虞。

致高廉欽道、惠潮嘉道、惠州府、瓊州府、肇慶府、欽州 光緒十五年九月初八日發

前飭各屬通辦膏店牌費，原爲各屬緝捕之需，迄今日久，增城、花縣、赤溪、新興、封川、龍川、長樂、興甯、欽州、瓊山、安定、會同、樂會、臨高、儋州、萬州等十六處是否開辦，並不稟報，殊屬膽玩。該道府即分別飭催，可辦者速辦，非實在僻苦勿免。防城縣新設，是否可辦，由該縣查酌。歸善繁要，何得請免。此外博羅、長甯、嘉應、平遠、鎮平、文昌六處，前稟未妥，均飭再辦，亦未稟覆，速飭辦妥具報。庚。

致省電局沈守 光緒十五年九月初八日發

中越設立界牌已定十月舉辦，届時來往緊急要電頗多。該守即速派人將省城至欽、廉、北海、防城、東興等處電綫電桿查明，是否一律完善，如有應行修換者，速飭趕緊修理，以免臨時梗阻。沿途各局委員學生，務須嚴飭格外勤慎，學生如有不得力者，即速調換優生，務期一路呼應靈通，勿任稍有壓擱。事關交涉，儻傳電延緩貽誤，定惟該守是問，斷不准臨時藉詞推諉也。齊。

致廉州佘守 光緒十五年九月初十日發

存廉軍火内格林礮四尊，礮馬十九箱，黎意槍四十七枝，哈乞開士槍一百三十七枝，馬的力槍一十九枝，雲者士得槍五十三枝，毛瑟槍一千一百九十四枝，並以上五種槍之彈馬，已飭軍械局派人坐廣甲來廉點清，提回省城。該守速飭點齊，不可舛錯，俟廣甲到即交該輪運回。至要。蒸。

致輪墩劉欽差 光緒十五年九月十一日發

齊電悉。鐵機已定，感荷。廠圖望速寄。真。

致柏林洪欽差 光緒十五年九月十一日發

請訂購六生半車礮一百尊，八生車礮三十尊，彈照式配各二百，藥緩訂，八生者須配鞍件。十箇月造齊運粵，議定即立合同。

此爲粵防，須於鄙人離粵之前定妥出奏。望速訂妥電覆。至感。真。

致瓊州李鎮 光緒十五年九月十四日發

自十月朔起，接續挑練水師一營，崖州一營。水師拖船先行租雇，俟局籌欵撥解，或購或製，即在海口辦理。元。

致柏林洪欽差 光緒十五年九月十四日發

晋省煤鐵富甲天下，開采煎煉必需機器，而山路崎嶇，重機難運。擬先闢路，略爲鋪平，并用活鐵路運送，事尚不難，惟笨重之件終難暢行。聞各種機器鍋爐有專備陸運者，汽機可分拆，爐管可分置，假如此鍋爐重萬斤，分作五爐，則只二千斤，其力仍可相敵。他件仿此，飛輪則分四塊，重件俱加車輪，俾便陸行。總須日煉出生熟鐵一百噸者，漾電即指此種，務懇速查見覆。願。

致柏林洪欽差 光緒十五年九月十五日發

真電定六生半車礮百尊係筆誤，應改訂七生半車礮一百零二尊，合十七隊。此礮專爲守營用，只在近處平地運動，無須過山馬鞍及他項各件。望商克廠詳細核訂，删去無用各件，總求於經費撙節，於車礮仍可運用。每礮彈改訂一百，爲節費計。祈速示覆。咸。

致柏林洪欽差 光緒十五年九月十八日亥刻發

諫電感悉。煉鐵各件必需速購，爐須兼能煉有燐者，請確詢定價早覆。燒磚匠、煉枯煤爐應添訂。設爐固爲鐵軌，然必須兼鑄鐵板、鐵條及民用鍋壺、農器各件，方可暢銷，爲民興利，不僅供造路之用。熟鐵爐亦望改小分運，尤要。再，開采鐵鑛機器式樣雖多，想不過數種，祈分詢大略價值，須可運入山者，速覆。晋鐵取送太遲，千萬勿候。礮兩等均連車，八生者馬拖用鞍，七生半者人挽不用鞍。祈速訂，須具奏。感盼。洽。

洪欽差來電 光緒十五年九月十八日子刻到

煉鋼二法，曰別色麻，曰託麥旅，視鐵質内燐之多寡，爐亦異製，祈迅飭取晋鐵試驗。煉熟鐵爐如專為鐵路，竟可無需。生鐵爐創辦之始宜用小爐分煅，五十噸為一爐。分運却不難，牲口可負，惟夾鐵條軋轤最笨重，然可分節，每節二十名夫可運，活鐵路非必需。各件約半載成，洋匠三人敷用。力拂廠索價三百萬馬，訪之代雇鑛師之爾雷，則云約計六七十萬馬，相去懸絶。尚有兩廠未覆，俟准欲訂購，再行確核。爐需火磚，中國必須學造，乃可備換。據云中國燒瓷之土便合用，此造火磚匠須添者也。煉鐵需用枯煤，俾免滓油害鐵，此煉枯煤爐須添者也。真、咸兩電購礮是否皆連車，統候裁示。鈞。諫。

洪欽差來電 光緒十五年九月二十一日亥刻到

克廠只有八生四、八生七，而無八生車礮。今定七生半百二尊，有車無鞍件。八生七三十尊，車件全，每礮百彈，八成開花，二成子母。該廠云，車件近已漲價，扣實共一百四十七萬八千三百五十馬，八箇月可成。鄙意每隊七生半四尊，亦合軍營章程。公裁如不議減，請即匯半價。鈞。號。

致潮州方署運同光緒十五年九月十九日發

韓祠、書樓均未動工，何也。現在工程實在情形，確覆。效。

致瓊州朱道光緒十五年九月二十一日發

篠二電悉。凡陽市旺，番嶇秋獲，金江舟通，均出意外，喜慰何極。自凡至崖迅開車路，尤須多造牛車，趕購牛隻，始可暢行。鍾仁寵辦事認真，應加獎勵。善後諸務得仗藎畫，收效日多，鄙人與有榮施，企予望之。馬。

朱道來電光緒十五年九月十九日酉刻到

嶺門至凡陽，路穿黎境，前經鍾仁寵自南而北，伍蓉自北而南，修闢通暢。復因文報阻滯，由鍾營安設傳送六站，故自郡至凡，現在信息較便。凡陽市場日漸興旺，今已築窖燒瓦修房，為久遠之計，并招集黎丁逐漸開墾。新造木城内現設義學一座，有黎童五六人上學。自凡至崖，現擬修闢車路，此路一闢，商賈前往必能日多，惟該處牛隻太少，尚須設法籌濟耳。職道采稟。篠。

朱道來電光緒十五年九月十九日酉刻到

番區開墾，現闢田地已近八百畝，收有穀子、芝蔴約七十擔。今年動手太遲，下種不多，故收獲止此。現水田趕種晚禾，旱地種山芋、蘿蔔、甘蔗等物。最可喜者，番區至金江相去百餘里，雖一水相連，而大石阻路，向來不通舟楫。現在船隻漸衆，礙路之石漸漸鏟除，小舟徑達無阻。昨有木商前往相度木山，如能將上墩松木運出，商人可大獲其利，夏秋收獲運送亦易，於開墾尤有大益。此路久塞忽通，殊出意外。職道采稟。篠。

致肇慶楊副將、高要縣包令光緒十五年九月二十一日發

魚電悉。端溪齋房圖已定。又，書院東北角有餘地，可建山長住宅，圖亦定。兩圖均發南海王署令專遞，圖到即照估速辦勿遲。馬。

致桂林馬撫台[一]、蘇督辦光緒十五年九月二十三日發

龍州邊防，必宜籌備完固。歷年餉絀，礮臺未得辦齊，鄙人雖去粵，此心耿耿。昨與子熙軍門面商大略，茲擬購新式十二生三十五倍口徑長礮二十尊，分布鎮南、平而等關，約須銀十八萬餘兩，運保費在外。價由廣東陸續墊付，在協西餉内分作三年扣還，每年扣五萬，仍實解七萬，礮價尚不敷三萬，到鄂分三年加解補足。查東省每年實解西餉在十萬八萬之間，今扣礮價，歲僅少二三萬，若暫裁邊防一營，即可省二萬餘金，三年之後，各勇營應添仍可再添。此係鄙人爲邊防苦心籌畫，設法湊欵辦成此舉，其應如何裁節，抑別有節省善策之處，統請兩公卓裁。此事已會銜入告，奏稿另咨。養。

致欽州馮督辦光緒十五年九月二十三日發

咸電悉。欽州瘠苦，若捐修考棚并籌備每屆棚費供應，力斷不支，未免擾累難行。且學院三年考期本促，若再添欽州一棚，

[一] 指廣西巡撫馬丕瑤。

程途考期更形逼迫。已與學院籌商，亦以爲事有窒礙，應仍照奏案附廉棚考試爲妥。養。

致福州船政大臣裴光緒十五年九月二十三日發

廣庚祈飭速配好，管駕已派都司張斌，即日行，并請派一學堂出身穩練者充幫駕。何日可到粤，望即示。漾。

致柏林洪欽差光緒十五年九月二十三日發

號電悉。車礮共一百三十二尊，不必減半。價已匯，期望改訂十四個月成，不必太早，以便措欵。漾。

致瓊州朱道、李鎮光緒十五年九月二十四日發

已練鎮標兩營，再練水師一營，崖州一營，海口一營。最衝要處已有規模，餘可稍緩。海口營緊要，不便緩練。防勇能再裁一營固好，否則不敷之餉由省局補足。前派紮榆林港之一營已到防否。均即覆。敬。

致肇慶包令光緒十五年九月二十四日發

硯石已開辦否，實在情形如何，速據實密電禀覆。敬。

致輪墩劉欽差光緒十五年九月二十五日發

布機、鐵爐均已奏明有案，籌有專欵，將來即電粤督署匯撥。有。

致輪墩劉欽差光緒十五年九月二十五日發

化學、鑛學、電學、洋律學、植物學五種教習，想已覓得，務請將五人全數延定，速訂合同電覆。如上等難覓，中等亦可。鄙人交替在即，必須出奏。此事關繫中國製造軍火，開闢利源，交涉鄰邦諸要政，實爲自强本源，急須設學儲材，故欲在粤倡之。如尊意或慮經費不繼，洋教習不能久留，鄙人到鄂後當延往，將來斷不至爲難。切懇盼覆。有。

致輪墩劉欽差光緒十五年九月二十九日發

湖北大冶縣産煤鐵，海署囑亟籌開采。請速覓著名鑛師一人，代訂薪工，即立合同，令赴漢口領事處報到，需欵電到即匯。又，六月蒸電請募練船教習三員，水師學生停課以待，務懇速覓，飭即來粤。豔。

致武昌奎撫台光緒十五年十月初四日發

大冶鑛姑令盛處鑛師一看，有益無損，湘黔鐵能煉更佳。總之，鐵路事關久大，不能欲速，先須籌欵，次須煉鐵，必從容規畫完備，方能開辦。洞到鄂自當詳籌熟察，務令於民不擾，斷不至鹵莽從事。請告司道府縣，俾釋羣疑，勿聽浮言惶擾，至要。支。

致江夏、漢陽兩縣光緒十五年十月初四日發

十一月中旬到鄂，所有公館及衙署供應，務從儉樸，不得華侈繁費，不准用綢緞、錦繡、燕菜，不准送門包、前站禮。一切

使費，所有到任供張，如有公款，勿過領款之數，如無公款，用過若干，開帳照數發還。萬勿故違，致干未便。支。

致總署 光緒十五年十月初六日發

前奉鈞署來電，云北海漁船一事，法人已將發照撤銷，華船赴越，於抵口時納税等因。當即轉電北海，查明每船抵口納税若干。兹據復稱：華船赴越抵口，歲一納税，名曰船鈔。貨船載五萬斤者，納二十五元，大小以此類推。漁船載六萬斤者，納六十元，餘仿此。船照正月發，冬月收，次年納銀另發。如法官更换，向新照法官納。至於貨物魚鹽税無定額，可稽查等情。查此案前因法國領事在北海地方徵收漁船照費，有侵中國自主之權，是以堅持不准，現既撤銷，則事已就範，應勿庸議。至在越南界内如何分別等差徵收船鈔，係由法國自主，但須所徵數目與別國之船一律，則中國自可毋庸過問。除俟該員等將切實情形稟覆到日再行咨呈外，合先電聞。宥。

致天津李中堂〔一〕 光緒十五年十月初六日發

朔電悉。海署初次函已到，第二函未到。尊電通籌定計云云，今必有成竹在胸，望先示大略，當詳審籌計奉覆。連日武闈忙迫，故未及覆。語申。

致天津李中堂 光緒十五年十月初七日發

陽電悉。鄙疏乃救津通之議，似不得謂鄙人發端。且海署覆奏舉辦，豫、鄂自當與尊處會商定議，鄙人乃聽公妙策耳。公開辦津沽，老謀熟手，公若束手，洞將如何。九月初八日有覆奏一疏，已抄稿咨達，日内當到。大意是儲鐵宜急，勘路宜緩，興工宜遲，竣工宜速四語。鈍拙迂緩之見，幸賜指示。頃覆海署一電，想已入覽。陽亥。

李中堂來電〔二〕 光緒十五年十月初九日到

陽電及覆海署電均悉。津、通本可急辦，試行有利，再籌推廣。此各國鐵路通例，乃因群言中止。鄂、豫、直長路，實自公發端也，尊論四宜，只可如此籌畫。開鑛煉成鋼條，器未甚巨，豈能各省同開。粤既購機爐，僱鑛師，似宜就大冶開辦。黔鐵難成而運遠，斷不可指。晋鑛佳，惜無主人耳。鴻。

致柏林洪欽差 光緒十五年十月初七日發

請向克廠訂購十二生三十五倍口徑新式長礮二十尊，各配彈一百顆，係陸路礮臺用，分兩起造成運粤。第一起庚寅十二月交，第二起辛卯十二月交。此時先匯第一起半價，以後按期匯付。此項礮係粤防最緊要處所用，已奏明必購成乃可。祈速覆。此二十尊即名曰己丑訂礮，以別去年戊子訂之大礮二十尊，兩案方能清晰。陽。

洪欽差來電 光緒十五年十月十一日未刻到

陽電第一起礮十尊，零件全，彈千顆，擊甲二成，子母一成，

〔一〕以下二電録自《李鴻章全集·電稿二》，第一四五、一五〇頁，上海人民出版社一九八六年版。原題為「調鄂督張來電」。

〔二〕録自苑書義等主編《張之洞全集》第七册，第五三九一頁，河北人民出版社一九九八年版。

開花七成，扣淨全價三十五萬三千二百一十二馬，請匯半價。鈞。蒸。

致瓊州李鎮、朱道光緒十五年十月初七日發

沁電悉。内隄外隄丈尺均如所擬，工價既經覆勘，即照辦。該鎮道辦事認真，本部堂知之有素，聽言信行，諒無差謬。隄工八萬九千餘緡，橋工三千餘兩，合計需六萬三千餘兩，隄橋及栽竹一切具奏，需銀七萬餘兩，有盈無絀。從前所築各段尚未如式，且嫌低薄，必須另築，一律修成高厚堅實，與新隄整齊畫一，橋工一律用石。臺工即派該鎮道勘估，水英七座，西場三，均安礮廿四生，大英五，均十五生。青磚洋泥，既需購運，礮巨沙鬆，工程自難與省防同論。大英礮較小，五座相連，兵房、藥房當可併用，價當較水英、西場減少。每座物料、工價、運費實需若干，李鎮臺工熟手，即會同朱道詳切估計，一面電覆，一面具稟，本部堂毫無所疑。稟務於月半前到院，以便批定立案，俟隄成即籌欵舉辦。切速。語。

致海署光緒十五年十月初八日發

八月廿七日鈞函謹悉。事期必成，不求欲速二語，要義已盡，曷勝欽服。昨接北洋轉傳鈞電，廷臣又有停路之請，亟望定局，以止紛呶等語。此舉儲鐵宜急，勘路宜緩，開工宜遲，竣工宜速。前六七年積欵積鐵，後三四年興工修造，兩端並舉，一氣作成，合計仍是十年。遲開工以免脱節，速竣工以防中變，脱節則有費無利，中變則不能再舉。現經朝廷定計，鈞署主持，北洋與洞奉命分任，即是定局。一面勘鑛購機，分投采煉，即是發端。度支雖絀，斷無合天下全力不能歲籌二百餘萬之理。中國鐵雖不精，斷無各省之鐵無一處可煉之理。晉鐵如萬不能用，即用粤鐵。粤鐵如亦不精不旺，用閩鐵、黔鐵、楚鐵、陜鐵，皆通水運，豈有地球之上獨中華之鐵皆是棄物。籌欵如能至三百萬，即期以十年，如欵少即十二三年，如再少即十五六年至二十年，斷無不敷矣。愚公移山，有志竟成，此無可游移者也。煉機造廠，每分不過數十萬，多置數處，必有一獲。粤新購定，黔早運到，均有確價，並不爲多。小爐拆機，山路可行，已確詢外洋，並不爲難。各省鐵利大興，無論修路與否，無論利國利民，涓滴皆非糜費，此不必惜費者也。廷臣阻止，果能指陳流弊，正可設法豫防，防弊愈周，推行愈暢。如係隔膜，置之不論不議，舉行既無窒礙，衆論自必翕然，此不足爲慮者也。民情驚疑，此爲最。地方官務擇良吏，以靖其本，慎選工員，以防其擾，厚施恩惠，宣示利益，以結其心，勘路從緩，民情既順，再爲舉辦，以杜煽惑。失業之人，或酌留粗貨運載，或權宜募用，以消梗阻，此不至無策者也。洞前奉寄諭後，曾具一摺覆奏，並鈔稿咨呈，大意即如上項所言。及前託盛道轉達之電，竊幸與鈞函大意一一符合。因係初次覆奏，故未敢請鈞署會奏，以後當隨時抒其管見，仰候鈞核酌辦。現聞鄂省水災甚重，饑民甚多，洞擬俟新任交替後，即日乘輪啟行，遵旨即行赴鄂籌辦災賑，且彼處聞鐵路之舉，不免浮言惶惑，急須撫恤災黎，解釋羣疑，此時能撫慰人心，以後方有可措手。合併附陳。陽。

致桂林馬撫台、蘇督辦光緒十五年十月初九日未刻發

徑電悉。西餉維艱，素所稔悉。臺費無出，所計極周。第鄙見邊防重要，敵逼隘多，必須增設堅臺巨礮，此爲國家久遠之計，非可倉卒取辦之物。二十尊尚嫌不敷，豈可再少減。隨時可添之勇，置經久有用之礮，得失較然，且經奏明，似難更改。爲西省計，似亦不必更改。界雖未定，三年之内，鄙人敢保中法決無戰事，廿營僅裁其一，尚有九千餘衆，此時有防無戰，儘足分布。協餉舊欠，兩公僅就每年部撥之數核計，不知西省光緒十年、十一年防務緊急時，東省曾解濟西省洋欵八十萬，礮價十萬，均係東省分别籌還，遠浮於欠餉數倍。若論事理，本應由協餉下陸續劃扣，鄙人極知西省艱苦，是以歷年不言，甘自受窘受累，舊欠之説恐難論及。效電所云撥還舊臺墊欵兩萬，子熙在粤時，鄙人本許以作爲補解前欠，不扣新餉。嗣據司局稱，礮欵既統由東省扣足，則此兩萬抵新抵舊無甚區别。今當仍照前議作爲舊欠。惟此十八萬外尚有運保費約兩萬，共二十萬，現擬每年解八萬，扣四萬，鄂省較每年實解之數加解一萬，四年扣清。至由鄂補足一節，已經奏明，未便自悔。前説鑑堂在西時，邊餉歲解八萬，鑑堂向未請益，似無不敷。今既允現餉八萬，則防營裁固寬餘，不裁亦足用，能裁與否，悉聽酌度，不相强也。此舉在鄙人不過竭此血誠，豫籌豫墊，多方挪補，竭東省已竭之物，力謀西省將來之邊備，爲大局計，此時不得不豫爲擬定，後任督撫司局已不知若何爲難。至購礮重大，且西省舊臺尚係舊式，未盡合用，此項臺工自應加功，照新式修築，一律精堅。現已奏請部撥巨欵，由東揀派臺工熟手，會同監修。此係邊防至計，決不可緩，兩公當以爲然。佳。

致福州船政大臣裴光緒十五年十月初九日發

廣庚試洋穩妥，佩、謝。佳。

致惠州府薛守、李守，歸善縣徐令光緒十五年十月初十日發

該府設局開鑛，日久未據詳報。聞煤鐵銀錫各鑛皆有，究竟何處，現開何鑛，何處所得最多，何處鑛質最良，多者能獲若干，其轉運煤鐵，何處水口最爲近海，運脚幾何，應以何處爲聚集之所，速飭歸善、河源、永安、龍川四縣令即日親往確勘，電飭尤速，不通電之處由府飛札轉飭遵照。迅速電覆，毋延。庚。

致總署光緒十五年十月初十日發

定界委員署欽州李受彤等電稱：初九日與法官晤商，先勘東興一帶河界，再勘陸界，彼此先各繪一圖。十四日定議，此後河中淤有沙洲，近華者歸華，近越者歸越，河道即有更改，無論河在何境，兩國皆許行船等語。似均妥協，已飭照辦，并據稱法官甚和平。并聞。蒸。

致柏林洪欽差光緒十五年十月十一日發

真電悉。半價即匯，惟運礮雖分兩起，合同須共爲一分，緣此礮係一處隘口所用，奏案須將礮全數全價叙明，不能分作兩起。

務請速訂一總合同電示。真。

致瓊州朱道光緒十五年十月十三日發

儋州、臨高均照奏案准各募勇五十名，萬州勇不必裁撤。元。

致海署、天津李中堂光緒十五年十月十六日發

北洋摘示黄通政停路疏已悉。查洞三月内遵懿旨議奏一摺，本謂開路之利首在利民，利民以出土貨銷土貨爲大端，利國以通漕調兵爲大端，非如商賈之開鐵路公司，但計歲有運脚餘息幾釐，原疏可覆按也。黄奏用心極精細，惟所稱宜查出産、税釐、運費、采本，以鐵路所入扣抵他處所短及養路之費，再有盈餘，方爲實利。今分數未明，而逆臆其必得大利，未敢謂然等語。乍觀之似甚切實，其實不然。天下之物自其有定者，而觀之則此盈彼絀，此消彼長，理所固然，而未可以概諸地利與人力也。地利不開闢，則千古猶是荒廢，人力不善用，則百世莫能振興。美洲居大地三分之一，當未開闢以前，其土人穴居野處，榛狉荒陋。百餘年來，西人以格致之術經營於其間，遂成天下至富之國。同此地利，同此人力，而今昔懸殊者，實人事有以勝之也。就中國而論，則財力有限，合中外而通籌之，則財力無限。通商以來，各國挾其製造物産以圖中國之利，斷無禁阻之法，我而不自振作，以圖抵制，將財源日涸，民生日蹙，既不能富，其何以强。鐵路者，富民之一大端也，其利用之處，非沾沾於目前之土産税釐所得，而綜覈也。英國某鐵路開辦之初，通盤細核，一年約估得利一萬鎊，及年終綜算，獲利竟至十萬一千八百二十九鎊。西人算無遺策，猶有此等懸殊，自謂始願所不及。中國現未開辦，從何按計。查西書備載鐵路之利，詳列有表，姑舉一二以概其餘。美國某省産煤最富，五十年前僅有鐵路數百里，年中出煤不過六萬餘噸。迨後鐵路增長，煤亦增多，五十年中共出煤七萬三千零七十五萬九百二十五噸。以每噸值洋四元計之，合銀二十九萬萬二千三百零三萬七千零二十四元。又某省産棉最富，四十年前僅有鐵路數百里，迨後鐵路遞增，出棉亦漸多，其初每年出棉不過百餘萬包，今鐵路共長一萬五千餘里，每年出棉五百餘萬包。四十年中此省築路之費共銀七百八十六兆元，四十年中共出棉花一百四十九兆餘包，每包價五十元計之，共值七千四百七十三兆有奇，較之築路之費多至十倍。使無鐵路，則運載艱難，價值昂貴，銷流不廣，焉得有此厚利。其餘米麥牛羊日用飲食之屬，無不因鐵路而出産加多，販之外國可以獲利。此成效之歷歷可考者也。鐵路意在銷土貨，尤在多出土貨，使中國能精究格致之學，開煤鐵，廣種植，勤開采，善製造，鐵路之利自不可誣。若徒開一路，其餘開采製造概不講求舉辦，則鐵路誠無用矣。洞第一疏即言煉晋鐵，鐵即土貨也。復言非講機器、化學不能化無用爲有用。第二疏亦言急籌采鐵、煉鐵，并令各省講求格致、化學、鑛學，開采製造。洞現在粤已購設織布廠、煉鐵廠、槍礮廠，並新立電學、化學、鑛學等學堂，無非此意。若不思探本開源，但執目前土貨大數計之，是自安窘弱之見也。至洋貨多銷，亦在意中，我果實有利民强國之策，似未便因噎廢食。若利民之端，尤有賑災荒，省差徭兩大事最爲明顯，不僅商務，兩疏已詳。若謂目前工需甚鉅，自係實情，且各省水災蠲賑尤費。此事原可量力，可寬期，斷無國用一切不顧，專辦此一事之理。總之，修路一端，有鐵早辦，無鐵遲辦。

開采製造諸務，有欵多辦，無欵少辦。古人七年求艾，廿年沼吳，但貴立志堅定，早籌實辦，循序量力，鹵莽固不可，坐困亦不宜。管見如此，是否切當，伏候鈞裁酌示。咸。

致海署、天津李中堂 光緒十五年十月十六日發

大咨鈔示張御史先造河橋一疏，似未妥。河橋太費，先辦尤無謂。洞九月初八疏擬有用輪船渡車之議，是否可行，伏請確考裁酌。此係另一案，故分電奉覆，以清眉目。咸。

致天津李中堂 光緒十五年十月十六日發

九月初八覆奏鈔咨摺稿，想已入覽。管見已具於此疏及陽電及昨日咸電。惟此舉重大，公意究應如何下手，黄第二疏尊意云何，均望明晰示悉。如中有鄙人未能見到之處，亦可改正，以期擇善畫一，不然南北兩說參差，如何定計。蓋此事若詢及辦成之有益無益及開辦之妥與不妥，疆吏任之。若此事之辦與不辦，則惟朝廷主之，海署定之。洞望淺言輕，識迂才絀，從來不敢勇於自信，儻堅謂係一人發端，又謂係由一人贊成，洞實不敢任也。即望示覆。咸。

致海署、天津李中堂 光緒十五年十月十六日發

寒電敬悉。黄、張兩摺昨日已另電奉覆，並未具奏，以後會銜覆奏一節，謹當遵照，既免內外歧異，且免南北參差。諫。

致貴陽潘撫台〔一〕 光緒十五年十月十六日發

黔購煉鐵機器早到，安設何縣何村，距大河幾里，現已開煉否，鐵佳否，能煉鋼否，每日出生鐵若干，熟鐵若干，鋼若干，運至鄂價脚共若干。如鐵佳而價廉，當爲黔廣謀銷路。速示覆，切盼。諫。

致欽州李牧、梁參將振基、馮督辦 光緒十五年十月十七日發

白龍營應由省河輪扒船撥兵一百名，梁參將轉飭都司陶烈武迅即照數募足精壯，不准老弱缺額，擇要駐紥，認真操防。該將點驗後電稟，自十一月初一日起支糧餉，省河即照數裁額停餉。其汛地營房軍裝等事宜，該將親到白龍尾，督飭陶烈武妥籌，會商李牧。速會稟。洽。

致欽州馮督辦、龍門協戴副將 光緒十五年十月十七日發

龍門協奏定應撥東興兵一百名，久未撥，顯係（古）〔占〕額營私，大屬荒謬。接此電後，迅即照案移撥赴防，如邊界稍有貽誤，該副將豈能當此重咎。即電覆。洽。

致武昌奎撫台〔二〕 光緒十五年十月十七日發

陝之興安、紫陽、漢陰，鄂之鄖、房、竹，皆産鐵甚多，民

〔一〕指貴州巡撫潘霨。
〔二〕以下三電録自抄本《張之洞電稿·致各省電》。

以爲生，素所稔知，正在漢水上游，運鄂甚便。民間如何開采煎煉，已開之鑛若干處，年中獲鐵各幾何，鐵質優劣，作何器皿，有何銷路，請代委熟習妥員三四人分赴陝、鄖詳查。感盼。洽。

致惠州薛守、李守光緒十五年十月十九日發

前電飭惠州所屬各縣查復鐵鑛何處最旺，何處易運，想已有覆到者，速電聞。效辰。

致煙台盛道台光緒十五年十月二十一日發

北洋電，大冶無煤，煉鐵須由當陽運煤，如此豈不費事，請詢鑛師，當陽運煤合算否。又聞木炭煉鐵勝於用煤，楚木多而賤，是否相宜，并希速詢覆。馬。

致總署光緒十五年十月二十一日發

六月朔電謹悉。富利惇一案，事起倉卒，地方官竭力彈壓，富得眷口無恙，保護不爲不力，本不應賠。前擬禁入内地行醫，量爲撫恤，原爲轉圜之計。美使不從，嘵嘵置辯，事頗難處。因思美立新例，禁絶華工，已屬不合，乃并從前領照回華，照中載明准其回美者，今持照到美亦被逐回。該國視條約成例如弁髦，洋報呰議，代爲不平，中國不加以抵制，實覺過寬。富案小節，不足計也。今美使稱如不應賠，不妨明示，以便轉報本國，意近恫喝。似可明告以論情體恤，未嘗不可，但美國新例殊太不公，既與條約不符，亦與美例相背。有照華工被其逐回，負累不少，美如能將新例商改，不但富案可結，凡事皆易商辦。若先以不公待人，無怪中國之懸案莫結。以此牽制，決無妨礙，請鈞署裁之。至美曾賠華工鉅欵，原因我有自禁之議，故以此相餌，總統諭議院歷言論理按約皆可應賠，只作體恤等語，是以後華人遇害能賠與否，固不在富案之結與不結也。號。

致總署光緒十五年十月二十一日發

前奉大咨，張星使因美約中輟，奏請飭籌補救等因。查美虐待華民，鄭倡自禁之議，未能按約争辯，持論本未的當，然猶曰示禁在我，蓋有不甘之情，欲暴其惡於衆，或亦有説。張本自禁之議，與美立約，且與收受賠欵相提並論，人將曰中國得其賠欵，願以禁止華工對易。夫不甘苛虐而自禁，與受其賠款而願禁，雖同一禁，情節迥殊。物議沸騰，實由於此。鈞署以衆情不協，未便奏請批准，自是正辦。欲籌補救之法，須杜藉口之端。美行新例之意，必曰新約賠欵已付，而中國不予批准，不得不自行禁例。現值更换使臣，似宜就新約設法轉圜，准其限禁而減其年限，其已在美之華工，應照庚辰續約，仍准任便往來，入境假道不在禁例。彼如以賠欵爲詞，國家重在保民，何惜此廿餘萬金而予人以口實，宜將此欵撥還，使之無可藉口。朝廷如肯發還賠欵，即由粤省諭令香港及在洋各島華商捐集此欵。該商等冀圖後來生計，亦必樂從。我之言正理順，彼當不能不與另商。如其始終不肯轉圜，不妨明告以美例違約不公，若不另行商改，中國將調回使臣，不與通使，税務各差有用美國人者盡行辭去，美民教士不准入内地遊歷傳教，使知中國有報復之意，自不能無所顧忌。如能就範固佳，否則以此抵制，於商務並無關礙，將來亦甚易轉圜，斷不

至開衅。此事關繫華民百萬生計，似不可不與力争。除咨呈外，謹電達。號。

致欽州李牧光緒十五年十月二十一日發

嘯電悉。所籌白龍尾諸事，極是。建都署，製旗衣，發槍械，點海燈各節，均照議速辦，至礮臺可稍緩。此處設洋製巨礮，臺須洋式精築，綠營兵不解作法，臺基亦不僅鋪石了事。現已在省局撥七千斤克虜伯後膛大礮五尊，下月運到，到日先令陶都司派兵搭棚看管，新署北海鎮楊鎮安典礮臺熟手，下月親赴白龍尾，相度地勢，酌定作法，會同該牧估工，迅速請欵興辦。馬。

致煙臺盛道台〔一〕光緒十五年十月二十三日發

閣下能來滬面商大冶鐵事，甚好。能稟北洋、海署請示否，緣海署來電注重先辦大冶。如能來，或先電奏，或晤後奏，酌覆。鄙人本日交謝候船，初二行。養。

致欽州李牧光緒十五年十月二十四日發

本部堂廿二日交卸督篆，下月初四啓行，以後界務可電新任李部堂請示，並電達本部堂知之可也。繪圖生已覓三人，定廿五由省起行赴東興。漾。

致海署、天津李中堂光緒十五年十月二十九日發

前奉鈞署寒電，大冶下手，自是正辦等因，北洋來電亦同。昨接湖北奎撫電，盛道宣懷奉鈞署諭，飭派鑛師白乃富赴鄂勘鐵鑛已到等語。竊思盛道既備悉大冶鐵鑛，並知鄂省煤廠情形，現經鈞署飭辦此事，洞此次抵滬如能與該道晤面，詢商一切，到彼較爲透澈易辦。惟該道係隔省實缺人員，無從至滬。謹請鈞署裁酌，如事屬可行，擬請代爲轉奏，令該道至滬一晤，俾得詢商大冶鐵鑛並開煤設廠一切事宜，實於公事有益。是否可行，謹候裁奪，爲禱。豔。

致煙臺盛道台〔二〕光緒十五年十月三十日發

昨已電海署代奏，原電請飭電局查閱。現在黄埔候輪，須初七八自港開行，約初十到滬。卅。

致煙臺盛道台光緒十五年十一月初五日發

頃接海署來電，云所請抵滬晤商盛道宣懷詢商大冶鐵鑛并鄂省煤廠情形，海署擬即入告。先此電覆，俟得旨後再行電覆等語。歌。

致濟南張撫台〔三〕光緒十五年十一月初五日發

十月廿九日致海署電云：前奉鈞署寒電，大冶下手自是正辦等因，北洋來電亦同。昨接湖北奎撫電，盛道宣懷奉鈞署諭，飭派鑛師白乃富赴鄂勘鐵鑛已到等語。竊思盛道既備悉大冶鐵鑛，並知鄂省煤廠情形，現經鈞署飭辦此事，洞此次抵滬，如能與該

〔一〕〔二〕〔三〕 録自抄本《張之洞電稿·致各省電》。張撫台指山東巡撫張曜。

道晤面，詢商一切，到彼較爲透澈易辦。惟該道係隔省實缺人員，無從至滬。謹請鈞署裁酌，如事屬可行，擬請代爲轉奏，令該道至滬一晤，俾得詢商大冶鐵鑛並開煤設廠一切事宜，實於公事有益。是否可行，謹候裁奪爲禱等語。特録原電奉達，祈先飭盛道知之，俟海署覆到再電達。微。

致桂林馬撫台 光緒十五年十一月初六日發

鄙人十月廿二日謝篆到黄埔候輪，本月初八日自港赴滬，西事重要，諸賴藎籌，惟邊關緊要，協餉艱難。龍州防營是否足額，恐日久疲懈，或染陋習，似須密加考較，善爲匡規，爲要。語。

致龍州蘇督辦 光緒十五年十一月初六日發

頻年同舟，諸承雅愛，感謝殊深。微聞邊防各營勇額不能甚足，邊地遼闊，閣下稽察難周，營官積習恐不能免。既有所聞，至好不敢不告。是否屬實，務望留意稽核，勿令他人藉口爲幸。語。

致煙臺盛道台〔一〕 光緒十五年十一月十二日發

昨申抵滬。兩電悉，專候來晤方行。文辰。

致崖州謝署副將鴻章、瓊州朱道 光緒十五年十一月十五日發

唐賢相李德裕貶死崖州，其裔孫尚有存者，已從黎俗。去年屢電囑唐牧訪求，資送來省，據云該忠裔性質愚蒙，不敢遠來。此事鄙人終覺於心耿耿。該將務須設法勸導曉諭，携兩人同來，許以終身衣食不缺，吾將帶往鄂省，將來携之北歸中原，爲古今忠臣勸。特此切囑。需費若干，告知即電匯，千萬辦妥爲要。願。

朱道來電 光緒十六年正月初七日亥刻到

李衛公後裔二人，由謝提督帶至郡城，職道面問，一名亞六，年十八歲，一名亞洪，年十六歲，重譯始通言語，均不願遠出。職道采稟。魚。

致廣州李制台〔二〕 光緒十五年十一月二十日發

十一抵滬，連日與盛道晤商一切。廿日乘江寬上駛。廿六接印。粵事諸仗藎籌，經緯萬端，鄙人得彌缺憾，尤深佩慰。未盡事宜，已手具詳函，稍遲即當奉達。箇。

致廣州李制台〔三〕 光緒十五年十一月二十日發

鄂省開辦鐵鑛，(電)〔急〕用鑛師。前募德國三人、英國一人暫住錢局，請墊川資由鄂匯還，飭即隨帶各器具迅速赴鄂。到漢口時在領事署報知。合同原案並請咨鄂，以資查核，至感。馬。

致江甯曾宫保〔四〕 光緒十五年十一月二十三日發

行程促迫，過金陵未能奉謁，歉甚。承借威靖兵輪送鄂，感

〔一〕〔三〕録自抄本《張之洞電稿·致各省電》。
〔二〕指繼任兩廣總督李瀚章。
〔四〕指兩江總督兼南洋通商大臣曾國荃。以下二電録自抄本《張之洞電稿·致南洋電》。

謝。漾卯。

致安慶沈撫台[一] 光緒十五年十一月二十三日發

函感悉。廿六接篆期促，安慶擬不停輪拜謝。漾卯。

致上海招商局盛道台[二] 光緒十五年十一月二十四日發

白乃富經勘各鑛，有須面詢者。請飭即來鄂以備細問，方可酌達海署。洞。敬。如已旋煙臺，速轉電。

致海署、天津李中堂 光緒十五年十一月二十九日發

盛道宣懷到滬，連日晤談，詳加考究。據白乃富云，大冶鐵佳而多，惟當陽煤少，僅敷數年。因與盛道商，令白乃富再往鄂省沿江上下勘訪他處煤鑛。管見總以煤鐵距鄂較近者爲宜。廿六日已接鄂篆，聞麻城界上亦有煤鐵頗佳。前在粵募有德鑛師二人、英鑛師一人，已電召來鄂，擬令分查近鄂各鑛，並詳訪水運可通之黔鐵湘煤運費，再爲籌計奉達。先陳大略，詳容續電。儉。

致貴陽潘撫台[三] 光緒十五年十一月二十九日發

青溪鐵廠究竟何日開爐，能煉鋼否，約計煉成鋼後水運到鄂，每百斤需銀若干。該廠鐵據洋人云可供幾年之用，該處煤佳否多否，每烟煤百斤價若干，煉成焦炭價若干，均祈速覆。儉。

致江甯曾宫保 光緒十五年十二月二十一日

鄂省艱窘，百事棘手，災深餉絀，緩急堪虞。查鄂岸商捐津貼一項，筱帥未收，留充公用，立意最善，相沿日久，不免虛糜。督銷局自有局用及緝私經費，每年綽有餘裕，此項本與該局無涉，亦無關淮鹺得失。已面商沈道，自明正始，按月照原數解湖北善後局，專備重要公事之用。其幫貼武、漢四府緝私，自當照舊支給。儻得藉此項舉辦重要數端，是公造福舊治，洞實與江漢士民同深感頌。儻鄂中稍有可籌措之方，斷不致問及此欵也。除咨函奉達并札督銷局外，先此電告，幸惟亮鑒。請示覆。馬。

曾宫保來電 光緒十五年十二月二十三日午刻到

來電極應遵辦，惟為數無多，不足供貴省重要公事之用。竊思湖北利源全在鹽務，從前狃於祖川，致未能開拓餉源。俟尊函到後，擬獻芻蕘，約可立致一二百萬鉅欵，每歲又可加增常稅數十萬。區區津貼，請置緩圖。荃。

致廣州李制台 光緒十五年十二月二十五日發

禡電悉。水陸學堂新舊兩所，局面宏闊，屋舍極多，新增數學已分別列屋懸扁，足可敷用，教習數人尤易安插。如慮屋少，學生少數名無妨。粵省洋務衝要，於粵尤宜，鄂風氣未開，尚論不到此，仍請留粵用爲是。敬。

[一] 指安徽巡撫沈秉成。
[二] 録自抄本《張之洞電稿·致南洋電》。
[三] 録自抄本《張之洞電稿·致各省電》。

致柏林洪欽差光緒十五年十二月二十五日發

讀函及鐵路兩議，精核詳博，佩甚。幹路鋼條每碼只四十五磅，似太單，似須六七十磅者方好，請詳詢價值運保，速示。開煤鐵鑛機器未蒙籌及，并望速查示，感盼。敬。

致成都劉制台〔一〕光緒十五年十二月二十六日發

近年宜昌川鹽釐數日短，當是銷滯之故，於川、楚均有不利焉。有何暢銷之法，川課鄂餉兩有裨益，鄂必爲力。祈籌酌速覆。宥。

劉制台來電光緒十五年十二月二十六日酉刻到

川鹽滯銷，由於宜昌加釐。弟履任之初奏請停止，已奉諭旨，江、鄂遞争，議遂中沮，執事飭查川、鄂、江三省原奏稿，便知底藴。秉璋。宥。

劉制台來電光緒十五年十二月二十七日戌刻到

江所恃者鄂加淮釐，然淮釐雖加，川釐驟短，似須照原案奏請兩停，以防其漸，否則日甚一日，將來淮釐所加且不敵川釐所短。聞鄂民喜食川，而川價本昂於淮，若價昂太過，則鄂民將貪賤食淮，川課輕鄂釐重，川去一文，鄂去二三文矣。昨電太略，用再縷陳。秉璋。儉。

致宜昌鹽局陳道光緒十五年十二月二十六日發

川鹽釐爲鄂餉大宗，年來日見其短，其中有無弊漏，何法可令暢銷，速據實覆。宥。

陳道來電光緒十五年十二月二十六日亥刻到

宜局掣驗收釐，實無弊漏。其銷數短絀，一由釐重商疲，一由潞私浸灌。容悉心籌畫，詳細上陳。職道汝蕃稟。

致江甯曾宫保光緒十五年十二月二十八日發

養電悉。鄂地褊陋，洞又無才，誠不免爲大方所笑。尊電所云立致一二百萬，歲增常税數百萬，必有宏謨，即望賜教，感甚盼甚。洞在鄂但計鄂之利害，川、淮兩無所袒。商捐津貼一項，另電詳覆。儉。

致江甯曾宫保光緒十五年十二月二十八日發

商捐津貼一項，湘省何嘗作緝私之用，奏案昭昭。鄂擬撥歸善後局作地方公欵，似甚光明，况於有關緝私舊案，確應鄂發者，並不稍減乎。尊意不以爲然，竊所未喻。沈道單開薪水共一萬零五百金，皆係湖北人員。洞自核鄂省冗員浮費，似無不合。歷年該局支欵，聞多有本應在他項開支者，請詳查自悉。儉。

致廣州李制台光緒十五年十二月二十八日發

頃海署電詢粤訂煉鐵機器可否移置鄂省，應需各欵所指何欵等語。查此機粤既不用，自宜移鄂。鄙人訂購之時，本意係指明年冬更换闈姓商人預繳餉欵一百四十萬元一項内支用，充然有餘，

〔一〕指四川總督劉秉璋。

且辦成後招商承領，願者必多，是以敢於挪墊。今歸鄂用，自應請海署於部籌鐵路經費項下發欵，惟已墊之十三萬餘兩，似可由粤歸還，仍動明年預繳闈餉。以後鄂另請欵，部中少籌十數萬，中外當同佩公忠也。特奉商，即候示覆。儉。

李制台來電光緒十五年十二月二十九日申刻到

儉電悉。煉鐵機器既移鄂省，餘欵於海部所籌鐵路項下另支，自係正辦。至已墊之十三萬餘兩，來示囑於粤省明冬闈餉内彌補，謹即遵命。瀚。儉。

致廣州李制台光緒十五年十二月二十八日發

織布機器前商允移鄂，感甚。機器全價自應粤省於現存恩科捐購本欵四十萬内撥付，惟造廠約需二十餘萬，開織後常年經費行本約需四十萬。洞在粤與誠信、敬忠兩堂商人議定，該商認捐此項經費八十萬元，合銀五十六萬兩，禀詳批准有案。此係另籌專欵，不與常年正餉相涉，即使明年闈姓另换他商承辦，亦必照捐，毫不爲難，曾經詳晰面談。此專欵五十六萬兩，應隨布機移鄂作爲粤鄂合辦之事，獲利兩省均分，仰承慨允。現查鄂省官商交累，無從籌此巨欵，惟有仍照前議，將兩堂商捐專欵撥鄂應用，深感藎籌。特奉商，以便會台銜具奏。欵既有著，即擬先借欵趕造廠屋，免致停機待廠。即盼示覆。儉。

李制台來電光緒十五年十二月二十九日亥刻到

儉電悉。前議認捐經費，誠信、敬忠兩堂闈議現尚未定，且為期亦遠，他欵應付之項甚多，皆須指用，難以分給。此事固為收利起見，然利尚難必。公從容布置，即機器到鄂，或招商集股，或裕餉緩圖，似可毋庸汲汲。公意何如。瀚。豔。

致輪墩劉欽差〔一〕光緒十五年十二月二十八日發

宥電悉。織紡機請飭運鄂。儉。

致成都劉制台光緒十五年十二月二十八日發

宥、儉兩電感悉。淮抽煩重，既困川商，兼抑鄂民。食貴本欠平允，近爲脣齒，誼當竭力，鄂既允停，淮必隨之。惟鄂省新加江防二文，川增約十萬，淮增將及七萬，若驟減十七萬，以後川釐多收者，能否足抵此數，須確有把握，方敢舉辦。望公詢訪官商，有何變通而又切實之策，熟籌示覆，果令鄂餉有著，必當遵行。再，鄂淮加抽五文已數年，何以前四年宜昌釐數並不甚短，請詳考其故見示。儉。

致廣州李制台〔二〕光緒十五年十二月二十九日發

儉兩電鐵機布機事務，請裁酌速覆，以便電覆海署。切盼。豔。

致煙臺盛道台光緒十五年十二月三十日發

白乃富廿一日到，次日即見，與詳談。據云，大冶左近理應有煤，若宜昌以下有煤亦好。現派員偕赴冶、溯江勘訪，正初行。

〔一〕録自抄本《張之洞電稿·寄外洋電》。

〔二〕以下二電録自抄本《張之洞電稿·致各省電》。

利國鑛誠佳，但遠鄂，且運河多涸。現訪湘煤鐵多，俟詳籌運價。黔鐵確佳，但機小不敷用耳。

致海署、天津李中堂 光緒十五年十二月三十日發

上月廿九日肅上一電，計早達。本月下旬，洞在粵募來之英鑛師巴庚生，德鑛師畢盎希司瓜兹、鑛匠目戈阿士，及煙臺所募之比國鑛師白乃富，先後到鄂，並在粵訪有德國久造鐵路之工弁時維禮，亦召來鄂。與該洋弁洋師等晤談詳商，據白云，大冶鐵佳，以理論之，附近百里内外必有煤，如沿江上游宜昌以下有煤，大冶鐵亦可煉等語。現擬委員伴送鑛師等同赴大冶一帶勘煤，大冶畢，即溯江上勘沿途至宜昌一帶。至湖南煤鐵，寶慶、衡州、辰州三府均甚多，暢行湖北、江西、安徽、江南等省，至今猶然。三府皆通水運，遠近率皆千餘里下水，已擇數種令鑛師閲。據稱，寶產衡產煤皆佳，鐵佳者數種。現委員赴湘分路考究多少、貴賤、運貨，並函致護湘撫沈臬司晋祥就近籌訪。大約湘煤湘鐵皆甚佳甚多，足可敷用，約估尚不甚貴，但慮收多擡價，須籌一采買轉運之法。如大冶實無煤，或用湘煤煉冶鐵，或用湘煤煉湘鐵，或參買黔鐵。貴州潘撫來函議定，如鄂用黔省機器煉成之鋼，總令其價較洋鋼稍廉。總之，必可濟用。至勘路一節，先宜密辦，擬以造電綫通豫鄂爲名，往勘綫工，則綫路即將來車路，且此綫亦在所必造也。明正擬派員同德弁時維禮及造綫員匠密勘由漢抵汴之路，德弁可遵改中國衣冠，以免驚疑。至徐州利國監煤鐵，曾與盛道及白乃富議及，鑛均可用，但距鄂遠，且冬春運河淺涸，似可稍緩，俟鄂必不能煉再議。洞在粵訂購之煉鐵機器移鄂最便，詳具另電。豔。

致海署、天津李中堂 光緒十五年十二月三十日發

宥電敬悉。洞在粵訂購煉鐵機器，原爲粵民開利源，塞漏卮，然庫款無可動撥，故暫向匯豐借銀購辦，待機全到、價全清時，須明年十一二月，彼時粵有鉅款一宗，係闈姓商人六年届滿更換，照章須於冬春間預繳餉銀一百四十萬元，合銀九十八萬兩。上届奏明有案，以之支付鐵機及造廠約五六十萬兩，充然有餘。俟廠成利見，粵商必然争先繳價承領，此數十萬之款仍可收回，不過官任其勞，民享其利而已。彼時或推與商辦，或官自辦，可臨時斟酌。洞在粵數年，深知粵商性情，提督方耀熟悉商情，久駐惠州産鐵之區，屢與洞詳談，深以粵省自煉鋼鐵爲有利，故敢決計爲之。今兩廣李督既不欲在粵置機采煉，且此機内本兼訂有造鐵軌機器，自以移鄂爲宜。正擬上陳，適奉鈞電，謹當即電使英劉大臣，將此機運鄂，將來大冶煤便，即置大冶，若大冶煤艱，湘煤湘鐵尚合算，即設武昌省城外江邊。要之，在鄂總有大用。至已經借墊之銀十三萬餘兩，已商李督。頃接覆電，允許即由粵歸還，於明年豫繳闈餉項下動支，以後續付價值及造廠各經費，擬請鈞署於部籌鐵路經費項下撥付，蓋此項預繳闈餉，皆有待用待還要需，並非閒款。洞若在粵，於通省終年度支計之已熟，此機全價皆能臨時籌挪，今已去粵，粵中用款緩急無從遥度，自未便責令粵省全付。李督慨認已付之十三萬餘，已屬公忠難得。機爲粵一省用，則應粵籌，鐵路爲全局事，自應請動部款。至洞到鄂後籌辦鐵務各節，另電詳陳。豔。

海署來電光緒十五年十二月二十七日酉刻到

頃閱軍機交鈔粤督李奏：設廠煉鐵，訂購機器，已付定銀十三萬有奇。大爐傾銷鐵砂甚鉅，鑛務稍延，即難源源供用。營建廠屋，非數十萬金不能，廠成後廠用相需甚殷，粤省何能常為墊支。現在直隸、湖北創辦鐵路，如將煉鐵廠量為移置，事半功倍。請擬此項機器應設何處，如何指欵動用等語。煉鐵廠可否移置鄂省，俾省開鑛重購之費，應需各欵所指何欵，并酌籌電覆。醇、慶會具。宥。

海署來電光緒十六年正月初四日亥刻到

豔電備悉，另電亦到。鐵為盛舉之根，今日之軌，他日之械，皆本乎此。宏論碩畫，自底於成。部欵歲二百萬已奏准的項矣。粤訂煉鐵機器，既可移鄂，本署即據入奏，繼此鑛師等踏勘情形，望隨時電知為慰。粤督請移鑄械廠於北洋，刻正詳商，然必須得鐵後次第及之，總以將來軍旅之事無一仰給於人為斷，雖不必即有其效，萬不可竟無其志，諒同情耳。醇、慶、澤覆。江。

光緒十六年

致福州船政大臣裴〔一〕光緒十六年正月初五日發

湖南煤鐵各鑛甚多而佳，擬勘明用機器開采。外洋鑛師不便赴湘，擬派中國熟悉鑛務化學之員前往查勘。尊處出洋諸生有精於此學者，請選撥數員來鄂，薪水由公酌議，并代付盤費。飭速就道，至爲感盼。欵項當即匯還。望先電覆。歌。

裴大臣來電光緒十六年正月初八日午刻到

歌電悉。閩中鑛務學生林日章、林慶升前物故，羅自禄在北洋。現惟張金生自山左回，病尚未痊，能否赴鄂，亦未敢必。森。陽。

致海署、天津李中堂光緒十六年正月初七日發

江電謹悉。軍旅之事無一仰給於人，遠略宏謨，曷勝敬佩。鈞電有云粤督請移鑄械廠於北洋，刻正詳商，并云鑄械必須得鐵，極爲篤論。竊擬此時如尚未定議，可否一併移設於鄂。緣近日訪知湘煤湘鐵甚多，黔鐵鄂鐵亦不少，皆通水運。鄂省爲南北適中，若此處就煤鐵之便，多鑄精械，分濟川、陝、豫、皖、江、湘各省，并由輪運滬，轉運沿海，處處皆便，工費亦省。洞爲取資煤

〔一〕以下二電録自抄本《張之洞電稿·致各省電》。

鐵起見，是否可行，伏候鈞裁。陽。

海署來電光緒十六年正月十三日申刻到

陽電悉。鐵為廠根，與其運鐵來津，不若移廠就鄂，分濟各省，事功亦有倍半之别。頃電商李相，意見相同，擬即據以入告。來電煤鐵有恃，欣慰難名。此舉為强弱轉機，旁觀疑信由他，當局經營在我，縱使志大成迂，猶愈中道自畫，況非無米炊乎。執事好為之，吾儕第觀成耳。開采見效，祈早示知為盼。一切經費自當由歲二百萬劃撥，然正題宜先鑄軌，鑄械次之，當否。醇、慶、澤覆。文。

致廣州李制台光緒十六年正月初七日發

豔電悉。洞在粤與公面商，確謂此商捐八十萬元欲帶鄂，爲造廠常年經費。此係另籌專欵，稟詳批准有案。彼時公初到，或是端緒未清，聽之未晰耳。公在粤言粤，如此巨欵不願移作别用，亦是人情。惟此欵係援前年捐鑄錢機器成案，鄙人費盡心力，始肯認捐，並非闈姓正餉常例所有，似尚非常年用度所必需。竊擬只借十六萬兩作造廠費，利息六釐，十年歸還，零數布機用，整數四十萬留粤用，其餘鄂自籌，於粤並不喫虧，似較存匯豐爲優，而鄂受惠多矣。如公允借，其欵雖遠，指此便可以他欵挪墊。尊意以爲可否，即望酌示。大咨已到。陽。

致廣州李制台光緒十六年正月初八日發

陽電言布機事，想達。昨電覆海署詢鐵機指欵事，曾聲明此事當日雖指預繳闈餉一欵，然粤省待用待還，要需甚多，並非閒欵。粤督李肯認十三萬，已爲公忠難得，其餘應由部籌，蓋恐海署於已付十三萬委之於粤外，並指提預繳闈餉，則粤事難辦矣。區區鄙忱，處處皆爲粤計，諒蒙鑒察。蓋鐵機非洞所自請帶者，公既囑令移鄂，即不肯以鐵欵累粤。布機乃洞所願帶者，公於所籌本欵，似宜有以濟鄂也。至利息還期，統聽公斟酌，較之存匯豐等耳，決不敢食言也。特再達候示。儉電悉，感謝。庚。

李制台來電光緒十六年正月初十日巳刻到

陽、庚兩電悉。鐵機承關愛，感甚。粤商捐欵，善後局於十月初甫經詳定，其商稟語甚游移，此欵有無，不能預決。鄙意粤正應還晉欵二十萬，公或暫挪應用。至商捐八十萬如果有著，粤省無論如何為難，總當遵照雅囑，竭力相助。至利息還期，悉聽尊裁可也。瀚。佳。

致東京黎欽差光緒十六年正月初八日發

大咨讀悉。建商黄禮廷、川商盧幹丞贖回華製造火柴，甚善。漢口五方衝要，銷貨尤多，何不商令來漢開設。鄙意欲令華商華工多製洋貨，庶可漸塞漏卮耳。祈示覆。庚。

黎欽差來電光緒十六年正月十九日未刻到

庚電讀悉。當與盧幹臣等函商，皆以此次携本多出重慶商人。又漢口費用貴，售價低，不便移。昌覆。效。

致天津李中堂光緒十六年正月初九日發

陽電想入覽。粤訂槍礮機器，僅能造快槍及陸路行營車礮，廠若在鄂，川、陜、中原陸師各省取用尤便。腹省軍營於軍火一事，至今未能精求，此廠可開風氣，於西路甘川邊防大有益。蓋既不能鑄臺船大礮，則設廠沿海不如沿江矣，尚不獨煤鐵近便也。北洋設廠，似宜造大礮，惟公之宏力能辦耳。蓋籌以爲何如，祈示覆。佳。

李中堂來電 光緒十六年正月十一日申刻到

陽佳電悉。夏間王秉恩過晤，曾謂快槍小礮機器宜帶赴調任為便。家兄因後半價捐欵未收，無可再墊，請移置津通，由部撥欵，邸故緘商及之。中國陸多海少，此項創製實為保邦利器。公既願移鄂設廠就煤鐵，規畫甚遠，惟鄂力支絀，恐未能如期籌付後半價及運保設廠各費，尚賴精心擘畫。已電商海署允公所請矣。鴻。真。

致廣州王藩台〔一〕 光緒十六年正月初十日亥刻發

蒸電悉。蒙允婉商，感甚。昨接筱帥電，言商稟語甚游移，此欵有無，不能預決。商捐八十萬如果有著，粵無論如何爲難，總當照囑竭力相助云云，意極可感。惟此欵無論何堂承辦，必肯照案認捐，只有加餉爭充，斷無求減之理，確係有著之欵。此欵粵係額外增出，在常年收支之外，總是存放匯豐。況鄂借利息六釐，比匯豐較勝，將來入奏時當聲明係粵商捐借之欵，與庫欵無涉，則本息仍歸粵省外銷，與粵省存欵不致有礙。既有奏案，鄂自無食言之慮。如粵尚不放心，或即作爲粵商湊集股本，欵到即按六釐起息，開辦以後獲利則按股於息外分贏，如虧折則鄂獨任之，於粵欵六釐總不短少。如此辦法，實於粵有利無害。總之，鄙人雖去粵，事事總仍求有益於粵，於致筱帥庚電已略言之。至上届錢機捐欵八十萬元，乃鄙人憑空設法搜羅而得，有此成案，故此次布機可令其照捐，於闈餉正項絲毫無涉。筱帥初到，原委或未深悉耳。至筱帥電囑借用晋欵一節，此欵二十萬，本擬撥歸鄂借，作爲開辦後行本，尚須在鄂再招股二十萬，方敷行本之用，故造廠必須另籌也。現擬粵省借欵作爲粵商入股之法，似甚妥善。筱帥前望千萬玉成。至感。真。

致江甯曾宫保〔二〕 光緒十六年正月初十日發

尊函尚未奉到，祈明示。卓見若何，以便斟酌辦法。真。

致雲南唐督辦 光緒十六年正月十一日發

寶粵廠公意既不歸粵，鄙意擬移作鄂用，改名寶楚廠，所需經費當歸鄂出。祈酌示。真。

唐督辦來電 光緒十六年正月十一日酉刻到

公意移寶粵廠歸鄂，改名寶楚，經費由鄂出，甚如鄙願。請咨來備案。炯。真。

致海署、天津李中堂 光緒十六年正月十五日發

文電謹悉。槍礮廠當遵示移設鄂省，即電德廠運鄂，相度廠地，豫爲布置。經費蒙允於部籌二百萬内籌撥，曷勝感仰。惟部欵籌措不易，目前煤鐵各廠需用甚鉅，恐難匀挪。鈞電先軌次械，

〔一〕指廣東布政使王之春。
〔二〕録自抄本《張之洞電稿·致南洋電》。

謹當遵體藎懷，力籌辦法。查此項機器價值運保共一百六十萬馬克，約合銀三十八萬兩，造廠約估需十五萬兩，總共需五十三萬兩，機器已付半價。洞在粵籌有專款，內分兩宗，一係文武官紳捐，一係鹽埠商捐。自光緒十五年起至十七年止，專充購槍礮機及造廠費，總以足敷開廠之用爲度，本年七月初七日奏明，並先經電達咨呈鈞署有案。官捐者係武營罰款，捐出四成爲報效，每年除短交外，約收將及二十萬兩。鹽捐者係倉鹽盈餘，化私爲官，每年除他項用款外，約餘銀五萬兩，因款目瑣細，未敢形諸奏牘，故原奏止渾言官捐鹽捐。洞去粵前兩月，慮款不敷，復飭各營將領議定，武營四成展捐半年，至十八年六月截止。原奏以足敷開廠爲度，如不敷，鹽捐尚可接辦補足。大約此兩款可收八十餘萬，除粵省船局，洞十月內奏明現又在粵自造兵輪兩艘，暨提充書院工程、書局經費外，足敷此項之用。此項固非正款，亦非雜款，并非粵省向有之閒款，乃洞專爲槍礮廠另籌，及粵省有益地方要公之用，確係有著的款，但照以前辦法，必無短絀。粵省現仍捐收，惟款雖有著，目前卻須籌墊，洞若在粵自可設法騰挪，此時粵省恐難籌墊，只可由部暫墊，粵收本案捐款歸還。擬請詢商李督，勉以照案解歸本款。李素顧大局，事當可行。如此則可俟開廠後，經費方動部款，撙節不少。此項原係粵捐粵用，故不請獎，今歸各省公用，懇准將來將籌捐官紳酌量給獎，以勵急公。至入告時如何措詞之處，統候鈞裁。所有應行經營振興各事，謹當勉力切實爲之，斷無中輟自餒。以後查勘煤鐵情形，當隨時電聞。咸。

致廣州李制台〔一〕光緒十六年正月十五日發

鑛師巴庚生在英列單請購化學器具藥料，爲驗鑛所必需，待用甚急。昨接劉星使覆電，知各件業已寄粵，請即轉寄來鄂，價當備還。咸。

致成都劉制台光緒十六年正月十五日發

豔電悉。鄂停淮鹽以要江停川鹽，有益川商甚鉅。此所減六七萬金，自須川確籌抵補之法，此事將來似須川、鄂會奏。兩江現以禁川復淮之説進，欲增十萬九千餘引餌以新商，票價一百七十六萬，全歸鄂用，并云自去秋川井火衰水涸，鹽少商疲，又云川商亦可買淮票，無慮梗阻等語，所言未敢盡信，且事體更張，出入太大，自未便率允。然鄂餉甚急，此間衆論不能不爲巨款所動。請公密與官運局及各大商籌酌，有何良策能使鄂鹽日旺，必須川、鄂兩利，確有把握，則鄙人有辭以謝兩江矣。祈籌示覆。咸。

致煙臺盛道台光緒十六年正月十五日發

三電均悉。大冶附近如無煤，興山、巴東必有，地在上游，較池州便。池煤開采有年，聞多而不佳，似可從緩。湘有枯煤，運價尚不甚貴，勿庸洋師往，然購運究不如開采，如鄂有則舍湘矣。白乃富自宜同勘鄂境，以竟全局，並無聚訟。聞白意恐同勘則掩己長，已告白無論何處勘得，總以白爲首功。咸。

〔一〕録自抄本《張之洞電稿·致各省電》。

致廣州李制台光緒十六年正月十六日發

頃接爵堂方伯咸電，云鄙人真電轉陳筱帥，借欵照允，秋冬繳餉後當可撥寄等語，感謝曷極，即當具奏。有此的欵，此間即可挪墊開辦，務望十月内撥到爲幸。至晋欵二十萬，當遵示撥歸鄂省借用認還，亦即具奏，請飭局立案。諫。

致雲南唐督辦光緒十六年正月十七日發

真電悉。平彝銅廠，以前滇墊經費若干，以後月需經費若干，請查明迅速詳晰咨鄂，以便匯寄。至該廠委員應用何人，如何策勵，廠務應如何經理，統聽公主持酌辦，函咨詳告鄙人可也。廠可改名寶鄂，以免與湖南相混。大約何時可以見銅，示知。欣盼成功，曷勝感謝。洽。

致成都劉制台[一]光緒十六年正月十八日發

兩電均悉。行楚川鹽聞俱由萬縣官運局購買發運，請電飭萬局查明去年川商運赴鄂省下宜昌之鹽共若干包，每包川省完章若干斤，速即電示爲感。洞。

致廣州李制台[二]光緒十六年正月十八日發

霰電悉。化學教習駱丙生請即飭來鄂。巧。

致東京黎欽差光緒十六年正月十九日發

聞日本領事言銅價大減，圓仝頭銅每百斤華銀十兩，洋銀十四五元，確否。如確，洞願包二十年。祈速覆。效。

黎欽差來電光緒十六年正月二十三日巳刻到

仝銅現皆方頭，每百斤價十八元外，倭領事言未確。古河廠西人包至本年十一月底，現亦無可議。昌。漾。

致煙臺盛道台[三]光緒十六年正月二十日發

閣下在滬，屢言當陽煤據洋師云只可供二十年，若兩爐僅供十年，不宜開。既如所云，似難以巨本輕試，且作閘蓄水，陸開鐵路，所費亦鉅，仍止運半年，似非計。鄂境沿江不至無煤，有所得即奉聞。號。

致成都劉制台光緒十六年正月二十日發

屢接來電，似於淮欲併川情形尚未深悉。兹將兩江曾沅帥除夕來函節呈。略云：上秋淮商赴川查探川井，火力迴不如前，且黔、滇需鹽孔急，鹽斤先儘官局收買，到鄂稀少，川商涣散，殷商大半赴黔、滇承辦正引，僅留疲商支持危局。川税近兩年更形短絀，此其明證。敢獻三策，請采擇之。淮鹽五百引爲一票，先繳票價，而後運鹽。近來大商盼望淮南增引，若望雲霓，一經奏停，川鹽加添淮票，遠近新商趨之若鶩。查淮南楚字號額引四十一萬三千四百五十六引，除鄂岸已認十五萬引，湘岸已認十五萬四千引，尚可加運十萬九千四百五十六引，仝二百十九票，以每

[一] 録自抄本《張之洞電稿·致四川電》。
[二][三] 録自抄本《張之洞電稿·致各省電》。

票票價酌中收八千兩計之，共可收銀一百七十餘萬。此項票價兩淮不留絲毫，全數歸鄂以備公用，此上策也。宜昌收川鹽稅，止收七八折不等，歷年虧稅不可勝數。若令宜昌局核實抽收，每年可增川稅二三十萬串，此又一策也。淮南以本岸之商運本岸之地，尚須繳納票價，川商借地行鹽，不令繳價，不拘何人可運，揆諸情理，未得其平。若令川商循照淮商之例，繳納票價，亦可收一鉅款，此又一策也。以上兩策意在川、淮兩平，究不如第一策之痛快也。議者謂鄂收川稅一百五六十萬串，係有著之款，奏停川鹽，此項即成無著。殊不知不運川即運淮，川鹽每斤完鄂稅十八文，淮鹽亦每斤完鄂稅十八文，何虞短絀。川鹽合淮每年約運十五萬引，今僅加十萬餘引，不敷銷售。加新票以後，舊商無可開拓，擬於湖南北舊引内各提二萬五千引運至五府一州，與新票挨次出售，統計十五萬餘引，每斤抽釐十八文計之，比川稅歲收一百五十萬有盈無絀。其武、漢、黄、德及湖南各屬，舊引向被川私浸灌，是以銷疲引積。今將川鹽禁絶，銷數當可加增，則淮鹽運鄂應繳鄂釐每引一兩八錢，運湘應繳鄂釐八錢五釐，鄂省每年可增常税數十萬。議者謂川商失業必致滋擾，不知川鹽自有引地可運，必可改圖。不過將來截停川鹽以後，其已運鄂未售之鹽，必爲設法先儘銷竣，以安其心。且商人惟利是視，聞淮招新商，有利可獲，安知不騰出川本以購淮票乎。歷次川鄂摺内動稱禁川則滋事，盡屬危言聳聽之詞，祇須派防勇一二營，礮船十數號，赴萬户沱駐紮，川私勢難飛渡，決可無慮。議者又謂淮南舊商以增引奪業爲懼，殊不知川鹽禁堵，則新鹽暢銷，武、漢、黄、德四府自無倒灌之虞，況五府一州將來售價必較四府增提，與目前提運沙市之鹽尚須減價敵川，情形迥乎不同。今日之舊商，即將來之新商，且提運舊引，更足折服，人人争趨，斷無議其後者。如蒙俯采，擬會商定稿，聯銜入奏等語。尊電可一不可再，此後鄂省歲失川釐百餘萬云云，殆未悉淮議也。票價雖止一次，淮釐可照川鹽常收，失川釐得淮釐，兩江之爲鄂未嘗不計及於此。川私雖未能禁絶，當亦不能甚多，但鄙意鄂餉但可支持，不欲輕更成局耳。請公將曾函録示官局及運商。有何切當之論見示，以開茅塞。幸甚。效。

劉制台來電 光緒十六年正月二十二日午刻到

尊處初電詢川釐減收之故，敝處查實，川收未減，川井未衰，川價未長，推尋出川偷漏之由，立可復舊。譬如人家舊業歲收租百石，忽少二十石，不究少收之由，而欲加租於佃户，誤矣。若更議棄舊莊而謀新畬，抑又誤矣。沅帥三策，第一策（幣）［弊］重言甘，智者甚禍無故之利。第二、三策明是欲困川商，以暢淮銷，利餌本謀和盤託出。飲人以鴆，人必噤口。和之以飴，一吸而盡，不知其為毒也。秉璋。馬。

致上海沈守嵩齡[一] 光緒十六年正月二十二日發

該守速在滬購小輪兩艘，須冬令能往來長沙、宜昌、襄河，喫水可向招商局詢問宜昌輪船喫水深淺若干。官輪只須坐人及拖帶民船，似可比商輪較淺，以結實便捷爲主，價約二三千金一艘。去冬過滬時，文報局王道開來價單，自千餘金至三四千金不等，迅即看定電覆，再行回鄂。

［一］以下二電録自抄本《張之洞電稿·致南洋電》。

致江甯曾宮保 光緒十六年正月二十三日發

尊函三策均悉，煌煌大文。惟關繫太鉅，容與中丞、司道詳考熟籌，方能奉覆。先行電覆。敬。

致煙臺盛道台 光緒十六年正月二十四日發

襄樊爲三省馬頭，楚北門户，須有電綫方便。若商局造一綫由鄂抵襄，木料賤，水運便，工費省，報費亦當不少。請速酌，如願設，即望速辦，示覆。敬。

盛道來電 光緒十六年正月二十七日午刻到

襄樊綫已電派知府周冕督同洋匠由西安走龍駒寨、金紫關、老河口到襄樊，勘回漢口，一面飭商董議復。惟各綫造易養難，除通商口岸外，無不虧本，商力亦窘。可否求酌撥存欵二萬免利，以示體恤，無任感悚。宣稟。宥。

致成都劉制台 光緒十六年正月二十五日發

馬電悉。公之駁淮甚當，而於鄙意尚未喻。鄂正欲省川釐以恤川商，何反謂之加租乎。光緒十二年荆襄等五府一州，淮銷一千八百五十引，十三年淮銷二千三百引，十四年淮銷四千引，十五年上半年銷二千引，下半年總數未到，約計一年亦在四千引以外，日增一日。民習食賤，風氣既變難復，誠有如公去臘儉電所云者，川商日蹙，五年後將不支。向來川商到沙土店，先付銀後交鹽，近則賣鹽三月後始付銀。沙市鹽號向數十家，今只七八家，生計可想。此時川收未絀，猶人受痼疾已深，病未發耳。鄂事當再詳籌。敬。

致煙臺盛道台 光緒十六年正月二十七日發

樊綫通陝，甚好，惟鄂窘極，只能籌一萬作存欵，不取息，聊助涓滴耳。但由陝入鄂太緩，務須兩端併造，至樊接合。由漢口造起，水運物料尤爲省便。再，由鄂通湘，必須設綫。此路商務繁盛，已函商湘撫竭力贊成，曉諭紳民，不必疑阻。望速委員勘估，速辦此綫，斷不賠本，乃商局大益，此即所以助也。沁。

致江甯曾宮保[一] 光緒十六年二月初一日發

督銷局事，大咨有云武、漢、黄、德四府緝私，此項出自商捐，該局自應核實開支，方免衆商藉口云云，誠爲至當不易之論，曷勝欽佩。惟查沈道日前面呈支發清摺，其中不應在武、漢、黄、德四府商捐項下開支者頗多，一地方衙門經費，如襄陽同知下六處應歸五府一州經費開支，開辦五府一州在商捐之後，另有經費。一江漢關報獲淛私一欵。一湖北提督派弁緝私一欵。一鼎字營在商捐津貼之後添募一水師營巡哨一欵。一沿江總巡新添礮船十號一欵。一巡緝北川各私薪糧卡費一欵。一津貼各員薪水，查原摺所開并非本省所委者有二三十員，如李道臨馴及王瑞徵、朱式程、夏和鈞、林志禮、徐晋元、王錫韓、江國藩、楊廷楨、吴恩榮、宋賓等員，該局均另有開支，不在此列。一辦事四人，查田承霖一名向在鄂費開支，其餘三人既稱辦事，自應另有經費。以上各欵，約計銀一萬八千九百餘兩，均不應在商捐内開支，該局自有

[一] 録自抄本《張之洞電稿·致南洋電》。

案牘可核。是該局開支清摺既多非武漢黃德緝私之用，又多有本係開支他欵而列入此欵者，殊與大咨不符。所以咨請撥歸鄂局聲明舊章應發者照舊支給，正欲力求核實，以杜衆商之藉口也。總之，若實有關武、漢、黃、德四府緝私者，即使歸鄂局發亦必分釐不減，即歸淮局發亦甚好，鄂何必自尋勞擾哉。公至公至厚，但該局積習，距公太遠，不能盡仰體公德意耳。本不宜饒舌，因愚忱未蒙照察，恐公於該局實在情形或未深悉，故不得不略陳原委，欲使公知區區之非膜視緝私耳。統希鑒諒，並望示覆。沃。

致煙臺盛道台〔一〕 光緒十六年二月初一日發

白乃富自應留用，惟原議係令辦學堂事。此間勘鑛，多不過數月，勘畢仍須赴學堂。英德鑛師月薪三百至三百七十兩不等，合同訂三年。大冶覆勘過，鐵佳煤不佳，現赴興國、廣濟。東。

致海署〔二〕 光緒十六年二月初一日發

粵定煉鐵機器，遵示移至鄂省。此項機價共英金八萬三千五百鎊，運保費在外，分五次運華，十四箇月交清。除由粵已匯定銀十三萬一千六百七十兩零外，以后續付五批價值及造廠各經費，前由去臘艷電商請，由部劃撥。嗣奉文電，一切經費自當由歲二百萬劃撥等因。玆接使英劉大臣來電，煉鐵機器應付頭批價英金一萬一千一百三十四鎊，乞速匯等語。查此欵約合銀五萬三千兩左右，金價漲落無定，須電匯之日方能核定準數，現急須應付。昨接户部咨，知鐵路經費部派外省八十萬，湖北五萬。鄂欵本甚支絀，惟要需自當力籌，擬即將此部派之五萬照數籌出撥用，其不敷之三千餘兩于新海防捐下動支湊足。是否妥協，即請核示，當即由鄂省交漢口匯豐核準鎊價，匯劉兑收。敬候示覆。東。

致江甯曾宮保 光緒十六年二月初一日發

復淮事商之中丞、司道，僉云須俟確查宜昌川商底蘊及五府川淮消長情形，方能籌酌。督銷局事，前令鹽道會同沈道商辦，渠等已議有眉目，意在調停兩全。聞公欲俟三策覆音，方能酌定，川淮大局，似非倉卒所能定議。兩事各不相謀，公意如何，祈早示覆。東。

曾宮保來電 光緒十六年二月初二日酉刻到

督銷局事，因司道之言不足為准，是以欲候覆音。今來電已有眉目，調停兩全，尊意既可，敝處無不可熟商，請備文來，當酌核飭局遵辦。復淮事儘可從長計議，不急急也。荃。

致江甯曾宮保〔三〕 光緒十六年二月初三日發

初二初三兩電均悉，惟今日電讀之不甚解。沈道與鹽道調停之説，係將三萬之數分半，以一萬五千留督銷局支武、漢、黃、德四府緝私各費，以一萬五千解鄂省善後局充湖北省重要公用，不與緝私各費相涉。今尊電謂武、漢、黃、德照舊由鄂局支給，不知所謂鄂局者是否即指漢口督銷局，抑指湖北善後局。若指湖

〔一〕録自抄本《張之洞電稿·致各省電》。
〔二〕録自《李鴻章全集·電稿二》，第一九八頁，上海人民出版社一九八六年版。原題為「鄂督張寄海署」。
〔三〕録自抄本《張之洞電稿·致南洋電》。

北善後局，則武、漢、黄、德緝私實用既統歸於鄂，其留督銷局之萬五千更無應開支之欵矣，思之不得其解，非此次商解之意。究竟尊電係如何解法，祈明晰示知，以便酌覆。江。

致京打磨廠應山館左笏卿〔一〕 光緒十六年二月初四日發

同人諸函均悉。武昌西山、樊山，草樹茂密，氣勢宏敞，外江内湖，安得有煤有鐵。且古今名勝，即有之鄙人亦不肯開。若有塚墓，更不待言。請遍致同人，千萬不必過慮。若風水乃渺茫之説，甚至謂有關鄂省險要，不過設詞相阻耳，於事理似未確。開鑛不過鑿數穴耳，安能平毁高山耶。若慮鑛徒爲奸，尤非所患。今日大舉，設官開局，自有兵役彈壓，昔日僻壤立成巨鎮，開采之處每年必增百餘萬生計，可養數萬工作販運小民，於地方但見其利，未見其害。武昌固決不開，但他縣終須有開采之處，其利益日後自見，故附論及之，以釋羣疑。豪。

致江甯曾宫保〔二〕 光緒十六年二月初四日發

本日電悉，感甚。商捐三萬一欵，尊意既准爲該道等所議分半撥解，則敝處不必備文，當仍由鹽道、沈道會同奉覆，俟奉到時公批准即可，似較簡易。請即電飭沈道遵辦，以了此事。至前數日敝處有咨文奉達，乃係前委兩道會查議覆時照例咨會冰案，其中並無議論，此時如接到，暫可不覆，俟稟覆批准後，再爲賜覆，較省筆墨。至沈道前呈手摺所開各欵，積習相沿，原非一人之事，其中自亦有不得已之情形，前咨已經聲明，區區原不欲深論，因慮公地遠未悉，故密爲公告之，並非議人長短。今此事已承雅度盛情持平了結，沈道前摺自可不論矣。拜謝拜謝。豪。

致成都劉制台〔三〕 光緒十六年二月十四日發

聞川商向來到局運鹽，許其賒欠，大率一萬金之本運兩萬金之鹽，故本輕銷旺。後因間有虧帳，遂不肯賒，運販漸少，確否。如有防虧良策，似仍須稍予通融爲便。蘇文忠云，其買也先期而予錢，其賣也後期而取值，委曲相濟，有無相通，倍稱之息由兹而得，最爲深悉商情。姑舉所聞，以備籌酌。願。

致煙臺盛道台〔四〕 光緒十六年二月十四日發

現飭各鑛師先勘歸、巴、興山。至當陽已知其有煤，但年少運艱，只可留爲後圖，如上游皆無煤，再復勘當陽不晚。此時宜先儘遠路上游爲是。願。

致煙臺盛道台 光緒十六年二月十四日發

鑛務學堂歲需經費若干，原奏各省籌欵若干，如南北洋不願出資，請傅相奏明或商海署派歸鄂省，自當承辦，鄂省不便自攬也。願。

〔一〕録自抄本《張之洞電稿·致各省電》。
〔二〕録自抄本《張之洞電稿·致南洋電》。
〔三〕録自抄本《張之洞電稿·致四川電》。
〔四〕以下二電録自抄本《張之洞電稿·致各省電》。

致宜昌東湖縣轉交委員韓守鑒〔一〕

光緒十六年二月十四日發

初三電悉。興山煤鑛情形，先詳晰電稟，再酌定。飭赴當陽與否，該守可在宜昌聽候電覆遵辦，勿遽回，一面速將興山煤樣送數塊來省。願。

致柏林洪欽差〔二〕

光緒十六年二月十五日發

槍炮機爐大件者寬廣幾何，重若干，請查示。廠擬設鄂，城內街道紆曲，須預籌運道也。咸。

致沙市勘煤委員札守、盛丞、易倅〔三〕

光緒十六年二月十九日發

光緒三年，鑛師郭師敦勘報：歸州王子溝在砂鎮溪南三十里，山頂一窿深千餘尺，鬆煤夾石之下有堅白煤六英寸，梅子坡、白水灘、楊麻子坡等處與王子溝相似。興山桑樹坪俞思岩鑛煤佳而硫較多，名曰半煙煤，質太鬆。兩屬所見各窿共五十二處，以王子溝能煉鐵，惜僅厚六寸，離江亦遠等語，勘化均極細。該守等即譯告白乃富等，與郭言相印證。此外有無佳鑛，並確訪詳勘。巴東水遠山高，轉運益艱，應毋庸前往。效。

致天津李中堂〔四〕

光緒十六年二月二十日發

諫電悉。淮餉近來仍是問、知兩輪解送，並未遲誤。近因知津在滬修機爐，問津送查鑛委員赴宜昌，現有自粵帶來廣昌一輪在省較大，已屢面告江道即用此輪送鎮江。據云該輪向未解過，若初解須委員同往經理換船交付等事，且煤多費鉅。現止餉十萬，俟再有數萬，即用該輪運往。前日又往問，亦如此云。號。

致廣州李制台

光緒十六年二月二十日發

銀元模想已改好，何日開鑄，已行用否，大小銀元各已鑄幾種，已爲匯豐鑄成幾何，粵已自鑄成幾何，均祈示知。鄂擬寄紋銀十餘萬，易粵銀元來鄂行用。大銀元工火照匯豐補，小銀元須酌減，未便按粵市通行章程，擬以十一元作十元，粵已有餘利，鄂亦不受虧。此爲粵銀元推廣銷路，請籌酌速覆。號。

致柏林洪欽差〔五〕

光緒十六年二月二十日發

槍礮廠已經海署議准移鄂。頃接粵轉到尊電，知監工已覓得人，請飭即來，薪水照給。效。

致沙市電局黄丞邦俊〔六〕

光緒十六年二月二十二日發

趙道代呈煤鐵手摺均悉。該丞既能於此事究心，可即馳赴當陽再行確勘。前據洋鑛師勘過，以窩子溝煤爲最佳，可切實估計，若運至沙市，運道水陸各若干里，運費每擔約銀若干，冬春能否行船，船能容若干擔，陸路由山至河干若干里，是否平坦，能造

〔一〕〔三〕 録自抄本《張之洞電稿·致本省電》。

〔二〕〔五〕 録自抄本《張之洞電稿·致外洋電》。

〔四〕 録自抄本《張之洞電稿·致北洋電》。

〔六〕 以下二電録自抄本《張之洞電稿·致本省電》。

小鐵路否，每年運至荆沙一帶者約幾萬擔，價幾何。再，荆門鐵山距産煤之窩子溝若干里，平日有人開采否，日出鐵若干。并查明，將煤鐵樣寄呈。至南漳銅鑛，以後再議。養。

致沙市釐局裕守、江陵縣黄令光緒十六年二月二十二日發

荆州、沙市民間日用之煤，聞皆自當陽來，可詳問現上等好塊煤每百斤價若干，運道或水或陸，有無大船，約計每年行銷各處可出若干萬擔，荆沙一帶可銷幾十萬擔，查確即覆。養。

致廣州李制台、王藩台〔一〕光緒十六年二月二十四日發

粤代鄂塾訂雇德英鑛師匠頭薪水川資八千零三兩有奇，廣昌輪船十一月分薪糧一千二百三十兩零，余郎中、陳道、趙道查鑛薪水盤費一千八百兩，三項共銀一萬一千零三十七兩零，於二月二十日交百川通電匯訖，請飭照收。漾。

致宜昌委員韓守、扎守、盛丞等〔二〕光緒十六年二月二十四日發

扎守、盛丞、易倅及洋鑛師自歸、興回后，并同赴當陽詳勘。韓守即回省，不必往當陽，并將興山煤優劣、多少、運道難易大略情形，及現在宜昌購買價值，先電稟。

韓守來電光緒十六年二月二十五日午刻到

扎守等今晨上駛，須二十天左右轉宜。歸煤七種，興煤十一種，經洋鑛師試驗，據稱歸煤可用者兩種，興煤均好，惟須試以藥水，方分所用。鑛皆近水易運。歸煤運宜，每百斤煙塊錢百九十二，紅白煤錢二百九十七。興煤塊運宜，百斤錢二百四十二，煤本、運脚、船價均在内。宜昌購價，煙塊百斤錢二百七十二，紅白煤無定。卑府遵諭回省，稟、圖、煤樣面呈。卑府韓鑒稟。敬。

致天津盛道台光緒十六年二月二十四日發

箇電悉。此時自宜先開冶鐵鑛務學堂，已議定辦法否。湘綫似須貴處委員先往勘路，以便察看民情願否，衆情無阻方可舉辦。路亦有二：一由鄂省驛路，一由沙市經澧州、津市、常德，皆大鎮市，商務較盛，路略遠，亦須勘過方可定。漾。

致荆州江陵縣黄令〔三〕光緒十六年二月二十五日發

本日電悉。當陽煤窰至漳河上岸處若干里，是何地名，屬何縣管，即電覆。徑。

黄令來電光緒十六年二月二十六日午刻到

遵查當陽煤聚縣屬觀音寺，河岸距城七十里。煤山四處，鷄

〔一〕録自抄本《張之洞電稿·致各省電》。

〔二〕以下二電録自苑書義等主編《張之洞全集》第七册，第五四五〇頁，河北人民出版社一九九八年版。

〔三〕以下二電録自苑書義等主編《張之洞全集》第七册，第五四五一至五四五二頁，河北人民出版社一九九八年版。

鳴觀陸運至河四十里，阿子溝三十里，大嶺包、黃家包均十五里。水道迂折至沙，約四百里。卑職黃宗度叩。

致輪墩劉欽差[一] 光緒十六年二月二十六日發

去臘十八日咨函均悉。布機再展期三月，甚好。現已擇定地基，下月興工。頭二批機器係何類，請先查示，俾將待用之廠先建。公内渡後，諸事務轉懇叔耘星使費神關照，至感。宥。

致海署 光緒十六年二月二十六日發

江電謹悉。槍礮廠遵已擇地鄂省城外營造。此事粵本有籌定專欵，部墊粵還，鈞籌極允。開廠後經費可審酌欵項之盈絀，需用之緩急，爲籌造槍礮之多少，不致虛糜巨欵。容續詳陳。宥。

海署來電 光緒十六年二月初四日子刻到

頃接粵督李電，槍礮機器價三十八萬兩，運保費合同並未計及。兩項捐欵按年分繳，至十八年六月能否繳齊，現難預定，因部欵不裕，未能墊付，理宜由粵設法措兑。造廠一項，原奏購地造屋約數萬兩，鄂省工料較粵俱省，此項可否由鄂另籌云云。查購地造廠等費，鄂恐難籌，開辦時可由部撥二百萬内劃墊，將來仍於粵撥歸還，本署已據此覆奏。至開廠後常年經費，貴督應即預為妥籌，庶免後難為繼。醇、慶、澤具。江。

致海署 光緒十六年二月二十六日發

湖北、湖南兩省煤鐵様各已取到十餘種，須用化學機器煎煉，方能確定等差。洞去夏在粵即向外洋訪募得化學教習英人駱丙生，並購化學機器。駱昨日始到鄂，機器已到滬，專待化機到即可煉試。大冶鐵已據數鑛師復勘回，僉稱佳而且多，惟附近有煤而不合用。南北兩省確有數種可用，已分遣鑛師委員復勘，俟兩省委查者俱回，籌計運費，即可定用何處，總可令價較洋鐵爲廉。現擬定計煉楚鐵。前盛道在滬，擬有開徐州利國鑛一稟，管見擬從緩議，緣原議係借官本招商股，事多周折，與洞辦法不同，且與現在情形亦不合。至所擬有另奏派督辦煤鐵大員一層，尤可不必，日内李相到京，必當一議及此事，故并電陳。宥。

致京李中堂 光緒十六年二月二十六日發

養電悉。盛道前在滬具一稟，所擬辦法與鄙見不甚同，商股恐不可恃，且多膠葛，與現在情形亦不合。數鑛師覆勘大冶鐵確佳而多，煤已分查，尚未回。大約湖北當陽，湖南寶慶、衡州皆可用，且下水，惟須合計運費，孰省即用何處。現決計以楚煤煉楚鐵，取材總不出兩湖。利國鑛只可緩議。所擬奏派督辦大員一層，尤可不必。日内到京，想必與海署議及此事。特電陳。宥。

致海署 光緒十六年二月二十七日發

湖南煤既佳且多，若用機器開采，則價必省。惟湘省民情，洋人斷不能往，惟有遣中國通鑛學者往勘，審度宜用何項機器，方可照購運往，用通曉機器華工指授安置開采。寶慶、衡州兩路皆有，需用兩人。查江蘇候補知府徐建寅、同知徐華封，皆長於

[一] 録自抄本《張之洞電稿·寄外洋電》。

鑛學，中國似此者不多。請電致南洋大臣，速飭該兩員來鄂，以便分發赴湘勘鑛。沁。

海署來電光緒十六年閏二月初二日午刻到

宥、沁三電均悉。槍礮廠已擇地營造，惟此項常欵務與鐵路經費判然劃清，不可挹注，致鐵路之舉遲滯，諒同此意。此摺二十九日出奏。覆勘冶鐵湘煤，既佳且多，應照所擬舉辦，盛道管見應毋庸議。徐建寅、徐華封已電南洋大臣飭其赴鄂矣。醇、慶、澤。東。

致京李中堂〔一〕光緒十六年二月二十七日發

湖南煤既佳且多，若用機器開采，則價必省。惟湘省民情，洋人斷不能往，惟有遣中國通鑛學者往勘，審度宜用何項機器，方可照購運往，用通曉機器華工指授安置開采。寶慶、衡州兩路皆有，需用兩人。查江蘇候補知府徐建寅現辦上海文報局，事有定章，局中委員可暫代照料。同知徐華封現在滬閑居無事。二人皆長於鑛學，中國似此者不多。請電知南洋大臣，速飭該兩員來鄂，以便分遣赴湘勘鑛。聞徐華封不願經理官事，然此等重務，似難聽其遜謝，若不願出任，差畢仍可遣歸。望切囑南洋敦勉該員速來，至懇。沁。

致天津盛道台〔二〕光緒十六年二月二十七日發

箇、逕兩電悉。鄙意煤鐵兩端，取材不出兩湖。閣下前在滬所議利國鑛及借官本附商股，並奏委督辦大員各節，似與現在情形不合，只可均從緩議。當陽煤雖可用，然博師敦原議可供兩爐十八年，乃小爐。今爐較大，日出鐵百噸，恐取用更易盡，機器勞費先已不貲，俟合較湘煤運費孰省孰便，方能定辦何處。學堂歸鄂可行。湘綫路俟沈護院詢商湘人再委勘。宥。

致福州船政大臣裴〔三〕光緒十六年二月二十七日發

電悉。請即飭張金生速來，薪水墊付匯還。沁。

致上海電報局問交廣東委員曹縣丞受詔、湖北委員沈守嵩齡〔四〕光緒十六年二月二十七日發

化學機器十三箱，鑛師用器十四箱，待用甚急。曹縣丞即日將上項各件先點交招商局，速附便輪妥慎運鄂，該縣丞仍俟沈守到後，會同解送織布機各件同來。沁。

致上海招商局光緒十六年二月二十七日發

廣東委員曹縣丞受詔解運機器到滬，現飭將化學機器十三箱、鑛師用器十四箱先行點交該局，妥速運鄂。前件多係玻璃器具，該局務須加意照料，謹慎搬運爲要。沁。

〔一〕録自《李鴻章全集·電稿二》，第二一〇至二一一頁，上海人民出版社一九八六年版。原題為「鄂督張寄海署」。

〔二〕録自抄本《張之洞電稿·致北洋電》。

〔三〕録自抄本《張之洞電稿·致各省電》。

〔四〕以下三電録自抄本《張之洞電稿·致南洋電》。

致上海沈守嵩齡光緒十六年二月二十八日發

洋鐵洋鋼各有幾種，時價各若干，務速查明先電覆。各種鐵樣鋼樣回鄂時帶來爲要。勘。

致柏林洪欽差光緒十六年二月二十九日發

礮廠移鄂，爲就煤鐵計。此廠所造快槍、小礮，皆陸路行營所用。鄂南北四達，分濟川、陜、豫、皖、湘、西各省尤便，即浮江而下，亦可分運海疆，最爲適中。鄂城東南隅有敞地，亦近内河。津設此廠亦須另運，不能甚省。迂愚之見，但知爲國家全局計，才短智疏，正苦爲煤鐵諸事所累，豈願自多一事哉。祈明察，且海署已奏，亦難改議矣。豔。

致荆州江陵縣黄令[一]光緒十六年二月三十日發

沙市電報局委員黄丞邦俊現已赴當陽觀音寺查煤鑛。茲有寄該丞電，黄令速專差飛寄。其文曰：該丞到窩子溝煤窰後，可查明該處山路能開略平否，河是否泥底抑係石底，如由窩子溝出煤處修小鐵路抵觀音寺，河干能行小車與騾車否，計若干里，工費約若干。再，將上游河淺處開濬至可行大船處，計若干里，以載二百石船可到爲度，工費約若干，均約估先發電禀覆，切切。豔。

致蘇州黄藩台[二]光緒十六年二月三十日發

鄂省現奏開煉鐵、織布、造礮三廠，需才甚殷。聞江蘇知府潘學祖才長思敏，自能創造機器，特未悉係何處人，何出身，其性情志趣若何，公必深知。如穩實可用，擬調來鄂，如該員在蘇補署不易，庶肯來，并祈示覆。至感。豔。

致上海沈守嵩齡光緒十六年閏二月初四日發

問津、知津笨滯難用，可在滬除飛龍外另定兩輪，喫水四尺，尤須速成，備自荆至鄂拖煤船用。問、知兩輪滬可變價否。支。

致成都劉制台光緒十六年閏二月初八日發

川鹽利病現已查確，近年實係疲累觀望，救弊之法，一在定廠價務宜稍從輕恤，每月一定，令商人易核成本。一在宜昌由川省設督銷局，照淮局章按本利計，因時定價，按次輪賣，不令零販無故減跌搶攬行市。一在澧州由川委員經理，免致湘官袒淮，勒阻川商。澧本川岸，銷路最旺，去年淮奪大半，此路必須力護。川若能行，鄂當助之，若不思維持，目前川收雖未大絀，後斷不支，既壞之後，難再救藥。區區此論，爲川而即爲鄂。望密飭局議辦，千萬勿道鄙意。庚。

致成都劉制台光緒十六年閏二月初八日發

川江洋商行輪一案，聞總署議准雇用民船通商。竊思川江灘險輪艱，雖許亦不易到，撞壞數次，自然停罷，即使能到，一年有限。若用民船，暢行無阻，洋貨銷數愈多，加以華商多買聯票影射，盡漏沿江釐税，楚蜀尚能支乎。不知尊意若何，尚有挽回

〔一〕録自抄本《張之洞電稿·致本省電》。
〔二〕以下二電録自抄本《張之洞電稿·致南洋電》。

良策否，總署已定議否，祈速示覆。洞、斌同啟。庚。

劉制台來電 光緒十六年閏二月初九日到

輪船赴川，峽險溜急，民船畏碰，羣起譁然，敝處議令全賠。署議改以民船通商，敝處仍先申明由船行代雇華船，果爾則彼商之利與華商等。蓋子口税單久已盛行，即洋商不來，華商以税單來者，固自源源不絶也，閣下試查江漢關所免下游之税，與所出赴川免税之單，可知其概。且輪船果許通商，則洋帆船同來，亦無禁止之説。兩害相權，取其輕者。秉璋。

致廣州李制台、王藩台 光緒十六年閏二月初八日發

晋欵二十萬，祈即令匯豐撥歸鄂省，自三月初一日起由鄂認還晋息，并請咨晋。庚。

致輪墩劉欽差[一] 光緒十六年閏二月初九日發

去年十一月洽電託購布局應用水溜、火磚、玻璃、抽水機各件，想已早定。何日可起運，望電覆。

致沙市黄丞邦俊 光緒十六年閏二月初九日發

速帶煤樣來省。先將能否開路疏河及工費大略約計電聞。佳。

致宜昌委員札守、盛丞、易倅[二] 光緒十六年閏二月初十日發

電悉。速赴當陽。陸路如何開修小鐵路，水道如何挑濬令其常年有水，確核里數，約估工費。將來應否在煤山設局收買，雇定常船運送，并籌議回省稟覆。黄丞邦俊新自當陽回，如未行，可先詳詢，以便復勘。蒸酉。

致廣州李制台[三] 光緒十六年閏二月十四日發

鑛師化學用器二十七箱已到，内少化學藥料數十種，分光鏡一具，誤裝植物用器箱内。請飭吴道查詢植物學教習，如有，即爲寄鄂，以應要需。望電覆。願。

致江甯曾宫保[四] 光緒十六年閏二月十四日發

初二日接海署電，云徐建寅、徐華封已電尊處飭其赴鄂，祈催其速來，并即示覆爲感。願。

致雲南唐督辦 光緒十六年閏二月十四日發

函咨均悉。實鄂廠需欵即匯寄。將來得銅每百斤需價銀若干，運至鄂省每百斤核實需運脚銀若干，可否就解京銅之便搭運鄂省，藉省運費，祈籌示。願。

〔一〕録自抄本《張之洞電稿·寄外洋電》。
〔二〕録自抄本《張之洞電稿·致本省電》。
〔三〕録自抄本《張之洞電稿·致各省電》。
〔四〕録自抄本《張之洞電稿·致南洋電》。

致輪墩劉欽差[一] 光緒十六年閏二月十五日發

布廠樑柱間架用鐵，不用木，照目下鐵市，需價幾何，請查詢博次廠，速復，以便定議。咸。

致柏林洪欽差 光緒十六年閏二月十五日發

槍礮廠圖所繪樑桷柱架皆用鐵，所有皮帶輪軸是否懸挂鐵架上，果爾則廠架必用鐵，不能用木。請向該廠查明，如必用鐵，全廠鐵料需價幾何。又，廠圖鐵路條是否并在機器價內，均請速查示覆。咸。

致荆州江陵縣黄令飛速專差赴當陽一帶探交查鑛委員扎守、盛丞、易倅[二] 光緒十六年閏二月十六日發

據黄丞邦俊禀稱，荆門州屬下鐵平，距窩子十二里，鐵山約長二百餘丈，山有三脈，后山仍有餘脈。又，袁家灣距窩子溝二十里，鐵山高數十丈，均未開采等語。該兩處鐵鑛旺否，鐵質佳否，該守等速偕洋鑛師前往，勘明禀覆。如該守等已回沙守，亦務須折回，將下鐵平、袁家灣兩鐵鑛勘明，方可回省銷差。諫。

致柏林洪欽差[三] 光緒十六年閏二月十八日發

銑電悉。廠屋間架用鐵比用木所貴似不多，而堅實耐久則遠過之。原圖既擬用鐵，則機器所配皮帶輪軸造法必與配用木架者不同。機器想已陸續造成，驟難更改，務請詢明該廠如定購此項鐵柱間架，共價若干，幾久造成。速覆，以便定議。嘯。

致煙臺盛道台[四] 光緒十六年閏二月二十日發

白乃富性情不佳，難相處，期滿只可不留。現赴當陽未歸，如事竣適合同限，當按月補給薪水。再，鑛務學堂必須設，擬即設鄂省，每年需經費若干，前來電所云另籌辦法如何，祈示。至學堂教習，此間尚有他鑛師，薪水較廉。號。

致上海電報局轉沈守嵩齡[五] 光緒十六年閏二月二十二日發

粤省續寄化學藥料三箱，委員押解來鄂，如已到滬，速即運來，如尚未到，該守即諄囑招商局，俟其到時，妥速代運。此係玻璃器，起落務須小心。箇。

致沙市委員扎守等 光緒十六年閏二月二十二日發

電悉。荆、當煤樣，務須詳注何窰所出，帶來煉試。何日回省，速電覆。養。

[一] 以下二電録自抄本《張之洞電稿·寄外洋電》。
[二] 録自苑書義等主編《張之洞全集》第七册，第五四六二至五四六三頁，河北人民出版社一九九八年版。
[三] 録自抄本《張之洞電稿。寄外洋電》。
[四] 録自抄本《張之洞電稿·致各省電》。
[五] 以下三電録自苑書義等主編《張之洞全集》第七册，第五四六四頁，河北人民出版社一九九八年版。

致夔州湖北委員黎令埈光緒十六年閏二月二十二日發

夔煤、鐵查有大略，即可速回省，有要事。巫山順路一查，煤比鐵尤要。巴東不必往查矣。養。

致柏林洪欽差〔一〕光緒十六年閏二月二十三日發

養電鐵屋價數目有誤字，請再電示。漾。

致上海沈守嵩齡、武都司永泰〔二〕光緒十六年閏二月二十三日發

咪士公司淺水輪價較貴，總須令其核減方可。該船係何年所造，馬力幾何，日用煤若干，價減實多少，修改及配備應用各件需費若干，該守即會同武都司詳勘確查，是否合用，迅即禀覆。漾。

致廣州李制台光緒十六年閏二月二十四日發

布機造廠之十六萬兩，因來電云利息還期悉聽鄙酌，故鄂奏即言尊處允撥十六萬，未言還息。因布機創始，成本能否不賠，尚不可知，納息認還，徒成虛語，故徑云尊處撥歸鄂用，尚見粵省全分人情。且部中總疑鄙人好糜費，須言此欵本係有著，方免部中挑剔，兼恐部中指爲粵省存欵刻期撥用耳。苦衷并祈鑒諒，非敢食言，將來如有成效，必當酌提歸粵，以答盛意。敬。

致成都劉制台光緒十六年閏二月二十六日發

前尊電有川收未絀，鄂收遽絀，恐出峽後或有偷漏云云。現經確查得實，近年局員但圖招徠，任意於例章外減斤抽收，司巡船户乘機弊混，虧耗太多，真正大商仍然無利。餉急課短，斷難坐視。現擬嚴飭局員酌量核實抽收，固不得過苛，亦不得濫縱滋弊。然使現在鄂二江三加抽之數不免，商斷不支。昨據該商等懇求減釐，已飭其自赴川省呈懇，鄂能自減，不能代淮請減，惟川措詞爲宜。若尊處奏將鄂、江兩省加抽五文一併裁免，鄂必遵行。如此辦法，鄂每年減少川加抽十萬金、淮加抽七萬金。川釐若旺，尚須照章於加課内撥歸兩江約二萬數千金。綜計每年少現欵十九萬餘金，但爲維持川商保全正釐計，不得不放膽爲之。徵收正釐雖令核實總令較今日每包所出之數減少，大意總爲川商通盤核計，以必令穩有餘利爲度。公意如以爲然，即望速定議入奏，蓋恐日久淮又另生枝節矣。公奏仍是申前兩年原議，鄂不便會銜。至設督銷局、定廠價、護澧岸三節尤要。官局發鹽照舊，量予通融，賒欠亦要。若數條不行，雖再減去數文，少算數斤，商仍不得實惠也。籌之已熟，統望裁定。現並於襄、光一帶設法力暢川銷，鄙人爲楚計只有如此，爲川計亦不過如此，職守所在，並非袒川阻淮，蓋不急設法，川虧而淮仍不旺，楚絀而川益困矣。尊意可否，均望明示，以便自籌鄂省辦法。宥。

劉制台來電光緒十六年閏二月二十七日亥刻到

頃奉宥電，極承關愛。奏停江、鄂加釐，自應敝處單銜，惟摺中必須聲叙與尊處電商意見相同，否則部中必據壽帥原奏議駁，

〔一〕録自抄本《張之洞電稿·寄外洋電》。
〔二〕録自抄本《張之洞電稿·致南洋電》。

徒費筆墨。至前次尊電三層，局議以井價向係隨時長落，官商賣鹽視井價為低昂，井鹽成本視工用為低昂，如將來工用能減，井商自必減價搶售，非官勢所能勒減。宜昌按輪督銷，自是良策，惟出省設局，必須專奏，部中必以多費駁斥，且亦未便與兩江挑釁，自我興爭。澧岸已派員往查，倘能設法擴充，實所深幸，但借地行引，因暢川而必欲阻淮，恐亦難自我發難。川、鄂同休戚，引地託庇宇下，必由尊處密飭荆宜各局扶助川商，其收效似大於力争也。秉璋。沁。

致海署 光緒十六年閏二月二十七日發

前奉閏月東電，槍礮廠與鐵路經費判然劃清等因，謹當遵辦。目前所需惟造廠經費，廠成後如何製造，容洞籌擬辦法，陳請鈞署核定。大約惟第一年需費較多，以後每年所造之件可分撥各省各營應用，令各省各營備價領械，轆轤收支，則本局所墊不能甚多，不致多費部欵。且各省需多則多造，需少則少造，可隨時消息，洞必當竭其愚慮，籌一專欵持久之法。私衷竊擬礮廠常年經費竟全不動用部欵，惟第一年暫借部欵，隨即籌還，容籌定詳陳。目前造廠、購地、購料、興工需費，擬請將前電約估之經費十五萬兩，撥發來鄂，以便支用，庶免節次請撥煩瀆。工竣核實造報，請鈞署核定，再咨部核銷。但此時無須動部存之欵，懇請電查各省新海防捐已收若干，酌量指撥，電知各該省，令其電匯來鄂應用。若在十五萬以外，即請如數撥匯來鄂，若不足十五萬，俟數月後續收湊足，免致掣動各省認籌鐵路經費有著的欵，但懇勿撥廣東之欵，緣粤尚須籌付此項槍礮機器價值也。沁一。

致柏林洪欽差〔一〕 光緒十六年閏二月二十七日發

槍礮廠定用木間架，請飭監工洋匠速來。沁。

致海署 光緒十六年閏二月二十七日發

煉鐵機器價值各費，前奉正月江電，部欵歲二百萬已奏准的項等因。除頭批五萬餘兩已由鄂省於認籌經費項下支付外，至以後各批煉鐵機器價值，擬請查明各省認籌鐵路經費已覆到者若干，俟各批應付價時，當隨時電達鈞署。即請酌量指撥電匯來鄂，無須以部已籌定一百二十萬之欵墊付，庶不致遽耗部中現欵。謹分電上陳，以清眉目。沁二。

致海署 光緒十六年閏二月二十七日發

目前十八省皆接通電綫，惟湖南省與鄂遠隔湖山，文報遲滯，遇有地方緊要政務，呼應不靈，殊多窒礙。且現在籌辦采運湘煤各事，尤須信息捷速。擬由鄂省接造電綫通至長沙、湘潭一帶，既與産煤鐵處所相近，且通商務市鎮。均用華工，不用洋人。擬即令電報商局承造，勿庸官籌經費，將來養綫經費，統歸商局。詢之該局盛道宣懷，已經應允。至湘潭以上再能接至何處，應由商局自酌。若衡州、寶慶、永州有關煤鐵處所，能否旁出接造，應俟臨時體察，或官或商，酌擬請示。此綫若成，於兩省公事及煤鐵要務均有裨益，謹候核示遵行，以便將路勘定，再行具奏。再，鄂省現在籌辦煤鐵，所有外洋鑛師、化學教習、測繪工師及

〔一〕録自抄本《張之洞電稿·寄外洋電》。

分路查勘煤鐵鑛委員、學生、繙譯等薪水、盤費、購置化學製煉器藥、爐座并省城局中員役、房屋、雜費，數月來皆係墊發。此欵擬於鄂省所收新海防捐項下撥支，洞必當核實撙節，斷不致稍滋糜費。其各項支用章程，謹當咨呈鈞署核定。宥。

海署來電光緒十六年三月初三日亥刻到

三電接到。綫務希飭盛道遵辦，並咨譯署存案。鄂省新收海防捐留墊勘鑛一切雜費，希分咨户部、本署、北洋，免致與各省捐欵偕提北洋應用。槍礮廠應用十五萬兩，本署當照電分詢，獨遺粤鄂。惟現定議，户部捐項歸本署，各省捐項歸北洋代還鐵路公司前借洋債之七十餘萬兩，俟歸清方能統歸本署。此節希與北洋電商覆知，庶本署不為食言。又，上月總署條陳關東時局，兩次遵議，僉謂鐵路宜移緩就急，先辦營口至琿春，續辦蘆漢。又有謂鄂省後湖之隄，工艱費鉅，自孝感至河南信陽四百餘里山路，培墊尤難，非數年内能了，此時先將今年二百萬歸鄂經理鑛爐等事，來年改歸東路云云。惟蘆漢之路可徐辦，而爐座煉鐵不容中輟。若二百萬鄂、東分用，固兩不濟事，設專歸東，鄂之采煉無欵，將若之何。本署左支右吾，智力實困，特商其略。希酌覆詳求，非所厭也。醇、慶具。江。

致煙臺盛道台光緒十六年閏二月二十八日發

茶務年來日壞，關繫中外大局。前過上海，記閣下曾籌議及之，有何要策，祈示。鑛務學堂辦法並示。儉。

盛道來電光緒十六年三月初一日戌刻到

茶事所關匪細，大農亦有電詢，如真要顧住出口數目，須漢滬兩關道會議督銷章程，漢關尤要得人，鍾天緯略知利弊，乞先詢之。鑛堂即擬單禀。宣。叩。

致輪墩薛欽差[一]光緒十六年三月初二日發

前定布機，是否連軋花去子之機器在内，請速查示。布機、煉鐵機全副件數甚多，所有名目尺寸，請飭各該廠詳列洋字清册原文寄鄂，無須譯漢。沃。

致上海沈守嵩齡[二]光緒十六年三月初二日發

來電慰悉。清恙望安心調攝。咪士淺輪究竟能議減若干，該守能託人與之再商否，惟機器若佳，則價亦不能甚廉耳。速覆。沃。

致煙臺盛道台[三]光緒十六年三月初二日發

繙譯沈鎏擬暫借在鄂，有照料洋員要件，事竣再令回東。沃。

致煙臺盛道台光緒十六年三月初三日發

白乃富已與議妥留一年，由鄂另立合同。請將舊合同録寄。江。

[一] 指中國駐英公使薛福成。録自抄本《張之洞電稿·寄外洋電》。
[二] 録自抄本《張之洞電稿·致南洋電》。
[三] 以下二電録自抄本《張之洞電稿·致各省電》。

致天津李中堂光緒十六年三月初四日發

頃海署電：鐵路移緩就急，先辦營口、琿春，續辦蘆漢，將今年二百萬歸鄂經理鑛爐等事，來年改歸東路。惟煉鐵不容中輟，設專歸東，鄂采煉無欵，將若之何。特商酌覆，等因。尊處所辦營琿路，擬用何鐵，是否即用鄂鐵，抑兼用他鐵，或另開鐵鑛，望速詳示，以便籌酌。支一。

李中堂來電光緒十六年三月初五日亥刻到

支電悉。前在京因總署奏俄韓近事，奉懿旨令會邸樞譯議覆兩次，僉謂鐵路宜移緩就急，先辦營口至琿春，惟荒瘠難招股，擬即勘路購地，明年興工，每年儘部欵二百萬，造成二百里路，逐節前進。今年二百萬匯歸尊處，專辦鐵鑛，庶兩免貽誤。若鄂、東合用，必均無成等語。上深然之，慈聖猶以落後著為憂。鄙意就現購爐機核計，采煉用欵二百萬略可敷衍，撙節妥辦，當無中輟。東路須急辦，應購西洋鋼軌，將來鄂鋼煉成，自可撥用，然須隨撥隨付價，界限乃清。東路事未通行，乞秘之。鴻。歌一。

致天津李中堂光緒十六年三月初四日發

前海署咨，奏准借部欵十五萬爲造槍礮廠費，昨電請海署撥各省海防捐欵，覆電云現定議各省捐項歸北洋代還鐵路公司洋債，令與尊處電商覆知等因。竊思京捐外捐，同是部撥海防之欵，津還洋債，鄂造礮廠，均係奏准。鄂此欵十五萬，只係借用，將來仍由粵省本案捐欵收還。公意此事應如何辦理，請裁酌示覆。支二。

李中堂來電光緒十六年三月初五日亥刻到

支二電悉。海防新捐，部定章程過嚴，各省捐項無多。邸允指此項湊還津沽鐵路公司洋債七十餘萬，正慮一時難集。鄂捐墊支勘路費用外，尚餘若干。至造礮廠十五萬，若全數指撥，恐更無欵歸還洋欵。造廠能否稍緩，粵省本案捐項何年始可提交，能否俟捐足時興造，乞公酌籌示覆。鴻。歌二。

致天津李中堂光緒十六年三月初五日發

營琿路約有若干里，擬從何時辦起，幾年造成，約計經費若干，想已籌有大略規模，祈示。歌。

致海署、天津李中堂光緒十六年三月初十日發

江電謹悉。關東路工緊要，廷議移緩就急，蘆漢之路可徐辦等因，謹當遵辦。湖北即專意籌辦煤鐵、煉鋼、造軌，以供東工之用，想已奏准。伏望將奉旨各節行知，俾有遵循。北洋歌電云東路撥用鄂軌，隨撥隨付價，界限乃清等語，所籌極當。惟開辦煉鐵事宜，造廠安爐，購機采煤，修運鑛之小鐵路，購運煤之小輪，疏鐵廠通江之小河，以及開辦之初尤須多屯煤斤，方無停火糜工及居奇漲價之虞。事端甚繁，所費甚鉅，二百萬斷不敷用，上年鈞署原奏甚詳。目前鄂省所籌，尚有出於鈞署原奏之外者。然部欵難籌，洞所深悉，時局多艱，豈容再緩。謹當仰體蓋謨，力任其難，即請先將二百萬撥歸鄂省，此外即不再請部欵，其餘不足之欵，洞當竭力籌畫，隨時請示。總之，殫此血誠綿力爲之，務期將中國開闢煤鐵利源風氣一事，必使辦成爲度。總使民足以

興利，官足以濟用，然必須仰懇鈞署主持，始有策可措。至此二百萬必須足數實銀，不再扣減，方可勉强騰挪應付。此時正在擇地購料建廠，以待機器，急需支用，敢請酌撥數十萬來鄂，以濟要需。如蒙允行，可否由部酌核將鄂省解京之的欵，設法劃抵，以省解匯之費，洞必當核實妥辦，謹候裁示。蒸一。

致海署、天津李中堂光緒十六年三月初十日發

造槍礮廠需十五萬兩，已電詢北洋，覆稱鈞署允指各省捐項湊還公司洋債，正慮一時難集，若全數指撥，更恐無欵歸還洋債等語。洞未悉現議部捐歸鈞署，外捐歸北洋之辦法，故有前議。竊思此項廠費，前蒙鈞署奏准，由部欵借墊，咨行有案。今擬請可否即於京捐照數借撥，或由部另籌別欵借撥。總之，此係借欵暫墊，將來粤有專案確實捐欵歸還，確係有盈無絀。此舉爲今日要圖，機器不久即到，造廠勢難久延，伏望鑒察裁奪。蒸二。

致海署、天津李中堂光緒十六年三月初十日發

昨接總署咨，英商固陵輪船已經買定，至作何用處，函商南洋酌辦等因。竊思鄂省轉運煤、鐵、機器、料物，皆需輪船，鄂省長江多淺，荆州多沙，宜昌多灘，皆係運煤之路，正需喫水淺而船身堅之輪，方爲合用。固陵係熟鋼作底，喫水止四尺，恰於荆宜一帶相宜，敢懇商之總署，即將此輪撥歸鄂省應用，實於各要務大有裨益，且省買一輪之費。但此輪係另案已買之件，切望勿在部欵内扣除船價。如蒙俯允，實深感幸。再，鄂捐留墊勘鑛雜費，當遵示分咨存案。鄂捐現止收萬餘金，爲數有限。湘綫事當遵飭盛道妥辦，並咨總署。蒸三。

海署來電光緒十六年三月十六日未刻到

蒸三電均悉。諸費經營，欽佩無既。煉鐵需欵，酌撥數十萬勢所當然，其劃抵鄂解京餉之議，已咨商户部。京捐一項，本署待用孔亟，殊難挪轉。槍礮廠需十五萬并咨部籌，統俟覆到，即行電達。固陵輪船聞撥歸招商局，已咨商總署核覆。本年二百萬歸鄂，王大臣公商如此，并未出奏，緣東軌章程尚未統定耳。至關東造路，乃總署密陳，向不分行本署，亦未奉到諭旨。醇、慶具。望。

致天津李中堂光緒十六年三月初十日發

歌兩電悉。今日有覆海署三電，並奉達。來示移緩就急，營理興工，敝處專辦鐵鑛，今年二百萬歸鄂，以後歸尊處。鄂鋼造軌，東路撥用，隨撥隨付價各節，一切均遵命辦理，惟二百萬斷不敷開辦，公所深悉，去年海署原奏甚明。然時勢雖窘如此，無可如何，洞當勉力另籌，斷不敢多用部欵也。東事雖密，此件奏准各節似應行知敝處，方有依據。已行知否，祈示。蒸一。

致天津李中堂光緒十六年三月初十日發

外捐現議既歸津還債，礮廠當另請借欵，若洞早知有此議，即不請撥外捐矣。鑄械似亦今日要務，機器不久即到，廠須速造，礙難停緩。此欵係暫借，粤有確實捐欵可還。尊處既留外捐，務懇轉商海署借撥他欵，至感。鄂捐現止收萬餘金，并聞。蒸二。

李中堂來電光緒十六年三月十五日酉刻到

蒸兩電並海署電均悉。鐵鑛運遠煤，費用更鉅。或謂西洋多

以鐵石就煤，無運煤就鐵者，爐廠似宜擇煤鑛近處安設。二百萬既不敷用，另籌亦非易事。本年部欵已借撥山東河工四十萬，署當陸續撥給造槍礮廠十五萬。尊意請於京捐借撥，未知部收若干，俟邸商及再覆。東路奏准摺，總署秘未咨行，公電請行知，自應緘達。昨已派員匠赴東勘路，由訾至吉尚多平坦，吉至琿山嶺險阻，共約二千數百里，必需巨欵，正在籌商。固陵船已交商局駛用，改撥甚易。鴻。咸。

致煙臺盛道台〔一〕光緒十六年三月十一日發

白乃富勘鑛，川薪自應官給，豈有令商局代出之理。舊合同如何字樣，惟湖北勘鑛應自何月起算，以前應在何處官欵支領，望酌示。真。

致輪墩薛欽差光緒十六年三月十三日發

虞電悉。軋花機器必不可少，按布機千張應配軋花機若干張，汽機鍋爐應否另添，價共若干，幾時造成，請速查示。軋花之利甚厚，滬局已有明徵，若再增機一倍，除供織布外，軋花另售。機需若干張，機價需若干鎊，懇速查覆。感禱。元。

致煙臺盛道台〔二〕光緒十六年三月十五日發

光緒五年閏三月，郭師敦具報簽驗窩子溝、三里岡各煤鑛情形，何處下簽繪有鑛形全圖，尊處原案并圖請飭鈔一分寄鄂，以備參考。咸。

致上海盛道台〔三〕光緒十六年三月十七日發

固陵既請撥鄂，本意自是常用。尊意既願得此輪，擬即暫用三年，以副雅囑。如鄙人去鄂，則不待三年即交商局矣。洽。

致成都劉制台〔四〕光緒十六年三月十七日發

夔州汪守擬修峽路，除川境需用外，尚有欵若干，楚境能修至何處，祈示知，以便酌覆。洞、斌同啟。洽。

致天津李中堂光緒十六年三月十七日發

東軌所用或輕軌，或重軌，每碼若干鎊，若買洋軌，每頓價若干，已議有大略否，均祈示知。詳詢鑛師，外洋有移煤就鐵者，但視所便，不拘一格。此間鐵聚而煤散，鐵近而煤遠，鐵逆水而煤順水。且煤在鄂省上游及湘省內河，若運鐵石往煉，煉好又須運下武、漢，是煤一次而鐵兩次矣，故鄂事以運煤就鐵爲宜。從前博師敦勘議，亦擬運荆煤就冶鐵也。且距省城近，經理較便。固陵輪船承允撥用，感謝，大約暫用三數年耳。洽。

致柏林洪欽差〔五〕光緒十六年三月十九日發

即日照匯萬馬。請催監工速來。效。

〔一〕〔二〕録自抄本《張之洞電稿·致各省電》。
〔三〕録自抄本《張之洞電稿·致南洋電》。
〔四〕録自抄本《張之洞電稿·致四川電》。
〔五〕録自抄本《張之洞電稿·寄外洋電》。

致成都劉制台 光緒十六年三月十九日發

巧電悉，盛意心感。然鄂省地方應辦之事，必當竭力爲之。汪守所修峽路，望囑其盡川境而止，鄂省境内當自行籌修。洞、斌同覆。效。

劉制台來電 光緒十六年閏二月初九日亥刻到

夔州汪守捐修夔峽、巫峽緯路、輔路，儻川境竣工，可否接修而下，做一步是一步。儻蒙貴省自宜昌開修而上，尤所盼禱。望即示覆。秉璋。叩。

致煙臺盛道台 光緒十六年三月二十日發

鄂省當鋪取息三分，民間不便。今擬飭減爲常年二分，冬臘兩月分半，以惠貧民。茲特籌措官本二十萬金，發商承領，開設官典。武昌、漢口各一家，每家各領官本十萬，照前議減之數取息，以爲各典鋪之倡率，官只取月息八釐，此外餘利盡歸該鋪。而此間富商有名望者頗少，未敢深信。聞閣下早年曾在漢口開設典鋪，於此間情形自必熟悉。此事莫若即令招商局承辦，官必力爲扶持。官商合力，永無虧折停歇之患，於民生商局均可有益，官欵亦穩。尊意如何，祈籌酌速覆。再，此項官本即係向來發商生息者，約有三十餘萬，舊章皆月息一分，今爲體恤貧民，不得不薄取官利耳。并及。號。

盛道來電 光緒十六年三月二十四日酉刻到

減息便民，盛舉也。招商局防微杜漸，不敢旁參他事。電報局分造各綫，尚缺資本，如發生息，可以六釐附。請鈞酌。宣稟。

致上海盛道台〔一〕 光緒十六年三月二十一日發

郭師敦具報各件，光緒五年以前本署有案，五年以後查無存卷。昨由鍾天緯鈔呈一件，係五年閏三月簽驗後稟報者，情形尤爲詳備，惟有説無圖，不知下簽何處，故咸電請專查此件，望詳檢鈔寄，至盼。號。

致輪墩薛欽差〔二〕 光緒十六年三月二十二日發

織布廠定用鐵間架，應配各件，已飭洋匠德金生徑電博次廠，令列單送尊處，請費神核明價值照定，共價若干，先電示。二批機價即匯。養。

致海署 光緒十六年三月二十二日發

望電謹悉。疊接薛使來電，二批鐵機月杪起運，應付英金一萬一千一百三十三鎊，另全分運保費萬鎊，頭二批運保約四千鎊，約共合銀六萬數千兩，催令速匯。請商户部即將此欵迅撥七萬兩，電匯來鄂，以應要需。現計開辦煉鐵事宜，購地設廠，修路築閘，濬河買船，及訂購敲鐵機器，鑽地探鑛起重機器，廠屋應用各件等項，已需銀九十餘萬兩。事體繁重，工程細密，急須趕速經營，須於本年夏秋間撥齊一百萬，始能應手。伏懇商明户部，先行如數撥給，餘欵一百萬并祈預定準期，源源撥付，俾不致有停工待欵之慮，且可籌計全局，尤爲禱禱。養。

〔一〕録自抄本《張之洞電稿·致南洋電》。

〔二〕録自抄本《張之洞電稿·寄外洋電》。

致上海湖北藩台鄧 光緒十六年三月二十五日發

小赤方伯青覽：聞已抵滬，欣慰。茲派廣昌兵輪奉迓，今日行，約廿九日可到滬。請即乘該輪來，較商輪爲便。啟行日望示知。有。

致福州卞制台、船政大臣裴[一] 光緒十六年三月二十六日發

聞鑛學生池貞銓學業亦好，請即飭速來鄂，薪水酌定，比張金生須較少，川資代墊歸欵，感荷。宥。

致上海廣昌輪船武都司[二] 光緒十六年三月二十七日發

湖北新任藩台鄧方伯現在上海，該都司到滬後，可即持本部堂愚弟帖到鄧處通知，云係派往專接者，將廣昌先送鄧來鄂後，該都司再返滬辦理諸事。沁。

致海署[三] 光緒十六年三月二十八日發

儉電謹悉。各欵自當聽部覆，惟二批煉鐵機器價并頭二批運保，共約將七萬金，屢經使英薛大臣電催，云月杪起運。今三月已將盡，此欵尤急，務懇商催户部速予電匯來鄂，以免失信遠人，曷勝叩禱。部撥非敢催促，爲難情形，伏望垂鑒。儉亥。

致上海廣昌輪船武都司[四] 光緒十六年三月二十九日發

廣昌改名楚實，務於一二日内趕將二字換好，再送鄧方伯來鄂。飛龍亦趕催修好，並換船名速來。該都司即商明鄧方伯，至沿途須小心照料，送鄧來鄂後再返滬辦事。儉。

致上海廣昌輪船武都司 光緒十六年三月二十九日發

廣昌仍應改名楚材，昨電楚實，實字係筆誤。豔。

致海署 光緒十六年三月二十九日發

前接北洋三月歌電，東路須急辦，應購西洋鋼軌等語。查北洋電稱每年造二百里，路軌係每碼重六十磅，約計二千餘里，計雙軌並他料需鋼十餘萬噸，洋鋼軌價連運保大率每噸需銀四十兩上下。鄂省煉鋼自造之軌，約計運至營口價值必較洋軌爲廉，大冶鐵廠若此時即速開辦，一年後即可製出鋼軌，計機爐之力每年斷不止出二百里鋼軌之數，源源供用，有盈無絀。合計全路較洋軌可省銀數十萬，似可不必多定洋軌，反致中國自造之軌置之無用，庶與中國煉鐵開源塞漏之本意相符。鄂省鐵廠此時無論經費多少，將來不惟可仍提回，並於公家有利益，不致虚費。管見如此，謹候鈞裁。豔一。

〔一〕「卞制台」指閩浙總督卞寶第。録自抄本《張之洞電稿·致各省電》。
〔二〕録自抄本《張之洞電稿·致南洋電》。
〔三〕録自《李鴻章全集·電稿二》，第二三九頁，上海人民出版社一九八六年版。原題為「鄂督張寄海署」。
〔四〕以下二電録自抄本《張之洞電稿·致南洋電》。

致天津李中堂〔一〕光緒十六年三月二十九日發

前接歌電，東路須急辦，應購西洋鋼軌，每年造二百里路等語。鄂省所定機爐，約計每年制成鋼軌斷不止二百里，足可供尊處之用而有餘。鄂廠運煤就鐵，系照十年前博師敦所擬辦法，據云甚爲合算。核計工本、雜費、運脚，總可較洋軌爲廉。造廠等事刻即開辦，一年后即可開爐出鐵、出鋼，造成鋼軌無算，源源取用不窮矣。合計全路二千餘里，所省當不下數十萬。此時尊處已定洋軌若干，運至營口價值運保共幾何，三十九兩能不加多否，祈確示知。似不必多定洋軌，方與中國煉鐵塞漏之本意相符。管見是否，請酌示。艷。

致海署、天津李中堂光緒十六年三月二十九日發

大冶鐵鑛，據鑛師及化學洋教習報稱，鐵質可得六十四分有奇，實爲中西最上之鑛。其鐵鑛露出山面者約二千七百萬噸，在地中者尚不計，即再添數爐，百年開采亦不能盡，且附近之興國州兼出極好錳鐵，甲於各洲，尤爲兩美。至湘、鄂兩省多産白煤，現經詳細化煉，可用者十餘處，尤爲他省所罕。煙煤亦在所需，亦經化煉，更屬不乏，雖遠近不等，多係近水。現擬運煤就鐵，係照十年前鑛師博師敦籌擬鄂省開采煤鐵辦法，其所估計煤價，與現價約略相等。據博師敦云，必有利益，核計煉成鋼軌及各種鋼鐵板、鋼鐵條，約略合計成本雜費，較外洋鋼軌及鋼鐵各件，價值頗廉，雖所省細數開辦之前未能詳細估定，總之確能省於洋鋼洋鐵，必然無疑。況目前洋鐵日昂，昨見洋文西報，因英國煤漸少，現議在印度開煤煉鐵，而煤鐵相離甚遠等語，以後必更日貴，此乃中國大利。煤鐵兩端均可供官民之用，保外耗之財，煤並可資各口洋輪之用。此時雖需經費，將來利於民，並利於國，經費仍可按年提回，滴滴歸源，毫無虚糜。且廠成出鐵以後，經費便可轆轤周轉，並非年年需費。惟事體繁重，開辦宜速，早一年有一年之利，早一月有一月之益。機器不久即到，不能露置，以致銹壞，造廠斷難再緩。户部歲籌二百萬，河工借撥外，餘存當尚不少，伏望鈞署深維全局，籌度主持，俾得及早舉辦，實於大局有裨。豔二。

李中堂來電光緒十六年四月初三日申刻到

豔電悉。晉琿甫經勘路，迨定圖購地後，方可興工，斷無預定洋軌之理。向來訂購章程，須令各國鐵廠將貨價呈送，定期開封，擇貨精價廉者購辦，未便預為限制。鄂省機爐到齊，蓋廠安設運煤開鑄，計尚需時，似一年後未必能造成合用鋼軌。英匠言印度造路甚長，該處所開鐵鑛，軌尚不合式，仍須遠購英軌，非得已也。鄙意俟鄂廠成軌，取樣比較，如果合用，即價略昂必當自用自物，況如尊論較洋軌為廉耶。似應届時商辦。鴻。江。

致輪墩薛欽差光緒十六年三月二十九日發

前定煉鐵爐機，日出百噸，今欲趕辦鋼軌，日出二百噸。將已定爐機參合添配，應加爐座捲軌機，各若干價值，連運保共幾何，請詳查示覆。卅。

〔一〕録自《李鴻章全集》電稿二，第二四二頁，上海人民出版社一九八六年版。原題為「鄂督張來電」。

致上海盛道台 光緒十六年三月二十九日發

荆門白煤佳而嫌薄，歸、興及湘省白煤甚多，只可合併收買，自可足用，而價不漲。大冶鐵已勘明化煉，確係佳鑛。此鑛前經閣下遠募良師訪得，實爲首功，擬每年酌提餘利若干，以爲酬勞。尊意擬如何辦理，望密示，以便籌酌。卅。

致海署[一] 光緒十六年四月初四日發

昨日又接薛使本月初一日電，稱鐵機第二批價已來催，第一批機明日裝竣，運保須即付，此間無可墊，均請電匯等語。查此項煉鐵二批機價及頭二批運保，約計鎊數將及七萬金。前養、儉兩電請商催户部撥匯銀七萬兩來鄂，以應急需。此項爲數尚不甚多，務懇速賜電匯，免致失信遠商，至爲禱懇。支。

致宜昌鹽局陳道台、宜昌鎮羅鎮台 光緒十六年四月初七日發

聞川商因有設官銀號之議，倡議停運，實堪詫異。官號不過慎重税課，以防虧塌耳。久與鹽道議明，令仍按向來期限繳銀，並無預留現銀及加色之説，於該商有何不便。各省關税皆設官銀號，此係照例辦理，與吴令等公號何涉。如該商等未知章程詳悉，何妨赴局具禀請示。本部堂體恤川商，無微不至，自去臘至今，兩江督院屢次函電，切囑禁川復淮，欲增票二百二十張，並允本年即以票價七十萬解鄂。本部堂憫川商之失業，堅持未允。數月以來，疊與四川督院電商籌議滅楚釐，寬押岸，平敞價，疏澧岸等事，往返一二十次，諄切千百言，委員查詢三數起，無非護持川商之意。人非木石，豈不知感，豈無見聞，乃竟敢如此藐法妄爲，實屬膽大糊塗，不受培植。該鎮道可即傳到該商等，明白詢問，伊等如願停運甚好，可即飭令當堂出具公呈甘結，聲明永不翻悔，本部堂即日札飭漢口淮鹽督銷局暨沙市淮鹽局，共配淮鹽四五萬包，派輪拖帶駛上宜昌，設局銷售，以濟民食，一面電咨四川督院，電匯銀數萬至重慶、萬縣辦理官運。目前一月少收七八萬金，有何要緊，一月以後官運來矣。以後奏明立案，永禁川商運鹽入楚，只准官運，不准商運。一面電飭宜昌羅鎮派礮船十號，駐紮峽口，攔截該商等，不准再行妄瀆翻案。本部堂久欲辦理川鹽官運，不過不肯奪川商之利耳。今該商等自不願運，楚無足顧惜矣。速電覆。陽。

致上海盛道台 光緒十六年四月初八日發

虞一電悉。冶鑛可開三百年，訪鑛首功，豈可轉令受累。荆煤雖不能開，要以冶鐵爲主。原訂兩爐日出百噸，擬再添兩爐，通年可出六萬噸，愈多則愈有利益。鄙意擬按每年煉成總數，或鋼或鐵，每噸提銀二錢，以爲彌補獎勵創辦鑛務官商經費。就六萬噸計，歲一萬二千金。若每年所煉在五萬噸以下，即以歲提萬金爲斷，臨時匀攤，立案永遠照辦，不拘年限，即由尊處立案，年年具領，勿庸存鄂撥作他用。揆之西法，凡創辦商務工作，必皆係如此辦法，始可鼓舞振興。此乃至公，並非私誼。將來由尊

〔一〕録自《李鴻章全集·電稿二》，第二四四頁，上海人民出版社一九八六年版。原題為「鄂督張寄海署」。

處具禀，將賠累詳情細數叙明，聲請提補若干，敝處批定數目，統歸各項經費内彙咨海署存案。荆煤歲産不過數千噸，提亦無多，且收買多少不定，不如統歸鐵價，便於核計也。庚一。

致上海盛道台光緒十六年四月初八日發

鐵廠宜設武昌省城外。黄石港地平者窪，高者窄，不能設廠，一也。荆襄煤皆在上游，若運大冶，雖止多三百餘里，回頭無生意，價必貴，不比省城，鋼鐵煉成亦須上運至漢口發售，並運至省城煉槍礮，多運一次，不如煤下行，鐵鑛上行，皆就省城，無重運之費，二也。大冶距省遠，運煤至彼，運員收員短數攙假，廠中所用以少報多，以劣充優，繁瑣難稽，三也。廠内員司，離工游蕩，匠役虚冒懶惰，百人得八十人之用，一日作半日之工，出鐵既少，成本即賠，四也。無人料理，即使無弊，製作亦必粗率，不如法煉成，製成料物稍不合用，何從銷售，五也。鐵廠、礮廠、布局三廠並設，鑛物、化學各學堂並附其中，安得許多得力在行大小委員，分投經理，即匠頭、翻譯、繪算各生，亦不敷用。三廠若設一處，洋師華匠皆可通融協濟，煤廠亦可公用，六也。官本二三百萬，常年經費貨價出入亦二百餘萬，廠在省外，實缺大員無一能到廠者，歲縻巨款，誰其信之。若設在省，則督撫司道皆可常往閲視，局務皆可與聞，既可信心，亦易報銷，七也。此則中法非西法，中法者中國向有此類積習弊端，不能不防也。即使運費多二三萬金，而工作物料虚實優劣，所差不止數十萬金矣。白議爲是。現擇得省東南二十里湯生湖邊之金鷄坑，由大江入鮎魚套，一水可通，常年行船，略濬淺處一段，建閘一所，即可冬間行輪矣。其地高燥寬廣，永不被淹，用之不盡，將來任意擴充，且設礮廠於此，尤可免淺露之病，可謂善地矣。庚二。

致上海盛道台光緒十六年四月初八日發

荆煤太薄，不能大舉，歲産有限。現逐加化煉，湖北之荆門、興山、歸州，湖南之邵陽、耒陽、常甯、瀏陽、永州，四川之奉節、巫山，皆出白煤，合計灰少合用者二三十處。目前收買爲便，明示招徠，必可争開争販，當不至大貴。湘煤自宜機開，但須從容諭導，購機造窿，即可開，亦在一年半後矣。庚三。

致天津李中堂光緒十六年四月初十日發

江電悉。尊意謂印度造路，因鋼軌不合式，仍遠購英軌，鄂廠一年後未必能造成合用鋼軌，俟鄂省成軌，如合用即價略昂，必當自用自物等語，具見老成精審之至計。惟印度購英軌一節，據洋鑛師云，印度無好煤，其煤内之灰太多，每百分中有十四分至二十分不等，不能煉鐵。蓋煉鐵之煤，其灰必須在十分以内者乃可。該處間有用木炭煉鋼者，成本太貴，僅係小廠，故不造鋼軌。且自銷英國鐵貨，尚無不便云云。今荆湘之白煤，詳加化煉，灰在十分以内可用者，二十餘處，其灰自三四分至八九分不等。此與印度鄰界四川之奉節、巫山，江西之萍鄉，所産亦多可用，此與印度煤劣不能煉鋼之情形不同。至冶鐵之佳，久已昭著。附近之興國州，又據勘報産有錳鐵，尤佳尤多，已經化煉。向來西法鐵中加錳，即成最精之鋼，郭師敦[一]及近日各鑛師均贊爲歐美各洲所希有。附近又適有灰石大鑛，正可供鎔爐之需。煤佳鐵良，一照

[一] 前電譯作「博師敦」。

西人成法，董以西工造成，似不至不合用也。再查前准洪使函稱，鋼軌無須極精之品。詢據各鑛師，均稱造軌只須貝色麻法即合用。現購之爐，貝色麻、西門士兩法俱備，若以最精之法煉之，當無不合。至一年後造成，則以部欵能否應手爲斷。路既改東，煉鐵尤急。如部欵能定準期撥足，自當督率趕辦，以赴事機，即稍遲不過再多數月耳。洞學識淺陋，於西法豈能深諳，況此創辦大舉，尤覺兢兢。冶鐵荆煤，幸承公指示，遵照尋求，已有明效。此後一切機宜，當隨時秉承藎畫，函電往復商請裁酌，務求周妥，總期於足以濟用而後已。大略公爲鐵局總裁，洞不過爲鐵局提調而已，得公主持其事，洞當勉效奔走之力，以贊成功。尊意以爲何如。蒸。

致户部[一] 光緒十六年四月十一日發

煉鐵機器移置鄂省，後半價及建廠之需，由部籌經費撥付，經海署會同貴部奏准咨行在案。當即遵照籌辦，布置一切。今第二批機價及頭二批運保共約七萬兩，經使英薛大臣三次電催匯付，均經電達海署。承准電覆，均即咨部迅催籌解等因。查此項爲數無多，部籌及外省籌早有成數，外洋價之限已逾，務請速即照數撥匯，免致失信遠人，庶於要務有裨。并祈示覆。蒸。

致廣州王藩台 光緒十六年四月十二日發

真電悉。粤不能墊，未敢相强。竊思此欵雖待冬春方繳，確係有著。目前鄂省布局開工，需用甚急，可否由廣東善後局代向匯豐暫借十六萬，照章認息五釐，將來即以此項扣還，其息銀由鄂認，目前即可照數扣出，如此則粤乃不費之惠，鄂有濟急之益。蓋此欵該商必能照繳，斷不致令善後局受累也。九鼎只在一言，當不吝齒牙之惠耳。祈轉商筱師示覆。至感。文。

致海署、天津李中堂[二] 光緒十六年四月十四日發

煉鐵機器二批價及頭、二批運保共約銀七萬兩，本月初十日，薛大臣又來電催，計前後已電催四次。前奉陽電，已蒙轉咨迅催籌解，當于初十日電致户部，催請速發，未接覆電。查煉鐵機器移置鄂省，機器後半價值及建廠之需，由部籌經費内撥付，經鈞署會同户部於本年二月奏准咨行在案，當經遵照籌辦，布置一切。今二批價及頭二批運保爲數無多，部籌之欵，前准部咨，早有成數，各省認籌亦當不少。此次付價之限已逾，若失信遠人，不惟于要需窒礙，於使臣亦諸多不便。目前煉鐵尤爲急務，開工以愈早愈善，方能趕赴事機。鄂制鋼軌，叠與北洋熟商，依法精造，必能合用。查鄂省應解部欵本年尚有固本餉七萬五千兩，釐金項下東北邊防經費八萬兩，江漢關六成洋税項下未解東北邊防六萬兩，似均在可劃之列。敢請鈞署轉奏，擬即將應解固本一欵劃抵，以便匯付此項價值、運保，可省由部匯解糜費，尾數或盈或絀，隨後核明鎊價再當奏咨。如此一轉移間，於部欵并無出入。如蒙

〔一〕録自《李鴻章全集·電稿二》，第二四八頁，上海人民出版社一九八六年版。原題為「鄂督張寄户部」。

〔二〕録自《李鴻章全集·電稿二》，第二五〇至二五一頁，上海人民出版社一九八六年版。原題為「鄂督張來電并致海署」。

鈞裁以爲可行，伏懇迅由鈞署具奏請旨，俟奉俞允，即請電飭遵辦，無任翹禱。即請示覆。鹽。

致海署光緒十六年四月十五日發

頤電謹悉。鐵路經費經户部咨覆鈞署，准由鄂省本年應行解部各欵内共九十五萬截留抵用等因，謹當遵辦。鄂應解京之欵尚多，俟即查明如前項准留之數内有已經起解者，當照數改抵，電請鈞署咨明户部辦理。咸。

致廣州李制台光緒十六年四月十五日發

粵錢局原定每文重庫平一錢，值銀一釐，每千值銀一兩，出入一律，永不增減，不惟整齊易算，利權在官，緣銅價日昂，若照此定價以銅百斤值銀十四兩計算，每日能鑄一千二百串，工料便可不賠，若日鑄一千五百串，可略有贏餘，日鑄兩千串以上，贏餘更多，雖銅價長至十五兩外，亦不虧折。此因洋銅日漲，滇銅難旺，故爲此策，庶幾制錢不賠，可以常鑄，不然中國永無大鑄制錢之日矣。聞粵局改鑄每文重八分，銀價每兩一千三百數十文，如此則錢之貴賤必仍聽之市儈，漲落無定，錢局恐終須虧折矣。此事改章如出自公意裁定，自必具有深識，儻係由局員條陳，恐是一時核計未精，尚望詳籌。諸事荷公關愛，故效其一得，幸垂察焉。再，目前每日能出錢若干串，外洋改鑄銀模已寄到否，并祈飭查示覆。咸。

李制台來電光緒十六年四月十六日巳刻到

咸電悉。粵錢前奉硃批，不必添鑄庫平一錢字樣。此次遵改換錢模，維時咸以新舊錢價兩歧，富商居奇，小户折虧為言，博采衆論，改重八分，每銀一兩換錢一千三百五十文，與市價一律，并非出自鄙意，亦非局員條陳，不過俯順輿情。且錢多銅減，仍與每千一兩之價不甚相懸。目前出錢每日可五六百貫，改鑄銀模亦到，初二日已開鑄。瀚。銑。

致廣州李制台、王藩台光緒十六年四月十五日發

頤電悉。承允粵局代借匯豐十萬金，以資布局造廠之費，感謝。請即飭局令匯豐速匯來鄂應用，將來由闈捐扣還。咸。

致雲南唐督辦光緒十六年四月十五日發

聞上意甚以京銅爲念，不在鑛開之旺否，而專在今年解京數目之多少，非有百萬斷不能行，深代焦急。滇省向有五金局收買商銅，其法甚善，與官鑛可並行不悖，近年何以停止。滇省庫存銅本二十餘萬，何不先用八萬金，迅速各處采辦，解運京銅一批慰宸廑，豈不勝於專待鑛產，望梅止渴乎。官自開官之鑛，商自開商之鑛，人自爲戰，開采必力，賠否官不與聞，亦甚妥穩。再，四川甯遠銅產尚旺，聞係夷地所産，官價太少，私買私賣者甚多，若能設法兼采買甯遠銅，尤易足用。望速籌爲幸。祈覆。咸。

唐督辦來電光緒十六年四月十七日戌刻到

此時不患無鑛無銅，祇患每月各廠經費二萬七八千兩，公司措辦不易。昨奏借銅本十萬，奉旨知道，而部文以後一概不准再借。雲南五金局有名無實，徒滋糜費，彥帥早奏撤，後歸招商局零星收買民銅，並在甯遠采買，每年不足五十萬。序帥到來，開

鑄分去一半。甯遠采買，川省又不允。商局資本不濟，去年已停止鑄局，以銅少減爐，地方官皆以例價不敷，畏累不敢承辦。非創設公司，鑛務直無從規復，司農乃故為難，令人氣短，公何以教之。炯。霰。

致江甯電局總辦盛道台〔一〕光緒十六年四月十七日發

固陵已接總署咨，俟需用時當隨時知照商局。茶務如何整頓，甚不易易，閣下有何善策，速籌示，并請稟商曾沅帥，方能合力舉辦。洽。

致煙臺盛道台光緒十六年四月十八日發

商力貧散，揀焙難精，釐税急需，成本難減，包攬操縱有礙條約。欲興茶務，惟有立公司，販絲、茶出洋銷售，既免抑勒，且運洋貨而歸。印度無可挽回，銷路惟有俄美耳。閣下有志於此，何不由招商局集股舉辦。前肇興公司頗獲利，自以耗費敗之。次則創行茶票，略仿鹽票，商殷茶好，免爲零販撓敗全局，如漢口歲銷茶六七十萬箱，設立八百票，每票八百箱，票一張繳票價二千金。大商多辦，小商集股。九江、蕪湖、上海一律辦理，閩廣不論。招商局董、兩淮鹽商皆患財多難於安置，勸其領票充商，當有願者。宏才大力，成此盛舉何如。嘯。

致輪墩薛欽差光緒十六年四月二十二日發

嘯電感悉。布、鐵廠添件共萬二百十鎊，已飭局即匯萬一千鎊，兼備運保費欵，歸鄂認，請飭速運。奉蒸電鋼軌日出二百噸，擴大爐機，須添價二萬三千鎊。現擬先擴機器馬力，後添爐座，分作兩起。各價幾何，懇速查示。中國棉紗消流最廣，利亦最厚。前定布機紡紗僅供織布之用，今擬添紡紗機一倍，另軋花機爐全副，足共舊定及新添紡紗機之用，需價若干，并祈詳晰查示爲感。養。

致江甯曾宫保〔二〕光緒十六年四月二十四日發

煉鐵廠工程緊急，需用機器挖泥船疏濬河道，轉運始便，若向外洋購買，恐致遲誤。上海現有此項機器船，可否暫借一月，即可竣事，感禱。祈示覆。敬。

致上海聶道台光緒十六年四月二十八日發

頃接曾沅帥電，承允借用挖泥船，感謝。茲派楚材輪船拖帶來鄂，祈飭知。儉。

致上海楚材輪船武永泰光緒十六年四月二十八日發

頃已向上海道借妥挖泥機器船一隻，即派楚材將此泥船拖帶回鄂。儉。

〔一〕録自抄本《張之洞電稿·致南洋電》。
〔二〕以下六電録自抄本《張之洞電稿·致南洋電》。

致上海聶道台光緒十六年五月初一日發

挖泥船司理、輪機、熟手工匠，請并飭令同來，費由鄂付。鹽。

致上海楚材輪船武永泰光緒十六年五月初三日發

楚勝修好，速先駛來，即等應用。未事船價及改修費均須切實核減，方可有成。即詳覆。江。

致上海楚材輪船武永泰光緒十六年五月初四日發

電悉。未事輪船，據稱實價一萬三千元，如不能再減，即行購定并行費修理。由百川通共匯去一萬六千元，回鄂核實報銷，但不准有絲毫浮冒。一月修理之期切勿逾限，計至六月初五必須工竣來鄂，如屆期耽延，惟該管帶是問。支。

致福州船政卞制台〔一〕光緒十六年五月初四日發

請速飭池貞銓來鄂，現有要事。該生行期先電示，川資墊給寄還。支。

致上海楚材輪船武永泰〔二〕光緒十六年五月初七日發

該都司在滬就便向織布局查詢已開機若干張，用工若干人，成布若干疋。將來鄂省布廠需工甚多，擬在滬、蘇、鄂等處募幼童一二百人撥入滬局學習，薪工由鄂支給，至廠成回鄂，并詢商可否。即覆。陽。

致輪墩薛欽差〔三〕光緒十六年五月初八日發

布廠需用鐵片瓦及添購鐵間架，由德金生徑電博次，令列單送尊處，請費神議價代定。前託查加增軋花紡紗各機爐，并懇速覆。庚。

洋匠德金生寄英廠電

布局定議全用鐵間架、鐵片瓦，其間架可減輕。鐵瓦比泥瓦輕故間架亦可減輕。鐵瓦第幾號，即復，最厚者十六號薄者二十六號。并與中國使館議價。做磚機器鍋爐，每七日出磚坯二十萬塊，需價幾何，須能兼造火磚者。又擬雇磚瓦匠首一人來華布置兼教造法，訂雇一年，薪工若干。又造紅毛泥機爐全副需價若干。并即電覆。德金生。

致荆州道、府光緒十六年五月初九日發

日來江水盛漲，荆州各隄關繫緊要。該守務督同員役親駐工所，晝夜實力梭巡，遇有險工，迅即搶護，勿得稍有疏忽。該道亦隨時親往巡察。切切。佳。

〔一〕録自抄本《張之洞電稿·致各省電》。
〔二〕録自抄本《張之洞電稿·致南洋電》。
〔三〕以下二電録自抄本《張之洞電稿·寄外洋電》。

致上海楚材輪船武永泰〔一〕光緒十六年五月十五日發

楚寶槍礮即照數撥該船，務必依限修竣。拖泥船可稍緩，俟楚寶修竣，該都司親自拖帶來鄂。咸。

致荆州道、府，江陵縣光緒十六年五月二十一日發

本部堂定於本月二十四日乘固陵輪船來荆查勘隄工，即在輪船住宿，自備火食，地方官無須預備公館，亦不必送酒席。隨從員役，均不用絲毫供應。該地方官務須凛遵。馬。

致輪墩薛欽差光緒十六年五月二十二日發

鎔鍊鋼鐵，工程繁重。擬遣精壯工徒五十人到英廠習練，以半年爲期。請商諦廠收留教導，給與住處，能供火食尤妙。每月須貼費若干，切懇速詢電示。養。

薛欽差來電〔二〕光緒十六年六月初十日亥刻到

煉鐵工徒來英難處。函陳鐵廠分圖附。二批船已開兩旬。巴庚生器已購。軋花須另設一小廠。成。佳。

致柏林洪欽差光緒十六年五月二十二日發

製造槍礮，門類繁多。擬遣精壯工徒二十人赴德廠習練，以半年爲期。請商力廠收留教導，給與住處，能供火食尤妙，每月須貼費若干，切懇速詢電示。養。

洪欽差來電光緒十六年五月二十八日申刻到

力拂造機而不造槍，毛瑟已停造，舊式連珠無可習練，一年學語言尚不諳，何論其他。糜費無益，斷不可遣。愚意滬廠工匠略窺門徑，教導為易，如能募致數人，似為善策。鈞。漾。

致武昌撫台、藩臬、鹽道、善後局光緒十六年五月三十日發

在荆見額守面述施南災重民苦，自宜速籌拯救。省城發欵，緩不濟急，當飭宜昌鹽局就近借撥銀五千，將來由省局賑捐撥還。特飭額守由宜帶銀回施，酌量分別妥辦，將來由省局賑捐撥還。電達。本日登陸赴鍾祥，約初六七回省。卅。

致武昌蔡道台、漢陽縣朱光緒十六年五月三十日發

鐵廠除漢陽外必無善地。可飭朱令速付價購定，不必遲疑延誤。即使不設廠，此地亦有大用處。斷不賠本。防水之隄，朱令務即趕築，要緊。洋匠頭既有此議，可酌派一輪並妥員伴送，速往沿江一看，以釋羣疑。卅。

致上海聶道台〔三〕光緒十六年六月初八日發

承借挖泥船，現時無庸來鄂，如將來需用時，再電商。庚。

〔一〕〔三〕録自抄本《張之洞電稿·致南洋電》。

〔二〕録自苑書義等主編《張之洞全集》第七册，第五五〇八頁，河北人民出版社一九九八年版。

致輪墩薛欽差〔一〕光緒十六年六月初九日發

德金生電詢博次造磚瓦機價及代雇匠月薪工，已據電覆。現欲照定，請與議價核減，即立合同。佳。

致江甯曾宫保〔二〕光緒十六年六月十五日發

煉鐵機月底到鄂，重者二十六噸。此間無大剥船，定造又趕不及。聞尊處操防局有運礮大剥船二艘，日久未用，擬借一艘來鄂，如有滲漏，請先飭修理，費由鄂付。可否，望電覆。咸。

致天津李中堂，京順天尹堂潘、陳〔三〕光緒十六年六月十七日發

順、直巨災，急應遵命助賑。現商司道，共籌二萬，分别電匯順、直各萬金，祈飭收散放，至感。有續捐，再寄呈。洞、洵同啓。洽。

致天津李中堂，京順天尹堂潘、陳光緒十六年六月十七日發

洞捐千金，順、直各半，由百川匯交。洽。

致天津開平鑛局唐道台光緒十六年六月二十日發

鄂設煉鐵廠，需用火磚百餘萬塊。聞尊處所製每月可出十萬塊，能否於封河前趕製四五十萬塊寄鄂，能多更妙，價及運保費各若干，請即電覆鐵政局蔡、趙、徐。

致廣東署前山同知蔡〔四〕光緒十六年六月二十七日發

鄂設煉鐵廠，需用火磚、火泥、紅毛泥甚多。青洲所製每月各出若干，價幾何，包運來鄂運保費應加若干，請詳查電覆。

致輪墩薛欽差光緒十六年六月二十七日發

煉鐵廠基已勘定興工，擬趕製鋼軌。請飭諦塞廠將貝色麻煉鋼爐及輾軌機應配各件，先行寄來。冬令水涸，洋輪不能直達漢口，即在上海起卸亦可。沁。

薛欽差來電〔五〕光緒十六年七月初四日戌刻到

鋼須鐵煉，請示知鑛、鐵之磷質、硫質有無、多少，做爐方免爆裂。日後運件，祈派員赴滬收理。成。江。

致上海楚材輪船武永泰、潘縣丞其恕〔六〕光緒十六年六月二十八日發

蔡道等呈閱來電，所稱洋廠估修楚勝三千五百兩，謬甚，即發昌所估一千九百兩亦太貴，無此辦法。原廠承修本有保固五年

〔一〕録自抄本《張之洞電稿·致外洋電》。
〔二〕〔六〕録自抄本《張之洞電稿·致南洋電》。
〔三〕以下三電録自抄本《張之洞電稿·致北洋電》。
〔四〕録自抄本《張之洞電稿·致各省電》。
〔五〕録自苑書義等主編《張之洞全集》第七册，第五五一二至五五一三頁，河北人民出版社一九九八年版。

之約，應會同潘縣丞責成原廠修整完固，補貼三五百金則可，不准多開。此船係潘經手，責有攸歸，經此次加費重修，若再有損壞，惟潘與該廠是問，決不寬貸。昨電曾宮保商借大剥船一隻，已允照借，現在滬修理，一俟竣工，該都司即拖帶來鄂，并楚材、楚寶一同駛回。大剥船何日修竣，先電禀。

致廣州王藩台光緒十六年六月二十九日發

東莞應撥歸廣雅書院沙田，原議係一百一十餘頃，由黄萼承租，每年租銀二萬兩。近聞另議辦法，田止八十餘頃，租止一萬六千餘兩，仍由明倫堂承佃。似此田租均已短少，且歸明倫堂承佃，拖欠租息，隱匿官田，均其慣技。若將匯豐所存書院息欵提回代繳沙田局，則尤萬萬不可。此項乃鄙人自捐鉅欵，并多方裒集，煞費苦心，若以此有著之息欵，换不可恃之田租，適墮劣紳術中，遂其侵漁乾没之計，決不可行。查書院應還沙田局及應發工本銀共十四萬九千餘兩，可儘此項田租，按年分還，九年即可還清，以公欵還公欵，但計有無，何争遲早，總不可提動書院存商生息之欵，鄙人在粤原議本係如此辦法。總之，此項書院常年經費，但只可撥沙田以益所本無，不可動匯豐息欵以損所固有。雖佃户可靠，亦不宜輕動，况明倫堂紳佃萬不可恃耶。此事鄙人五年心血，兩省士子瞻望，同深叩禱。盼即覆。豔。

致上海楚材輪船武永泰〔一〕光緒十六年六月三十日發

楚寶修費已飭局由百川通電匯一千四百兩，該都司務須據實動支，不得絲毫浮冒，致干駁斥。楚勝修理，遵照昨電辦理。南洋允借大駁船何日修好，如尚須時日，該都司即速帶楚材、楚寶兩輪先回鄂，現須楚材送程提台赴滬。速電覆。卅。

致上海楚材輪船武永泰光緒十六年七月初四日發

電禀悉。楚寶初五工竣，該都司即帶楚材、楚寶兩輪先回鄂。順記代鐵政局購木料十二枝，可順帶回。

致海署、天津李中堂光緒十六年七月十三日發

槍礮廠造廠十五萬，前蒙鈞署奏准，由部劃借，將來由粤收專欵捐項歸還，咨行到鄂，當即欽遵，部署工料一切。昨承鈞署咨户部片覆，此項造廠十五萬由部撥借，部中實在無法應付等語，曷勝焦急。機器陸續已到，物料多已購訂，斷難中止。查此廠關繫自强要圖，早成一日有一日之益。竊思此項部借粤還，係鈞署與粤督商允奏奉俞允之案，粤有四成捐槍礮廠專欵，斷無慮其不還，洞所深知，部中不過以現欵難於籌墊。查湖北糧道庫有幫津水脚兑費等欵，積年存有二十餘萬，部中並無指撥用欵，外間如有要需，向係奏經部議核准，方能動用。懇請鈞署奏明，暫行於糧道庫上項數欵内借撥十五萬，以供造槍礮廠之用，俟光緒十八年夏間由粤歸還。如此一轉移間，於部欵並無所損，且無須由部

〔一〕以下三電録自抄本《張之洞電稿·致南洋電》。

另籌，而礮廠得以濟用，不致停工糜費，損壞機器，實爲兩有裨益。總之，礮廠有不能不造之勢，而借動糧庫存欵，實與鈞署奏案部借粵還之意相符，此不過代部中籌墊而已。伏候鈞裁。元。

致輪墩薛欽差〔一〕 光緒十六年七月十五日發

五月庚電，請與博次定鐵瓦片等，已定否如未定，切懇速辦。咸。

致安慶楚材輪船武永泰〔二〕 光緒十六年七月十八日發

湖南白煤煙煤運至上海及沿江各省口岸，售價每噸若干，有無湘煤下行，銷路廣否，該管帶速沿途詳查電覆。

致海署 光緒十六年七月二十二日發

鐵廠地沿江上下數百里，徧覓難得。大冶黄石港，早年盛道暨郭師敦尋無善地，稟鄂有案。茲復疊派洋工師多人，暨徐道等各員生詳往測繪，濱江皆被淹，一高阜僅三十餘丈，有墳七座。省東南二十里有金雞坑，地勢高廣，但須作閘疏河，勞費太鉅，冬令内湖結冰，亦不便。今擇得漢陽大别山下有地一區，長六百丈，廣百丈，寬綽有餘，南枕山，北濱漢，西臨大江，運載極便，氣局宏闊，亦無廬墓。與省城對岸，可以時常親往督察。又近漢口，將來運銷鋼鐵貨亦便。惟須填築地基九尺，則盛漲不淹，沿漢亦須增堤數尺耳。築地雖費，較之他處築閘開河所省尚多，外洋各工師僉以爲宜，洞亦親閱可用。再，中國與外洋不同，此廠若不設在附省，將來工料員役百弊叢生，必致貨不精而價不廉，一歲出入以數十萬計，過於運費多矣。現已與北洋商定，即於此地建廠，槍礮廠亦並設此處，購地、修隄、築基、造路、訂購磚石等事，陸續籌辦。惟洋師云此工在外洋總須三年，今竭力趕辦興工，至開爐至速須兩年餘，現仍設法趕辦。特此奉達，祇請核示〔三〕。養。

海署來電 光緒十六年七月二十九日午刻到

養電悉。所擇漢陽大别山下，既於建廠為宜，應即舉辦，希由貴督自行奏明是要。元電請自道庫借撥十五萬，已咨商農部，容俟另覆。醇、慶具。儉。

致柏林洪欽差〔四〕 光緒十六年七月二十四日發

蕭、敬、豪三電悉。粵捐僅敷槍炮機價及造廠費，運保、裝費等費均須另籌。頭批笨重，運保較多，餘三批自遠遜，有可撙節，務費神設法從省。共需若干，請即查開確數，以便統核全份，另籌辦法。切盼速覆。敬。

致福州卞制台〔五〕 光緒十六年七月二十九日發

鄂省籌辦煤鐵，需員孔亟。擬調船政學生游學詩來此差遣，

〔一〕〔四〕 録自抄本《張之洞電稿·致外洋電》。

〔二〕 録自抄本《張之洞電稿·致南洋電》。

〔三〕 據上海人民出版社一九八六年版《李鴻章全集·電稿二》，第二七七頁所載，此電「核示」下，尚有「昨聞醇王父福體違和，曷勝馳系。頃聞已大愈，莫名歡忭，恭請王爺福安」等語。

〔五〕 録自抄本《張之洞電稿·致各省電》。

如屬可行，請酌定薪水，代付盤費，飭速來鄂。豔。

致廣州王藩台光緒十六年八月初一日發

承示書院暫借局款代繳沙田經費，以田租分年清還，如此則生息存欵不動，而有租可收，辦法妥善之至，望辦定後行知書院提調暨監院立案爲要。布局已開工，估需二十餘萬，前匯造廠十萬訂購華洋各料，已將用罄，務懇將造廠尾數六萬仍照前辦法，託粵善後局向匯豐代借，即速匯鄂，利息鄂認。望婉禀筱帥，再當專電申謝。浮圖合尖，實感全德，叩懇。東。

王藩司來電光緒十六年八月初十日申刻到

奉東電，即婉回筱帥，布機六數允照辦。春謹覆。蒸。

致京前臺灣藩台于次棠[一] 光緒十六年八月初六日發

擬請老前輩來鄂主講兩湖書院，歲奉脩金火食共千金，明正到館，務懇惠然，感幸。即賜覆。語。

致福州卞制台[二] 光緒十六年八月初七日發

昨電商調游學詩，可否飭速來鄂，祈示。陽。

致上海聶道台[三] 光緒十六年八月初十日發

怡和洋行葛林分辣司輪船由英運鐵機來鄂，除起卸外，尚有大鐵墩二件，鍋爐五件，因無起重架，今日赴滬起卸，仍由怡和轉運來鄂，請填護照及官物免税專照，先交滬怡和，俾免船到延擱，并知照滬關税司爲荷。佳。

致柏林洪欽差[四] 光緒十六年八月初十日發

冬電悉。十四萬馬，飭局即匯。槍礮機交滬虹口義昌成樊棻轉運鄂。蒸。

致廣州王藩台光緒十六年八月十一日發

鄂創鐵礮布三局，事繁任重。此間無熟諳大工之人，弟奏調薛令培榕，實係廠工萬不可少之員。嗣經筱帥因鼓鑄銀元，奏暫留粵，現銀元業已開鑄，一切就緒，故薛令得以請假回滬，是粵局非必不可離，而鄂工則萬不可少。現各廠次第興工，相需急迫，海署盼望早成甚切，恐致延誤。可否婉禀筱帥札飭薛令假滿即來鄂，并附奏，使敝處臂助有人，叨愛非淺。如允，鄂當電滬召之來，將來粵有需薛之處，隨時令其赴粵料理月餘，儘可並行不悖。盼電覆。真。

王藩司來電光緒十六年八月十四日申刻到

真電敬悉。當即禀商筱帥，面囑薛令請假在滬，由鄂調往，此間不必下札，亦不具奏，若需用該員，即如來電所云。春禀。

[一] 即于蔭霖。録自抄本《張之洞電稿·致北京電》。
[二] 以下二電録自抄本《張之洞電稿·致各省電》。
[三] 録自抄本《張之洞電稿·致南洋電》。
[四] 録自抄本《張之洞電稿·寄外洋電》。

元。

致蘇州黄藩台〔一〕光緒十六年八月十六日發

聞公調鄂藩，曷勝欣幸。此間事繁力絀，洞又多病，得承教益，喜不可言。部文何日可到，啟行來鄂約在何時，望先電示。洞賀。諫。

致輪墩薛欽差〔二〕光緒十六年八月十七日發

元電悉。布廠料件提單，請交滬虹口義昌成樊棻代收運鄂。洽。

致貴陽潘撫台〔三〕光緒十六年八月二十一日發

聞青溪鐵廠爐塞停工，貴本家以尊電見示，云將推歸鄂省。此事他人似難接辦，尊意詳悉，望電示。公欵實欠若干，洋欵係何洋行，有無反覆，并示。馬。

潘撫台來電 光緒十六年八月二十二日戌刻到

來電敬悉。胞弟露積勞身故。大爐無恙，黔無妥員接手，已奏飭曾守彦銓來黔籌辦。洋欵係曾守向德國泰來洋商息借三十萬兩，合同已到，尚未簽押，已據司詳奏請退還，俟接辦者商定。至動用公欵十九萬二千，其股分大半由曾守招來，即論廠底物料抵還，各欵有盈無絀。知念并覆。霨。養。

致京禮部尚書李、兵部侍郎白〔四〕光緒十六年八月二十七日發

公函悉。畿灾甚苦，而鄂力甚艱。前經力籌分解，深慚緜薄。兹承示京師各省官紳商賈設局拯救，吾輩桑梓，更增愧歉。謹再勉力勸募，先籌墊京平足紋五千金，由百川電匯，祈察收散放爲感。將來如捐不足數，由外籌補，有餘續寄。餘函詳。雲舫、柏泉均代致。儉。

致天津李中堂〔五〕光緒十六年八月二十八日發

頃户部勘電稱，順直灾民禦寒無具，望勸辦棉衣褲捐，以多爲貴，封河前解津，照章准獎，先電覆等語。望速將實收章程寄鄂，以便趕緊勸辦。再，借糧道一欵，户部已有電覆准，海署何日會部奏准，并示。儉。

致江甯曾宫保〔六〕光緒十六年八月三十日發

順直鉅災，李傅相、兩京兆疊次函電催籌賑欵，昨又接户部電催。鄂中現竭力籌勸，擬川、淮各鹽均爲勸捐，在鄂淮鹽每票能捐若干，祈酌奪，電飭督銷局遵照速辦。拯救功德，曷勝企盼。豔。

〔一〕〔六〕録自抄本《張之洞電稿·致南洋電》。
〔二〕録自抄本《張之洞電稿·致外洋電》。
〔三〕指貴州巡撫潘霨。
〔四〕録自抄本《張之洞電稿·致北京電》。
〔五〕録自抄本《張之洞電稿·致北洋電》。

致輪墩薛欽差光緒十六年九月初八日發

敬電悉。四廠鐵料請核减，照定圖先寄來。大冶鐵鑛極旺，燐僅萬分之八，賀伯生等稱加錳鐵儘可煉鋼，附近興國州即産錳鐵甚旺。造磚機兼可造瓦尤妙，切懇速定寄來。庚。

薛欽差來電[一] 光緒十六年八月二十五日午刻到

四月有電詢鐵廠用鐵柱瓦等價，諦廠謂須繪圖確估。今據稱貝色麻鋼及做鋼路廠鐵料，價萬九仟六百餘鎊，熟鐵爐及拉條廠料，價萬八仟七百餘鎊，候電再訂。諦廠又云鐵鑛磷質多，難煉鋼，另覓佳鑛尤妥。成。敬。

致宜昌羅鎮台、土税局吴道台光緒十六年九月十七日發

現議將荆門州一路土藥税歸宜昌總局派員徵收。該鎮道速派妥幹弁勇前往設卡巡緝，携帶税票，即日開辦，勿稍延緩。洽。

致輪墩薛欽差光緒十六年九月二十日發

六月望日、八月初五函件感悉。布機細件明年四月起運五之二，七月再運五之三未遲，粗件不拘時，滬寄轉鄂，甚便。磚泥已由德金生寄英，應係黏泥，其機器能兼造火磚尤妙。大冶鑛細分如下：詳細測化，得鐵六十四分、燐八毫、硫三毫、銅二釐七毫，鑛師皆云宜用貝色麻法。號。

致輪墩薛欽差[二] 光緒十六年九月二十一日發

洋匠稱，此間磚泥係flastic類，請飭制機速寄，無須待樣。養。

致京工部大堂潘、府尹堂陳，天津李中堂[三] 光緒十六年九月二十三日發

續籌捐順直冬賑二萬兩，分解順直各萬金，交百川通電匯，限二十六日交。祈飭查收散放。洞、洵同啟。漾。

致京工部大堂潘光緒十六年九月二十三日發

廿二電悉。仁心厚惠，畿輔蒙福，感謝。北地嚴寒，災民尤苦。頃已續籌二萬分匯順直，祈即散放充冬賑之用。春撫仍當續籌，數難豫定，必有所寄。漾。

致天津李中堂[四] 光緒十六年九月二十九日發

大咨悉。漢口衆商順直賑捐，乃鄂省札飭漢陽令朱滋澤勸辦者。按湖北本省賑捐之數減半捐集，係地方官照案派捐，按月分繳，與開局招徠報捐者不同。已與衆商言明，將來仍按部章四成

[一] 録自苑書義等主編《張之洞全集》第七册，第五五二三頁，河北人民出版社一九九八年版。
[二] 録自抄本《張之洞電稿·致外洋電》。
[三] 以下二電録自抄本《張之洞電稿·致北京電》。
[四] 録自抄本《張之洞電稿·致北洋電》。

給奬。用鄂省實收，仍由鄂省奏咨，分解順直，並非江郎中聯葑所勸，此項津局斷不必另寄實收，免致歧誤。蓋此項係已允之捐，天津實收尚可另行招徠現銀。此係兩事，何爲白賠實收若干於其中乎，大不合算，江稟殊不分曉。至朱令收捐，由司局匯解，並無用費，亦無庸經招商局，將來酌分若干歸江郎中報解，以成其樂善之志可也。至尊處所發實收，望飭江郎中及劉璘須於朱令已經寫定捐數之外，另行勸募，至要。前由津寄來實收，已由司局委員分投勸辦矣。豔。

致輪墩薛欽差〔一〕 光緒十六年九月二十九日發

磚機請加中尺方一尺一寸、厚一寸一分之模，俾得兼造鋪地之磚，加費不過數十鎊。務請速定寄來。豔。

致安徽沈撫台、九江關道李、鎮江常鎮道黄、上海道聶、蕪湖關道成〔二〕

光緒十六年十月初九日發

頃江漢關江道送閲蕪湖道來函稱：據查驗官輪委員禀，九月十六日，有湖北新添楚勝官輪由滬拖送原任山東運河道靈樞赴鄂，經過蕪關，並未停輪候查，委員坐划趕攏，致被回溜溺斃水手一名等語，殊堪駭異。查湖北前在上海永昌廠購買輪船一隻，因試驗船身機器不甚結實，當飭在滬退回，該廠取有憑據。此輪早經退還，且並未到過鄂省，何得仍冒楚勝官輪之名。奸商假冒，闖關滋事，實屬可惡，必須嚴行根究。現一面派輪上駛追截，如已由鄂折回，即望尊處速飭沿江攔截，人船並獲，解鄂嚴辦，是爲至要。佳。

致廣東李制台〔三〕 光緒十六年十月初九日發

大咨悉。槍價四萬八千餘兩，尊意既以十年爲遲，與司局籌商，改爲五年分解。礮仍照前咨，以新礮歸還。鄂力極絀，只可如此辦理，勉副尊指。祈示覆，以便咨行。佳。

致天津李中堂〔四〕 光緒十六年十月十六日發

續寄直賑一萬兩，交百川通匯，祈飭查收見覆。咸。

致成都劉制台〔五〕 光緒十六年十月十六日發

川省修峽路，自夔至楚界止，共若干里，路寬幾尺，石橋幾座，路旁險峻處有石欄否，實用工費若干，共修若干時日，祈詳示。緣鄂省現估工費過鉅，故欲知川省成式，以便倣辦。咸。

致北京禮部大堂李〔六〕 光緒十六年十月十八日發

尊處籌募各省賑欵二萬數千金，曾否知會府尹。鄂省現在奏

〔一〕録自抄本《張之洞電稿·寄外洋電》。
〔二〕録自抄本《張之洞電稿·致南洋電》。
〔三〕録自抄本《張之洞電稿·致各省電》。
〔四〕録自抄本《張之洞電稿·致北洋電》。
〔五〕録自抄本《張之洞電稿·致四川電》。
〔六〕録自抄本《張之洞電稿·致北京電》。

報籌解順直賑欵，前匯去六千金，此次可否一併列入。各省如何辦法，祈示知，以歸一律。望速覆。嘯。

致天津李中堂光緒十六年十月二十日發

諫電悉。大冶乃碎煤，不能煉鋼，只可供鐵廠機爐及布廠、礮廠之用。此外大冶地方或尚有佳煤，但不能停廠工以待不可必之煤耳。總之，大冶江邊實無建廠之地，非被水淹，即有墳墓。春間委員查明大別山廠工，現已修隄築基。若廠設大冶，其不便有七，前於七月元電已詳陳，請查閲可悉。即使大冶就煤造廠，用費或省四五萬，一切糜耗不止一二十萬矣，幸惟明察。盛道不知此間煤質，又未將布廠、礮廠等事利害通籌耳。號。

致四川綿竹楊叔嶠[一] 光緒十六年十月二十二日發

函悉。葬事臘、正月能辦否，事畢盼即日來鄂。兩湖書院請足下當分教，明年二月即須開課，一切調考及籌定院規諸事，待商甚殷，務望早來。令兄想無大病，如能偕來尤佳。即電覆。養。

致海署光緒十六年十月二十四日發

八月十九日准户部電：該督請借糧道庫欵十五萬，應准借動。除會同海署具奏外，先電知等因。不知已會奏否。現在鐵廠興工，已遵鈞署僉電具奏，槍礮廠即附其中，亦已購料動工，需欵十分急迫，懇於奏准後即電示，以便撥用，曷勝感禱。敬。

致輪墩薛欽差[二] 光緒十六年十一月初三日發

敬電悉，請照定。又布廠添件，本日徑電博次，價八百餘鎊，并祈照購。江。

薛欽差來電光緒十六年十月二十五日未刻到

願電悉。頃諦廠送單，稱原價萬四千餘鎊無可再減。貨四箇月齊，全成清釐諸務，運者運，訂者訂。即赴義、法，祈速電示。敬。

致宜昌羅鎮台光緒十六年十一月初三日發

峽路工程，該鎮務須親身前往履勘覆估。潘令原勘縴路太高，於冬令行船無益，須分修上下縴路兩道，以便水涸時舟行有益，至要。迅速勘估完畢，即行來省面商一切。即電覆。江。

致京兼尹堂祁、府尹堂陳[三] 光緒十六年十一月初九日發

虞電悉。鄂省新海防捐八、九、十三箇月，共收五千八百六十三兩九錢六分，當即匯交尊處彈收。佳。

致天津李中堂[四] 光緒十六年十一月初十日發

副將王榮和積勞病故，盛道詳請會奏。查該故將創設電綫，

[一] 録自抄本《張之洞電稿·致四川電》。
[二] 以下二電録自抄本《張之洞電稿·致外洋電》。
[三] 録自抄本《張之洞電稿·致北京電》。
[四] 録自抄本《張之洞電稿·致北洋電》。

遠歷南洋，勞勩卓著，且以出洋海上受風致成廢疾，尤堪閔惻，自應請恤，方足以勵將來，然必由尊處奏恤，始可邀准。該故將所設電綫粵地爲多，其赴南洋亦係由粵派往，均與湖廣無涉。洞已離粵，未便會銜，尊意當以爲然。祈示覆。蒸。

致京順天兼尹堂祁、府尹堂陳[一] 光緒十六年十一月十九日發

鄂省本年八、九、十三箇月新海防捐，部撥順直賑欵五千八百六十三兩九錢六分，本日交百川通電匯，請照收并咨户部。即望電覆。洞、洵同啟。效。

致成都廖季平附楊鋭致錢江[二] 光緒十六年十一月十九日發

匯寄纂書銀三百兩，希查收，書速寄。

楊中翰致成都會府東街鍾公館前大足縣錢

鐵江夫子鑒。張香師在鄂省新建兩湖書院，分經史理文四門，每門請分教一位。聞吾師擬乞病，不知確否。如果欲回里，擬奉請來鄂分教經學，歲奉脩火共八百金。香師命轉達，切盼惠臨，并速賜電覆。楊鋭叩。效。

致京兼尹堂祁、府尹堂陳[三] 光緒十六年十一月二十八日發

廿六日電悉。此次百川通匯欵，即係鄂省效電八、九、十三箇月新海防捐，該號誤除一五匯費，請飭該號照效電數補足，匯費另由鄂出，已告知鄂號矣。洽。

致海署 光緒十六年十二月初六日發

鐵廠興工，請續撥百萬一摺，已鈔稿咨呈，請鈞署核示，計已入鑒。此項約估之數，實係力從撙節。開平一煤廠費至二三百萬始見成效，可以例推。摺内聲明欵須明春撥齊，始能應手，惟部欵支絀，恐不能甚速。竊思鐵路經費河工借動，似應歸還，各省認籌之欵亦尚有餘，合之明年部籌及各省認籌爲數尚鉅。此係煉鐵本欵，蓋欵項備則成工速，不脱節則工用省，鄂軌早成，洋軌少買，則漏卮少。現係開煤、采鐵、造廠三事同時並舉，勢難稍有停待，轉滋糜費，伏懇鈞署早與户部商定電示。雖欵項一時未到，而一切工料辦法可以通盤預計，布置伸縮，所省實多。鐵務係中國自强大舉，本係鈞署力籌創辦，全賴鈞署維持，庶可早見成效。即請裁奪示覆，曷勝叩禱。語。

致巴黎薛欽差[四] 光緒十六年十二月初七日發

十月初二、十六函悉。布廠明冬告成，機器請照號電分運，機油及救火機、送棉器請照定，活動起重機江電已定。請催諦廠餘圖速寄。陽。

[一][三] 録自抄本《張之洞電稿·致北京電》。
[二] 録自抄本《張之洞電稿·致四川電》。
[四] 録自抄本《張之洞電稿·寄外洋電》。

致京禮部大堂李〔一〕光緒十六年十二月初十日發

前電匯賑捐兩次，共六千零四十兩。此係湖北勸募樂輸賑欵，無須請奬，並非洞所捐，祈於尊處捐簿内更正前欵作爲湖北勸募樂輸賑欵，至爲禱切。至洞前後共捐三千兩，已另解京尹、直督，故前廣雅堂之千金應行劃出，寄京欵内未便復叙也。並聞。佳。

致西安鹿撫台〔二〕、陶藩台光緒十六年十二月十一日發

齊電悉。川北土藥由子午谷出漢中，分運陝豫者極多，每年不止萬餘挑，已疊次委員查確，懇即擇要設卡，嚴責委員抽收，地方官協力，必可歲增巨欵。此因鄂省抽税認真，故新開此路，以圖繞避，並非向來經由之路，萬勿聽捏飾之詞，以爲川土向不過陝也。且湖北抽收，一律遵章完納，安静之至。彼係有資本商販，將本圖利，不比私梟，斷無抗違，浮言聳挾尤不足聽也。此事陝豫兩有裨益，陝收若旺利歸陝省，若陝收無多，鄂税日旺，陝省局卡經費悉由鄂出，并可分撥協濟，以答陝省之勞。望與子方方伯速商示覆。陝省就地徵收，已有成效否，月收若干，并示。真。

致宜昌羅鎮台光緒十六年十二月十一日發

電悉。峽路務須切實勘估，總令陸行及縴路均能暢行爲度，冬夏皆須可行，水沖尤須防備，萬不可稍存省事惜費之念，略有遷就。至用欵多少，此時不必慮及。總之，先將工費詳細勘定，將來有欵則大舉，無欵則暫緩，若零星修補，徒費而無大益，殊可不必。真。

致江甯沈制台〔三〕光緒十六年十二月十一日發

安陸府鍾祥縣隄工，淤沙爲病，府縣禀請借上海挖泥機船試用，如有效即購置等語。懇請暫借一用，試挑一月，往返一月，共借兩月。望即飭上海製造局迅駛來鄂，盤費鄂認，如須輪拖，即派便輪拖來尤感。真。

致天津李中堂〔四〕光緒十六年十二月十一日發

順、直賑需，洞前捐一千兩，已分匯天津及順天府各五百。兹洞又續捐二千兩，并集官捐五千兩，共七千兩，即交百川通電匯尊處飭收，以濟年終賑用。至順天賑欵，前已另行籌捐八千零，徑匯京城交京紳散放。此次七千專充津賑，其輸捐銜名另文咨達。文。

致天津李中堂，京兼尹堂祁、府尹堂陳光緒十六年十二月十一日發

順、直賑欵，鄂省先後籌解賑欵四萬，分解順、直在案。兹

〔一〕録自抄本《張之洞電稿·致北京電》。

〔二〕指陝西巡撫鹿傳霖。

〔三〕指署理兩江總督、安徽巡撫沈秉成。録自抄本《張之洞電稿·致南洋電》。

〔四〕以下二電録自抄本《張之洞電稿·致北洋電》。

届年終，風雪嚴寒，需賑尤急，再行籌墊二萬，以一萬匯解天津，以一萬匯解順天，即日由百川通電匯，祈飭收散放。洞、洵同啟。文。

致總署 光緒十六年十二月十三日發

鈞電謹悉。明歲俄儲來鄂，當遵旨親行欵待。一切禮節自當照議妥辦，届時與北洋詳商。元。

致重慶湖北賑捐委員知縣黎［土序］〔一〕 光緒十六年十二月二十三日發

土藥改由子午谷出漢中分運陝、豫，於鄂税大損，於陝亦盡屬走漏。現經本部堂電商陝西撫院鹿，請陝省擇要設卡，照章認真抽收，以杜奸商繞避。昨接鹿撫院復電，業已委員確查，並請鄂省派員赴陝會查核實等語。今即派該令速自川赴漢中，詳查土藥改道入陝共有幾路，何處走漏多少，應於幾處設卡。詳細查明後，即逕赴陝省面禀鹿撫院，聽候酌辦，即無庸會同陝員再查。該令抵陝後，即先電禀鄂省，候電諭再回鄂。沿途查有眉目，到漢中後可發一禀來。應需盤費若干，酌量在票號取用，由鄂歸還，捐事交妥人經理。接此電後即電覆。督撫兩院會飭。養。

致總署 光緒十六年十二月二十七日發

臘月初十鈞函謹悉。各省奉旨整頓土藥税釐，徵收力求認真。因慮及重慶開關後，土藥仍照舊章完税，三十兩加一半税即可由川直達他口，實於下游各省税釐有礙，故請渝關併徵一百十兩，明知太重，商力不支，意在懸重税之條，則土販不走洋關，仍歸華商水陸販運，各省可以隨處抽收釐税。今鈞署議定由重慶照章徵收二十兩，俟轉運通商他口入關棧後，出運時再照洋藥併徵一百十兩，以後不再重徵，藎畫極爲周妥。謹當咨達四川劉仲帥，分飭司道局員會商該關税司詳籌酌定。惟事關各口，仿照洋藥加徵土藥税釐，於川税無甚出入，而於通商各口之杜弊防損尤關緊要，應請鈞署迅賜通飭各省關按照十三年正月刊行洋藥起岸入棧各章程，定期一律切實仿照辦理，俾免參差，曷勝盼切。沁。

〔一〕録自抄本《張之洞電稿·致各省電》。

光緒十七年

致巴黎薛欽差〔一〕光緒十七年正月十三日發

臘月念七發去咨文，漏附洋單二紙已補寄。迭次運來布局鐵料每有破壞，由德金生開到洋文名色，徑寄博次，祈飭照式造補爲感。元。

致巴黎薛欽差光緒十七年正月十四日發

請催諦廠餘圖速寄，并催布廠承辦機器行名、立鍋爐位置各圖，及頭二三批機器、鐵料清單，速即寄鄂。元。

致江甯沈制台〔二〕光緒十七年正月十四日發

外洋寄滬槍礮機多重大之件，由滬運鄂，船不能載，擬借尊處運礮大剥船一用。如屬可行，望即電示，以便飭知上海委員樊棻收用，至感。願。

致江西德撫台光緒十七年正月十七日發

函悉。同仁隄委員，即商中丞會委馳往，尊處委員請即飭派。洽。

致南洋大臣沈光緒十七年正月十八日發

翰電悉。大剥船去年六月十六日蒙曾沅帥覆電允借，其時在滬修理，故未取用，請復查惠借一用爲感。嘯。

致安陸府、鍾祥縣光緒十七年正月十九日發

今年雷雨較早，春漲必速，鍾祥隄工萬分緊要。該府、縣趕速切實辦工，勿稍遲誤。如何情形，即電覆。效。

致江西德撫台〔三〕光緒十七年正月二十二日發

同仁隄工，鄂省已委候補同知李雯監修。洞、洵同頓。

致安徽阿護院光緒十七年正月二十二日發

同仁隄工，鄂省已委候補同知李雯監修，皖省委員請速派。洞、洵同賀春祺。

致廣州王藩台、瓊州朱道台光緒十七年正月二十八日發

上年准洪使咨稱瓊廉礮臺大礮由粵自行退還九尊，另籌辦法等因，係二月所發電，考其時尚在未奉旨允准之前。嗣經奉旨後，曾

〔一〕以下二電録自抄本《張之洞電稿·致外洋電》。

〔二〕以下三電録自抄本《張之洞電稿·致南洋電》。「沈制台」指署兩江總督兼南洋通商大臣沈秉成，「德撫台」指江西巡撫德馨。

〔三〕以下二電録自抄本《張之洞電稿·致南洋電》。

否將九尊退回，瓊臺曾否動工，辦法有無改動，祈查覆爲感。儉。

王藩司來電光緒十七年二月初三日戌刻到

前退還大礮九尊，仍訂十一尊，業已奏明，俟臺成測定式樣，再行配造，經部核准。現瓊臺將次興工，應添何礮，尚未預定。春叩。

致天津李中堂〔一〕光緒十七年二月初一日發

東電俄儲到華日期具悉，惟不赴上海，不甚可解，不字是否有誤。又云徑赴日本，豈煙台亦不到耶。祈詳示。東。

致巴黎薛欽差光緒十七年二月初二日發

有電悉。布廠已動工，年底告成，粗重之件早來無妨，精細者請補費去銹，八九月到鄂，即可次第安置，再遲則江水漸退，起運爲難。鐵布機件未運甚多，能否酌分緩急，或自雇輪船包送到鄂，或分附帆船提前起運，省費必多，請費神代籌。沃。

致蘇州候補縣諸暹菊〔二〕光緒十七年二月初三日發

鄧似周明經濂肯就鄂省分教否，望速詢明電示。此間束脩火食歲共八百金，不另請山長。沈子復孝廉嘉澍於經學擅長否，并覆。此外有專門經學、端方老成者并舉示，至感。江。

致天津李中堂〔三〕光緒十七年二月初三日發

冬電悉。尊處上年十二月支電，云伊抵寓後親往拜晤，俟其答拜再請筵宴等語。鄂省擬俟其來署答拜之日，即請筵宴。今尊電云想在漢口筵宴，是否俄使有此語意。如在漢口設宴，豈竟不答拜耶，且漢口將於何處設宴。此節關繫頗要，似須先訂明，祈示。江。

致京署副憲黄〔四〕光緒十七年二月初七日發

鄂新設兩湖書院，分經、史、理學、文學、算學、經濟六學，各請分教一人，不請山長。現尚缺經學分教，公在江蘇搜羅鑒別，必確知有能勝此席者，請開示數人，並姓名、籍貫、大約年歲，速電覆。陽。

致京翰林王廉生光緒十七年二月初七日發

聞山東濰縣有宋孝廉精經學，忘其名號科分，請詢訪其人，學問究竟如何，人品如何，現在何處。鄂省新建書院，須請經學分教，祈查示，以便斟酌。望速電覆。陽。

致柏林洪欽差〔五〕光緒十七年二月初十日發

前託代定礮機本有兼造車架之議，現據洋匠稱，礮機合同并無此器，懇費神查示。蒸。

〔一〕〔三〕録自抄本《張之洞電稿·致北洋電》。
〔二〕録自抄本《張之洞電稿·致南洋電》。
〔四〕以下二電録自抄本《張之洞電稿·致北京電》。
〔五〕録自抄本《張之洞電稿·致外洋電》。

致總署、天津李中堂光緒十七年二月十九日發

接鈞電，知俄儲擬於三月初十日到漢口。查初十、十一兩日均係忌辰，俄儲到日，礮臺兵輪須聲礮，次日須筵宴鼓吹，且初次會晤亦以吉服爲宜，種種窒礙，實無他辦法。請速告俄使，此係中國定制，無可通融，似可婉商俄儲，如照原議於十二日到鄂，最便最妥。昨南洋電俄儲欲遊金陵，或邀其至金陵一行，便可遲到兩日。此節關繫緊要，務懇速與俄使商定電覆。效。

致俄京許欽差[一] 光緒十七年二月十九日發

西國已全用小口徑槍，鄂定槍機猶是舊式，請與該廠商改新式，酌補工費無妨。礮機無造車架之器，未爲全璧，祈查造車架機器全副需價及運保費共若干，速覆。嘯。

許欽差來電光緒十七年三月十九日申刻到

小口徑槍機價四十五萬一千三百四十馬，定否速示，以便改換。澄。嘯。

致海署光緒十七年二月二十日發

頃奉大咨，鐵廠續撥百萬，已蒙會同户部奏准，分別撥發，曷勝感佩。惟内中應赴鈞署領者四十五萬，赴部領者二十五萬，道遠欵鉅，運費浩繁，亦多周折。竊思此應領之七十萬，皆係實欵，可否仍照上年成案，即將湖北本年應解京之欵截留劃抵，鈞署所發之四十五萬，即請移解户部。如此一轉移間，鄂省既可省領運解費，免致鐵欵多耗，且得早應急需，而户部即日可收到京餉七十萬，較鄂省另行解京迅速半年，似於部庫亦尚有益。伏懇商之户部，允如所請，早賜電覆，實深感禱。號。

致江甯沈制台[二] 光緒十七年二月二十一日發

去臘號電允借挖泥船，由測海便帶上駛，現尚未到。鍾祥隄工需用甚急，請飭催速駛來鄂，感甚。馬。

致柏林許欽差[三] 光緒十七年二月二十二日發

效電請速覆，盼切。養。

致江甯沈制台光緒十七年二月二十二日發

俄儲到漢口，應遵旨優加欵待，惟沿江無礮臺，又無兵輪，無從聲礮還礮。務祈暫借大號兵輪兩艘，於三月初五日以前駛來漢口，以便照總署章程聲礮。且武漢爲上游重鎮，若武備過形空虛，亦非所宜，尤須有兵輪以壯觀瞻。切懇，即候示覆。養。

致安徽阿護院[四] 光緒十七年二月二十三日發

同仁隄工緊要，水勢已漸漲，不能再緩。黄梅印委暨江西印委均早到，專候宿松尹令到後興工，望飛飭尹令速赴工會辦，并祈電覆。漾。

[一] 指中國駐俄、德公使許景澄。
[二] 録自《張之洞電稿·致南洋電》。
[三] 録自《張之洞電稿·致外洋電》。
[四] 以下二電録自抄本《張之洞電稿·致南洋電》。

致江甯沈制台光緒十七年二月二十五日發

漾電感悉。北洋覆電來否，兵輪肯借否，如南洋大兵輪不能騰出，即望暫借中號兵輪二號亦可。至聲礮乃外洋最重禮節，萬不可廢。禮礮不必大礮，即以數百斤之車礮移置船上，即可連環不絶。尊處肯借船，鄂省自有小礮可供船用，煤價當由鄂出。望酌覆。有。

致江甯沈制台光緒十七年二月二十八日發

前接總署電，俄儲擬三月初十到漢，鄂省以初十、十一兩日均係忌辰，於聲礮、筵宴、鼓吹、吉服相見禮節種種窒礙，電請總署告知俄使。嗣接總署覆電，内開：俄使來言，俄儲到漢照前函遲一日，係三月十一日。當將尊意告之，俄使亦知我國體制，不以爲慢，惟升旗、放礮請援西例舉行。現與訂明，台端是日穿行裝，仍升旗放礮，翌日筵宴照常補褂。俄使已允，電告漢口領事轉達俄儲。至俄儲行程，俄使不敢阻，若能多住金陵一日，則一切照常尤佳。南洋能否挽留，即就近電商。漾。等因。查十一日忌辰，欵接究多未便，到金陵時務請設法挽留，使多住一日，十二日到鄂，一切皆可照常辦理，切懇。頃奉沁電允派兩輪，感謝。儉。

致京四川翰林宋育仁[一]光緒十七年二月　日發

匯寄纂書銀三百兩，希查收。書速寄。

致京騾馬市路北魏梁胡同富順店四川王繩生光緒十七年二月　日發

匯寄纂書銀一百兩，望查收。

致海署光緒十七年三月初四日發

養電謹悉。鐵欵已蒙商允劃撥京餉，於鄂事部欵均有裨益，感甚。鈞署與户部日内當已會奏，何日奏准，并劃撥何欵，伏望電示。支。

致江甯沈制台[二]光緒十七年三月初六日發

承派保民、海測兩輪，今尚未到，祈催速來，方免有□。切禱。陽。

致貴陽王藩台光緒十七年三月初七日發

函悉。興義士民爲先君子請祀名宦，銜感難名。惟部章子孫現任九卿，不得題請等語。此件似宜由台端詳請撫院批准立案，俟將來合例時再行具題，如此則既合定例，而撫藩兩署均有案據，將來亦不致遺忘，曷勝感叩。再，先君子督辦貴州下游軍務，事蹟詳具黔撫韓果靖公奏請賜恤摺内，請查明詳叙，尤感。陽。

[一] 以下二電録自抄本《張之洞電稿·致北京電》。

[二] 録自抄本《張之洞電稿·致南洋電》。

致江甯沈制台〔一〕光緒十七年三月初八日發

本日電悉。保民、測海已到，感甚，俄儲到漢日期并悉。尊處所擬欵待各節，當代轉致。此間禮節情形，届時當奉聞。庚。

通飭下游各電局光緒十七年三月初九日發

俄儲坐船名Vladirostolc，挂雙鷹旗方是。外國兵船上駛甚多，須辨明，切勿誤報。

致總署、天津李中堂、江甯沈制台光緒十七年三月十三日戌刻發

俄儲本月十一日巳初到漢口，派兵輪迓於三十里外，江漢關道、中軍、副將先在漢口相待，一到即上船持名片接候，江干礮臺及駐漢中國兵輪聲礮如式，洞旋即登船拜晤。因係忌辰，遵總署電，行裝具柬請次日筵宴。十二日午刻宴於漢陽晴川閣，用中國酒饌，與宴者俄儲外二十人。酉刻宴畢，來往俱用坐船接送。席間彼此各致頌詞，賓主一切如禮。原訂十三日戌正開行，頃改酉正，中軍持片赴船送行，臺輪送礮如前。刻據報，俄船已開訖，仍派輪送三十里。此次遵旨優加欵待，俄儲極爲欣感，再三稱謝。連日俄儲在租界各國商棧遊飲張燈暨赴宴，來往江中，武、漢兩岸觀者紛集嘈雜，預派將弁兵勇晝夜彈壓，幸未生事。昨俄儲面云，約十五日辰刻過金陵，只停六點鐘，若地主上坐船來拜，當登岸在江干行臺答拜，不進城，不進内河。本日領事又云，若金陵不如此，則不停輪。過九江停兩點鐘，不登岸，囑地方官勿庸接待等語。特電達。元。

致江甯沈制台〔二〕光緒十七年三月十三日發

俄儲十一日巳初到漢口，旋即赴船拜晤。十二日午刻，晴川閣筵宴，訂明此即敝署過江行臺，彼即在此處答拜。酉刻席散回船，彼此禮節均屬周洽。尊處預備欵待各節，已代諄切轉致，俄儲面云過金陵只停六點鐘，請台端在距江岸近處設一處所作爲貴衙門行臺，台駕到船拜晤後，渠即登岸答拜，茶話片刻即行，以免耽閣。十三日晚八點鐘自漢口開行，十五日午前必到金陵等語。特此電聞。尊處似可即於其答拜時設宴，終席與否，只可聽之。此間詳細情形另電續陳。元。

致江甯沈制台、天津李中堂光緒十七年三月十三日發

俄儲今日下午六點出漢口，擬在九江停泊兩點鐘。俄領事來言，昨日言過金陵只停六點鐘云云。尊處有無覆電，如無覆電，到甯即不停輪。揣其意，不進内河不入城，欲台端先到其坐船拜晤。當告以雖未覆電，必到船欵接。尊處定議是否到俄船相迓，行臺改設何處，請電九江關道或九江俄領事代爲轉致，并倣廣東及敝處辦法，派兵船遣員前途數十里迎接，復述預備欵接之意，彼當不能不停輪酬酢。祈裁酌。元。

〔一〕以下二電録自抄本《張之洞電稿·致南洋電》。

〔二〕以下四電録自抄本《張之洞電稿·致南洋電》。

致九江關道光緒十七年三月十三日發

俄儲今日下午六點出漢口，擬在九江停泊兩點鐘，俄領事通知九江可毋庸款接云。元戌初。

致江甯沈制台光緒十七年三月十四日發

元電悉。送禮四色。願。

致江甯沈制台光緒十七年三月十四日發

兩電悉。昨俄領事云，如金陵江干無行臺，即在岸上設一帳棚茶坐即可。再，俄儲登岸赴宴時，廣東係照西例，主人接至馬頭，送亦如之，意在彈壓保護。此次到鄂，領事請照粤例，敝處既未便兩歧，且黄轎駭人觀聽，深恐臨時生事，尤需親臨鎮壓。尊處請宴與否，迎送應在何處，請詢西例裁酌。保民、測海來此，甚得用，今日遣回防，感謝。願。

致總署、天津李中堂光緒十七年三月十五日發

咸電謹悉。楚省人情浮囂，俄儲本欲入城答拜，因晴川閣設宴，訂明此處即敝署過江行臺，即在此處答拜，以省嘈雜。俄儲自備之轎，前奉鈞電云，奉旨勿庸攔阻，是以遵旨，未便阻其乘坐。查晴川閣即在江邊，其馬頭到閣前不過百餘步，因恐衆目驚訝，在馬頭搭有紅緑布棚，兩旁列隊。俄儲登岸上轎後，須臾即到於閣前。兩旁岸邊作栅數重，攔截閒雜人等，其觀者相距甚遠，又爲棚隊遮蔽，衆人亦不見其轎爲何色，是以幸未別生枝節。其在漢口租界登岸，至洋棧遊飲，上下俱自坐馬車，或步行，並未乘轎。餘已由元電詳達。咸。

致總署、天津李中堂[一]光緒十七年三月十五日發

俄儲云，定于三月十八日到日本，在長崎、横濱、神户、東京等處共住一月。由琿春登岸，在彼境共住一月，由黑龍江、尼布楚等處彼境内地回國等語。不知有無更改，謹據所聞奉達。此次俄儲來漢，俄領事、俄水師提督及漢口租界英領事深恐生事，俱極格外小心防範，幸安静出境。俄、英各員俱欣幸，感謝不置。咸二。

致蘇州候補縣諸遲菊[二]光緒十七年三月十九日發

聞上海人姚文枏史學甚好，確否。係何功名，現在何處，均祈速覆。鄧濂關聘寄何處。效。

致柏林許欽差[三]光緒十七年三月二十日發

原定槍機一百餘萬馬，嘯電改小口徑四十餘萬馬，是否在原價外加給，抑係小口徑全價，前定刀機亦須换否，均詳示。號。

[一] 録自《李鴻章全集》電稿二，第三五七頁，上海人民出版社一九八六年版。原題爲「鄂督張來電并致譯署」。

[二] 録自抄本《張之洞電稿·致南洋電》。

[三] 録自抄本《張之洞電稿·寄外洋電》。

致天津李中堂〔一〕光緒十七年三月二十五日發

昨由百川通續匯直賑三千兩，以濟春賑，祈飭收示覆。有。

致柏林許欽差光緒十七年三月二十八日發

小口徑槍機即改定，價照數加給，前式停造。儉。

致雲南唐督辦光緒十七年四月初四日發

寶鄂廠究竟如何，是否鑛苗不佳，抑係人工遲鈍，以後有可望否，確示。文。

致老河口川鹽官運局李牧等〔二〕光緒十七年四月初七日發

襄豫交界處所，潞私均已撤退，邊界各集鎮需鹽急切，該局迅即運鹽分往沿邊各處，銷售濟食，一面迅速酌定邊界地段，分設子店，偏僻處所均須遍及，以暢川銷，勿稍稽延。即將運鹽分售日期及議設子店辦法，先行電覆，並電朱道知照。陽。

致柏林許欽差光緒十七年四月初九日發

新式小口徑槍管之鋼，聞係秘製，果爾則槍管必外購，與煉鋼製械本意不符。如講求煉鋼之法，將來究能學到極精造此小口徑之槍否，請確查速覆。佳。

許欽差來電光緒十七年四月十四日未刻到

德新槍用克虜伯鋼，然非秘製，鄂煉如鑛質人工皆精，非竟不能造。澄。元。

致蘇州知縣諸暹菊〔三〕光緒十七年四月初九日發

兩湖書院文學分教前已電訂鄧廣文濂，史學分教現擬請沈孝廉嘉澍，均係脩火共八百兩，聘函即寄尊處轉致。可否商請兩君一面先動身同來鄂，俟電覆即先匯盤費。佳。

致宜昌北路土藥局李牧光緒十七年四月十一日發

新土設行事，俟局議覆飭遵，再行開辦，不可鹵莽。近聞該牧辦事失之苛細，防弊宜嚴，若待商販立法，總須簡易，零星小販尤應從寬體恤。分卡既已嚴防，老河口總匯之所，應稍示寬大，廣招徠。各局卡薪糧減半，不敷辦公，亦須酌量加給，勇糧亦不宜太少。並速議電覆。真。

致雲南唐督辦光緒十七年四月十六日發

微電悉。寶鄂鑛質既有二成，尚不虛一番勞苦。鄂力大絀，恐後難爲繼。滇省公司既可接辦此廠，即撥歸滇自用，於滇鄂均便。鄂解經費二萬五千，如何歸還之處，祈示。銑。

〔一〕録自抄本《張之洞電稿·致北洋電》。
〔二〕録自抄本《張之洞電稿·致本省電》。
〔三〕録自抄本《張之洞電稿·致南洋電》。

致柏林許欽差光緒十七年四月十九日發

元電悉。據洋匠稱，德新槍以克鋼爲底，加工秘煉，僅一家能製。彈子以白銅包鋼，製法亦精，非此不能收新槍之益。又稱鋼之等差百餘種，軌鋼其粗者，洋廠且難兼衆長，初開鄂煉，勢難遽精，毛瑟之管，當可仿製，新式則不敢保等情。鄂設槍廠，機宜新式，鋼貴自煉，二事並重。儻有機而鋼不適用，口徑既小，擊力將遜於毛瑟。鄙意以改小口徑爲便，惟換機加歀甚鉅，關係重大，務請與德員之精於此道者，詳細推敲。應換新機與否，請代裁決，速示。效。

許欽差來電光緒十七年四月二十八日申刻到

德槍鋼管加用錘壓法，現查無益。力拂仿土國造，用罐鋼。奧槍用西門士鋼，精者均不錘，與常槍管同，鄂煉能製毛瑟即得矣。新槍擊力在鋼子、無煙藥，仍須外購。詳考候裁。澄。感。

致江甯劉制台〔一〕光緒十七年四月二十三日發

霰電承借挖泥船已到江甯，甚感。一俟便輪下駛，即拖回應用。漾。

致上海出使大臣洪欽差光緒十七年四月二十七日發

台旌重洋遄返，聞已安抵滬上，藎勞何如。鄂中槍、布諸務，重煩籌畫，良深感謝。想日内當一返珂鄉。何時入都，已專使在滬奉候起居。感。

洪欽差來電光緒十七年四月二十九日申刻到

奉感電，承垂注，甚感。自滬到蘇即病，已請假三月，幸無遣使。行篋携有西國新槍、中俄界圖，當由商局寄呈。鈞。艷。

致柏林許欽差光緒十七年五月初二日發

感電悉。小口徑新槍，鋼若力拂能煉，當非秘製，能否與之訂明，派匠首來鄂教煉，保其必成。鋼子、無煙藥，購機雇匠自製，能否得法。鄂既設廠，器必求精求新，惟子藥鋼料貴能自製，無一外購，方符本意。費所不惜，特恐秘法不傳，無從摹仿耳。請通盤代籌，若均能辦到，自以换新式爲是。盼速覆。沃。

許欽差來電光緒十七年五月初四日巳刻到

力拂購鋼，非自煉，子藥皆秘法，難仿。澄。江。

致總署光緒十七年五月初三日亥刻發

江電謹悉。本日詳陳一電計已達，因武穴委員回省面詢始發也。武穴之案，毆斃兩命，並毆傷官員兩員，情節甚重，必須嚴辦。現飭嚴拏，俟獲犯審實，立即正法，以遏亂萌，餘事當與領事妥商擬結。此間保護情形，領事皆所深悉。鄂省目下情事，謠傳甚多，尤以安戢武、漢一帶勿生他事爲最要。武、漢兩岸洋街洋堂人人自危，連日督飭地方文武多方防範，并剴切示禁，密拏造謡匪徒。總之，此皆會匪布散謡言，借端生事，誠如鈞電所云。江。

〔一〕以下三電録自抄本《張之洞電稿·致南洋電》。「劉制台」指兩江總督兼南洋通商大臣劉坤一，「洪欽差」指中國前駐俄、德公使洪鈞。

致總署 光緒十七年五月初三日發

東電謹悉。四月廿九日戌刻，武穴匪徒滋事。據報，緣鄉間有挑嬰孩四人，將送教堂收養，中途爲痞棍攔阻，挑夫不允，因聲言教堂收買幼孩，將加殘害。街衆雲集，尾至龍坪司巡檢署，巡檢排解不聽，立聚千餘人，將教堂焚燬。該堂教士前數日早經赴興國州及漢口堂内，洋婦三人、洋孩四人逃避該處武黄同知署，幸獲生全。洋關總卡籤子手柯姓，往救被毆，經巡檢救回署内，匪徒擁至巡署，拖出毆斃。英國教士金姓馳往救火，立被在堂毆斃。共止斃洋人二名，次日經廣濟縣驗明棺斂。滋事之人當時即散，巡檢及總卡委員在場彈壓，皆受重傷。聞報後，已飭關道委員即日乘輪前往查辦。體察各匪多由下江來，與本地匪棍句煽。殆即金陵、蕪湖滋事之黨羽布散謡言，希圖生事。武、漢亦有滋鬧之謡，已飭文武水陸各營嚴密防範，并飭關道照會各領事轉飭各教堂暫勿收養嬰孩，以息謡傳。并委知府裕庚馳往確查啟衅實情，會同黄州府文武查拏糾衆逞兇之人懲辦，并派弁兵礮船馳往彈壓。現已獲犯七人，是否實係滋事之人，尚須確審。總之，江湖伏莽已多，久思借端蠢動，可慮不僅一時一事。除隨時整飭嚴防外，請鈞署速商各國公使，迅電各省教堂暫勿收養幼孩，以釋羣疑，而息禍根，事平後再妥商辦理，是爲至要。江。

致煙臺盛道台 光緒十七年五月初十日發

澧州電工滋事，已札飭嚴懲，並令地方官到工照料，及派防勇百名隨工彈壓矣。蒸。

致宜昌羅鎮、逄守、許令 光緒十七年五月十二日發

聞宜昌地方出有白帖，定期十五日毀女教堂及洋税關。該鎮府縣務須嚴切隄防，萬勿大意，遇有閒雜人等同聚一處，立即驅散，以免滋事。宜關税司擬借火藥十磅，彈子十二磅，銅帽引火二千箇，即由該鎮就近借撥，以備不虞。該鎮所需，可來省請領。文。

致柏林許欽差[一] 光緒十七年五月二十日發

正月桑濟拔輪船運來槍礮機，中途船頭碰壞，赴英修理，延至五月初八始抵滬，歸怡和行經理索取修費，按貨本攤派值百抽七繳清，方能起貨。查向章此項修費船行取諸貨客，貨客取諸保險行，此批機件經尊處共保十七萬餘馬，該保險行在滬經理者爲新魯麟洋行，本應在滬照付，乃推令向德國原保行清理，祈向原行索取。能令在滬賠給，尤爲直捷。盼速覆。效。

致總署 光緒十七年五月二十六日辰刻發

武穴教案獲犯二十餘名，訊明郭六壽、戴鱖魚二名爲首行兇，一係毆柯姓扦手者，一係毆金姓教士者，供證確實。領事派教士二人充作委員，到廣濟觀審，二犯當堂認供不諱。該教士等毫無異議，擬即先行正法梟示。又五名情節甚輕，尚待復訊，分别酌量監禁枷責。餘十餘名與本案無涉，訊明後已經省釋，以安民心。

[一] 録自抄本《張之洞電稿·致外洋電》。

查此案事起倉猝，聚衆千餘人之多，事後四散，豈能一一懸揣妄拏。辦案大端，重在首要正犯，其餘未便過事株連，致動公憤。今首要正兇已獲二名，大端已得，論一命一抵，已足蔽辜，其餘各犯只能如此辦法。該府縣委員於拏犯訊供十分認真，不遺餘力。乃領事聽從教士多方挑剔，已釋之犯欲重拏問供，認供首犯欲派人觀刑，又欲帶證質認在場滋事之人，種種支離，故意作難。查據供定案，按律定罪，乃中國自主之權，當此人心惶惑之際，稍涉騷擾，即激事端，斷難照辦。現由鄂分别駁覆，許以在逃之犯如實有確證，自當按名訪拏，若波及無辜，徒結民怨，實非民教相安之道。請將此意告諸英使轉飭領事勿過挑剔爲幸。至教堂止焚屋一層，失物不多。毆斃二英人撫恤自不可少，領事尚未提及，已囑税務司密探，再當妥爲商辦。即請示覆。宥。

致總署光緒十七年六月初二日發

武穴一案，辦理大端要在嚴懲首犯正兇，其餘犯按照情節酌量懲儆，一面彈壓保護，俾不至再滋事端。毆斃二洋人優加撫恤，焚毁教堂遺失物件量爲賠償，大致不過如此。今首要二犯業已正法，梟示武穴，餘犯現正復訊，分别定擬，並已准教士二人再往觀審，以釋其疑。地方一律安謐，原可商議撫恤賠償之欵，以便早日結案。乃領事多方作難，以此案皆由平日蓄謀而成，須將首從各犯全行弋獲嚴辦，意在株連洩忿，而於地方之騷擾，無辜之波累，民情之憤激，皆所不計。查犯證供詞，俱無豫謀情節，且首犯已置重典，何在謀與不謀。復誣武黄同知、馬口司巡檢爲謀害人命之從犯，請即撤辦。查武黄同知收留洋婦孺住署一夜，幸未遭難，即是保護之實據。武穴距廣濟縣七十里，該同知並無兵役，何能責其彈壓。以德爲怨，固屬不情。馬口司巡檢因衆勢洶洶，未敢收留婦孺，早已飭司撤任，乃皆誣爲從犯，尤爲謬妄。敝處先是武、漢謡言四起，疊次定期焚毁教堂，洋人刻刻自危。敝處出示嚴禁，並飭文武竭力彈壓，幸未滋事，該領事函謝有案。今大致已平静，來文乃以所辦多不滿意。昨税司來覆關道，置撫恤賠償於不議，謂須候公使之示，皆教士從中播弄，聞已將案録報英使，必向鈞署曉瀆，已將領事來往照會咨呈鈞署，以備酌核駁覆。謹將現辦情形先行電達。沃。

致煙臺盛道台光緒十七年六月二十一日發

屢電均悉。澧民阻電工，猝難理喻，且水過大，已飭暫緩興工，查拏痞匪，酌量懲辦，焚燬桿綫，酌量示儆。此事因動手稍遲，適逢其會。近有湘紳布散歌謡圖畫，攻逐洋教，自鳴得意，徧傳沿江沿海各省，以致紛紛擾動鄉愚，謂電綫即洋人所設，曉諭不聽，且俟風浪息後再看情形，此時電工一事尚不關緊要矣。馬。

致江甯劉制台光緒十七年六月二十三日發

教堂多事，武、漢浮囂，時多紛擾。省城原有勇營過單，省外别無他營，不得已將麻城之鼎字副營調省，仍留周提督得升一營在彼緝私，當蒙鑒諒。弟自當嚴飭地方文武，協力查緝，惟地廣梟衆，殊切焦慮。公有何良策。敢請籌示。漾。

致廣州閻道台、蔡軍門光緒十七年六月二十三日發

河樁竣工，海防有恃，非兩兄卓識定力，兩載勤勞，豈能辦此，佩慰之至，感謝之至。漾。

致天津李中堂光緒十七年六月二十四日發

關東鐵路定議大咨、部咨均奉到。鄂省鐵廠明年七月可製成鋼軌。前蒙允用鄂軌，感甚。明年需用若干，以後每年用若干，價何時付，祈酌示，以便豫籌。敬。

李中堂來電光緒十七年六月二十八日巳刻到

敬電悉。當飭鐵路官局查覆。林西接至灤河四十餘里，已購地興工，明春即需鋼軌，已向外洋訂購。鄂廠明年七月如可製成，容將此間鋼軌式樣咨送照辦。必須一律，方能合用，再議價值。鴻。沁。

致京湖南撫台吴[一]光緒十七年七月初二日發

英領事赴湘之行已暫止，公未到任而先勞藎畫，感、歉。何日出都，即示覆。沃。

致總署光緒十七年七月初三日亥刻發

本日未刻已將從犯八名定罪、領事覆允各節電達，頃奉江電祇悉。前訊兩首犯及覆訊各從犯，皆有領事所委教士二人在旁觀審，全案供詞及所引例條均詳録札飭關道照會，領事致蔡道、孔道各函均云情罪允當，更無異説，其致蔡道函尤詳，有云此案自應由中國官照中國律例處斷，亦知要證俱已訊供，更知中國官處斷均屬情罪相當。至放火故燒一節，查無實據，本領事亦以爲然。未獲之犯允爲隨後續拏，懸賞購緝，賞格已得見，均甚妥協等語。查此案情節實係懷疑共毆，其焚毁教堂係擲石入窗内擊破洋油燈，以致延燒洋房兩間，宵小乘機掠取零物，其緊要貴重之鐵櫃並未搶去，顯非放火圖劫財物。查律載，共毆人至死，下手致命傷重者擬抵。按律，郭、戴二犯本應絞候，已加重，即行正法梟示。從犯係幫毆及毆傷洋婦檢拾零物者，俱照例擬辦，有四犯亦係加重。此案既非謀殺，亦非放火劫財，供證明確，按照律例只應一命一抵，此外實無死罪。領事既已允服，自不必再議。其餘犯言明隨獲隨辦，不能妄拏無辜，均已允許。至地方官一節，馬口司巡檢不肯收留洋婦，早已撤任。武穴同知本無不合，且曾經收留保護洋人婦孺，因緝捕非其所長，現已調省，另委幹員，專飭查緝餘犯，領事已甚感悦。上月二十九日，領事與關道面議三條云：一、龍坪司巡檢及礮船哨弁請奬勵。一、馬口司巡檢請摘頂。一、廣濟縣審辦各犯甚出力，前請撤任一節請勿庸議等語，均已允其分别照辦。薛電云云，自係未悉鄂案已辦妥之故。江二。

致總署光緒十七年七月初三日發

武穴一案從犯八名，按照律例擬軍一名，滿流四名，徒一名，杖責二名，餘犯俟隨時查拏訊明懲辦，已於六月二十七日照會英

[一] 指吴大澂。録自抄本《張之洞電稿·致北京電》。

領事。旋接領事致洋務委員蔡道函稱，所引例章及各犯供詞，該領事更無異説，甚爲允洽，撫恤甚感，當將此案妥議完結，想公使當無異議，此信即作爲公牘等語。又致江漢關孔道函稱，各從犯議擬罪名均屬允當，内有三犯刺搶奪二字，心有不安，請免刺字等語。旋晤孔道面言，亦同意，甚欣感。其撫恤賠欵，已飭優給，領事託税司商酌，日内當有成議。日來因候各欵覆信，頃奉冬電，謹先電達，往來文牘由驛咨呈。各欵議定，再行具奏。江。

總署來電 光緒十七年七月初三日巳刻到

昨准北洋轉薛使電：據英外部云，據華使電，中國辦教案不愜。一、諭旨不用電傳，十餘日後始貼示。二、蕪湖令保護洋人出力撤任，餘不保護轉未撤任。三、武穴誅二人，尚有情罪重者未辦。現約法德外部，如中國再不認真，當合力自辦等語。除逐事剖辯外，似應設法速結，免生枝節云。又據德税司面稱：接西洋密電，亦有三國互商合辦教案等語。各屬教案本署疊經電催結報。日前法使來晤，已有三國合辦之言。茲准薛電，彼族聚謀，自非虚語。李梅近日起程來華，亦為護教而來。希速結各案，以杜合謀。并電覆。冬。

致俄京許欽差 光緒十七年七月初三日發

小口徑槍最精，各國俱已棄舊改新。中國創槍局，似不宜用舊式槍機，仍請補價照改。擬先購洋鋼、無煙藥學製，一面講求煉鋼，數年後秘法亦必傳播。江。

致江甯劉制台〔一〕 光緒十七年七月初七日發

有電悉。省城空虚，鼎副營勢難撥回，蒙鑒感佩。惟北私漸熾，殊費籌維，竊擬有一策。查襄陽有馬隊兩營共三百二十名，向駐襄樊，緝私人數過少，不能遠顧。今擬將此項馬隊添一百八十名，共足成五百名，勻撥麻、羅、黄、孝、隨、棗一帶，協同鼎營緝私，當可有益。惟新添一百八十名人馬餉乾、帳棚、雜費，每年約需銀一萬四千餘兩。查漢口淮鹽督銷局向有鄂岸商捐津貼一項，原案係歸鄂用，每年將及三萬兩，歷年俱充無名之費，去年與曾忠襄商定分半解鄂省善後局充公，一半留局照舊案撥充鄂岸文武緝私經費，若將此欵亦撥解鄂善後局，恰敷新添馬隊之需。至文武緝費，若淮局於商捐外另籌，似乎重出，鄂斷不爲。然若竟停發，官弁難免後言。擬與公約，若添馬隊後，銷旺課增，能敷緝費，即照舊開支，否則不支緝費。此項可否由淮局先墊，照案支給，年滿核計，銷多即領，銷少即由鄂省如數繳還，決不食言。如蒙俯允，此電即作爲公牘存案，將來咨達亦必叙明，抑或別有良策，均祈裁示。再，去年銷數最旺，而緝費轉減成。合併附陳，以見鄂之非不盡力也。陽。

致江甯劉制台 光緒十七年七月初八日發

陽電想已達。此事覆加籌酌，若商捐全數解鄂，督銷局必不願墊緝私費。今擬請飭淮局但將商捐儘數解鄂作添馬隊用，其地方文武緝費即由鄂自墊，照數發給，不欠不遲，年滿後看銷數多

〔一〕以下二電録自抄本《張之洞電稿·致南洋電》。

少，應補給緝費與否，聽兩江鹽院斟酌可也。如此解法，鄂則自肩重擔，淮則有益無損。爲淮綱計，簡易穩妥，似尚可行。特再商，祈示覆。庚。

致俄京許欽差[一] 光緒十七年七月十二日發

麻電悉。槍機請速改。即先匯二十萬馬，餘俟將成再匯。元。

致博次廠 光緒十七年七月二十八日發

電英國博次廠，速將布局煙囱、避雷器寄鄂。

致宜昌羅鎮、逢守、許令 光緒十七年七月二十九日申刻發

啟衅詳細情形究竟若何，有無外匪煽動，教堂共有幾間，何以該文武等不往撲救。務將啟衅放火之人拏獲，訊取確供，此節最關緊要。若無理滋鬧，即應懲辦。若事出有因，我亦可據此與洋人辯駁。儻不能獲正犯取實供，則此案棘手矣，定惟該文武各員是問。即電覆，勿飾勿延。豔。

致宜昌逢守、許令 光緒十七年八月初一日辰刻發

豔亥電悉。游姓係何色人，其小孩如何查出，聖母堂内搜出之幼孩數十人，是否平日該堂收養民人自願送往，抑係平日迷失，另燒之西人住屋四所，皆係何國洋人，均未聲明，速分晰電覆。蘇洋人彈傷一人，傷在何處，亟須驗明存案，要緊要緊。游姓現已獲案否，其倡首滋事之人已獲數人否，千萬勿令遠颺，如要犯縱令逃匿，惟地方官是問。並諭知民人，如果有理，儘可到案質訊，不可避匿。至各種情節，殊多支離難信，教堂即欲縱火滅跡，何至住屋四所同時自焚。前電倉促，或查有未實，切須及早更正。事已如此，千萬不可飾詞諉卸，速將實情電覆，以便相機酌辦，立待電達總署。若有不實，被洋人指出以後，諸事更棘手難辦。即電覆。東。

致宜昌逢守、許令 光緒十七年八月初一日戌刻發

游姓務須押候質訊，教堂搜出之幼孩確數係幾十名，較大者若干，小者若干。務須一律妥爲收養，不惜經費。查詢其父母親屬，究明何以送至教堂，堂中有無乳媪，訊取詳確供詞存案。其中有年歲稍長者，令自説尤佳。此層爲案中緊要關鍵，一名不可放走，將來專憑此節與洋人辯論。該府、縣用心妥辦。東。

致總署 光緒十七年八月初一日亥刻發

二十九日申刻，宜昌文武電稱教堂被焚，當經電飭確查。茲據宜昌鎮羅搢紳、宜昌府逢潤古、東湖縣許之琎電稱：由游姓失落小孩，在聖母堂查出，衆人聚觀，間壁洋人蘇姓屋内遽出彈傷人，激動公憤，略毁門窗。衆人又在聖母堂搜出男女十數人，此兩處西人即自縱火。隔半里許之天主堂，門窗盡閉，外面並無一人，内忽火起，另有西人住屋四所，亦同時火起，延燒民房多間，其火皆由内起，衆目共覩。西人經文武保護上船，皆獲無恙。現

[一] 以下二電録自抄本《張之洞電稿·致外洋電》。

小孩由府縣分別照管，一面查拏滋事之人訊辦等語。當以情節多有可疑，恐係匪徒煽動，復飭確覆，並電宜昌他局委員查覆，情節相同，僉稱衅由尋孩，火係自縱，并無外匪。果如所禀，顯係洋人理短情虛，縱火圖賴。情節出入太大，事在白晝，似不能盡屬妄禀。現委知府裕庚乘輪馳往查辦，一面電飭確訊起出之幼孩數十名係何人送至教堂，務令尋出洋人自焚確證，一面密查有無勾煽匪徒，嚴拏懲辦。數月來明示嚴札，不遺餘力。近因湖南匿名揭帖未息，即慮上游生事，甫於七月十二日飛札荆宜兩屬文武防範教堂，不意又有此事。惟此案情節實與他處不同，辦理殊爲棘手，容確查續陳。本日申刻鈞電頃奉到。東。

致荆州方道、舒守、龍令、荆州營參將、水師義順營光緒十七年八月初一日發

宜昌教堂被焚，荆沙人雜匪多，教堂尤宜加意防範，萬不可再生事端。如有疏虞，惟該地方文武是問。東。

致宜昌逢守、許令光緒十七年八月初三日辰刻發

冬兩電悉。游孩生庚與教士交出者合否，須確詢。吴有明速查拏務獲，此最要緊。幼小各孩，須問明教士係何人送來，逐一查究。昨據宜昌税司來電，英國大禮拜堂全被毁壞，屋内家具被人搶去，又英領事衙門新造未成，亦被人毁壞等語。此次來電，無人乘機搶物，斷不可信，並將英教堂領事署被毁情形電覆。至教堂收養六十五人中，瞽目無睛者止一人有半，豈得指爲教堂剜目之據。前云無腎之男，復驗又復不實，種種蹈空。然則各教堂自焚之説，亦難憑信。此等重案，關繫四國，豈能硬以虛詞搪塞了事。前屢經明示嚴札，如有可疑，只可禀官查辦，何得自行聚衆毁鬧。該府縣速查明實情電禀，並密速查拏造謡鼓煽、聚衆毁堂、縱火搶物首要各犯爲要。若日久逃逸，試思此案如何了結，該府縣能當其咎否。即先電覆。江。

致荆州方道台光緒十七年八月初三日辰刻發

宜昌教案，府縣來電種種支離不實，該道迅赴宜昌確查電禀，不可一字迴護虛飾。案關法、英、美、義四國，不能如尋常地方小事，可以妄禀搪塞。早得實情，可以早拏要犯，早籌辦法。若希圖虛詞諉卸，不惟無益，必誤大事。已派裕守往查，該道查明可先電禀，不必候，亦不必會銜。昨電悉。江。

致宜昌羅鎮、逢守、許令光緒十七年八月初四日戌刻發

聞宜昌人心惶惶，尚未安定，該鎮、府、縣務須妥爲開導彈壓。拏犯須密訪確實，外示鎮静，不可令人驚擾，萬不可再生事端，若再生枝節則更無從辦理矣。剜目割腎之説既已查虛，務將謡言不足信一節宣示，最爲要緊。即覆。支。

致宜昌羅鎮、逢守、許令光緒十七年八月初四日戌刻發

六十五人中，止一人半因病瞎傷睛，男孩並無少腎子者，可見謡傳虛妄，會驗之舉，正可解釋羣黎。但恐民間聚觀生事，稍

緩亦可，須先將教堂并無殘害之説宣布，令衆人曉然，方不至起鬨。該鎮府縣斟酌妥辦，斷不可因此又生事端。切切。支。

致總署光緒十七年八月初四日發

宜昌教案甚爲棘手。美國教堂、英人住屋雖亦被焚毁，然啓衅由法教堂，自以法國爲主。現在漢口法領事係俄領事代辦，據云法已派領事，不久即來。此事須領事曉事受商量最爲緊要。查廣州法領事于雅樂事理明白，深通中國文義，人亦和平，洞在粤與之商辦各事最爲順手，可否請鈞署婉商法公使，言此案洞必爲之極力妥辦，但諸事須與領事商酌，趁此新領事未到漢口之時，若調于雅樂爲漢口領事，諸事必易就緒，可以速了，且以後教堂善後事體皆好商辦，於兩國均屬有益。法公使若允，此案庶有辦法，不勝盼切。其應如何措詞之處，統望鈞署裁酌。支。

總署來電光緒十七年八月初七日丑刻到

支電悉。兩湖傳天主教者，義大里人居多，宜昌教堂或云義國，希查明電覆。至於領事調漢，法使不允，蓋指調某人公法所不准。法使謂儘可與教士商辦，議妥後由領事畫押。至地方官稟堂由自焚，迹近捏飾，不能折服洋人。既經鬧事，不外拏犯賠償兩端，望飭速辦為要。麻。

致總署光緒十七年八月初八日發

今日英領事同其水師總兵來見，面呈節略，以奉其本國札飭，會同地方官保護各國洋人，遇有匪徒聚衆滋鬧，於洋人身家性命遭有危險，即用槍礮擊散，以救人命等語。當告以保護彈壓，責在地方官，本衙門自當力任其事，不宜越俎。如本人遇阨，只可爲自護計。若兵船鹵莽用武，難免傷及無辜，非以保護洋人，實爲洋人啟衅。此時愚民滋鬧，大都因教堂收養幼孩懷疑而起，彈壓開導皆能爲力，即有焚毁損傷，尚可辦犯賠償，於洋人仍無大礙。若兵船用武，或致傷及無辜，舉國喧傳，激動公憤。各省教堂甚多，直使地方官無從保護，實非相安之道。英係大國，當循情理。若中國正任力任保護，而貴國藉端啟衅，實爲公法所不許，想貴國必不出此等語。祈鈞署再與英使剴切言之，令告該國兵船勿任其鹵莽啟衅，是爲至要。陽。

致荆州將軍、道、府、縣，宜昌鎮、方道、裕守、府、縣，襄陽提台、道、府、縣，安陸府、縣，荆門州嚴牧、漢口江漢關道，漢陽府、縣、常副將光緒十七年八月十二日辰刻發

總署八月十一日來電，奉旨：前因江南一帶教案迭起，曾經明降諭旨，令各該督撫嚴飭迅拏首要匪犯，保護教士商民。嗣因拏犯遲延，又降電旨飭催，乃迄今三月之久，丹陽等處匪犯並無一獲。總理衙門屢次電催結案，亦均未獲奏。各匪犯倖逃法網，肆無忌憚，以至近日宜昌教案又出。各該地方官於迭次諭旨視同具文，先事既不嚴防，事後又復玩延諉卸，非獨外人藉爲口實，積憤難平，即論自治之道，亦尚復成何政體。儻因此別滋衅端，試問各該督撫能當此重咎耶。兹再嚴行申諭，嗣後各督撫務當督

飭設有教堂各州縣文武，派委兵役隨時設法嚴密防護，遇有造謡聚衆之事，一聞風聲，立時查拏，務獲重辦。若再有似此之案，除將該地方官從重懲處外，並惟該督撫是問。前諭劉坤一等迅速結案，並查參失事各地方官，即著尅日覆奏。此旨。著總理各國事務衙門電知劉坤一、張之洞等，並通諭各省將軍、督撫一體懔遵辦理。欽此。特此電知，欽遵辦理。十二。

致總署 光緒十七年八月十二日午刻發

宜昌事，并飭荆宜施道方恭釗馳往，會同裕庚查辦。連日據方道、裕守電稱：起衅由游姓失幼孩，鳴鑼尋覓兩日，女教堂水夫送信，游帶親屬婦女四人至堂認取，女教士云係吴有明抱送，云係其親戚之孩，曾給吴錢兩千，因令游領回。衆人聚鬧，尋出堂内男女大小六十五人，内有數人閉目，因喧傳教堂剜眼屬實，並云有一男孩無腎子。衆人雲集，讙譟打毁，旋即火起。縣、府、鎮先後彈壓不聽，護各洋人上船，餘教堂二處、洋人住屋四處，亦即或焚或毁，法教士巴姓被石傷額，現已平復，女教士數人自云被毆辱，未查確。經府、縣覆驗，有數人係瞽目，仍有珠，内有一女孩一目瞽而無珠，一男孩兩目瞽而無珠，詳驗並無少腎子者。内有父母送往者，有幼小懵昧不能自言者。火起後間有竊掠零物者，亦不甚多。至初焚之堂，密訪參證，似係民人所放，餘屋華洋各執一詞，尚待確查訪拏。送孩之吴有明訊究，但顯係拐匪詭名，恐難獲，現懸賞購拏。滋事各犯，已獲從犯七名等語。查六十五人中，止一人半瞽目無睛，自係因病傷損，其非剜目無疑。買孩、尋孩、還孩各情，領事送來女教士供亦同。吴有明獲否無關緊要。已疊電嚴飭速拏首要各犯，並催估毁堂失物價值矣。惟查此案起衅，教堂實不能辭其咎。五月初三日，敝處特飭江漢關照會各國領事，各省教堂鬧事，皆因收養幼孩而起，切囑各教堂暫勿收養幼孩，以免懷疑生事，難於保護。漢口各教堂久已照辦停收，現正議按月官紳前往稽察，並須先報明地方官，妥定章程。宜昌法教堂歸漢口法領事管，何以不令宜昌教堂照辦停收，一也。育嬰總須父母送往，方免流弊，乃該教堂用錢二千收買，是明啟拐賣之端，二也。游孩被拐屬實，激動公憤，又見瞽目者多，習聞剜目訛言，闔城衆怒洶洶，勢不可遏。論其後則焚毁可惡，推其由則疑憤有因。今日在我自須辦犯賠償，斷不諉卸，惟起衅情節不能不明白告知各國，以見華民並非仇害洋人，官吏並非不加保護，庶可從容商辦。至近來各省鬧教之由，實由匿名揭帖最爲禍首，剜眼殘害諸事，有圖有歌，謡傳一播，愚民竟謂目前真有是事，有觸即發。現已出示懸賞緝獲散布匿名揭帖者，即行正法，庶免再生枝節。文一。

致總署 光緒十七年八月十二日午刻發

麻、青兩電謹悉。英領事面言宜昌法教堂有義國人。西人向章，天主教堂事歸法領事管，其中義國人歸英領事兼管。此案毁堂與法議，至堂内僅附義國人一名未傷，故義國不問耳。宜昌本無兵船，昨有英法兩兵船上駛，中途水淺折回。現各領事公函致江漢關税司，將益利商輪改作兵輪，一例挂旗等情。該兵船赴宜，係爲保護示威，恐以後宜昌再有事耳。現在宜昌不至再鬧，惟漢口、武昌最要，須嚴防，已極力防護。漢口現有英兵輪二、法兵輪一。文二。

致宜昌羅鎮、方道、裕守、逢守、許令

光緒十七年八月十二日亥刻發

電旨當已奉到。嚴切如此，若不獲首要正犯，豈能了局，搪塞毫無益處。此案牽涉太多，各國合謀與中國爲難，前兩月已有要挾湖南通商之語，此案出後，此意益堅，英領事已經面談。試思湖南通商如何能行，必致潰敗決裂，各國合開兵端，大局何堪設想。該鎮、道、府、縣等當熟思國家利害，仰體朝廷憂勞，迅速辦了，或可沮其狡謀。購緝須懸重賞，切要。文。

致總署

光緒十七年八月十四日戌刻發

據英領事函稱，宜昌水淺，外國兵輪不能上駛，現以商輪改作兵輪，實出於不得已，儻蒙惠借中國兵輪一艘，如蕪湖現泊之蚊子船，正可合用，願自撥兵［輪］駛往宜昌保護洋人，足感友誼等情。查中國借與兵輪爲彼載兵，萬無此辦法，已婉詞却之。惟漢口當此防範喫緊之際，中國竟無一兵輪，不免爲外人所輕。擬請鈞署電商南洋，暫撥大小真正兵輪二艘，駐泊漢口，藉壯聲威，而杜妄爲，最爲要策，但不宜派尋常差輪。如南洋船不能久離，可令其時來時往，上下游分駐梭巡，盼切電覆。鹽。

劉制台來電

光緒十七年八月十七日戌刻到

接譯署銑電，云武、漢防範喫緊，需用兵輪。敝處即派南瑞、測海，定於明日上駛，前來聽調，如無甚事，則留南瑞駐泊，以測海往來遊巡。知念，謹電。坤一。洽。

致宜昌方道、羅鎮、裕守、逢守、許令

光緒十七年八月十五日申刻發

此案似係兩種人湊合而成，一係本地愚民，一係外來游匪。尋孩滋鬧，誤信訛傳，打毁洩忿，此愚民也。臨時生心，乘機助勢，縱火圖劫，此游匪也。愚民鹵莽啟釁，尚屬有因。游匪凶狡得利，事後遠颺，實爲可惡。今日宜將游匪訪獲數人，置之重典，而本地無賴地痞多辦一二十人，以爲從犯，則既足示懲，亦有區別，地方豈有不帖服之理。游匪大率馬頭挑夫、上下民船水手、流寓游勇，此時未必盡逃，即使逃逸，不過沿江各省楚、皖、江、滬一帶，當白晝鬧事之時，土人必多識其面貌姓名，地保兵差豈能一人不識。若重賞密購，剴切開導，本地士商軍民如能將游匪指出拏辦數人，則土人罪名可稍從輕減，案方可結。若不獲游匪，則土人當其重罪矣，土人自必欣願當肯指實。此事府、縣固不得諉謝，責成尤在羅鎮，該鎮才力長，耳目廣，必能辦到。試思白晝通衢縱火各處，焚搶至三時之久，並非一處延燒，文武官兵布列滿街，毫無畏懼，若不誅數人，以後法紀盡廢，匪徒得意，頑民橫行，大亂將作，宜昌如何得安，湖北通省如何得安。此並不爲洋人也。事機宜速，愈遲則愈難獲。距滋事已將半月矣，若此電到五日之內，尚無正犯端倪，惟有電奏，先將府、縣撤參留緝。事關大局，鄙人出於萬不得已，求諸公諒之。懸賞務宜格外從重，此欵由善後局給發，不累府、縣。速覆。咸。

致京湖北提台程[一] 光緒十七年八月十六日發

滬函十四電悉。賤恙已愈，承念感謝。敬賀覲喜。尊寓電示。諫。

致荊州府、縣，水師義順營王提督 光緒十七年八月十七日亥刻發

頃據法領事函稱：荊州府屬謡傳欲踵宜昌覆轍，焚毁教堂嬰堂，毆逐洋人，請飭保護等情。各處教案迭起，上勞宸廑。迭奉諭旨，嚴飭保護，一有疏虞，定惟該地方官是問。務須會營嚴密隄防，消弭無迹，千萬勿稍大意，致干未便。懔之，切切。銑。

致宜昌方道、裕守、逢守、許令 光緒十七年八月十九日午刻發

剜目割腎之説既已查虚，放火事方道、裕守所見甚明。本部堂早已料及，曾於初四日疊次電飭，將謡言不足信明白宣示，以釋羣疑，而後拏人辦犯，名正言順，何至激變。該府、縣何以總不遵辦，實屬大謬。瞽目之孩幾歲，聞皆能言，方道、裕守迅即親自問明，令其自言因何致瞽。要知疑團不解，人人存一洋人殘害幼孩之心，宜昌拏犯等事皆多窒礙，凡屬内地有教堂之處，皆將以訛傳訛，藉端生事，何所底止。現在省城鄉試士子雲集，皆誤信宜昌親尋出剜目憑據，將來傳布通省，禍亂何所底止，此一端爲召亂之根。該府、縣若延不出示，各處亂民皆以宜昌爲詞，能當此重咎耶。該府、縣速將訊明堂内幼孩皆係父母送往，六十五名内只有幾名瞽目，驗明確非無珠，能言者皆自言因病而瞽，係教堂向來爲收養殘廢起見，迅速明白出示宣布，勿再延誤。此條專即電覆。效。

致江甯劉制台[二] 光緒十七年八月十九日發

洽、效兩電感悉。目下江水尚未大退，外洋兵輪來漢皆暢行無阻，仍懇飭派南瑞爲妙，飛霆船小，不足以壯聲威。曷勝切盼。效巳。

致荊州府、縣，荊州營參將、義順營 光緒十七年八月二十二日午刻發

府、縣二十日電悉。到堂查看極好。聞荊州、沙市近日實有謡言，該處地重人雜，比他處尤爲喫緊，府縣防、緑各營不可不格外小心防範，隄防營弁兵亦可飭其協助。沙市當有保甲局，何人經管，若保甲清查認真，游匪自難混跡。現在該文武等如何防範之法，即切實電覆，並明張示諭，如有匪徒滋擾縱火，不服彈壓者，准兵勇當場格殺。再查旗營現有練軍，若請將軍派一妥員帶兵約百名駐沙市防護，是否有益，有無窒礙，府縣速妥酌後禀商將軍酌核。沙市教堂幾處，府城内外左近教堂幾處，並即查覆。養。

[一] 録自抄本《張之洞電稿·致北京電》。
[二] 録自抄本張之洞電稿·致南洋電。

致江甯劉制台[一] 光緒十七年八月二十三日發

南瑞、測海俱到，感謝。鎮江查出濟匪軍火，此間已飭嚴防。上海問出詳供若何，從前運過幾批，祈速示。漾。

致宜昌鎮、道、委、府、縣 光緒十七年八月二十四日亥刻發

拏獲放火者，賞千金，毁搶者，三百金。此時各犯早逃，須購綫向沙市及沿江上下游訪拏方可。此案必獲放火者，始可算獲首犯，方能奏結，一二打毁者不能目爲首犯，豈能了案。若無首犯，必如江南各案特旨，令查參地方文武而後已，鄙人亦無策求全矣。府、縣皆有幕友，試查重案不獲首犯處分便悉。西法之卷易交，國法之卷難交也。游匪煽亂大鬧，竟得逍遥遠颺，鄙人固負疚無顔，即羅鎮素日威望，亦恐不免稍損。總之，諸公勿誤認題目，以違旨焚搶爲義民，以拏匪弭亂爲搪塞洋人。切囑。敬。

致安徽沈撫台、江甯劉制台、上海聶道台、煙臺盛道台、天津李中堂[二] 光緒十七年八月二十五日發

廿四日酉、戌、亥，漢口失火，延燒約千家，旋經撲滅。地在襄河以内，所燒尚非大街，率皆中小鋪户，居民幸未傷人，亦無搶奪，已飭查明撫恤。火由炊爨不慎，並無別故。正當沿江嚴防之際，恐致訛傳，特此布達。有。

致福州卞制台 光緒十七年八月二十六日發

前在粤託閩廠協造兵輪八號，四大四小，除已送粤外，聞李筱帥概行停造。昨見申報，尊處奏報廣庚下水，似庚、辛、壬、癸四船尚未停造。此項船已成幾艘，造成後是否閩省自用。如閩粤以養船費鉅不欲留用，可否撥兩艘歸鄂省代養。長江現正嚴防匪徒，將來難免有事，此項船式係兵輪，喫水甚淺，長江最利。鄂得船，閩省費，似屬兩便。特奉商，如可行再奏咨。祈電覆。宥。

卞制台來電 光緒十七年八月二十八日午刻到

廣庚已經造成，餘接粤咨全停。第。

致安徽沈撫台[三] 光緒十七年八月二十七日發

北洋大臣送鋼軌樣一木箱，由文報局轉遞來鄂，道經蕪湖，被海關扣留，請飭蕪湖關查寄鄂爲盼。感。

致總署 光緒十七年八月二十八日發

漾電謹悉。已飭文武水陸一體嚴防密查，惟匪首姓名，梅生斷無不知之理，請電知南洋飭上海道嚴訊，究出姓名，電告鄂省，以憑緝拏。切懇。儉。

總署來電 光緒十七年八月二十三日午刻到

滬關盤獲英人梅生，據供匪黨大小頭目均在漢口，而不肯舉

[一][二][三] 録自抄本《張之洞電稿·致南洋電》。

其姓名，望設法密捕。武、漢軍裝火藥局尤宜加意，并望諄誡水師鎮將一律防範。漾。

致上海聶道台〔一〕光緒十七年八月二十八日發

慨捐撫恤，感謝。英人梅生接濟會匪軍火事，據供匪首皆在漢口，已疊接總署、南北洋電防緝。望將詳細供詞飛速抄寄，以便查究，切懇。儉。

致福州卞制台光緒十七年八月二十八日發

本日電悉。廣庚一切器具礮械已配齊否，共價若干。此船擬歸何處，或閩用，或粵用，已議定否。至辛、壬、癸等船，前數年價已付十之八，早已開工，粵雖咨停，此數船尚造成一二艘否，祈電覆。儉。

卞制台來電光緒十七年八月三十日酉刻到

廣庚已到粵，前造船欠解十四萬，粵咨不找欵，不要船，舊案清結，如再造每號價約六萬。第。

致煙臺盛道台光緒十七年八月二十八日發

老河口電綫宜速造，官商兩益，湖南綫桿各料正可移作此用。祈酌委妥員速辦。儉。

致俄京許欽差〔二〕光緒十七年九月初一日發

前商譯刻洋書，請尊意斟酌，有切要而力能譯者，即就使館覓通人譯之，需費照匯，不拘幾種皆可，惟期宜速成。盼覆。東。

致上海聶道台〔三〕光緒十七年九月初一日發

來電所捐湘幫千金助撫，是否專給予湖南商賈被火者，抑係會同上海湘幫所捐，祈明晰見覆。東。

致宜昌鎮、道、委、府、縣光緒十七年九月初二日午刻發

捕匪豈能株守一隅，派人僅赴沙、董一路太窄，何不多派數人，分赴岳州、漢口及江、皖下游等處耶。九國聯銜向總署詰問宜昌事，消息甚緊。沃。

致江甯劉制台〔四〕光緒十七年九月初三日發

梅生所通之匪，其頭目係何姓名，蹤跡現在何處，已訊出否，近日又問出何情節，均祈即示。江。

致天津李中堂〔五〕光緒十七年九月初四日發

豔電悉。近因總署、南洋電告匪徒私運軍火炸藥，頭目多在武、漢，軍裝火藥局宜防等語。鄂省近旬日中即有匪徒在永靖火藥庫擲藥包放火，幸及牆而止，幾成巨患。鄂省軍械散漫分儲，

〔一〕〔三〕〔四〕録自抄本《張之洞電稿·致南洋電》。
〔二〕録自抄本《張之洞電稿·致外洋電》。
〔五〕録自抄本《張之洞電稿·致北洋電》。

亟思防護。六營公所正在署後，地尚寬敞，敝署便於照料，故擬以軍裝局與淮軍轉運局互换。軍裝局在長街杏花天巷内，人烟稠密，該局門前局勢堂皇，前爲住宅兩層，管局知府史守并眷屬居之多年，後爲軍裝庫一百四十間，再後爲餉錢所委員住房兩層，又庫房四十間。當經詳商司道，若轉運局肯移此，前半全歸淮軍用，薛道可住史守之屋，若屋少不敷薛住，可將庫房酌量改修。總須一律修理整潔，多費不惜。囑江道另覓公館。其後層之餉錢所，仍舊向有兵勇，銀錢自可一律防護。至六營公所，聞歷年淮軍修整所費不少，詢明照數補還。面囑善後局錫、陳兩道商之江道，江不言軍裝局之可否，而欲移安徽館，並未商之敝處，不審其致尊處之電云何，以上各節亦言及否。安徽館空曠少鄰，豈可存銀二十餘萬，實屬不妥。軍裝局似無不便，惟昨據局員云存械繁多，笨重土礮舊彈尤多，若讓局遷移，須夫價數千串，又須代修新局，補還舊費，殊有窒礙，不如專移精械善地，修屋不多，所費較省，亦免更動等語，所言甚有理。兩局互换一節，此時可作罷論。特將敝處原議詳布，幸惟鑒察。江。

致黃石港游令學詩、張都司水金〔一〕 光緒十七年九月初四日發

日來明家灣、王三石等處煤窰情形若何，張令已赴王三石否，即電覆。以後務限十月一稟鐵局，勿違。支。

致襄陽朱道、王守 光緒十七年九月初六日發

茹令稟請明年錢糧每兩收錢二千八百文，已批司核議。風聞現已折收二千六百文，錢糧宜率舊章，無故改折，必有流弊。飭該縣務宜慎重，萬勿率改，聽候撫、藩批示遵行。語。

致江甯劉制台 光緒十七年九月初七日發

除蕪湖不計外，江南被毁教堂幾處，賠欸共若干，是否係原索之數，抑係曾經駁減，其原索幾何，望速明示。江南鬧教之犯曾獲幾名，辦何罪，并示。再，北洋電梅生濟匪，查出有致赫德密信。此信係何處搜出，是否底稿，抑係寫而未發，公當已見之，祈録示，至要。陽。

劉制台來電 光緒十七年九月初八日戌刻到

江南被毁教堂六縣，每縣有祇一處或數處不等。丹陽索一萬三千數百元，減償銀八千四百兩。金匱索十萬元，減價八萬六千元。陽湖索一千四百餘元，照償。無錫索八千數百元，減償七千元。江陰索九千九百餘元，減償九千元。如皋索二萬元，減償銀四千五百兩。獲附和之犯念一名，擬軍二，徒五，枷杖十四。現續獲三，擬枷杖。尚有匪犯一，未據訊擬。私運濟匪案，惟鎮江在梅行李内搜出梅雜記中有致滬税司函，欲將軍火騙運鎮，已備文抄送尊處。武穴、宜昌案望電示大略為盼。坤。庚。

致江甯劉制台〔二〕 光緒十七年九月初九日發

庚電悉。江南所毁各堂，是否均係法國，抑有他國，駁減係

〔一〕録自抄本《張之洞電稿·致本省電》。

〔二〕以下二電録自抄本《張之洞電稿·致南洋電》。

令何人與議，望分晰電示。至賠欵擬動何項，已奏准否，或與總署商准否，并請即示覆。武穴、宜昌案另電詳覆。佳。

致江甯劉制台光緒十七年九月初九日發

放火定律甚重，尊處止辦軍徒，如何比擬，想係以放火者歸之在逃各犯耶。聞江南拏獲會匪内，有關涉教案者擬辦重辟兩名，確否，并祈示。佳。

劉制台來電[一]光緒十七年九月初十日申刻到

兩電悉。各堂均係法國，由關道督飭印委分別與議，欵有由縣籌，有撥公欵，尚未酌定辦理。犯按情罪定擬。前獲會匪曹義祥等曾供同謀滋鬧，現尚未據訊擬。蒸。

致宜昌川鹽局趙道光緒十七年九月初十日發

來稟罰鹽八十七包充公，實堪駭異，從來無此辦法。近年鹽滯商疲，正宜寬恤招徠。商人稅鋪必有呈懇，可酌令補釐了事。速妥辦電覆，不可偏執。蒸。

致輪墩薛欽差光緒十七年九月十一日發

外國兵船來漢口者，皆云奉其國訓條，如其匪徒滋事，兵即登岸，船上即開礮，措詞横暴無理。我亦有兵船陸勇，如洋兵動手，必致傷及良民，我兵斷難坐視，必致互鬬，有傷和誼，我不任其咎。總之，我自任保護可矣。總署電云已電尊處告外部，非有中國官囑其相助，斷勿輕動等語。公想已與外部言之，渠如何回答，速示覆。真。

薛欽差來電光緒十七年九月十三日申刻到

已辯多次。外部密電兵官，非萬難歇手，勿輕動，然不肯明認，防我漢視也。請以力任保護意告英員，備益周，自無事。成。文。

致宜昌方道、裕守光緒十七年九月十一日發

昨據漢口嘉領事開送宜昌英國紳商教士被害失物節略，祗言蘇教士受傷不輕，某屋某教堂美堂亦在内全被毁搶，而不言估值若干，語氣需索頗多。目下獲犯多名，漸有頭緒，亟須與議償欵。駐宜英領事較易商量，亦其應辦之事。該道該守速即與議，令將房屋失物核實估值開報，以憑統核議給，勿令再延。領事曾提及觀審否，作何動静，密詢税司速覆。此案法國爲重，法僅索償，並無横鬧之語，英自不能生波，勿聽英領事要挾之詞。真。

致總署光緒十七年九月十五日發

元、寒電謹悉。宜昌教案，拏獲放火首犯一名，連打毁教堂洋房兩三處從犯二名，隨同滋鬧餘犯九名，據來電均已供認，即當按律分别懲辦，稟到即可定案。獲犯已不少，有在逃拏回者，斷難再拏滋擾。賠欵一節，法教堂兩處較大，開報房屋失物兩堂共十三萬兩，美教堂一處，英人住屋四處，均不大，未開價值，意在看法人動静。查此案以法爲主，法事結則英、美從之，惟開

[一]録自苑書義等主編《張之洞全集》第七册，第五六二〇頁，河北人民出版社一九九八年版。

價過鉅，來單係約估價值，並無詳細清單。已三次辯駁令減，教士立誓謂非浮開，不肯減少，亦不開清單。代辦法領事自云係俄人，難代減，僅允商之上海總領事。查江南各教堂賠欵，核減多少不等，合計各堂總數約按八成，湖北事同一律。法索已鉅，英美口氣甚大，亦必數萬兩，爲數太多。擬請鈞署與法公使商，告以此案由教堂買拐孩而起，又於武穴案以後不依鄂省照會暫停收養，又因隔壁美教堂擲石傷兩人，致生此事，且因此延燒民房七八十家，彼此當分任其咎，持平商辦，只能認賠一半。再法教士於事出數日，即將價值開來，惟索賠欵，囑保護，疊次言受傷教士已愈，辦犯多少輕重，法教士不過問，且切囑勿急拏株累，教士不願殺人結怨等語，語氣和平，始終無一憤激要挾之言。代辦之俄領事尤和平。英領事仍是故套，催拏犯，不開價。美教堂係義國人，遂附於英，歸英主持，間有要挾語。外國固是互相表裏，然此案英法剛柔判然，似又難測，即使肯減欵，亦過鉅，鄂省支絀已極，萬難籌措此欵，應出自何項，請示遵。咸一。

致總署光緒十七年九月十五日發

前奉銑電，當已確查。羅鎮操防營止三百人，已出五成隊彈壓防護，羅鎮親（自）［至］教堂護送洋人男婦上船，若非羅鎮，洋人必有擊斃者矣。宜昌英領事及回漢口洋人，均言鎮縣護送洋人，此事尚有可取等語，其意甚感，自屬可信。人多不免擁擠，若營兵，實無推逐女教士之事。此事羅鎮頗有斟酌，其時衆怒洶洶，若官兵動手，必激成大事。至事後捕匪，羅極出力。咸二。

致江甯劉制台光緒十七年九月十六日發

諫電悉。南瑞慮水淺，可令回，請另撥喫水較淺兵輪來漢口，並望飭測海於下游、漢口各駐十日，俟宜昌事結，即可遣回。因外國時有兵船來此，我不可無一輪。爲中國局面起見，並無意外事也。銑。

致輪墩薛欽差光緒十七年九月十八日發

請詢諦廠添製魚尾片、鈎頭釘、大螺釘、鍋爐釘、歧軌各機器，配合日出鋼軌百噸之用。就鄂廠現有爐機通融挪用，從長計議，應如何添機，購定須價共若干，請詳查速覆。嘯。

薛欽差來電[一]光緒十七年十月初十日午刻到

九月嘯電添機，估價四千餘鎊。成。佳。

致總署光緒十七年九月十九日發

據報，現泊漢口之英、德、俄、義四國兵船，定於本月二十晚間放礮合操，殊堪詫異。日來民心甫定，地方安静如常，無故在我内江演礮合操，既違公法，尤駭聽聞。武、漢一水之隔，人煙稠密，難免驚疑惶擾，訛傳誤會，横生枝節。即經派員往晤英領事，曉以利害，善言勸阻。該領事始猶不從，繼始允停止，難保日後不再妄爲。請鈞署迅即照知四國公使嚴行電飭各領事，斷不可無事生事。若違例滋擾，激成事端，我斷不任保護之責。並電出使大臣，

[一] 録自苑書義等主編《張之洞全集》第七册，第五六二五頁，河北人民出版社一九九八年版。

告其外部，俾知領事之横暴無理，一體飭禁爲幸。效。

致總署、天津李中堂光緒十七年九月二十日發

據江漢關禀：近日各國洋輪擬合操放礮一節，查明皆係税務司穆和德主意，並非領事之意。穆在外國曾充武職，現與各國兵船商議，該税司自爲帶兵官。今船操雖已停止，仍欲陸操，令各國船上兵登岸，在租界後跑馬場操演步隊，但放槍，不放大礮等情。該税司係中國官員，何以兼爲外國帶兵官，主使各船操兵放礮，不惟無事生事，其意實不可解。特此密達，請飭總税司赫德電飭穆和德勿得妄爲。以後應如何防範調换之處，請鈞署熟籌酌辦爲要。號。

總署來電光緒十七年九月二十三日申刻到

宜昌賠欵過多，可與磋磨。江督皆由本省籌欵，鄂雖支絀，移緩就急，應准開銷。合操事已照會各使，并飭赫止穆。漾。

致天津李中堂[一]光緒十七年九月二十一日發

大咨、圖式并悉。魚尾片、螺絲釘、鈎頭釘俱能制造，試驗可依定章，價值可照外洋，一切均可照辦。惟開爐初造，配合挑選盡善必需時日。明年十月運津五千餘噸恐來不及，擬後年開河運到津，先期請尊處派員來鄂考驗。鄂省應解鐵路經費每年五萬，十七、十八兩年共十萬，擬請截留，劃撥軌價，俾免往返周折。餘俟再爲核計商辦，望示覆。馬。

李中堂來電光緒十七年十月初五日到

馬電悉。飭據監工籌議，由灤至關，鋼軌五千餘噸，明冬即須鋪設，斷難停待，只可暫向外洋訂購。尊處初造，配合挑選必需時日，應請俟接造關外，再購鄂軌。十七、十八兩年銀共十萬，乞仍依限照解，俟癸巳訂購鄂軌，再商留抵，庶無兩誤。繳。

致廣州李制台光緒十七年九月二十三日發

聞閩廠所造廣庚早已到粤，此船利於内江，亦能過海。粤省兵輪尚多，現正裁節經費，湖北防緝長江會匪，彈壓漢口洋街，正需兵船。現係由總署撥來江南兵輪兩艘，久假終非長策。如廣庚撥歸湖北，鄂得船，粤節餉，彼此兩益。船價應如何歸還之處，聽候尊裁。特此奉商。是否可行，即祈電覆。敬。

致煙臺盛道台光緒十七年九月二十五日發

霰電悉。陜爲貧國，恐無欵可籌，與商亦無益。不如仍先接到老河口，再節節前進，則商力較舒。河口係大鎮集，官商報費必多，決不至賠累。鄂擬將安陸府至荆門州水陸官綫報房並所餘綫桿物料，盡歸商局，俾商綫呵成一氣。所有修造經費約及五千兩，作爲鄂省官助河口造費，於商局不爲無益。即祈酌定，由尊處派人速辦。有。

致安慶沈撫台[二]光緒十七年九月二十五日發

蕪湖教堂賠欵奏明動支何欵，抑係本省自籌外銷之欵，祈詳

[一] 録自《李鴻章全集·電稿二》，第四一八頁，上海人民出版社一九八六年版。原題為「鄂督張來電」。

[二] 以下三電録自抄本《張之洞電稿·致南洋電》。

晰電示爲感。敬。

致九江電報局問交問津輪船謝提督得龍光緒十七年九月二十七日發

該提督即回鄂，勿遲。二十七。

致江甯劉制台光緒十七年九月二十八日發

聞蕪湖賠欵係動蕪湖關税，是否即奏明在關税開支，抑如何籌補，祈示覆。儉。

致宜昌鎮、府、縣光緒十七年十月初一日發

現獲會匪頭目高德華等，供稱長江各匪首約期十月十五日竪旗起事，先在沙市滋擾，因沙市兵勇無多，如有官兵剿捕，有四川、湖南可作退步等語。有數匪所供皆同。現已獲辦匪目多名，逆謀當必有更變。惟黨夥過多，難保不行險妄動，亟宜嚴加防範，特此密電通知。該道、府、縣，水陸各營將領等務須會商，一體密查嚴防，萬勿稍有疏虞，尤不可張皇驚擾。除電荆州文武并令轉致岳州、澧州外，此事逆謀重在沙市。惟既有四川退步一語，宜昌鎮、府、縣、營自應一律嚴密訪查，鎮静防備可也。東。

致江甯劉制台[一]光緒十七年十月初二日發

現獲會匪頭目供稱擬糾夥在沙市滋擾，供内明言沙市空虛，並已約有日期，亟應嚴防。沙市空虛可慮，尊處派來兩兵輪，擬派飛電赴沙市彈壓。目前江水尚不小，並選極好帶水者隨往，斷不致淺阻。特奉懇，感禱。沃。

致荆州道、府、縣，城守營、義順營

光緒十七年十月初四日發

已派鴻字左營弁勇并飛霆兵輪馳赴沙市彈壓巡防，兩三日即到。沙市後通内河之路，水陸均須擇要稽查嚴緝，道府縣營會商妥辦。支。

致總署、天津李中堂光緒十七年十月初八日發

鄂省拏獲會匪頭目高德華供，長江各口岸會匪頭目通爲一氣，皆奉已經正法李世忠之子李洪爲總頭目，稱爲大元帥。李洪聲言欲爲其父報仇，約期十月十五日竪旗起事，分爲五旗，沙市、漢口、黄石港、九江、大通、蕪湖、金陵、鎮江、十二圩等處，派定頭目，分投布置。皆供有姓名，内有數名已經楚皖拏獲正法。今年七月接李洪信，約會起事，衆頭目在黄石港會議，本擬分爲兩支，安慶一支，沙市一支，因下游水陸各營甚多，惟沙市兵勇少，且有四川、湖南可作退步，故先在沙市滋擾。聞李洪有託洋人辦軍火之説。八月間，該匪在鎮江因查獲私運軍火恐懼，逃回本縣藏匿被獲。李洪聞現在煙臺等語。又有數匪目所供亦同。查李洪係李世忠養子，素不安分，既有數匪目供李洪爲首，似不能憑空捏造。且非有力巨匪，斷不能以重金募洋人購軍火，情節尤

[一] 録自抄本《張之洞電稿·致南洋電》。

有可疑。惟現在煙臺之説恐難拘定。查李洪家在河南固始，及安徽霍邱至安慶、蕪湖、裕溪口等處，皆廣置産業，黨夥繁多，此時難保不仍在本籍據巢結黨，覦衅而動。前接兩江咨梅生日記有北據開封等語，若係李洪，則固始地屬豫省，與窺伺開封之説亦尚相近。案關糾黨謀逆，滋擾各省，無論匪供虚實，均應嚴查防範，特密電達知。其應如何密速查拏確實審訊之處，應請各省裁酌辦理。除電江、皖、豫、東各省外，謹電聞。至沙市等處，已派營勇兵輪馳往密查嚴防矣。之洞、繼洵同肅。庚。

致總署、天津李中堂光緒十七年十月初九日發

庚電計已達。李洪係李世忠義子，並非親生。其親子聞係安分讀書之人，或云已中副榜，不知確否。李世忠之妻頗明大義，前李世忠正法時，李洪即欲滋事，經李世忠之妻阻止。總之，李洪爲匪，與李世忠妻及親子無涉。李家貲甚富，恐兵役捕拏時不能分晰，或致累及無辜，轉貽匪黨口實。除電江、皖、豫、東各省詳查妥辦外，謹再詳陳。佳。

致安徽沈撫台〔一〕光緒十七年十月初九日發

佳電悉。皖獲匪目係許文魁、蔣雲二名。此覆。佳戌。

致兩江劉制台、江西德撫台、安徽沈撫台光緒十七年十月初十日發

高德華供出各匪頭目，除已經楚、皖拏獲正法外，龍松年安徽人，係安慶大頭目。歐貴卿湖南人，楊世海湖南人，均係大頭目，聞楊被安徽拏獲。又劉金魁黄岡人，熊起渭大冶人，袁孝春武昌縣人。黄有才、顔百福、伍明才、賀良果均湖南人。廖斌、吕先、張彪、龍海騰均九江人，聞現經九江拏獲。夏榮山、李得勝即李松亭均湖南人，田來山常德人，談金榜武昌縣人，聞經通州拏獲。曾狗兒武昌縣人，聞經揚州拏獲。張慶廷即張金亭九江人，在九江龍潭開煙館。劉高升不知何處人，向住大通。王八先生年約五十五六歲，現在金陵下關南字營當營書，係金陵頭目。萬春林壽州人，現住揚州鈔關。陳龍、陳德勝均長沙人，現在台灣當勇等語。訊其情節，龍松年聲勢較大，向在安慶城内十字街住，鄂省近派人由九江之孤塘跴緝，至蕪湖適已遁去，楊世海不知即安徽已辦之楊德楊老五否。各匪祈飭訪拏，特此電達。洞、洵同啟。蒸酉。

致安徽沈撫台光緒十七年十月初十日發

佳電悉。鄂省獲匪目甚多，恐致疏虞，已將高德華於疊次覆訊取供後正法。至李顯謀曾否爲匪，與李洪是否一人，皖人知者必多，請另設法究詰。尊處已辦之蔣雲係大頭目，住安慶，今年七月初一日各匪俱在蔣雲家聚會，如緝獲與蔣雲同夥之匪目，當能知李洪實情。洞、洵同覆。蒸戌。

致江甯劉制台、安徽沈撫台、河南裕撫台光緒十七年十月十一日發

李洪號雨生，如查訪，須兼問李雨生，庶幾較易蹤跡。真。

〔一〕以下八電録自抄本《張之洞電稿·致南洋電》。

致安徽沈撫台光緒十七年十月十一日發

高匪供李洪號雨生。李顯謀之號是否雨生，似可即問李顯謀知李洪近日蹤跡平素行爲否，察其情詞即可推究。真辰。

致江甯劉制台、安徽沈撫台光緒十七年十月十五日發

前接安徽沈仲帥佳電，云李世忠親子知府李顯謀，現住皖省，來已數日，設法扣留。又真電其養子惟方顯爵即李顯爵現存，餘無他子等語。頃接河南裕澤帥電，其親生子李成彬，今科中第九名副榜等語。看此情節，是李顯謀自稱係李世忠親子之説，亦恐未確，難保非妄言蒙混。查李世忠養子確有李洪一名，人所共知，向來稱爲洪大少爺，聞曾保有官職。無論李洪是否爲匪，其蹤跡現在何處，李顯謀斷無不知之理。請即明白傳到李顯謀切實詰問，勝於别求眼綫認識之人矣。此人千萬不可令其遠颺，至要。一面博訪皖省官紳，必能辨其虚實。咸。

致鎮江府王轉交梁太史光緒十七年十月十五日發

星海太史想已全愈。岳州鍾守聘請掌教岳陽、慎修兩書院，脩膳歲五百緡，每年聘節敬共五十金，關聘程儀已寄來鄂，現將關書聘儀程儀共五十金匯交星兄查收。示覆。咸。

致安慶前署甯國府黄國瓊光緒十七年十月十五日發

皖省現查獲知府李顯謀，自云係李世忠親生子，現寓客店。此人是否即係李洪，皖省中丞曾否將此人扣留，速電覆。咸。

黄守來電〔一〕光緒十七年十月十六日申刻到

李顯謀乃親生子，已回籍，非李洪。瓊。

黄守來電光緒十七年十月十八日申刻到

十六日黎明覆電未查實，聞昨晡皖撫憲傳見李顯謀，年三十餘歲，細情機密，未得其詳。瓊稟。嘯。

致輪墩薛欽差〔二〕光緒十七年十月十五日發

沁電萬八千鎊日間即匯。布局總管摩里斯已到。擬添運綿紗錸軌，價二百五十鎊，請飭Platt 照定。咸。

致華盛頓崔欽差光緒十七年十月十五日發

惠人星使鑒：請代購好棉子二噸，速寄漢口，價即匯還。至感。咸。

〔一〕以下二電録自苑書義等主編《張之洞全集》第七册，第五六四一頁，河北人民出版社一九九八年版。

〔二〕以下二電録自抄本《張之洞電稿·致外洋電》。「崔欽差」指中國駐美國公使崔國因。

致天津李中堂[一] 光緒十七年十月十五日發

鐵路經費五萬，已交百川通等商號兩家匯津，祈飭收。再，尊處前定洋軌，此時價值想早已議定，并示覆。咸。

李中堂來電 光緒十七年十月十六日到

咸電悉。百川通五萬已交未足。敝處購洋軌，怡和最廉，本日定合同，鋼軌每噸行平銀二十八兩五錢，鋼片每噸行平銀三十九兩，鉤頭等釘每噸行平銀六十六兩七錢五分，包運到津，連起卸費一切在內。鴻。諫。

致宜昌方道、裕守 光緒十七年十一月初二日發

孔道轉呈該道該守等所擬照覆英領事文稿一件，甚爲不妥，萬不可發。若照此稿，與先送供詞何異。陳令已到省，此案現經詳核供詞，按照律例不能重辦，最重者只能擬軍流。再詳核條約公法，此案既無人命，并無原告，乃中國自辦之事，外國不應觀審。法領事已經議定不觀審，將來亦應明告英領事勿庸觀審。如此時英領事再催問犯數、供詞，不必理會。法賠欵已議妥，此案以法爲重，他國不能再加挑剔也。沃。

致安徽沈撫台[二] 光緒十七年十一月初三日發

據此間獲會匪楊老二供，該匪在黃石港開煙館，劉金魁常來黃石港，與之相識。據劉云，會內有安徽李兆壽的大少爺名叫李洪，與他熟識，李洪現在託人由輪船買槍礮，約期起事的話，情願與劉金魁對質等語。請詰問劉金魁，或許以稍從寬貸，當可知李洪實情。沃一。

致安徽沈撫台 光緒十七年十一月初三日發

接有電，即委員密赴巴河查拏。現據稟覆，外委李仕俊船上有顏東富，於本年八月二十八日因病請假開除，顏必福是否即此人，已難尋究。又陶都司船上有蕭姓，係衡州人，不認會匪，惟名字與尊電不符。祈詳詢劉金魁，蕭春南有何別名、別號，劉金魁係何年月曾在何處與蕭春南相識。迅示覆，以便研詰。沃二。

致九江關道、江西撫台 光緒十七年十一月初四日發

據漢口俄領事函稱，該國王爵魏雅謝莫斯奇隨帶跟役俄人一名，華人二名，由北京經山東、江蘇、江甯至漢口，後赴九江，經江西、廣東、廣西出關赴東京遊歷，由總署發給護照，昨已到漢。因沿途多有驚擾，請派弁兵十數名護送至九江，并咨請前途各省派委弁兵護送等情。敝處當以沿江各省正在查辦會匪，該王爵不宜冒險游行內地，勸令乘輪下駛。現據俄領事覆稱，該王爵已於上月二十七日附輪赴九江，請照章派兵保護。至能否由內地赴粵，如何保護，應由尊處酌辦。支辰。

[一] 以下二電録自《李鴻章全集·電稿二》，第四二三頁，上海人民出版社一九八六年版。原題為「鄂督張來電」。

[二] 以下三電録自抄本《張之洞電稿·致南洋電》。

致總署、天津李中堂光緒十七年十一月初七日發

宜昌教案，道府、委員訊取各犯供詞，實係臨時烏合，打鬧失火，查無糾約爲首之人。經臬司詳核，此案並未傷人，按照律例，擬極邊軍一名，流二名，枷杖四名，杖責五名。法領事屢次議定辦犯悉聽中國自酌，輕重皆不管，英領事亦不觀審，應即按例擬結。至賠欵法國兩教堂，原開十三萬兩，今疊次辯駁，已允十萬兩了結，三期交銀，八箇月清。英美屢催，至今未開齊，亦須駁減，約須五萬兩内外。法國合同早已擬定，因漢口義國教堂前經英領事商請江漢關道常往閲看，已飭該關道允之，與議定章程，每月關道或地方官帶同公正衣冠紳士二人赴堂閲看一次，以禮相待，英領事已允。八月内荆州教堂驚擾法教士，亦敦請地方官往看。此次因與法領事議，法教堂嬰堂均照此章。先從漢口、沙市、宜昌三處試辦，數月後察看情形，如果妥善再推廣，通省一律照辦。我當爲出示宜昌教堂育嬰確無殘害之事，以釋羣疑，法領事欣感已極，已列入合同稿，並議每月收養幾名，病故幾名，開單或面交或函交地方官。該領事忽云法公使來電，察看教堂章程，須由公使與總署議，不允添入此次合同等語。查官紳察看教堂嬰堂最爲緊要關鍵，此爲永弭禍亂之根，彼此有益。光緒十五年八月，洞在廣東因法教堂收嬰生事，幾成巨衅，與領事議定，照前項稽查報驗辦法，領事一一欣允，從此相安無事，曾經奏咨有案。若各省照辦，斷無鬧教之事。若此條不行，羣疑不解，衆憤難平，雖嚴刑峻法亦難禁止，以後誅不勝誅，賠不勝賠，中國受累無窮，將來直無辦法矣。必宜乘此議定爲要，且出示將剜眼殘害一節確切辯釋，尤大有造於教堂，法領事亦云此一紙告示，所值之銀多矣。洞令關道告知，若不允察看報驗，我即不出示，且此次賠欵辦犯，俱從緩議。蓋英法領事、教士目擊民情，故允照辦，公使不能體會此實好意，故尚梗阻。伏望鈞署懇切與商，言明此係官紳察閲善舉，並非吏胥稽查洋人，務須列入此次合同試辦。彼若不允，鄂省以後斷不能任保護之責。公使不允，可商外部。總之，彼允察看，我出切示，實是好意，永遠和好相安，在此一舉。此事已緩，宜籌經久之策，鈞署堅持，彼必就範。馬電謹悉，因遵示磋磨，且議合同事，故此時始能奉達。前云獲放火首犯乃宜昌簡略電文，今閲來禀供詞，各犯據情定罪，不能過重。并陳。陽一。

致總署、天津李中堂光緒十七年十一月初七日發

宜昌賠欵，鄂力極絀難籌。法國十萬兩擬動宜昌關税。英美各國有三家未開齊，難定，極力駁減，大約五萬兩内外，擬在司庫各欵挪湊。謹奉達。陽二。

致天津李中堂[一]光緒十七年十一月初八日發

致總署二陽電計達覽。察閲教堂，弭禍要策，萬不可少，實於教堂有益。法使云須公使與總署議，乃推宕之詞。機不可失，此章可先由鄂省試辦，日久妥善，再請總署與各公使定議，望設法開導法使，至感。陽。

[一] 以下二電録自抄本《張之洞電稿·致北洋電》。

致天津李中堂光緒十七年十一月初八日發

順直賑捐，鄂省除代辦天津實收外，前後共實解十萬零五百兩，已抄奏咨達。聞尊處章程，萬金保獎一員，鄂省數逾十萬以外，擬請獎十一員，是否可行。如蒙允許，當照數開單咨達。庚。

致俄京許欽差光緒十七年十一月初九日發

鄂鐵廠洋監工比國人請派精工四十人赴比郭格里爾廠，學煉鋼鐵。聞該廠製煉極精，歐洲著名，然否。尊處有無駐比參贊，能代照料否，望電覆。佳。

許欽差來電光緒十七年十一月十二日午刻到

比歸薛兼，無駐員。郭格理爾廠巨，可信。澄。真。

致安徽沈撫台〔一〕光緒十七年十一月十一日發

劉金魁供詞若何，已供出李洪情節否，望速詳示。真。

沈撫台來電光緒十七年十一月十三日亥刻到

真電謹悉。劉金魁供：本年三月被李典邀入蓮花山堂會，後因龍松年聽顔必福、蕭春南之言，不准其入會，即回家。不認得李顯謀，並未聽人講過李洪之名號。電局傳到諭旨，有官兵擒斃僞王李妖帥之事，或李洪竄往彼處，亦未可知。成。元。

致總署光緒十七年十一月十七日發

陽電察閱教堂，實弭禍要策，關繫甚鉅，機不可失。鈞署與法使議允否。法領事屢催合同畫押，敝處告以應候此條商妥方能畫押。如公使偏執不允，請電薛星使商外部，當易就範。各國限制教堂，萬國通例，北洋咨薛奏曾言及之。彼意總謂此應由公使與總署定議，現請鈞署與法使商辦，即是在京定議矣。惟須趁此堅持定約，庶可望其有成。若推至隨後從容另議，以後必不能辦。如彼允後，另立一合同，不與償欵共一合同，尚無不可。祈示覆。銑。

總署來電光緒十七年十二月初三日午刻到

法使照覆稽查教堂事，漢口領事無權商辦，應俟外部聲復到日，并俟宜昌賠欵十萬兩付清，或已訂妥畫押，再與本署商酌章程云。希查照。江。

致總署光緒十七年十一月十七日發

文電謹悉。湖南周漢刊播歌謡圖畫，前據領事照會，疊經咨行湖南查禁。此人迂謬不解事，本年教案之起，誠如尊電所云，皆由造言摇惑，爲害非淺，自應力杜後患，惟禁絶甚不易。現籌有一辦法，俟鈞函到後當奉達。洽。

總署來電〔二〕光緒十七年十一月十三日午刻到

德使函稱，長沙府有周漢開設寶善堂，鄧懋華書鋪刊刻誹謗洋教書籍，散布甚多，請設法嚴禁，並送來書本、揭帖等件。查各處教案之起，皆由造言生事者摇惑人心，為害匪淺。貴處前經

〔一〕以下二電録自抄本《張之洞電稿·致南洋電》。

〔二〕録自苑書義等主編《張之洞全集》第七册，第五六四九至五六五〇頁，河北人民出版社一九九八年版。

出示嚴緝散布匿名揭帖，原為懲前毖後起見。兹據德使所稱，各書皆由湖南而來，似非無因，亟應設法嚴懲，以消隱患。另函達，並希轉湘撫。宜案撥欵已知照户部。文。

致江甯劉制台〔一〕光緒十七年十一月十七日發

貴營務處致王藩司函悉。測海兵輪尊意撥歸鄂省，甚感，即遵辦。南洋議裁，想不止此，如再有擬裁者，鄂省尚願再撥一輪，尤感。飛霆前派赴沙市，已電達，駐沙止十日，其時水尚大，即於十月廿二日電飭該輪回省。當據管帶電覆，水已漸退，須候水發一二尺即回。近日水愈涸，恐須候春水矣，焦急殊甚，然此無可如何之事，諒蒙鑒察。挖泥船變價事，大咨已悉，令上海耶松洋船廠公平核估，值規銀三千五百兩。此船係安陸府鍾祥縣隄工需用，該縣隄工經費無多，該府縣意擬繳價三千兩，分三年解滬。可否，祈示覆。銑。

致輪墩薛欽差〔二〕光緒十七年十一月十八日發

布局玻璃破者甚多，請添購千五百塊，速寄滬，箱面寫明玻器，以免搬運時亂擲。軋花機已到廠，圖未來，請催速寄。嘯。

致天津李中堂〔三〕光緒十七年十一月二十一日發

元電悉。蒙允保十一員，昨日已據司局詳咨達矣。其天津實收案删議叙二員，請照辦。再，官捐順直賑如移奬子弟，是否將捐欵照章核明職銜，附請奬履歷，由尊處咨部，祈示覆。養。

致江甯劉制台〔四〕光緒十七年十一月二十一日發

初三日大咨悉。挖泥機船與開通、拖輪及載泥船四隻合成一套，方稱利用。除機船已估定外，開通、拖輪及載泥四船如欵不甚鉅，鄂擬全行留用。惟鍾祥隄工經費無多，請酌定一價示覆爲感。馬。

致江西德撫台光緒十七年十一月二十一日發

二十電悉。此間輪船大小共四艘，現一送湖南新學使，一送廣西新學台，均赴湘未回。一送湖南新提督，一解餉赴揚州，均日内甫行，無以應命，歉甚。江南小輪較多，似可詢商。馬。

致巴黎薛欽差〔五〕光緒十七年十一月二十七日發

布局安設紡織機，需洋匠三名，梳花匠目一名，并有應添汽管，經摩里斯函致柏辣廠，届時請照雇訂。感。

〔一〕底本僅止於「尤感」，據抄本《張之洞電稿·致南洋電》所載同日電補齊。
〔二〕録自抄本《張之洞電稿·致外洋電》。
〔三〕録自抄本《張之洞電稿·致北洋電》。
〔四〕以下二電録自抄本《張之洞電稿·致南洋電》。
〔五〕録自抄本《張之洞電稿·致外洋電》。

致天津李中堂〔一〕光緒十七年十一月三十日發

勘電悉。察閲教堂章程，法使既不肯列入此次合同，亦不勉强。惟法使必須有允許查閲之語，言明以后定可議一妥善章程，此間方敢畫押。此舉關繫甚鉅，務望公助總署催議爲感。至銀已備妥，一定議即交。即候示覆。卅。

李中堂來電〔二〕光緒十七年十二月初四日申刻到

卅電已令領事轉致李使。據稱，不能先允，隨後可與總署商辦。公仍隨時商榷署中與議妥章，非外間能為力也。支。

致江甯劉制台〔三〕光緒十七年十二月初三日發

聞梅生案内之徐春山在滬供出李洪爲首，並有萬松亭、譚金榜等匪首等情，與鄂省訊供多有符合。此案似可從此追究，當能得巨匪實情，請飭委審之員切究爲幸。目前已訊出情形望先電示。漾宥電均悉。高德華前因謠風甚緊，約期十月十五日起事，已先期正法，以靖人心。全供已咨。江。

致天津李中堂〔四〕光緒十七年十二月初三日發

禡電悉。洞自捐三千，擬移奬親族，應請尊處匯案咨部爲便。履歷册即寄，封印前後必到。江。

致總署光緒十七年十二月初三日發

有、江兩電均謹悉。法使既已轉商外部，並云俟訂妥畫押，與鈞署商酌章程，是稽查教堂一節，將來必可商妥照辦。此間當即日畫押，定期交欵，並望鈞署一面電致薛欽使與法外部剴切催商，總須允許稽查，方爲弭患長策，彼此兩益。切懇。江。

致俄京許欽差光緒十七年十二月初四日發

譯洋書乃僕心願，在中國譯，難得精要，非閣下助成不可。此書分疆域、官制、學校、工作、商務、賦税、國用、軍實、刑律、邦交、教派、禮俗十二門，務懇分門代譯。祈速覆。支。

致江甯劉制台〔五〕光緒十七年十二月初四日發

徑電悉。安定船大，吃水必深，内河諸不相宜，請作罷論。木質挖泥船一號，鄂當留用。支。

致安徽沈撫台光緒十七年十二月初四日發

裕守到後，想已謁見，情形若何。聞上海獲美生之夥黨徐春山供出李洪爲首，并有萬松亭、譚金榜等匪首，與鄂訊供略同，尊處當已聞知。劉金魁供不識李洪，恐係狡展，似可堅許其免罪，令吐實情何如。支。

〔一〕録自《李鴻章全集·電稿二》，第四三七頁，上海人民出版社一九八六年版。原題為「鄂督張來電」。
〔二〕録自苑書義等主編《張之洞全集》第七册，第五六五四頁，河北人民出版社一九九八年版。
〔三〕録自抄本《張之洞電稿·致南洋電》。
〔四〕録自抄本《張之洞電稿·致北洋電》。
〔五〕以下十三電録自抄本《張之洞電稿·致南洋電》。

致安徽沈撫台光緒十七年十二月初四日發

上月沃電奉覆，想已達。蕭春南有何別名別號，務望詢明劉金魁，示覆。緣此間陶都司船上之蕭姓現尚扣留，候尊電研訊也。支二。

致江西德撫台光緒十七年十二月初四日發

張慶廷即張金亭，九江巨匪，聞經德化縣拏獲解省無供，顯係恃無質證狡展，可否解歸鄂省質訊，有已獲之匪可以質證，將來如問實，德化縣令當由敝處咨請尊處保獎。祈示覆。支。

致江甯劉制台光緒十七年十二月初六日發

支電悉。徐春庭既供出李洪，則梅生必與李洪熟識。似宜研訊梅生，方能得真消息。總之，託辦軍火之匪目，斷無不與梅生密謀之理。乃領事並不窮究梅生，令其指出匪目一人，僅以細崽搪塞，實屬有意袒庇。此時梅生當尚在滬，可否請尊處電總署知照領事，一面飭滬道與領事商，仍再切訊梅生，令二徐對質，當易究詰。卓見以爲何如。語。

致江甯劉制台光緒十七年十二月初六日發

委員裕守庚自皖回，云晤李顯謀，察其情節，無爲匪蹤跡，詢訪皖人，亦無別名李洪之説，聞沈仲帥擬解赴金陵，如令萬松亭質訊後能相識否，望示知。查高德華供李洪號李雨生，請訊徐春庭及他人知有李雨生否。語。

致江甯劉制台光緒十七年十二月初八日發

歌電悉。飛霆既承尊示，亦撥歸湖北，甚感，即與測海一併留用。測海管駕董都司人甚有用，鄙意欲留之，渠願仍回兩江，并據該都司云，該船有礮三尊并備用機器各件，寄存在上海，擬於明春赴滬運回，諒蒙允許。飛霆管駕吴守備是否願留，鄂當再詢覆。至該兩輪薪糧，自明年正月起由湖北支給。庚。

致江西德撫台光緒十七年十二月初八日發

歌電悉。前接青電，龍海亭亦恃無質證，狡展無供。請飭將龍海亭與張慶庭一併解鄂質訊，敝處當即遴員派輪赴潯迎提，即望示覆。庚。

致鎮江府王光緒十七年十二月初八日發

函悉。徐春庭供出李洪甚好，惟與鄂供多合，是否自行供出，彼此暗合，抑係問官以鄂供指出詰訊。此中情形大有區別，祈探明速密電覆。庚。

致江甯劉制台〔一〕光緒十七年十二月十二日發

據李守謙稟稱，此次奉飭赴下游一帶查拏匪類，至揚、鎮、江甯而返。十二月初三日路過蕪湖，曾晤總辦皖南釐局袁道秉楨。據稱，於夏間在江永輪上見有一人，面貌猙獰身長大漢，和尚裝

〔一〕此電於同月十五日發至安徽巡撫沈秉成。

束，留有頭髮，口言係李昭壽之子，逢人遍告要與他父親報仇，要殺絶洋人，所言不倫不類，狀似瘋癲，並持有李宏名片分送與人，並稱爾等遇有兵灾，有我名片不怕等語，所言甚可駭異。然李守親聞袁道，言之鑿鑿，不可不加根究。請即傳袁道查詢爲要。文。

致江西德撫台光緒十七年十二月十三日發

青電悉。請即委員解張慶廷、龍海騰二匪來鄂會訊。元。

致江甯劉制台光緒十七年十二月十五日發

文電悉。武昌縣原訊高德華供，李洪係李世忠長子。武昌府覆訊供，但云係李世忠兒子。兩供均咨達。至義子有洪大少爺，係聞曾官皖省者所云。總之高德華初供李洪號雨生，此自是確實佐證，若有名號均同者，則不論其爲親子義子，自難狡展矣。至李顯謀聞號紹良，并以附聞。十二日敝處文電言袁道秉楨親見有李宏其人，想已達覽。宏洪同音，種種不法，自述不諱，當非兩人。案情重大，既有此等顯著形跡，似應一併根究，方能水落石出。望查詢袁道後示覆爲盼。鹽。

致安徽沈撫台光緒十七年十二月十五日發

欲辨李顯謀之不爲匪，必須究出真李洪蹤跡。劉金魁係副龍頭，當能知真李洪。彼或畏牽累，故不肯言。若堅許無罪并許獎賞，或可吐實。姑妄言之，統請裁酌。鹽二。

致總署光緒十七年十二月十五日發

本月初七日已與法領事畫押，銀分三期交，至明年七月初一日以前交清。第一期銀三分之一，已付訖。法使既言明畫押後議章程，請鈞署乘此與法使早議查閲教堂章程，至要。若稍緩，恐彼推宕，機不可失也。鹽。

致江西德撫台〔一〕光緒十七年十二月十六日發

銑電悉。已委知府李謙於十五日酉刻乘輪赴潯迎提矣。諫。

致江甯劉制台光緒十七年十二月十七日發

寒電悉。木質挖泥船原係舊船，前由銑電奉商，照耶松廠估值，安陸府縣擬繳價三千兩，分三年解滬。今劉道請將造價繳還，是否即照前議三千兩之數分三年解還，祈明示，如議妥，自當咨部。洽。

致京湖北提塘〔二〕光緒十七年十二月十七日發

摺差洪金彪、李得勝何日出京，由何路回鄂，至今未到，即速電覆。

〔一〕以下二電録自抄本《張之洞電稿·致南洋電》。

〔二〕録自抄本《張之洞電稿·致北京電》。

致總署光緒十七年十二月二十日發

十月鈞函謹悉。湖南在籍陝西候補道周漢，號鐵真，甯鄉人，寄居長沙。素好攻詆洋教，編成歌謡圖畫極多，刻字鋪不肯代刻，乃自教其諸子皆習刻字，專刻詆洋教之書，刷印數十萬本，託人各省分散。愚民不考，以爲現在教堂實有此等殘害之事，故痞匪乘機滋鬧，疊據各國領事照請查挐參辦。敝處屢次嚴飭南北兩省查禁，不遺餘力。舊本甫燬，新本旋出。曾致函湘省剴陳事理利害，於大局無益，囑官紳婉勸，亦置不聽。查該道性情迂謬，而在湘省頗有名，長沙三書院亦多推重，故代爲傳播之人甚多。該道刊此等書，自認不諱，並自言不怕死。大約其人頗有血性而不達事理，以爲此舉乃不朽事業，以故禁勸俱窮，湘省官吏無可如何。該道自以崇正黜邪爲名，以殺身報國爲詞，若加參辦，既於政體有妨，且湘省無知之人，必爲激憤，聞曾經揚言若辦周某，立將長沙省中教民七十餘家先行殺害。若付之不問，彼自鳴得意，益肆鼓煽，揭帖愈出愈多，後患難弭。竊思該道前在新疆軍營，經新疆巡撫劉保舉得官，請鈞署電致陝甘總督楊，迅速奏調該道赴甘差委，到省後仍發往新疆軍營。彼處荒僻，無教堂可鬧，自不能生波矣。惟此策較爲周妥，即請鈞署酌奪辦理爲幸。號。

致宜昌逢守、許令、羅鎮光緒十七年十二月二十四日亥刻發

宜昌何以又出殺洋人揭帖，明係匪徒所爲。此總由今年八月教堂之案辦理太輕，未將數人立置重典，又未參劾一員，故敢如此，吾知過矣。此後如再有事端，無論首從，均即正法，并將前案首要三名一律重辦，宜昌地方文武立即奏參，不待洋人開口也。此次揭帖務即究出何人所造所帖，不准搪塞了事。即覆。敬。

許令來電[一]光緒十七年十二月二十六日巳刻到

頃知固陵未到，特將揭帖譯出。玉差巡查中國事務、前唐封齊天大聖、平堅猴孫為出示曉諭中國究賊賣國事：將邦賣與洋鬼子，鬼子到處，鬼堂名則傳教，實則開（昌）[娼]。耶蘇太子，王八鬼王，流傳丑教，敗壞綱常。害我中國，男女顛狂。變猪變鬼，其臭非常。觸怒天地，開罪三光。聖賢神佛，惱不可當。各家祖宗，悲慟凄皇。以致連年，水旱（温）[瘟]蝗，皆由教匪，招下災殃。特刷書（盡）[畫]，遍告四方：齊心拌命，合板同腔，圖規族公，議定嚴防。有從鬼教，逐出華邦。猪羊雜種，莫准窩藏。如其醒悟，改過從良，既往不咎，閘洗則香。四書六經，率由舊章。孝弟忠信，個個思量。禮義廉耻，刻刻參詳。挽回劫運，務致休祥。鬼如作怪，各磨刀槍。一聲喊殺，砍得盡光。耶蘇猪精，碎切熬湯。拜上中國王爺，拜上侍郎，拜上督撫司道，拜上府縣正堂，拜上將軍提鎮，文武大小商量，莫吃鬼教迷藥，其藥半白半黄，一吃自然迷性，自然保護猪羊，歷來迷壞不少，仰請切莫再去。今有云事緊要，公求保護勿傷。第一求保三教，第二求護綱常，第三求保社稷，第四求護農商，五保黎民妻子，六護貴府閨房。官員若不保護，百姓自立主張。各存良心一點，報達天地三光，報達聖賢仙佛，報達大清聖皇，報達祖宗父母，各圖萬古流芳。公議同心協

[一] 録自苑書義等主編《張之洞全集》第七册，第五六六九至五六七〇頁，河北人民出版社一九九八年版。

力，燒盡猪堂鬼房。内猪外羊通斬，一個不准逃藏。再有鬼船行泊，禁斷煤炭米糧。再有鬼孫上岸，一見即動刀槍。任聽鬼如何凶惡，誓死决不投降。倘再有人通鬼，查明碎割抛江。倘有藉端焚條（？），本方人害本方，各族各圖處死，一毫不准猖狂。至于猪羊兩種，所有貨物地莊，必須公存充餉，不准私自肥囊。有敢私吞肥己，加倍查抄抵償。四鄉公同議定，兩句鐵板文章，掃邪保護正道，滅鬼保護華邦。遍約英雄豪杰，大家摸出天良。將相本來無種，男女都要自强。各效智謀忠勇，何難相繪紫光。且俟今年信息，年正月從場。卑職之璡禀。宥戌。

致江西德撫台〔一〕光緒十七年十二月二十四日發

號、敬兩電均悉。石令會訊，龍海亭認匪首，張慶廷認會匪，詳情尚多隱匿。張乃巨匪，擬再詳細研審，務得衆匪目逆謀，以便根尋，多獲數名，較爲有益。供完後，當遵示在鄂懲辦，届時再電商。石令昨已回江。敬。

光緒十八年

致總署、天津李中堂光緒十八年正月初九日發

江電謹悉。周漢造言生事，原應懲禁，且湖北深受其累，尤願嚴懲。惟此事誠如鈞電所云，辦法宜求妥善。緣湘鄂兩省無識士紳，多有稱贊其歌謡各種者。此等謬見，猝難家喻户曉，若重辦必激成事端。長沙省城經惡洋教者查明，共有教民七十餘家，前經揚言，若周漢獲罪，士民即將此七十餘家殺害。設激成此變，重辦則湘省輿情大擾，輕辦則洋人必開衅端，將致湖南通商之説從此而起，後患不堪設想，均歸不可收拾。籌之已熟，故擬爲甘督奏調之策。鈞署既慮洋人疑爲任用，可否俟湘撫查覆到日，即由鈞署奏明，謂外國公使鈔送各件無論是否全係周漢原刻，總由該員平日好發妄論，以致愚民播煽推廣，捏造公文，是該員之不安本分已可概見，請旨將該員摘去頂戴，發往甘肅，交甘督楊嚴加管束，仍隨時確查，如再敢造言生事，即再行從嚴參辦，並請飭湘撫剴切開導湘省士民勿爲所惑。明降諭旨發往，豈容不遵。如到甘後仍敢多事，即予以革職治罪，亦不爲過。其刊刷書鋪，另由湘省按例懲辦。如此則無任用之疑，外人之憤既平，湘省之患亦弭，目前亦不至激成事端。竊揣洋人情勢，若中國如此處置，周漢不能在湘煽惑，並告以此兼爲保護長沙教民起見，日後仍有

〔一〕録自抄本《張之洞電稿·致南洋電》。

從嚴參辦之語，各國斷不致多生波瀾。西國律例，此等事並不重辦也。總之，交涉事體不能不格外慎重，以期萬全。目前先絕其播煽之根，以後徐懲其妄爲之咎。若因此橫生枝節，關繫大局，非細故也。前電直認不諱之語，係聞衆人所云，該員並未到過鄂省，今經查辦，其自認與否，何種係原刻，未能指定。現已將鈞電轉咨湘撫查究，俟覆到即咨達。至此間告示，係云散布揭帖，煽亂生事者，拏獲正法，乃八月中旬所出，必須有煽亂生事之跡乃坐。湯臣弼係五月拏獲，供稱係搭船不知姓名人託帶，當經痛責，遞解回湘，並非周漢説情，其時正法之示尚未出也。嗣後續出歌謡，但醜詆洋教，而勸人勿燒教堂，尤爲狡譎。數月來鄂省揭帖俱已寂然，惟宜昌新帖一紙，周漢離湘自然絕跡矣。黄陂當夥傳刻詆洋教書，乃敝處派弁密往查出，該縣訊供，係從漢口帶回，誤以爲善書，各鋪集貲傳刻，查無匪徒主使，亦非由湘傳來，乃係愚民妄爲，科罪不能甚重。其鋪夥之首黄姓傳訊後，月餘旋即病故。該縣據紳民禀請，罰捐銀四千兩，充黄陂籌防局費贖罪，經臬司議詳允准，懲罰已屬從嚴，黄陂輿情甚爲悦服。臘月底始批准，故尚未咨達。所擬周漢辦法是否妥協，抑另有何妥善辦法，敢祈指示。此事重要，似可與北洋熟商之。謹候酌核電覆。佳一。

總署來電光緒十八年二月初九日酉刻到

接佳電後，專待湘撫覆電，匝月猶未至。薛使來函，周漢書圖歌説，英政府皆見，意謂沿江教案不僅會匪所為，實有顯官巨紳指使，故武穴案亦懸而未了，頗思藉端要挾，指為不能保護證據，别起波瀾。前月英使云書圖歌説已布至甘肅、新疆，當電石泉查禁。復聞周漢係渭臣軍門之姪，頗思曲予保全，亦電石泉詢覆。昨據電稱，甘省前年有此圖説，當即收銷嚴禁，周漢雖係渭臣同族，夙患心疾，久無往來，是英使所言非妄，而尊意發甘之説亦未可行。此案固難久懸，尤恐東南數省偶出事故，彼族援為口實，則周漢之罪尤重，而波瀾之起無窮。刻下立待辦理，不能宕延，希由急遞録電催促湘撫速覆，所有歌圖板片能否起到，眼同領事銷毁，請籌。佳。

致天津李中堂光緒十八年正月初九日發

致總署佳電想入覽。此事關繫重要，不辦不可，重辦恐激成巨衅。湘鄂兩省贊周之歌謡者十人而九，真不可解，長沙三書院尤佩服周，若目前周獲罪，湘中必有無識謬妄虚憍之人，遷怒長沙教民，中外之衅不可解矣，洞實不敢當此重咎，湘省亦不堪興此波瀾也。揣洋人之意，我略儆周漢，勒令離湘，以後不能煽播，似已足了事，非必重治其罪也。此事總以善處爲妙，但令目前離湘，以後無妨徐與處分。切望與總署妥商示覆，至禱。佳二。

李中堂來電光緒十八年正月二十三日未刻到

總署函商擬請從緩察辦，各使處已著人游説，屬勿催促，但嚴拏刊印傳播之人，周某勢將孤立，俟湘中查覆到日，可否於公文内暫勿提周。如何辦法，或另籌以他事懲辦。鴻。漾。

致巴黎薛欽差光緒十八年正月初九日發

昨派繙譯俞忠沅帶工匠十名赴比國郭廠學煉鋼鐵，如有可爲力之處，請費神分照。佳。

致安徽沈撫台〔一〕 光緒十八年正月十三日發

文電悉。測海兵輪歸鄂，此間須奏明動内銷欵。元。

沈撫台來電〔二〕 光緒十八年正月十二日未刻到

南洋測海兵輪撥歸貴省駛用，常年經費是否奏明内銷，抑係外銷，敬祈示覆。成。文。

致俄京許欽差〔三〕 光緒十八年正月二十一日發

選譯洋書，志在必成，務懇託錢恂同洋員速辦，優給薪水。能譯何種，祈電覆。馬。

致天津李中堂〔四〕 光緒十八年正月二十二日發

號電悉，惟語意渾淪，未能甚解。從緩係如何緩法，或係姑行推宕。第八字是否密字，抑係察字，并示覆。養。

致江甯劉制台〔五〕 光緒十八年正月二十二日發

接大咨，李顯謀已參革研訊，日來有確供否，甚念。查鄂省高德華初供，即云李洪號雨生，曾敘入奏稿，已咨達。此層係切證，似須名號相符乃確。又高匪初供係李世忠長子，與洪大少爺似有相合，顯謀行二，亦有參差。再，越南王姓阮姓黎，並不姓李。袁道親見其名片係李宏，何得託爲越王子，似有舛悮。日來有何端倪，祈示爲盼。養。

致安徽沈撫台光緒十八年正月二十二日發

函悉。高匪初供李洪號雨生，李顯謀若無此號，便恐不確，且行二，與高供長子洪大少爺均有參差，似須推求切證，不然恐真李洪反漏網，以後不能挐辦矣。又大通釐局袁道秉楨自言去年春間在江永輪船親見李宏，自言係李世忠子，欲爲父報仇，目覩其名片，語言狂悖，衆人共見共聞，已電達峴帥，袁道禀覆亦云有之，乃改爲越南王之子，越王並不姓李，顯與目睹李宏名片相左。可否婉詢袁道。養一。

致江甯劉制台光緒十八年二月初一日發

閱貴營務處信，知尊意擬將金甌輪船借與鄂用，感甚。現派都司胡文達赴滬一看該輪，祈飭知滬局，俟胡弁到後帶往一看。東。

致總署、天津李中堂〔六〕 光緒十八年二月十一日

佳電謹悉。本月初八日接湘撫覆咨，但云除行臬司查辦外，

〔一〕録自抄本《張之洞電稿·致南洋電》。
〔二〕録自苑書義等主編《張之洞全集》第七册，第五六七五頁，河北人民出版社一九九八年版。
〔三〕録自抄本《張之洞電稿·致外洋電》。
〔四〕録自抄本《張之洞電稿·致北洋電》。
〔五〕以下三電録自抄本《張之洞電稿·致南洋電》。
〔六〕録自《李鴻章全集·電稿二》，第四五四頁，上海人民出版社一九八六年版。原題為「鄂督張來電并致譯署」。

相應咨覆，更無他語。查禁止湖南揭帖一事，自上年五月、六月、七月、十月、十二月，本年正月先後十次，咨湘撫查拏嚴禁妥辦。共接過三次咨覆，俱系除行臬司查辦外一語。鈞電既云恐致別起波瀾，立待辦理，不能宕延，若仍咨湘撫，必仍杳無消息。至查起歌圖板片，眼同領事銷毀，庶可杜外人藉口，自當遵辦。惟有由鄂派委大員赴湘查辦，庶能刻期了結。擬委湖北督糧道惲祖翼馳赴湘省，會同湖南臬司督飭長沙府查明，迅速禀覆，妥擬辦法，電請酌核，并查起各板片來鄂銷毀，一面將書鋪酌量懲辦，如此當可妥速了結。案關交涉重情，派委實缺道員出省自應奏明，請代奏。專候電覆。真。

致江甯劉制台[一] 光緒十八年二月十四日發

金甌合用，請飭速修，工竣速飭來鄂。感謝。鹽。

致江甯劉制台 光緒十八年二月十六日發

鄂省籌擬産茶州縣勸懲章程，每茶市畢，考察茶佳價高期在一年者，照尋常勞績請奬，三年者，照異常勞績，一年奉行不力，分別記過，三年撤任查辦，擬請飭部議。此係通商要務，且江、皖茶皆有在漢口出售者，必應會台銜具奏，兼會北撫銜，緣考察均在鄂也。講求采製法八條及勸諭茶户告示，另函詳達。咸。

劉制台來電 光緒十八年二月十七日亥刻到

近年茶市之壞，固由小民不善種植采製，亦由商販圖貪小利，攙和作僞，借本經營者又急欲争先出售，致受外人百般欺弄。講求種植采製，僅茶務中之一端。為地方興利除弊，本有司之專責。鄙意在上本有黜陟之權，苟能認真考察，隨事隨時皆可甄別。規定懲勸，應否改由各省隨時體察，衡情酌辦。尚希裁奪。坤一。

致總署、天津李中堂 光緒十八年二月十八日發

寒電謹悉。上年五月鄂省拏獲湯臣弼，遞籍後旬餘，忽聞傳言周漢有信致譚撫，言圖書乃渠所作，意在崇正闢邪，何以將湯拏辦，率皆强詞奪理大言不慙之語。詢之譚撫，亦云聞而未見。然外間紛傳，湘人無識者皆極口稱贊，鄂人和之，稱爲乾坤正氣，展轉傳鈔，傳至漢口。漢報館因爲洋人所見，惟細查撫署號房，確未投遞此信。觀謬贊者如此之多，至今日猶然，或係漢口好事者編造以資快口，或係湘人捏造冀爲湯臣弼解免重罪，因湯已遞籍，遂不投遞，均未可知。周漢從未來鄂，確非自行傳播，此確實情形也。至周漢性嗜扶箕，酷信鬼神，平日好託箕仙言語，其爲心疾顯然。已飭惲道到湘，如迷罔難於取供，即確取家屬族鄰供結核辦。再，十二日夜間接湘撫函咨，商擬周漢辦法，其意甚欲奏請嚴辦，惟辦法及措詞似尚未妥協。周漢並未傳到，略云是否周漢所造，礙難懸揣，無證無供，但憑德使所指，坐以誹謗罪名，板片並未查獲，書鋪均未懲辦。查誹謗洋教四字乃洋人來文中語，中國律例、中外條約均無之，以此定罪，何以昭示天下，必致萬口譁然。且西人動援成案，設以後指辦何人，即辦何人，則中國士民受累無窮，亦大非政體也。況板片不毁，書鋪不辦，西人豈能甘心，以後刊刻者何所忌憚。已復以現奏委惲道往查，

[一] 録自抄本《張之洞電稿·致南洋電》。

俟查覆再會商遵旨，奏明懲辦，並將各節不妥處詳告之。惲道老練曉事，到彼必能確查妥籌，迅速辦結。總之，僞造公文最爲可惡，周漢必應懲儆，但須既令造言者知儆，又於以後交涉事無窒礙耳。嘯。

致江甯劉制台光緒十八年二月十八日發

十七日電悉。承教籌畫周密，佩甚。茶務關繫民生大端，非有部定實奬，不能鼓勵。若僅外奬，督撫著意者偶一行之，不關心者則章程廢矣。州縣督催早采，限穀雨前五日摘畢，並禁園户攙水，商販加稱。此只兩三月内事，似不甚繁。擬改爲每年漢口茶市，售價最高，查明由於摘早製精，不攙水者，照尋常勞績請奬一員，次高者外奬二員，三年皆最，高官係一任者，照異常勞績請奬一員，三年皆次高，照尋常勞績請奬二員，均不得逾額。實缺撤任，候補停委二年。賞不濫，罰不重，似不至冒濫及有妨他務，妥否。此係酌擬，就正尊處，照辦與否不拘也。嘯。

致俄京許欽差〔一〕光緒十八年二月十九日發

德國志與鄙意體例不合，請照前議另譯數種，或託念劬，或他員。華洋員譯書薪費均優給。切懇示覆。嘯二。

致天津李中堂〔二〕光緒十八年二月十九日發

見尊處咨鄂撫文，知順直賑捐奬案已蒙出奏，感甚，望并補咨敝處爲荷。效。

致巴黎薛欽差〔三〕光緒十八年二月二十二日發

萬二千鎊已匯。前購百濟金鋼鑽機，請添配洋三寸一徑鑽頭二箇，所嵌鑽石須極牢固，飛速寄鄂，至感。養。

致海署光緒十八年三月初十日發

語電謹悉。槍礮廠能造十二生克虜伯後膛鋼礮、船邊礮及礮彈，水陸礮架一切零件，均能造。若造新式快礮，機器尚須改換。槍機已改小口徑最新最靈之式。至新式快礮圖，本年正月始見，改換不及。南北洋兵輪皆配克虜伯後膛礮，似已精利足用，添改新礮機，加價過鉅，只可緩圖，惟設廠安機，工夫實爲繁重。前准洪文卿星使函稱，槍礮機運到，安設周妥必須一年。疊次考之，洋廠確須如此。各機陸續運齊，已需時日，兼以改換槍機，復多周折。又桑濟拔船中途碰壞，賠償保險不免稽延，現正督飭洋匠趕辦廠工，約至明年五月可以開造，冬間造成。閩省船礮限滿，訂購亦須明冬始能運到，彼時鄂礮已成。鈞署及户部之意，均在塞漏卮，福靖之礮似可暫緩購配，權以他船中等礮勻撥數尊，亦足暫資緝捕，俟鄂礮造成安設尚不爲遲。應如何辦理，統候鈞裁示覆。蒸。

致總署、天津李中堂光緒十八年三月十三日發

惲道祖翼自湖南回。據稟：設法傳到周漢家屬、團鄰親訊，

〔一〕〔三〕録自抄本《張之洞電稿·致外洋電》。

〔二〕録自抄本《張之洞電稿·致北洋電》。

僉供稱周漢久已外出，不在甯鄉本籍。平日性好扶箕，惑於鬼神，言語荒誕。近年痰迷日甚，已成心疾。素性不喜洋教，僅止信口詆訾，實無刊刻書畫及僞造公文等事，實係匪徒假託其名，衆證確鑿。取具家屬團鄰甘結及地方官印結，並查明書鋪誤行刊印，分别封閉懲辦，將板片設法購獲帶回，擬委江漢關道會同領事銷燬。至周漢瘋迷生事，自應懲辦，即當奏明請旨辦理。其假託煽惑之人，緝獲另結，並飭湘省嚴禁，先此電聞。湘省風氣甚爲棘手，惲道精密穩練，此次前往相機操縱，多方開諭，寬嚴互用，始能令湘省一切帖然，妥速查結。元。

總署來電 光緒十八年三月十五日申刻到

元電辦法甚妥，已進呈，俟奏到請旨。奏摺須詳細聲叙，兩面兼顧，以備發鈔。咸。

致俄京許欽差 光緒十八年三月十四日發

鄂礮廠須添配造礮架機器全副，能造水陸行營三種礮架，式樣由尊處酌定。又配造礮子機器全副，每日能造實心、空心、葡萄子三種共二百顆者價幾何，一百顆者價幾何。槍廠須添配造小口徑彈子機器全副，日出二萬五千顆。三項機器應用之件，均須配齊，訂明由各廠派匠來鄂包造，價各若干，請費神速查電覆。元。

許欽差來電 光緒十八年三月二十一日巳刻到

礮架機二十二萬五千馬，礮彈機每日百顆，四十萬馬，二百顆者七十萬馬，槍子機二十七萬五千馬。澄。號。

致鎮江府王〔一〕 光緒十八年三月二十一日發

聞吴家榜在宿遷拏獲真李洪解江甯，確否。供情若何，速示。馬。

王守來電 光緒十八年三月二十一日亥刻到

宿遷獲李某非真李洪，尚無供。堪稟。

致巴黎薛欽差〔二〕 光緒十八年三月二十一日

軋花機已到，廠圖久未來，何日寄，請電示。馬。

致俄京許欽差 光緒十八年三月二十二日發

號電悉。礮彈機定日出百顆者，餘請將價值切實商減速定。養。

致海署 光緒十八年三月二十六日發

鐵廠需欵孔亟，前函早邀鈞鑒。槍礮路軌各廠皆以鐵廠爲根，船版鍋爐及各機器皆須精鋼，礮鋼尤精，中國向未解煉鋼之法，今日煉鋼尤爲自强要務，必宜速爲講求，則船礮及各機器所需鋼料皆不外求，庶免受制於人。續請撥借用欵，力從撙節，無可再省，且均係外籌，不動内欵，所費止此，利賴無窮，專盼鈞署主持。如蒙會同户部核准，祈電示。至禱。宥。

〔一〕録自抄本《張之洞電稿·致南洋電》。
〔二〕録自抄本《張之洞電稿·寄外洋電》。

致安徽沈仲帥〔一〕 光緒十八年三月三十日發

接江西德曉峰中丞電，續獲會匪李卡頭，供出匪目楊四海在武穴喫賭飯等因，當飭武穴同知廣濟縣查拏。據禀稱，該犯素係匪目，惟現實不在武穴等語。查高德華供摺載有楊四海，湖南人，係武穴大頭目，已經安徽拏獲等語。該匪是否已經皖省拏獲懲辦，祈示覆。豔。

致巴黎薛欽差〔二〕 光緒十八年四月初六日發

布廠添件，請照正月感電付價。語。

致老河口土税局徐守 光緒十八年四月十二日發

川税甚重，必須再籌恤商之法，方可招徠。現經司局會詳，將落地釐、善後經費兩項，均隨正税一律由税局帶收，斤兩亦隨正税照減。南北兩路均照此辦法，可先曉諭商販知之。聯票已飭局刻就，即日發往。文。

徐守、張令來電〔三〕 光緒十八年四月十九日未刻到

文電諭謹悉。過境土藥，大小已過七幫，計一百餘挑。捐數遵前諭，酌減成半。察看商情，可收後效。應否再行招引，俟馬回酌商。夏汛封峽路不能修，繞山可行，擬從緩辦釐照。税章遵即曉諭，請飭將聯票專差速遞。幹、蘭。銑。

致京湖北提塘〔四〕 光緒十八年四月十四日發

諭折差朱恩慶、胡鳳藻，接批折後無論有信與否，定限十八日出京，不准耽延，如違干咎。十四。

致荊州方道 光緒十八年五月初四日發

總署咨：據總税司呈，土藥由宜昌關棧運送他口關棧，擬照洋藥例准具結保送，俟出末棧時再完税釐。總署以土藥、洋藥情形不同，業經奏定各省分別徵税章程在案。現宜昌關如何辦理，該税司所擬是否有益無損，各省地方情形能否均無窒礙，咨請飭宜關監督先將現辦情形具覆等因。已轉行尊處速議，日内可到。查總署文意不以總税司所請爲然，實可欣幸。頃閲致蔡道函，以宜關爲改裝輪船之始，必須上棧稽查，即應比照洋貨進口納税，措詞甚爲得法，知税司已肯轉圜，仍前上棧報税，甚好。惟查總署議覆川土税釐原摺，實已聲明復進口入棧，兼宜、漢、江海各關而言，此層稍費斡旋。閣下禀覆其改輪必應上棧，上棧即應納税一節，固可照來函執辯，大指總以扼定總署摺内土藥、洋藥情形不同，奏定各省分別徵税數語爲主腦，並言渝關設後，宜關無收，僅留川土一税，以顧關用，開辦以來徵收已久，商人毫無異議，宜爲出川第一處關卡，正與奉天、吉林、山西、浙江、河南五省辦法相同。就此徵收，可杜影射洒賣散漫無稽之弊，實於大局有裨。且所徵僅四十兩，比之奏定過湖北境應徵之數則已減少。

〔一〕録自抄本《張之洞電稿·致南洋電》。
〔二〕録自抄本《張之洞電稿·寄外洋電》。
〔三〕録自苑書義等主編《張之洞全集》第七册，第五六八九頁，河北人民出版社一九九八年版。
〔四〕録自抄本《張之洞電稿·致北京電》。

若並此不徵，聽商人取巧外運，不惟與奏案不符，且湖北關卡一概無收，虛賠關用，揆之事理，太覺偏枯，實多窒礙。力駁具結取保，不如由宜先收税釐，此後無論運赴何省，概不重徵之爲直捷簡便。緣宜關所徵不過川土，且只係由川江水運一路，其由湘、陜、黔陸運各省之川土及下游他省所出之土，均不由湖北經過，與各省税釐並不相妨，在宜關不過保其固有。如此則各省均有税釐可收，方覺平允。大略如此，即望妥酌迅速稟覆，以憑咨覆總署。江。

致江西德撫台、安徽沈撫台、江甯劉制台、蘇州剛撫台、浙江劉護撫台、福州希制台、臺灣邵撫台[一] 光緒十八年五月十四日發

鄂省前據會匪龍海亭供出匪首翦煌、匡世明、彭清泉等前數年有在閩句通洋人購買軍火情事，鄙意恐其與梅生事有干涉，當於四月咨請查拏，以資研究。鄂省之匪現尚緩辦待質，目前翦、匡、彭三匪有無蹤跡，即祈電示爲荷。鹽。

致江西德撫台、安徽沈撫台、江甯劉制台、蘇州剛撫台、浙江劉護撫台、福建希制台、臺灣邵撫台 光緒十八年五月二十日發

良帥咸電詢各匪確實名姓籍貫，曉帥詢匡匪名籍，均悉。據龍海亭供，翦師爺名煌，湖南長沙人，三十多歲，長瘦臉，書生模樣。匡世明，湖南三廳人，三十餘歲，面貌清秀，不黑不白。彭心泉，四川人，四十多歲，身中，面胖無鬚。又據吴有楚供，匡世明即曠士鳴，又名生明，湖南三廳人，三十八歲，身小單弱，向在揚州、六七河口、清江等處往來等語。特奉聞。號。

致安徽沈撫台 光緒十八年五月二十日發

删電悉。已派員前赴黄石港嚴查袁姓劫匪情節，提訊嚴辦，斷不輕縱。號一。

致總署 光緒十八年五月二十二日發

馬電謹悉。英國教案賠欵屢次催促，直至四月半始開齊銀洋，併計共銀八萬六千餘兩，内多係失物及寄存之物，並無細帳清單，無憑考核虛實。美國教堂開一萬兩，通計九萬數千兩，當即飭裕守庚馳赴宜昌與議，先將領事之欵照數付給，分毫未減。又議妥兩欵銀洋，併計共五千五百餘兩。此三欵五月初十日已交付訖。此外有太古洋行躉閣生意銀五千五百兩，德興船主房屋原定租銀二千兩，並不在燒毁之列，皆屬十分無理，應全數删除。其餘家數太多，或六七折，或八五折，或九折，美國教堂八折，兩國合計已及八折，約共七萬兩。查此案法國教堂開十三萬後，以十萬議結，早已完案，約計尚不及八折，各國事同一律。且南洋賠欵牽算亦止八折，故擬亦以八折給之，今已及八折之數。乃英美領

［一］以下三電録自抄本《張之洞電稿·致南洋電》。「剛撫台」指江蘇巡撫剛毅，「希制台」指署理閩浙總督希元，「邵撫台」指臺灣巡撫邵友濂。

事一味貪狡堅執，若核減太少，無以對法國，實難再加。總之，宜昌案法國爲重。今法案已結，英領事欵已收，大局即可略定。我所許之數已足，彼允否無關緊要，無妨聽之。彼延宕九閲月，總不開來，豈能責我賠欵遲緩乎。現裕守已赴荆州辦旗民命案，此事只可置之不理，彼無聊，自當轉圜。養。

致輪墩薛欽差光緒十八年五月二十七日發

貝色麻廠、西門馬丁廠、抽條拉片廠各圖久未寄到，停工待圖，糜費甚鉅，限期又迫，焦急萬分。請速催全寄，并於使館隨員中代擇一人，託以此事，專司督催寄圖，并查點起運機器，會同百濟辦理，由尊處酌給津貼。所有應用之圖，與該廠議定，限於若干日全數寄來。該廠繪圖人，可另給酬勞之費。切懇示覆。感。

致蘭溪送大冶路工委員朱丞、趙牧〔一〕光緒十八年五月二十七日發

前經面飭該丞該牧等四條，一核節經費，一勒具限期，一細詢洋匠工程是否如法，一確查小委員司事，分別勤惰開單禀覆。四條均須認真查明，不得草率回省銷差。敬。

致蘭溪送大冶路工委員朱丞、趙牧光緒十八年五月二十八日發

本日電悉，已派輪往。該員等務須親到鐵山鋪一看，全工方能了然。切速。廿八。

致上海馬古西洋行〔二〕光緒十八年六月初三日發

定購个式修路鋼錘五百枝，每枝價四馬半，合銀約一兩一錢。

致江甯劉制台光緒十八年六月初三日發

鐵政局由德國購回開鑛用電機、藥引共八箱，交滬義昌成轉運來鄂，請飭江海關給照出口。又，上年蒙借剥船一號，現令楚强輪船拖送製造局奉還，敬謝。江。

致上海測海輪船管帶光緒十八年六月初四日發

該輪前存在滬局之礮，務須起來，已電匯劉制台轉飭矣。

致江甯劉制台光緒十八年六月初四日發

測海前存滬局礮數尊，祈電飭該局將礮交該輪安設帶回，以資應用爲感。測海現正在滬。支。

致天津李中堂〔三〕光緒十八年六月初七日發

新調荆宜施道周道何時交卸天津道，交卸後來鄂遲速，有無請假等事耽閣。祈示覆，以便此間酌核辦法。陽。

〔一〕以下二電録自抄本《張之洞電稿·致本省電》。
〔二〕以下四電録自抄本《張之洞電稿·致南洋電》。
〔三〕録自抄本《張之洞電稿·致北洋電》。

致倫墩薛欽差光緒十八年六月初七日發

東電悉。去年各圖早到，今年馬丁廠圖昨亦遞到，僅有一紙，係布置總圖，非作工細圖。前所寄者，惟生鐵廠總細圖皆備，餘廠或有總圖而無細圖，或有細圖而無總圖，布置不全。雖有圖不能動工，間有可動工者已次第起造，此外缺漏尚多。限期甚迫，無圖即不能同時併舉，焦灼萬分。前後已電催十二次，而諦廠總不上緊。現飭洋匠清出所欠各圖名色列後，務求設法急催諦廠趕繪，加費不惜。先繪先寄，并派員督催。切禱。至各圖須將油布摹本寄來，前所寄者皆晒印藍紙，久漸糢糊，此間重摹，曠日糜費已不少矣。陽。

致倫墩薛欽差〔一〕光緒十八年六月初九日發

由滙豐電滙尊處一萬二千鎊，祈查收妥存，以備添件之用。佳。

致德國威巴文廠光緒十八年六月初九日發

定購第二百十五號十五匹馬力煤窿起重機，連鍋爐、轆轤、鐵繩六百米，打配全一副。即赴中國使館議價，迅速寄鄂。

致柏林許欽差光緒十八年六月初九日發

微電九萬馬、千七百鎊，已滙與威巴文廠，定購煤窿小機器全副，約價八百鎊。請核價代購，附自包之船速來。佳。

致上海測海管帶安得永〔二〕光緒十八年六月初十日發

電稟悉。在滬須將礮取到安妥後，即送湖南臬台來鄂。惟該輪只能抵鄂，不能赴湘。蒸。

致柏林許欽差〔三〕光緒十八年六月十五日發

九萬馬已補滙。佳電滙千七百鎊，來電誤作萬七千，請更正。咸。

致倫墩薛欽差光緒十八年六月十六日發

生鐵爐、高白爐各火磚待用甚急，停工待料，務請速飭配齊，并諦廠未來各件趁水漲速運，至感。二月勘電製魚尾片、鈎釘各機曾否照定，請電覆。諫。

致江西德撫台、安徽沈撫台、江甯劉制台、蘇州奎撫台、浙江劉護撫台、福州希制台〔四〕光緒十八年六月十八日發

前咨電各省請緝之會匪頭目翦師爺名煌，係左火右皇，乃輝煌之煌，湖南長沙人，有敝處咨文可證。頃接閩省希帥咨云，翦

〔一〕以下三電録自抄本《張之洞電稿·寄外洋電》。
〔二〕録自抄本《張之洞電稿·致南洋電》。
〔三〕以下二電録自抄本《張之洞電稿·寄外洋電》。
〔四〕以下二電録自抄本《張之洞電稿·致南洋電》。

師爺名桅，作左木右危，想係電碼錯誤。恐各省電碼皆有誤，特再詳晰電達。嘯。

致蘇州湖北候補道李謙光緒十八年六月十八日發

據湘陰縣禀，該道所派弁勇張東林等在龍家橋瓦子園將龍松年拏獲。該縣訊供，據稱，名昌林，號子福，不名松年，現監禁候提解等語。該道即速派妥人來鄂，以便派輪迎提。即覆。嘯。

致安陸史守光緒十八年六月十九日發

電悉。京山既見蝗蝻，亟須趁早撲滅。該守即録此電飛飭京山縣暨所屬鄰近各縣一體認真查看，如有萌動，即上緊設法懸賞撲滅，不准稍有玩忽，以致養成大患。京山及各縣情形迅即查明飛報。考成綦嚴，千萬切囑。效。

致安陸史守、徐令光緒十八年六月二十四日發

省城連日大雨，安陸自必相同，蝗蝻當可無慮。惟襄河盛漲，隄工緊要，該府、縣千萬輪流親自駐工，上緊嚴防，切切。敬。

致輪墩薛欽差[一]光緒十八年六月二十六日發

嘯電悉。生鐵、高白爐各磚及諦廠未來各件暨各圖是否全數完備，務請點齊起運，萬望勿漏。約何時到鄂，魚尾片各機何時照定，能否同來，請即詳晰電覆，電費雖多無妨。有。

致輪墩薛欽差光緒十八年閏六月初一日發

豔電悉。鄂事繁瑣，重勞分照，甚感。去冬感電請向諦廠索遺漏高白爐鑲邊磚廿四萬塊，如其不認，即須自購，未知已訂定否。續添高白爐二座亦須鑲邊磚，務求配齊。切盼示覆。東。

薛欽差來電光緒十八年閏六月初四日巳刻到

諦廠原訂高白爐四座，應配鑲邊磚二十八萬塊，前年兩次運鄂無遺漏，是否用完，請細查。續訂二座鑲邊磚亦配齊無誤。成。冬。

致柏林許欽差光緒十八年閏六月初一日發

江電請雇鑛匠頭二名，已覓有人否，何時來，自包之船何日行，并示覆。東。

許欽差來電光緒十八年閏六月初三日巳刻到

包船三十日行，鑛匠頭、鑽匠均附行。鹽電以後歷購各項，乞匯十三萬五千馬。澄。冬。

致德國威巴文廠光緒十八年閏六月初一日發

寄去湖南火磚樣，想已收到。今擬定焦炭爐三十五座，照某號式樣能參用湖南火磚幾成，除湖南火磚自備外，需價若干，速即電覆。

[一] 以下八電録自抄本《張之洞電稿·寄外洋電》。

致輪墩薛欽差光緒十八年閏六月初五日發

冬電悉。原訂高白爐四座，火磚廿八萬三千塊，前年已到，破壞甚多。此係砌心磚，非鑲邊磚，式様各殊，遍查洋文裝貨單，並無鑲邊磚寄來。待用萬緊，無論諦廠認補與否，總須速購。聞比國郭廠有現成者，請即代購廿四萬塊，飛速寄滬轉鄂，能直達漢口尤妙。鑲邊磚洋名（略）。歌。

致柏林許欽差光緒十八年閏六月初五日

冬電十三萬五千馬即匯。請定Wippeimdnn廠焦炭爐連火磚者三十五座，不連磚者三十五座，核實價速定速寄。歌。

致總署光緒十八年閏六月初五日發

自去秋至今，湖南屢有詆教揭帖，英領事嘉托瑪屢向江漢關孔道言我必須親赴湖南一行，面見巡撫詰問此事，當經孔道勸阻。近日又送來湖南揭帖數紙，内一紙係澧州所貼，發端書巡撫部院示諭云云。繹其文義，蓋澧州紳士公呈，請阻洋人赴澧傳教。湘撫批内有云已咨總署，無論何國洋人勿令再來澧州，免致滋事等語。澧人因抄其批語張貼，又加巡撫部院示諭六字於首，以聳動愚民耳。嘉領事見此益憤，又謂孔道，我俟秋間必親赴湖南拜會巡撫。孔道力阻，彼語意甚堅。查各國窺伺湖南，欲在岳州通商，已非一日。英領事面言屢露其意，亦曾見外國新聞報窺領事之意，將來必有各國合謀，藉端要挾，欲開湘岸之舉。湘省人情事勢必然扞格滋事，且領事一到長沙省城，地方必謂通商已確，斷不相容，定生巨衅，難保不激成馬加利之案。此事關繫甚大，特先奉達，望預告英公使力阻領事勿赴湘，諸事儘可在鄂商辦。謹候示覆。歌。

總署來電光緒十八年閏六月初八日亥刻到

歌電悉。周漢事甫了，澧州揭帖又起，英領事赴湘，必釀巨案，所慮皆極中肯。就事論事，自應預告英使力阻其行。惟周漢案各使皆有覆文，德使則謂罪輕難以儆後，經本署函駁，亦無他説，獨英使至今無覆文。領事赴湘之議，必先謀之使臣。欲其阻止，徒滋口實，并前案亦為掣動。兩楚統歸尊處節制，洋務尤為專責。領事近駐漢口，或飭孔道約同進見，切實開導，以止其行。如其貿然前往，須索其照會，聲明中國不任保護，庶可遏其狡謀。湘省揭帖未斷，終為禍根。湘撫批稟不令洋人赴澧州傳教，有何把握。設以空言召衅，作何收束。是否澧人假託之詞，應由尊處函商湘撫，妥籌長計為要。齊。

致安徽沈撫台[一]光緒十八年閏六月初八日發

函咨均悉。袁道所稟在黄石港緝獲龍松年被匪劫奪一事，敝處疊據印委查覆，殊不確實，且其中尚有重情。所委李參將似不可靠，已再飭司委員詳查，俟詳覆到日咨達。庚。

致襄陽朱道、王守，老河口徐守，襄陽各營將、襄陽河口水師各營哨官光緒十八年閏六月初九日發

聞襄陽因時疫盛行，謡傳洋人置毒井中等語，實堪駭異。疫

[一] 録自抄本《張之洞電稿·致南洋電》。

病乃時令使然，與洋人何涉。此等荒謬不根之語，顯係匪徒所造，必應嚴拏。襄陽、光化、穀城均有教堂，切宜認真防範保護。該道、府速飭所屬，一面懸賞嚴拏造謡匪徒重辦，一面飛飭光、穀及有教堂各縣，會同水陸營員，密派妥人將各教堂妥爲彈壓保護，勿令稍滋事端，致干重咎，并出簡明告示，禁止造謡聽謡，但語意宜渾淪，不必説出洋人。此電由襄陽道照録，分别密速移行。佳。

致輪墩薛欽差〔一〕光緒十八年閏六月初十日發

正月陽電請定比廠馬頭機件，現添六種，約價一千三百餘鎊，已飭該廠列單呈尊處核定速寄。比國郭廠鑲邊磚已定否，五月沃電請購鑽機雇鑽匠何日來，盼示覆。蒸。

致比國别兒廠電光緒十八年閏六月初十日發

六月九號函悉。添件六種，即赴中國使署議價照定。需用鑿石手鑽十副每副約百金，連配件速寄。收鍊用井，井太深，地勢不相宜，萬難合用。所定各件須急速寄，萬一不能全寄，務將底盤螺釘先來。切，速。

致比國郭格里廠電光緒十八年閏六月初十日發

閏六月初五日去電，速照辦。本處生鐵爐、貝色麻全廠年底必要趕成造軌，已開夜工趲辦，需用生鐵廠、貝色麻廠各匠頭，請選撥足用，飭即來鄂。

致安徽沈撫台〔二〕光緒十八年閏六月十一日發

蒸電悉。畿輔義倉，鄂省捐銀一萬二千兩，内官捐二千，零星集捐一萬一。時捐項未齊，先向商號借墊，收捐歸還，並無捐欵。緣倉卒捐巨欵甚難，若先墊後還，則較易耳。真。

致總署、天津李中堂〔三〕光緒十八年閏六月二十三日發

頃接關道函稱，今日遣委員往詢領事。據云，須允其俟七八月間新湘撫到後前往，方能電報該國公使，届時再去。若必阻止，即須日内起程，斷難中止等語。務請鈞署迅即照會英公使，速電該領事阻止，并電薛大臣告外部力阻，至禱。至此事關繫甚大，應否奏聞，請裁酌。漾。

致總署、天津李中堂光緒十八年閏六月二十三日發

前數日英領事告江漢關孔道言，欲乘兵船一號，並帶兵船一號於二十六日啟行，赴長沙拜會湖南撫院。當經孔道力阻，告以湘撫張已調晋，汝到湘無可商量，有何益處，且張未必接見答拜。新撫吴不久可到，到鄂後儘可見面商辦一切。領事云，我赴湘之議已告本國外部及公使，不便中止，須關道致伊一密信，方可轉

〔一〕以下三電録自抄本《張之洞電稿·寄外洋電》。

〔二〕録自抄本《張之洞電稿·致南洋電》。

〔三〕録自《李鴻章全集·電稿二》，第四八五頁，上海人民出版社一九八六年版。原題爲「鄂督張來電並致譯署」。

圜。孔道當即作函與之。該領事旋又函致委辦洋務蔡道錫勇，囑轉達敝處，云關道雖有函勸其緩去，已電請其上司之示，但彼國所派之船今早已到，仍擬前往，必須該國上司飭令勿往，始可中止，並囑告湘省官憲須以禮接待等語，實屬狡變難測。頃已覆函力勸緩去，湘民與洋人不習，必致驚訝生事，宜俟新湘撫到鄂面見商酌，不知肯聽否。大約赴湘之議創自該領事，此時不便自行收回，故須聽該國公使之信。查領事赴湘無益有害，必生枝節，前已詳陳。且長沙非通商口岸，兵船不應擅往，駐漢口領事亦不應至長沙，均與條約不合。務請鈞署速照會英公使力阻，並一面電告薛大臣與英外部力言不便，務須阻止爲妥。切候覆示。漾。

總署來電 光緒十八年閏六月二十六日申刻到

漾電悉。已電薛使告外部阻止，復面詢英使，嘉領事欲帶兵船往湘知否。據云，月前曾接領事稟，以湘省屢有揭帖，故欲往見巡撫，尚未給與回信。告以兵船赴不通商口岸係違約，湘人强悍，往必激事，中英方睦，嘉領事豈得輕舉妄動。據云，但請放心，領事未奉公使命令，斷不能遽往。告以領事在鄂與孔道言及，意甚倔强，應請電阻。據云，當再斟酌。又告吴撫在京擬來拜晤，將來過鄂時可與領事面商一切，彼甚謂然。察其詞意，似尚不致生事，顯係領事恫喝之詞，尊處不必遽與説破，但虚與委蛇，或當自沮。有。

總署來電 光緒十八年閏六月二十九日申刻到

薛使沁電，領事派兵船事，外部深為詫異，允立電華使查覆。豔。

敬。

致天津李中堂[一] 光緒十八年閏六月二十四日發

海軍獎案，公從優議叙，應否具摺謝恩，祈示覆，以便仿照。

致天津李中堂 光緒十八年閏六月二十五日發

有電悉。藎籌握要，當可轉圜，感甚敬謝。同日另電并領悉。有。

致輪墩薛欽差[二] 光緒十八年七月初一日發

豔電悉。鄂事多勞馬參贊分照，扣欵即作酬勞，甚妥。六月豔電所定魚尾片各機是否定郭廠，有無做大横門螺絲釘機器在内，此不可少者，如未定請補定，并電覆。東。

致京湖南撫台吴[三] 光緒十八年七月初二日發

英領事赴湘之行已暫止。公未到任而先勞藎畫，感激。何日出都，即示覆。沃。

致總署、天津李中堂 光緒十八年七月初二日發

嘉領事函致關道云，已奉駐京大臣來電，湖南之行且俟吴撫院到後再行辦理等語，大約將來可以商阻。惟其船名愛斯格確已

[一] 以下二電録自抄本《張之洞電稿·致北洋電》。
[二] 録自抄本《張之洞電稿·寄外洋電》。
[三] 指新授湖南巡撫吴大澂。録自抄本《張之洞電稿·致北京電》。

到漢，據云係該國水師提督派來者。鈞署似可告英使，以後該國水提派船應聽公使信爲妥。沃。

致襄陽道、府、縣 光緒十八年七月初六日發

頃聞穀城又燒教士房數間，係何情形，迅速查覆，并速查拏務獲。如不獲，惟該縣是問。此外光、穀等處教堂，務轉飭文武加意防護。前獲五犯，迅速確查電稟，不准曲爲開脱。語。

致柏林許欽差〔一〕 光緒十八年七月初六日發

歌電悉。爐磚急用，萬難緩至明春。請包千餘噸小輪徑運來漢。惟小船顛簸，磚亦易破，須用草藏緊，加費無妨。美最時德商兼漢口領事Jhyeu現在柏林，長江水性最熟，包船事與議，大小必能適宜。水坭、槍機寄滬轉鄂可也。四月鹽電槍礮廠購件已定否，何日寄，并請電覆。語。

許欽差來電 光緒十八年七月十一日到

鎗礮廠件寄亞西亞船。

致襄陽道、府、縣 光緒十八年七月初八日亥刻發

頃見竹篠鋪揭帖，襄屬匪徒已經萌動，必藉教堂生事，關繫甚鉅，必應重辦嚴防。穀城教士之屋被燒情形若何。併速覆，不可刻延。陽。

致總署 光緒十八年七月初八日發

魚電謹悉。嘉領事乘兵船一號，帶兵船一號，係該領事令人轉告孔道之語，別無函件提及。惟上海洋文報亦言擬派兵船二號，一名愛斯克，一名林匿。先派愛斯克來，隨後派林匿來等語。愛斯克確於閏六月二十三日巳刻到漢口，並非漢口原有護商之船，近數日始開往宜昌，可見事非無因。請撤領事，洵屬要著，斯人不去，掣肘諸多。姑無論船數多少，該領事不候公使與鈞署商定，又無明文照會，僅遣人持片知會關道，定期閏六月廿六日啟行，勸阻不從，謂許其前往，尚可緩至吴撫到後乃去，不許則必刻期動輪。似此任性專擅，不惟有乖睦誼，亦且目無公使。年來教案迭起，國家費盡心力，調和保護，近始漸就敉平。外國領事理宜與地方官和衷共事，豈可無故生波。英廷能調員更替，實於兩國公事有裨。請電薛使與外部妥商。庚。

總署來電 光緒十八年七月初七日午刻到

本處電薛使，以嘉領事在鄂，慮乖睦誼，能設法撤去為妙。昨接薛使電，撤領事事，外部云俟華使覆文核辦，恐華使必有故飾。據電稱，領事僅擬帶兵船一號，而鄂電云二號，請電鄂檢該領事函件寄來作證云。查尊處漾電，領事欲乘兵船一號并帶兵船一號，係告孔道之語，不知此外有無函件可以作證。希即覆。魚。

〔一〕以下二電録自抄本《張之洞電稿·寄外洋電》。

致襄陽道、府、縣，城守遊擊[一] 光緒十八年七月初十日發

朱荀供認放火爲首，陳志道帶劍放火，現在火速拏獲。該二犯蓄謀滋事，意在乘機擾亂，與尋常放火案不同。襄陽正在人心惶擾、匪徒萌動之際，應按土匪例懲辦，以靖人心。朱荀、陳志道二犯即行正法，傳首魏家沖、楊家橋及穀城縣生事地方梟示。其楊家橋放火及造謡各匪仍嚴拏。該道、府、縣接此電後，即遵辦，並電覆。督、撫兩院。蒸。

致安陸水師統領劉提督鶴齡光緒十八年七月十一日發

襄陽、穀城一帶會匪、教匪造謡揭帖，焚毁教民房屋，藉圖乘機起事，人心惶擾。該提督迅即親身馳赴老河口，督飭水師，會商地方文武，相機彈壓查拏，愈速愈善，勿延。真。

致總署光緒十八年七月十三日發

文電謹悉。襄陽自六、閏兩月時疫盛行，死亡過多，民間訛言有人於井内下毒藥，並疑係教堂所爲，愈謡愈甚，示禁不止。痞匪乘機煽動，疊有放火燒民房之事。襄陽上至穀城一帶，民心大爲驚擾，紛紛遷移，或入城，或上山砦。襄、穀教堂、教民處處可危，有多處皆幾被焚，賴官防救而免。前數日據文武電禀，拏獲放火數人，已電飭將首犯二名正法梟示。近日襄、樊稍定，惟穀城紫金峒向多教堂教民，該處民團雲集，兼有刀匪附和，欲焚教堂，經官弁極力防護，至今衆尚未散，已電飭道、將率兵勇馳往查拏解散。程提督函稱，彼處兵力不敷，請派營前往，已派鐵字營勇馳往彈壓搜捕。日來電檄紛馳，嚴飭地方文武極力防緝。至湖南主教可危、家園古教堂被焚各節，尚無所聞，容即飛速確查。元。

致襄陽程提台、朱道台，襄陽府、縣，蒯參將光緒十八年七月十三日發

穀城距襄陽不甚遠，紫金峒一帶至今民教未安，匪徒未散，岌岌可虞。郡城現有府縣、提台彈壓，該道可迅速親往一巡，令馬隊數十名隨往，蒯將率練軍約百名助之，星馳前往。到彼拏獲造言生事痞匪數名，就地正法，自然匪散民安。此處解散，他處自平。如不能查獲造謡者，能獲刀痞數人，亦可誅以儆衆。往返不過十日八日。此事機括甚緊，鐵字營到襄總須十日，緩不濟急，若遷延不速解散，必致釀成教堂巨案，不可收拾，地方文武難當此重咎也。切望程軍門與朱觀察迅商速辦，并電覆。文。

致襄陽道、府、縣，穀城縣襄陽飛送光緒十八年七月十四日發

拏獲刊造揭帖者賞銀五百兩，傳布揭帖者賞銀一百兩，審實立時發給。速刊告示，各屬張帖曉諭嚴拏。此銀暫由州、縣墊給，將來由善後局發還，決不令州、縣賠累。前日接總署電，切飭嚴防，詞意嚴切，如揭帖造謡及穀城放火之犯不能拏辦，地方官難

[一] 録自抄本《張之洞電稿·致本省電》。

當此重咎也。鹽。

致輪墩薛欽差〔一〕光緒十八年七月十七日發

虞電五千鎊已匯。二批華匠十二名，廿二日由滬赴比國郭廠，派繙譯沈鑑帶去，遇便請費神分照。鄂廠需用鋪軌器具及水力起重機、造爐底機，已電郭廠列單送尊處，務求費神核價速定。洽。

致比國郭格里廠光緒十八年七月十七日發

照定洋七月八號來單所開鋪軌應用器具全副，約價一百三十一鎊，又貝色麻煉鋼池水力起重機二具，每具約價二百六十鎊，又倒火爐吊鋼出爐起重機二具，每具約價一百廿鎊，又造貝色麻爐底尖堆管及爐内火磚機器全副，連汽機鍋爐研碎磚水力壓管機俱全，約價一千零廿八鎊，即列單開價，赴中國使署議定速寄，定後先電知。又擬購運十頓重鋼軌車五輛，又運十密打立方法尺煤車一十五輛，照來圖某號式樣，加阻力機每輛實價各若干，即電覆。

致襄陽提台、府、縣光緒十八年七月十八日發

省隊到後只駐襄、樊，以彈壓外匪，不到穀城。全營只紮一處，亦不可令分紮。望速飛告朱道、蒯將及穀城縣印委，曉諭紳民，不必驚疑。嘯。

致柏林許欽差〔二〕光緒十八年七月十九日發

小輪運爐磚已包定否，槍礮廠需用鐵地板各料，已由洋匠邁爾開列尺寸式樣，函致德廠Wnion doitmund，敝處亦備文託購。文到較遲，請飭該廠照邁爾單開價，送尊處核定。待用甚急，速寄爲感。槍廠原議須用洋匠三人，請飭力拂選薦，能兼造礮者尤佳，祈代立合同，令九月間來。頃電威巴文廠定購零件，約價二百五十鎊，請核減購寄。效。

許欽差來電光緒十八年七月二十四日未刻到

小輪仍難泝江，現商妥裝包，至滬後，請電鄂。澄。梗。

致德國威巴文廠光緒十八年七月十九日發

定購鑛井煽風機六具，氣管一千密打，煤井平安燈一百盞，即赴中國使署議價，速寄。

致襄陽府、縣光緒十八年七月二十日發

聞襄陽、宜城拏獲下毒藥匪徒數名，宜城所獲兩名均係道人，查出井中投藥、身帶毒藥有據。穀城想亦有拏獲者，何以該府、縣從來俱未稟聞，殊不可解。速將如何拏獲及研訊情形，據實電覆。此乃真實教匪，狡謀險惡，害人造謠，幾釀大亂，斷斷不能不究。即覆。效。

致俄京許欽差〔三〕光緒十八年七月二十二日發

四月鹽電請向Knopp［Krupp］廠代購鎗礮廠需用各件，約價

〔一〕以下二電録自抄本《張之洞電稿·寄外洋電》。
〔二〕以下三電録自抄本《張之洞電稿·寄外洋電》。
〔三〕録自抄本《張之洞電稿·寄外洋電》。

三千餘鎊，請核實，速寄鄂。

致總署光緒十八年七月二十三日發

疊接襄陽函電，疫漸息，謡已止，人心略定。所派鐵字營勇已到樊城駐紮，參將蒯德浦已帶練軍到赴紫金峒之要隘石花街扼紮，與襄陽道朱道分赴穀城千莖樹等處開導曉諭。另由省委一道員、一記名提督已到襄、穀，會同查拏造謡生事匪徒。教堂幸俱未被焚，以後當可安静。至衡州主教范懷德，現在家園古，其地距襄陽不遠，已電飭文武防護，將來回衡自必切飭保護。湖南省教堂現無事。漾。

致上海新裕輪船問交湖南撫台吴〔一〕光緒十八年七月二十三日發

已派測海輪赴滬奉迓，二十五日必到，請即乘此輪來鄂。英、法領事已約定來見，並須回拜。在鄂事多，輪泊江心於客主來往上下不便，似宜登岸，到後斟酌可也。漾。

致江西德撫台光緒十八年七月二十三日發

龍海亭即龍海騰。張慶亭二匪久已供認，因候質訊各匪未辦。今翦煌等各匪日久無獲，此間羈禁匪犯過多，恐有疏虞。遵尊處委員傳述台端令由敝處酌辦之示，已於本月二十二日將該兩匪正法，另文咨達。漾。

致江西德撫台光緒十八年七月二十五日發

王福堂解至江西後，已供認否。現獲會匪頭目，供出與王福堂同夥開堂放飄，請飭仍將該匪解回鄂，以便質訊，敝處當派輪到九江迎提。敬電悉。龍、張兩匪乃江西所獲，奏稿自當咨達。有。

致總署光緒十八年七月二十五日發

敬電謹悉。英使面議必兼論辦犯、賠款兩事。此案各犯罪名，去年十一月陽電已詳，請查閲，皆係審實照例懲辦，不能更動，久經臬司詳定，因候賠款議妥再奏咨。洋人慣技，先挑辦案，再議賠款，藉此要挾。前據法領事云，此等案未傷洋人，應聽中國自辦，輕重皆不管，照章不觀審，不過問，英領事亦言明不觀審，俱詳前陽電。英使若挑剔，望力駁之。至英美賠款，五月養電已詳。宜昌英國衛領事自云赴東洋避暑，久未議及。英原開八萬六千餘兩，除太古生意五千五百兩，德興未燬屋基地價二千兩必應全删外，統計八折，應六萬二千八百兩。此間與議，乃就各家細數分别六、七、八、九折不等，領事欵全給不減，牽算合計尚較八折少一千四百餘兩。此時似可告以總數必給足八折與法國，一律由鄂省與領事商酌，分别等差，攤算加給，或由領事自行攤派。法欵分三期八箇月清，英可許以從速。至美欵原開一萬，照八折應八千兩，早已明告，渠未允。此時要在英，英了則美易辦矣。統候鈞裁。再，去年初議約需十五萬兩内外，請動宜昌關税十萬，司庫籌五萬，已蒙核准。鄂力萬分支絀，若十五萬以外，擬請仍

〔一〕以下三電録自抄本《張之洞電稿·致南洋電》。

在宜昌關税下動支湊足。祈示覆。有一。

致總署 光緒十八年七月二十五日發

宜昌案各犯辦法大略電呈：道、府、縣、委審明，此案各犯實係一時烏合，各自打鬧，並無爲首之人預謀糾約。朱發金因游姓失孩在教堂尋出，懷疑逞忿，同衆打鬧教堂，致擠潑洋油失火延燒，照棍徒擾害例，發極邊足四千里充軍。趙崇雅打毀兩堂器物多件，並攫取銀兩，照例准竊盜論計贓，杖一百，流三千里。汪望打毀門窗器物甚多，杖一百，流二千里。王德娃子、李宗義、楊長生、何燮臣、余五豹子、高正洪、黄順榮七犯，隨衆打鬧，各杖一百。王李楊三犯，打鬧二處，何犯不服彈壓，加枷號一月。易白、熊宏發僅碰壞窗户，各杖八十。皆確按定例擬辦，共辦十二人。總之，此案教堂肇衅，事出有因，既非謀糾，又未傷人，情法只可如此，斷斷不能加重。去年日本人毆斃人命，並未擬抵，中國律例斷難更改。特詳達，以備辯論。有二。

致總署 光緒十八年七月二十五日發

正發電間，裕守庚呈閲宜昌領事前兩日忽來催問辦犯照會一件，未言賠款。聞該領事并未遠去，其言赴東洋詐也，殊不可解。並陳。有三。

總署來電 光緒十八年七月二十七日亥刻到

華使來言宜昌賠款所開數目不浮，當照有電辯駁。華使請派員再與領事商辦，口氣已鬆，希飭裕守再與磋磨，酌量速結。辦犯一層未言及。鄂款既支絀，即在宜昌關税下湊足。沁。

致天津李中堂〔一〕 光緒十八年七月二十六日發

賑捐咨函并悉。飢溺勞神，實深感戴，惟今日捐務實難措手。竊思或仿十六年成案，請將海防捐撥歸賑捐，數月或可稍有收數。捐例有數條尚可推廣，一開復、一武職、一親屬外姻封典、一增附捐教，此外能多數條尤善。聊抒管見，以備裁擇。總之，非留海防捐并設法推廣，僅止銜封減成，恐亦難暢旺耳。洞。宥。

致輪墩薛欽差〔二〕 光緒十八年七月二十七日發

彈花廠悮配軸輪兩處，經洋匠函商柏辣廠，據覆須添置 rope driving for crigbton openers 一具。請飭柏廠刻日配寄爲感。至悮由柏廠，添件之價，理宜柏認。請裁酌。感。

致漢口孔道台 光緒十八年七月二十八日發

昨日酉刻有洋商輪船名沙市，由漢口駛泊鮎魚套。此處非洋輪應泊之所，向章不准，希即知照税司查辦，勿啟效尤之端，爲要。勘。

致襄陽道、府，陳道，穀城縣鍾令 襄陽專差飛送 光緒十八年七月二十九日發

穀城燒燬教民房屋并斃人命一案，事已多日，犯無一獲，實屬謬玩。此等放火斃命重案，無論是民是教，豈有不行拏辦之理，

〔一〕録自抄本《張之洞電稿·致北洋電》。
〔二〕録自抄本《張之洞電稿·寄外洋電》。

有此政體乎。汪令詳禀一味空言敷衍，鍾令現即到任，該道、府督飭該縣會同營汛，迅速查拏放火真犯，飛禀懲辦。屍親既指控有人，何以不行傳問，從此根究虚實。固不可無故株連，然豈可縱匪不問乎。如果刁民抗不服拏，即行禀請派隊搜捕。總署已屢詢此案，須具奏。若正犯不獲辦，斷斷不能了事。速録電轉飭。即覆。豔一。

致襄陽道、府、縣，陳道，穀城縣鍾令、光化縣梁令襄陽專差飛送　光緒十八年七月二十九日發

屢電均悉。河口近安静否。襄陽一帶自乾嘉以來，本有教匪。從前下藥，近日紙人，無論是否謡言，均須切實查辦，實則下毒藥放紙人者爲邪教害人之匪，應辦，虚則傳播下毒藥放紙人者爲造謡惑衆之匪，亦應辦。襄、光、穀等縣，如查無紙人實據，即將妄行傳播此説者，如無重情，即酌量杖責枷號數名，遊街示衆，次日謡即息矣，僅止晝夜巡防何益。該地方官何以并此權宜定亂之法亦不曉，真不可解。速録電轉飭。即覆。豔二。

致襄陽縣梅令光緒十八年七月三十日發

前經弁兵拏獲之造謡人犯袁天真、王玉茂兩名，究竟訊取確供如何，練軍當日何以拏獲，必有所據及形跡可疑情節，務再虚衷研訊，實則重辦，虚則開釋，可疑則枷責示衆，斷無永遠懸宕辦法。并非必將該兩犯正法，不必瞻顧開脱。速覆。卅。

致總署、天津李中堂光緒十八年八月初三日發

英領事已言明不去。法領事忽告湘撫吴初五六日即赴長沙，係該公使令往，阻之不聽，實出意外。昨接湘省信，長沙甫開歲考，生童二萬餘人，謡傳洋人欲赴長沙開馬頭、設教堂，新湘撫帶之同來。揭帖傳單，大衆聚議禦阻之策，欲阻新湘撫登岸，情形横悍，法領事若往，不待入城已不可問矣。今日再往阻之，除飭關道不給護照外，祈鈞署速商法使力阻。湘撫吴行期甚急，竊思法使若不肯阻止，則領事與湘撫先後到省，百口莫辯。吴新到，無從布置，必開巨衅。且威望既損，以後事事棘手。并請鈞署電告吴勿急遽，須俟法領事議定不往，乃可行。吴不先到，彼必不敢前往也。江。

致總署光緒十八年八月初四日發

昨日湘撫再見法領事，忽言不去，即去亦不必到長沙。一切鬆緩，蓋因不能隨吴撫同往，又聞湘省衆情洶洶之故。領事既不去，吴自宜速往，以定人心。今日午後即乘輪赴湘矣。支。

致總署、天津李中堂光緒十八年八月初六日發

微電謹悉，當即録咨吴撫並行關道詰斥矣。法領事當日言欲去之故甚詳，並向吴厲聲云我不怕，何以全行狡賴，然足見情虚，以後尚可設法阻止也。至澧案辦結再往及澧州教堂三年再議之説，吴撫所許本是活動語，自當遵示抹去不論。日來疊接湘省司道禀，並鈔録揭帖，情詞狂悍萬狀。前月杪，生童與長沙商民互鬬，將湘鄉試館焚燒，舉一可以類推。敝處前數日飛札出示曉諭，告以

洋人不來，且由吴撫在京力阻。惜湘省來禀過遲，札示不能早到，恐吴初到，不免稍費脣舌耳。語。

總署來電光緒十八年八月初五日亥刻到

法領事欲赴湘，接法使覆信云，並不知該副領事何故欲往。電詢領事，據覆稱，並無事故欲往長沙，此意並未向人陳明。本處即將吴電暨尊電節録送往法館告知，證其謬妄，亦希飭孔道詰斥領事造謊。吴撫所許俟澧案辦結再往遊歷，澧州教堂三年後再議之説，均不可認，以杜後患。希轉吴撫。微。

致俄京許欽差〔一〕光緒十八年八月初七日發

卅電三萬馬即匯。閏月東電請雇鑛匠頭二名，僅來一名，請添募一名速來。頃電博洪廠定小鋼軌并車，約價八九千兩，令列單呈尊處核定，懇費神速辦。陽。

致德國博洪廠光緒十八年八月初七日發

擬定轍寬六十生小鋼軌，直者五千密打，高六生半，重每密打單條六箇八啟羅，鋼墊寬十三生，成架每密打共十八箇九啟羅。又曲軌五百密打，高寬輕重同上。又右歧軌八具，左歧軌八具，長各五密打，又載重一千五百啟羅定軸式運鑛車五十輛，圓式傾卸鑛車器具二副，即開詳單赴中國使署議價定購。

致俄京許欽差光緒十八年八月初九日發

與韓志兒廠定購大冶修理火車機器廠一所，約價九萬佛朗合銀一萬八千兩，請核實價照定。庚。

致俄京許欽差光緒十八年八月十五日發

洋匠邁爾稱，力拂函詢礮架礮子須有式様，方能配機。現擬各種洋文附後，請覆核是否適用，如合用即各購一具作様。請酌辦電覆。鹽〔二〕。洋文電云：擬仿古魯順廠新式礮車及配件，其六生、七生半兩種，擬配過山架、行營架、船架三種。其十生半、十二生者，擬配行營架、台架、船架三種。礮子擬配實心子、鐵圈子、長式開花子、葡萄子、連珠子五種，其礮架須合配新式快礮之用。請與力拂細商，并請將各廠圖先行寄鄂。

致天津李中堂〔三〕光緒十八年八月十七日發

順直賑捐，已飭司局籌墊二萬兩，即日委員解津。洽。

致襄陽道、府、縣，陳道光緒十八年八月十八日發

襄陽、光化、穀城一帶，自六、閏、七等月謡言四起，訛傳置毒，各處紛紛妄殺，動輒毆斃溺斃，本處良民及外來客民死者甚多。疊據訪聞及來省人員面禀，皆言河中流屍已有數十人，衆口一詞，斷非虚語。似此造謡妄殺，若不查究，以後民間以擅殺爲無罪，必成大亂。至今地方官於此等案并未查出禀報一案，大屬不合。該道、府、縣迅即分別轉飭，切實查明懲辦數人，不然

〔一〕以下四電録自抄本《張之洞電稿·寄外洋電》。

〔二〕以下洋文從略。

〔三〕録自抄本《張之洞電稿·致北洋電》。

不成政體。此爲禁止妄殺、擅殺，與教民無涉，查辦時務須分別明晰曉諭，切勿誤會。嘯。

致俄京許欽差〔一〕光緒十八年八月二十一日發

Wippermann 鑿石機已購兩副，請再定一副。箇。

致天津李中堂〔二〕光緒十八年八月二十五日發

總署咨，比國領事古貝爾以協助直隸、湖北鑛務，請賞寶星，尊處是否得該領事之力，如何咨覆，祈示，以便酌覆。有。

致宜昌委員、裕守光緒十八年八月二十七日亥刻發

沁電悉。請加六百五十兩，爲數無多，可照准。郭金貝等成數較高，物有新舊之分，無賠十足之理，不便再加。總之，彼公使既不管，其技已窮，語氣宜示以截斷，該守宜告以如再不議妥，該守別有要差，即赴荆州、德安等處矣。沁。

致輪墩薛欽差〔三〕光緒十八年九月初五日發

定比國郭、畢兩廠車輛各件，約價二千六七百鎊，已令開價送尊處核定，請費神速購，至感。歌。

致比國郭格里廠光緒十八年九月初五日發

來電悉。擬定運鋼軌車二輛，運煤車十輛，照來圖式樣。又軌墊鋼板六十噸，鈎釘三噸。速赴中國使署議價，趕緊起運。車輛須拆散，以省運腳。定妥後，先電覆。

致比國別兒廠光緒十八年九月初五日發

來電悉。擬定運鑛車八輛，悉照來圖造法，即赴中國使署議價。務趕速起運，將車拆散裝妥，以省運費。議妥即電覆。

致俄京許欽差光緒十八年九月初五日發

請與韓志兒廠定打鐵廠機件，約價四百八十鎊，核減速定。支電悉，子架式宜取新式易仿者爲妙。務請妥籌見覆。焦炭匠令速來。歌。

致倫敦薛欽差光緒十八年九月初十日發

陽電萬四鎊已匯。祈詢諦廠，鄂省擬先開生鐵爐一座，專管生鐵，一廠須洋匠幾名能包煉各種生鐵，薪工若干，能否舉薦，速覆。又製焦煤用洗煤研煤機全副，日出煤百廿噸，要現成舊機，取其價廉且可速運，懇託人速覓，價若干先電覆。蒸。

薛欽差來電光緒十八年九月十七日亥刻到

諦廠稱，生鐵爐需匠二名，分值晝夜，歲薪各均四五百鎊，又需匠首一名，歲薪約六七百鎊。又，每日洗研煤百二十噸之機，價千二百五十鎊，如兼做煤磚，加九百鎊。現無舊機，制新一月

〔一〕録自抄本《張之洞電稿·寄外洋電》。
〔二〕録自抄本《張之洞電稿·致北洋電》。
〔三〕以下十七電録自抄本《張之洞電稿·寄外洋電》。

可成。應否雇購，候電。成。銑。

致俄京許欽差光緒十八年九月初十日發

支電所包之船，能否兼載煉鐵上好焦煤五百噸，或改包略大之船可乎。煤價并查示。現急需製焦煤用洗煤研煤機全副，日出煤百廿噸，不連鍋爐，要現成舊機，取其價廉且可速運，懇託人速覓，價若干先電覆。蒸。

許欽差來電光緒十八年九月十八日巳刻到

包船已定。枯煤定五千噸者，每噸十六馬，體輕，以艙位兩噸餘裝一噸，運費太貴，不如近購日本煤。洗煤機四月成，價八萬三千馬。澄。洽。

致比國郭格里廠光緒十八年九月初十日發

來電悉。開爐之期刻尚難定，所薦生鐵匠首是否能兼煉各種生鐵錳鐵，保無貽誤。薪資太多，必須核減，方能成議，其餘工匠俟需用時再行電知。運來鑲邊磚甚合式，未運者切速運來。現需用日出百廿噸舊洗煤研煤機全副，不要鍋爐，須價廉且可刻日起運者，不連運保，實價若干，速覆。

致比國別兒廠光緒十八年九月初十日發

有無現成舊洗煤研煤機，日出煤一百二十噸，不要鍋爐，須價廉且可刻日起運者，不連運保，實價若干，速覆。

致比國郭格里廠光緒十八年九月十三日發

高白爐鑲邊磚尚欠五百噸，務須刻速起運，并設法裝好，俾免多破。又寄上頂火泥五十噸，速來爲要。

致倫墩薛欽差光緒十八年九月十九日發

銑電感悉。洗煤機係製枯煤用者，須有升降機、煤倉、水池，祈照定一副速寄。來電所言價一千二百鎊，是否全包在內。煤磚機緩辦。生鐵爐匠首須能分化鐵質配合適用，祈託諦廠照所議覓便三人，專管煉生鐵一廠，仍歸全廠總工師節制，一俟定期開爐，再電令來鄂。尊處代定機件未付之價及運保費尚欠若干，祈查示。效。

致比國郭格里廠電光緒十八年九月二十四日發

四號來電已收。前電定鉤釘三千啟羅，墊軌板四十噸，鑽兩孔，餘二十噸鑽三孔，皆配貴廠軌條用者。

致俄京許欽差光緒十八年九月二十九日發

皓電悉，欵即匯。鐵地板請先定，鐵横樑先寄。其彎紋鐵經洋匠另改一式，可省三萬馬，候函到再定。豔。

致倫墩薛欽差光緒十八年九月二十九日發

歌電請定郭廠車輛，係配合斜面馬頭用者，價稍貴，請照定。其餘釘板、火磚並請核定，催令速寄爲感。豔。

築基墩。

致比國郭格里廠 光緒十八年九月二十九日發

十四號電悉，已電使署與貴廠將車輛、釘板、火磚核定，務望速寄，船何日行先電知。做爐底磚機器，墩圖速先寄，以便先築基墩。

致輪墩薛欽差 光緒十八年十月初八日發

微電悉。郭廠共定火磚千五百噸，係襯高白爐上半節用者。上半火烈，非洋磚不行，仍請照定，其下半已用開平磚砌成。敝處所言鑲邊磚，即八月初二台函所稱爲襯磚者，係襯爐裏靠邊磚，諦廠始終無一塊寄來，故須另定。glencsk 船運來各爐磚已照提單收足，惟比較諦廠初次合同，生鐵爐一座尚少四千五百塊，高白鑪兩座尚少二萬八千塊，已由洋匠詳列號數，函知百濟轉請尊處查明補定。同係諦廠承辦而前後磚數懸殊，是否尚未全運，抑漏未定足，懇飭詳查，補定速寄。又西門鋼廠熟鐵廠尚有圖十八張未來，經洋匠電百濟轉催。此間待圖待磚，曠日已久，糜費甚多，乃磚圖既到，數又不全，焦灼萬分。務懇轉飭百濟留心詳查速催。至感，并盼電覆。庚。

致襄陽朱道、委員張牧茂時，棗陽宋令〔一〕 光緒十八年十月初九日亥刻發

臬司呈閱張牧來電已悉。隨州獲王炳祥等十五犯，大伙執持槍械，僅供將往信陽行劫，未認楚省劫案，此伙匪皆係豫人，若未在楚境行劫，何以在楚拏獲。楚豫邊境，正是盗匪肆行之際，斷不能聽其狡供幸脱。即委張牧茂時并棗陽宋令兩員一同馳往隨州，會同陳牧研審確情，是否會匪，録供禀候核辦。將來無論審出曾犯何案，辦法輕重，總不准釋放一人。切切。朱道即録此電，轉行張牧、宋令暨隨州陳署牧遵照。隨非襄屬，此因隨、棗毗連，案情恐有牽涉，且該處不通電，故由襄陽轉行，以期迅速，并非錯誤。即電覆。佳。

朱道來電 光緒十八年十月初十日亥刻到

初十酉刻，連奉電諭，謹悉。查襄屬盜案，向多豫匪。隨州現獲大伙，難保無襄屬案犯。奉諭前因，遵即轉行隨、棗暨張牧，迅速會審禀辦。

再，職道處并無密電及總署電本。并覆。煊禀。灰。

致輪墩薛欽差〔二〕 光緒十八年十月十三日發

八月廿三函悉。比廠價如較英廠貴，後勿與定。吸花機定用第二號，染色機及大繩作罷論。摩里斯洋冬月十八致柏辣函，擬定汽管抽水機、水池綿繩零件，請核價照定。比廠前定各件何時起運，請預示。元。

致俄京許欽差 光緒十八年十月十三日發

佳電悉。欵已匯。鐵地板先匯四萬六千馬，所用彎紋板經邁爾改式，於洋十一月廿一繪圖逕寄該廠，價較廉，俟函到乃定，

〔一〕以下二電録自苑書義等主編《張之洞全集》第七册，第五七四八至五七四九頁，河北人民出版社一九九八年版。

〔二〕以下二電録自抄本《張之洞電稿·寄外洋電》。

其鐵橫樑照舊不改，請先定先寄。元。

致總署光緒十八年十月十五日亥刻發

咸電謹悉。美款自當不再增益。英國賠款已議妥者六家，銀洋共二萬數千兩，九月内已經付給。此事大概已定，尚餘數家狡執未議妥，只可聽之。總之，合計以八折爲限，斷不再加。英領事近來漸和平，將來能調别口亦甚好。咸。

總署來電光緒十八年十月十五日戌刻到

宜昌賠款昨准來咨，詢之美使，謂已函覆領事，照八千議結，息費均不争論，果爾便已就範，即望堅持定見，勿增益。再，接薛使電，英外部謂嘉領事文函無恫喝意，不允撤换，微示可徐調别口，擬姑允之，免妨要事云。咸。

致華盛頓崔欽差[一]光緒十八年十月三十日發

前承代購棉子，燥土一種爲佳，惜到鄂太遲，收成甚少。請再代購燥土子十噸，務求迅速起運爲感。種棉洋書并請覓數種先寄。卅。

致比國郭格里廠光緒十八年十一月初一日發

初七日來電悉。因煤炭未備，開爐未能定期，雇匠暫從緩議，俟開爐定期，再行電知。請將需用各匠人數先行覓便，列單見覆，候電定議。

致倫墩薛欽差光緒十八年十一月十六日發

洋匠九月初四致百濟函，索取遺漏各圖，請催諦廠速寄。布廠已用機紡紗，原定三十號紗機一種不宜於鄂棉，商之摩洋匠，可改爲十三號者，已將應改各件函致柏辣，並有添購零件，祈核價照定速寄爲感。諫。

致俄京許欽差光緒十八年十一月十六日發

煤廠需用洗煤機及掛綫鐵路，已繪地盤布置全圖分寄Bleichert Wippesmann兩廠，令照配機列單送尊處議價，請比較核價電示。又定yimmes廠化學料八百餘鎊，祈速購寄鄂。諫。

致倫墩薛欽差光緒十八年十一月二十九日發

儉電悉。鐵廠開爐當在明年夏秋間，生鐵匠暫從緩議。銑電萬鎊即日匯。豔。

致天津李中堂光緒十八年十一月二十九日發

函悉。軌價既無款可借，即作罷論。至鋼軌及魚尾鉤釘合計，敝處函只擬價三十兩，故云每二百里約萬餘噸，需銀三十餘萬兩也。散數總數均甚分明，致盛道函亦同，並無每噸四十兩之説，不知官路局因何錯誤。至軌及橋料各件，自應由尊處照章試驗，務求合用，不合者無妨駁换，故函内有如不合用，惟鄂是問之語，

[一] 以下五電録自抄本《張之洞電稿·寄外洋電》。

豈有不論軌件可用與否而强尊處以購用之理。其造橋鋼鐵料各件，似均可製，請發式樣來鄂，以便詳覆，其如何付價，亦可從容再議。總之，鄂軌價三十兩餘，橋料等件俱照洋價，一切照章試驗。尊處究用鄂軌各件與否，祈明晰示覆，以便籌辦。至感。豔。

致天津李中堂〔一〕 光緒十八年十一月三十日發

昨艷電想已達。前函言每二百里約一萬餘噸者，大冶鐵路係每里五十噸，故按每里五十噸核計。軌有輕重，如尊處路一里用軌三十噸，自照需用之數計算。再，每噸三十兩係連運費在内，特再聲明。卅。

李中堂來電〔二〕 光緒十八年十二月初三日申刻到

兩電悉。每噸四十兩似係傳言之訛。鄂軌橋料等件俱照洋價，照章試驗，自無不用之理，已飭局核覆。惟造路專任洋匠，彼以華廠試造不若洋廠精熟可靠，又外洋另有專門驗試之人與器，華尚未備。俟局籌議定，即咨覆。江。

致荊州周道台 光緒十八年十一月三十日發

昨接總署電，宜案未結，各欵已與英使定議，共給銀三萬四千四百兩，頃已札行。如領事來領，即由宜昌關出票，令赴漢口取銀。此欵係司庫籌發。卅。

致輪墩薛欽差〔三〕 光緒十八年十二月初四日發

九月廿八函感悉。助板洋名已電郭廠，并再定上頂火坭百噸，祈催速寄。冬月諫電請催諦廠各圖，何日全寄，此間停工待圖，糜費甚多，焦灼之至，切盼電覆。支。

致天津李中堂 光緒十八年十二月初七日發

江兩電悉。試驗自須洋匠，悉聽尊裁。前寄刻印清單，係估計全廠工料價值本息之數，爲招商而設。單内云精鋼每噸值銀二三百金，粗者亦數十金，從少牽算每噸作價四十兩云云。精鋼謂外洋極上等鋼及西門士鋼、罐頭鋼之類，粗鋼謂貝色麻鋼，造軌只須貝色麻。尚有熟鐵，價亦甚貴，語意包括在精鋼之内。鄂廠兼有貝色麻廠、西門士廠、熟鐵廠，中國雖不能遽煉外洋百金外之鋼，然能煉值五十金以外之精鋼、熟鐵，故將貝色鋼、西門鋼、熟鐵三種牽算，約略作爲四十金。上下文義甚明，實無鋼軌須價四十兩之語。且此係總計全廠本息之語，並非與購者議價之語。假如有人專購西門士鋼及熟鐵，每噸四十金，豈能造出。尊函訂購貴州熟鐵，每擔三兩，與洋價略等，是熟鐵每噸需五十兩零，顯然可證。竊思精鋼熟鐵之等差價值，尊處無不灼知，請覆檢原單一閱自明。此語原可不必深辯，恐傳説者執爲口實。且橋料等件必有需熟鐵之處，兼之各件工作式樣亦不同，官路局於前單既不分別精粗，統謂定價四十兩，或致將來又謂不論精鋼、粗鋼、熟鐵及各件，統作價三十兩也。總之，無論何種物料，均照洋價，

〔一〕録自《李鴻章全集·電稿二》，第五一九頁，上海人民出版社一九八六年版。原題為「鄂督張來電」。

〔二〕録自苑書義等主編《張之洞全集》第七册，第五七五三頁，河北人民出版社一九九八年版。

〔三〕録自抄本《張之洞電稿·寄外洋電》。

最爲簡明辦法，似可不致歧誤。特再詳陳。陽。

致華盛頓崔欽差〔一〕 光緒十八年十二月初十日發

棉子已購寄，甚感。由何船來，何日可到滬，請查示。孔道於十一月病故。棉子價交何處，電到即送。蒸。

致俄京許欽差 光緒十八年十二月十四日發

江電悉。彎紋板用寬六百密里。鹽。

致俄京許欽差 光緒十八年十二月十七日發

九月接支電，以子架各樣，力拂現無式，想各機尚未開造，是否須購現成架與之仿照，若有式，後須何時匯價，何時造成起運，望確示。槍礮廠經費支絀，新款未收，若展緩至明年下半年交付亦佳。請代酌電覆。洽。

致輪墩薛欽差 光緒十八年十二月十七日發

布局開織，洋匠不敷分教，停機待匠。請飭柏辣代雇織布匠一名，飛速來鄂，期限宜短，工資不妨稍厚。又摩里斯薦伊子來管夜工，并請與訂合同。廠内須添通氣、噴水各機，已電博次照配，請核價代定。諦廠未來各圖，切懇催速寄。洽。

致輪墩薛欽差〔二〕 光緒十八年十二月二十六日發

請向柏辣廠代購twenty of thirty hanks hand reels for ring twist bobbins one bundling press。請迅速購寄爲感。

薛欽差來電 光緒十九年正月初八日未刻到

洽、有電添件已訂。布匠已揀定。摩里斯子在巴西，即來英。好手生鐵匠據馬格里稱，須開爐兩三月前到鄂，裝配方能合法。又難驟覓。現有一人，或先與説定，夏初再立合同亦可。候示。成。虞。

〔一〕以下三電録自抄本《張之洞電稿·寄外洋電》。

〔二〕以下二電録自苑書義等主編《張之洞全集》第七册，第五七五七頁，河北人民出版社一九九八年版。

光緒十九年

致輪墩薛欽差[一] 光緒十九年正月十七日發

電燈匠勇姓去冬回英，機匠羅及則純二名工竣，今日起程，留支薪工均請停止。洽。

致蘭州沈藩台 光緒十九年二月初五日戌刻發

甘省去冬雪大否，祈示。緣楚省漢水爲陝甘下游，須早防也。關外邊界及各營情形若何，電綫何時可接到新疆，并望飛速詳悉函示。歌。

致東京汪欽差[二] 光緒十九年二月初九日發

東瀛消用鋼軌事，如有可圖，切盼電覆。庚。

蔡道致東京汪欽差電 光緒十八年十二月十五日發

洋報載，日廷定議籌欵二萬萬元，添設鐵路，以三分之一購外洋鋼軌，確否。如果屬實，建路擬分幾年，每年購軌備欵若干。此鄂省鐵廠銷路所關，請詳查電示。錫勇。咸。

蔡道致東京汪欽差電 光緒十九年正月十四日發

台函感悉。督憲奏設鋼鐵廠，苦心經營，已閱三載，秋後開爐，日可出鋼鐵百噸，鋼軌橋梁皆能製造。惟慮銷路不廣，致礙大局。茲東瀛有推廣鐵路之議，會逢其適，望公於接見彼都官紳之便，鼎力吹嘘，如集欵事成，在鄂購辦鋼軌橋料貨色，與洋廠相同，價總可比洋廠約省十分之一。如有眉目，鄂當派員來東就議，以期妥速。遵督憲諭奉託，事如可圖，即賜電示。錫勇。鹽。

汪欽差來電 光緒十九年二月十二日未刻到

庚電敬悉。售鋼事疊商當局，層折尚多，另函奉布。藻。文。

致東京汪欽差[三] 光緒十九年二月十四日

鄂設布機千張，已開織，洋匠僅兩三人，不敷分教。東瀛布機廠數十家，熟手必多，請代募織工男匠頭二三十人，通事一人管帶速來鄂，工資每月約二十元，稍多亦可，統請裁酌。合同以半年爲期，來往盤費由官發給。懇速覆，電費將來彙繳。文電悉，售鋼事望速賜函詳示。鹽。

致輪墩薛欽差 光緒十九年二月二十四日發

請向柏辣廠購第五十八號木桿黄綫扣二百五十副，配三十四寸布機用。第五十八號黄綫扣三百五十副，配四十寸布機用。第六十二號黄綫扣六百副，四十寸布機用。第五十八號鐵絲扣二百五十副，三十四寸布機用。第五十八號鐵絲扣三百五十副，四十二寸布機用。第六十二號鐵絲扣四百副，四十二寸布機用。速寄爲感。敬。

〔一〕録自抄本《張之洞電稿·寄外洋電》。

〔二〕指中國駐日本國公使汪鳳藻。

〔三〕以下四電録自抄本《張之洞電稿·寄外洋電》。

致輪墩薛欽差 光緒十九年二月二十五日發

去臘有電請購繞紗打包機，何日寄，祈電示。二月十七日摩里斯寄單柏辣廠，計修補機張零件及油料共百餘種，請核價速購寄。布局時有添件，以後由洋匠開單，局員核明，加蓋關防爲憑，徑寄柏辣廠開價呈核，即請代定，可省逐次電費。有。

薛欽差來電 光緒十九年三月初一日巳刻到

織匠五人日内起程。繞綫、打包機已裝船。鐵廠匠師俟音，如不訂，須他就或先與説明，合同可挪後兩月。火垅製器機應定否。陽電添欵乞匯。成。豔。

致江甯劉制台 光緒十九年二月二十七日發

匡世明及質證等，今日已委員解往續訊，供詞較詳，已併録咨送。該匪極狡，屢向問官云甘一人就死，不累别人等語。江南質證較多，當可得其真情。沁。

致江甯劉制台 光緒十九年三月初六日發

歌電悉。李洪自斃，可恨。然匡匪既認供，只可就匡、徐諸匪研訊確情，亦可定案，望切飭小心防護匡匪，勿令輕生滅口，并望究問光緒十年在閩與翦煌、彭清泉句串洋人謀逆事爲禱。此事重大，兩年疑案得尊處訊出，亦一快也。語。

致日本汪欽差[一] 光緒十九年三月二十五日發

兩函感悉。布局洋匠托大阪英人Loxton代覓織工十名，據覆有願來者，已電令帶至神户領事處商議，請飭領事代訂。工資、預支盤費共需若干，電到即匯。能覓通事一名同來，尤感。有。

致日本汪欽差 光緒十九年四月十一日發

佳電感悉。已飭局照匯六百元。通事、織工到滬，可問虹口義昌成，自能照料來鄂。真。

致輪墩薛欽差 光緒十九年四月十二日發

正月接虞電，織布匠已揀定，何日啟行，請電示。機多，教織甚慢，須再添織布匠三名，懇速雇定，即令附船來鄂。合同最多限一年，能定半年尤妙。鹽。

致輪墩薛欽差 光緒十九年四月二十一日發

篠電悉。諦廠前薦賀伯生迭次酗酒滋事，不得已改用白乃富。刻下兩鋼廠頭目皆比國人。生鐵爲煉鋼之本，若獨用英人，則全廠難於聯絡，且華工在比與郭廠匠目相處日久，可以心手相應，故擬仍用比匠。承預訂畢匠，致有爲難，深切不安，祈酌量資助，以期兩全。馬。

致襄陽朱道台 光緒十九年四月二十一日發

頃接甘肅沈方伯電，云甘肅連日陰雨，河水大漲，本日據報

[一] 以下三電録自抄本《張之洞電稿·寄外洋電》。

已與浮橋面平，計漲一丈餘，與往年伏汛相等，天氣尚未放晴，恐欲再漲等語。近日北路想均有大雨，甘肅水勢既大，襄河恐有盛漲，務宜上緊防護隄工。即覆。馬。

致輪墩薛欽差[一] 光緒十九年四月二十九日發

布局洋匠四名Partington Buckleg Burey Sharrock 工竣回英，留支之欵請停止。艷。

致宜昌蔣鎮、存守、周令光緒十九年五月初八日發

法領事照稱宜昌主教來電，該處羣起揚言，復思滋擾教堂，懇速設法防範等情。前次教案費盡心力辦結未久，豈可事過輒忘，漫不經心。該鎮、府、縣務須實力防範保護，不准稍有疏虞，若再起波瀾，該鎮、府、縣不能辭其責也。庚。

致荆州周道台光緒十九年五月初九日發

太師淵乃明故相張居正墓，聞地頗低窪，墓將爲水淪没。前代名臣冢墓，自應防護。望速飭妥人前往查明，妥爲培護，至要。佳。

致總署光緒十九年五月二十一日發

瑞典國教士前往麻城縣宋埠傳教，地方不願，麻城縣彈壓無事，經江漢關道作函力阻領事，俟地方開導信從，再往傳教。領事已允照辦，該教士旋復執意前往。兹據領事面告關道云，本月十八日宋埠附近郝家鋪，竟聚多人，將教士梅寶善、樂傳道二人毆斃等語。此事是否屬實，其中有無別項情節，已委候補道李謙，會同黄州府高蔚光迅速馳往該處確查起衅根由，將真實滋事凶犯嚴拏訊明懲辦。合先電聞。馬。

致總署光緒十九年五月二十五日發

漾電謹悉。麻城縣被害二教士，均係瑞典人。該國無領事，向由漢口商充德國副領事丁乙尼兼充瑞典副領事。江漢關惲道祖翼屢次函牘力阻，其允關道緩往，係對洋關董委員有此語。三月内覆關道文亦云當詳細諭知牧師暫緩前往。後又云現據二牧師禀稱，準定馳往，未便再行諭阻。五月初覆關道力阻文又云，一俟該牧師來漢之時，即將文開情由諭知。乃該牧師未回而衅端已啟。麻城向無教堂，洋人强欲傳教，携帶漢陽、黄陂教民句串地痞租房居住。時值每年五月，宋埠有龍舟會，聚觀人衆。該處距城六十餘里，教士經該縣多方勸阻，逗留不去。該縣親駐宋埠數日，會營保護。詎會期已過，於五月十八日有鄉人小販路過洋人門首，欲入觀看，被洋人喝令所雇保衛鏢手捉獲四人綑禁，由後門繞道解至縣城。鄉民不知，索放無獲，疑爲已經致斃，立激衆怒，擲石奮擊，將兩洋人致斃。此該縣所禀起衅大略也。凶犯已飭嚴緝。此事洋人十分無理，惟犯不能不緝辦耳。有。

[一] 録自抄本《張之洞電稿·寄外洋電》。

致總署光緒十九年六月二十五日子刻發

朔電謹悉。此案初出，各國教士數十人欲同赴麻城。尸棺到省，多方刁難，均已設法阻止。五月二十八日上海瑞典總領事柏固來見，催辦此案，共言五事，語多憤激。洞告以此事屢經麻城縣稟，闔道勸阻，明知衆怒洶洶，該兩教士固執不返，麻城縣特遣人邀至城内暫住，亦不聽，又復捆人毆人激衆。現訊教士鏢手所供如此。此教士啟衅理曲，惟共毆斃命，中國律例自應懲辦。該領事謂漢口英美各國教士皆爲不平云云，大意恐因瑞典國小，不肯認真辦理。又告以中國辦事只憑情理律例，一秉公平，無論大國小國，毆斃人總必懲辦，但須獲真犯問實情，按情定罪，將來總可對該國，大國亦不畏，小國亦不欺云云。該領事並欲將麻城縣懲處，當即駁斥之。又欲親往宋埠查訪此事情形，亦即力言阻止。又欲許其以後在宋埠地方傳教，亦即嚴辭駁之。又欲索賠欵，當即駁斥，武穴案只是撫恤，無所謂賠，且此案並無教堂失物，將來可酌給撫恤，不得争論。領事意似欣感，謂既如此説，明日即回滬，我亦不向駐京公使煩瀆矣。次日果行。各教士多方唆聳，欲助其在鄂攬擾，該領事謂洞必不欺，伊皆不聽，故彼族未向鈞署言之也。聞瑞典教士電該國外部，謂柏領事過軟，外部不聽。各國教士現又聯名呈懇各國公使爲之助勢。我既據理辦，彼亦無辭也。總之，此案必嚴辦真實凶犯二人，若不抵償，則外人謂畏强欺弱，有失中國政體，一也，且恐愚民效尤，謂洋人毆斃無事，以後接踵生事，後患將不可言，二也。惟此案教士理實曲，應按共毆本律擬絞，若兩犯情節不一，即應分别實緩，情法方允。現據委員及府縣稟，已獲三犯，皆供認在場動手者，餘犯尚有應拏者，俟訊明確實情節定擬再電達。敬。

致輪墩薛欽差光緒十九年七月十九日發

鄂省欲添設紡紗廠，春間柏辣、喜克兩廠司理人來鄂，經局員查詢，四萬梃紗機連汽機鍋爐一切配全，列單估價，約需九萬九千餘鎊。嗣接布魯克廠送來四萬梃估單，價僅八萬三千餘鎊，殆配件有詳略之别。現籌有欵，亟欲定購，懇令前廠開列詳單呈尊處代核。此外，尚令數家開價比較，務祈費神選定一家，實價若干，何時起運，分幾批來，運保共若干，迅速詳晰電示。效。

致總署光緒十九年七月二十九日亥刻發

沁電謹悉。此事法使所言，虚捏殊甚。利川教案上月疊飭據荆州周道懋琦派員往查，暨該縣黄仁崇稟稱，並無紳民擾害教堂情事。法教士田國慶，人尚明白，惟所雇管事教民胡文安舉動狂謬，擅坐四轎，令教民拈香跪接，在南坪、汪家營等處藉教堂爲名，廣置田産，收稞漁利，民教互控，紳民均不願售地建堂。經敝處按照鈞署同治四年與法使議定内地購地建堂辦法，不准置産收稞。又有文生倪贊揚，强勒族嬸賣田，被控詳革，遂唆胡文安兩次至漢造謡聳聽。該縣抄呈民教互控各案判詞，均尚公允。現長堰塘教民毆傷人命，胡又被控，主使教士袒庇，抗不到案，尚懸未結。查教士在内地購地設堂，爲患甚深，若再聽其置産收稞，害將胡底。法約六欵，教士在各省租買田地，建造自便。法文約内並無此等字樣，大是疑竇。查漢洋不符，以法文爲正義，約有明條，惟約章相沿已久，鄂省未便翻異，應候鈞署相機設法更正，

致俄京許欽差 光緒二十年四月二十八日亥刻發

感電悉，當即趕備佳茶二百箱，五月半可發運。請與該商説明，此初次試辦，爲數較少，若妥善，明年總有數千箱。究竟運至何處，託何人，行用若干，幾時可銷完，一切詳細辦法，望速示。儉。

致總署 光緒二十年四月二十八日

沁電謹悉。麻城縣宋埠揭帖事，接各國領事照會，已札地方官嚴密查禁收燬，洋人現無往宋埠信息。該處人民恐再有去年之案，故預爲齊團，自行約禁，非恫喝洋人也。此事只可密切諭禁，不能操之過急，反激事端。麻城情形斷難傳教，故上年與瑞典柏領事切商，二十箇月後如有不能去情形，當由關道照會阻止，柏領事已允。如有他國教士欲往，自當援案勸阻。近日法國教士欲往黄陂縣北鄉傳教，民間大擾，情形甚險，照會領事攔阻勿往，幸已聽允。丹國教士曾在黄州生事，現又欲赴黄州府城傳教，亦經照會領事切阻未覆，或可緩往。此外南北兩省妨傳教，因辦茶，常有枝節，絡繹不絶。此間洋務棘手事甚多，未便一一瑣瀆。總之，揭帖動招洋人口舌，誠屬無謂，在我固應查禁，然教士怵於衆怒，尚稍聽勸阻，或可少生事端，不然教堂愈多，斷難保處處洋人無恙。若再出巨案，各國增加條約，發自行保護之妄論，愈難措手矣。謹密陳。儉。

致江甯劉制台 光緒二十年五月初六日亥刻發

漢口火油池一事，極力設法禁阻，惟現買之地可阻，已買之地難防。四月二十日有致總署一電，不知已電商台端否，原電照録，請查閲。鄙意除此別無良策，即望示覆。語。

劉制台來電 光緒二十年五月初七日酉刻到

電敬悉。尊電各節譯署并未轉商。此間大概以上海油池已有成議，且買回之策聶道早經見及，無奈洋人堅執不從。現據呈防患章程内有設限一條，尚係傅相在煙晤商歐使，始以關道查明如與地方居民并無險害，不得以諸難相阻定議，似難禁阻不在他口仿辦。惟長江各口與海口不同，章程内業聲明卸油後即將船駛出外海洗艙，以免油流入江，汲飲為害，方准再進口裝貨。若長江各口并無可洗艙之處，即係居民險害之確據，或請援此條以拒之。容録章另函詳達。坤。陽。

致俄京許欽差 光緒二十年五月初七日卯刻發

快礮機現訂造幾種，如必須多買數種礮樣，兼有數種礮機，鄂廠方能速成。即請速購定示知，立即匯欵。和局雖訂，兵事未有已時，快礮必須早成爲妙，且須礮廠成功，鄙人方能引退，尤深焦急。此間欵尚充裕，籌十數萬金不難。盼覆。陽。

致荆州周道台 光緒二十年六月初六日午刻發

利川教案，皆因教士置産收稞，袒庇教民而起。條約准其傳教，並不准其置産牟利。孫前令庸懦畏事，有犯不敢過問，從教日衆，恃符抗官，大局不堪設想。黄令守正爲民力矯其弊，雖措置未能盡合機宜，而用意實崇大體，應責令將教案一手清釐。廖令恩樹往查，當不至苟且遷就了事，致貽後患。稟已批發，撮要電達。此電該道即轉萬縣轉寄施南府額守。語。

致天津李中堂光緒二十年六月初六日亥刻發

前由南洋轉來尊電，東事已悉，近日情形如何，祈示。語。

劉制台來電光緒二十年五月二十二日亥刻到

接傅相電，日本調重兵至朝鮮王京，脅議善後，并謡稱將用兵入長江內登岸，自係恐嚇之言，姑密布聞，祈飭各將嚴防云。雖係謡傳，究宜預為籌備。敝處已電知沿江文武水陸各軍，一體嚴防，并飭滬道隨時探報。合電聞。坤。養。

致臺北邵撫台、唐藩台[一]光緒二十年六月初八日未刻發

支電悉。此間窘陋太甚，不便詳言。弟在廣東創設槍彈局，製彈六種，內有毛瑟，每日可出彈二萬，數年來積儲想不少，何不向粵謀之，或購或借，當可行。上海信義洋行有毛瑟四千枝，只有彈八萬。此外地亞士亦有毛瑟數千，曾見其樣，聞其槍尚在外洋，應如何詢購，請裁酌。庚。

致臺北唐藩台光緒二十年六月初八日未刻發

支電悉，懸念之甚。來電俄艦是否倭字之誤，俄甚持重，必不遽與我衅，我亦必不輕與俄絶，臺但防倭耳。此間械輪均極陋，內地新勇到臺亦無用。南洋及粵軍械及船不少，當可商借，請酌之。尊處槍彈機每日總可出一萬數千，近年尚隨時製造否。此時如運軍械，官船商船均可，倭不敢阻。鄙人處此陋區，力不能助，愧歉萬分，祈鑒原，并轉達筱帥。庚。

唐藩司來電光緒二十年六月初九日申刻到

兩電謹悉。倭誤作俄，其艦未見來。南洋撥一兵輪，一運船。鎗與彈極力借購於滬市，滬局差敷衍。臺局彈機加倍造，日一萬有奇。募內地勇及土勇四十營，一月可齊。合舊營雖尚單，布置粗備，勞公藎慮，惶感交深。崧。叩。

致江甯劉制台光緒二十年六月十七日午刻發

銑電悉。現在鐵廠已經開爐，日需鏮煤數百噸，不能稍有間斷停待，一間斷則爐必壞。測海須終日轆轤拖運，實難暫離。江南輪素多，目前滬上防務尚緩，如將來設有緩急時，再當派往。東事實情若何，東洋煤不來，江南水陸日需煤不少，藎慮想已籌及，作何籌備，祈示。洽。

致天津盛道台光緒二十年六月二十日戌刻發

效電悉。日來情形若何，內意及傅相意若何，彼使尚在京否，祈密詳示。號。

盛道來電光緒二十年六月二十二日午刻到

上主戰，派翁、李會議，內外臣尚合拍，惟倭勢猖獗，不受調停，恐弄假成真。使未下旗。宣稟。箇。

[一] 指臺灣巡撫邵友濂、布政使唐景崧。

致東京汪欽差光緒二十年六月二十日戌刻發

倭事日來作何動静，實情如何，請撮要電示。號。

汪欽差來電光緒二十年六月二十三日酉刻到

倭增兵分布，冀抗我師，實則迫於黨議，欲退不得。藻。禡。

致上海趙竹君[一]光緒二十年七月初三日午刻發

速商信義購十五生臺礮五六尊，連彈藥，係礮臺所用，稍舊者亦可，以速爲妙。毛瑟槍五千枝，每枝彈二百，舊者亦可，速復。滬上及北洋、臺灣情形，隨時電稟并函稟。江。

致江甯劉制台光緒二十年七月初四日午刻發

鄂省沿江應遵旨籌防，然并無一臺一礮，何從措手。聞上海製造局内存有八十磅子之礮十數尊，四十磅子之礮數十尊，又三丈長之礮二尊，皆係不用者。江南臺船礮械皆已配齊，既精且多，上海爲各國薈萃口岸，更可無需，可否將三丈長之二尊暫借用，并暫借較大臺礮十七八尊，彈藥照配，以應急需，日後或備價，或還新礮，俱惟命是聽，決不食言。公統轄南洋，上游利害攸關大局，務求俯允，在江南爲不費之惠，在湖北受無窮之益。感禱，望即速示。支。

劉制台來電光緒二十年七月初七日巳刻到

電悉。長礮已安獅子林礮臺，滬局礮位衹存十四尊。倭事日緊，沿海沿江各要隘節節布置，各營紛請添撥礮位，苦無以應。然尊命不敢不勉，擬於滬局存礮内酌撥四尊，已電飭滬局，尊處委員到滬即行撥給。坤。歌。

致總署光緒二十年七月初八日午刻發

據漢口美領事照稱，奉該國公使電，寓華日本商民歸該領事管理等語。查洋報載，中國寓日商民亦託美領事照料，如果屬實，自不能不允，似須訂明日人現寓租界者，方歸管理，仍嚴禁私入内地，以杜奸細。候示遵行。齊。

總署來電光緒二十年七月初九日亥刻到

齊電悉。美國保護安分倭人，及中國嚴查倭人改裝薙髮，業於初四、初七日咨會在案。倭商不能入内地置貨，現既開衅，游歷照自應停發。惟美國保護不分租界内外，但問倭人安分否耳，祈查照前咨辦理。至各國商民教士，尤望切實保護，勿令别滋事端。佳。

致欽州馮督辦光緒二十年七月初八日酉刻發

閲申報，知公因倭人啟衅，致書李筱帥，願率所部征討等語。忠壯之忱，曷勝欽佩。公如精力强健，願以征倭自任，即請速示，弟當代爲上陳，請公率數營來鎮江督辦江防。鎮江乃長江門户，關係大局，恰是公當年立功之地，威望頌聲至今赫赫。近年象山、焦山均建有礮臺，設巨礮，防營亦不少，朝廷甚注意江防，公如到彼，軍心士氣自必益壯。長城之任，非公而誰。是否能來，望速電覆。庚。

[一] 即趙鳳昌。

馮督辦來電光緒二十年七月初十日酉刻到

致書筱帥，無此事。公欲材督師鎮江，足見公忠，欽感實深。但此事不可行，請勿上陳。材前在鎮江督師，係當危急，不得不勉力圖報。現承平，惟楚人可任，他人督師必呼應不靈。材。佳。

致天津盛道台光緒二十年七月初十日亥刻發

劉毅帥足疾，恐難出。宋德鴻已衰老，其營久疲，零星分紮各縣，只能彈壓緝私，皆係湖北土人，未習戰陣，無一淮勇。現募烏合，去亦無益。現擬奏派吴軍門鳳柱帶現有馬隊三營赴津聽用，請轉稟傅相，以爲然否，即候示覆。蒸。

盛道來電光緒二十年七月十三日辰刻到

今有電旨調河南、山西各軍，憲台先派武毅五百人，朝廷嘉悦，傅相感慰，惟人數太少。吴提督素能打仗，能否增挑步隊一千人，星夜北馳，鄂募補甚易。至於餉項，暫時鄂籌較得體，若久駐，可抵京餉，乞酌。宣叩。文。

致江甯劉制台、上海製造局劉道台光緒二十年七月十二日午刻發

電悉。允借四礮，感佩萬分，敬謝。請速飭滬局將彈藥配足，每尊彈須三百方敷用。局存水雷數百，務懇借四十二具，并交委員金甌管帶董大炎速運鄂，并令轉運委員樊棻幫同照料。惟現在同人公商，不揣冒昧，更有無厭之請。聞滬局尚有八十磅克虜伯臺礮一尊，一百八十磅前膛臺礮四尊，均未用，此時江南必無需此礮，可否一併暫借，配足藥彈，此次運來。安定全楚之功，軍民同深銘感。屢瀆愧悚，是否可行，惟聽尊裁，即候速示覆。之洞、繼洵、之春、寶箴同叩。文。

致杭州廖撫台[一]光緒二十年七月十四日巳刻發

光緒十年在甯波礮臺擊退法船之守備吴杰，後陞參將，該員現在何處，浙中必知其詳，請查明速示覆。鹽。

致襄陽吴提台、錫道台、鳳字馬隊三營營哨官、甯都司等光緒二十年七月十四日申刻發

津防需營甚亟，經弟會中丞電奏，以貴軍門淮軍宿將，擬請帶馬隊赴津。十二日奉電旨：張之洞奏，飭派吴鳳柱帶馬隊三營五百名馳赴天津，聽候調遣。著照所請行。欽此。該道迅即飛調馬隊三營，帶齊軍裝馬匹，限五日内齊集郡城，由貴軍門統領，星馳赴津。先帶三月餉項，迅由襄樊附近各釐局撥足。統領公費無多，茲籌撥三千金帶往備用，提督印交中軍封固，代印代行緊要公事，隨時請示敝處辦理。貴軍門現在酌帶空白文書若干件，以備暫用。統領關防或目前即自刊應用，或到北洋請李相刊發，請酌之。馬隊中營營官劉恩榮，調省另有差遣，該營官即由貴軍門選派。其餘各哨官有不願北行者，即另選派。事機緊急，調營及起程須於十日内兼程前進。軍火但儘現有者帶往。北洋精械甚多，自能應付。除咨行外，貴軍門督飭飛速照辦，毋稍遲逾，并

[一] 指浙江巡撫廖壽豐。

將辦理情形先行電覆。該道并電覆。願。

致江甯督署陳臬台右銘光緒二十年七月十五日亥刻發

電悉。江南演礮有準，甚慰。峴帥前借四礮，又借雷藥，極可感，代致謝。金陵局中殘缺水雷甚多，如果修理可用，鄂省當派人赴甯局修之。倭船攻威海、旅順，彼此開礮，未受傷，旋退去，想已知矣。礮事已屢瀆，不便貪求，惟此間船礮只能起一尊，其一礮難起，是田家鎮北岸止有一大礮，太孤。滬局現尚存八十磅子後膛臺礮一尊，似無甚需用之處，可否以尊意相機言之，能再借此一礮，則田鎮完固矣。咸。

致天津盛道台光緒二十年七月十六日午刻發

元電悉。海軍此時是否回威旅，敵船何往，左、衛、馬諸軍接仗否。吴軍門誠健將，惟素帶淮徐豫東之勇，如添步隊，到津後應請傅相酌度飭辦，或電飭其一面派弁往募，此間無北勇也。前聞傅相有嗾英以兵力脅倭之策，此誠奇計，何以中止，務請密示其詳，此時尚能就此設法否。我戰艦過少，倭海面游行，我處處防警，軍火餉項日久難支，此時若得外洋爲助，雖餌以重金，亦爲得計。傅相素能駕馭諸番，有何妙策，祈密示。諫。

致廣州李制台光緒二十年七月十九日亥刻發

楚材輪船已修好，需員管帶。前託署中協楊提督轉懇尊處，派一熟悉輪船之員來鄂，已蒙允許，感甚，即請札委並電覆。再，副將吴元愷，聞現署潮州游擊，想無要事，湖北江防礮臺需人，擬調鄂差委，如蒙允許，請即札委，速來鄂，敝處當一面具奏。盼示覆。效。

致宜昌傅鎮台光緒二十年七月二十一日戌刻發

七月二十一日總署來電，本日奉旨：張之洞電奏已悉。吴鳳柱現在北上，湖北提督著傅廷臣署理。欽此。查吴軍門刻日統軍起程，宜昌鎮現經奏委劉提督鶴齡署理。閣下請速赴襄陽署任，鎮印暫交中軍封存，不必候劉署鎮到宜。除咨達外，特電知。即希電覆。馬。

致總署光緒二十年七月二十三日申刻發

江漢關税務司穆和德稱，日本無理占踞朝鮮，狂悖殘暴，其擊沉高升英船一事，尤爲英人所切齒，英廷必不干休，作何動静，目下尚未定議。而日本則賄屬各洋文報著論，曲爲解説，顛倒是非，一若其曲全在中國者，最足惑人聽聞，中國不可漠然置之，不爲辨正。英爲君民共主之國，日報之議論實能動人公憤，擬請鈞署電龔星使，速延英國文人著論刊入英京泰吾士日報，聲數日本占踞朝鮮之罪，其擊沉高升輪船，實屬藐視英國，以激動英人公憤。須趁英廷未定議辦法之前刊印，方有益處。英廷辦理此事，畸輕畸重，全視公憤爲轉移。使英有切責日本之言，日人自不敢肆無忌憚等語。所陳不爲無見，謹據情電達，請裁酌。漾。

致上海宗令得福光緒二十年七月二十四日亥刻發

聞滬件已裝齊，火藥斷不宜裝在一船，關係甚大。最好將火藥設法暫寄滬局，另派船往運。若無處可寄，則將礮件移過楚强，諄飭剥船一路不准炊爨，以乾點代飯，酌留二三人管舵，其餘人夫均坐楚强，輪班替换，火燭格外小心。總之，火藥與各件萬不准共裝一船，各事務宜慎密。如何辦法，即刻電覆。敬。

致總署光緒二十年七月二十六日酉刻發

倭人薙髮改易華裝，潛入内地探我虚實，專作奸細，事未敗露，難辨其爲安分與否，最爲隱患。近日疊接南洋來電，鈞署來咨，當經嚴密飭查。二十四日未刻，有倭人薙髮改易華裝，在漢口租界外行走，營勇向前盤詰，正欲查拏，該倭人即持刀抗拒，避入租界，英美領事不肯交出，謂係日本安分人，即時護送其登輪往滬。既係安分，何必改裝，情弊顯然。擬請鈞署知照美使，日本人現在中國無論是否安分，不准薙髮改用華裝，如查有華服倭人，即照奸細拏辦，切囑美領事不得袒庇，庶免混迹内地，洩我事機。宥。

劉制台來電光緒二十年七月十八日未刻到

滬道電，倭人在滬向設有日清研究所，約七八十人，五月以前陸續散去，聞多改作華裝及僧服者，分赴北京、津、煙、江、浙、蜀、鄂、閩、臺各處，蕪湖尤多云。請飭屬一體查拏。坤。嘯。

致俄京許欽差光緒二十年七月二十八日巳刻發

倭事日急，重兵東征。聞渠欲以大枝陸軍内犯，北洋尤緊要。大患是無軍火，宣戰過速，無從購買。聞德國不禁軍火出口，望閣下與各廠設法密商，購毛瑟二萬枝，彈千萬，六七生車礮百尊，藥彈二萬，出由德國徑運至廣東省城，將來由粤省内河水運，由贛水至九江，由衡湘至武昌，均可再陸運北上，雖遲郤可必到。重價不惜，新舊不拘。如議有辦法，當奏撥的欵。切懇速籌示覆。儉。

致天津盛道台光緒二十年七月三十日戌刻發

本日電悉。因電旨催吴、魏甚急，旨又云北洋各口須添兵，故疑倭有内犯消息耳。北洋添兵係紮何處，傅相必與閣下議及。近日陳湜、程文炳、魏光燾皆驟募多營，内意欲遣赴朝鮮乎，抑防北洋乎。宣化鎮王可陞尚健否，何以未議用此人。敝處所舉張、潘兩鎮，及蔣、丁、覃三鎮，不知已調幾人，祈速示。尊處能設法與洋行商密購軍火否。卅。

盛道來電光緒二十年七月三十日申刻到

倭添兵皆赴韓，三面海口有船，或守或游，水路布置甚密。其謡言内犯，意在牽制，似無餘力及此。宣稟。

盛道來電光緒二十年八月初三日午刻到

旨催各軍俱為援朝，北洋各隘已招募填紮，不留客軍。王可陞帶練兵亦赴韓，憲保張、潘已調，因相距太遠奏緩，洋軍火能購而運費太鉅。宣稟。

致臺北唐藩台光緒二十年八月初三日巳刻發

東電悉。布置密速，佩慰。三十萬購械並不爲多，惟增五十營，餉仍可支，此則尤佩藎籌矣。臺防總須作一年計，就地籌捐尚易否，臺防喫重者幾處。倭向來必仰給臺米，此時禁米確能困彼否，劉淵亭到臺否，帶若干人，祈示。沃。

唐藩司來電 光緒二十年八月初二日丑刻到

放手增五十餘營，合舊有約八十餘營，購械用三十萬兩左右，將運齊，布置尚密。惟籌澎未滿意，然已排衆議為之，敵至差可拒。不封口，餉可支，封口則難，非借債不可，已豫籌未辦。景崧叩。東。

唐藩司來電 光緒二十年八月初四日亥刻到

臺不封口，就地籌財，九箇月十箇月可支。現為封口慮，請借洋債百五十萬，批未回，能借華債更好。幸因鐵路所留海防捐，約收百萬為止，已得四十萬，購械賴此。臺喫重為基、滬、安、旗四大口，最要澎湖。澎、基能保，敵無停泊多輪處，不能困我。惟澎孤懸，易斷接濟，澎失不獨為臺害，南洋各省俱不安，以敵有巢穴，出而擾我沿海甚便，即不得手，有澎可歸，我無兵輪，坐視盤踞。嘗謂敵必争澎，而聞者不信，事不盡由己布置，終未滿意。基隆口門寬深，易進輪，亦難守，幸由基至省六十里，有山險可扼。此外港汊多，均宜防，八十營尚非甚密，惟礮臺水旱雷粗備，較昔防法，差有把握。倭不仰臺米，臺北米少，尚需外購。淵亭只新募兩營，本日由汕起程，筱帥電奏，請飭逕赴臺南。景崧叩。支。

致臺北唐藩台 光緒二十年八月初六日巳刻發

現與洋行密商，外洋現有奥國五響曼立夏快槍六千枝，每枝二十二兩，無煙藥彈子三百萬，每千顆五十四兩，皮件二兩八錢，共銀三十一萬八百兩，七日内現有便船，即可搭船密運，限兩箇月到滬，可省水脚。價係一定，先付現銀，不提兵險，俱有他處合同成式，特奉達。此項槍極精，而價太貴，時勢使然。尊處如需用，似可酌購二三千枝，望速與筱帥籌商。其洋行名此時未便宣露，如尊處願辦，當再詳電，請尊處電派妥員與之議合同等事也，務望秘密，速覆。語。

唐藩司來電 光緒二十年八月初七日未刻到

電示呈商筱帥，謂械誠好，惜價貴，難購，鈞意良可感云。景崧叩。陽。

致廣州李制台 光緒二十年八月初八日午刻發

電旨令魏光燾募營北上，急如星火。鄂素少軍械，且須辦江防，無從購覓。屢次奉旨飭催，不能不爲之妥籌。因思粤省軍械素多，除上等精槍外，士乃得最多，改毛瑟亦不少，亦係後膛，粤省不甚重之，祈撥給兩千枝，彈一百萬，敝處當設法領運回鄂，或付價，或還槍。此係奉旨催募之營，部可發欵也，否則奏明係尊處協濟亦好，悉聽尊裁。再，粤省槍彈局每日可出槍彈一萬數千顆，存儲必多，趕造亦易，務祈飭局迅即撥給毛瑟彈一百萬顆，黎意彈二十萬顆，飭局開價照匯，作爲湖北附造。弟已在外洋訂購毛瑟數千，彈數百萬，訂明逕運廣東省城，兩箇月可到，並無兵險，到時如數歸還，此不過騰挪數月耳。如蒙允許，曷勝感禱。即示覆。庚。

致江甯劉制台、上海製造局劉道台光緒二十年八月初八日午刻發

電旨屢催魏光燾募營北上，急如星火，但湖南並無後膛槍，湖北亦甚少，僅有林明敦數百枝，彈太少。上海製造局此槍素多，江南各營久已不用此槍，祈飭滬局及金陵局查明，如林明敦尚有積存，望撥給一兩千枝，彈一百萬，即當派員往運，似於江南防務無損，而魏軍可以成行。究竟有勝於無，不然新軍無械，不成事體。應付價若干，示知照付，當奏明係尊處籌濟。祈速示覆。庚。

致廣州李制台光緒二十年八月十二日辰刻發

真電悉。允撥士乃得二千，彈百萬，又黎意彈二十萬，感甚。請即飭局照數密行點交粤省瑞記洋行，自可密運到滬，鄂省無須委員。文。

致俄京許欽差光緒二十年八月十二日申刻發

庚、佳、齊三電均悉。初十日已電奏，頃總署文電開：本日奉旨，張之洞電奏許景澄訂購槍械一事，現在北洋需用甚急，所訂尚屬合宜。著張之洞即電知許景澄照辦。能與訂明徑運天津，更爲省便。其價銀已諭李鴻章撥付矣。欽此。即請照行，并與商徑運天津，尊處即徑電覆總署，訂妥後，一面電告敝處可也。如有未盡事宜，可隨時與總署、北洋電商。敝處電奏内係總言精槍一萬三千枝，彈六百五十萬，連珠快礮八尊，約價二十四萬兩，先付定銀約七萬兩，運費未言及細數，由尊處咨報等語，并聞。快礮如可添購，似無妨多購，北洋訂械早已知之，此物不厭其多也。文。

致臺北唐藩台光緒二十年八月十四日午刻發

營多不如械精，減五營即歲省十八萬矣。有十響快槍一千枝，快礮十數尊，一營便當十營用矣。尊處新購各械係急就章，恐未能一律精美，如閣下尚須上等快礮快槍，鄙人當爲設法密購，即示覆。前電所言滬價太貴，現又訪得貨精而價稍廉者。鹽。

致天津李中堂光緒二十年八月十六日亥刻發

許竹篔星使購械事，電旨令尊處撥欵，不知已匯否。尊處雖已定購，此物不厭其多，管見以爲宜速定速運，將來可奏明分發各省，繳欵領械，事甚易辦，於部欵無損也。祈示覆。諫。

致天津李中堂光緒二十年八月十七日巳刻發

篠電悉。敝處所以訂此械者，本爲前敵諸軍計，至前電繳欵領械一説，乃指軍事平後而言，故云將來也。洽。

致天津盛道台光緒二十年八月二十日亥刻發

號電悉。我軍水陸皆挫，焦急憤歎。鎮、定二鐵甲此次臨陣否，倭沉三船確否，或云丁受傷，確否。銘軍、宋軍全調援遼，津防、旅順似太空虚，新募各軍恐到防尚早，殊爲懸系。倭人秘謀擬向何處，祈覆。號。

盛道來電光緒二十年八月二十日午刻到

倭兵十六進平壤，左鎮寶貴陣亡，葉統各軍退守安州，尚恐難支。十八，大鹿島外海軍遇倭船，苦戰三時，致遠沉，經遠火，超勇、揚威擱沙，倭沉三船。現調銘軍、宋軍六千五百人去扼安義州。宣稟。號。

盛道來電光緒二十年八月二十三日酉刻到

平壤先勝後敗，各軍退至義州。鴨緑江無險可扼，生力軍只有銘部十營，宋去尚早，恐難抵五萬倭兵。海軍只剩八船，尚須大修。倭沉三船，未悉破其精鋭否，彼船多，尚敢出來。此後海阻，人械糧餉均須陸行，緩不濟急。宣稟。漾。

致廉州署北海鎮李光緒二十年八月二十日亥刻發

倭寇猖獗，我軍海陸皆不得手，盛京喫重，津防亦緊，朝廷催調各路營勇甚急。鄙意擬速練一軍，備畿輔有警入衛之用。特密商閣下，如願率軍北上，建立奇功，擬奏調來鄂，募淮勇數營訓練備用，如不願則止。祈示覆。號。

致柏林許欽差光緒二十年八月二十一日午刻發

巧電悉。小口連珠槍二千，無煙彈百萬，即照定。本日已交德華匯定銀二萬三千兩，其餘給息緩付。祈設法妥速運漢口，須約一限期。快礮議妥否，茶已銷出否，價若干，并示。馬。

許欽差來電光緒二十年八月二十四日巳刻到

七萬馬收，槍已定。茶嫌少香，照本售一半，餘候銷。澄。

迴。

致天津吴撫台〔一〕光緒二十年八月二十二日未刻發

聞又調銘軍、宋軍東征，老勇愈多，新募各軍有到者否。此時似宜慎固津沽及盛京，倭勢日熾，必將深入，傅相與公意若何，祈密示。養。

吴撫台來電光緒二十年八月二十三日酉刻到

盛京門户喫緊，相請派員督辦奉防，未奉旨。漱。漾。

致俄京許欽差光緒二十年八月二十三日亥刻發

頃奉電旨：許景澄訂購槍礮何時起運，何時可到，迅即電詢覆奏。欽此。祈速覆。漾。

致蘭州楊制台〔二〕光緒二十年八月二十四日寅刻發

尊處購信義洋行克虜伯快礮十二尊并彈，目前即過漢口，湖北現辦江防需用礮械，倉卒無從購覓，擬懇暫留借用鄂省。現已令該行照尊處原式再購十二尊，限五箇月到，到日將新礮解還。甘省西北，邊防静謐，數月内必無事，如數月内甘省有急需，仍將原礮解還。一轉移間鄂省受益良多，至感至禱。特奉商，是否可行，祈即示覆。敬。

〔一〕指湖南巡撫吴大澂，時奉旨率湘勇四營駐紮直隸樂亭。
〔二〕指陝甘總督楊昌濬。

楊制台來電光緒二十年八月二十六日辰刻到

敬電悉。快礮十二尊并彈，可暫留借用，仍請如限購還。濬。徑。

致天津盛道台光緒二十年八月二十四日巳刻發

北洋定快船，曾見部咨。係幾船，大小若何，何國所購，何時可到。或云尚未購妥，確否，祈示覆。來電言倭爲脅和計，彼妄想甚大，斷不肯和，必須苦戰耳。敬。

致柏林許欽差光緒二十年八月二十六日申刻發

鄂省擬再購小口徑連珠槍三千枝，每枝配無煙子五百，照前定之二千枝辦法，先付定三之一，餘給息緩付，祈速照定。連前二千枝，共五千枝，趕附頭批船徑運漢口，如趕不及，即附二批船，漢口如不能到，運滬亦可。祈速電覆，至感。再德國尚有舊式十響毛瑟及單響毛瑟否，價若干，並祈查示。宥。

致柏林許欽差光緒二十年八月二十八日酉刻發

鄂置力拂礮機，僅能造六生至十生半小礮，無甚大用。現擬一律改作新式快礮，應添何機，請商力拂估價速覆。又前定礮彈機無造礮彈尖頭碰火之機器，請添定速寄。儉。

致總署光緒二十年八月二十九日子刻發

聞南省各關有洋人數名，已抵上海，欲往北邊投軍。上海稅務司忽接總司電，飭各洋人即回各關，不准投效軍營。查赫總稅司受恩深重，斷無不助中國之理，所以電阻關員報效者，必迫於各國公使謹守局外之議，不敢公然違拗。查各關洋員有熟諳槍礮兵法者，頗不乏人，若能就地取材，亦足以資臂助。請鈞署轉飭總稅司，凡在各關當差人員，有願投効軍營者，准其暫行告假，事後皆准回關當差，不必提出洋員字樣，則各國公使無可藉口，而法令出自鈞署，赫德不得不從，可免各公使見責。此事關係頗要，請速酌辦示覆。儉。

致江甯劉制台光緒二十年八月二十九日酉刻發

津防、關防、遼防處處緊急，新募諸軍到尚早，且未練，亦恐難恃。中國不憂無兵，而憂無將。不憂無餉，而憂無械。湖北貧狹，鄙人庸陋，公有何良策，望早籌之。盼示覆。豔。

致俄京許欽差光緒二十年八月二十九日戌刻發

此時惟購船最急，不添船，瀋陽、榆關危矣。若無現成者，何以前數月北洋奏定快船，想是中變，其中窒礙隱情何在，望確探示，以便設法疏通，足下能向奥日義和諸國謀之否。此事功在社稷，如有辦法，僕當助公奏請。盼覆。豔。

致俄京許欽差光緒二十年九月初一日戌刻發

稅司言南美洲如秘、麥、智、阿諸小國，不拘公法，餌以重利，必可購船，并肯助人等語。各國使臣、商人有在俄、德者，望與密商，經手人優與獎賞。盼覆。東。

許欽差來電 光緒二十年九月初六日未刻到

購船非無船，實難出口，無他故。南美諸國太隔膜，無可辦。澄。支。

致天津蘆台行營湖北提台吳軍門 光緒二十年九月初二日辰刻發

廿八電悉。貴營馬槍不精，似宜請傅相換發後膛馬槍，方能得力，要緊要緊。大沽、小棧、蘆臺一帶，現有馬步若干營，係何人帶，並望速示覆。沃。

致江甯劉制台 光緒二十年九月初二日辰刻發

東電悉。鄙意因近畿及瀋陽緊急，故奉詢台端有何籌備之策耳。倭鋭意以陸兵内犯，我老營頗少，竊深過慮。沃。

致天津盛道台 光緒二十年九月初二日亥刻發

旨有津防緊急字，倭寇有何確音，天津情形如何，務望速示新舊已有若干營。總之，若俟劉、余、魏、陳諸軍禦敵，恐來不及，須就現有之營籌備。傅相想已有成算，祈見示。切禱。沃。

致天津湖北提台吳軍門 光緒二十年九月初三日巳刻發

電旨云津防緊急，是否倭有犯津之信。蘆臺地勢，馬與步孰爲得力，尚有他軍幾營。新募南省各軍一時難到，且皆係新招未練，奔馳未定，恐難得力。貴軍較單，擬請公訪求天津一帶將弁，并令劉恩榮物色天津將弁數人，麾下選定。速募津勇數營，或參以直隸、山東勇亦可，取其近而速，統歸部下，鄂省供餉。鄙意爲募用津勇助公成功起見，既可應急，且開風氣，事平易遣散。若募他省勇，則諸軍人才濟濟，且遲延無濟於事，可不必矣。望即示覆。江。

致桂林張撫台、馮祥蘇督辦〔一〕 光緒二十年九月初四日巳刻發

湖北、湖南防營近奉旨調赴北邊者，馬步五起。鄂省軍械素缺，既須發交各營帶往應用，兼之鄂省正辦江防，新添數營，有軍無械，十分爲難。弟在粵時飭存南甯府後膛槍甚多，敢請暫行借撥毛瑟槍二千枝，彈一百萬，委員由水道經湖南運鄂。如南甯所存不敷，請熙帥就各營收回若干，共湊足兩千之數，運費鄂匯。弟已在外洋定毛瑟數千枝，三箇月必到，言明逕運廣東省城，可保險，到日如數解還。此語確實無欺，一轉移間於桂無損，於鄂有益，於北上諸軍有益，感激切禱。緣外洋購槍甚易，惟運上海則不保險，故甚難耳。弟在粵時，竭全力以籌濟桂省餉械，兩公所深知，今日奉懇，諒蒙鑒察，萬望勿拒。協餉已飭即匯二萬兩，公能體鄂艱，弟必當額外力籌多解，以報盛誼。盼速示覆。豪。

致柏林許欽差 光緒二十年九月初四日亥刻發

漾電請購小口槍坯五千枝，祈速購定，匯價起運。鄂廠十月

〔一〕指廣西巡撫張聯桂、提督蘇元春。

初即修好，可自造，取用不竭，惟鋼係初煉，雙層管難造，故須購單層管之槍料。速示覆。支。

許欽差來電 光緒二十年九月初九日戌刻到

力拂稱槍機造單管稍費事。槍坯屢催尚未覆。毛瑟別覓未有。澄。霽。

致江甯劉制台、成都劉制台 光緒二十年九月初五日午刻發

部咨有鹽務省份每斤加制錢二文，以佐軍需，軍務一平，即行停止。當經電詢户部，是否衹就産鹽之兩淮、四川等省而言，抑行銷省份一律加收。兹於本月初四日准户部江電開：鹽斤加價，在産鹽省份售銷，由本省加收，在外省行銷，由外省加收，無論産鹽及行銷省份，衹加一次，不重加收等語。所有川、淮鹽在鄂省行銷者，自應遵照户部電示，由鄂省加收。江南、四川係産鹽本省，應請免其重收。除咨達外，特電達。歌。

致天津盛道台 光緒二十年九月初五日午刻發

東電未得復，悶悶。敵信久寂，必有詭謀。水陸何處喫緊，威、旅及大沽外並鴨緑江外，何處有倭船游弋，新募淮軍及他軍已到幾營。聞有星使赴津，確否。務懇速覆。歌。

盛道來電 光緒二十年九月初六日午刻到

寇已入義州，鴨緑江、九連城必失，兵單氣餒，難望戰勝。倭船游弋，旅順甚危。蔣尚鈞、程之偉、陳湜已到，新募卅營，皆填紮，祝帥僅統四營赴連城。新募太遲，兩月内必有惡耗。桂公帶神機營到通，料即星使耳。宣稟。微。

致濟南李撫台[一] 光緒二十年九月初五日未刻發

江電悉。東省煙臺海防喫重，自以利器爲先。來電情形，聞之駭然。僕在粵購槍礮極多，今日不能過問，到楚後貧陋非常，安得有欵購槍。目前江防已甚爲難，内地無從購覓。煙臺歸北洋統轄，尊處如需軍火，應奏請飭北洋分撥，一面電懇傅相，乃一定辦法。今日陸戰尤尚快礮，一分鐘能放四十出，尤猛尤捷，更勝洋槍，若籌軍火，必須兼購快礮。再，若慮北洋不能多撥，請籌備數萬金，洞當爲公設法向外洋購覓之，但須三箇月到。此時價又加貴，斷不能惜費，可奏動正欵，總須十萬八萬，少亦無濟也。或辦或否，統聽尊裁。惟兵事尤貴得人，尊處帶營者是否得力，惟公慎選之。煙臺海濱無礮臺，專恃陸戰，無險亦須設險，方有益東省。有良將否，並示。歌。

李撫台來電 光緒二十年九月初四日午刻到

秉衡昨日出省東，往海上視軍。此間軍械，後膛槍僅存千餘桿，又次之次者，無以制敵。憲台在粵在楚廣購洋槍礮，無不精絶，自以全局統籌為己任，敢求多賜撥借快槍毛瑟等槍，並帶遏碼，俾舊屬得措手。回憶關諒克捷，庸能刻忘所自耶。秉衡謹稟。江。

[一] 指山東巡撫李秉衡。

致江甯劉制台光緒二十年九月初六日子刻發

歌電遵即分催。陳軍遲緩之故不可知，惟遠隔大湖，實亦不易。鄂省大小七輪，全行派出，三過湖迎拖，四駐岳接帶到鄂，分拖劉、陳、魏、余四軍，恐須下旬方畢。近日多風雨，尤滯，頗有失事者。總之，湖南無電綫，漢口到京無鐵路，一有海防軍務，處處掣肘矣。歌。

致馮祥蘇督辦光緒二十年九月初六日卯刻發

接丹帥電，邕局毛瑟無存，僅存士乃打二千，可否請將此項士乃打二千暫發各營，將各營毛瑟收回二千解鄂濟用，三箇月後新購毛瑟必到粵，即分還貴營，當不至誤防營之用。將來敝處必須奏明，公毋慮爽約也。語。

致江甯劉制台光緒二十年九月初六日未刻發

承允滬局代造四礮，感甚，謹築臺以待。前電請飭滬局代造毛瑟彈五十萬顆一條，未蒙示覆。滬局日出彈九萬顆，五十萬僅六日工耳，似甚不難，祈俯允，速飭滬造爲禱。語。

致濟南李撫台光緒二十年九月初六日未刻發

敝處正在購械，請速匯三四萬金至漢口，當爲公一併定購毛瑟槍三數千枝，快礮十數尊。山東既無礮臺，快礮放速而及遠，可抵中等臺礮用，每尊連彈二千數百兩，毛瑟每枝連彈五百顆，廉者十四五六兩，貴十八九兩。連珠數響者爲快槍，新式快槍每枝連彈廉者三十餘兩，貴五十餘兩，託星使較廉。或星使，或洋行，多方搜羅，不能執一。星使可先付多半或少半，洋行則起運全付，約三箇月到上海，公可派員在滬候，轉運清江，陸運濟南。電不能詳，公如願買，僕隨宜酌辦，與湖北自用者一律可也，價日長，現貨日稀，速酌示覆。語。

李撫台來電光緒二十年九月十六日申刻到

歌、語兩電敬悉。今晚附片奏請動正欵三萬兩，購辦槍礮，並即電知湯藩司，如數匯漢口呈交。祈賜附購快礮二尊，毛瑟千枝，快槍三百枝，各帶子碼等件。此專練一枝遊擊之軍用，不敢多購，實一時力不及也。衡稟。

致廣州李制台光緒二十年九月初八日子刻發

總署來電，本日奉旨：廣東記名總兵廣州協副將李先義、崖州協副將吴元愷，著調往湖北，交張之洞差委。欽此。陽。等因。特奉達。請速電飭李鎮等，酌帶真實得力之弁及好礮手，速由海道來鄂爲感。陽。

致天津李中堂、盛道台、吴撫台，江甯劉制台光緒二十年九月初八日午刻發

陳軍、劉軍、魏軍、余軍、熊軍絡繹東下，需輪速送。鄂大小輪七，全行派往湖邊接續拖帶，再無一輪。軍情萬緊，旨催嚴急。昨已電商杏孫，未得覆。請傳相飭招商局派兩輪星夜來鄂，分別運送上海、鎮江，甚爽速，若無輪，洞雖日日飛催無益。商局輪閒駐無事，擬借撥兩月，經費可開報請銷，如必不行，鄂省出費亦可。無論如何，速派輪來爲禱。請速覆。庚。

李中堂來電 光緒二十年九月初九日辰刻到

今早盛道接尊電，已電滬局派兩輪星夜赴鄂，聽候調用，船價由局援案報領。惟送滬者，須不著號衣，不帶軍械，充作商民，附搭洋輪來津較速，每船可裝三百人，不聲張，或無阻。送鎮江者，由旱道來。鄙見劉、熊兩軍係老營，航海速來，可資急用，新募不妨由陸。乞酌行。鴻。齊。

致天津湖北提台吴軍門 光緒二十年九月初九日未刻發

津勇如可用，可速募兩營，以應急需，餉由鄂籌墊三箇月，將來須奏撥一欵，但須懇傅相發好槍方有益，將來鄂省購槍到，仍解還。襄陽招隊，遲緩難辦。佳。

致天津吴撫台 光緒二十年九月初九日未刻發

庚電悉。奥精槍誠佳，鐵營正需此，擬購槍一千，彈百萬，並快礮六尊，彈六千。惟鄂省事萬分難辦，且京城總謂洞是好亂花錢之人，請必不允。若由公電奏，聲明係豫爲鐵營買槍，請飭湖北認出此欵，准湖北息借商欵應用，此槍斷不撥與他軍，事必可行，勝於洞自奏。此時須付定若干，何時付清，祈示。但欵係鄂籌，必須歸鄂軍用，萬望勿撥與他人，切禱。再，近日陸戰快礮最要，奥、德快礮俱佳，大約每礮一尊並彈一千，需四千數百兩，六尊爲一營，廿四尊共十二萬餘兩。一快礮勝於百快槍，可以及遠攻堅。公眷注優渥，可力陳續請部欵，或向北洋借，如必不行，似可少買槍二千，改買快礮。請裁酌速覆。佳。

致天津盛道台 光緒二十年九月初十日未刻發

旅順現紮幾營，係何將，較山海關尤要。若無旅順船塢，則船不能修，雖有船不能戰矣。我有數船，則寇雖欲犯榆關、津沽，終有顧慮，自然無虞，必須以全力爭之。傅相有何籌畫，務祈速示。蒸。

盛道來電 光緒二十年九月十一日申刻到

憲台何日起節，輕裝航海無礙。鐵字四營巧捷，方能濟急，若候新募六營太遲矣。奉直兵力甚單，若無急援之師，兩月内必有惡耗，望力勸諸軍不可照尋常行軍從容不迫。宣稟。同莘按：是月初十日有旨，令公入覲，故盛電有何日起節語。

盛道來電 光緒二十年九月十二日巳刻到

榆關已有卅營，尚可敷衍。旅順、大連灣前有礮臺，後乃金、復，守兵無多，船塢尤為所忌。目前無兵可調，九連城除潰軍不計外，只有銘軍、毅軍，不及萬人，亦無兵可添，舍湘軍實無可望。宣。真。

致山海關吴撫台 光緒二十年九月十二日酉刻發

湘軍到齊尚早，且有槍無礮。敝處本有礮隊一營，加以新買之礮，共有克虜伯車礮四十六尊，内有快礮十二，擬湊足三營。其輔礮之槍隊，係黎意千枝，派副將吴元愷統帶，名爲愷字營，馳赴山海關協防，歸公調遣。鄂省發三箇月餉，以後即歸尊處奏請發餉，似甚相宜，特奉商，如願要，即電奏派往。速示覆。文。

致山海關吴撫台光緒二十年九月十二日亥刻發

文電榆關情形具悉。熊、吴兩軍槍共二千，代訂，感感。公電奏如何措詞，祈密示。海岸百五十里不易防，洋划必有快礮。似宜速督勇丁並雇民夫，星夜開濠三重，外一層引水注滿，後兩層就濠土作矮牆，伏兵放槍乃穩固，前濠低，後濠高。譯出外洋論陸戰書，其禦槍礮專恃掘濠築矮土牆一法，各國皆同，並無巧法，幸加酌采。文。

吴撫台來電光緒二十年九月十二日戌刻到

榆關臺堅礮利，卞鎮四營可守，惟關外至望海甸百五十里，處處皆可登岸。現設馬撥三十段，軍令夜巡勤探。步隊只有豫軍蔣尚鈞四營，如槍隊密布，專打洋划，不令登岸，尚有把握，湘軍械到，可與蔣營協守。倭來必夜渡泜河，賈鎮、北塘、吴鎮有警，皆可速調。澂。文。

吴撫台來電光緒二十年九月十三日酉刻到

文電商調愷營礮隊，禱祀以求，請即電奏榆關，即無事，奉必有警，兵齊力厚，可備東征。電奏鐵營需械，代定奥槍二千，每桿帶彈一千，應付價銀，請飭尊處由湖北息借商欵内籌撥，當有電旨到鄂。開濠築牆當分段酌辦。澂。元。

致江甯劉制台、廣州李制台光緒二十年九月十三日辰刻發

戰事日急，軍火日缺，此時必應多購，以濟近畿各軍，爲功不細。以後價日貴，運日艱矣。鄂欲多購而無力，江粤地大物博，粤購尤便，可保險運至廣東省城。兩公關懷全局，務望速籌。寇患日深，朝廷必再有徵調，恐無以應之，且冬令南洋亦喫重。管見是否，請酌。元。

致山海關吴撫台光緒二十年九月十三日辰刻發

關内外沿海平衍，惟有以車礮隨敵迎擊，可以禦之。北洋車礮甚多，宜商傅相速撥數十尊到關，槍隊不足恃也。敵北則隨之而北，敵南則隨之而南，可以兼顧數處。公任河督時，洞曾由粤撥毛瑟千枝，今當仍在河上，無所用之，貴軍槍少，似可電奏調取，十數日可到。元。

致俄京許欽差光緒二十年九月十三日亥刻發

力拂小口槍，請連前二千，共定三千枝，每槍千彈，共彈三百萬運滬。快礮酌定，均定期速起運，千萬勿遲。定銀三分之一速核示，即匯槍彈全價。原訂給息緩一年，現已奏准，擬有的欵。擬槍彈價全付，而以架彈三機尾數冬月卅届期之欵展緩一年，務請與力廠商允，速覆。元。

致北海鎮李鎮台先義光緒二十年九月十五日戌刻發

震電悉。閣下意欲募粤勇，用粤將，與鄙意合。粤勇敢戰，不避礮火，習見洋人。來電所舉陳榮坤、莫善積、王輔文三員皆好，僕所素知。擬奏請閣下選粤將，募粤勇五營，閣下自統帶，由江西内河出九江北上。請部撥的餉軍械，已籌有辦法，俟奏准後電知。尊意如爲然，即速豫爲籌備候旨，台駕即可帶營同來，不必先來鄂。即速覆。咸。

致廣州李制台光緒二十年九月十八日戌刻發

兩電悉。陛見之旨已奉到，刻須料理湘、鄂各軍北上，各軍行後方能啟行。又有經手購槍礮鉅款，需餉甚鉅，倉卒難籌，焦急萬狀，行期尚須旬餘。諫電深切時弊，自當留意。嘯。

李制台來電光緒二十年九月十七日申刻到

前承示，謂宜多備洋槍，心甚韙之，而力未逮。此事謀於平日原非甚難，及購船置械，言者條陳無用，即禁之，裁勇提銀不留餘地，迨事變猝臨，敝省遠濟畿輔，近籌防務，杼軸已空，何暇為此。至於任事需才，道在激勸。近年奬章繁密，動虞觸礙，而部中徇言官之議又加甚焉，一人不合，罪及全案，駁而復奏，罪及薦者，此二百餘年未有之科條也。虛榮加人已難鼓舞，併此靳之，何以使衆。我公入都，晤當道諸公，希切實陳之。瀚。諫。

致户部光緒二十年九月十九日申刻發

真電悉。購槍礮係借糧道庫兵米欵十萬兩，宜昌關税十萬兩。糧欵係備本省兵米之用，餘存尚多。總之，斷不至誤撥兵米，宜關奉撥内務府經費仍解，斷不截留。所借動兩欵，皆與奉撥解部欵無涉，擬俟從容籌捐歸還。至槍礮已定者，共約需銀四十二萬，除借糧、關二十萬外，尚有廿二萬無著。起運即須付價，間有貨到付者，或託出使大臣訂，或洋行訂，催索甚急，務祈速撥的欵，以備速匯應急。前兩月有訂購數千枝，以無欵該行另售，至今悔之，若有欵此時將到矣。鄂省貧窘萬分，尚認借墊籌捐鉅欵，以供前敵，他省博大殷富，似可酌令分任，庶免專令貴部爲難。應如何辦理，請裁酌。洞北上後，即奏交江漢關道惲祖翼經理，以後仍稟明督撫奏咨。此項所買槍礮，皆爲北路諸軍之用，均非鄂省防軍自用，合併聲明。至槍礮件數價值，洞未行以前必奏咨。事機緊急，即候迅賜示覆。效。

户部來電光緒二十年九月十二日辰刻到

訂購槍械的欵若干，擬借何項庫欵，貴督北上後何人接辦，均電覆。户部。真。

致煙臺李撫台光緒二十年九月二十日亥刻發

尊處防營似須有得力將領，方能指揮如意。總兵李先義勇敢老練，前在山西，公所素知。該鎮現在廣東，弟近奏調來鄂，今既入覲，後任不能深知。該鎮留鄂斷不能展其所長，公如願用此人，當遣往山東，委帶數營，必得力。祈示覆。號。

李撫台來電光緒二十年九月二十二日戌刻到

李鎮來甚願，惟山東餉絀無利器，未能添營。近夏提督辛酉力郤宋祝三而應衡，值登防統不得力，即檄夏接統。此三日前事。舊屬秉衡。養。

致江甯劉制台光緒二十年九月二十一日寅刻發

委員自江南回，盛稱礮臺布置周密，具見藎籌，實深欽佩。惟細詢情形，圌山關新設大礮四尊，因螺絲後門甚重，開閉費力，一刻極熟極速，止能放一礮，此外皆前膛礮，設遇臨敵時，我礮過遲過少，而敵人船礮速於我礮數倍，愈速則愈多，此節深爲可慮。江陰形勢不如此關扼要，此時添礮不易。猶記弟在粵時，已開戰後尚託德國欽差購到廿一生大礮五尊，似可密商英德各星使或洋行，以重價速購現成後膛臺礮，新者必無，舊者或有。圖山關江面甚窄，十五生礮即可，否則十二生三十五倍口徑新式長礮亦可，皆能抵禦敵船。狂瞽之見，不知當否。本不應臆揣妄言，感公厚誼，姑效一得備采，幸惟鑒察。號。

劉制台來電光緒二十年九月二十一日酉刻到

圖山江面險要，舊礮轟力較遜，始添新礮，蒙公指示周詳，深感垂顧之誼。現已遵照台指，飭令加意操練，若能密購快礮，再酌量將舊礮撤換。坤。馬。

致上海電報局盛守、宗令、樊委員光緒二十年九月二十一日寅刻發

鄂省定瑞記代購奥國快礮十二尊，彈一萬二千顆，請與訂立合同，寄鄂存案。原議運至香港，現與商明照貼運費，令包送至滬，合同内須載明。此外已定瑞記槍礮，均與之補立合同。

致廣州李制台光緒二十年九月二十一日巳刻發

聞粵省奉部文籌借巨欵，擬照洋欵辦法，粵關税釐抵還，税司經手各節，户部甚以爲然。此時户部已奏准電知粵省否，祈詳示，以便仿照辦理。又聞銀主於票上不書姓名，但編號數，並可抵完關税，此法甚善，確否並示。馬。

李制台來電光緒二十年九月二十一日戌刻到

馬電悉。部借欵辦法與來電同，但尚未見奏准電，故未開辦，能如數與否，亦未可定。票不書姓名，以便轉售，可抵關税，以昭信實。專派委員會同各善堂紳董籌勸，不勉强，不假手吏胥以杜弊。瀚。箇。

致北海李鎮台光緒二十年九月二十二日巳刻發

馮萃亭宫保身體精神健否，志氣尚壯否，想必深知，確覆。再，粵勇北來，正值冬令，能耐寒否，能不食大米否，均速確覆。養。

李鎮來電光緒二十年九月二十一日戌刻到

養電謹悉。萃亭宫保强健如常，粵勇壯者能耐寒苦，食米食麪均一樣，若北上食麪更能强壯。先義稟。漾。

馮宫保來電光緒二十年九月二十六日亥刻到

頃接李鎮先義電，勞公眷念，感甚。材精力未衰，尚堪策馬督戰。聞葉軍門志超所統之兵，與倭戰不利，失去一萬六千餘。高麗八省，倭據其六，殊堪髮指。查倭恃强實由法助，前曾將西貢客所説電達尊鑒，續又聞法在海防抽民兵一千助倭，日夜著海防婦女縫倭兵衣，法之助倭乃係實情。七月念七日材接筱帥電，總署奉旨問材，可否帶隊北上，材覆可北上，須自募舊部二萬人，准軍營制，由户部給餉，方能有濟。旋接筱帥轉總署電，奉旨著材毋庸北上。今李傅相督師，必然全勝，無俟於材。倘相持不下，公若以材可用，來春請煩代奏，材當為國出力。材。漾。

致户部光緒二十年九月二十四日未刻發

息借商欵極難，無一應者。商不信官，積習已久。粵擬借欵章程似甚妥善，貴部已奏准否。如奏准後請速電知，鄂省當酌量奏咨仿辦，盼禱。敬。

户部來電光緒二十年九月二十七日子刻到

敬電悉。粤借華欵，月息七釐，六年還清，由海關指撥，詳章另咨户部。宥。

致江甯劉制台光緒二十年九月二十四日未刻發

記名提督楊文彪，前在王方伯德榜部下當分統，在鎮南關有戰功，鄙人所深知，現在何處，公看其才器如何，能統幾營。江南湘將好手必多，物力又富，似宜早練十數營以備緩急，或北征，或防江海登岸，臨時募調，斷來不及，新軍亦無益。八月豔電請豫籌良策，即指此。管見備采。祈示覆。敬。

致户部光緒二十年九月二十七日午刻發

有電悉。許星使來電，北洋軍火船已雇定，兩三日即開，鄂定槍即日附北洋船起運。此船最快，萬不可誤，以後難覓妥船。此外，上海各洋行所定槍礮，有同日起運者，有接續即起運者。江西奉撥二十萬，務望電催，設法騰挪，即日電匯鄂省，以濟急需，鄂實無欵可墊。切禱，并候速示覆。感。

致天津李中堂光緒二十年九月二十八日辰刻發

兵事急矣，此時只有購兵船、借洋欵、結强援三事爲最要，乃總未見舉辦，憂灼萬分。前尊電言智利快船四艘精堅極速，擬借欵速購，自是目前急著，何以尚未就緒，是否價貴，抑内不允借欵。若不添船，處處坐受攻擊，但有招架，而無還手，大局危矣，公似宜急速痛切上陳。九連城軍情如何，祈速示。勘。

李中堂來電光緒二十年九月二十九日申刻到

勘電佩甚。數月來屢商購智利快船，忽允忽翻，迄無成議。京借洋欵必不借鎊，亦屢議無成。倭寇大隊數萬過鴨緑江，宋帥督隊苦戰不利，謂我槍礮不如倭之快且遠，新募各軍，恐更難恃。各國守局外之利，强援無可結也。鴻。

致天津李中堂、盛道台光緒二十年九月二十八日巳刻發

時局日緊，電報最要，設有阻斷，誤事不淺。似宜將老河口一路接通潼關，則由京達南數省有電綫兩條，即或一阻一通，尚可無礙。此事費財需時，然實不可緩，此時趕辦，終必有益。管見當否，請裁酌。儉。

盛道來電光緒二十年九月二十七日戌刻到

倭兵昨過江，旗兵被圍，宋帥[一]往救，寇分三路，九連恐潰，自邊門至瀋陽並無守兵，大局何堪設想。宣稟。沁。

盛道來電光緒二十年九月二十九日午刻到

老河口至潼關電綫本擬接辦，因無欵稽滯，奉示當再商籌。宣稟。

致江甯劉制台光緒二十年九月二十八日午刻發

敬電悉。北征多營，南省軍械全仗公一力兼顧維持，忠藎誠

[一] 指幫辦北洋軍務宋慶。

篤，可敬可佩。尊處北上廿五營，其餉是否由江南常年接濟，抑只發數月。尊處託龔星使購械若干，係何種，已將到否。星使購固好，可較省，惟運華甚難，似不如令洋行購包運到滬爲穩，均望速示。倭事日緊，消息不佳，大局可慮。鄂省購械，因無欵定遲，到華尚早，倭船搜查漸密，以後更難運北，奈何。儉。

劉制台來電 光緒二十年九月二十九日亥刻到

奉儉電，悚愧無似。自辦防以來，沿海沿江各省均已坐困，敝處艱窘正與尊處相同。聞倭竄越奉邊，近畿一帶更形喫緊。現又添調五營北上，前此各軍月餉均由江南設法接濟，軍事久暫未可豫計，源源供應實恐後難為繼。所購槍械託龔星使代辦，初購之件包運滬，十月内可到，餘甫定購，先運至港，到華尚早。僅購兩批，此間力已不支。自維疏陋，江南餉械又竭蹶如此，奈何，惟公有以策之。幸甚。坤。豔。

致俄京許欽差 光緒二十年九月二十八日亥刻發

宥電悉。槍彈運保，已與上海信義洋人李德議定，已先付一半，餘貨到付清，並囑李德即電外洋，務請將所定槍彈統交二批船運津，無論如何辦法，萬勿失此機會，爲感。來電歸新緩舊，當是歸槍彈新欵，緩機價舊欵。極妥。能再緩幾時，議妥速示。目前即當奏明立案，由鄂省籌還，斷不令尊處爲難也。儉。

致京李尚書[一] 光緒二十年九月三十日午刻發

宋軍敗，遼瀋危，此時惟購快船、購軍火、借洋欵、結强援、明賞罰五事爲急。有洋欵則船械可購，兵可多練，再遲則人不肯借矣。北洋議購智利快船四，鄂省議購巴西快船二，何以不速購，似不宜嫌貴。有此六船，連原有五艦，尚可遊行海面，斷其運兵運械之船，無船則坐困待攻，且彼兵愈來愈多矣，一也。鄂省請購快槍二萬五千枝，不宜惜費，二也。華商不信官，難借巨欵，鎊價此時七兩已甚貴，不能大漲。少訂年限，俟從容借華商欵歸還洋欵。鎊縱長不能多，且年息五六釐，較華商輕，三也。英俄必須結援，俄尤要，俄英兵船略助聲勢，倭即退沮，不能進攻，似可叩其所欲，權其輕重，急救危局。古語云蝮蛇螫手，壯士斷腕，若以利益與英俄而勝倭，中國兵勢仍强，若爲倭破，英俄各國亦必横肆均霑，若待遼瀋糜爛，榆關不支，再思結援晚矣，四也。林國祥不賞，衛汝貴不罰，如何能戰，五也。設京城有警，此時熱河亦不可避，不忍言矣。至陳湜、李光久、程文炳諸軍及新募（准）〔淮〕軍，皆萬不可恃。管見備采。豔。

致江甯劉制台 光緒二十年九月三十日午刻發

擬會銜電奏請長江提督黄少春赴本任。黄之才器，公想素知，擬令其駐鎮江練湘軍十營，配足精械，加意訓練，暫勿調發，如京畿有警，即渡江北上，尚不甚遲，勝於倉卒召募，既遲緩且不練，恐無益也。即駐鎮江亦可兼扼江海門户，南北咽喉。且長江提篆不宜久兼署，黄威望方能鎮壓，此爲南北兼籌。惟巨餉無出，當請部撥。福建最要者，乃省垣長門礮臺，現係曹克忠專管。至厦門一隅，無大關繫。愚妄之見，謹奉商。是否，請裁酌示覆。

[一] 指軍機大臣、禮部尚書李鴻藻。

卅。

劉制台來電 光緒二十年九月三十日亥刻到

黄之才器，朝廷亦當深知。公南北統籌，深佩遠識，即請主政挈銜電奏。頃聞鳳凰城有不守之信，北望焦灼，至不可言。坤。卅。

致上海上海道劉道台 光緒二十年十月初一日申刻發

無論何家槍，只須小口徑連珠快槍、無煙彈，包運滬，速到，無論緩價現價均可買。近日吴清帥奏明購定之奥國小口連珠無煙(彈)〔槍〕八千枝，每一槍千彈，共價六十四兩，包運至津或山海關，比禮和、瑞生兩家較廉。即請以吴買爲比例，與之商減。如必不能，事機緊急，似亦只可酌辦。祈裁酌速覆。東。

致天津李中堂、盛道台，山海關吴撫台 光緒二十年十月初一日申刻發

敵勢若何，攻瀋耶，攻旅耶，抑攻撲山海關耶。聞鳳凰城不守，確否，速示。愷營明日必行，鐵營初八行，皆以無餉故遲，此間籌餉難極苦極，鐵營當再催之。兩軍均由信陽陸路，清江過兵太多，無車馬運軍裝，即趕程行走，總須三十餘日，緩不濟急，且多新湊募，萬難待此應敵。余虎恩已開三營，餘未到齊，走清江。宋軍撤至何處，並示。東。

李中堂來電 光緒二十年十月初二日申刻到

宋軍近無確信，前途電斷，似仍在鳳城一帶。皮子窩大股上岸，距灣旅甚近，後路可危。愷、鐵營由信陽，雖少遠，車載較便。鴻。冬。

致天津李中堂〔一〕 光緒二十年十月初一日發

愷營明日必行，鐵營初八行，皆以無餉故遲。此間籌餉難極苦極，鐵營當再催之。兩軍均由信陽陸路，清江過兵太多，無車馬運軍裝，即趕程行走，總須三十余日，緩不濟急，且爲新募，萬難待此應敵。余虎恩已開營，餘未到齊，走清江。東。

致山海關吴撫台 光緒二十年十月初三日亥刻發

九月初十日總署來電，奉旨：張之洞兩電均悉。熊鐵生一軍即著准令添足十營，迅速北上，歸吴大澂調遣。所請急購槍械，暫動庫欵，飭部一面籌撥的確鉅欵，均著照所請辦理，户部知道。欽此。佳。謹轉達。江。

致山海關吴撫台 光緒二十年十月初三日亥刻發

九月廿一日總署來電，奉旨：張之洞電奏已悉。據稱擬派副將吴元愷統帶礮隊四營，前赴山海關協防，歸吴大澂調遣等語，著照所請，即飭該營迅速北上。欽此。馬。謹轉達。江。

〔一〕録自《李鴻章全集·電稿三》，第九八頁，上海民出版社一九八七年版。原題為「鄂督張來電」。

致天津李中堂〔一〕光緒二十年十月初四日發

東電謹悉。吴提督鳳柱月餉已飭司局設法籌銀三萬兩，趕緊匯津轉運。洞、洵。文。

致上海上海道劉道台光緒二十年十月初五日酉刻發

本日總署來電，本日奉旨：張之洞電奏瑞生洋行有比國連珠小口毛瑟槍一萬枝，共價六十七萬兩。著張之洞電飭劉麒祥與洋行即行定購，所需價銀由户部籌撥。其奥槍八千枝如未售去，著一併定購。欽此。等因。特照轉，即請欽遵速辦，並即覆。歌。

致江甯劉制台〔二〕光緒二十年十月初八日未刻發

刻即啟程。公行期約在何時〔三〕。前商請黄軍門到本任一節，因聞彭軍門已服闋赴京，此事尚須詳酌，故未電奏，到金陵再面商。覆電若早則仍發武昌，遲到發九江。庚。

致江甯胡署藩台光緒二十年十月初九日午刻發

初八日乘楚材啟行，十一日可抵江甯。請告首縣，鄙人素性儉約，又值軍務倥傯，公館預備不可華侈，文武巡捕家丁等向無門包，囑該縣等務須遵辦爲荷。佳。

致天津李中堂光緒二十年十月初十日午刻自蕪湖發

旅順信息若何，劉峴帥北上作何位置，尊處議購智利國快船三艘，價已議妥否，何以尚不速買，是否嫌貴，抑因不肯借洋欵，切懇速示。究竟此四船真堅速否，如查確真好，擬再電奏，連敝處所議巴西二快船並買，或並與公及峴帥聯銜力陳。總之，無論或戰或和，總非有船不行，船來則彼不能久踞，無船則彼任意占踞不退矣。速示。蒸。

致天津李中堂光緒二十年十月十二日酉刻發

真電悉。旅順危矣，旨調南洋兵輪四艘。查此四輪既係木殼，且管帶皆不得力，礮手水勇皆不精練，毫無用處，不過徒供一擊，全歸糜爛而已，甚至故意鑿沉擱淺，皆難預料。此時惟有一法，請公速派林國祥來，并令其舉能帶船之將弁數人來，不論官階大小，礮勇能帶數十人尤好，粤勇更好，當將此四輪管帶全行更換。上海粤人不少，可選募添足，即令林國祥統之，率以北行。無論勝負如何，必能拚命一戰，爲北洋諸艦助一臂之力，捨此四輪亦所不計矣。智利四船公係託何人議購，何以忽翻，恐不可信，秘魯開衅亦未必確。如尚有一綫可成，望速議定價值電示，當會台端峴帥銜力陳請購，如萬不能購，亦請明示，息此妄想，切盼速覆。洋欵近日屢有人向敝處請借，數多而息輕，何以云不就，祈示其故。文。

李中堂來電光緒二十年十月十一日申刻到

履新敬賀，同舟得人。倭寇兩路撲金州，大連灣兵單，雖戰

〔一〕録自《李鴻章全集·電稿三》，第一〇八頁，上海人民出版社一九八七年版。原題為「鄂督撫來電」。

〔二〕録自抄本《張之洞電稿·致南洋電》。

〔三〕本年十月初五日，諭劉坤一入京，調張之洞署理兩江總督。

不退，旅順孤危，敵舟往來游弋，斷我接濟運兵之路。宋慶率偏師由海、蓋進援，須望後抵復州，恐無濟，總由我船太少，行太緩，任彼恣意横驅，殊為憤急。智利四快船内有二甚堅速，忽允忽翻，聞因與秘魯啟衅。巴西二快船令楊使與議，未必成。此事竟不可交駐使，一多外教，一易外洩。將來非添造鐵艦及大快船十數艘，並擴充製造機器廠局，斷不足制倭。洋欵借銀不就。若准南洋四艘北來，軍火餉銀宜多帶。各國雖有議和意，倭索兵需太巨，奈何。鴻。真。

致清江署漕台鄧[一] 光緒二十年十月十二日酉刻發

現奉電旨，令洞飭陳鳳樓一軍迅速北上，等因。查陳軍久駐徐州，素稱得力，若驟行移調，徐、宿空虚可慮。惟旨催甚急，擬令陳鎮選一得力將官統現有步隊三營，迅速北上，另募三營填紮，特此電詢。請將此電照録，專差飛遞徐州鎮道，令該鎮迅速切實奉復，如此法可行，即一面奉復，一面派營速行，應需餉項軍火及運費一切，由徐州道沈道迅即籌酌墊辦，查明現有軍械係何項洋槍，實數若干，尚短若干，以便省局酌量添發。如別有辦法，亦即酌擬籌辦，總以必派數營北上爲斷。該鎮道均即日電復勿延。洞十一日到江甯，并達知。文。

致揚州余鎮台虎恩光緒二十年十月十二日酉刻發

已派一壺、飛鴻往揚州拖帶該營軍火船矣。旨催甚急，速行勿遲。文。

致揚州江運台、上海劉道台、鎮江吕道台、蕪湖袁道台、九江誠道台光緒二十年十月十二日酉刻發

户部蒸電，訂購洋槍五十萬零，在預完鹽釐及江、鎮、九、蕪洋税藥釐湊撥，等因。此項價銀五十萬零，分五處湊撥，當是一處湊撥十萬，該司該關能否如數解撥，洋税藥釐各撥若干，望即電覆。洞十一日到江甯。文。

致天津李中堂光緒二十年十月十三日辰刻發

洋員郎威理即藍威理，向在北洋水師最得力，回國後現在何處，洞擬約其來華教練南洋水師，須託何人代訂，祈速指示，至感。林國祥望速遣來。北洋人材如林，不在微末一都司也。元。

李中堂來電光緒二十年十月十四日酉刻到

郎威理現任水師總兵，英必守局外，例不准。前法越有事，該員即辭差回，今官更崇，恐難招致。林國祥奉旨接帶濟遠鋼甲船，無員可替，奈何。欲雇洋員須於辭退閒中訪求。鴻。寒。

致揚州江運台[二] 光緒二十年十月十三日午刻發

弟十一日抵甯，十六日受篆。揚州總局中及候補流寓各員中，必有熟識鹽務、品端文優之員，望擇兩三員速遣來甯，擬面談後

[一] 指署理漕運總督鄧華熙。以下三電録自抄本《張之洞電稿·致本省電》。

[二] 録自抄本《張之洞電稿·致本省電》。

酌定一員，委充本署辦理鹽務委員。品行最要，文理暢達即可，如有熟鹽務而現不作官者尤佳。即祈速覆。元。

致上海上海道劉道台光緒二十年十月十三日午刻發

真電悉。昨户部蒸電：訂購洋槍一萬五千枝，保險是否在内。半價五十萬零，在預完鹽釐及江鎮九稅、蕪洋藥釐湊撥，速電覆，等因。查冬電言如有一切險及無貨交，皆退價，即是保險在内。惟畫押必須現銀，各處湊撥斷難十日内解齊，況現已逾數日，終恐他變，且畫押遲一日則槍到遲一日。仍望與該兩行切商，即日畫押爲妥，告以此係奉旨飭辦之件，部已撥定運司及各關的欵，雖一時未能全到，二三十日内必可解齊，不必過慮，可電該國駐京公使轉詢總署。如購辦軍火未便，告之公使可渾言代辦機件，並將遵總署來電奉旨飭辦部撥的欵字樣註明合同内，當可憑信。或該行另有妥善辦法，可緩償二三十日，亦聽自酌。總須即日畫押，電致外洋，迅即起運至要。元。同莘按：公自抵兩江後，以船械為籌防要務，分電上海及駐外各使設法購求，存稿凡百餘通，此電特其發端。餘稿文繁，茲不備録。

致蘇州候補縣諸遲菊〔一〕光緒二十年十月十三日未刻發

僕十一日抵甯，十六日受篆。足下速來甯，有要務差委。即覆。元午。

致廣州李制台、北海李鎮台光緒二十年十月十四日午刻發

弟十一日抵甯，十六日接篆，十三日奉旨：張之洞所請李先義在粤募勇五六營赴江，應需餉項著電商李瀚章借撥等因。欽此。請飭李鎮速募粤六營來江，請尊處酌量借墊餉需，以便速募速行。因弟初到，尚須籌撥，且未知成軍需用多少，故暫借。將啟行時，請核明共用若干，電示，即日匯還。即望示覆。鹽。

李制台來電光緒二十年十月十七日酉刻到

峴公北上，江陰、鎮江守臺各軍調隨行否。指日北路封河，倭如窺南，江防為重，李鎮之軍恐難速到，似宜與峴公商留臺軍，免臨時周張也，然否。瀚。洽。

致清江漕台鄧〔二〕光緒二十年十月十四日戌刻發

元電悉。陳鎮即派得力將官統馬隊三營，配齊軍火，迅速北上，赴天津候旨，由沈道暫墊銀一萬兩。該鎮一面照數另募馬隊三營，填紮巡防，人馬均須壯健足數。現當徵調紛繁，内匪宜靖，徐州地方緊要，該鎮道均尚轄有勇營及練兵，以後責成該鎮道認真督率防緝彈壓，潛消伏莽，萬勿稍有疏懈。此次北上代統之將係何銜名，何日可起程，幾日可到津，新募馬隊幾時可成軍，馬係何處買，均即速電覆。鹽。

〔一〕〔二〕録自抄本《張之洞電稿·致本省電》。

致廣州李制台光緒二十年十月十五日巳刻發

擬調王守秉恩併副將林保來江南差委，請飭速來敝處，當一面即具奏。此間諸務繁要緊急，需才孔亟，若待奏准太遲矣。即祈速覆。咸。

致天津李中堂光緒二十年十月十五日午刻發

元電悉。旅順圍困，豈有不救之理。倭船游弋，似非大隊。尊處現有鐵艦快船六號，除平遠外尚有好船五隻，若與漢納根熟商，密訂出師之期，不准絲毫漏洩，出其不意，迅速馳援。五艦居先，快船運兵械船隨後，若遇敵船較少，攻之可勝，若其不利，退至威海，依礮臺以自固，盡此心力一救，再看如何，庶幾無憾。不然旅順船塢既失，雖有船亦不能再戰矣。事機緊急，敢進妄論，姑備采擇。可行與否。自有卓裁。咸。

李中堂來電光緒二十年十月十四日亥刻到

大連灣已失。旅順圍困已四日，倭船游弋口外，運兵糧各船不敢進。頃與丁汝昌、漢納根等籌商，尚無辦法。海軍定、鎮原可往衝，第慮有損，糧械船必燬。南洋兵輪鴻所深知，俟晤丁妥商奉復。智利快輪，怡和克錫屢稱允購又翻，現瑞生洋商願往商購，不知成否。內意亦堅欲購用，不須再奏。總署與匯豐訂借銀千萬，聞已成交，息七釐外，另有零費。山海關暫無事，將來必驚。鴻。元。

李中堂來電光緒二十年十月十六日戌刻到

咸電悉。倭踞大連灣，距旅海口甚近。游弋雖小隊，而快船雷艇調遣極速。我鐵艦尚可相敵，若挾運兵船往，恐為高陞之續，弁兵亦不敢冒此大險，漢納根亦力阻之。今章高元東軍八營，已飭乘輪由營口登陸前進，蓋復與宋軍會合繼進，抄金州後路，以分敵勢，固緩不濟急，舍此並無辦法。丁提督已統六船赴旅口外游巡，遇敵即擊，相機進退。林國祥勇敢而駕駛少員，萬難應命。江輪請妥籌整頓之法。鴻。諫。

致山海關吳撫台光緒二十年十月十五日未刻發

文、願兩電悉。南洋哈乞槍一萬，今年解北洋四千，陳臬、程提兩軍二千數百餘，發防營久已無存。若有之，此時豈有吝惜之理。南洋械本不精，加以北上諸軍領去太多，僅剩快利精槍六百枝，峴帥此行盡行帶去，一掃而空。弟到之次日，已派員到軍械局逐一點清，盡是破銅爛鐵。現在劉任添募十營，不日成軍，不知營務處、軍械局諸公何以給之，可愁可笑。此時山海關救急，只有懇傅相速撥車礮，晝夜趕工開壕，方可應急。此兩事究竟是否能辦，務望速示。若愷、鐵兩軍到，共有黎意槍二千，但恐尚早耳。咸。

吳撫台來電[一]光緒二十年十月十七日亥刻到

榆關內外十里，礮台各礮力所能及，倭船不能近岸，無須掘壕。現遵旨派左道孝同於二十里內外相度地勢，趕緊掘壕築墻，以資防禦。車礮擬請傅相分撥二十二尊，親督操練。惟存槍甚少，演練準頭不甚敷用。倭兵若圖內犯，鄙人必可力扼此關，斷不如

[一] 録自苑書義等主編《張之洞全集》第七冊，第五八四二頁，河北人民出版社一九九八年版。

前敵之潰敗，確有把握，非托空言。澂。霰。

致武昌陳藩台、漢口惲道台光緒二十年十月十五日未刻發

江南防營雖多而雜，習氣太深，缺額甚多，出色將領大率皆已北上，有事萬不可恃，必須整飭。擬奏調劉提督鶴齡來江，令統數營，藉作式樣，以資表率，兼令其稽察各營，必可有益。惟數營恐其不願，多添則餉窘已極，萬難籌措。以後或查有可裁可省者，酌量歸併，尚難預定。望兩君熟籌，電商劉提督，看其意如何，或別有位置劉之法，令其合宜。祈籌示，至感。望速覆。咸。

致武昌蔡道台光緒二十年十月十五日未刻發

江甯銀元局停辦，上海銀元商局亦不能辦，因劉峴帥不許其在滬上開設，鄙人若在南洋，必當奏阻之，斷不准其多開此一局也。鄂省銀元有敬帥主持，閣下獨任詳籌精造，必可暢銷，特此報慰。咸。

致鎮江呂道台〔一〕光緒二十年十月十五日亥刻發

元電悉。稅欵五萬，迅速儘數解交上海道，作聲明係户部蒸電撥買槍之欵，若能多湊一兩萬尤好。即覆。咸亥。

致欽州馮宮保光緒二十年十月十六日辰刻發

第十六日接江督篆。此間防務除江陰、吴淞前敵最要外，鎮江爲南北咽喉，且江陰礮臺不盡合法，防營亦不甚精練，未必可恃。鎮江地勢好，而臺上礮亦得力，惟有力扼此地，作第二重門户。擬奏請我兄來江南辦理鎮江防務，統率該處防營，惟恭邸現係督辦，似外省大員只能稱會辦。公來自必募營帶來，特餉需太絀，可否請公在粵募親軍兩三營。該處防營約計有十六七營，加公親軍營，已足二十營，均歸公督率節制。得此長城，足可爲江南北保障，公之忠悃壯猷，亦可發舒矣。特奉商，尊意是否願來，祈示覆。前接尊電，擬帶船剿倭，深佩忠勇，但商船無礮，拖船無輪，似難與敵艦爭勝。公如願剿寇，不如來江南也。銑。

致清江鄧漕台請速轉徐州陳鎮台、沈道〔二〕光緒二十年十月十七日午刻發

總署來電，奉旨：張之洞電悉。陳鳳樓既須留防徐州，即著毋庸來京，其馬隊亦不必另行調撥。餘依議。欽此。諫。等因。特此電知。馬隊三營即可遵旨毋庸北上矣。洽。

致武昌蔡道台、漢口惲道台光緒二十年十月十七日午刻發

快礮機必須年出百尊，無論價多少，必須速定速運。礮彈既係供快礮之用，碰火機自須日出五百方敷用。壓銅殼水力機自須添足，速改配齊全，不可遺漏補購，以致延誤。總之，此三事江南均可酌量協濟，萬勿游移。切禱，即覆。洽。

〔一〕〔二〕 録自抄本《張之洞電稿·致本省電》。

致天津李中堂光緒二十年十月十七日申刻發

傳聞法國調停，倭索臺灣並費千萬等語，不知確否。竊謂臺灣萬不可棄，從此爲倭傅翼，北自遼，南至粤，永無安枕，且中國水師運船，終年受其挾制，何以再圖自强。臺灣每年出產二百萬，所失更不可數計。不如不争高麗，倭亦不能獨吞也。前聞公於七月内有請令英以兵力脅和之議，中旨駁飭。竊謂此策最善，何以未准，不知係如何辦法。此時何不仍以此策力陳，當可邀准。鄙意與其失地賠費求和於倭，不如設法乞援於英俄，餌以商務利益。似可探詢英俄所欲，如尚在情理，即可許之，英俄當可爲我用。英俄兵輪在北洋者各十餘艘，止須令其各電其國，兵輪駛赴旅順，半日可到，阻倭進攻。二國兵輪一到，旅順之圍立解。倭不聽，則英俄助我戰，我必勝。倭若聽，則爲英俄所脅，可不失地不賠費而和矣。英俄本强，我雖喫虧於英俄，而不屈於倭，中國大局尚無礙，兵威亦尚未盡損，猶可再圖自强雪恥之策，似與古語遠交近攻之義相合。總之，與倭和而能不索地最妥，如必索地，則無論他事中國如何喫虧，總勝於棄臺灣與倭矣。此想公早已籌及，必有妥法，因聞信焦急，姑一奉詢。祈示覆。洽。

李中堂來電光緒二十年十月十八日戌刻到

署請各國調處，明言聽韓自主，酌賠兵費，而倭猶未饜。赫德謂欲索臺灣，減兵費。法尚未出此議。前商令英船偪横濱，英以局外例謝之，俄意亦同。旅尚固守，宋軍已由熊嶽進復州，但兵單敵衆。鴻。嘯。

致天津盛道台光緒二十年十月十八日巳刻發

電謂各軍如滿地散錢，宋、吴外宜别求帥才，未解。目前則傳相爲帥，若峴帥到後命統湘軍，則峴帥亦爲帥。尊意謂宜别求，意中尚有何人勝此任，望速即密示。漢納根募幾營，用何處勇，向何路征剿，並速示。嘯。

盛道來電光緒二十年十月十六日戌刻到

旅順危在旦夕，募勇雖多，如滿地散錢，宜串成大枝。宋、吴之外，尚需帥才，憲宜籌之。宣。叩。

盛道來電光緒二十年十月十九日申刻到

倭兵照西法，一提督統一萬數千人，親臨前敵，指揮畫一。傳相與峴帥皆經略也，壽帥、清帥亦文臣，即如目前寇分兩枝，一犯旅，一犯遼，僅一宋帥帶萬數千人往回援救，必致兩失。似須連五六帥各帶三四十營，一其心志，齊其軍械，或令戰，或令守，或令游擊，則責成專，局勢密。漢納根募三萬人，尚須半年成軍。宣稟。

致柏林許欽差光緒二十年十月十八日未刻發

改快礮機，照力拂所估配齊，須年出百尊。碰火機照前年七月大咨照配，日出五百枚。礮彈機須添壓銅殼水力機各件，方合快礮之用。三事價值共若干，至速幾時成，祈飭力拂速估，應先付定若干，候電即匯。嘯。

許欽差來電光緒二十年十月二十一日戌刻到

改快機須先購哈乞開司七生六，格魯森五生三兩式連彈作樣，方能確估，購此約三萬馬。請詢桂勃爾，原機造六生礮各機，能造五生三礮管否。澄。號。

致清江鄧漕台、淮揚鎮，九江九江鎮〔一〕 光緒二十年十月十八日申刻發

督辦軍務處電開：閃殿魁奉旨招十營，需營官管帶，望轉飭淮揚鎮標記名總兵閃鳳采、九江鎮標候補都司石寶青剋日來京勿延。巧午。等因。特此電飭淮揚、九江兩鎮即飭該員迅速赴京，勿稍躭延。即電覆。效。

致廣州王守秉恩 光緒二十年十月十八日戌刻發

倭寇猖獗，鄙意與洋人戰，惟粵勇方能取勝，故欲多用粵將粵勇，以開風氣。黃鎮金福才力甚好，擬奏調來江，令募六營統之北來，令洋弁教練，或紮吴淞，或紮江陰，或紮鎮江，到後看情形再酌。或北方有急，即派令北上，爲勤王入衛之師。惟黃鎮安閒日久，恐未必願從征，可探詢之。如不願，勿勉强。此外粵將有堪勝陸路統領、營官熟於水師者，令舉數人電示。足下如有所知，亦即開示。嘯。

王守來電 光緒二十年十月二十一日丑刻到

黃鎮誠如來諭，安閒日久，鎮缺且富，若往説必不肯行。林保較好，似可即令林募。此外如黃守忠、吴鳳典曾與法戰。聞劉永福近與唐不合，如令募舊部五六營來江訓練，以備北上，可望奏捷。再，粵將乏統帥材，如丁槐、劉鶴齡、蔣宗漢輩，始足任此，且黔人耐寒苦，兼善劫營，如令選募數營來江，必可得力。北冰將凍，倭或南下，江陰上下礮臺似須親臨察閱。恩。稟。

致廣州李鎮台先義 光緒二十年十月十九日未刻發

諫電悉。只在募粵勇，何必拘定廉州，其故何也，即電覆。關防文曰統領廣義軍之關防，不可太大。一切照湘軍營制，不可言照淮軍。淮軍屢戰不利，朝廷深不喜之。此係粵勇，萬勿襲淮軍之名，切切。六營招齊，即由海道來江甯。既無軍械號衣，海輪方能迅速，萬勿由内地。號衣作好裝箱另寄，軍械須在此領，粵省無可領也。至各營管帶官，該鎮前電曾舉數人，今有更改增添者否，并即將銜名電聞。總之，營哨官勇丁皆須粵人。此係奏明募粵勇，不可不恪遵也。效。

致上海惜陰堂〔二〕 光緒二十年十月十九日申刻發

聞智利國有水帶甲快船四艘，極堅極速，北洋先託怡和克錫代購，已允忽翻，現又託瑞生洋行代購，不知已議妥否，究竟實情若何。現擬購此四船爲南洋之用，如可購，當奏借洋欵。望向該行密探一切詳細情形，速覆，以便酌辦。效。

致上海上海道劉道台 光緒二十年十月十九日申刻發

瑞記洋行承辦鄂省絲廠機器，業已完工，該道即給發免税出

〔一〕 録自抄本《張之洞電稿·致本省電》。此電末署「效」，似應為「嘯」。

〔二〕 惜陰堂，趙鳳昌室名。以下三電録自抄本《張之洞電稿·致本省電》。

口護照，約壹千擔。效。

致上海招商局沈道台光緒二十年十月二十日戌刻發

瑞記洋行吴熙麟有要事電禀本衙門，希隨時代發密碼，以免漏洩。號。

致揚州江運台光緒二十年十月二十一日辰刻發

總署二十日來電，奉旨：張之洞電奏擬援案勸令鹽商集捐百萬，照海防例給奬，專備江南海防之用等語。著照所請辦理。欽此。號。等因。特轉達，即請迅速籌定章程辦理，當即札行。號。

致欽州馮宫保光緒二十年十月二十一日巳刻發

聞七月内有旨召公北上，公欲募大軍，請部餉，爲上峰以年老沮止，殊爲悵然。旋得出海剿倭之電，具見滅寇報國之忱未嘗一日去懷，實深欽佩，是以電請公來江。兹接覆電，未蒙首肯，自是所議辦法與尊意不合，敢請明晰見示。究竟尊意須若干營，駐防何處，或相機迎擊，或專任一方，切實示知，以便籌酌具奏。此時北路兵已多，由粤往，緩不濟急。封河已近，南洋爲急，公若肯出，總在江南地方，江陰、吴淞最爲前敵要地，公若來時再當商酌防所，即示覆。號。

馮宫保來電光緒二十年十月二十三日子刻到

接號電，知公拳拳籌固大局，欽佩難名。查吴淞長江門户，地最扼要，防江陰不如守吴淞，未知該處現有大礟若干。公欲材往，須聽自募舊部五千人，以甘苦久同，庶緩急可恃。北兵雖多，均係膽怯，且人心不一，難期得力也。材。養。

致清江鄧漕台、山東李撫台[一]光緒二十年十月二十一日午刻發

總署二十日來電，奉旨：劉光才、申道發、宋朝儒各軍現均在途，著張之洞分電嚴催，迅速北上。欽此。請派弁於清江及沂州一帶查催，該統領等務即欽遵，迅速北上勿延，并望將該軍現於某日行抵何處電覆爲禱。馬。

致揚州劉制台[二]光緒二十年十月二十一日亥刻發

頃接總署來電，本日奉旨：劉坤一已據電奏於二十一日起程，著張之洞轉電該督迅速遄行，早日到京，以慰殷盼。欽此。箇。謹遵電達，祈示覆。二十一亥。

致天津李中堂光緒二十年十月二十二日巳刻發

嘯電悉。南洋四輪斷不能派往北洋，已電奏奉旨依議。丁提督電所稱各節，應勿庸議，請轉告爲荷。養。

致上海統領曹鎮台德慶[三]光緒二十年十月二十二日巳刻發

該鎮速附輪來省，詢問防務。養。

[一][二] 録自抄本《張之洞電稿·致本省電》。

[三] 以下二電録自抄本《張之洞電稿·致本省電》。

致揚州江運台光緒二十年十月二十二日巳刻發

前託選派熟悉鹽務之委員，望速派，令即日來省爲要。即覆。養。

致煙臺李撫台光緒二十年十月二十二日巳刻發

前在鄂接來電囑借撥洋槍一節。鄂省槍械爲北上諸軍搜羅一空，江南、上海兩局亦然，訂購者均未到，本省新募十餘營，無槍可領，正在焦急，無可借撥。山東煙臺、威海一帶海防，從此永無歇手之日，軍械必須多備，此事爲今日第一要務，尤以快槍快礮爲要，非此不能禦敵，非鉅欵不可，斷非三五萬金所能濟用。若他省購來運到之械，珍逾拱璧，繳價撥用之説，竊恐難行。閣下似可派一可信委員駐上海，時常與各洋行探詢，電稟尊處酌定，如無妥員，或電託使英龔、使德許兩欽差代購亦可。但欽差只能買大批，不能向各國、各廠零碎搜羅。託洋行亦有便處，且由洋運華甚難，非有洋行設法包運不可，仍須有員駐滬也。單響毛瑟等槍一枝，須配彈五百方敷用，近日價上海規平十八兩至二十餘兩。小口徑連珠快槍一枝，必須配無煙藥彈一千方敷用，近日價六十六兩至七十兩。快礮每尊一千至一千五百兩，配彈一千，每彈三兩至四兩外，其中各國各式亦有等差，此其大略。山東爲北洋門户，總須費四五十萬金辦軍火，方能勉强支持，無論如何籌畫撙節，此費亦不可惜。謹陳鄙見，統希卓裁。養。

致廣州王守秉恩光緒二十年十月二十二日巳刻發

電悉。參將丁至德前在虎門礮臺頗好，今在何處，林保在省否，速電約來省。此外有何粵將及熟於水師之將弁，速訪詢電覆。除李先義已令募六營外，擬令林保募三營，丁至德之類募三營，緣既無大將，只可派小統帶耳。此軍防江南、上海一帶，並非北上。並及。養。

致揚州江運台[一]光緒二十年十月二十四日子刻發

預繳鹽釐，立待應用，第一限已屆期，揚州總局速催繳六萬兩，即日匯上海道，付奏辦軍火價。可將此電稟報存案，以便將來核計。其餘仍按限速解江甯。先電覆。漾。

江運司來電光緒二十年十月二十四日酉刻到

預釐本擬二十六批解五萬，兹奉電諭，謹飭局添墊一萬，共六萬，改匯滬道。餘遵辦。鏡稟。

致清江淮揚道謝道台、鄧漕台光緒二十年十月二十四日子刻發

余鎮虎恩電稱：到清江候車，五日無應者。昨委員帶銀二百兩赴鄉僱車，在鄉交銀，將車僱妥，趕至清江城外，爲申提督道發爲親率營勇搶去。遣員知會該營，反肆强横。往鎮、道、縣署通知，申提督親率全隊，幾爲所害，地方官勸將車讓出等情。查余軍屢奉電旨嚴催，不容稍緩。該道即一面將此事確查，據實電覆，勿稍徇隱，一面嚴飭該縣趕緊設法，無論如何，務速代僱車輛，俾該營得以速行，勿稍延誤。失銀如果屬實，即由該縣照數

[一] 以下六電録自抄本《張之洞電稿·致本省電》。

補還該鎮，准其開銷。即電覆。漾。

鄧漕台來電光緒二十年十月二十四日戌刻到

漾電謹悉。申、余事經鎮、道排解無事。現申營已盡行，余軍已行五營。車銀昨經縣送回未收，余謂該車尚未付銀。餘由謝道詳稟。又，奉旨籌設車船局，當督同謝道速辦，頃已電商東撫定地設局接替矣。華熙稟。敬。

致清江余鎮虎恩光緒二十年十月二十四日子刻發

二十二日電悉。剛字營攔截車輛，想係亦因急於北上，不知係振營之物。已電淮揚道嚴飭州縣趕速代僱車輛，并將車價二百兩如數補還矣。無車行遲之故，遇有電奏時，當爲聲明。漾。

致鎮江吕道台光緒二十年十月二十四日子刻發

湖北譚中丞來電：北上諸軍，現奉諭旨各省設局代雇車船。湖北現已派員於漢鎮設局，凡由水道者即雇船，用輪船拖帶徑送鎮江，請於交接處設局，以備接待而免遲誤等語。該道即速籌酌辦法電覆。漾。

致天津李中堂光緒二十年十月二十四日子刻發

聞宋軍復金州，確否，旅順後路已通否，廿日倭艦攻威海情形如何，祈示。漾。

李中堂來電光緒二十年十月二十四日亥刻到

宋軍甫抵金界，旅順屢戰獲勝，威海倭船已遁去。鴻。敬。

致山海關吴撫台光緒二十年十月二十四日子刻發

目前各軍已到關者幾營，何軍尚好，是否俱肯聽指揮，祈密示。聞關上礮臺止有十五生礮二尊，餘皆行營小礮而已，尊電云十里内礮力可及，未解。究竟嚴冬海濱凍冰否，大船距岸若干遠，小船能近岸否，均祈詳示。漾。

吴撫台來電光緒二十年十月二十五日戌刻到

鎮四營激躬自督率，逐日打靶，一月後必多精者。陳軍十營僅操步伐，并未打靶，恐子路不準，臨陣虚發。礮臺有二十一生脱大礮，打足可及十八里，若打十里内極準，東西可顧廿餘里。十五生脱小礮，大船停泊十里外，不敢近岸，大雪後岸凍甚多，小船亦不能近。榆防無慮。激。敬。

致清江鄧漕台、淮揚道謝道台、鎮江吕道台光緒二十年十月二十四日子刻發

昨接總署廿一日來電，本日奉旨：現在軍情喫緊，亟需大兵齊集，迅赴戎機。聞南來各軍車船均係自辦，以致雇覓艱難，行程遲滯。即著直隸、兩江、江蘇、安徽、山東、河南、湖北各督撫，迅即沿途設局，派員代雇車船，酌量數站一换，毋庸逐站更换，致稽時日，並須寛爲給價，准其作正開支，以利軍行，而免擾累。儻沿途各地方漫不經心，致滋貽誤，定將該管各官查明，按照軍律嚴辦不貸。欽此。馬。等因。除已札飭藩司速籌飭辦外，希即欽遵妥籌，分飭沿途各州縣代雇車船，勿令北上諸軍稍有遲誤爲要。即電覆。漾。

致煙臺李撫台 光緒二十年十月二十四日子刻發

旅順圍困，關繫京畿大局。聞龔道照瑗已返煙臺，旋即仍回旅順，自是海道尚通。公宜設法密雇船載運糧米火藥接濟，此不朽之功也。十船能到五船即好，路近島多，隨處伺察前進。民船漁船無大用，所值亦微，即奪去亦不要緊。是否可行，祈速籌并示覆。漾。

致憑祥蘇督辦、桂林張撫台 光緒二十年十月二十四日子刻發

游擊黄守忠現在何處，請飭速來江南差委。可令募得力廣東勇一營，務須精强敢戰，不可遷就。由梧州赴廣東省，分起乘輪至上海，不可帶軍械，不著號衣，如此則洋輪方肯裝載。鄙人現在廣東募十數營，不慮其孤。限二十日内啟行，其招費示知即匯。并請熙帥體察。如該游擊才具能帶二三營，手下尚有驍勇可靠之弁，即速密示，擬即令募兩三營，如不能則勿勉强。候示覆。漾。

蘇督辦來電 光緒二十年十月二十九日未刻到

漾電敬悉。黄守忠駐上思州，距關不下三百里，遵即飛函傳知，令其認真挑選，但足一營之數，即便趕緊啟行，由梧下東，分起赴滬，再領軍裝，無不惟命是聽。所部弁勇皆係桂邊土人及兩廣農民，相隨日久，夙稱敢戰。該員樸誠勇敢，令帶兩三營未嘗不可勝任，儻令多募，未免需時，應俟來營商問如何，再行續達。春。儉。

致福州譚制台〔一〕 光緒二十年十月二十四日未刻發

總署廿三日來電，奉旨：張之洞電江陰爲長江門户，并無後膛大礮，難資攻擊。福建前有卞寶第購存四尊，除安設長門二尊外，尚有二尊，原擬安設厦門礮臺，現礮臺未成，請先借與江南應用，當設法雇洋船妥運，以後照式定購還閩，等語。江陰關繫長江數省全局，且爲敵所注意，自較厦防爲重，著譚鍾麟即將所存大礮二尊借給應用。惟海道運送不易，并著該督勿先洩露，密電張之洞設法妥辦爲要。欽此。轉閩督。漾。等因。特此轉達，務懇俯允，并祈秘密，至感至禱。即候示覆。敬。

致揚州清江劉制台 光緒二十年十月二十四日申刻發

漾電悉。頭批洋槍，公初意謂宜全留滬，弟謂該行肯運津甚好。公又謂或即將此批全運津，其第二批留江南用，弟謂不如津滬各半。當與公議定，一半運津，一半運滬，已飭該洋行照辦。緣局械除撥陝一千外，止林明敦千餘，江南新軍無械可領，亦須籌及也。茲讀來電，尊意如欲將此批全運津，亦無不可，惟第二批係比國快槍，勝於馬梯尼遠甚，似不如二批亦令南北各半分用，則前敵諸湘軍可以多得利器。龔星使原議雖係運廣東黄埔，弟當與該行切商，設法分運津滬，即萬不能運津，到滬後亦可設法陸運赴北也。此區區爲前敵諸軍力籌之意，諒蒙鑒察。敬。

致俄京許欽差 光緒二十年十月二十五日未刻發

號電悉。改快礮機，飭詢桂勃而，謂宜全用格魯森新式方合，原機範圍勿用。哈式原機能造五生三礮管，自三生七至十二生九

〔一〕指閩浙總督譚鍾麟。

種皆能造，又若改二種，與九種全改加價無多，業已奏明全改。配機須能通用爲要，惟購格魯森礮樣九種，爲欵必鉅。照尊議先購樣兩種，餘者洋匠能出圖自造。請妥商速覆。徑。

致煙臺李撫台光緒二十年十月二十六日子刻發

聞廿日倭艦攻威海兩晝夜退去，是否倭艦被我擊傷，抑或自退。我中彼船幾礮，彼中我臺幾礮，尊處必知其詳。頃又聞鎮遠、濟丙等船，自牛莊運兵回，中途遇倭戰敗，總兵林泰曾身故等情，是否屬實，均祈確示。敝處擬派員赴威海坐探，倉卒無人，祈尊處代選一人兼充江南坐探委員，常駐威海，務探確情，隨時發電。代定薪水，江南匯寄。感禱。敬電請接濟旅順糧米火藥，能辦否，并祈覆。宥。

李撫台來電光緒二十年十月二十七日子刻到

旅順糧米旬日來已陸續接濟二千七百石，奈該處統領以下均無固志，頃聞廿四夜已不守矣。威海并無被攻兩晝夜之事，鎮遠船觸礁沉壞，林泰曾自盡。屬委江南坐探委員，容即遵派。秉衡謹肅。宥。

致廣州李制台、欽州馮宫保光緒二十年十月二十六日亥刻發

總署廿六日電，本日奉旨：張之洞電奏請飭馮子材募舊部粤勇十營速來江南辦防等語。即著該督電知馮子材照數招募，迅赴江南辦理防務。欽州一帶防營，並著知照李瀚章另行派員統帶。欽此。宥。等因。特達。宥。

致蘇州奎撫台[一]光緒二十年十月二十八日丑刻發

有電悉。北路軍情日緊，消息不佳，大局可慮，南洋自應趕緊加意嚴防，尊處添兩營，此時自是要著，深佩藎籌。此間亦正在籌添勇營，分防吴淞、獅子林、滸浦、通州等處。弟才庸識淺，衰病不堪，人地生疏，實深愧悚，防務及地方一切，望時惠教言，是所感禱。感。

致鎮江吕道台光緒二十年十月二十八日申刻發

湖北譚敬帥來電，湘撫標新中左三營准廿九卯刻乘致遠赴鎮江，請飛飭鎮江局預備船隻接替等語。望速飭該縣趕緊雇備，勿得遲誤，切切。儉。

致山海關吴撫台光緒二十年十月二十九日未刻發

探聞倭人於本月十八、九等日在樂亭、昌黎一帶測量水道，特布達，請嚴防。愷營廿五日渡河，鐵營今日始渡河，已屢催矣。豔。

致憑祥蘇督辦、桂林張撫台、廣州王道秉恩光緒二十年十月二十九日亥刻發

熙帥儉電悉。黄守忠即令募足三營，名爲廣忠軍，務須挑選

[一] 指江蘇巡撫奎俊。以下二電録自抄本《張之洞電稿·致本省電》。

久在越南曾與法人戰者，營官須擇其能約束勇丁紀律嚴明者，趕緊成軍北來，勿稍遲誤。該軍約何時啟行，祈飭該遊擊速電覆。昨已委廣東候補道王秉恩總辦粵軍營務處一切事宜，該遊擊可一面電稟，并電商該道，妥速辦理。黼。

致江陰張統領、桂道台、穆稅務司光緒二十年十一月初一日子刻發

現有百磅子快礮四尊，可安設江陰礮臺，已飭滬局速運來，可妥爲籌度，擇定地位，以便礮到即安。此係極大之快礮，能及遠，可作廿一生大礮用。黼。

致天津李中堂光緒二十年十一月初一日巳刻發

大咨悉。出使經費雖尚有數十萬，但使費本欵不能不稍有存留，可撥者已無多，購船鉅欵添此亦無濟。竊思購船所費當以千萬計，既費鉅金，何爭此尾數，莫如即借洋欵較爲簡便。事勢日緊，籌欵甚難，庫存略有現銀亦好，或可備十分危急時之需，似不宜全行用盡，非敢吝惜也。至快船究已定幾艘，是否智利國之船，每艘價若干，幾時可到。聞匯豐已借千萬，係尊處借否，是否作購船用，務祈明示，南洋亦擬仿照酌借一二百萬。管見以爲若再不借洋欵，非惜費誤事，即捐派擾民，其害更甚矣。切盼示覆。東。

李中堂來電光緒二十年十一月初二日申刻到

東電悉。出使經費無多存，鴻所稔知，已咨部另撥。小快船曩已定二隻，一因英禁出口，一在德廠尚未啟行。智利之船迭經議購未成。刻需千萬以外，非借洋欵不行。匯豐已借千萬，係戶部借以發餉，與北洋無干。現總署另議借，亦尚未就。此事不了，債負山積，將來如何歸還，可慮之至。鴻。

致廣州林副將保光緒二十年十一月初一日巳刻發

電悉。速募分批乘輪甚好，亟盼早到。潮勇素稱難治，尤望慎選營哨官弁，妥爲約束。該軍即名爲廣保軍。目前餉項約需若干，即逕匯汕頭。東。

致欽州馮宮保光緒二十年十一月初一日午刻發

黼電悉。雄麾來江，破賊必矣，欣佩之至。開招及啟行約需餉若干，示知，當匯粵設法轉匯北海，軍械到滬領。事機緊急，勇須分批搭洋商輪船赴滬，方能迅速，萬勿由內河，太遲，但不帶軍械，不著號衣，決無妨礙。旗衣可先在滬製。但須約束，勿令生事，至要。望於一月內啟行。此一營擬名何軍，祈酌示。公或由海道，或內河，統聽尊裁。東。

致天津督辦糧臺胡光緒二十年十一月初一日午刻發

黼電悉。漢納根募三萬人，係何處勇，將弁是否均洋人，抑有華官。弟訂購槍械均尚未到，惟封河後南洋喫重，峴帥新招之營及弟續添之營械尚無著，正在焦急，屆時若能分濟，必當酌濟，此時所難在械不在欵也。鄙意閣下此舉乃朝廷銳意大舉之師，督辦邸帥必力爲主持，餉必宜寬籌，當已請有巨欵，亟宜速電英德兩星使，向外洋訂購大批快槍快礮，必二百萬金方敷用。械少兵

多無益，有槍無快礮亦無益。購械不比招勇，勇遣散則錢歸烏有，軍械可常用，蓋籌想已熟計矣。東。

致鎮江呂道台〔一〕光緒二十年十一月初一日亥刻發

譚敬帥來電，湘撫三營今日卯刻乘致遠東下，應請就近飭其自瓜洲陸行，軍裝水運等語。即轉知該營遵辦。東。

致鎮江李鎮占椿、陳統領基湘、曾道 光緒二十年十一月初三日午刻發

信義洋行運軍火船到鎮江，内有馬梯尼一萬零四百枝，馬槍一千枝，係江南定。前已議定南北各半分用，以五千七百枝交曾道設法運津，以五千七百枝留存鎮江備分撥江省防營用，内有撥給李鎮新募五營一千枝，可即提出領去，其餘須擇地委存，不必運來金陵。除飭籌防局委員郭丞勳、吴令佑曾點收經理外，即委陳、李兩統領選派妥實哨官勇丁，小心看管防護。此事關繫重要，務須妥辦，惟應歸何軍照料爲便，李軍未成，陳在防日久，或即歸陳軍，該兩統領妥商稟覆。江。

致欽州馮宫保，廣州李鎮先義、王道秉恩、林副將保，憑祥蘇軍門轉交黄游擊守忠 光緒二十年十一月初三日亥刻發

粤募各軍，馮帥各營，李鎮廣義軍，林保廣保軍，黄守忠廣忠軍，一切餉項均應一律，即由李鎮、王道等稟商馮帥，議擬一劃一章程，分晰電知，以便核定爲要。馮帥各營名何軍，并示。馮帥關防請在粤奏明刊用，文曰辦理江南防務雲南提督關防十二字，清文漢篆合璧，大小可照現用關防式樣。粤東西各軍，將來俱聽馮帥節制，旗幟顔色能大致一律，而略有分别最好，可商馮帥。江。

致上海上海道劉道台、吴淞曹統領，江陰張統領，鎮江陳統領 光緒二十年十一月初六日子刻發

總署初五日來電，本日奉旨：聞倭人攻陷旅順後，其第三隊兵已乘輪南行，尚未知其所向。現在北洋海口將凍，恐其擾及南洋，著張之洞嚴飭吴淞各口，加意防守，並分電閩、浙、臺灣各督撫，一律嚴防，勿稍鬆勁。欽此〔二〕。務即細心確探，督飭各營哨知會各兵輪，認真嚴防，礮臺彈藥及槍械皆須檢點整備，夜間尤須加意，切切。歌。

致吴淞桂道台 光緒二十年十一月初六日丑刻發

電悉。獅子林已看過否，江陰之下有滸浦、徐六涇等處，務即同洋弁到彼，會同福山鎮察看此兩處地勢，何處宜趕設土礮臺，切切。看畢速回。歌。

〔一〕以下二電録自抄本《張之洞電稿·致本省電》。
〔二〕以上總署來電於同日轉致蘇州奎撫台、浙江廖撫台、福建譚制台、臺灣唐署撫台、松江譚提台。

致煙臺李撫台光緒二十年十一月初六日辰刻發

現與外洋議購小口連珠毛瑟快槍六千枝，每枝配無煙藥彈一千，運費二十五分，每槍連彈并運費六十五兩，價不爲貴。分兩批運，約定頭批兩月半運到滬，二批遲一月。此時先付三之一，起運時付三之一。尊處如需用時，或一千，或兩千，尚可分用，即請照所需之數匯滬，交上海道。購軍火須早定，若待已運到後，則各營視爲至寶，立刻分盡，彼時再商分撥，雖備價亦難行也。候覆。歌一。

致煙臺李撫台光緒二十年十一月初六日辰刻發

尊處地要事緊，諸事未備，深爲懸系。諸事皆從籌餉起，聞山東並未議如何籌欵，并提庫欵三十萬解部，如何措手。募營從選將起，聞現在舊存及新募數營將士皆甚勉强，萬不可恃。公素識將官既少，何不問之馬玉山，渠知山西、河南、廣西等處有可用者否，或敝處有訪得者，當奉告，以備采擇。尊意擬用何省之將，并望示知。曹、濮風氣自古强悍，豈無健將勁兵。此時無論新將宿將，大率皆未經洋戰，何不選擇能緝捕劇盜之武弁，但須誠實可靠者，練出即是好將矣。驍勇亡命者多愛錢，公宜格外寬之優之，方肯出力，若拘以繩墨，恐難得力也。總之，事變未已，欵宜速籌，兗、沂、曹一帶内患宜防。歌二。

致清江淮揚道謝、湖北委員呂賢笙等〔一〕光緒二十年十一月初七日午刻發

呂委員等來電悉。所解軍火，船車難雇，即擇要先運，餘存轉運局續運。陽。

致煙臺李撫台光緒二十年十一月初八日丑刻發

陽電悉。前接尊電，自言尊處無兵、無將、無械，詞意懇切，不免代爲焦急。近日威海、煙臺喫緊，傳聞新舊各營又不可恃，益深過慮，故以籌餉求將之説進，芹曝雖陋，意則忠矣，不謂大拂尊意。鄙人謂宜籌餉，未嘗勸公擾民。請公訪之相信之友人，或求之本省緝捕各弁，未嘗勸公濫用。冒昧妄言，尚祈諒其無他。惶愧惶愧。庚。

致武昌譚護制台〔二〕、陳藩台、瞿署臬台、江漢關惲道台、蔡道台、趙道台光緒二十年十一月初八日午刻發

十一月初五日欽奉廷寄，光緒二十年十月二十七日奉上諭：張之洞奏鄂省織布官局招集商股，增設紡紗廠，並添設機器繅絲各摺片，業經批諭，照所請行矣。湖北煉鐵、織布各局，均經張之洞辦有頭緒，現雖調署兩江總督，所有各局應辦事宜，仍著該督一手經理，督飭前派各員認真妥辦，冀廣利源而濟民用。將此諭令知之。欽此。因諭旨中未言及槍礮廠事，當經電奏請旨，頃接總署初七日來電。奉旨：張之洞電奏已悉。前寄諭湖北煉鐵織布各局，均歸該督一手經理，即併槍礮廠該括在内，即著張之洞

〔一〕録自抄本《張之洞電稿·致本省電》。
〔二〕指署理湖廣總督譚繼洵。

悉心統籌，督飭局員妥速分辦，以竟全功。欽此。陽。等因。除恭録咨行外，特此電達。恭繹寄諭，語意似連繅絲廠一併在内，并及。庚。

致華盛頓楊欽差[一] 光緒二十年十一月初十日巳刻發

茲有要電一件，請譯交容觀察。至感。佳。

蔡錫勇致容觀察[二] 光緒二十年十一月初九日

純甫觀察鑒：函悉，已轉呈張督憲。督憲云閣下關懷大局，忠悃誠篤，實深欽佩。炸藥礮甚好，請尊處速與議定實價，並商運華之法。至買船最為要著，請閣下速向美洲各國詢訪，如有好兵船，擬購七八隻，並帶魚雷艇。船須極堅速，礮須大，并雇可出戰之洋弁、礮手、水手駕駛來華，請速議價電覆。再，如能募洋軍一萬，令洋將帶之，即乘所買兵船擇妥便處會齊，中國派大員數人前往，會同督率，許以重賞，包打日本東京，徑赴東洋，直攻横濱、東京，實為上策。若能辦成，則閣下之功千古不朽矣。此間已議定借洋債備用，有何辦法，祈速密示。蔡錫勇。初九。

楊欽差來電 光緒二十年十一月二十日未刻到

容道覆蔡云：制軍電悉。兵船水雷船訪得即電聞。招兵、募將、籌欵各法另函詳。囑轉電云，近日軍情若何，總署意在議和，已遣使否，乞密示。儒。巧。

致上海沈守敦和 光緒二十年十一月十一日戌刻發

現擬於白茅沙、任家港、滸浦一帶添設礮臺，并安置水雷。該處地勢、沙綫，該守當必熟悉，可即速來省面詢籌辦。儻或尚須覆測，不甚費力，即先馳往一勘。如覆測需時，即可先行來省，勿稍延緩。即候電覆。蒸。

趙令鳳昌來電 光緒二十年十一月十一日辰刻到

確聞崇明沙外敵船可以暢行入江，惟至白茅沙、任家港、滸浦一帶暗沙甚險，此時海關已去浮標，輪行至此刻刻防險，行駛極緩。儻於兩岸築土礮臺，安現成之礮，如運甯之不用者，並可從他處酌移，一月可成。再安設電雷，此處即可為江防多一阻，洋人深以此處不備為失險。又聞原設象山千頃柳地方值四萬金之地雷並不扼要，可以移用。憲台如以為然，沈守敦和深悉情形，乞即電令迅速覆測沙綫地勢，來甯稟辦，於江防實有益。知無人言，故稟聞。惜陰。

致總署、户部 光緒二十年十一月十一日亥刻發

需餉萬分緊急，借欵尚未就緒。茲據上海道劉麒祥電稱，息借商欵事，奉部電飭，仿照粵章辦理，重在税司簽字蓋印，以廣招徠，當商税司請其簽字加印，惟該税司必須稟候總税司核准，方允畫押，恐輾轉稽延等語。查上海借欵事，現經詳加籌議，内分辦法兩種，一照部議原章，二年半爲期，一照部准粵章，六年爲期，皆係奏准之案，俾或願期近或願期寬者，兩從其便，其月息七釐則同。體察商情，如此辦法，甚爲活便而無弊。此事章程票式早已議妥，只待税司簽字。現軍情日緊，借欵日難，請鈞署

[一] 指中國駐美國公使楊儒。
[二] 容觀察指容閎。

貴部速商總署，飭總税務司電飭滬税司，即速簽字蓋印，俾得趕緊開辦，以濟眉急，曷勝感禱。真。

致天津李中堂光緒二十年十一月十二日子刻發

蒸電悉。捉阻軍火船事，敝處已派一輪往，但恐趕不及，似以廣東就近攔截爲便。查粤尚有元亨、利貞、戊己、金玉四輪，請速電粤省，請筱帥派兵輪數號，令洋弁馬駟帶往，在香港外查拏爲便，必可得力。祈速覆。真。

李中堂來電光緒二十年十一月初十日午刻到

黄遵憲佳電，英船阿必倫滿載軍火，本日往港赴倭，請查辦云。北洋兵船不能遠去，尊處能派一二船往港外捉阻。鴻。蒸。

李中堂來電光緒二十年十一月十三日未刻到

家兄電覆，上月廿外德商信義行專人來粤，云有英國某船滿載倭購軍火，由港經過，請設法攔截。當派洋弁馬駟率領廣庚、鎮濤等兵輪，往港外設法密拏，許以重賞。據馬駟稟稱，英船裝載不止一次，皆有數隻英兵船護送，粤兵船太小，非其敵，即使遇見，亦難拏回，且恐激成事端，不敢承命等語。彼時疑其推諉，密派妥弁乘小輪在港口左近守候，復兩日果見該英輪由港外經過，並不進口，在某島邊略停數刻即行，確有數大兵船護送，此次事同一律。粤中如元亨、利貞等船，更不濟事，香帥派船恐亦無用云。鴻。元。

致武昌譚護制台光緒二十年十一月十二日丑刻發

北洋來電，總署電奉旨：現在江南、湖廣、河南、山陝調募兵勇均已奏報起程，惟日久尚未到齊，實深焦盼。著張之洞、李秉衡、劉樹堂、李鴻章分飭沿途各州縣，遇有過境之軍，即傳諭旨，迅催前進，不得藉詞逗留。欽此。即轉南洋并河南、山東撫云等語。即請查催方友升等鐵字後五營速行，并示覆。真。

致杭州廖撫台光緒二十年十一月十二日丑刻發

齊電悉。江省沿海，自川沙以至浙境，亟應嚴防，已飭各營嚴備。惟地廣兵單，弟到後即奏添多營，惟到防尚早，到後當與浙軍聯絡。乍浦當嚴防，尊論極當。乍浦礮臺已築就否，礮安好幾尊，駐幾營，祈示。木殼船無用，且止四隻。真。

致吴淞口礮臺曹鎮、班統帶沐，統帶江陰礮臺張統領、舒統領，鎮江礮臺陳統領、上海上海道劉道台光緒二十年十一月十二日亥刻發

現查得各礮臺子藥多未預備，一也。藥庫空虚且遠，二也。礮無專勇，有亦生疏，三也。不用礮表，不諳礮機，不解各種彈子分別用法，四也。臺上遍蓋蘆蓆草棚，藥房燈用洋油，五也。種種疏漏怠玩，實堪駭異。該統領等平日受國厚恩，防營礮臺各有專責，當此防務喫緊，急宜備禦周密，方免誤事。萬望趕緊督飭，將各礮應用火藥、藥引開花等子，檢點齊整，務使攜取便捷。子藥不敷，急速稟請撥足。藥房内外加意防護周密，臺上蘆蓆及一切引火諸物，立速撤去。每礮宜撥定礮勇若干名專管，從優加給薪糧。趕緊招募真實好礮手，認真訓練。其礮準、礮表所以測

遠近，不用則不能命中。壓力機所以抵礮縮力，不用則礮自傷。各種礮彈所用各異，不可錯亂，均宜切實考究操練。至若應添藥庫以備接濟，臺旁臺後宜添設輔礮，以禦敵兵登岸，何處礮門宜於加寬，以便旋轉，何處宜設鐵板土墻，以衛礮勇，均須逐一考察，一面趕辦，一面禀聞，總以趕緊檢備子藥，認真訓練，撤去引火之物爲急務，萬勿稍延。北洋封河，南洋喫緊之至，務須嚴飭各營，時時作枕戈待旦之計，設敵來無備，各該員豈能當此重咎。即將遵辦情形先電覆，飭上海劉道一併稽察電覆。文。

致天津李中堂 光緒二十年十一月十三日巳刻發

南洋兵輪木殼薄，礮手劣，管帶庸，萬難得力。前擬調林國祥，尊意既不願，請公轉述鄙意，諭知林國祥，令其舉薦得力有用之武弁數人，四五人、七八人皆可，或在北洋船上現并不居要職者，或在廣東者，大率以輪機明白，勇往敢戰兩層爲主，粵人尤佳。令舉所知以對，不必勉强湊數，不拘官階大小。務祈速詢示覆。但請由公傳諭，勿轉託丁提督。切禱。元。

致上海上海道劉道台 光緒二十年十一月十三日午刻發

北洋所造八百磅子大礮二尊，此時斷不能運津，即借撥安江陰礮臺，不必再商北洋。局門之廿一生大礮一尊，一併速設法運往，重費不惜。元一。

致鎮江李鎮台占椿、吕道台〔一〕 光緒二十年十一月十三日午刻發

日來消息甚緊，恐倭寇突入揚子江，該鎮一軍本係游擊之師，可即開赴通州一帶擇要扼紮，何營已到，即派常鎮道點驗，先開往，餘陸續行。已派商局輪來運，務即速備啟行，到彼再爲整頓操練，軍火一面請領運往。除檄行外，特電達。元。

致上海上海道劉道台 光緒二十年十一月十四日子刻發

總署來電，本日奉旨：張之洞電請上海息借商款議定章程等語，著照所請辦理，即由總理衙門飭令總税務司轉飭滬關税司遵行。欽此。元。等語。該道即一面知照税司，一面速爲勸辦。本衙門致總署、户部電，即係言限期或二年半，或六年，均聽商便，與該道覆户部電辦法相同。原電照轉，即札行。元二。

致上海上海道劉道台、招商局沈道台、曾道廣熙 光緒二十年十一月十四日辰刻發

昨電想已接到。南北洋軍火務須多用數輪，多雇人夫搬運，一日之内全裝好，速運鎮江。即令江裕、江寬、寰泰、鏡清四輪一同載運，一次可畢，若不敷，再雇一商輪亦可。聞該道欲先驗收，再行轉運，但件數繁多，點驗需時，萬萬不可。刻下寇有擾長江及吴淞之信，設或一二日有倭船一艘到海口，則全不能運矣，

〔一〕録自抄本《張之洞電稿·致本省電》。

能當此重咎乎。設法趕緊先運到鎮，再行驗收，儻再延誤，定即據實具奏，懍之。即電覆。元三。

致蘇州奎撫台光緒二十年十一月十四日午刻發

黃署藩司回蘇，託其面陳一切，計已轉達。目前消息甚緊，傳聞竟有二禮拜内擾川沙及長江之説。查川沙下至金山，直接浙之乍浦，地段綦長，可登岸之處甚多。滸浦一帶可通蘇州，關繫重要，亟應嚴防。峴帥添各營皆尚未成軍，且無軍械，弟新添之營更遲，擬俟成軍後速飭赴江陰下游相機策應，但緩不濟急，且水陸紛歧，數營亦恐難恃。如能隨地設法擇要阻遏，設伏截擊，或可令彼不能深入。公蓋慮想已籌及，有何良策，祈示。鹽。

致廣州李制台光緒二十年十一月十五日丑刻發

昨匯去粤軍餉銀十七萬五千兩。百川通云，現銀爲數太多，須月餘方能交清，請公飭粤省善後局先行墊發。此間軍情緊急，萬難久待，曷勝感禱。鹽。

致鎮江李鎮台占椿、吕道台〔一〕光緒二十年十一月十五日巳刻發

李鎮各營暫緩開赴通州，俟該鎮各營到齊，酌定駐紮之處，候電再開。江裕到否，即電覆。咸。

致蘇州奎撫台光緒二十年十一月十六日巳刻發

删電悉。新到馬梯尼一半日可運到鎮江，當遵示撥五百枝與新募兩湘營，惟尊意所指，是否即此項槍，抑係續訂比國快槍，若快槍，運到尚早。祈示。銑。

致山海關吴撫台光緒二十年十一月十六日巳刻發

現在愷、鐵、余三軍已有到關者否。倭寇自復州北犯，想係圖擾營口。探報云倭有自九連城退過鴨緑江者，何以又有探報云奉天喫緊，不解其故，祈示。咸。

委員汪喬年來電光緒二十年十一月十五日未刻到

美使電商倭政府議和，據覆：一、派大員往東洋議約。二、賠兵費五萬萬。三、旅順及鳳凰城以東割了。四、韓為自主之邦。十一日，張樵野侍郎奉懿旨來津與相籌議，昨回都，聞張即東行。盛省倭兵因天寒漸退九連城，亦有過鴨緑者。吕本元來電，初八、九等日，分水嶺大雪，初九夜，倭二百白衣白馬來，我軍追圍，馘倭數十，虜百餘，馬械儘獲等語。日來倭船游弋榆關。練兵購船一節已緩辦。喬年稟。鹽。

吴撫台來電光緒二十年十一月十七日亥刻到

愷、鐵、余三軍未到。倭據復州，有旨命陳、魏十四營出關援助宋帥進勦。魏到數日，新勇未練，槍械不足，暫為奏留，請俟購槍運到再令開拔，當邀俞允。聶功亭克復連山關，又在草河接仗大捷，倭退，未過江。澂。諫。

〔一〕以下二電録自抄本《張之洞電稿·致本省電》。

致上海道劉道台、朱鎮台洪章光緒二十年十一月十六日巳刻發

朱鎮洪章到滬否，速探明電覆。近日探報，有倭寇欲由川沙一帶擾製造局，並擾長江之説，尊處想早已詳知。此説不知確否，然總不可不防。朱鎮勇募齊尚早，省城新募之勇尚未成軍，亦難得力。如朱鎮到，可與商酌，或並與他將領商，就沿海一帶酌募數營。上海粵人、甯波人素多，或作工，或充役，向來强悍，若招集此輩一兩千人，妥爲約束，授以軍火，必能力戰。惟上海薪工素優，例餉恐不願，又難改定章，只可懸重賞以鼓勵之，打一勝仗共賞銀三萬兩，大勝共賞十萬兩，或毁一倭船，或奪一倭船，大者共賞十萬兩，次者共賞五萬兩，船上物除軍火外，悉以充賞，查明出力勇丁，分别等差即時發給。此賞格可即出示，軍裝旗衣即由滬局速造。若朱鎮不願，别擇將帶之，官階不在大小，尊意有此等將領否，粵人、甯波人與之相習尤佳。速電覆。銑。

致上海道劉道台光緒二十年十一月十六日巳刻發

川沙一帶地段太廣，兵力無多，惟有於登岸要路多設旱雷爲妥。惟電雷用電綫，不能多造，而且難發，不如多造踏雷，製造較易，可以多設，此係要著。滬局存雷若干，每日能造若干，速覆。銑。

劉道來電光緒二十年十一月十七日午刻到

兩銑電諭敬悉。密探各領事及各商，倭寇久有來犯之説，近日更甚，而無確據。然首犯在製造局，長江次之。朱鎮十四日到職局周覽，欲將居民及工匠二千餘另購地遷移，原有之濠溝加深加寬，又欲高築城圍，恃此為守禦計。職道以此皆非一時所能辦，且無欵可籌，謝之。又謂川沙一營不宜駐，欲專守局為是。該鎮自募之五營將來，擬紮寶山縣，後與局聯絡防吴淞，獅子林難守云云。職道愚見則以川沙、南匯一帶門户為險要，寇如登岸，據地來犯則危矣。甯波勇前七月間曾擬募，而壞類極多，恐難制，或求即在各營增加。江西王管帶滬軍營、蕭管帶奇兵營、鄒管帶各募一營，張統帶再添一營，合二千人，分駐南匯一帶，未審當否。但新募非二十餘日不能成軍，如事急則仍不能濟。憲諭重賞，極宜遵辦。地雷職局已造四百枚，撥崇明、吴淞二百餘枚，各營分領百餘枚，祇能安川沙一道，各縣沿海則安而無人守，亦不可安。每月約可造二百枚，若鍋爐全廠工人專造，則可成六百枚。麒祥稟。銑。

致廣州王道秉恩光緒二十年十一月十六日巳刻發

鹽電悉。忠軍若由内地行太遲，若全輪裝勇，究恐不便，宜自憑祥陸路赴北海，乘輪至香港，分批搭洋商輪至滬爲妥。如有略小商輪，分兩三起沿内海行至江陰亦好，若不能至江陰，到滬再搭輪。速詢明洋行電復。義軍、保軍、忠軍均令先至江陰屯紮，相機調撥策應。可電李鎮、林副將知，并轉蘇督辦。銑。

致清江鄧漕台〔一〕光緒二十年十一月十六日午刻發

初五日接總署來電，本日奉旨：聞倭人攻陷旅順後，其第三

〔一〕録自抄本《張之洞電稿·致本省電》。

隊兵已乘輪南行，尚未知其所向。現在北洋海口將凍，恐其擾及南洋，著張之洞嚴飭吴淞各口加意防守，並分電閩、浙、台灣各督撫一律嚴防，勿稍鬆勁。欽此。歌。等語。當已轉飭蘇、浙、閩、台。因清江係内地，且無確信，故未奉達。近日又紛傳有南擾之説，仍須嚴防爲妥。咸。

致武昌蔡道台、漢口惲道台光緒二十年十一月十六日未刻發

許欽差來電，力拂改五生三快礮機，價五萬馬，每添一式加萬七千馬。壓銅殼機卅五萬馬，每式加萬六千馬。碰火機十萬馬，見樣方可定。限購格礮一，彈百顆，三月成，約萬四千馬等語。查外洋當有現成格魯森礮，可購，購一尊何須三月，若俟三月成礮，後再改造各機，豈不是將須一年耶，電尾數語未解。此三事機價約計二十萬兩，除劉借欵外，尚短甚鉅。此項價已奏明由捐欵付給有案。鄂捐約能得若干，祈籌覆，以便江省酌協。即電覆，並擬電覆許。銑。

蔡道、惲道來電[一]光緒二十年十一月二十日

鈞電謹悉。快礮機籌欵事已另電稟聞。照許欽差來電，九式配齊約需銀二十六萬兩，運保、建廠費尚不在内，統計在三十萬以外。詳詢洋匠，機電配齊而人手未熟，初年出快礮至多不過五十尊，不如添置通用快礮機九具，各式皆可造，約價六萬馬，初年出快礮約二三十尊，以後可漸增。惟車刀器具須購鋼料自製，約可省三四萬金。壓銅殼機須照定添式。車刀亦購鋼料自製，約可省二三萬金。只銅殼機須建一廠，約萬餘金。餘機可就原廠安設，可省建廠費二三萬金。此從省辦，大約廿萬兩可敷用。應否從省，抑照許欽差電配足，伏候憲裁。擬電許欽差：快礮機配齊為欵過鉅，飭商洋匠，擬添機九具，各式皆能造，但不能多估價六萬馬。洋電附後。請飭力拂開價，速覆。壓銅殼機卅五萬馬，照定，輾銅板機想必在内。添式由鄂自製較省。其碰火機及格礮一彈百顆，均請照定，擬用格廠葡萄子、開花子、碰火各三式，俱購現成者作樣，應無須三箇月。務祈商令從速製造，迅即購運。應估定若干，候電即匯等語。請核發。

致上海上海道劉道台光緒二十年十一月十六日申刻發

駐滬委員樊棻先後與信義洋行議定克快礮四尊，馬克遜快礮十八尊，小口徑槍六千，格林礮十尊，各配彈藥，又毛瑟彈百萬，均已由該員隨時與該行訂定合同，價銀分三期付，已飭該員就近將合同呈驗。現五日内即須起運，應即付定（及銀）[銀及]起運價，共銀約三十萬兩以上。槍礮並彈係陸續搜羅，往復核議訂定，實不易得。此項頭二批價，此間無從籌撥，務望由捐借項下即速照付，以便趕附便輪速運，千萬勿誤，至要。銑。

致上海上海道劉道台、吴淞口朱鎮台洪章光緒二十年十一月十六日亥刻發

募廣東人、甯波人，可託該兩會館董事商之。粵、甯之勇在

[一] 録自抄本《張之洞電稿·致湖北電》。

滬工資素優，如照營制餉章必嫌少，又不便與各營兩歧。可與董事商另立一名目，或作爲犒賞，則雖多無妨矣。朱鎮所募湘勇到防尚早，斷來不及，此時可迅速就近通州募沙蠻子一類人，當亦能戰，將來湘勇到後用處甚多，儘可撥與他人也。即覆。諫。

致江陰統領張鎮台[一] 光緒二十年十一月十七日亥刻發

頃募精於礮法之洋弁四人，委沈守敦和帶赴江陰，就營挑選精壯礮勇，認真操防。務望備房給住，並妥爲駕馭，和衷共事。餘由沈守面告。洽。

致狼山朱鎮台、福山韓鎮台、崇明朱鎮台 光緒二十年十一月十七日亥刻發

貴部廣艇共十二隻，聞管帶多屬粵人，現有要事撥用之，速飭飛速附輪來轅一見，勿遲，見後即日遣回。

致鎮江呂道台、李鎮台，江裕、江寬輪船 光緒二十年十一月十八日午刻發

江裕早到，江寬昨已到，速將軍火起完後，即刻開赴下關，載萬提督本華五營赴滸浦，勿延。江裕現無事，即先開來，李鎮五營擬派往通州地界北岸龔家墟屯紮，其地江面船路最近，現趕築土礮台，今日已運礮往，故須紮營扼守，候即電招商局另雇他輪來裝。嘯。

致鎮江呂道台、清江鄧漕台 光緒二十年十一月十八日午刻發

總署來電，奉旨：現在倭踞金、復，意圖合股北犯，各海口尚未封凍，時有倭船游弋。宋慶新募三十營，陸續將到，軍械一無所有，其關内新到各軍，亦處處缺乏，專候新購到滬之械接濟，萬分焦急。昨嚴諭張之洞，令將已到上海槍械趕速催運，究竟實到數目若干，何日由滬啟程，何時可到清江，著張之洞即行覆奏，一面派員沿途趲運此項新械。李鴻章已奏明車雇四百輛，輸流傳送，並著張之洞知照。漕運總督一體照料接遞，毋准片刻躭延，致干咎戾。欽此。篠。望即飭縣於原定船車數之外，加雇船車，飛速趕運，重價不惜。車須於數百里之外覓雇，究竟幾日可到，清江、鎮江點收發運係何人經管，清江以北陸運係何人經管，均即電覆。嘯。

致上海上海道劉道台、朱鎮台洪章 光緒二十年十一月十八日午刻發

昨夜電調三鎮廣艇管帶各弁來省一見，意欲選擇數員，令帶上海廣勇耳。事急不宜周折，即請朱鎮軍轉述鄙意，電調各該員到滬，查其謀勇精幹可靠者，選數員爲營官，即日募粵勇兩千人，令其分帶，付以軍火，擇要戰守，此必較省城新募之軍得力多多，有粵將帶則不患其獷悍生事矣。此爲今日防滬要著，務望速辦，勿稍游移遲緩，不可惜費。切禱。嘯。

[一] 以下三電録自抄本《張之洞電稿·致本省電》。

致上海上海道劉道台光緒二十年十一月十八日午刻發

篠電悉。餉缺，日夜焦灼。然近日洋戰專以快礮取勝，非此不可，營多械少，則餉皆虛糜矣。快礮輕小者尤靈捷，地亞士之哈乞開斯快礮極難得，請即定一磅子之六尊，二磅子之廿四尊，十磅子之十二尊，十二磅子之六尊，均儘配彈藥。其禮和香港礮七十二尊式雖稍舊，但取其礮多價廉，且可速到，猶勝於土礮，亦請一併定購，惟禮和之格魯森五生三、五生七快礮各二尊，數少而雜，可作罷論。以上所定各礮，連瑞生四十磅快礮十尊，共礮百三十尊，爲價甚鉅。前定百萬槍欵，本有部撥預蠹四關之項可指，但不能遽到，然蘇捐必可得數十萬金，蘇借必在百萬以外。此項價值將來借欵不敷，可即由蘇捐湊足，當不至有誤也。請即速照定，萬勿遲疑，并屬各該行速運。儻此次船趕不及全數裝附，可先趕裝若干，餘設法續運，趕於兩箇半月到滬，切禱。聞瑞記言，鄂借洋欵論鎊，總署已准，請就近詢之，如確，江亦擬借四五百萬。現已電詢鄂督矣。洽。

致太湖水師李統領新燕[一]光緒二十年十一月十八日午刻發

太湖水師無須抽調。嘯。

致上海招商局沈道台光緒二十年十一月十八日午刻發

前致盛道電，飭雇江輪三、海輪四來江載勇，盛道覆電已允許。此數輪擬常租聽用，兵械皆運，各該輪租價由江省出，每月若干。江裕、江寬外，究竟可租幾輪，速酌定電覆，數亦不拘也。嘯。

致江陰張鎮台、舒統領，鎮江陳統領光緒二十年十一月十八日未刻發

敵信甚緊，恐數日内即有戰事。該處各礮臺前據該鎮言，尚未開濠，急宜速辦，各陸營亦然。後路宜防，山頭宜占，濠宜寬深，兩層尤好，内濠墻高，外濠墻低，中須可伏人放槍。礮手餉比散勇加倍，礮弁目又酌加。所有各臺各營勇，現係前敵，月餉可加爲四兩二錢，并懸賞格，獲一勝仗賞銀三萬，大勝賞十萬兩，或毀倭一船或奪倭一船，大者賞十萬兩，次者賞五萬兩。速出示，圖山關礮臺并傳知。嘯。

致福山鎮韓鎮台、上海吴淞礮台朱鎮台[二]光緒二十年十一月十八日未刻發

韓、朱、曹、朱四鎮同覽。管帶廣艇之粤省武弁十二員不必來省，以省周折，速飭該弁等即日迅速到上海見朱鎮台洪章及劉道台，由朱鎮選得力可靠者四五人，委令帶上海新募之粤勇，餉項從優，如能立功，定予優獎，并已懸有重賞格，滬已出示，即覆。狼山、崇明即由韓鎮台飛送。嘯。

〔一〕〔二〕録自抄本《張之洞電稿·致本省電》。

致上海上海道劉道台、朱鎮台、張統帶桂林、慶軍班統帶、沐統帶光緒二十年十一月十八日未刻發

朱鎮速就近添募四五營，通州沙勇，上海粵勇，他省勇皆可。岳州所募湘軍，到時仍歸朱統。張桂林如能募，亦可令就近添募一兩營，由朱鎮、劉道會商酌辦。前敵各營及礮臺營，月餉皆加爲四兩二錢，各臺礮手比散勇加倍，礮弁礮目又酌加，並速照昨電懸賞格。軍裝、號衣、旗幟滬局速備。要路多安蹍雷。各營無論礮臺、陸營皆宜多掘寬深之濠，内外兩層，内濠牆高，外濠牆低，濠中能伏人放槍爲要。嘯。

劉道來電光緒二十年十一月十九日酉刻到

三奉電諭，因朱鎮十八日往川沙、南匯，明後日返，始可會商。憲諭募粵、甯、沙勇，重賞以救一時之急，極為欽服。但此輩久習滬上，强狡梟悍，毫無忠良畏忌之心，約束則難，倭寇來犯無期，此輩立營列伍久守，恐難相安。職道前日電稟就各營添募，因各將已有練成之軍，添募新勇，尚易鈐制，操練亦易。各將張統帶已蒙諭添募，此外如王管帶國權，王壯武舊部，蕭鎮江，左文襄舊部，鄒理堂曾侍曾文正，雖非戰功卓著，曾亦身歷戰陣。儻俯允添募，指定駐防之處，嚴諭責成，似尚可靠。職道與諸將均頗熟習，諸事亦可相商。冒昧再瀆，不勝惶悚待命之至。賞格已遵辦，擬吴淞、崇明、上海、川沙各營徧貼，無論軍民人等，如有助戰得勝者，皆不吝賞。麒祥稟。皓。

致蘇州奎撫台、黄藩台、韓臬台光緒二十年十一月十八日申刻發

翰、篠兩電悉。敵信緊急，或云擾川沙，或云由崇明以北入長江，或云踞崇明，均屬可慮，不能不兼顧全局。江省止有此數營，止可儘力分布。已令江裕、江寬即日載萬本華五營赴滸浦，以防蘇州門户，再調他輪，到即載李占椿五營赴北岸通州境之龔家墟，測此處江面最窄，擬趕築土礮臺，此爲防内犯長江之要路。上海製造局防川沙登岸一路，朱洪章已到滬，昨已電朱鎮、劉道速商酌，就近募勇，朱募通州沙蠻子及上海本處勇四五營，如張桂林等亦就近募勇一兩營，統由該鎮、道酌辦。上海粵人甚多，皆勇悍善鬭，飭鎮、道酌募一兩千人，於例餉外優給賞項，授以局存軍火，即令三鎮所屬帶廣艇之將官粵人帶之，必可爲官軍之助。惟須妥爲鈐束，緣新招之營未經訓練，斷不能勝於粵勇也。至各臺礮手，昨經委查，多未熟練，可慮之至。已疊經電飭嚴備，多儲彈藥，加賞礮弁，派洋弁往督練之。又派人赴崇明以北一路買船沈江阻敵。惟事機過迫，不知來得及否。弟到江止此數日。選將、募勇、籌餉、購械、查臺，晝夜不遑，無如到防尚早而軍情已急，只可就現有之人力趕速籌辦耳。太湖水師可不必抽調，已電飭李統領新燕矣。嘯。

致吴淞礮台譯出速飛送崇明崇明鎮朱、崇明縣吴〔一〕光緒二十年十一月十八日申刻發

敵情緊急，該縣孤懸海中，亟應就地設法，惟有多埋地雷，

〔一〕以下二電録自抄本《張之洞電稿·致本省電》。

擇地設伏，多掘横直濠溝，雇派民夫晝夜趕辦，并發馬梯尼槍五百枝，速派妥人來領。務以忠義激勵軍民，照上海賞格懸示重賞，如能擊退倭寇，保全地方，定當奏請破格超獎，該縣免錢糧三年。賞格云云照録。十八日。

致鎮江吕道台光緒二十年十一月十八日亥刻發

鄂省礮管四尊，請驗明放行運漢。嘯戌。

致蘇州奎撫台光緒二十年十一月十九日子刻發

嘯電悉。招私梟充營勇，極是救急良策。近日屢有人獻此策，正擬電商，今承來示，正與鄙意相合。委韓臬司統帶扼紮松江一帶各節，均極妥，并請詢韓臬，如能多募，似可募三營，此時不在此一兩營之餉也。祈裁酌，即請挈銜電奏。嘯。

致臺北唐撫台光緒二十年十一月十九日辰刻發

劉鎮永福在臺得力否，現帶幾營，有舊部否，如無大益，擬調來上海帶粤勇。現因南洋戒嚴，滬局危險，新營難恃。滬上向多粤人，或作工者，或服役者，人皆勇悍善鬬，擬招兩三千人，惜無人統之，必需粤將。聞滬上粤人甚贊劉，其性情長短久已知，不過取其虚聲號召粤人耳。可否令其來江統此數營，當能約束，於江南防務有益。如承允許，速示覆，即當電奏。如尊意以爲在臺有大用，則不必。渠來帶臺勇數營亦可，不帶亦可，候示覆。嘯。

唐撫台來電光緒二十年十一月十九日亥刻到

劉在臺亦用其虚聲耳，公調往可行。惟峴帥亦有調意，昨在德州來電，尚道及劉。派弁赴粤，甫募成四營，往接未到。舊有兩營，僅吴鳳典二百餘人，乃舊部，擬屬帶三營赴滬，三營留臺。因臺招勇甚難，劉營去，必須另募，以免空虚。已電詢劉，再覆。崧。效。

致蘇州奎撫台、黄藩台光緒二十年十一月十九日辰刻發

本日致崇明鎮、縣電云：敵情緊急，該縣孤懸海中，亟應就地設法嚴備。惟有多埋地雷，擇地設伏，多掘横直濠溝，雇派民夫晝夜趕辦，並發馬梯尼槍五百枝，速派妥人來領。務以忠義激勵軍民，照上海賞格懸示重賞。如能擊退倭寇，保全地方，定當奏請破格超獎，該縣免錢糧三年。賞格云：獲一勝仗共賞銀三萬兩，大勝共賞十萬兩，或毁倭船一，或奪倭船一，大者共賞銀十萬兩，次者共賞五萬兩等語。請察閲。嘯。

致廣州水師提台鄭、署中協楊、署廣協黄、運台英、王雪岑光緒二十年十一月十九日午刻發

南洋兵輪五六艘，管帶皆不得力，礮手甚劣，萬難打仗。粤省帶拖船、緝私船出海捕盜者，好手不少。請速訪詢現無要缺要差之武官中，有膽略出衆、能帶兵輪、願來南洋者，不在官階大小，舉以見示，當商筱帥調來，派充管帶。速覆。效。

致揚州江運台〔一〕光緒二十年十一月十九日午刻發

稟悉。槍價已由上海道借欵墊付，惟支應局窘迫已極，所有提前解到之預蠆六萬零，即速全數解交支應局爲要。效。

致鎮江吕道台，清江鄧漕台、謝道台

光緒二十年十一月二十日丑刻發

旨又催運械甚嚴急，船車最要，務嚴飭各縣向遠處加價雇備，萬不准因無船無車之故，以致延緩，致干參處。漕台電謂吴道言車尚未有，曷勝焦急。漕台赴汴雇百五十輛通融應用，極好，但不敷尚多。飭各該縣務再派人於山東、河南數百里外遠處重價雇之。北洋奏言已雇車四百輛，今車若缺，則必歸咎於江南矣。切要。效。

致下關江裕、江寬輪船〔二〕光緒二十年十一月

二十日辰刻發

江裕、江寬即日載萬統領五營赴江陰，運到後仍即回鎮江，載李鎮台占椿五營赴北岸通州地界之龔家墟。號。

致鎮江李鎮台占椿光緒二十年十一月二十日辰刻發

擬派該鎮五營紮北岸通州地界之龔家墟，其地中洪最窄，船路距岸最近，擬於此處趕築土礮台，日内即運礮往。該鎮可先派一得力營官或該鎮親赴該處看定紮營地方，俟江裕、江寬載萬營回即開往。沈守敦和現在江陰，其地問沈守便知。號。

致督辦軍務處光緒二十年十一月二十日辰刻發

郭寶昌事已電奏。查該鎮於洞初到江時，即懇江督劉三次，爲之乞假養親。洞未知其本意若何，詢訪衆人，僉云其歸志甚堅決，或云爲親老病，或云爲徒有節制水陸之虚名，或云與同僚不和。總之，止能在省調度或時出稽察，斷不肯赴前敵等語，其晤面，則惟以老親爲詞。洞思無論所因何事，既立意不赴前敵，則此將留之無益，且該鎮長於陸路，兵輪礮臺亦非所長，當即允假三月省親。尚未啓行，聞旅順危急，因又與切商勸勉，令迅募馬步十三營，駐清江以北，若倭由煙臺登岸内犯，則援山東以保濟南，若津關危急，則北援畿輔，餉械江南供給。該鎮謂願聽指揮，但選將訓練必須明年三月方能成軍。反復勸導，謂皖勇易募，期以臘底成軍到防，堅執如前，並託人來告即北行亦斷不出關等語。因成軍過遲，明係推宕，此議遂未定。嗣奉電旨，仍然力辭。察其情詞，並參衆論，大率自覺名望素好，倭戰甚猛，若出統兵，自揣必不能取勝，徒損威名，故决意不赴前敵，此其本心也。每對人言，如某某者並不能戰，徒募多營糜餉等語，其意可見。此事應如何辦理，朝廷自有權衡。其決意不出，洞深不以爲然，惟該員於陸路究係宿將，精力尚可，若兵爭日久，游兵潰勇必多，豫東皖北難保無匪徒蠢動，若使統軍擊内匪，彼固優爲之，必不辭矣。事急才難，或節取備用耳。此中曲折甚多，未敢瀆奏，特密陳以備鈞裁。效。

〔一〕録自抄本《張之洞電稿·致本省電》。

〔二〕以下二電録自抄本《張之洞電稿·致本省電》。

總署來電 光緒二十年十一月十九日亥刻到

奉旨：本月十五日電諭張之洞將外洋運到槍枝迅速運解來京，倘有延誤，惟該督是問。十七日又經電詢實到數目若干，何日啟程，何時可到清江。乃張之洞日來總無覆奏。此等事務諒張之洞不敢玩視，著即明白電覆。前於初七日電諭，令郭寶昌統帶所部來京，迄今旬餘，亦未據電覆，並著即行覆奏。欽此。皓。

致上海招商局沈道台、天津盛道台 光緒二十年十一月二十日午刻發

沈道十九日電悉。商局固陵、泰安、洋旗永清、廣濟、愛仁五輪，均即照議按月租用，望速撥來聽候差遣。惟五輪不盡大船，遇有大起兵械，尚恐遲滯，能另換較大輪船一艘，如江裕之類，議實租價，迅速撥來尤善，如難換，亦不勉强。號。

致鎮江曾道台〔一〕 光緒二十年十一月二十日午刻發

前接河南裕撫台來電，信義洋行代運火藥四百桶，請飭暫存甯局，候委員領解。兹接該行來電，此項火藥業已到鎮，現雇小船剥泊北岸，恐有疏虞，各等語。望速照收運存甯局，候該省委員領解爲要。號。

致上海上海道劉道台 光緒二十年十一月二十日午刻發

刻下軍情緊急，各國輪船出入宜有定時。望速照會各國領事轉飭各國輪船，於每日晨六點鐘起至晚六點鐘止，許其出入，過此時刻則只准其於吴淞口拋錨，不得進口，以免敵船混進。並望於第二燈塔左近設一瞭臺，紮勇一二棚，以遠鏡時時窺望，一見敵船，立刻報信。效。

致上海上海道劉道台 光緒二十年十一月二十日未刻發

崇明孤懸海外，爲由海入江要口，必須嚴防。大蕺山以下所設燈塔及川沙白龍港之燈塔，均應拆毁，以便設伏。此係船鈔經費項下修造，爲我國自主之權，第關各國行船，應由該道向各領事詳晰告知，並轉致稅務司照辦。哿。

致吴淞朱鎮台 光緒二十年十一月二十一日卯刻發

本日電悉。在滬工作粤人既不能用，香港招粤勇千人，此法甚善。惟打仗總宜用武將，文官打仗者，江、羅、王、李乃是閒氣所鍾，不可視爲常例。宜仍於廣艇管帶中擇勇敢樸實能知紀律者數人，令其往招數營，較爲得力。廣艇各弁已來見否，見有可用者，速電告。通州沙蠻究竟能趕招速到否，他處勇有能速招到者否，來電未言及此事。即覆。號。

致上海上海道劉道台 光緒二十年十一月二十一日巳刻發

皓電悉。張桂林已飭招兩營，該道欲令王國權等三營官各添

〔一〕録自抄本《張之洞電稿·致本省電》。

募一營，意在熟習聯絡，用意甚善，惟尊意擬令該員等招何處勇，能速成軍否？必速方有益，望速覆。且使人人皆爲統帶，殊多窒礙。至鄒理堂未立戰功，人所共知，若更令添營，衆必不服，似不必也。朱鎮究竟能速招幾營，來電總未詳明，并詢覆。號。

致臺北唐撫台光緒二十年十一月二十一日午刻發

承允淵亭來，感甚。惟新募粤勇四營全令來滬，於臺防有礙否。若臺防缺營，僕心亦不安也。南琛此時確在何處，聞甚不得力，藉修規避，望以實告。號。

致鎮江李鎮台占椿、吕道台光緒二十年十一月二十一日午刻發

頃查知下關之礮因水淺尚未運往，測勘龔家墟地勢水道之沈守敦和亦尚未到。適據通州汪牧稟，該州紮營地方尚須斟酌，該鎮之勇即勿庸赴通州。查目前江防情形，近接探報，中路最爲喫重，惟江陰爲扼要，李鎮五營即備齊軍械，乘輪開赴江陰，與張鎮礮台及舒、萬兩軍商酌聯絡，擇要紮營扼守，以防敵人登岸抄後之路。現已備有大輪五號，分駐江陰、鎮江一帶聽用，如需調派何處，隨時聽候檄示遵行，亦甚活便。即覆。馬。

致江陰江寬輪船、張鎮台[一]光緒二十年十一月二十一日午刻發

江寬送萬軍到後，務即回鎮江，運李鎮占椿五營亦赴江陰駐紮。頃已與盛道、沈道商定，該輪仍暫歸江南省租用，暫緩换旗。江裕即可不用，回滬可也。馬。

致揚州沈守光緒二十年十一月二十一日未刻發

號電悉。陳乾仁招勇，已由電詢唐軍門，俟電覆確實，如不遵，即奏明查辦。該守即轉告該提督勿生事，致干未便。馬。

致鎮江吕道台光緒二十年十一月二十一日未刻發

據洋行李德稟，鄂礮管四尊即在此批南北洋軍火船附運，請細查給照。馬。

致天津劉制台光緒二十年十一月二十一日未刻發

洽電悉。刻想抵津，爲慰。虎勇留滯，裝械均少，實深懸念，請公就近設法拯濟之。余虎恩一軍爲兩湖北上諸軍之冠，公到後必督師，此時厚撫之即歸心於公矣。南洋緊急，萬本華一軍已赴江陰、滸浦，并聞。馬。

致上海電局楊守廷杲、上海道劉道台，天津盛道台光緒二十年十一月二十一日未刻發

吴淞礮臺與製造局、道署不通電，警報不靈。若由吴淞南岸沿海塘至川沙，入黄浦白蓮涇，經日暉港至製造局，由局至道署達滬，電局趕造一電綫，方可備急電之用。電局物料易辦，楊守

[一] 以下三電録自抄本《張之洞電稿·致本省電》。

務即速酌辦。又吴淞各臺有德律風，可即接通上海，消息較靈。楊守即覆。馬。

劉道來電光緒二十年十一月二十一日申刻到

頃龔欽使電，倭允英不犯上海及長江。然倭寡信，登岸要處應防，局臺後路尤緊要，務多遠設地雷槍礮。謹稟聞。麒祥稟。馬。

致俄京許欽差光緒二十年十一月二十二日子刻發

鄂廠槍機已修復，槍機不及九十三年者之靈便。請商力廠就原機改配九十三年新式，並派人來鄂裝修。需費若干，速覆。箇。

致漢口惲道台、武昌蔡道台光緒二十年十一月二十三日申刻自吴淞發

號電悉。快礮機從省辦法，周折太多，出礮必遲必少。此事既有廿四萬五千，則所差不過五六萬金。現在江南以製造局出礮過少，正擬添購機器，今漢陽既新設此廠，江南即可協欵助成。蓋添配甯局舊機，不若助成漢陽新廠也。可再擬電許欽差，仍託其照原議年出百尊九式配齊，該價及運保廠費一切，除鄂籌外，當由江南湊足。望勿遲疑。漾。

致江陰張統領[一]光緒二十年十一月二十四日辰刻發

頃據穆税司電，礮位已勘定。勘定幾處，係何礮，礮位是否八百磅大礮，現冬令嚴寒，此種大礮能安設否，速覆。廿三亥。

致天津李中堂、煙臺李撫台、威海戴統領光緒二十年十一月二十五日申刻發

聞倭船現由北洋全數開來南洋，未知確否，祈飭確探飛速電知爲盼。有。

李中堂來電光緒二十年十一月二十五日亥刻到

成山、榮成日内報有倭船游弋，未聞全數南下。英、倭密商勿犯淞滬，且倭兵船、運船喫水多深至十五六七八尺者，斷不能深入長江，似無過慮。鴻。有。

致鎮江吕道台[二]光緒二十年十一月二十五日酉刻發

江陰前敵喫重，守江陰則鎮江自無事。李鎮勇務須全數開赴江陰，已派愛仁輪船往載，不可稍延。有。

致江陰張、萬統領，舒、李統領，鎮江陳統領光緒二十年十一月二十五日酉刻發

聞倭船現由北洋全數開來南洋，各礮台、防營務速嚴密防備，日間細心瞭望，夜間尤須確探，切要。李鎮五營即速全數開來江陰，扼要駐紮。現有愛仁輪船在鎮江，專候載勇，不可稍有遲延。即覆。有。

[一] 録自抄本《張之洞電稿·致本省電》。
[二] 以下三電録自抄本《張之洞電稿·致本省電》。

與韓署臬司面商，令臬中丞將王道立鰲新舊共撥三營防金山，不知允否，可電稟速商。蕭鎮江之兩營，王國權一營，能否俱派往金山駐防，速酌議電覆。至製造局存舊大礮不少，宜速安設局外扼要處，蓋此事非倉猝可辦也。又聞倭雇漁船，確否，並電覆。歌。

致徐州陳鎮台、沈道台、桂守〔一〕 光緒二十年十二月初五日未刻發

昨電旨調陳鎮帶馬隊三營北上，想已接到，務即部署速行，鎮篆交中軍暫護，候另委署。惟徐州緊要，請於各營官中擇其才器可當一面者舉一人代統餘各營，并擬速招馬勇三營，補足原額，望并擬營官數人電告。北口馬目前難買，故擬招馬勇若別有買馬之法，亦即籌示，道府如有所見，亦即電陳。沈道前兩日啟行，到徐尚須數日，桂守可助陳鎮籌辦。即覆。歌。

致廣州李制台 光緒二十年十二月初五日申刻發

近得馮軍門電商路程事。馮意擬由廣西賓州、柳州、桂林至湖南衡州，過江西袁州，鄙人告以由南甯舟行至梧州、肇慶，由北江韶州、南雄過嶺，走江西內河，出九江。覆電甚不願，謂沿途無客店，過嶺崎嶇。鄙電力陳賓、柳、衡、袁一路陸行迂回僻遠之不便，勉强允從，仍以過嶺店少路艱，須分起日多爲辭，不思兩月舟行，一日嶺路，豈不勝數千里陸行耶。況無論何路，斷無多店能容五千餘人之理，且大軍專住民房，豈不煩擾。既到衡州，又不浮湘舟行至漢口，却又紆至袁州。種種難解，馮軍門不應錯誤至此，恐係爲部下妄人所惑。似此情形，實可焦慮。昨已電懇派委道府大員照料，州縣雇船，借給帳棚，望費神妥籌，至感。再，馮軍門前來電，擬調欽州參將黃培松，已以尊電謂邊防難離覆之。今看此情形，並詢馮開來營官，率皆末弁，並守備亦無之，且中有兩營官，一縣丞，一同知銜，又不如末弁矣。可否仍派黃培松同來，究係實缺將官，當有分曉，遇事尚可維持。法越斷無枝節，數月內欽州當不致有事也。如允尤感，並望詢尹守恭保，如願來江，即委尹當馮軍營務處亦較妥。粵軍如途中多生枝節，想亦藎懷所厪慮也。祈酌覆，並密示王道秉恩。歌。

致徐州沈道台、桂守〔二〕 光緒二十年十二月初五日亥刻發

上海法總領事來電，徐州府蕭縣馬家津地方放火，教士危急，請飭彈壓等語。務即妥爲彈壓保護。實在情形若何，即速據實電覆。歌。

致江陰李鎮台、萬統領 光緒二十年十二月初六日卯刻發

昨電旨想均已奉到。該兩軍奉調北上，即速部署北行。鎮江現有官租數輪，應乘何輪回鎮江及應備各事，可自與常鎮、呂道及營務處、支應局速商辦，切切。歌。

〔一〕録自抄本《張之洞電稿·致本省電》。
〔二〕以下二電録自抄本《張之洞電稿·致本省電》。

致杭州廖撫台光緒二十年十二月初六日卯刻發

傳聞乍浦喫重，快礮一尊之外，尚有西洋礮幾尊，臺幾座，勇幾營，祈示。聞尚有快礮一尊，安在定海，其實定海較乍浦爲緩，蓋定海於道光間曾經英人占踞，後雖退出，隱然留以自爲。西國凡兵力所得之地，絶不讓他國占踞，斷斷無慮也。聞候補道丁彦現帶四營駐唐家灣，可謂得人，欣佩。該員曾從岑襄勤與洋人戰，熟習地營，何不即令守乍浦耶。唐灣距乍浦若干里，想係唐灣尤要，抑或乍浦别有得力守將耶。壤地相接，深盼强鄰爲助，故詢及之。祈示覆。歌。

致江陰張鎮台、舒統領、沈守、江陰縣劉令光緒二十年十二月初六日辰刻發

貴州古州鎮丁衡三總戎名槐，奉調帶營北上，過金陵。丁在越南曾與洋人戰屢勝，熟悉地營開濠等事。鄙人與丁素來交好，江陰正在開濠，託其紆道至江陰一看，詳告作法，令勇丁作一式樣，我軍可以酌量仿照。并委黄丞庭、金令桂芳、黄參將朝榮、千總黄福華伴往，乘祥雲明日行，可善爲照料接待。該鎮等及各營官，務須虚心受益，所言若當，則從之，即或有不可行，聽之可也，不可稍存成見，有意駁詰爲要。開濠宜急辦，先由江陰縣暫借千金墊辦，俟約估經費大略數目禀知，即由籌防局發。黄丞曾出洋專學礮臺作法，沈守可與該丞細談，務令詳看各臺，回省面禀。歌。

致蘇州奎撫台光緒二十年十二月初七日巳刻發

魚電悉。尊見極當，與鄙意合。惟峴帥奏准奉旨飭調，不敢請留。關内外現有二百餘營，統歸峴帥節制，此中豈無勁旅。如能選擇鼓舞而用之，有精兵四五十營，可以戰矣。如二百餘營皆無用，專待此冰雪奔馳喘息不定之二十營，即能勝倭乎，且至速亦須正月半到防，亦緩不濟急矣。彭軍須正月初，馮軍須正月半後方到，金山亟應防。惟已派黄道一營往，莫若俟黄道新營到後，再添派兩營往協防，同是黄軍號令，一心志合，較有益。如朱鎮洪章新營到，擬派朱軍數營往助之，或張桂林新營往亦可。此旬日内金山未必有事，貴標正前營即暫派往，將來仍須調回，或暫緩，何如。前與韓署臬面商，韓擬以黄道數營防海塘以内、黄浦江以外，韓臬三營防黄浦江以内，則責任分明，調度近便，所言似頗有理。均請卓裁示覆。陽。

致廣州李制台光緒二十年十二月初七日巳刻發

粤省魚雷極多，惟内多殘缺不全者，或有操頭而無戰頭，在粤似無所用。擬請將所有殘雷查明有若干，借與江南用，此間可設法配造，雖無奇功，亦有用處。如允許，當遣人往，設法運來。請酌覆，至感。陽。

李制台來電光緒二十年十二月初七日亥刻到

粤省海口極多，所存魚雷七十餘，已於各口嚴密布置，即殘缺不全之雷，亦經修整備用，實難借撥。伏希鑒諒。瀚。虞。

致杭州廖撫台光緒二十年十二月初七日午刻發

謡傳有倭如南擾，欲犯乍浦，以擾金山之説。雖目前未必即到，但彼既有此謀，急須嚴防。前歌電詢乍浦防務情形，及道員丁彦事，祈速覆。金山衛與乍浦脣齒相依，兩省合力則易防，故請詳示情形，以便江省速籌聯絡協守之法。公看丁彦才識若何，乍浦守將爲誰，才具若何，盼覆。陽。

致吴淞電局專送崇明縣黄令傳祁[一]光緒二十年十二月初七日午刻發

蘇松朱鎮所請撥輪一號，現無輪可派，即由該令在滬速租雇一號，該租價若干，由籌防局給發。陽。

致清江鄧漕台，徐州陳鎮台、程副將孔德，徐州府、縣光緒二十年十二月初七日午刻發

徐州鎮篆務即委記名堪勝提鎮儘先副將程孔德署理，並統帶留徐各防營。除另檄飭遵外，特先電飭。即遵辦，勿庸候文，以便陳鎮部署率隊北行。陽。

致鎮江吕道台光緒二十年十二月初八日午刻發

陽電悉。義軍兩營，營官何人，即將銜名問明電禀，務囑其嚴行約束，勿令粤勇生事，至要。合山係在何處，即電覆。丁鎮營勇係奉調之軍，須令迅速北上，不能留鎮。庚。

致臺北唐撫台、劉鎮永福光緒二十年十二月初八日未刻發

臺灣防務緊要，奏調劉鎮來江，未易措辭，可作罷論。庚。

致上海上海道劉道台光緒二十年十二月初八日亥刻發

頃峴帥電，上海現存快利槍三百桿，劈山礮百餘桿，解來應急等語。該局現存是否係此數，劈山礮是否局製後膛，均即復。南洋舊有之精槍快礮，全撥北軍帶上。峴帥臨行時，又將甯滬兩局之好槍全行搜羅帶去。上月新到馬梯尼萬一千餘枝，前經議定，南北各半，今又提去九千枝，奎中丞、崇明縣共索去一千枝，今又將滬局存槍儘數提解。南洋定購之比國快槍一萬枝，亦經議定南北各半，聞峴帥又電曾道，將此槍全解津，是江南各軍竟無一槍一礮矣。他處新募數十營不必論，滬上新募朱、張、蕭各營用何器械，該道速籌電覆。庚。

致江陰張鎮台、沈守、黄守庭、黄千總福華[二]光緒二十年十二月初八日亥刻發

兩快礮已起上岸否，八百磅礮二尊、二百五十磅礮一尊地位均已看定否，穆税司初七日電言大礮可即安，甚好。此三大礮擬安在何處，目前想可即開工，速電覆。張鎮、沈守、二黄自可各

[一] 以下三電録自抄本《張之洞電稿·致本省電》。
[二] 録自抄本《張之洞電稿·致本省電》。

電各抒所見，不必强同。丁鎮到否，何日回。庚。

致山海關吴撫台光緒二十年十二月初九日未刻發

匯去銀一萬六千兩，給虎軍、鐵軍、愷軍、劉軍三十一營勇丁一萬五千五百人，每名一兩，餘五百兩給衆哨官，請查收分給。天氣嚴寒，諸將士自兩湖遠來，出關遠征，極爲懸念，聊佐添補禦寒之具。此係弟設法外籌，不與正欵相涉。公捐廉發給洋氊，故弟亦聊竭棉薄，以助公施惠耳。公何時出關，擬紮何處，快槍未到，能稍待否，與峴帥商定辦法否，祈示覆。余、熊、劉、吴四統領均代問候。佳一。

致山海關吴撫台光緒二十年十二月初九日申刻發

余虎恩確係健將，現仍歸公部下否，公如出關，此軍斷不可離，切切，渠意如何。有虎、熊兩軍，必可一戰，公宜設法籠絡鼓舞之，至要至要。公爲渠奏添三營，極善，何以未能邀允，能再設法否，望示及。峴帥作何布置，擬駐何處。除湘軍外，他軍亦有派出關者否，并示。佳二。

吴撫台來電光緒二十年十二月初十日戌刻到

虎、熊兩軍如左右手，豈肯捨去，但有志出關，尚未奉命，公能為我一奏否。有械到，即可拔隊，屆時峴帥當可到關坐鎮，居者、行者互相聯絡，必可奏績。澂。蒸。

致欽州馮宫保光緒二十年十二月初九日申刻發

公爲總統，親軍四營似宜專設一分統，體制方尊。三世兄相榮何不即令統親軍四營，調度既便，兼可在身邊隨侍傳宣，照料一切，似覺種種相宜。左軍即請公另擇一將統之。此乃弟與至交至好，誼同骨肉，故代籌如此，務望詳酌。五世兄相華甚有作爲，今在何處，并示。再，兩粤中得力將弁，自鎮副參游以及都守千把，向在公部下，或爲公所知者，必當不少，或老練或勇鋭，均有可取，請選得力者一二十人帶來，作爲隨營差委，薪水由公酌定，可另外開銷。到此用處甚多，此間粤省將弁少，臨時有要事差委必需人也。并示覆。佳。

致陳藩台〔一〕光緒二十年十二月十一日申刻發

丁鎮昨日清晨已乘輪赴鎮江北上，兩小輪本令送至清江，何以未往。究係送至何處折回，現在何處。祈電示，當一面查明電飭前往。真。

致蘇州奎撫台光緒二十年十二月十一日亥刻發

佳電悉。鄧小赤回任後，黄幼農似可委署臬司，因上海道現正經理借欵及購辦軍火事，極爲繁重，關繫甚鉅，似宜令劉道接署，以資熟手。黄精神既委頓，滬道事恐難支，且金山一帶防務緊要，劉道於兵事較近，與諸營亦甚聯絡。此專爲軍務起見，祈裁酌示覆。真。

〔一〕以下三電録自抄本《張之洞電稿·致本省電》。

領用。此軍現爲滬防前敵大枝正兵，必精械方能禦敵。餘劈山礮六十尊，留與滬上他軍用。再，張桂林五營實不便他調，惟江陰尤要，而原駐臺之營不可恃，此次奉旨，有不得再行奏留字樣，故勉以張五營抵楊五營，以足奉調二十一營之數，真不得已之苦衷也。該道尚有良策否，或能稍緩再行，或另撥他營防川沙。即籌覆。元亥三。

致蘇州奎撫台、黄署藩台光緒二十年十二月十五日午刻發

前接大咨，蘇屬借欵，甯撥三十萬，蘇留二十萬，囑電奏等因。查江甯支應局除本省防營外，皆供北上諸軍餉需。弟到任以前已籌撥數十萬，雖奏明有預解鹽釐一欵陸續抽繳，現解到者寥寥。前派北上三十二營零六哨，現又奉調二十餘營，共計五十三營有零，加以新增雜費不在餉章之内者甚多，又加轉運鉅費，每月需銀二十餘萬。至奏購軍械，爲數尤鉅，約計已百數十萬。將來解北路者必不止一半，此欵何出。查部文捐借各欵，明言海上用兵募勇購械之需，並無解部字樣，是今日江省捐借各欵，應先供北上軍餉運費，及奏購軍械之用。此係户部用，非江南用，即與解部無異，此斷不必再奏者也。至本省留用者，若爲常年勇餉支用，自不便請留捐借之欵。若爲海防新增營勇添購礮械，添修礮臺，此亦即是軍需。查江省籌捐，峴帥與尊處會奏，議准部撥、本省各半，已咨達，借欵自可援照一律，奏必邀准，但須摺奏，不宜電奏，摺奏事理較詳，電奏簡略，恐部議或梗，以後更多窒礙矣。至本省防軍驟調多營北上，不能不添，已奏及。正在具奏者，已六十餘營，加以增礮勇餉發足十二，關餉約月需二十餘萬，合計月需五十萬，皆新增者。除北軍外，皆爲蘇、松、常、鎮、通、海而設，皆蘇藩司所屬。蘇屬較甯屬爲殷富，甯屬捐借毫無眉目，不得不望之蘇屬，然目前尚説不到此。大約華商借欵及紳富捐欵專供北軍用，猶不敷也。目前發諸軍三月餉，並皮衣、柴草、雜費、運費，已需銀約二十萬，各軍急須啟行，軍械急待付價，蘇州借欵續解到者當不少，當已將近六十萬矣，望速撥解四十萬來甯爲禱。即候示覆。目前惟有借洋欵，此外萬無立籌巨餉之法。特奉商，擬即電奏。咸一。

致蘇州奎撫台、黄署藩台光緒二十年十二月十五日午刻發

借欵一事，現既用海關出票，稅司簽字，海關認還，並准完洋稅，照海關章程，似宜由江海關及敝處歸總，統收分撥，方有端緒，以後或借或還，便於通盤核計，將來奏咨報銷方無窒礙。蘇屬需用，請尊處酌留若干，餘令隨時全解江甯支應局，一面札咨江海關，如蘇屬不敷用，儘可隨時續撥，如此則諸事方無窒礙。特奉商，請示覆。咸二。

致蘇州奎撫台、黄署藩台光緒二十年十二月十五日午刻發

前電文繁，特將留用借欵一節再爲申明。假如借到百萬，除供北軍糧餉軍火運費外，姑作爲用去五十萬，餘五十萬均歸江省海防用，甯、蘇酌量分撥。如此辦法，户部斷不挑剔也。目前即

將現借到之欵，除供北軍外，全數留用，亦必不能出此範圍。蓋華商借欵，一兩月内斷不能甚多，外用斷不能逾部用之數也，故可從容摺奏耳。即使摺奏亦不准留半，則將續收者解部，已用者聲明緊急，暫借部欵，陸續籌捐歸還續解，亦無不可。若目前海防緊急，而因無餉諸事不能速辦，似爲非計，設貽誤事機，則朝廷責備，地方訾議，户部不管矣，户部斷不能代外省以無餉解説也。請籌示。咸三。

奎撫台來電光緒二十年十二月十七日寅刻到

三接咸電，委曲詳盡，仰見藎籌周密，棘手勞心，欽感曷極。尊論蘇、甯捐借各欵，先供北上軍餉、運費、購械等用，係户部用，非江南用，即與解部無異，洵為確論，誠可不必再奏。至本省新添營勇購械、修臺等費，歸入海防軍需，甯、蘇酌量分撥濟用，不逾部用之數，從容摺奏，自然活動不呆，且免許多窒礙。公之用意周匝，弟亦領會及此。蘇州借欵業經解到者約及七十萬，現飭司剋日解甯五十萬，蘇留二十萬，以後續有收欵，儘數批解尊處，以資應用。惟看情形，蘇屬借欵及紳富捐欵，嗣後恐難有把握，擬借洋欵一節，勢不獲已，如商有頭緒，挈衡電奏。俊。銑。

致清江貴州丁鎮台衡三[一] 光緒二十年十二月十五日午刻發

貴部續到將弁中有熟諳地營作法者，望酌留一兩員，令來江甯，當令其作一式樣與諸軍看，以便仿照。不過躭擱四五日，事畢後弟當派輪送至清江，并飭清江局雇車送其北上，數日即趕上矣。請電知該員即來金陵并示銜名。特奉懇，感禱。咸。

致江陰張統領、沈守敦和[二] 光緒二十年十二月十五日午刻發

上海頭批大礮已到否，即覆。咸。

致下關平義輪船光緒二十年十二月十五日午刻發

禀悉，即往華揚鎮可也。十五。

致吴淞班統帶、沭統帶，寶山馬令光緒二十年十二月十六日未刻發

十五日電悉。水勇即就現選名數備用，口糧亦照所議給發。諫。

致徐州沈道台、程署鎮光緒二十年十二月十六日未刻發

程署鎮補募馬隊三營所需經費，即由該道就近墊發銀三四千兩，交該署鎮實用實銷，續由支應局撥還清欵。諫。

[一] 此電底本所載將「事畢後」一段縮簡為「事畢當飭北行」，今據抄本《張之洞電稿》補齊。

[二] 以下六電録自抄本《張之洞電稿·致本省電》。

致鎮江呂道台光緒二十年十二月十六日未刻發

朱鎮洪章營官劉本桂自湘募勇一營，於初十日由漢口搭鹽船東下，望速派愛仁上駛，沿江詢明接載，并派小委員一人同往，以免該輪欺飾，武弁亦可。即電覆。諫。

致清江鄧漕台光緒二十年十二月十六日未刻發

王道已見否。頃又查知安徽五河縣有衛汝貴當鋪一座，未悉是何牌名，即派王道於清江查畢後速赴五河密行查辦，督同五河縣查確，如實係衛汝貴所開，即行查抄。請台端照録此電札知王道，并札知五河縣遵辦。因此等事須有印文，故請尊處札知。五河雖係皖省屬，此係代敝處行文，似無妨礙。王道須赴五河，其徐州屬邳、睢兩處即委徐州沈道遴委妥員，并飭該兩州縣嚴密辦理，亦請尊處録電密札沈道，專差飛遞爲要。王道即不必往徐州矣。咸。

致天津盛道台，上海電局楊守廷杲、上海道劉道台光緒二十年十二月十六日申刻發

防務日緊。江省沿江沿海地方遼闊，防不勝防，必須多設電綫，以通軍情。現擬由通州設一綫，經都天廟、瓜洲至揚州，又由海州添一綫至清江。此兩綫無論長短，所需工料無論多寡，必須速辦。務請杏蓀觀察電飭滬局，派人分三面趕造，一由通州起西行，一由揚州東行，迎頭接造。一由清江東行，造至海州，此通海州之綫，尤須趕緊先辦。應需物料以及熟手工頭，滬局務須通融借撥。該工料價由官發給，即由上海道先發銀一萬兩，交楊守應用。諫。

致俄京許欽差光緒二十年十二月十六日申刻發

鐵廠開煉各種鋼鐵，均尚順利，洋總管二月合同期滿，不願再留，請託克虜卜代覓精於煉西門馬丁鋼、貝色麻鋼、礮鋼上等engineer一人來鄂，接充總管，須老成歷練，曾在洋廠充總管，兼曉英文者，薪水從優不惜。鄂廠現有煉生熟鐵工師及煉鋼工頭、工匠、化學、醫生等三十餘人，皆比國郭廠所薦，足資臂助。爲總管者，必才望過人，方能服衆。此事關係緊要，務祈諄託速覓好手，至感。咸。

致煙臺謝委員庭芝光緒二十年十二月十七日子刻發

電悉。倭欲犯海州之説，係何處探來，威海後路有幾營，倭擬直、東交界登岸係何處，均即詳覆。諫。

謝委員來電光緒二十年十二月十九日午刻到

倭犯海州之説，有英人由廣島來云。廣島有精兵兩枝，一枝欲在直、東之交登岸，一枝徐圖犯海州。因倭酋已允英廷不犯揚子江口岸，故欲擾江北。威海後路自成山至煙臺有二十餘營。庭芝。稟。

致煙臺李撫台光緒二十年十二月十七日子刻發

威海到煙臺若干里，陸行到濟南省城幾百里，路徑是否平坦，能不經煙臺否。威海除礮臺外，防後路備陸戰者共有幾營，將領係何人。祈示。諫。

李撫台來電光緒二十年十二月十七日戌刻到

諫電敬悉。威海至省城一千一百餘里，到煙百八十里，到省必經煙臺。威海駐北洋綏鞏軍十二營，後路駐東軍十六營，惟無著名好將領，惟勉力支撑已耳。舊屬秉衡謹覆。篠。

致蘇州奎撫台、李統領、萬統領，上海道劉、張副將桂林，徐州陳鎮台、清江鄧署漕台[一]光緒二十年十二月十七日子刻發

總署來電：初四日奉電旨，調李占椿等軍北上，限令於臘月中旬啟程，上元後到津，勿延。銑未。等因。特奉聞。洽三。

奎撫台來電光緒二十年十二月十八日丑刻到

洽電悉。暫留忠信一軍，弟即遵囑電商峴帥，俟得回電即達。後。洽。

致京欽差大臣劉光緒二十年十二月十七日午刻發

昨曾道呈閲尊電，欲將續購之比國快槍萬枝全數解津等因。竊思南洋需用軍械，公共購兩萬一千餘枝，議定南北各半，其馬梯尼一萬一千餘，公提去九千餘，蘇州奎中丞及崇明縣索去共一千，已分盡矣。今快槍一萬，原議半留江南者，又全提解。甯滬兩局所造快槍、擡槍，公臨行已提去六百枝，今又全數提用，是江南全無一槍可領矣，新募六十餘營，徒手何以擊賊乎。弟奏購槍雖不少，然須奏明撥用。前解到一萬餘枝，已奉旨全數解津。若南洋之欵所購本爲南洋用者，尚不令江南留用，則部欵所購，以後續到雖多，更難請留矣。且各槍運費甚鉅，尚須江南籌付。籌欵無非捐借，如何向民間措詞乎。公雖在北方督師，然糧餉軍火何一不由江南供給，若有兵無械，與無兵同。設敵船闌入長江，或由海州横截清江浦，或由金山登岸攻製造局，餉械之路，從此梗絶，北方數百營豈不束手乎。此時不與江南少留軍火，恐將來續到數百萬金之軍火，皆不可得而用矣。是江南者非東南之一省也，乃北方、關外、關内數百營餉械之後路也，公爲督師欽帥，即公之後路也。弟不知兵，然聞曾文正自言我用兵無他長，惟後路辦得到耳。到者，穩實周密之謂也。文正親切賓僚所言，亦同老成之論，當爲公所飫聞。尊電詢及續購分撥槍數，以便統籌全局，甚佩甚感。敢請將南北全局、大軍後路俯賜籌度。此次續到原爲江南訂購快槍，江南應購若干枝，以後弟所奏購續到之槍礮，江南可留用若干件，明晰指示，以便遵行。公調二十餘營，弟未嘗請留一兵。近日計北軍糧餉、雜費、運費、軍火，月需二十餘萬，未嘗請緩一項。何也，北方軍情緊要，江南不敢不力，任其難也。若請留軍火，非爲江南也，爲北軍之全局、後路也。即候示覆，千萬切禱。洽。

劉欽差來電光緒二十年十二月十九日申刻到

洽電謹悉。坤因前敵相繼敗退，後招後調各軍均無利器，不得已為全提比槍之請。公欲截留一半，敢不唯命是從，已更正矣。尊處續到快礮快槍分賜幾許，一聽卓裁。弟後路惟靠南洋，唯仗

［一］以下二電録自苑書義等主編《張之洞全集》第八册，第五九九四頁，河北人民出版社一九九八年版。

大力，決無異議。坤一。效。

致山海關吳撫台光緒二十年十二月十七日未刻發

錦州賑欵，設法搜羅，得五千金，匯至津運局林道轉解，請查收散放，以廣公惠，欲公得民心耳。聞峴帥在京，過年方出師。洽。

致蘇州奎撫台光緒二十年十二月十七日未刻發

昨總署電催，此次新調各軍，限臘月中旬起程，已轉達。尊意擬商峴帥，張桂林暫緩開差，極是正辦，惟弟實爲難，如尊處電商，或可行，即或不行，此間爲難情形亦可達知也。鄙意川沙海塘外港淺泥多，海塘内路曲河雜，敵人不能來，惟金山衛宜急防耳。朱洪章十營不日成軍，令其全紮金山，與乍浦聯絡，合勢禦敵。至川沙已設有礮臺，總須紮一營，無營則敵可潛入矣。容另籌覆。洽。

致上海上海道劉道台、經道光緒二十年十二月十七日未刻發

南北諸軍，營多械少，應速添購大批槍械。望囑各洋行速將外洋現存單響、連珠各槍數目詳開電覆，以便酌辦。洽。

致蘇州奎撫台[一]光緒二十年十二月十七日未刻發

銑電悉。允撥借欵五十萬來甯，以後儘數批解來甯，藎籌高誼，銘感萬分，敬謝。借洋欵事，日内即擬會銜電奏。洽一。

致清江鄧漕台光緒二十年十二月十七日申刻發

咸電悉，當即飭軍械所查明局存並無馬槍，步槍長且重，馬上不合用。此次峴帥購來已運赴北路者，有馬槍一千枝整，今奉調馬隊三營之用，請電商峴帥，或令陳鎮及清淮馬隊營官在中途查明提用，或請峴帥批定，俟到津後照數領取，如此庶於馬隊實有裨益，請示覆。煙臺探員電稱倭有圖犯海洲之説，並聞。洽。

致鎮江吕道台光緒二十年十二月十七日申刻發

丁鎮槐電稱，令該軍後隊記名總兵李福興、參將趙偉兩員來金陵，有要事面詢。望即傳知該兩將迅速來甯，事畢即遣北上。洽。

致鎮江吕道台光緒二十年十二月十七日申刻發

李軍繳存前膛來福槍五百枝，撥與廣義軍六營操練。洽。

致天津盛道台，上海電局楊守廷杲、上海道劉道台光緒二十年十二月十七日申刻發

海州、通州兩綫，楊守務須速辦。川沙至金山、乍浦一帶，亦係要緊，必須添設電綫。望另派員生工頭，速將金山、乍浦接通，務與海、通兩綫同時趕辦。洽。

[一] 以下四電録自抄本《張之洞電稿·致本省電》。

致鎮江呂道台〔一〕 光緒二十年十二月十八日子刻發

四川運到軍火一千餘件，係奉旨提解之件，應交東征轉運局代收運北，速辦勿延。嘯子。

致徐州沈道台 光緒二十年十二月十八日寅刻發

奉旨將衛汝貴所開當店查抄。昨查知衛汝貴有當鋪兩座在徐州屬地方，一係邳州衛允祥，典名衛壽三，住州境官湖鎮，一係睢甯縣衛允仁，典亦名衛壽三，住縣境大李集。即委該道遴委妥員分赴邳州、(雎)〔睢〕甯兩處，會同該州縣密行查確，如實係衛汝貴産業，即嚴密查抄，不准稍有隱匿，如此外別有舖店財産，應即一併查抄。本係委王道立清往，因王道到清江後委赴他處查辦，故委該道。務須妥速辦理，不可洩漏徇延。洽。

致清江鄧漕台 光緒二十年十二月十九日子刻發

馬隊必須馬槍，步槍長且重，斷不合用。此次北上，馬隊係峴帥調，自應領新解往。北路之馬槍，情理既合，領用亦便，且必如此方能合用。既有馬槍，似不必勉用步槍也。新到馬槍一千枝，本係議定南北各半者，現已全數解交峴帥，此時當正在清江之間，電商峴帥撥用甚便。來電囑撥營助防，現營全經峴帥調去，新募各營未到，將來到後，如海州、清江喫緊，自必設法派營協助，惟並無軍械可領，營到亦無益，萬分焦急。金陵局械寥寥，稍可用者已儘數發各營。外洋已購將到者，亦經峴帥全數提解津。清江、海州有兵無械，真不知所以爲計，似不必搜索江南各軍之槍，而令馬隊仍不合用也。請卓裁籌示。嘯。

致徐州沈道台〔二〕 光緒二十年十二月十九日寅刻發

嘯電係總署新法，聞朱道有。陳鎮需欵，尊處可墊發，並催陳鎮速行。嘯。

致鎮江呂道台、泰安輪船 光緒二十年十二月十九日寅刻發

派泰安輪船赴滬，載張桂林五營來鎮江。嘯。

致總署 光緒二十年十二月十九日寅刻發

李、萬兩軍本有八營，在江陰奉調後，租雇輪船陸續運回鎮江。昨奉銑電，傳到李、萬兩統領面催。據稱，趕緊料理，今日即行，二十一日定自瓜洲、揚州啟程，沿途斷不敢躭延。惟此間日來大雪，恐中途或遇雨雪，勇丁寒凍疾病，則難刻期，上元前實難趕到，瀝懇特陳等語。至張桂林五營，有分駐川沙廳者，已飭上海道調回滬，并令租雇輪船運至鎮江，惟啟行須稍後萬、李數日。總之，該三軍奉調，洞既未請留，自必竭力催促，遲行旬日，亦於江南無益，斷不令其延緩。惟新募之軍，嚴寒長途，兵勇實有艱苦情形，啟行能速，中途難速，該統領等既歷訴苦情，不能不據情轉達。嘯。

〔一〕以下二電録自抄本《張之洞電稿·致本省電》。
〔二〕以下二電録自抄本《張之洞電稿·致本省電》。

致天津李中堂、張家灣程提台從周光緒二十年十二月十九日午刻發

煙臺探報，倭有圖犯海州，以横截清江以北運道之説。雖難遽信，然餉械運道，關繫重要，不可不防，此道一梗，諸軍束手。此等地方，必須北將馬隊。擬請飭丁大文來江，速募馬隊三營，防遏淮徐一帶運道。若渠不嫻馬隊，步隊亦可。特奉商是否可派丁來江，望速示覆。此外有何可用北將，并見示爲感。嘯。

致盛京唐提台、依將軍，山海關余鎮台虎恩光緒二十年十二月十九日申刻發

來電均悉。關外勤勞，佩甚。承囑接濟槍礮各節。前敵力戰，必需利器。查十一月内北洋購到小口快槍五千枝，又有弟所購毛瑟一萬餘枝，現已將運到津，三公此時急需，請即由尊處徑懇李相及峴帥勻撥若干，想或可行。以後北洋所購小口快槍，聞有四萬餘枝，弟所訂購者亦不少，本爲預籌接濟前敵，如陸續運到，必當奏請分撥三公軍營，好軍火本爲供良將精兵之用。唐軍門輕騎馳入奉天城，力保盛京，依將軍力戰破敵，洋報極爲稱贊，余總戎忠勇奮發。三公皆弟所佩服敬仰者，但使力所能爲，無不盡力接濟，無待諄囑也。以後尊處軍情，務望時賜電示。趕造土藥，多埋地雷，多掘濠塹，或亦應急之一助耳。效。

唐提台來電光緒二十一年正月初二日亥刻到

效電謹悉，具見公忠，既感且佩。海城賊約萬餘人，金、復、蓋及九連、鳳凰、大孤、大連、旅順、皮子窩等處，每處有二三千賊不等，通計水陸約五萬以外，有時著我軍號衣以出戰，城頭高架礮位，間用車軸，覆紅布以象之，旁立倭屍，夜執火或埋鐵器，以假地雷。大鳥在大孤山策應，其凶焰實賴有能及十三四里大礮。至於用包抄，挖濠塹，憑高扼險，祇兵家之常法耳。攻堅非快車礮不可，但各處商借甚難，清帥遵旨纔允撥八生脱車礮六尊，今始到奉，打準頭能及八里，打飛子可十一二里，惟每尊六子，藥彈太少。現策奉招獵户五百人，在津自造擡槍四百桿。奉省軍庫無儲，槍礮皆缺，尚求我帥不時代為設法，拜懇。長、依、宋三帥合圍海城，連日開戰，尚未得手。蓋平於十八先陷，賊勢益張，省防益緊。遵教辦理，尚乞時賜教言，以匡不逮。廉。感。

致淮揚道謝道台〔一〕光緒二十年十二月二十日丑刻發

鄧署漕台電：清江查無衛典，飭據淮揚海謝道查得泗州允升係衛汝貴典業，統歸劉玉春總管。現飭查該人住址籍貫，提傳便知底細。其五河、邳州、（睢）〔睢〕甯已有王道、沈道辦理，其泗州允升典可否即委謝道往辦等語。應即委謝道遴委幹員迅速馳往，會同地方官嚴密遵旨查辦，如需該道親往，可自行酌辦。即覆。效。

致清江鄧漕台光緒二十年十二月二十日未刻發

效電悉。已派福安輪船赴瓜洲奉候，并飭魚雷艇赴清江，但明日不知能趕到否，已飭其沿途迎接矣。號。

〔一〕以下二電録自抄本《張之洞電稿·致本省電》。

致山海關吴撫台光緒二十年十二月二十日未刻發

聞關内外冰凍五十餘里，自何處起至何處止，是否榆關、洋河口、樂亭等處均一律上凍，祈示。北路續到軍械，弟擬作一冒險之事，與洋行商密雇數小輪，每船止裝四五百枝，放在船面，自煙臺起，沿海淺處行走，即遇倭船，不能近我，行駛自如。彼問載有軍火否，答曰無。設被追及，將槍抛棄，彼亦無從詰問截拏，船仍無恙。數船相離各二三十里，前船遇賊，後船仍可回駛遠避。該行新近自滬運粤槍二千枝，即如此辦法。好在每船槍不多，即失一二船，而到七八船，其益大矣。但運費較貴，亦不能惜。若陸運，太遲緩，不濟急。公若願辦，當先擇中等槍千枝試行之，但不知關内外以至大沽一帶，有冰凍不遠小輪可近岸之地否。何處便於迎提，速示覆。號。

吴撫台來電光緒二十年十二月二十二日午刻到

號電謹悉。近日各海口均已堅凍，所報五十餘里係指岸邊至海中而言，榆關亦凍出廿餘里。大約煙臺以北小輪均不能近岸，僻處無車可雇，若由津派車迎提，往返須廿餘日，不若清江起運，廿日亦可到津。漾。馬。

致清江鄧漕台〔一〕光緒二十年十二月二十日申刻發

皓電悉。本年河運兩糧道庫照案撥欵，請即主稿會奏。號。

致吴淞朱鎮洪章光緒二十年十二月二十日申刻發

續借四萬二千兩，連前共借六萬兩，十八日已電飭滬道照撥矣。號。

致清江、徐州轉運局光緒二十年十二月二十一日辰刻發

北路軍情萬緊，需械甚急，無論東征轉運局、江南轉運局、淮軍轉運局，約計頭批軍械已解送出境否，將完竣否，即迅速趕解，勿稍延誤。即電覆。馬。

致清江、濟甯、德州、天津各轉運局

光緒二十年十二月二十一日辰刻發

湖北解赴山海關吴撫院處愷字營礮彈槍彈各件，十一月廿五日自清江、濟甯水陸分運，委員係知縣吕賢笙、沈廣貞，參將羅珍材，遊擊王學魁。沿途各轉運局查明已過境否，共若干件，委員何人，詢明在後尚有若干件，由何路行。一面催速運，一面電覆。馬。

致清江鄧漕台、陳鎮鳳樓、沈道台光緒二十年十二月二十一日辰刻發

北路軍情萬緊，峴帥即日赴關，陳鎮務須遵旨趕緊北上，萬勿延至明正。該軍已發皮衣，價每人銀三兩，由支應局知照矣。請筱翁促之，何日啟行，即示覆。號。

〔一〕以下五電録自抄本《張之洞電稿·致本省電》。

致揚州揚州府、淮安府，清江松漕台

光緒二十年十二月二十五日卯刻發

督辦糧台胡廉訪電稱，江寬十八夜裝鎮槍械，於廿一日由東征轉運局裝運過江，適南運河封凍，躭擱在途，應請憲台速飭江、甘、高、寶、山陽各地方官打凍，方能開行等語。北路軍械萬分緊急，請飭沿途各該州縣多雇民夫打凍，勿稍延誤干咎，切切。敬。

致揚州揚州府沈、清江轉運局吴道台、淮揚道謝道台、清河縣、徐州道沈

光緒二十年十二月二十五日酉刻發

北路需械緊急，吴清帥即日出關，該道速飭徐、海、淮安各屬及清河縣遣人於二三百里外或山東境設法多覓車馬，或購或雇均可，購需欵請省局發存，備以後轉運尤善，以協助東征局之不足。揚州府沈守飭所屬一面打冰，一面雇夫馬協助運送。此專爲吴清帥大營之械，切切。即電覆。東征局需車協助否，并覆。有。

致户部

光緒二十年十二月二十五日酉刻發

敬電祇悉。貴部以德商與輪墩無涉，准其商借，至感。垂詢將來可否在鹽課、釐金歸還，不由關税等因。竊查洋行借欵，向皆海關出票，一取其關税數多，一爲有税務司可信，一爲簡便歸一。若由鹽課、釐金歸還，似仍須海關出票，部中及各省立案，由藩司、運司撥交海關代還，庶無窒礙，一也。兩江所轄海關四處，收數較旺，攤還較易，若除去海關，專指鹽釐匀撥實難。若將借數減少，兼令沿江各省上及四川一同攤認，或可勉籌，二也。北軍餉械運費甚鉅，還欵既不由關税，江南實不敢多借，若貽誤餉需，實不能當此重咎。擬請將部借五百萬鎊之内撥出三百萬兩，撥歸江南，向該行提用，專欵存儲，專供北軍之需。應用若干，部中有案可循，絲毫不能多費。或即由東征總糧臺經理，亦省周折。其江南本省水陸防營餉械、礮臺等欵，由江南另行商借籌議，如何還法，由部核定，爲數較少，眉目亦清，三也。至臺灣所需既有貴部借欵，應請由部撥給最便，斷無須江南代借，四也。洞前奏飭上海道購械約一百萬兩，雖奉部撥預解四關税釐，然皆各有撥欵，解者寥寥，無從催收。洞到任後爲沿海沿江地段太闊，陸礮太少，槍亦不敷，又訂購數起，價亦在百萬左右，兩次合計約二百萬，皆上海道期票，至今捐借艱難，欵尚無著，前電奏言江南擬借四百萬，漏未計及此項。以上軍械，大約將來南北所用各半，有數可稽。如此軍欵歸部借之欵撥給，江南擬借三百萬方可支持目前，五也。至船礮之欵，因伏爾鏗、克虜伯兩廠必須購物，方肯代借，息亦較輕，且船係要需，價又緩付，故合併議之。現接德國許星使電，德國銀行可借，息七釐，九六扣，囑在滬議等語，但未言年限及銀數多少。擬一面與德華銀行專議，江南本省借欵不涉造船，爲數較輕。一面另與伏、克兩廠議，何處妥善，再當籌酌電請部示，六也。現已飭上海洋行來金陵詳議，惟以上六條：一、關出票，他項還。二、各省攤認。三、北軍部撥，江南專爲本省借。四、臺灣欵江南不代借。五、購械欵須增入核計。六、他洋行七釐。比較酌辦，應請貴部籌度，是否可行，迅賜分晰電示，以便與洋行相機商辦。惟洋商情形，朝夕變遷，餉需將匱，萬分緊急。務望早示範圍，方可遵循趕辦，俾免貽誤事機，

不勝翹禱急切之至。有。

致督辦軍務處光緒二十年十二月二十五日亥刻發

江南新募六十餘營，皆無軍械。查劉大臣在兩江時，爲南洋購槍兩萬餘枝，新到一萬一千枝，提解及奉調諸軍帶往已八千數百枝，以後未到一萬枝，議定提解五千。此槍到尚早，即到亦由粵内地運到，遥遥無期。江省存械本少，較精者秋間皆發給北上諸軍，甯、滬兩製造局每月所出甚少，已成者劉臨行時皆帶去，現造未成者亦爲劉提解。現在江省有兵無械，與無兵同，豈非徒縻巨餉，似非有備無患之義。且長江爲北軍餉械來源後路，關繫非輕，奸細極多，若知我軍徒手，似亦可慮。洞疊次訂購各槍四萬餘枝，除已解津一萬餘枝外，尚有三萬餘，正月後當可陸續運到。昨接劉大臣電，云洞所購之槍已商明鈞處，請提一半歸鈞處等語。擬請即照劉議，半解鈞處備撥，半給江南各軍。每到一批，分半運解，以期南北兼顧。但使有欵可籌，洞必當多方購覓解運，以供北軍之用。近日北洋快槍又到四千枝，湘撫吴快槍到九千枝，皆已過鎮江，正在趕飭沿河打冰催運。頃接外洋電，北洋購快槍五萬，正月可運竣，是以後北軍之槍尚不爲少。至江省所購槍是否可照劉大臣分撥之處。統候鈞裁，電示遵行，不勝翹禱。有。

致鎮江吕道台[一]光緒二十年十二月二十六日未刻發

前接效電，泰安十九午赴滬接張鎮。頃接滬道電，泰安至今未到。究竟該輪係何日赴滬，何以至今未到，務望速查即覆。宥。

致清江松漕台光緒二十年十二月二十七日卯刻發

李鎮占椿五營、萬提督本華五營何日到清江，營勇已到齊否，丁槐軍何日自清江啟行完竣，均祈查明速覆。宥。

致徐州沈道台，濟甯、德州轉運各局光緒二十年十二月二十七日卯刻發

湖北委員沈廣貞運吴元愷營軍火一千四百件，前在宿遷守凍，當已起旱，望查明現在何處，派車速運，至要。感。

致煙臺李撫台光緒二十年十二月二十七日卯刻發

聞倭已踞榮成縣，必攻威海礮臺後路，不知礮臺後紮戴部綏鞏軍幾營，山東勇幾營，距臺若干里，有無險要可扼，祈速示。榮成距威海若干里，道路是否平坦。前商台端於威海後路多開濠塹，多埋地雷，不知已飭辦否，寬深若何。竊謂惟濠塹、地雷爲救急之策，但於遠處多開數層，若僅營盤之外作濠，似尚不足恃。濠墻築成後，隨時以水澆之，此時嚴寒，半夜即凍成冰，堅滑不能上矣。將來天暖化凍，皆成泥淖，尤可禦槍礮，阻攀越，此法古人有行之見效者。姑抒管見，以備采擇。山東另有軍火否，并示。宥。

戴統領來電光緒二十年十二月二十八日戌刻到

宥電敬悉。倭廿五踞榮成，一二日必犯威。卑部六營守北岸

[一] 以下三電録自抄本《張之洞電稿·致本省電》。松漕台指漕運總督松椿。

水陸五臺，又海岸廿餘里，兵分力單。前英人傳倭在北路登岸，地溝濠墻均經辦妥，扼兩高山置行礮，特能自立。今忽攻南路，從前布置全落空，際又嶺多勢涣，無險可扼。東軍多新募，械不足，難深恃。現海濱冰堅，溝不能猝就，職道擬抽隊與東軍併力迎戰，明知孤注，然舍此坐以待困，亦難久支。因蒙垂廑，用敢瀆陳，曷勝悚迫。宗騫稟。沁。

致户部 光緒二十年十二月二十七日亥刻發

有電請速示覆。洞所議德商借欵，比赫德輪墩借欵輕減甚多。江南本省借欵雖用海關出票，儘可由各項籌還，每年止數十萬，從容總可設法。至如何分派，悉聽部示。餉需緊急，事機尤急，若借欵不妥，諸事窒礙，大局安危所繫，愈遲則愈難補救。貴部意指如何，是否准行，均望明示，千萬叩禱。感。

户部來電 光緒二十年十二月二十九日午刻到

來電稱許星使電德國銀行可借，息三釐、九六扣，甚好。若以鹽課、釐金歸還，能借若干，分限幾年，希轉詢電覆。户。勘。

致煙臺李撫台 光緒二十年十二月二十八日卯刻發

昨電想達，馳繫之甚。此事所難在械不在欵。弟在鄂日、到江後屢電苦口奉勸籌欵早購，未蒙聽納。今日弟實束手，無以應命。威海危急，誠關大局，弟昨夜已電奏，請派江南奉調北上在途之馬步二十四營，自沂州直趨煙臺赴援。惟各軍械亦不足，並請旨飭李相、劉帥飭沿途酌留解津槍械，發與諸軍，不知能邀俞允否。即使邀准，此軍至速亦須二十日方能到煙臺，亦恐緩不濟急，只可力圖驅逐倭寇下海之法耳。公如以此策爲然，由尊處電奏瀝懇，詞須悚切，或可望准。惟切勿言出自鄙意，但云聞江省有奉調數十營過東境，又有解津軍械多件過境，請派來援救可也。若言係弟意，恐他人攔阻，切禱。此時惟重賞可以鼓勵人心，先圖救急，以後再計報銷。倭陸路深入，糧餉軍火皆須轉運，後路亦不甚便，惟有截其運道後路，或可有益。民團、盜賊亦皆有用，蓋籌想已計及，請酌辦。登州府已有倭登岸否，祈示。感。

李撫台來電 光緒二十年十二月三十日子刻到

感電敬悉。我公統籌全局，謀國之忠，與人之厚，諸深欽佩。衡廿五日電奏截留丁槐一軍五營，已奉諭旨，並命截留沿途槍械。昨又請調董福祥一軍，尚未奉旨。頃接北洋電，言峴帥擬電飭江南馬步二十營，由沂州改道趨威，當是憲台一奏已經奉准，感紉無極。臨敵須重賞鼓勵人心，至佩。衡已曉諭各軍，如獲勝，不惜重賞，並另懸斬獲首賞格矣。惟此次倭近二萬人，勢鋭甚，恐如尊論，只圖將來驅逐下海耳。登州倭輪經兩日相持，即退去。舊屬秉衡謹肅。豔。

致徐州沈道台〔一〕 光緒二十年十二月二十八日卯刻發

速分飭徐海各屬雇車一百輛，赴高寶一帶迎提吴清帥軍械，務須雇足此數，愈速愈妙。感。

〔一〕以下四電録自抄本《張之洞電稿·致本省電》。

致清江福州將軍慶光緒二十年十二月二十八日卯刻發

輪當遵派，惟各輪每日皆有差，難預定何輪，俟閣下到揚州電示，當派輪往接。感。

致清江轉運局吴道台光緒二十年十二月二十八日卯刻發

電悉。清帥軍械除已運外，尚短車若干輛，即覆。感。

致清江清河縣葛令光緒二十年十二月二十八日亥刻發

廿六電悉。北上兵械甚多，催促甚急，車必須多備，若俟沂州車往返十餘日，豈不誤事，萬萬不可。務速派人飭一二百里外優給價值，雇覓百數十輛，合計至少總須有三百輛，方可敷用，費在淮揚道處領。李、萬、張三軍日内即到浦，現又有吴清帥軍械一大批，前敵急需，東征局車不足，亦必須協濟。要緊，要緊。即覆。儉。再，該縣來電應書名，并飭。

致户部光緒二十年十二月二十九日未刻發

勘電悉。敝處接許星使電，德國銀行可借七釐息、九六扣，已電滬行，囑在滬議等語。昨已遣人詢上海德華銀行，亦允七釐息、九六折，數目甚明，並非三釐。此次尊電謂息三釐，恐係電碼致誤。茲將緊要各節，分晰臚陳。德華息必須七釐、九六折，不能再少。此時七釐實不爲多，愈遲愈難，萬望勿再遲疑，一也。來電可否由鹽釐歸還一節。查鹽釐各項皆有奉撥待用之欵，若認還洋欵，則除京餉照舊外，必須將協撥之餉酌減，方能騰挪應付，二也。雖用鹽釐籌還，仍必須用海關出票，且須總署應允。昨洋行又經申明此條，三也。前電請由沿江六省江、安、西、鄂、湘、川攤還，此次尊電未經言及，不知是否准行。其實攤還亦必是江蘇較多，若六省攤還，則可兼供北軍。若江蘇獨還，則止能供本省。兩條應聽貴部酌示。四也。此專爲充餉購械等而言，若購船則斷非一省之力所能辦，應先將此項現欵借定，至船之或購或否，另籌請示，五也。以上五條，究竟貴部孰准孰否，務懇逐條明晰示覆，俾有遵循，始能籌擬。借欵銀數、年限，奉覆候核。年關迫促，追呼紛來，司局焦急，餉需將竭，翹望速示，至禱。豔。

致天津劉欽差、李中堂光緒二十年十二月二十九日未刻發

儉電悉。槍械查確另覆。總之，不久必到矣。倭方注意威海，未必復有大力以圖奉天，不過恐我分兵南援耳。昨聞威海危急，關東得手。新調陳、李、萬、張、丁諸軍甫行，到關尚早，距威較近，特奏請先援威海，隨後再赴榆關，並請截留新到精械若干。竊謂旅順已失，威海尤應力争，倭若兼得威、旅，扼我門户，全據北洋海面，則京師坐困矣。我守威海，師船尚可進攻退守，彼尚未能來去自如，且北邊嚴寒，彼必暫鬆，故敢爲是請，究竟不知朝廷允否。公統籌全局，當必鑒諒，不怪其越俎也。特以奉聞。豔。

劉欽差來電光緒二十年十二月二十八日申刻到

接合肥電，倭將盡銷北軍以圖奉天，我前敵各軍多無槍礮，

有亦子藥缺如，後應亦然。南洋頭批馬梯尼尚未到津，不知二批比槍何時抵滬，祈示。坤。儉。

李中堂來電光緒二十年十二月三十日午刻到

承念威海危急，奏飭陳、李、丁馬步隊就近援威，力顧大局，感佩莫名。電旨深以為然，峴帥意見相同，已分電嚴催，鴻迭飭該防水陸將領死守以待。但慮援軍路徑稍生，緩不濟急，又電屬鑑堂轉飭沿途地方官多備車輛。連日戴道抽隊迎擊獲勝，若能苦守兩旬，可期夾擊。海城未復，賊勢已少鬆。鴻。卅。

致威海戴統領光緒二十年十二月二十九日未刻發

勘電悉，馳繫焦灼之至。昨聞倭擾成山，即奏請將奉調北上之徐州鎮陳鳳樓馬隊五營，皖南鎮李占椿、萬本華、張國林等步隊十五營，古州鎮丁槐四營，共馬步廿四營，疾趨威海赴援，由沂州折而東北行，取道莒州等處，直趨煙臺、威海，并請將正在運赴北路新到快槍內截留若干，發給應用，均尚未奉旨，想必能迎邀俞允。該軍等現已陸續由清江進發，自浦至威，千三四百里，兼程十數日可到。若能堅持半月，大隊必到，李傅相、李中丞亦必力籌援助之策，并示知。萬望與孫軍門勸勵士卒，力守以待，忠勇堅强，曷勝盼仰。豔。

戴統領來電光緒二十年十二月二十八日亥刻到

連日寇氛近逼，籲救無從。頃奉傅相電，敬悉憲台已奏撥大隊援威，曷勝欽感。榮城去此僅九十里，倭距城三日，必將悉衆來撲。昨因嵩武軍統帶孫萬林奮請迎戰，宗騫分所部之半三營助之，合撫部近十營。奈勇新器舊，以當驕虜，極可憂危，一二日亦必有戰事，但求稍能立腳得住，即為萬幸。宗騫。勘。

致威海戴統領、煙臺謝委員光緒二十年十二月二十九日酉刻發

聞華軍在威海擊倭獲勝，確否，詳細情形速覆。豔。

戴統領來電光緒二十年十二月三十日午刻到

豔兩次電諭，感仰無似。惟有力戰堅守，以酬憲恩。昨卑部劉守樹德會撫部孫萬林敗倭馬隊前鋒，小有斬獲。今日仍令穩紮穩打，俟有戰狀續陳。宗騫稟。諫。

致蘇州奎撫台〔一〕光緒二十年十二月三十日寅刻發

倭人在成山登岸，踞榮成縣，今日聞我軍在威海擊倭獲勝，未知確否。已電飭各路探報委員隨時並電稟尊處矣。豔。

致清江松漕台光緒二十年十二月三十日卯刻發

清淮馬隊二百五十名，現北路緊急，劉峴帥電催，應即日迅速北上。茲據前署漕台鄧小赤來咨，請由金陵發三箇月餉。查北上諸軍皆預發三箇月餉，此項馬隊自應一律，即由金陵支應局籌發，亦無不可。惟鄧小赤從未電商咨商，前電言係二百名，今忽又改爲二百五十名，並未電囑備餉，此時委解，必至延誤行期。請尊處先行飭清淮善後局照數發給，催該馬隊即日速行，示知確數，金陵局即寄還。千萬勿遲，切禱。豔。

〔一〕以下二電録自抄本《張之洞電稿·致本省電》。

致上海唐守紹儀光緒二十年十二月三十日卯刻發

倭寇猖獗日甚，難保不擾江南。查上海粵人甚多，忠勇義憤，實爲可嘉，有事必可用。惟在滬粵人多係作工，平日工價貴，若招來當勇未必願。鄙人思有一辦法，該守可密與廣東各會館詢商，如各董事中有忠義憤發願帶勇剿倭者，舉數人爲首領，不論官階大小，每人預爲挑選驍勇敢戰之粵人二三百名，共挑選一千人，能多更好，作爲備用之勇。就人數酌定營制，造一名册，旗幟號衣密備，先與各勇言定，每人先給若干爲定銀，有事時一聞號令，半日即須齊集，由官局發給軍械，隨同首領擊賊，首領即作爲營官，聽候本部堂調度。該勇每日給餉若干，較尋常營勇從優，戰勝加重賞，事平後仍歸本業。該守可約粵省同志數人，速商擬辦法，電覆。豔。

致户部光緒二十年十二月三十日申刻發

上海英商熾大洋行電言願借，數可多可少，息六釐、九八扣等語，尚屬輕減。惟係英商，不知於户部令赫德所借之欵有礙否，如無礙，擬請無論英商、德商一併與議，擇其最相宜者與之訂定，祈速賜覆。有、豔兩電尤盼迅賜明晰示遵。前數日甫經發北上諸軍餉費巨欵，本日又須撥解程、陳兩軍明春餉十六萬，刻不容緩，實在無從籌此巨欵。卅。

户部來電光緒二十一年正月初四日寅刻到

豔電悉。部借匯豐三百萬鎊，常年利息不過六釐，行用六分半，所扣四分半，此赫德經手所借之合同也。來電德商議息七釐較多，有無行用亦未叙。至關票一條，須總署與總税司商定再覆，其餘三條可以照辦。又，卅電英熾大洋行願借之欵，與赫德現辦借欵有礙，應毋庸議。户。江。

致蘇州奎撫台、鄧藩台、黄署藩台光緒二十年十二月三十日申刻發

奉寄諭：有人奏，息借商欵，江南奉行不善，有民債名目，出銀百兩，給藩印票，今日繳銀，明日抵完税釐，關道應解關税亦用印票繳銷。又有户捐、鋪捐、房捐名目，騷擾怨咨。飭查指參並督飭妥辦等因。究竟有無其事，請速切實密覆，以便覆奏。除夕。

光緒二十一年

致清江松漕台[一] 光緒二十一年正月初一日丑刻發

清淮營官有唐高爵，駐宿遷，聞甚好。新年必到浦奉謁，祈飭速來金陵一見，切禱。馬隊以後當由金陵接濟。元旦。

致鎮江呂道台 光緒二十一年正月初一日丑刻發

明日信義有軍火船到鎮江，該道務速告税務司萬不可過細查看。至停泊起卸一切，均聽該船自便，萬勿稍有駁擱，尤囑税司務須祕密。若因躭延漏洩而致誤事，該關難當此重咎也。切切，即覆。元旦。

致清江松漕台 光緒二十一年正月初一日巳刻發

北上諸軍皆每人賞皮衣袴銀三兩，清淮馬隊二百五十名自應一律，請即暫墊速發，催令速行。北路催促甚急，萬勿再延。欵由金陵支應局撥還。卅。

致江陰張、舒兩統領 光緒二十一年正月初一日戌刻發

詳詢情形：黄山東峰之第一峰頂，應安二百五十磅大礮，第二峰頂第三峰頂均應安快礮，此兩峰即錢道圖所謂中峰也。黄山西峰頂，應安八百磅大礮一尊，小角山峰頂，應安八百磅大礮一尊。因大礮煙多，故安近内，免致煙蔽後臺之目。二百五十磅礮較靈速，故安置最前，快礮係無煙藥，故亦令在前，大礮力遠，雖設在後，與前數礮所到之地仍相同耳。現在已安將竣之快礮兩尊，並列一處，相距止兩三丈，實不合法，可將未安妥之一尊，移置第二峰或第三峰頂，酌之。仍留一峰，俟上海續成快礮當補安也。惟西峰安大礮處，務宜與現安快礮之地上下參差錯開，不可一綫。凡礮臺萬不可多礮聚於一處，尤不可上下一綫，如一處一綫則敵礮易中，或高或下，總有受傷處耳。可趕速將此兩礮起在岸上，今租成之水馬頭回滬速運，第二礮成，約若干日可起上岸。再，洋弁山頂開路以便行機器小快礮一節，甚有理，以及開河各節，均速辦，務照成議，二十日辦竣爲佳。若速辦成，兵勇仍當酌賞。礮位圖已批，明遣人交馬加利，明日送到。即分晰覆。元旦。

張鎮、舒鎮、黄守來電[二] 光緒二十一年正月初三日亥刻到

昨奉電諭，日内馬加利到，復承頒發圖式，指示周詳，均已敬悉。正在遵辦間，適王道到防，會同周歷履勘，亦復同欽藎畫。奉諭速起兩礮，現擬將八百磅大礮一尊，先就小角山起卸，船身稍輕，可至黄山，再起二百五十磅一尊。似此量為變通，俾水碼頭回滬，速運第二礮，免稽時日。至開路、安礮等事，現已電催

[一] 以下三電録自抄本《張之洞電稿·致本省電》。
[二] 録自苑書義等主編《張之洞全集》第八册，第六〇四二至六〇四三頁，河北人民出版社一九九八年版。

沈守、郭丞，俟其來營，春等即當會同妥議，禀候核示遵行。黄山西峰已安未妥之一百磅，俟郭丞到，遵即相變移置。所有一切未盡事宜，春等已詳告王道，代為上達。知關憲廑，先此電陳。景春、永勝、庭同叩。

致上海經道光緒二十一年正月初一日亥刻發

頃龔欽差來電，云倭已派輪赴南洋劫軍火船等語。速告李德，能否今夜即開赴鎮江爲要，已電滬鎮兩關速放行勿阻矣。即覆。元旦。

致天津劉欽差光緒二十一年正月初二日午刻發

第一批軍械十二月初自鎮江北運，聞全未到津，遲延可怪，令人焦急，總由車少之故。惟江南轉運局皆附於北洋轉運局，此吴道之意，爲省費耳，然車少械多，則不免有先後積壓矣。鄙意欲江南自行設局爲便，惟車皆自北方雇來，此間未能深悉情形。請公就近查詢，飭該局籌議如何方能迅速，車若干方能敷用，宜養長車若干輛，騾若干頭，或自北方雇夫，或在豫東雇，或自行購買畜養，總以隨到隨運，不致躭延候車爲主。即或遇械多之時，候本局車往返，亦只可候一次。總之，兩次必須運完，中途必宜多設數局，兩局相距不過二百里内外，則車輛周轉較速。此時須預發銀若干，惟期軍械迅速，多費亦所不惜。以後軍械尚多，事機日急，若似此延緩，軍械到而事已誤矣，必急思變計爲要。公若籌有辦法，弟當竭力辦之。祈速示覆。沃。

致鎮江吕道台〔一〕光緒二十一年正月初二日未刻發

信義軍火船今午開鎮，該關道轉諭税務司，事關軍國，萬勿爲難，致稽時日，被敵偵知。切切，即覆。沃未。

致蘇州奎撫台光緒二十一年正月初二日申刻發

張國林北上後，川沙一路已令奇兵營往紮白龍港，助礮隊防守。彼處尚有礮隊三哨，設有百磅子快礮二尊。擊水中防登岸之賊，在礮好不在勇多，已飭勤加操練。川沙廳外之白龍港，水淺泥深，潮退則乾涸無水，須潮漲時舢板行十餘里方能到岸。至川沙廳以内至製造局陸路七十里，路窄港多，不能行大隊，倭寇似不能由此道來。且防白龍港即須扼港口之海塘，川沙相隔亦不近，要緊似在金山衛，水深輪近，設由彼處入，可擾蘇松甚近，甚可慮，故令朱洪章十營全紮此處，惟後路尚單。王道立鰲來金陵，弟與面商，擬令所部新舊三營紮朱鎮後路，至應紮何處，相距應若干里，令與朱鎮商辦。蓋權其緩急，若金山一路布置已周密，其次再顧川沙耳。兹劉道電稱，台端令王道新勇一營護局，一營防川沙，具仰慎固局防之至意，自應一聽尊裁。惟王道三營，一已在金山，一在川沙，一在滬局，相去遠者二百數十里，近者七十里，該道調度督率，似不甚便，兵愈分則力愈單，亦難禦敵。查滬局現有蕭鎮江兩營，已可資防護，蓋禦敵在遠不在近，在扼要不在分布，近局旁之勇只爲彈壓土匪而已。尊意如謂王道營以護局爲重，或即令暫紮白龍港，應請公熟籌，如以何處爲最要，

〔一〕録自抄本《張之洞電稿·致本省電》。

即覆。歌。

致鎮江廣義軍統領李鎮台先義光緒二十一年正月初五日午刻發

營勇滋事已安静否，究因何事，亦稍有情理否，該鎮體察情形以後，能設法約束否。擬添派粵省人文員一兩人往照料，以便時常開導。如鎮江實不相宜，只可移紮他處。速籌覆。支。

致清江謝道台、徐州沈道台光緒二十一年正月初五日午刻發

支電悉。清江所設轉運局即歸併入車船局，委謝道爲總辦，仍名爲江南轉運局，督同清河縣辦理，勿庸附入淮軍轉運局，原設局員如有可用者即改歸此局，無用即裁去。宿遷縣必應添設一局，相距較近，車馬周轉較速，清江委員較多，可委一妥幹之員前往，會同宿遷縣辦理。如清江無人可委，徐州聽差有幹員亦可舉一員往辦。該兩道速電覆，俟酌定。沈道并飛飭宿遷縣遵辦，速備長養車二百輛，務於數百里外雇之，須長養宿遷以北。應於何處添局，并籌覆。歌。

致清江松漕台轉電王道立清光緒二十一年正月初五日亥刻發

阮道祖棠禀在合肥縣聞衛汝貴五河當舖之外，尚有房屋一所，與縣署相近等語。即飭王道立清查辦。祈轉飭遵。歌。

致天津盛道台光緒二十一年正月初六日亥刻發

支電悉。徐州練兵，以備入衛，誠爲要策，惟餉既難籌，將亦不易，即有洋將洋弁，仍須華將爲正統領方妥。來電謂閣下能設法籌欵，能籌若干，大略從何處設法，尊意中有何將可任用，漢納根現在情形若何，想已不用，能調來江南否，均祈迅速詳示，方能酌辦。至託許星使募洋弁一節，是否閣下託，抑或出自傅相託，或胡芸楣託，望明示。語。

盛道來電光緒二十一年正月初五日午刻到

十月朔，條陳總署代奏募客將照西法練精兵三萬人，上意許可，派胡臬司與漢納根議辦。漢欲獨攬餉權，胡請停罷。今和議難成，上意頗悔。詳探倭兵皆西法，槍盡有準，韜略尤精，我軍亂打，雖有小勝，終必潰敗，如欲制勝，仍須募練，宣可設法籌欵，即在徐州開練，六月可接仗。已請竹篔募德將弁八員，元宵起程到滬。俟定計，再添募，如京師急，可入衛圖恢復，此遠著也。支。

盛道來電光緒二十一年正月初八日未刻到

許募洋將係宣託辦，傅相允行。德以戰兵萬二千為一軍，加礮隊、馬隊、工隊四千，月餉約廿餘萬。擬先借洋債，隨後籌捐歸補。前兩年宣辦山東海防捐收三百萬，賑捐百餘萬，似不難。此外籌欵必須面商。至統將須兼智勇，黄軍門少春，張軍門春發可用否。漢納根頗驕縱，深怨胡，而德將勝於漢者尚有人，如欲調，須先抑之。憲意決否，乞速示。陽。

致廣州署廣協黄〔一〕光緒二十一年正月初七日巳刻發

魚電悉。即速多選良工，購料設廠，委員監造，總以每月出四百枝爲度。鐵須極精洋鐵，長必須英尺八尺，方能及遠，無妨加重數斤。内膛及口徑能稍細爲佳，口徑小則愈遠。彈重一兩即可，膛須光滑停勻，各槍須一律，方免彈子鬆緊不合之弊。已交源豐潤電匯銀一萬兩，查收支用。鄭軍門能另設一廠，亦每月造數百枝否，俟到省後詢覆。陽。

致梧州黄游擊守忠，廣州王丞秉忠、全牧炤等光緒二十一年正月初七日巳刻發

廣軍速乘輪徑來江陰，至如何雇輪，悉照王丞前議。船價除黄游擊交來五千金外，不敷若干，王丞據實開報。現已令匯豐潤電匯銀八千兩交王丞支用，并發在滬製旗幟、號衣之費。至全牧電該委員請添親兵一節，各營無此例，未便照准。以前所用，酌量在川資内開報，不得過多，旗幟、號衣該委員自在滬辦，軍械到江陰領給。陽。

致江陰張、舒兩統領，沈守、郭丞、黄令〔二〕光緒二十一年正月初七日巳刻發

春字營何時調防尚未定，此時各營均宜趕速作工，何得意存觀望。至開河工較易辦，尤須急速開河，以便起礮，萬勿稍延。已飭局委員先帶五千金赴江陰辦料矣。陽。

致總署光緒二十一年正月初七日午刻發

怡和洋行購到紡紗機二萬錠，約值銀五千兩，當以有違鈞署定章，飭滬關禁阻進口。兹據上海、甯波紡織廠紳商公電，稟稱此項機器有礙華民生計，洋商改造土貨，顯背約章，稟請嚴禁。查條約只准洋商來華通商貿易，并未准其購機來華製造，華商購機設廠尚且須先行稟准，方能開辦，洋商豈能擅便。近年中國製造風氣漸開，從此漸塞漏卮，實爲自强第一要著。今該行購機若不嚴禁於始，以後各國紛紛開廠製造，改造土貨，將至利權盡失，無可補救。總之，洋商爲中國官商販運機器則可，若自行購辦設廠則萬不可行。此次怡和所購紗機只二萬錠，僅值銀五千兩，顯係自知理屈，不敢多辦，多辦恐不放行，致多虧折，故小試其端耳。至此項機器如禁阻後，該紡織紳商願出價購之。或謂海防有事之時，無妨稍與通融。不知此乃商務所關，條約分明，與兵事絶不相涉，萬萬無慮，務懇鈞署鼎力堅持。儻英使來瀆，務求嚴行駁斥，并飭總税司轉飭滬税司嚴行禁阻，以收利權而杜覬覦。至盼至禱。陽。

致江陰沈守敦和、柯尼斯、性生〔三〕光緒二十一年正月初七日亥刻發

柯尼斯、性生兩洋員來電，大礮位請再酌等語。現擬礮位究有何不妥處，應改何處，速詳詢明白電覆。陽。

〔一〕〔二〕以下二電録自抄本《張之洞電稿·致各省電》。

〔三〕録自抄本《張之洞電稿·致本省電》。

致武昌譚護制台光緒二十一年正月初七日亥刻發

銀元局事，於初四會台銜電奏，本日接總署初六日來電，奉旨：張之洞電奏，與譚繼洵商明將湖北銀元局歸南洋經理，餘利協濟鄂省等語。著照所請辦理。欽此。魚。即轉署湖廣總督等因。除咨行外，特奉聞。即請傳知司道、蔡道等。陽。

致清江轉運局謝道台、徐州沈道台、濟甯轉運局、德州轉運局、天津轉運局林道台光緒二十一年正月初八日子刻發

目下軍情甚急，接濟軍械最爲緊要，而運局相離太遠，車馬太少，輒多躭誤，竟有去年十月起解軍火尚未到齊者，令人急悶。沿途必須多設運局，多養長車，方能迅速而免貽誤。現擬自浦至津，至少須設八九局，兩局相距不過兩站，每局必須養長車二百輛，節節替換，往返只須三四日，夫馬均免長途之苦。買車價雖稍多，而以後養車費較之雇價爲省，且免臨時雇覓不得及扣留騷擾諸弊。若如林道來電所言，自津雇車至浦，中間不添設局，雖限期往返，至少亦須一月有餘。假如此起軍火須分兩批，則頭批起運後，次批須候一月方能有車載運。若須分三批，則第三批須候兩月矣，斷斷無此辦法。總之，多添局，雇長車，節節轉輸接運，本部堂志在必行。該道等務速擬定，除宿遷已飭添局外，宿遷至德州中間應設三四局，德州至津中間應添一局。應於何處添局，應需購車養車費各若干，并一切章程，稟候核定速辦。即使春水漸長，濟甯有船，仍以陸運爲速。至德州後，或用船分運至津，臨時酌量，乃額外之事。總之，常車仍不能不設，勿謂目下

軍火營勇已將運竣，遂可不必大辦，殊不知以後北運兵械愈來愈多，絡繹不絶，萬萬不能惜費，此時國家安危所繫，尚計較小算盤乎。若再躭延貽誤，該道等恐不能擔此責承也。即覆。陽。

致鎮江吕道台〔一〕光緒二十一年正月初八日申刻發

信義電，二批運船内有運粤軍械，請飭鎮江税務司勿查，以免聲張有礙等語。可飭税司免其查驗放行，千萬要緊。即覆。庚。

致江陰沈守敦和、郭丞勳、黄令庭光緒二十一年正月初八日酉刻發

電悉。普陀輪已赴滬，即派楚富往江陰拖水馬頭。庚。

致揚州慶將軍光緒二十一年正月初九日寅刻發

電悉。已派江安輪船赴瓜洲口迎候，俟送至江西，請即遣該輪速往湖北載勇爲感。庚。

致煙臺李撫台、濟南丁鎮台槐光緒二十一年正月初九日卯刻發

新到德國十響快鎗一千枝，彈一百萬顆。本擬奏解丁軍供用，并添配快礮數尊，運赴清江，由贛榆、日照、膠州一路徑解煙臺，敝處專委員弁押催速運。惟沿途車馬極少，遠行必疲，望飛飭速雇車一百輛，并備馬十數匹拖礮，趕緊前來迎提，庶可迅速，并

〔一〕以下三電録自抄本《張之洞電稿·致本省電》。

請丁總戎派弁勇自來接護照料，尤可妥速。來電并悉。庚。

李撫台來電光緒二十一年正月初九日亥刻到

庚電敬悉。蒙撥新式快槍一千枝，彈百萬，並添配快礮，派員護解，感佩。遵即飭司趕雇車馬，如數迎提，並囑丁鎮派弁迎頭照料。威海初七失守，守將無死者，營隊無力戰者，鐵艦一若斂軍自保者，未識其自安放何處，大局尚可問乎。劉公島存與否尚未可知。連日收潰軍兩千，收槍械過兩營，除分起遣散外，願留者擬同歸丁帶。丁六日後可到煙。東軍猝募十營，温副將誠得勇始能一戰，非大枝援軍到，萬難措手。省門萊、青尤可慮，關係全局太重，擬布置，煙稍定後，暫由西集援軍而東。是否當，聽廷議。舊屬秉衡謹肅。佳。

致上海楊守廷杲光緒二十一年正月初九日酉刻發

庚電悉。海州綫應設至海邊青口營，營設報房，海州城内設局，通揚綫報房即設都天廟礮臺，金乍綫報房設金山衛，鎮江象山電綫并即速接至圖山關礮臺，即傳知各該委員遵辦。佳。

致江陰林副將保光緒二十一年正月初九日酉刻發

齊電悉。該營須紮盤龍山，以扼由常熟、滸浦來路，可往看地勢營基，當飭局查省章發帳棚價，由該營自蓋營房。佳。

致江陰張、舒兩統領，沈守敦和[一]光緒二十一年正月初九日酉刻發

瑞記槍礮即存江南岸，交春字、全字營兩軍會同暫爲點收看守，并派該守經理照料。都司張彪、千總黄福華已到否。佳。

致淮安關監督常光緒二十一年正月初九日亥刻發

徐州現解第一批軍硝來甯，計重十五萬斤，填有敝署護照，過貴關時祈照章驗放爲要。佳。

致江陰張、舒兩統領，沈守、柯尼斯、性生光緒二十一年正月初十日午刻發

柯、性兩洋人稟悉。蕭山太遠，不能安大礮，無許多營守護。大礮安高山不爲顧陸路，爲其得勢耳。環擊登陸大隊，須添機器快礮。現在各礮位仍照前電及前批之圖所飭辦理，速開河起礮爲要。佳。

致天津劉欽差光緒二十一年正月初十日未刻發

比槍事周折太多，因原議運廣東黄浦，今既改運，既電龔使，復請粵省委員往港密議，許以重價，始允改運上海。原訂初一自港行，因新年輪停，粵覆電，至昨日始開。又因洋輪不進長江，復託滬行設法運鎮。電英，電粵，電港，電滬，查行名，查船名，其事又須秘密。往返商詢，今始就緒，約三兩日内可抵滬。一到滬即催運鎮，到鎮後始算到也。以後則易辦矣。佳。

[一] 以下三電録自抄本《張之洞電稿·致本省電》。

致臺北唐撫台光緒二十一年正月初十日戌刻發

總署來電，轉臺撫，奉旨：有人奏，倭人全師而出，國內空虛，若以水師搗入其境，或游弋其各島，使彼有內顧之憂，而我得抽薪之計等語。著張之洞與唐景崧會商辦法具奏。欽此。青。等因。謹照轉，請示覆。蒸。

唐撫台來電光緒二十一年正月十二日巳刻到

恭閲電旨，此計須有堅兵輪多隻，方敢入人國。現無此力，亦無此從容時候。惟大局危甚，非南洋出奇計，莫救北急。必不得已，惟有雜湊兵輪前往虛驚，相機進退，所望彼師回顧，北路易進兵耳。峴帥云江南有兵輪四，魚雷船四，皆可出洋。雖不甚堅，究係兵輪，不知可全調出否。聞公在粤造雷船十一隻，可調用否。此外，擬購鐵殼商輪改作兵輪亦佳，工價約百萬兩，購礮位約百萬兩，購粤中礮船為轉運約數萬兩，招萬人給重餉，大概統需三百萬兩左右，方可舉動，至速須四箇月方可成行。若江南兵輪可調出，户部能撥三百萬兩，似不妨做，但統將甚難，有志者無才，有才者無志。此間有人告奮勇，已赴倭偵探，昨來信云，長崎無備，現往察神户、橫濱。其人未辦大事，終不敢深信。公意中有人否。此事非策萬全不能舉。崧意如此，公意如何，祈示。崧。真。

致蘇州奎撫台〔一〕光緒二十一年正月十一日丑刻發

青電悉。廣義軍本擬紮圌山關，該處無鎮市，少居民，因初到，暫紮鎮江舊營壘耳。現已飭趕搭營棚，搭好即移紮。蒸。

致廣東鄭提台〔二〕光緒二十一年正月十一日寅刻發

齊、佳、蒸三電悉。倭槍甚遠，抬槍取其及遠，故以身長爲貴，如慮軟薄，可將膛口改小，則長而不重，槍管亦不薄矣。藥彈稍輕無妨，此擊敵人，非擊敵船，在彈遠不在彈近。祈速飭造，并將口徑幾分、槍管厚幾分覆示。蒸。

致鎮江廣義軍李鎮台先義光緒二十一年正月十一日寅刻發

該軍須紮圌山關，該處礮臺在前路，須有陸營防護，關繫緊要，且地方清静，並非鎮市，紮營亦便。速遣員往相度地勢，須在礮臺之後略靠下游，距臺一二里即可，防敵人由江陰南岸上犯之來路，一面領欵趕搭營棚，搭好即移。蒸。

致蘇州奎撫台光緒二十一年正月十二日寅刻發

韓道新募三營，似紮七鴉口爲宜，於蘇防較切近，且距福山近，韓鎮、韓道係兄弟，亦可照料。今日已面告韓鎮矣，請酌。真。

致清江謝道台、徐州沈道台、天津林道台光緒二十一年正月十二日寅刻發

北上運道，應於清江、宿遷、濟甯、東阿、德州、滄州、天

〔一〕録自抄本《張之洞電稿·致本省電》。
〔二〕録自抄本《張之洞電稿·致各省電》。

津各設一局，惟宿遷至濟相距太遠，應於中間添設一局，共成八局。徐州、銅山似係大路不經之處，若繞路不多，即於銅山、利國等處設局，若繞路太遠，即須另擇一處，望即酌擬電覆。天津、清江兩局，係首尾總匯，務必備車二百輛，其中間六局，即備百輛亦可敷用，但三套四套大有區别，須核實報明。大車不敷，轎車及二把手小車亦可湊用。各局務一面雇用，一面購買，以期陸續購齊。購價雖稍多，以後月費可省。至局用，每局每月不能過三數百金。其天津以至關外，軍分械少，車馬當可較省，情形亦與內地不同，林道另酌辦。該道等即各籌議，速電覆。真。

致上海道劉道台光緒二十一年正月十二日寅刻發

聞倭人新到滬者甚多，務即派員會同美領事隨時稽查，并囑領事飭該倭人務必到領事署報明姓名、住址、事業，至要。真。

劉道來電〔一〕光緒二十一年正月十三日寅刻到

真電諭敬悉。去年九月底，為倭商在滬曾請美領事報名注册，因稽查不能由我，是以職道委東文繙譯官劉守慶汾專司其事，業於十月初二日將寓滬倭商男女逐一由劉守傳赴上海縣署，呈報姓名、住址、年貌、生業。倭董事能具保者，徑由縣署發給門牌、護照，不准行走租界之外，以便稽查，不安分者即驅逐回國，未由美領事干預，以免多費周折各緣由，業已詳禀在案。去年十月初二日給照時，計倭商男百零五名，女七十六口。現查男百三十二名，女八十四口。去年十一月起，復派巡捕兩名，包探差役六人，晝夜在倭商店鋪左右梭巡，又派員通倭語者駐登瀛洲輪，各輪進口如有倭人，立即電報，以昭慎重機密，其事亦責成劉守。除再將辦理情形禀報外，先謹禀覆。麒祥禀。文。

致上海經道、楊守光緒二十一年正月十二日寅刻發

青口、海州城狼山頂、通州城、乍浦、金山衛營盤、都天廟營盤、瓜洲口七處，均設報房，仍准收商報彌補局用，一切經費即由商局擬定章程，不准浮糜。真。

致杭州廖撫台〔二〕光緒二十一年正月十二日寅刻發

現飭電局自川沙廳經金山衛設電綫至乍浦，以通軍情，祈飭地方官妥為照料是禱。真。

致梧州馮宫保〔三〕光緒二十一年正月十二日申刻發

貴軍到江後，擬住營房，抑住帳棚，祈即示知，以便及早飭備。真。

致鎮江呂道台〔四〕光緒二十一年正月十二日亥刻發

現雇輪船名海口者，載有比槍萬枝，并彈三百萬，十三日早到鎮江，限兩日內卸清，逾期須補船費，務飭預備，一俟船到即

〔一〕録自苑書義等主編《張之洞全集》第八册，第六〇七五頁，河北人民出版社一九九八年版。

〔二〕〔三〕録自抄本《張之洞電稿·致各省電》。

〔四〕以下二電録自抄本《張之洞電稿·致本省電》。

趕緊起卸，并囑税務司萬勿阻撓。至要，即覆。文。

致鎮江吕道台，揚州沈守，清江謝道台、葛令光緒二十一年正月十二日亥刻發

湖北譚制台來電，田順友、曾廣鍾二營行甚急，先派金甌、問津拖送，請電飭揚州府孫速備船隻，於瓜洲六濠口遞送清江等語。速備車船，勿誤。文。

致武昌蔡道台光緒二十一年正月十三日申刻發

擡槍不及洋槍，無待詢洋弁而知，但以洋槍既難多購，已購者亦難速到，惟擡槍較易趕造，營多械少，有勝於無，特飭各處趕造耳，非不辨優劣也，不然何以先後不惜數百萬之鉅價購洋械耶。望萬勿遲疑，速飭趕造，槍必身長口小，則致遠而直，若將槍身加長，口徑改小，或能略遠，可飭洋匠工人細考試造。元。

致天津李中堂〔一〕光緒二十一年正月十三日

煙、登危極，正盼丁槐軍到一戰。洞已籌撥快槍千枝，快礮六尊，兼程運赴丁軍應用。頃聞奉旨北調，不勝焦急。接丁萊電，今午抵萊。萊距煙三百里，距津千餘里，距榆更遠，迂折曠時，似宜仍催赴煙，俟他軍漸集，再抽紮畿輔，庶可救山東危局。我能破煙、威陸賊，畿輔自緩。如畿需營亦急，則於此次江南援軍酌派。赴直各軍行走在後，距煙尚遠，較調丁回可省往返。洞不敢瀆奏，公爲北洋，似可奏陳，以維大局，請酌。不知丁調畿是否朝廷之急，抑係由人奏請，祈密示。元。

致煙臺李撫台光緒二十一年正月十四日丑刻發

本日午電悉。丁槐軍調畿輔，聞之驚訝焦灼。惟此一軍最好，他軍遠遜。公自行剴切電奏，或可邀准，此外無良策。此次電旨全文并祈録示。元。

李撫台來電光緒二十一年正月十三日未刻到

東省前敵僅此未練之十數營，敗挫後恐文登失，無進兵路，更恐賊西竄萊陽。急撥孫萬林未整之八營前往馳救，僅六營當方張之寇，於甯海東勢均不敵，惟急盼丁槐一軍先到，以救劉公島，遏兇鋒。乃頃奉電旨調丁槐回畿輔，是目前竟同撒手。計賊日内如破劉公島，必以艦亟攻登州，無兵可救文登。登州若失，後路更無兵，賊可長驅。衡死不足惜，山東不可問。有山東方可保畿輔，而急切無大枝援兵，何以救之，言至此盡矣。戴宗騫吞金死，可敬。舊屬秉衡謹肅。元午。

謝委員來電光緒二十一年正月初十日午刻到

戴統領為丁軍門救上兵輪。我水師固守劉公島。芝稟。佳。

劉道來電光緒二十一年正月十四日寅刻到

頃據雷艇管駕王登雲、穆晉書稱，自初十日夜，倭艇偷進日島口，攻沉定遠，十一夜兩口倭雷艇進攻，沉來遠、威遠、寶筏。今早七點倭大艦攻進日島口，各艦艇起椗攻敵，隨丁提督令全軍艦艇衝出北口，左一放雷攻敵，吉野轉舵未中，倭以一快艦專打

〔一〕録自《李鴻章全集·電稿三》，第四二二頁，上海人民出版社一九八七年版。原題為「南洋寄北洋」。

雷艇，以大隊攻鎮、靖、廣丙，未知如何。丁提督在鎮遠，餘船未見，左一行過芝罘，亦被擊沉。在威出口之時，日島、劉公島礮臺均尚在，惟我軍艦艇殆盡，訊稱未聞傷敵一船，可痛可恨。撫院遵旨移駐萊州。芳稟。元。

致督辦軍務處 光緒二十一年正月十四日丑刻發

煙臺、登州正在危急萬分之際，正盼丁槐軍趕到一戰。洞已籌撥快槍一千枝，快礮六尊，兼程運赴丁軍應用。頃接東撫李電，丁槐軍奉電旨調回畿輔等語，不勝焦急。頃接丁槐自萊州來電，該鎮本日午刻已抵萊州。查萊州距煙臺止三百餘里，距天津一千數百里，距山海關更遠，若徑趨煙臺，數日即可迎敵接戰，若赴津及山海關，迂折曠時。似宜先催丁軍仍赴煙臺，如他軍漸集，再抽丁軍紮畿輔一帶，庶可救山東危局。若能破煙臺、威海登陸之賊，畿輔自緩。如畿輔需營亦急，則於此次江南援東諸軍酌派改道赴直。諸軍行走在後，距煙臺較遠，較之調回丁軍尚可省往返周折。惟洞人微言輕，不敢屢次瀆奏。大局所關，又不敢緘默。伏懇鈞處詳加籌畫，權度緩急。應否奏請聖裁之處，統候鈞酌。元。

致清江謝道台 光緒二十一年正月十四日巳刻發

十二日電悉。除現有大批軍械運津外，現委知縣汪如瀚、游擊吴連陞、李東武另解十響快槍一千枝、彈百萬，羅登飛快礮六尊、彈一萬二千顆，由清江取道贛榆、日照等處遞解煙台。該局現有車三百四十輛暫勿裁減，務留出車百輛并騾馬十數匹，專備運解此起援煙台之軍械，至要。元。

致清江謝道台[一] 光緒二十一年正月十四日酉刻發

北上運道，或山路或湖路，究以走何路經何州縣最爲直捷，該道即妥酌明晰電覆，以便酌核。鄙人並無成見，不拘定要走何路也。昨來電言每局養騾馬六百匹爲率，甚妥協，即照辦。押解馬隊十二名恐不敷用，似須募足二十名。即酌覆。願。

致廣州周道台[二] 光緒二十一年正月十四日酉刻發

水陸師學堂學生曹汝垣、汝川同其兄曹汝英，均留兩江差委，望勿開其館缺。鹽。

致安慶福撫台 光緒二十一年正月十四日亥刻發

寒電悉。委署藩、臬道，安慶、鳳陽兩府各缺，請即照尊示辦理。鹽。

致武昌譚護制台、岳州婁提台、漢口督銷局志道台 光緒二十一年正月十五日亥刻發

江南省通州、海州一帶，防務喫緊，請派杜鎮嵩齡，將原有之四營並添募一營共五營，即日起行赴漢口，此間當派輪至漢裝

〔一〕録自抄本《張之洞電稿·致本省電》。

〔二〕以下二電録自抄本《張之洞電稿·致各省電》。福撫台指安徽巡撫福潤。

運至鎮江，當派往海州防守，即歸敝處督標統率調遣，不歸他人統。洋槍到江南領給，以後餉歸江南發，目前口糧暫墊。速行督銷局設法湊萬金，至少五千金，派輪送岳州，以便速行。以後仍請婁軍門募足五營備用。當即電奏，請敬帥即派輪馳送婁軍門。立候電覆。咸。

致俄京許欽差光緒二十一年正月十六日寅刻發

時局萬分危急，設或京畿有警，關内外隔絕，餉械俱罄，關東二百營將束手且譁潰矣。鄙意接濟關東軍惟有商之俄國，請閣下速與俄商密商，能購辦軍火否，由俄運至琿春，我軍接解，由吉林運至奉天，僅千餘里，與揚州一路相等，即或勞費，總可不缺。再，與琿春連界之海參崴，俄多大商，能與商借欵濟餉否，望速籌覆。咸。

致天津李中堂光緒二十一年正月十六日未刻發

聞尊處已向美國買船十隻，確否。祈速示。諫。

李中堂來電光緒二十一年正月十七日丑刻到

美阿堅廷國，有快船、鐵艦各一，願售，連軍火包送費，要價百萬鎊。署部未覆，想因餉絀。劉公島及鎮遠鐵艦尚苦守，無人救援，奈何。鴻。諫。

致臺北唐撫台光緒二十一年正月十七日子刻發

真電悉。此時欲攻襲倭境，或游弋海面，非有鐵艦、快船不可。南洋木質四輪，不足供敵人一雷一礮，且向來各輪弁勇皆甚庸劣，一時猝難全換練熟，即遣出洋，亦不能戰，不過海上逗留藏避，無從考查。至訂造雷艇，尚未竣工，來華尚須數月。粵艇甚小，不能出洋。此時欲爲遠圖，惟有請旨籌借巨欵，購外洋快船，募洋弁率之，并購行速運船，選中國健將勁卒乘之，隨往彼境，相機攻襲，方能有益。大快船須購現成者，或可覓兩三艘。雷船趕造，六箇月可成四五隻，不能甚速，無可如何。但彼時戰事亦不能了，三年之艾，終收其益。若雜湊之輪，萬無用也。聞北洋已購快船十號，不知何時來華，如能早來，通力合作，則此舉較易，但恐北洋雖有船亦不令遠出耳。尊意如何，祈示覆。銑。

唐撫台來電光緒二十一年正月十九日亥刻到

銑電悉。南艦既不可用，雜湊毫無憑藉，且亦需欵需時，目前並辦不到。公言萬萬無用，尤為至理。今之軍情，即病在雜湊，終於糜費而鮮濟。欲有遠圖，誠非請巨欵不可，請公挈賤名覆奏。惟巨欵從何籌措，仰屋興嗟，百事莫舉。僅恃烏合之陸勇，舊鈍之手槍，無準之雷礮，心志不齊之統將，何以制强寇。固人謀不臧，亦財力不濟之故，而事不可為矣。北路太緊，計必犯闕，上不肯遷，固是正理，但寇果偪都下，將奈何。屆時一切俯就，恐三年之艾，無從收益。遷幸之舉，似不可遲。明知此事萬難，而不為敵脅制，始可力圖恢復。崧前日電奏，冒昧請遷，公以為然否。崧。效。

致清江謝道台[一]光緒二十一年正月十七日丑刻發

統帶緝私營王鎮得勝，聞其老練有爲，聲望甚好，熟悉海州

[一] 以下二電録自抄本《張之洞電稿·致本省電》。

情形，可專差飛函令該鎮即日來江甯一見，將任用之。切速。諫。

致鎮江廣義軍李鎮先義光緒二十一年正月十七日巳刻發

即日乘輪來省，有要事委辦，勿延。霰。

致廣州水師提台鄭〔一〕光緒二十一年正月十八日丑刻發

十三日已交源豐潤匯銀一萬兩，祈查收速造，尺寸即照真電所定，并請轉告黄協。洽。

致京裕道台朗西光緒二十一年正月十八日寅刻發

時事緊急，京城富室甚多，一旦京畿戒嚴，携帶不易，莫若及早匯存外省爲妥。請閣下轉向各巨室剴切勸導，無論銀數若干，少則數萬，多則數百千萬，俱可存放江南，不必寫姓名，可但寫堂號，或票上編號，并堂號亦不寫。每票數十萬，數萬，數千皆可，或每票一萬一千亦可。借票或藩司，或運司，或湖北織布、紡紗、銀元各局亦可，或隨銀主自酌可靠憑據亦可。江蘇一省歲收丁漕、關税、鹽課、釐金一千數百萬，穩實無過於此。利息只可二三釐，此取存放安穩，不宜再圖重息矣。設匯寄不能甚多，可在津交江南轉運局，以爲應解北軍之餉。鄙意以爲官商士民財物，皆爲國家元氣，必宜設法護持。江省已奏准借洋欵數百萬，尚可支持，此舉若成，存欵充裕，便可放手辦事。設京畿有警，即可爲大舉勤王之計，大局平安，諸公存欵尚何慮哉。此切實算計，明者當能察之。祈速覆。洽。

致廣東三水一帶探交馮宫保〔二〕光緒二十一年正月十八日午刻發

貴軍現擬駐紮寶山縣北八里之獅子林一帶，其地濱江，有大礮台，爲揚子江口内首衝要地，惟形勢地段如何扼守分劃，必須公親到相度履勘，始能定局，營房方可興辦，初到之時仍須暫住帳棚，刻已飭局備齊矣。祈速覆。嘯。

致江陰舒統領、武毅春各營官，沈守、郭丞、黄令〔三〕光緒二十一年正月十八日午刻發

兩礮何日可起完。各該營官督飭各勇丁速作工，勿延。即覆。嘯。

致鎮江吕道台光緒二十一年正月十八日未刻發

篠電悉。當已將下關營官嚴加申飭，并查明生事勇丁責飭矣。望轉致英領事，告船主不必介意。嘯。

致江陰沈守敦和光緒二十一年正月十八日未刻發

滬局三大礮原係信義包運，仍歸該行一手經理運齊爲妥。已到兩礮務趕緊起上岸，以便水馬頭回滬續運爲要。挖河何日竣工，

〔一〕〔三〕以下四電録自抄本《張之洞電稿·致本省電》。

〔二〕録自抄本《張之洞電稿·致各省電》。

兩礮何時起上，速復。嘯。

致下關楊統領文彪光緒二十一年正月十八日未刻發

頃接鎮江吕道來電，英領事言英兵輪過下關，船主穿公服登岸拜下關營官，該營兵勇抛擲泥塊，肆口辱罵，船主回船，營官亦未回拜等語。如果屬實，殊爲失禮。務即將實在情形據實禀覆，并查明生事勇丁儆責爲要。嘯。

致天津李中堂光緒二十一年正月十八日申刻發

東撫電，現派兵防城子口，極是。洋報屢有由直、東交界登岸斷運道之説，此處距滄州甚近，乃天津之背也，最宜嚴防。山東止兩營，又無利械，有何用處，公似宜派重兵，多帶戰礮，方能扼其登岸。運道若斷，不可爲矣。請裁酌。嘯。

李中堂來電光緒二十一年正月十九日酉刻到

嘯電悉。城子口最要緊，電調章高元八營由奉回駐，計日可到，又派豫軍李永芳六營往扼，但礮少，恐不濟事。鴻。效。

致杭州廖撫台〔一〕光緒二十一年正月十八日申刻發

現在上海趕造擡槍，滬局有他項製造，機器多無暇。聞杭州局存機器現無工作，祈照後開各件暫借用數月，當派人赴杭領運，祈速示覆。此不費之惠，至感至禱。計開引擎一部，刨床二部，圓車床二部，老虎鉗三十四部，鑽床二部，車鷄頭鷄板小車床二部。嘯。

致萊州李撫台光緒二十一年正月十八日申刻發

咸電悉。丁留東統大軍，必得力。此事洞亦電奏，與公同日〔二〕。派營防城子口極是，惟兩營太少，須切商北洋以重兵守之，多帶戰礮，方能阻其登岸。洋報有倭擬由直、東交界截運道之説。嘯。

李撫台來電光緒二十一年正月十六日申刻到

奉旨移扼萊州，十五日在黄縣途次奉元電，敬悉丁鎮槐一軍衡奉調津之旨，即於是日披瀝覆奏。今日奉旨准其留東，可慰廑繫。頃到黄，面晤丁鎮。其人有謀略，勇而能斷，氣味極投。擬令暫駐黄縣，就本部及收集威海舊勇，再添募共成二十營，顧黄兼代應登，即為沿海北路進攻威海之師。陳鳳樓馬隊擬紮萊陽、海陽之間，以孫萬林步隊輔之，暫防中路，扼賊西竄。李占椿等十五營，聞係新隊，擬到時暫紮萊州，稍事訓練，再合陳馬隊為中路進攻威海之師。萊、濰之間海口，俟所調楊昌魁、李定明等軍到時，相機扼駐。章高元八營已奏准調回，擬撥兩營駐紮膠州，其餘六營駐紮武定府屬之城子口，與原派丁道達意四營，合天津李永芳一軍，合力防守。所擬大致如此。凡心力所能盡者，不敢不勉，仍乞隨時指示。舊屬秉衡謹肅。咸。

〔一〕録自抄本《張之洞電稿·致各省電》。

〔二〕據抄本《張之洞電稿》，「同日」下尚有「陳鳳樓聞又調津，此人貪，習氣重，不來亦無妨。來電」等二十字。

致煙臺東海關劉道台光緒二十一年正月十八日申刻發

前聞倭將攻煙臺，爲各國兵船阻止，確否。倭究有來犯之意否，速示。嘯。

劉道來電光緒二十一年正月二十日午刻到

倭邊馬昨於煙東南十五里之竹林寺開戰，各國兵船並未阻止，後路援兵不至，不獨島艦難存，即煙臺亦危在旦夕矣。芳稟。效。

劉道來電光緒二十一年正月二十二日巳刻到

今日德國兵船自威來，云丁軍門、劉鎮步蟾、張鎮文宣均殉難。芳稟。號。

致臺北唐撫台[一]光緒二十一年正月十九日子刻發

康長慶來，擬令帶兵輪，與南琛等。南洋不久必有戰事，四輪會合四蚊船，扼江尚有益。台灣止一兵輪，萬無海戰之事，若留在台，是置之無用之地，未免可惜。祈仍飭來江至感。若該員願在陸路，當令帶勇營守礮台，重其事權，優其薪水，與帶兵輪等，聽其自酌。祈速覆。嘯。

致廣州李制台光緒二十一年正月十九日子刻發

京畿戒嚴，山東、淮徐一帶餉械運道喫重，洋屢有倭將斷運道之説，設被敵截，大局危矣。擬調鄧正峰來江，令帶數營扼淮徐運道。此爲大局，務望飭速來。如允許，當再奏。都司蒙啟森并祈飭速來江差委。至感。嘯。

致廣東水陸學堂周道台光緒二十一年正月十九日子刻發

巧電悉。舊學生十三名可全調來江，川資酌墊照還。嘯亥。

致揚州清江解山東軍械委員李東武、汪如瀚、吴連陞[二]光緒二十一年正月十九日巳刻發

此次運到槍及彈均有數種，務須將解赴山東之彈箱打開，取出數顆裝槍試看合膛口否，如有不合，務速解回鎮江調换，以免兩誤。要緊，要緊。即覆。效。

致蘇州奎撫台光緒二十一年正月二十日亥刻發

張鎮景春所部前數日已委李鎮先義接統，李鎮即係淮軍。該軍積弊太深，廢弛已極，必須大加整飭。號。

致臺北唐撫台[三]光緒二十一年正月二十日亥刻發

號電似誤會鄙意，係請飭康長慶來江帶兵輪，非調南琛回也，請查閲嘯電自悉。現擬購船出洋，均尤須選備良將。仍祈妥酌示覆。號。

[一] 以下三電録自抄本《張之洞電稿·致各省電》。
[二] 録自抄本《張之洞電稿·致本省電》。
[三] 録自抄本《張之洞電稿·致各省電》。

致俄京王欽差〔一〕 光緒二十一年正月二十二日子刻發

聞俄主願爲中國調停議和，有何切實辦法，祈速密示。養。

王欽差來電 光緒二十一年正月二十四日未刻到

電悉。甫抵俄，知倭親德久，每捷必謝。德正强，俄、英、法前議皆格，乞助頗難，希達中朝聯德。春叩。

許欽差來電 光緒二十一年正月二十七日午刻到

俄主允如議和時倭索太過，可約英、法勸其退讓。咸電事無緒。澄。宥。

致徐州沈道台、程署鎮〔二〕 光緒二十一年正月二十二日子刻發

昨接河南劉撫院咨，碭山縣匪首大王三草捕、趙禿孜、竇和尚等夥黨二百餘人，有馬二百餘匹，各帶洋槍器械，四出搶掠，在周家集左近窩存等語。此去臘之事，究竟現在情形如何，速據實電稟，不可隱飾，并飭實力剿捕，悉數獲辦，以靖地方。馬。

致漢口惲道台、彭道台、王統領衍慶〔三〕 光緒二十一年正月二十二日午刻發

王提督衍慶所部霆慶營已到漢口者幾營，現已派固陵、江寬往載，廿四五日可到漢。養。

致煙臺電報局謝委員庭芝〔四〕 光緒二十一年正月二十二日未刻發

濟遠船在何處，似尚未毁，該輪管帶林國祥在否，速查確覆。養。

致蘇州奎撫台〔五〕 光緒二十一年正月二十二日申刻發

瑞藩司自京回，應飭回本任，監巡胡道、江甯李守各回本任，尊見想以爲然。特奉達，請示覆。瑞藩司明日赴蘇謁見。養。

致江陰舒統領、武毅春各營管帶、沈守 光緒二十一年正月二十三日子刻發

沈道來電，瑞記運到軍械五百六十一箱，須速起卸。該輪不能久候，舒統領及春字營各營官務速設法覓屋暫爲安放，旬日後即有各營領去。即覆。養。

致萊州李撫台、丁鎮台 光緒二十一年正月二十三日子刻發

煙臺已危，若我軍能攻煙臺之賊，彼攻榆關，天津之力自分，勢自緩。擬調劉永福赴東助剿。劉在臺鬱鬱不得志，與唐薇卿有意見，極願内渡，惟不知公意以劉爲然否。丁衡三鎮軍願與劉共事否，特奉詢。如願劉來，當再商唐。漾。

〔一〕 指王之春。上年十月十五日，命其往俄京唁沙皇亞歷山大三世之喪及賀新皇尼古拉二世加冕。
〔二〕 録自抄本《張之洞電稿·致本省電》。
〔三〕 録自抄本《張之洞電稿·致湖北電》。
〔四〕 録自抄本《張之洞電稿·致各省電》。
〔五〕 以下二電録自抄本《張之洞電稿·致本省電》。

李撫台來電光緒二十一年正月二十五日辰刻到

漾電敬悉。俟援兵到齊，必圖力攻，設榆關有警，亦可以分賊兵勢。劉永福如來甚願，第聞與丁有嫌，昨電商丁，尚未得覆，似應以丁為重也。劉道稟倭派兵艦送丁、戴等柩於崆峒島，派馬隊送島艦勇四五千於煙，情叵測，而劉道頗信無他。已電守將嚴軍以待。舊屬李秉衡謹肅。敬。

劉道來電光緒二十一年正月二十六日亥刻到

艦剩鎮、平、濟、丙及五鎮九艘，為倭得。黼酋廿一日進島，先弔丁軍門各喪，現將丁、戴、劉、張、楊五柩由牛道、馬道用民船送來煙臺，水陸弁兵全由陸路，派馬隊護送來煙。惟丁軍門一靈，倭留上祭後再上船。芳稟。宥。

唐道來電光緒二十一年正月二十五日申刻到

倭提督已允復英水師提督，稱所有通商口岸不到騷擾云。刻查在煙倭兵，均調往山海關。俊稟。徑。

致江西德撫台〔一〕光緒二十一年正月二十三日子刻發

惲道祖祁擬調江南差委，尚祈允許，至感。請示覆。漾。

致臺北唐撫台光緒二十一年正月二十四日卯刻發

畿防緊急，劉永福若在臺無大用，似可遣之入衛。此題目大勝於調江南，當可允准。尊意若何，祈妥酌速示覆。漾一。

致臺北唐撫台光緒二十一年正月二十四日卯刻發

江南所訂之雷艇，查明不能出洋，聞洋商言，外洋有兩快船、一大雷船，又有數雷船可趕造可購。已電奏請借巨款速購，約一千數百萬。已奉旨准，但户部甚緊，意總不願外省多費，恐不准動關税還，又不令他省代還，則仍難辦矣，且購到亦須四五箇月。總署令漢納根訂購鐵艦一，快船一，旨准撥歸南洋調遣，亦不知何時來華，尚須詢總署。目前姑作爲五箇月後有兵船數號籌計之，但須另有運船載兵，運船須行駛迅速，方能隨兵艦同行。聞臺輪駕時、斯美頗快，可作運船否，并須再買外洋較快之公司商輪兩三號，隨兵艦出洋，或攻襲，或游弋，臨時相機辦理。尊意以爲何如，祈即示覆。惟師出數千里外，殊難稽查，必得忠勇之將統率，方免避匿捏報諸弊。公意中有無其人，或用華將，或用洋員，統希示覆。至彼國海陸道路情形，何島可攻，宜由何路進，往返幾日，并望密示。來電言有人告奮勇，此時有志者已不易得，望將銜名開示，以便酌擬電奏，將詞意商妥再發，盼覆。效、馬兩電均悉。漾二。

唐撫台來電光緒二十一年正月二十六日辰刻到

旨准借巨款，恐户部諸多不肯，固是為難，然猶第二著。至第一著須有借主，不知公覓得否。告奮勇者兩淮試用鹽運判浙人程承濂，已令出洋偵探。其人未經大事，恐不能馭兵，備軍中材料則可，似不必遽入告。駕、斯甚快，可為運船。崧。徑。

〔一〕録自抄本《張之洞電稿·致各省電》。

致欽州馮宮保〔一〕光緒二十一年正月二十四日發

前接尊電，囑委製旗衣等項當飭支應局製造。玆據該局禀覆，大旗用之白羽紗，甯滬市上均少，且此物製旗招展略嫌重滯，可否改用他色羽毛，如必需白，或改用白洋布。又號衣未指明應用何料，可否用白色斜紋洋布，心紅羽毛邊。又來電言需大旗五十面，數似較少，不知是否十營共需之數，抑有錯誤等語。祈即酌覆，以便飭遵。漾。

致清江松漕台、謝道台，揚州隄工局〔二〕光緒二十一年正月二十五日卯刻發

電悉。王鎮得勝已到浦，請飭查清江至揚州一帶有何小輪，即派拖帶來甯。敬。

致清江謝道台，清河縣葛令，委員汪如瀚、李東武等光緒二十一年正月二十五日卯刻發

屢電飭多養車，前來電言有車三百餘輛，何以止數十輛，實堪詫異。此起山東軍火早已電飭備車，何以置若罔聞。仍速覓雇，俟車齊，槍礮各件須同行，不可分起，致難照料，萬勿延誤。東征車不便借，并將報車多而現車少之故，明日電覆。敬。

致清江謝道台、徐州沈道台光緒二十一年正月二十六日辰刻發

宿遷以北、德州以南，擬分設濟甯、東阿兩（居）〔局〕，若由濟甯，是否仍須由徐州，何路爲便。德州擬派一道員往，速籌覆。再，近來軍火及兵差，或由濟甯、徐州，或由沂州、泰安，何以紛歧不一，即查明速覆。宥。

致江陰李鎮台、舒統領、沈守光緒二十一年正月二十六日辰刻發

速設法撈槍彈，且恐受濕難用，萬勿玩延。宥。

致江陰李鎮台光緒二十一年正月二十六日辰刻發

擬令林保遣人回粤再招兩營，陳榮坤再招兩營，黄守忠再招兩營。該鎮體察情形，粤軍究能遵約束否，如能遵，該鎮可即詢問該三將，速覆陳。若在廣州招，太遲緩否，有何法能較速，并妥商，當仍飭王丞秉必照料雇輪運來。宥。

致安慶福撫台〔三〕光緒二十一年正月二十六日辰刻發

請飭王心忠速來江甯一見。切禱。宥。

致山西俞臬台光緒二十一年正月二十六日辰刻發

大喜欣賀，何日啓行。金陵鍾山書院山長需人，擬請屠梅君侍御主講。梅翁相仍在平定，敢請代爲勸駕。距楚較近，務望南

〔一〕録自抄本《張之洞電稿·致各省電》。
〔二〕以下五電録自抄本《張之洞電稿·致本省電》。
〔三〕以下三電録自抄本《張之洞電稿·致各省電》。

來。宥。

致萊州李撫台光緒二十一年正月二十六日辰刻發

徑電悉。帳棚千架乃易造，而粗笨之物，江南運往費鉅行遲，須一月方到，似爲非計。若在濟南省城及省外大縣分造，一月可成。宥。

致臺北唐撫台光緒二十一年正月二十六日辰刻發

徑電悉。劉永福即令其帶六營内渡，請派輪送滬或鎮江尤佳，其餉當由江南供，爲勤王不能不如此。江南粤軍不便分撥，如劉必須添營，可令該鎮先北行，令其遣人回粤續招，隨後陸續北上，不能久候也。但粤勇人多，該鎮自揣能彈壓否，詢明劉後速覆，當會銜電奏。宥。

唐撫台來電光緒二十一年正月二十八日寅刻到

劉鎮覆電尚肯北上，無請增營之説，惟昨今兩日接各路電，皆據厦滬領事税司之言，謂有六七倭輪在澎湖。澎電早斷，往修未通，不知虚實，請俟澎電通後，如警報屬虚，劉鎮方可行。蓋劉營拔去，須設法填防，有警則辦不及。祈稍從緩奏。崧。沁。

致清江松漕台[一]光緒二十一年正月二十六日亥刻發

婁軍門覆信，杜鎮嵩齡五營於二月初一二日自岳州開赴漢口。宥。

致清江謝道台光緒二十一年正月二十六日亥刻發

山東槍并彈子即先行，由贛榆、日照一路，但此起槍彈無論大車手車，總須將車湊足，一批全行，不可分兩起。礮分作第二批亦可，須加派妥員勇隊幫護解礮，小心照料。宥。

致武昌譚制台光緒二十一年正月二十七日子刻發

奉廷旨，飭防海州，請飛催婁軍門速飭杜鎮嵩齡帶五營速來。宥。

致清江松漕台光緒二十一年正月二十七日子刻發

宥電悉。昨已奉到廷寄，已電催婁軍門飭杜鎮五營速來。現又派李道鎮邦馳赴海州，辦團練以資協防，俟王鎮得勝到甯，當與商定，令回海州速募數營，防守必可得力，此外實無營可調。倭船游弋無定，狡譎無常，正患兵力不敷分布，各口防軍實不敢撤動也。宥。

致馮宫保光緒二十一年正月二十八日丑刻發

倭軍專恃快礮遠擊，貴軍旗幟號衣均用白色，遠望太明顯，晝夜皆可見，敵人易於注意攻擊，似有不便。可否改用他色。請即裁酌電覆，以便飭局改製。感。

[一] 以下二電均録自抄本《張之洞電稿·致本省電》。

致徐州程署鎮〔一〕光緒二十一年正月二十八日丑刻發

新委銘軍後營副將銜程曾淮，查該員有無實職，此銜何年在某捐案報捐，即速查明電覆。

致總署光緒二十一年正月二十八日寅刻發

據使俄王藩司電稱，甫抵俄，知倭親德久，每捷必謝，德正强，俄、英、法前議皆格，乞助頗難，希達中朝聯德等語。税司穆和德亦云洋報言英、俄、法皆願調停中倭事，惟德不肯與聞等語。其中情節不可解，似宜詢商德使。請鈞裁。感。

致鎮江招商局吴委員佑曾〔二〕光緒二十一年正月二十八日卯刻發

此次信義運到南洋所辦德國小口徑五響快槍，究竟收到若干，是否二千枝抑三千枝，配彈若干萬。即查確電覆。勘。

致安慶福撫台〔三〕光緒二十一年正月二十八日卯刻發

聞郭寶昌奉旨帶勇北上，是否峴帥調，抑李傅相調。擬募幾營，係赴何處，何時可行，祈示。感。

致廣州王湘岑光緒二十一年正月二十八日申刻發

師帥諭吴國華即令前來，惟一人恐難獨任大事，即加給川資亦可，用欵若干，由江匯還。并轉達裕、潤兩公，倭船有到汕頭石碑山者，知否。儉。

致煙臺劉道台光緒二十一年正月二十九日午刻發

日來威海、煙臺情形若何。倭既送還潰卒到煙臺，似無意攻此地也。豔。

劉道來電光緒二十一年二月初一日未刻到

廿四日，牛道昶炳、馬道復恒乘康濟傍晚到煙。詢及島狀，據稱，初九以後無日無夜不戰，内而兩岸，外而倭艦，四面夾攻，兵民傷亡，其慘不堪言狀。始則數千居民哀求生路，繼則水陸兵因傷多援絶心寒。至十三、十七，日島及劉公島東臺大礮毁傷，雷艇逃没，各艦受傷，子藥將盡，援兵難望。至十七日軍民哀求停戰，丁軍門與英人副提督馬格禄計窮力盡，貽書倭提督，將兵民放還，與張鎮等仰藥以死報國等語。自廿五日，水陸兵勇四千餘人，又民數千，陸續到煙，芳趕備食宿，安撫水陸，補餉資遣。芳禀。卅。

致廣州李制台〔四〕光緒二十一年正月二十九日午刻發

提督鄧正峯現在何處，想已飭知何時啟行，請飭由海道來。此鄧係安徽人，聞粵將有同名者，勿誤爲幸。豔。

致江陰彭提台〔五〕光緒二十一年正月二十九日未刻發

貴部十一營軍火擬發比柏地槍二千二百枝，此槍彈與毛瑟同

〔一〕〔二〕〔五〕録自抄本《張之洞電稿·致本省電》。
〔三〕以下二電録自抄本《張之洞電稿·致各省電》。
〔四〕録自抄本《張之洞電稿·致各省電》。

用，在江陰領，又比國快槍一千一百枝，彈三十三萬顆，在鎮江領，又擡槍每營可發二三十枝，尚未造成，俟續發。其操練之前膛來福槍不必多，每營一百枝足矣，共發五百五十枝，在江陰武毅軍存槍内撥，已飭李鎮撥交矣。貴部擬紮何處，北岸擬分紮否，祈示。豔。

致江陰統領李鎮台光緒二十一年正月二十九日未刻發

義軍及保軍、忠軍似可均分紮盤龍山左近一帶，山甚多，地甚寬，當可容。盤龍山、綺山爲常熟來路，顧礮臺後路，須扼此處。至蕭山距礮臺既遠，與臺不甚聯絡，且營紮山後田内，江中船上遠望皆見。此地安營尚不甚愜心。彭軍門如欲紮，尚須妥酌。至長山更遠，而濱江紮營有何益處，皆不宜紮，只有營在礮臺後之理，豈有營在礮臺前之理。豔。

致臺北唐撫台光緒二十一年正月二十九日申刻發

洋報皆言倭六輪窺澎湖，臺防喫重，懸繫之甚。各臺礮手想已練熟，部撥尊處百萬兩，賴道已在滬提到否。江南借一百萬鎊，今日甫立合同，部電匯豐款恐難速交，囑令在江南借款内先撥一百萬兩與臺灣，自當照撥，擬交匯豐匯，惟合同係一月内提銀，恐到尚早，如何支持。豔。

致揚州金運判兆棨[一]光緒二十一年正月二十九日亥刻發

急速來甯，有要事面詢，兩日即令回揚。豔。

致清江謝道台光緒二十一年正月二十九日亥刻發

山路崎嶇，湖路迂遠，均有不便，似宜走兗州、東阿一路。惟沂州、兗州道路好走否，擬於宿遷、沂州、兗州、東阿、德州分設五局妥否，惟道里不甚均勻，或於高唐添設一局。速酌擬電覆。豔。

致安慶福撫台光緒二十一年正月三十日丑刻發

近五日内兩奉寄諭，慮倭寇自海州登岸，截我北路運道，飭速撥精兵嚴防海州及淮徐一帶運道，自應欽遵。惟江省地廣營少，不敷分布，且皆南勇，亦不相宜，無可調撥。今日接見總兵王心忠，樸勇老練，熟悉江北情形，擬調來江北，懇請飭將原帶山字二營迅速帶來，馳赴宿遷、沭陽一帶防守，並令添募三營。此新舊五營之餉，皆歸江南支發，取其現有之營到防迅速耳。其原防前山口、攔江磯，請另派營接防。軍情緊急，務望允許，速覆至感。豔。

致蘇州鄧藩台[二]光緒二十一年正月三十日巳刻發

請告桂守中行回徐時再來甯，有要事詢之。即覆。卅。

致鎮江吕道台光緒二十一年正月三十日亥刻發

羅沙利輪船運到鄂省紗機一千七百七十五件，速飭税司即刻

[一][二] 以下二電録自抄本《張之洞電稿·致本省電》。

放行勿阻。卅。

致安慶福撫台〔一〕光緒二十一年二月初一日子刻發

昨晚兩電，望速示覆。廷旨嚴切，急須覆奏。卅。

致蘇州奎撫台〔二〕光緒二十一年二月初一日酉刻發

户部勘電：息借華欵除動撥百萬外，現在集存若干，速電覆等語。查解到江甯之五十萬，皆供北上諸軍餉項，並轉運之費暨補發運到軍火尾價、運費及購訂軍火各欵，尚多不敷。蘇州提存之欵應如何聲叙覆部，速電示。東。

致廣東李制台〔三〕光緒二十一年二月初三日子刻發

東電渣甸機器、礮並彈護照，請即發給，並催速運。至感。沃。

致江陰李鎮、沈守、馬加利委員〔四〕光緒二十一年二月初三日丑刻發

告馬加利，俟礮起完後，該輪速赴下關，聽候飭赴漢口載勇。江。

致臺北唐撫台光緒二十一年二月初三日寅刻發

匯豐百萬已提到否。部欵難得，如匯豐提到，先可應急，如臺再有急需，敝處必代籌借，事甚活便。蓋借欵所難者部准，並非難借。今此例已開，以後尊處要需，鄙人皆能設法應付，請勿厪慮。至購輪萬不必動此欵，俟敝處將可買各輪數目價值查確後，當奏請專欵，豈專恃此百萬爲大舉之資，且百萬斷不能購兩小輪也。如以後敝處爲臺灣籌有借欵，必須多買快礮至要，非此不能制勝，尊處自買敝處代買皆可。總之，購輪斷不必動臺欵。所仰望於公者，在籌選將弁兵勇及探道路、察敵情諸事，即深感佩矣。公如訪有可購之輪，祈速詳示。沃。

致安慶福撫台〔五〕光緒二十一年二月初三日申刻發

電悉。允撥精健一營，感謝。據王心忠禀，精健左營原有兩磅車礮十尊，毛瑟槍二十五枝，前膛槍二百七十二枝，擬請即交原營帶赴防所等語。此不過暫借撥，兩箇月後外洋械到，或甯局造成，均照數寄還，當祈俯允。如必不能全撥，車礮務望暫借給，至感，甯局能造此礮也。再，到防甚急，該鎮須赴皖北募勇，擬請商調現駐蕪湖之參將徐印川，令其管帶精健左營來江，即馳赴清江以北防所，可期迅速等語。并懇俯允派爲禱。江。

致臺北唐撫台光緒二十一年二月初三日酉刻發

久聞倭人有索臺灣之説，不知確否。此地逼近閩浙，若爲倭有，沿海永遠不能安枕。且其地可富可强，萬分可惜。開議在即，似宜速將此情瀝陳，朝廷自不肯輕棄。公身處臺灣，深悉其中利

〔一〕〔三〕〔五〕録自抄本《張之洞電稿·致各省電》。

〔二〕〔四〕録自抄本《張之洞電稿·致本省電》。

害，若尊處電奏，當可動聽。請速裁酌。江。

唐撫台來電光緒二十一年二月初五日戌刻到

我雖屢敗，寇力有限，我能堅持，當有轉機。竊維朝廷豈肯棄臺，所慮者寇逼都下，宫闕震驚，届時諸欵俯從，其索臺自是一欵，欲不棄而不得矣。若北路軍情再緊，乘輿遷幸，似不可遲，必兩聖得所安居，而後諸（諸）［事］可徐籌恢復。明知遷事萬難，但恐事急仍出於此，似亦無庸諱言。崧曾電奏及之，未必見納。蓋愚見主戰，戰敗復戰，彼無奈我何，先求兩聖無驚，方不至倉皇議欵。今内間亦迫出於戰，而時時冀和，戰既不力，和又不成，遷且不肯，寇竟北犯，不堪設想，臺乃危矣。鈞見何如。崧。歌。

致江陰李鎮、林副將、黃游擊，鎮江陳統領、軍械局委員吴[一]光緒二十一年二月初四日辰刻發

廣義軍六營單響毛瑟一千二百，德國小口快槍六百，廣保軍三營毛瑟六百，德快槍三百，廣忠軍三營毛瑟六百，德槍三百，每槍俱配彈五百顆，在鎮江領。該鎮將速赴鎮江領到，發與各營上緊操練，務須加意護惜。各勇係新招，恐多粗率，不曉用法，致壞機簧，每營須派教習上緊操練，切要。義、保、忠三軍均已有前膛槍否，江陰營内舊存尚可敷操練之用否，并電覆。支。

致上海經道、楊守廷杲光緒二十一年二月初四日辰刻發

速安海州及通州電綫，晝夜趕辦，酌加賞犒，萬勿稍延。支。

致江陰彭提台光緒二十一年二月初四日辰刻發

南岸除礮臺四營外，有粤軍十二營，合字四營，共二十營，爲數已不爲少。貴軍似須多紥北岸爲妥。貴軍原議係居中駐紥，相機迎擊，且現在防務喫重在江北，賊若擾通、泰一帶，貴軍與粤軍均宜渡江赴援，不如此時即多紥江北，將來開拔較便。高鎮係瓜洲鎮，防護北岸似尤相宜，或貴軍十一營全紥江北，統請尊裁。至地勢應紥何處，即請察酌，望速籌定電覆。再，勇係新招，不解後膛槍用法，至連珠快槍機簧尤細，萬不可粗率損壞，每營務須派一洋槍教習，教以收檢擦拭演放之法，上緊操練，并須有機器匠以備隨時修理，最爲緊要。支。

致太原令德堂山長屠梅君侍御[二]光緒二十一年二月初四日申刻發

接俞廉訪覆電，知執事已肯俯就鍾山講席，感幸之甚，將來可與孫淵如、唐確慎兩先生媲美矣。此間人士仰望甚切，且距珂鄉甚近，務望萬勿游移，速賜命駕，至禱。脩金火食共一千二百金，又向章代看惜陰書院課卷每年百金。如蒙惠來，當即匯寄川

［一］録自抄本《張之洞電稿·致本省電》。
［二］録自抄本《張之洞電稿·致各省電》。

資二百金及聘儀。務懇速示覆。支。

屠侍御來電[一] 光緒二十一年二月十六日寅刻到

承眷靡已，木石知感。幡然赴招，仰答盛心。更辱温諭，惶愧莫當，而趨教彌切。乃令德居停，學子扳轅縶駒，陳説百端，終不聽去，致方台命，自外鈞陶，悵結無喻。竊觀禍患日迫，夙夜憫憂。捧日回天，於我公是望。晚仁守拜覆。願。

致臺北唐撫台光緒二十一年二月初五日寅刻發

倭謂張、邵無全權，國書有請旨字樣，故不與議。現聞派李傳相爲全權大臣，赴旅順與倭會議，初三日出都。謡傳有倭索臺灣之説，故昨電請瀝陳利害，以爲先事豫籌之計，並未聞朝廷有棄臺之説也。開議未知何日。支。

唐撫台來電光緒二十一年二月初六日戌刻到

本日撮鈞示，大致電奏曰：臺灣偪近閩、粤、江、浙，為南洋第一要害。然我控之為要，敵據之為害。欲固南洋，必先保臺，臺若不保，南洋永遠不能安枕。且治臺者儻稍假便宜，略寬文法，不惜資本，廣濬利源，實屬可富可强之地，外人所以垂涎也。近日海外紛傳倭必攻臺，又聞將開和議，倭必索臺。明知謡傳無據，朝廷亦斷不輕許，無如臺民驚憤，浮議譁然，深恐視臺如漢之視珠崖者，百端論解，莫釋羣疑。微臣職在守土，倭如攻臺，戰事死生以之，倭如索臺，和欵非能與議。而一島關南洋全局，惟有瀝陳利害，上備先事之運籌，下慰愚民之懷惑，冒昧以陳等語。謹聞。崧。魚。

致署廣州協黄[二] 光緒二十一年二月初七日午刻發

侯副將勉忠何以尚未來省。到後看其精力如何，擬令在粤召募三四營來江。約幾時可以成軍，即電覆。陽。

致太原令德堂山長屠梅君侍御光緒二十一年二月初七日未刻發

支電想已達。鍾山歷年本係錢馨伯閣學，擬請執事，特爲錢馨翁另訂安定書院，業已下關。若台駕不來，不惟士林失望，弟實無以對錢馨翁也。幸惟鑒督惠臨，并速示覆。前電漏未言及此節，特再奉達。陽。

屠侍御來電[三]光緒二十一年二月二十二日子刻到

願電計登覽。陽電望夕方到，讀之感悉。重商署撫，仍執前説，兼諸生輻輳，有辭書館抛作業來者，攀戀弗舍。擬秋間告假數月，趨承台教，少伸積悃，未知得遂否。守、萬罪。效。

致俄京許欽差光緒二十一年二月初七日未刻發

盛道宣懷言，去年曾託閣下代覓洋將弁十餘人，正月望起程來華等語，確否。盛不帶兵，如何能用洋弁。李相現已交卸，如已得其人，請與約定，遣來南洋，敝處用之，當奏明。速示覆。陽。

〔一〕〔三〕 録自苑書義等編《張之洞全集》第八册，第六一二四、六一二六頁，河北人民出版社一九九八年版。

〔二〕 以下二電録自抄本《張之洞電稿·致各省電》。

許欽差來電光緒二十一年二月初十日申刻到

德將弁八人已代北洋訂定，在津練兵，四人先行。尊需可商新督改派，或令克定另薦。澄。佳。

致京李中堂光緒二十一年二月初七日申刻發

聞台駕赴旅順議約，何以現又須赴倭，究因何故。倭所索條欵，得聞其大概否，可密示否，倭兵目前注意何處。傳聞各國公使有出京之説，確否。均祈明示。至禱。陽。

李中堂來電光緒二十一年二月初九日子刻到

陽電悉。馬關會議，内意允從所索，賠欵、讓地其大者。倭兵往何處，無確信，各使無出京之説。鴻。齊。

汪委員來電光緒二十一年二月初九日申刻到

倭要割地，上意勿許。初六太后召相議，以遼東或臺灣予之，如不肯則兩處均予，事甚秘。相今日請訓，明出京，十一可到津，乘公義、禮裕兩船逕赴廣島。喬年禀。庚。

致李中堂通州一帶探投　光緒二十一年二月初九日卯刻發

齊電悉。讓地係指何處，賠欵索若干，可密示否。蒸兩電言借助英國事，有可商否。務祈示覆。佳。

李中堂來電光緒二十一年二月十一日亥刻到

賠欵索若干，讓地指何處，均須會議時方知，臺灣必不准抵換。借助英，以局外謝，難成。鴻。真。

致江陰彭提台[一]光緒二十一年二月初九日卯刻發

初六電悉。南字全軍即於二月初一日起給發大餉，請速飭渡江，擇地駐紮，已電飭縣照料矣。機器匠可由尊處自行速向上海招募，薪糧由支應局發。舢舨、礮船當電敬帥調撥。庚。

致江陰靖江縣張令光緒二十一年二月初九日卯刻發

長江彭軍門南字全軍渡江擇地駐紮，應用民地官地，該縣務須妥速照料，勿令各營稍有窒礙，至要。庚。

致蘇州奎撫台光緒二十一年二月初九日辰刻發

借洋欵一百萬鎊，奉旨允准，已立合同，分三期提銀。除咨達外，特奉聞。佳。

致總署光緒二十一年二月初九日辰刻發

前奉正月十九日電旨，漢納根所購鐵、快各一船，現經王大臣議與訂定，將來此船到華，可撥與南洋先行調遣等因。欽此。昨接漢納根來電，阿真庭兩船船價、礮價、駕駛弁兵薪糧、煤價、旅費，共九十四萬九千四百十六鎊，由漢納根經手，歸德華銀行交付。此事已躭延多時，應速辦，遲恐壞事等語。近日倭船因中國海軍已盡，故敢任意南北游弋，剽忽無常，毫無顧忌。今日即不能在海面與其大隊攻擊，亦必須力籌牽制之方。漢納根所訂兩

[一] 以下三電録自抄本《張之洞電稿。致本省電》。

船，早來一日，便得一日之用。既經訂定，務懇早賜撥欵，飭速駛來，曷勝翹禱。祈速示覆。佳。

致田莊台吴撫台光緒二十一年二月初九日辰刻發

日來戰事如何。念甚。愷字營礮尚多，何以不令隨麾下而撥與宋帥，祈示覆。關下軍火餉項，設榆關〔一〕以内梗阻，甚可慮，宜籌一長策。佳。

劉委員來電光緒二十一年二月初十日申刻到

探牛莊失，劉營官馥秋陣亡，吴帥中營潰，該處軍火糧餉甚多均失，聞倭欲抄我軍後路。現吴帥退守石山站，愷字營經宋帥調赴前敵，唐軍門新募十營昨今出關赴遼，山西練軍六營明後日開赴甯遠州屬海甸駐紮。勳稟。蒸。

致清江謝道台、徐州沈道台、天津轉運局林道台光緒二十一年二月初九日巳刻發

現已在鎮江設軍火轉運總局，自清江至德州，分設軍火轉運局七處：清江一，宿遷二，徐州三，臨城四，兖州五，東阿六，德州七。每處必須養車二百輛以外，清江須養四百輛，軍火隨到隨運，晝夜兼程，不准片刻躭延。每局養馬勇二十名，多派馬勇，并知會沿途兵勇護送。德州以北暫由林道酌辦，清江、宿遷謝道委員，徐州至德州沈道委員。清、宿兩局經費，謝道於該屬捐欵内截留撥用。徐州經費，沈道於該屬捐欵内撥用。臨城至德州經費，由江甯支應局發。現已飭支應局發銀四萬，解交徐州沈道轉發前途，每局一萬。沈道先酌墊，每局發千餘金，以應急需。該道認真稽察督催，用費核實報銷，數日内即有大批軍火到，急須北運，速備車勿誤，要緊。佳。

致江陰仉游擊志鵬、懋道績〔二〕光緒二十一年二月初九日酉刻發

該游擊所招新勇二百名，懋道現來江陰點驗，粵軍即委該道一并點驗。佳。

致萊州李撫台光緒二十一年二月初九日亥刻發

威海、榮城之賊全去，明是全股北犯。蓋劉公島礮臺最得力，既爲所據，已足扼北洋門户。威海礮臺已毁，我岸上陸兵無如彼何，不能攻島上礮臺也。弟本意所以請各軍援東，本欲急救威海，即不能趕上，亦可攻其踞威海之賊，藉以牽制，分賊兵力。今賊狡譎如此，我多軍到東無益，李占椿十五營似宜仍令入衛京師爲妥。請裁酌，速示覆。佳一。

致萊州李撫台光緒二十一年二月初九日亥刻發

濟南省向有機器局，能製數種槍彈及修理洋槍、造洋藥等事。現在是否開辦，抑係停歇，似須多覓機器匠，速令趕辦爲要。北路軍火甚缺，槍彈及修槍造藥皆極緊要，江南太遠，專恃一處恐來不及。祈速示覆。佳二。

〔一〕底本為「渝關」，似為「榆關」之誤。
〔二〕録自抄本《張之洞電稿·致本省電》。

致江陰兵輪吴統領[一] 光緒二十一年二月初九日亥刻發

來稟所請天汽礮，各局向無此物。是否即田鷄礮，速覆。佳。

致鎮江吕道台、揚州府沈守，江都、甘泉兩縣 光緒二十一年二月初十日子刻發

北路軍械關係緊要，而運解遲緩已極，實堪痛恨。內河水淺，輪不能拖，儘可多雇民夫拉縴，晝夜速行。即派該守專辦瓜洲口內轉運事宜，督同兩縣遵辦。日内即有大批軍火到，速籌定辦法，勿誤。即覆。佳。

致鎮江陳統領 光緒二十一年二月初十日子刻發

應移之礮，速移焦山頂上，尤要。佳。

致清江謝道台、徐州沈道台 光緒二十一年二月初十日子刻發

比槍遲至此時始到浦，疲緩已極，實堪痛恨。速派車趕運，并查明因何遲緩，速覆。再，如日内尚另有大批槍械到，仍須遠出雇車數百輛。要緊，勿誤。

致鎮江彦守 光緒二十一年二月初十日子刻發

楊昌魁五營係山東李撫台調。佳。

致萊州李撫台[二] 光緒二十一年二月初十日子刻發

楊昌魁之勇現已陸續到鎮，是否共五營，祈示。佳。

李撫台來電 光緒二十一年二月初十日申刻到

三佳電敬悉。李占椿十五營，昨與劉欽帥電商，定十三日全行拔往城子口一帶扼紥，正擬電稟。又，楊昌魁之勇共七營、李定明三營計先後到鎮，請俯賜諭飭嚴約束，速北上，擬俟抵萊，丁槐一軍亦宜北拔畿輔、榆關一帶，并請鈞裁。濟機器、軍機兩局數月來添匠近千人，子彈洋藥均自造，擡槍係舊筒改打，銅帽火尚合用。舊屬秉衡敬覆。蒸。

致臺北唐撫台 光緒二十一年二月初十日子刻發

前奉電旨，令會商擣巢截寇之計。現查外洋有可購兵船三四艘，三箇月可到。漢納根買定鐵甲快艦共二艘，想不過兩月可到。惟行皆不能甚速，船又少，恐遇敵無益，惟有定造極快魚雷礮船十艘或八艘，船不甚大而極快，一點鐘可行二十八英里，以駕時、斯美兩輪爲運兵船，載兵兩千人隨之。再購一極速之船運煤，探明倭境海口情形，乘虛攻襲，登岸擾之，敵輪回援則移攻他處海面，遇敵船少則攻，大隊則駛避，行速敵不能追，惟收口止有虎門、閩省及吴淞三處。煤難多載，在海外不能多日。定造此船，分廠趕造至速須五箇月，來華須兩月，共七箇月，太緩，奈何。

[一] 以下五電録自抄本《張之洞電稿·致本省電》。

[二] 以下二電録自苑書義等主編《張之洞全集》第八册，第六一三四至六一三五頁，河北人民出版社一九九八年版。

至出洋之將領兵勇難得，臺灣可募若干人，係何處勇，粵勇當可募千餘人。大意以伺隙攻擾爲主，使敵不能盡撤水陸防軍，并力中國，并截其餉械運兵之船，似只能如此。若登岸深入敵境，攻其國都，據其城邑，爲持久之計，似乎不易。尊處所求人才，其志如何，擬辦到何處，將與兵易募否，嚮導已得否，時、美兩輪一點鐘行若干英里，均速示覆，以便籌酌會奏。佳。

唐撫台來電 光緒二十一年二月十一日子刻到

佳電敬悉。頃有粵西人楊兆年來臺，據云，粵辦法防，伊依彭剛直〔一〕帶廣安水軍千人，精悍習槍可用，其黨現有八成，願率東行，用民船前往。又龍州關外游勇數千，亦願來臺，并願東行。又欽州馬頭山頭目數人，願率黨數千來臺。此等人非不可用，崧能馭之，但只能作偏鋒首先闖入，必須有兵輪正兵以濟其後，否則斷不能成事。計頭二隊可用民船潛往，三隊須用兵輪。惟統輪者難其人，臺僻無從訪覓，非公大力不得矣。楊兆年素不識，云曾謁公，尚記憶否。以上所云各勇，曾見洋戰，精選數千，較勝新募。擬乞公撥三十萬，養此數千備用，即不東行，衛臺與江或援北均可，祈示。臺有存槍而不精，若開募，軍械尚宜設法。斯、駕一點鐘約行五十華里。崧。蒸。

致清江沭陽縣龍令〔二〕 光緒二十一年二月初十日未刻發

電悉。沭陽現在設防，陳廣羣應留該處委帶練勇，早經飭辦，未便令其他往。切切。蒸。

致俄京許欽差 光緒二十一年二月十一日寅刻發

佳電悉。南洋擬用洋將練兵一萬，兵輪十餘艘，即請託克廠或他廠薦二三十人來南洋，水陸均需用，才高爲將，才小爲弁。得其時望，分晰示知。須有堪勝統領者，水陸各一，月薪約若干，祈先示。蒸。

許欽差來電 光緒二十一年二月十四日戌刻到

先募陸營五人，都司一，為統帶，二千總，二弁。照北洋案，月薪共五千馬，先需安家路費二萬五千馬。克廠肯任選薦，欵到即訂即行。澄。元。

致天津王制台〔三〕 光緒二十一年二月十一日寅刻發

聞許星使在德國代津訂洋弁八人，現在天津練兵之説是否停止，如不需洋弁，請撥歸南洋用，敝處擬用洋將練陸軍萬人。蒸。

致清江松漕台〔四〕 光緒二十一年二月十一日寅刻發

杜鎮嵩齡五營昨已到漢口，即派輪往載。又委王得勝募五營防海州、青口，旬日内可成軍。又委總兵王心忠募五營防沭陽、宿遷，一箇半月可成軍。又委唐高斗募團勇三營，一月可成軍。江北共增十八營，似不爲少。滇勇到此至速須五六箇月，尊處所

〔一〕指彭玉麟。
〔二〕〔四〕録自抄本《張之洞電稿·致本省電》。
〔三〕指署理直隸總督王文韶。

擬會奏稿各節，應請中止爲要。至滇將吴永新，請飭來甯一見。丁大文奉旨畿輔防務緊要，著毋庸調往，或願即回直，或來甯一見再回直，聽該將自酌。蒸。

致倫墩龔欽差 光緒二十一年二月十一日卯刻發

昨因臺灣孤危，擬向英借鉅款，以臺作押，冀英保臺。若仍不允，或更許以在臺開鑛一二十年，由電奏陳。本日奉電旨：臺灣作押借款，藉資保衛一節，有無確實辦法，著詳細電覆等因。欽此。查臺灣逼近香港，處東方海面之中，控制南北，倭若踞臺，非英之利，惟英礙於局外之説，未便干預耳。若已作押，則保衛有詞，必肯出力。況英人重利，垂涎臺灣已久，許以開鑛，正遂其私，善爲説辭，當能就範。既已奉旨詳詢，内意自以爲可行。切懇與外部密商將臺灣押與英國之説，能行否，如肯，意欲押銀若干。大約擬借數千萬，或并許在臺開鑛，但須約定英必保臺方可。然此僅爲一臺計，關繫尚小，如再能與商以兵威脅和，令倭人速罷兵，不索割地，不索重費，則中國全局受益，即許以他項利益，或徑詢英另有何欲，如内地開鑛，興商務，開鐵路諸事。總之，於根本無傷，於大局無礙者，似皆可商。此時聖上焦勞，京畿危迫，舉朝無措，若能結强援以固大局，公之功不細矣。儻商有端倪，即當電奏，以慰宸廑。切盼速覆。真。

龔欽差來電 光緒二十一年二月二十六日子刻到

押臺事已密商英，以窒礙甚多却之，並云如各公司肯辦，英可不阻云。瑗。敬。

致徐州沈道台[一] 光緒二十一年二月十一日未刻發

宿遷轉運局擬歸該道兼轄，呼應較靈。即刻酌定一員，將銜名電達，以便札委，即覆。如宿遷應歸清江兼轄爲便，亦即據實覆。真。

致蘇州奎撫台、上海劉道台 光緒二十一年二月十一日申刻發

户部蒸電，應還部墊程軍餉，速匯解等因。查此款係敝處復户部電聲明於借款存項内撥還，請即飭將借款十一萬全數匯交上海道，即飭該道在此項内，將部墊程軍餉十萬七千三百六十八兩四錢三分撥出，如數匯還户部，不必解甯，以省周折。真。

致萊州李撫台[二] 光緒二十一年二月十二日寅刻發

兩電悉。東海關購軍米四萬石，已電鎮江、上海兩關驗照查明放行。蕪湖未開禁。真。

致鎮江吕道台、上海劉道台[三] 光緒二十一年二月十二日寅刻發

山東李撫台本日來電，前據劉含芳禀，委員赴蕪湖、上海採辦軍米二萬石，由東海關給發執照，懇飭蕪湖、上海兩關免税放

[一] 以下二電録自抄本《張之洞電稿·致本省電》。
[二] 録自抄本《張之洞電稿·致各省電》。
[三] 録自抄本《張之洞電稿·致本省電》。

行。近來糧艱價貴，兵民交困，該道勸令怡順號、謙益豐兩商人由東海關填給執照，赴上海添購米二萬石，由輪船運煙平糶，懇諭飭滬關一併免税放行。再，前次委員係知縣盛宜懷、主簿徐永清，此次商人係怡順號、謙益豐等語。查蕪湖尚未開禁，應飭鎮江、上海兩關遵照。真。

致煙臺劉道台〔一〕光緒二十一年二月十二日卯刻發

軍米、民米共四萬石，已由鎮、滬兩關驗放，並覆鑒帥矣。文。

致蘇州奎撫台、鄧藩台〔二〕光緒二十一年二月十二日辰刻發

籌餉萬緊。蘇屬紳富最著者幾家，如陸同壽之類，不必論省内省外，想早已周知，速舉其銜名電示，但須家貲數十萬者，若一二十萬即不在此列，鄙人當籌擬辦法。切盼即覆。文。

致山海關劉委員鴻勳、錦州周守冕光緒二十一年二月十二日辰刻發

營口失後，吴清帥、宋帥紮何處，吴元愷愷字礮隊四營前紮大官屯，尚存否，吴鳳柱、劉樹元、馬玉崑尚無恙否，陳臬、魏藩在何處，各軍潰退至何處，尚能成軍否，速覆。文。

劉委員來電光緒二十一年二月十三日酉刻到

電諭敬悉。營口失後，清帥駐石山站，宋帥、吴鳳柱、魏藩司駐雙臺子，陳臬司駐紮摩天嶺，該軍無恙。吴鳳柱一軍所傷最少，惟魏藩司以及老湘營傷亡最多，餘營亦紮雙臺子。老湘軍營官唐桂林，血戰陣亡。馬玉崑一軍除傷亡外，餘皆潰散，聞該統領率親兵小隊數十名，由陣中闖出。清帥所部親軍營劉營官號馥秋，中開花彈陣亡，未知是否。劉樹元、吴元愷一軍傷亡無多，尚可成軍，未知退紮何處。前敵距關七百里。勳稟。文。

周守來電光緒二十一年三月十四日辰刻到

遼陽之石山站，初七失守，吉通峪民團屢殲狂寇，亦於是日敗竄嶺防。又同日三路喫緊，現遼陽城守除依將軍外，只向牧自練民兵，聞餉亦難籌，而長帥與豫軍均先期開赴小北河，故兵力頗單。錦州之天橋廠、釣魚臺各海口，初七亦有船來探水，駐防各軍已倉惶失措，竟有望風墜馬者。宋帥現紮大凌河西。冕稟。元。

致俄京許欽差光緒二十一年二月十二日辰刻發

昨因臺灣孤危，擬向英借鉅欵，以臺作押，冀英保臺，若仍不允，或更許以在臺開鑛一二十年，由電奏陳。十一日奉旨，臺灣作押借欵，藉資保衛一節，有無確實辦法，著詳細電覆等因。欽此。查臺灣作押借欵，現已奉旨詳詢，自是以爲可行。祈閣下與俄外部密商將臺灣作押之説能行否，或并許在臺開鑛，但須約定必爲我保臺方可。然此僅爲一臺計，關繫尚小，如再能與商以兵威脅和，令倭人速罷兵，不索割地，不索重費，則中國全局受

〔一〕此電録自抄本《張之洞電稿·致各省電》。

〔二〕録自抄本《張之洞電稿·致本省電》。

益，即許以内地他項利益，如内地開鑛，興商務，開鐵路諸事，或徑詢俄另有何欲，令其自言。總之，於根本無傷、大局無礙者，似皆可商。頃已將此意電託龔，仰蘧與英外部密商。竊思俄於東方得利益當較英更易歆動，或與德亦探詢之，請酌辦。此時聖上憂勞，京畿危迫，若能結强援以固大局，功不細矣。總之，或臺灣作押以保一臺，或許以内地他項利益以維大局，儻商有端倪，即當電奏，以慰宸廑。切盼速覆。文。

許欽差來電 光緒二十一年二月十五日午刻到

各國互有牽制，萬難用戰國法約詰，前奉旨商俄以兵脅和，未允。倭事棘手在此。澄。願。

致臺北唐撫台〔一〕 光緒二十一年二月十二日巳刻發

頃劉永福來電，極懇内渡効力，究竟尊意願留否，日來敵警消息若何，如以不留爲宜，擬即令其隨馮宫保北上入衛。弟意毫無成見，調不調均可，祈酌示。如可，即會銜電奏。馮軍月底到鎮江，弟擬奏派馮軍入衛，尚未奏也。文。

致安慶福撫台 光緒二十一年二月十二日巳刻發

王心忠想已謁見，祈飭速募營赴防。允借礮十尊，感謝。請飭徐印川速來徐州。沈道電，江南、山東交界土匪傳帖蠢動，散勇頗多，請飭皖北嚴防，并請飭電報局趕造電綫，由清江接至鳳陽。文。

致鎮江呂道台、清江謝道台、天津東征糧台胡臬台、江南轉運局林道台、山海關劉欽差〔二〕 光緒二十一年二月十二日未刻發

清江車全數長運劉帥行營比槍五千枝，現已無車。廣東運到解津擡槍一千枝，又續到解京各項洋槍三千六百枝并彈，均速解揚州，交東征局速運津勿延。請劉帥飭知東征糧台。文。

致鎮江呂道台 光緒二十一年二月十二日亥刻發

信義三批運船名匹脱、羅波、里絲，約今晚可到鎮，務囑税司放行勿阻，至要。文。

致萊州李撫台〔三〕 光緒二十一年二月十三日午刻發

關外諸軍皆敗，京畿危急，丁槐一軍自以迅速入衛爲是。尊處令統二十營，今若北去，令帶幾營，餉由何處撥，祈示。丁軍到直後，必可由部發餉。元。

致萊州李撫台 光緒二十一年二月十四日丑刻發

黄金滿不願赴山東，以人地生疏辭。其人當有可用，如云大任，未必。擬試之，若云制賊死命，恐罕其人。元。

〔一〕以下二電録自抄本《張之洞電稿·致各省電》。
〔二〕以下二電録自抄本《張之洞電稿·致本省電》。
〔三〕以下三電録自抄本《張之洞電稿·致各省電》。

致安慶福撫台光緒二十一年二月十四日丑刻發

文電悉。李思孝係何縣人，如令帶左營是否相宜。請速詢王心忠，如願，即飭來爲感。元。

致江陰懋道台、黄游擊守忠[一] 光緒二十一年二月十四日寅刻發

忠軍准添新中營一營五百人，該道即就近點驗，以省周折。願寅。

致俄京許欽差光緒二十一年二月十四日午刻發

夔帥已允將津募洋弁歸南洋留用，請即速飭來，其才或勝統領，或營，或哨，祈豫示，以便籌計。鄙意擬練兵萬人，需統將一，營官二十，哨官一百，皆用洋弁，以華官爲幫辦。請覓一真能統萬人者。如得其人，則營哨各官即令該洋將自行招致選擇帶來，則人不冗濫而來速。尊意以爲然否，或別有辦法，祈示覆。鹽。

致錦州電報局周守光緒二十一年二月十四日午刻發

雙臺子能通電否，諸軍是否分紮他處，前三日之戰，實在傷亡幾何，吴帥、宋帥、馬玉崑、吴鳳柱、吴元愷、劉樹元、魏光燾、李光久，何軍戰最力，目前何軍較完整。再，摩天嶺尚未失否，陳湜軍尚在扼守否。均速覆。鹽。

周守來電光緒二十一年二月二十三日申刻到

雙臺電阻將旬日，因十二晚愷軍隔河放哨，忽向清帥行臺排槍轟擊，傷斃營口道幕丁數人，於是愈形閧亂，迤西百數十里，均一日數驚。田莊之戰，宋帥雖兩次獲勝，奈十三賊以疑陣列西南，漢奸報大股至，馬玉崑奉令往堵，賊乃從東北襲入，田莊遂陷，幸傷亡不甚多。是時賊又佯示西竄狀，兩帥先後退扼石山站一帶。宋部將有紮小板橋左近者。總之，毅軍惟馬玉崑、宋得勝兩將為賊所忌，能盡如宋、馬，賊不足平矣。此宋軍大略。至出關各軍，惟老湘五營實在奮勇當先，牛莊尤血戰竟日，奈力盡無援，精鋭大損，如劉樹元不畏縮取巧，相機援應，正可内外夾攻，何至李道亦幾不免。武威軍亦尚能戰，而紀律稍次。愷字營聞警自潰，拋失礮位廿餘尊，尚未呈報。鳳字營徒招匪類，此次潰回，騷擾尤甚。此吴部大略。至嶺上各軍現尚可支，并聞吉通谷一戰，殺賊甚多，并將大股截入千山，然有鳥道可通省城，如唐軍能伏兵要害，可聚殲也。仰蒙垂詢，據實直陳。晃稟。廿二。

致萊州李撫台光緒二十一年二月十五日巳刻發

請派丁槐入衛京畿一節，敝處已電奏，因尊處蒸電有丁軍亦宜北拔之語，故聲明與公電商，所見亦同。特奉達。蓋從前洞曾兩次電奏請留丁軍援東，此時畿輔危急，威海無賊，不敢仍執前説也。祈酌覆。咸。

[一] 録自抄本《張之洞電稿·致本省電》。

致太原張藩台漢仙[一] 光緒二十一年二月十五日巳刻發

榮升大喜，欣賀，何日啟行。鍾山書院請屠梅君侍御主講，敝處去兩電未得覆。前接俞仲隅廉訪電，謂梅翁已願來。舊山長已辭，虛席以待，士林盼望，務請勸駕速來，接覆電後，即匯聘儀川資。候覆。咸。

致徐州程署鎮、沈道台[二] 光緒二十一年二月十五日巳刻發

文電悉。殲斃王三甚好，查確速稟係何軍剿捕之力，即覆。咸。

致鎮江吕道台、吴委員佑曾光緒二十一年二月十五日巳刻發

信義軍火船到鎮江否，速覆。咸。

致清江謝道台、徐州沈道台光緒二十一年二月十五日巳刻發

勸捐實收早已飭司局發，謝道速自行電催，沈道亦可請領分辦否。目前有大批軍火已到鎮江，約計須車二千餘輛，以後不久尚有大批到，急速多製二把手小車，雇民夫牽挽，較易而速，每車錢若干，即查估電覆，并速多雇小車、牛車、騾驢添運。咸。

致揚州府沈守光緒二十一年二月十五日申刻發

文電悉。現到之四營，營官是何銜名。日前過甯稟到有新魁左營營官游擊吴明揖、前營營官縣丞陳培榮，如已到揚，就近詢之，可知此四營來歷。查明速電覆。咸。

致鎮江吕道台光緒二十一年二月十六日子刻發

信義三批運船所載，均係中國所購軍械，關繫緊要，必須慎密，務切囑税司萬勿刁難多事，不可查細帳報進口，至要。若再挑剔誤事，定告總署。再，該道於此等事須經心照料，相機催促，不宜待本衙門查催也。此項軍火既到三日，何以並不立刻電稟，太不曉事矣。咸。

致鎮江吕道台、陳統領、陳丞玉斌、陳牧文埒光緒二十一年二月十六日申刻發

鹽電悉。修造營房不比别項住房，雖不能甚速，亦不甚難，何得藉詞延宕。營勇本無庸幫助，多雇夫役加工趕作即可，况京峴山、都天廟、合山、萬壽山舊有營盤，修葺補造，工亦較省。義軍月杪必到，如十營未能全完，張王廟等處亦可暫住，仍須迅速趕工。如俟馮宫保到後再行相度，緩不及事，殊非先行委員代造營房之本意。務即刻日興工勿延，如再遲誤，惟該丞等是問。銑。

[一] 録自抄本《張之洞電稿·致各省電》。
[二] 以下六電録自抄本《張之洞電稿·致本省電》。

致上海經道、唐道、宗令得福光緒二十一年二月十六日申刻發

聞威海劉公島及海軍各艦潰散勇丁有數百名回滬，可即行設法邀致各勇弁，分别詳詢劉公島失守及各艦降倭實在情形，其中想不乏可用之弁勇。如情可原藝可取者，擬酌留備用。如係有心降賊者，萬不可用，雖藝好亦不必，萬勿含混受欺。即妥速商辦電覆。銑。

致鎮江吕道台、轉運局吴令佑曾〔一〕光緒二十一年二月十七日辰刻發

瑞記快礮六尊併件帶彈六千，共八十三箱，又瑞生法毛瑟八百枝裝四十箱，由馬加利運到鎮江，該道該局速點收電覆。洽。

致鎮江吕道台光緒二十一年二月十七日辰刻發

此次信義三批軍火船，除南北洋原定各件外，另有法國格利槍一千枝，雲得而槍二千枝，并毛瑟彈若干，已與李德購定，務飭該船洋夥將此項槍彈全數留下，萬不准運回上海，轉售他處，要緊。即覆。洽辰。

致揚州江運台光緒二十一年二月十七日辰刻發

籌防局需欵甚急，務請速籌銀二十萬兩，解江甯籌防局應用。即望設法暫行借墊，指皖岸加南北票及平江加票兩項歸還。即覆，切盼。洽。

致鎮江轉運局張令貴誠、吴訓導佑曾光緒二十一年二月十七日巳刻發

禮富船運到瑞記所購之奥國快礮六尊并彈六千，想已點收。該礮長英尺若干尺、中尺若干尺，是否礮架抑係礮車，礮身約重若干斤，車約重若干斤，每礮是否前後兩車，抑係一車，即覆。洽。

致鎮江吕道台、揚州沈守光緒二十一年二月十九日亥刻發

清江運局吴道來電，廣東郭令解峴帥槍三千六百桿至今未到，求電飭沿途催趲等語。揚州府速飭沿途江、甘、高、寶、山陽等州縣一律多雇縴夫，晝夜催行，勿得延誤干咎。查明現抵何處，先電覆。效。

致臺北唐撫台〔二〕光緒二十一年二月十九日亥刻發

十三日會銜電奏録呈：前奉電旨會商搗巢殲寇一節，往返屢商。之洞意擬購穹甲快艦數艘，合漢納根兩艘，并趕造極快魚雷礮船十艘，再購極快公司船三艘，改爲運船，載兵兩千人，載煤數千噸隨之，乘虚攻襲。步隊登岸，或毁其臺礮，或殲其守兵，或焚其積儲。敵内地之兵大至及敵輪還救，則移攻他處。若海面

〔一〕以下五電録自抄本《張之洞電稿·致本省電》。
〔二〕録自抄本《張之稿電稿·致各省電》。

遇敵，船少則攻，船多則避，遇其運兵、運械之船則截奪之。我船駛快，敵不能追。敵若窮追，則收入閩之長門，浙之鎮海，粤之虎門，江之吴淞等處，皆有礮台。蓋兵少則不能深入，煤少則不能在海外久停，船小則不能擊其大隊，只在乘虚多擾，截其運船，彼有内顧之憂，自不能起傾國之兵深入久擾。至造船到華，至速須七八箇月。購船到華較早，駛行不快，極快雷船必須定造。購船多少未定。造船已有成議，惟選將難得其人。景崧意欲招粤邊悍勇、游匪數千，先用民船潛往，如有兵輪，隨後繼進，意在深入攻踞，惟募練亦須四箇月，須有巨餉、利械。兩人所擬辦法不同。之洞意總謂民船難往。竊擬分投各自籌辦，俟勇齊船到，再看情形商酌。臺灣練成此項勇，無論攻倭與否，總是有用。餉械江南籌濟，至購船、定船詳細辦法另行電奏。謹遵旨覆陳，請代奏。之洞、景崧同肅。元。等語。特奉達。以後未奉電旨，并聞。效。

致鎮江轉運局何道台、張令、吴訓導[一] 光緒二十一年二月二十日子刻發

馬加利所運槍礮，該局點清，妥慎收存，速開單稟報，聽(侯)[候]撥解。信義船及禮富船運到各槍礮，一併查明開報，切速，不准漏誤。再，來電不書名，自稱何道，殊屬不合，并飭。效。

致江西德撫台[二] 光緒二十一年二月二十日子刻發

去年部撥湖北奏購槍礮之欵，接譚敬帥電，江西欠解五萬等語。此項槍礮已到洋行，立待付清，方能交貨。請飭司關即日解江漢關，以便轉付。切禱。效。

致鎮江吕道台[三] 光緒二十一年二月二十日丑刻發

信義格利槍、毛瑟彈、雲得而槍，聞係上海嚴道信厚代山東李撫院買，可詢確，如東買，即不留。效。

致岳州婁提台漢口督銷局專差飛送 光緒二十一年二月二十日寅刻發

杜鎮到，詢悉麾下精神甚健，雄心未已，慰甚。關外諸軍屢敗，大局危急，設京城有警，弟擬派大枝勁旅爲勤王之師，請麾下選擇出色將官，速募十營，奏明請麾下親統北上。目前除原案議定四營湘省供餉外，餘六營江南供餉，即匯寄。至啟行北上後，十營餉統歸江南供支，槍礮亦由江備，務請速備，將弁均須精選。麾下忠勇性成，威望素著，此舉必不可少。即望電覆。效。

致臺北唐撫台 光緒二十一年二月二十日卯刻發

文三電、霰電均悉。覆奏後始接文電。查楊兆年，不知其人。廣安水軍乃鄙人在粤時與彭剛直商設，止三營，全係湘勇，無一粤人，並無楊兆年管帶之事。吴國華亦不悉，係粤電云聞係敝處調詢確否，故復以令來江，今到臺亦甚好。漢納根之兩輪，催總

〔一〕〔三〕録自抄本《張之洞電稿·致本省電》。
〔二〕録自抄本《張之洞電稿·致各省電》。

署未覆。購現成洋輪，近接洋電，事尚渺茫，先索巨欵，難辦，惟定船可靠，須八箇月到。擣巢事如此艱阻，焦急之甚。江省借欵已定議，而洋行始言須回國提銀，已行，須一月餘方有欵到，狡幻可慮。如借欵到，必可撥濟。槍續訂者，須兩月到。總之，只須船有眉目，槍礮餉需必能籌備供用。至北上一節，自更平穩，此與擣巢事不相涉，可並行不悖。惟吴國華不知何官名，又不著令帶萬人，又不屬他人統，事恐難行。且粤勇萬人，無人控制，游行内地，必然生事，可慮不在獨立也。至所謂奇謀，未解，請再詳示。黄守忠在此與他粤軍共成一軍，勢難分析，如尊處另募粤勇，敝處可代籌費。劉事定議後再酌商。效。

唐撫台來電 光緒二十一年二月十八日申刻到

吴國華率頭目到臺，甚英偉，有二策：一以萬五千人任擊倭，但再四商量，非兵輪接濟不靈，乃危道。一帶萬人北上恢復失地，内亦有奇謀。公如以上二策為妥，即令回粤募人，約三箇月，此軍可到北，但不願歸他人統，衆軍中恐難獨立，奈何。祈鈞酌。崧。霰。

致鎮江何道台，張、吴兩委員[一] 光緒二十一年二月二十日巳刻發

楚富運來怡和礮二十五尊并彈，信義三批船運來礮二十六尊并彈，馬加利運來瑞記礮六尊并彈，當已收清，即刻查明礮數彈數，各礮尺寸，分晰電覆。號。

致鎮江吕道台、揚州沈守，清江謝道台、吴道台，東征轉運局、天津東征糧台胡、山海關劉欽差 光緒二十一年二月二十日巳刻發

廣東郭令解槍三千六百枝并彈，係奉旨解京，應歸東征糧台運，即使到津後歸劉欽差用，亦應歸東征運。此項槍尚未到清江，不知抵何處，除由敝處電催揚州沿途多雇縴夫拉送外，請劉帥、胡臬台飭催糧台備車速運，免致延誤。江南現有運解劉帥行營軍火甚多，車輛已罄，正苦無從設法，不能兼顧，切禱。號。

致徐州程署鎮台、沈道台 光緒二十一年二月二十日未刻發

王三一股是否已經撲滅，餘匪尚有若干人，頭目爲誰，現在屯聚何處，我軍是否尚在追剿搜捕，抑已撤回，河南永城、夏邑一帶是否安靖，豫省有無兵勇在彼處剿捕，係何營何人帶，均即刻確覆。號午。

致蕪湖袁道台[二] 光緒二十一年二月二十日未刻發

有要事，請速來甯面談。只須一日，即可回署。即覆。

〔一〕以下三電録自抄本《張之洞電稿·致本省電》。

〔二〕以下二電録自抄本《張之洞電稿·致各省電》。「袁道台」指袁昶，「劉撫台」指劉樹棠。

致河南劉撫台光緒二十一年二月二十日申刻發

永城、夏邑與徐州交界之土匪白臉王三一股，據徐州鎮道禀，已將王三格斃。現在情形若何，餘匪尚有若干人，著名頭目爲誰，屯聚滋擾何處，是否猖獗，抑已逃散，均望即示覆。號。

致鎮江轉運局何道台，張、吴兩委員〔一〕光緒二十一年二月二十一日辰刻發

怡和礮二十五尊并彈，係由楚富拖帶駁船運鎮，非禮富。楚富到否，即覆。馬辰。

致安慶福撫台〔二〕光緒二十一年二月二十一日午刻發

王思坤營勇，已派愛仁輪船於十八日巳刻赴安慶裝載。馬。

致安慶福撫台光緒二十一年二月二十二日午刻發

廬州電綫接通鳳陽以達清江，極善。此事無須商北洋及盛道，費須江皖自籌，即商盛亦無益。擬即飭上海電報商局趕辦，清江、廬州兩頭分造，工料經費，江皖各按道里遠近攤算。此爲軍務，可動息借商款，將來綫成後歸之於商，可省巡修及局費，此項造綫之費，令商局分年扣繳。祈速示覆。養。

致山東李撫台光緒二十一年二月二十二日未刻發

徐州鎮道電，東省有陳景陽等股在濮、鄆界，並禀稱内多潰勇，多有後膛洋槍等語。除飭該鎮道防剿外，請電飭漕濟文武營團迅速撲滅，勿任蔓延。養。

致清江松漕台、唐副將高斗〔三〕光緒二十一年二月二十二日未刻發

霰電悉。已電飭徐州鎮道嚴防，相機剿捕。唐高斗團勇已招否，請飛飭該副將迅速募練截擊。沿途運軍火車輛甚多，務飭營團妥護，要緊。養。

致廣州李制台〔四〕光緒二十一年二月二十二日戌刻發

尊處委赴北洋偵探委員直牧魏恒，去臘行抵江南，候開凍北上。該牧才具尚可用，擬留甯差委。可否，請示覆。養。

致總署光緒二十一年二月二十二日

畿防日緊，不能不急籌大枝勁旅爲入衛之師。粵提督馮子材之軍，三月可到江南，擬令其紮鎮江摻練，事急即令率所部北上赴援。又湖南提督婁雲慶，忠厚奮發，現與函商，令其速募湘軍十營備調。惟馮勛高，似不便屬他人節制。合併聲明。效。

致臺北唐撫台光緒二十一年二月二十三日辰刻發

倭垂涎臺灣已久，其窺臺似亦可信。然臺灣山險民强，瘴盛

〔一〕〔三〕録自抄本《張之洞電稿·致本省電》。
〔二〕以下三電録自抄本《張之洞電稿·致各省電》。
〔四〕録自抄本《張之洞電稿·致各省電》。

雨多。甲申、乙酉間法攻半載，不能深入。前二十年倭人到臺，病亡過半。公之才略忠勇，必能禦倭。劉鎮永福此時自不便調，其人雖有偏處短處，究係曾經百戰之將，較之尋常提鎮之未見戰陣、習氣太深者，勝之遠矣，且素有虚聲，藉以定民心，壯士氣。且此時事機緊急，切望略其所短，曲意聯絡，優加鼓舞，當能爲公效臂指之力。其人吝嗇而重利，此病甚易治，公長於馭將，籠絡一劉永福何難哉。渠此次係幫辦，公似宜稍予以面子，彼便顛倒奔走矣。洋欵至今虚懸，焦灼萬狀，若借欵妥，尊處擬增粤勇四千人之餉械，必能供用，借妥即電達。漾。

致江西德撫台、方藩台，九江關誠道台[一] 光緒二十一年二月二十三日辰刻發

前在鄂省訂購前敵軍械，所有價脚、保險已奏准撥有專欵，由江漢關收存發給。昨因各洋行紛來請領尾數，電囑該關將該欵全數委解來江，就近給發。兹據覆稱，槍礮價江西尚欠五萬兩，本月廿三起解，請電徑解金陵，以省轉折等語。該洋行均在江甯，必待領到尾價，方肯起貨。所有江省應解江漢關槍礮價值五萬兩，祈飭徑解江甯，以免周折延誤爲禱。漾。

致臺北劉鎮永福 光緒二十一年二月二十三日巳刻發

麾下來江，本所甚願，奈近日探報，屢言倭將攻臺，若奏請內渡，斷難邀允。麾下忠勇性成，兵民信服，立功報國，正在此時。處臺爲難情形，已知梗概，已電囑唐撫院和衷優待，亦望麾下忍小任大，和衷共濟，建立奇功，是所盼禱。鄙人與麾下及唐薇帥皆係舊交，兩君同處海外，支持危局，鄙人不能奮飛相助，晝夜懸念，惟盼兩君同心，則必能破賊成功矣。漾。

致江陰李統領先義[二] 光緒二十一年二月二十三日戌刻發

楚富輪船拖帶剥船載有礮廿五尊、彈十二萬，十八晚自滬開行，至今未到鎮江，該統領速派人坐小輪尋覓爲要。

致總署 光緒二十一年二月二十三日

近日沿海各電綫時通時阻，如有緊要電旨，請飭由上海局設法速遞勿延，庶不悮事。漾。

致江陰李統領先義[三] 光緒二十一年二月二十四日子刻發

前瑞記運至江陰之法國格利槍千枝，速檢兩枝寄來試驗。

致清江謝道台、轉運局莫道台 光緒二十一年二月二十四日丑刻發

宿遷分局王與晉辭差，即由清江轉運局迅速派委稟報。敬。

[一] 録自抄本《張之洞電稿·致各省電》。
[二] 録自抄本《張之洞電稿·致本省電》。
[三] 以下三電録自抄本《張之洞電稿·致本省電》。

致揚州沈守，鎮江吕道台、轉運局何道台 光緒二十一年二月二十四日亥刻發

揚州隄工局有小輪船一艘，紗漫洲緝私局有小輪兩艘，速撥付鎮江備運兵械。鎮江轉運局現有輪船幾艘，即刻電覆。敬。

致海州王鎮得勝、海州徐牧 清江謝道台飛遞 光緒二十一年二月二十四日亥刻發

兩輪多帶小船，當是探水。近岸水淺，未必果能來犯。望曉示居民，勿庸驚惶。杜鎮五營昨甫到齊，現已催明日即乘輪赴防，并派楊文彪五營同往，一面飭粵軍自江陰渡江，由泰興、安東一帶北趨海州，相機截擊，惟兵到總須十日内外耳。望速飭現有各軍及民團，於有林木岡阜村莊處，多張旗幟，放號火，以作疑兵，於要路多掘坑，以作假設地雷。電綫尚未安好，請速設馬撥，自海州海口至清江，限一日趕到，信息方靈，至要至禱。馮軍須下月初方能全到。兩倭輪約長若干，是否大船，抑小船，并飭探覆。敬。

致臺北唐撫台、上海道、鎮江關道[一] 光緒二十一年二月二十四日亥刻發

漾電悉。前准唐撫台來咨，在蕪湖購軍米五千石，因蕪湖未開米禁，各省辦軍米俱在鎮江、上海兩處，已飭鎮、滬兩關移知沈道，並咨覆矣，該關即給照放行。敬。

致蘇州奎撫台、藩台、臬台[二] 光緒二十一年二月二十五日巳刻發

昨松漕帥及海州徐牧、王鎮得勝電，海州於二十一日來倭輪二艘，帶小船二三十號，泊鷹遊門外，請速發兵等語。同日接東撫李鑑帥電，亦云日照縣稟前數日有倭輪二在該處停泊，詢問海州、青口路程云云。現杜鎮嵩齡五營、王衍慶五營均甫到，省城現有楊文彪五營，即當籌發餉項，配給軍火，飭均赴海州，但到防至速須十日，該軍均新募未練耳。有請并告各司道。

致蘇州奎撫台、藩台、臬台、籌餉勸捐局 光緒二十一年二月二十五日巳刻發

支應局只存銀四萬，日内各軍赴防，需餉萬緊，朱洪章領餉亦無以應之，且三月初須解北軍餉，至少即須二十萬。熾大洋欵成否難定，實無從籌措。上海道劉道商借洋欵亦尚未妥。請飭司局查明無論捐借及何項欵，速湊撥二十萬解甯，或解滬，或有他項存欵暫行借動，俟洋欵借到即撥還，切禱。即盼覆。有辰。

致上海楊守廷杲 光緒二十一年二月二十五日午刻發

刻聞海州海面有倭船停泊探水。海州電綫急須造成，以通軍情。綫路已勘定否，物料運到清江否，如尚未運到，切勿惜費，務須多雇縴夫，趕速運到興工，剋日趕成，萬勿遲延，貽誤事機，

[一] 録自抄本《張之洞電稿·致各省電》。
[二] 以下二電録自抄本《張之洞電稿·致本省電》。

切切。欵已飭上海道先發一萬矣。即覆。徑。

致鎮江呂道台、轉運局何道台[一] 光緒二十一年二月二十六日子刻發

徑電起運第一批槍彈解赴天津等語，大屬錯誤，不勝焦急。查南洋現無槍彈解赴天津，是否即此次信義船運來之北洋槍彈，如係北洋之物，自有東征局轉運，何必該局攬運，如東征局車馬不敷，南洋轉運局有餘，只可協助。此次北洋槍二萬五千枝，彈將二千萬，需車甚多，南洋自另有應解劉欽差大營軍火甚多，已經積壓遲滯，該局豈可舍己芸人，竟派南洋委員用南洋車馬解北洋之物，東征局領户部鉅欵又辦何事耶。江南沿途轉運局既無許多之車，亦無許多之欵，如何得了，必致積累延誤，咎將誰歸。務即迅速更正，即刻電覆。徑。

致海州王鎮得勝、李道鎮邦清江謝道台專送并電録飛札海贛等處沿海州縣 光緒二十一年二月二十六日丑刻發

倭輪帶小船二三十號停兩日而去，定是探水，水深則復來，水淺則不來。若知其所探各處水之深淺，則其來否可必。務速雇漁船派妥實可信之人往倭船到過之處，細測水之深淺尺寸，速詳確電覆爲要。再，倭輪所帶小海船，定係中國漁船。各州縣所辦漁團，原爲清查奸細引導帶水等事，今倭船竟能雇漁船至二三十號，尚無覺察，實屬有名無實，嗣後務須認真稽查嚴禁。切切。徑。

謝道來電光緒二十一年二月二十七日丑刻到

據淮海水師營官歐陽成松廿四日戌刻自灌河口來禀，廿四日，倭船二艘距口約四五十里，前有鳥船二隻引導，後有小船，隱約二三十隻。該營官督率水師漁團出口迎截，去鳥船不遠，問話不答，開礮轟擊，鳥船奔，輪船開向北行去等語。查鳥船多係安東衛之人，各漁船往來海上，諒必識之。已飭該水師嚴查拏辦，并遵憲諭，分别移行王鎮、李道、徐牧嚴防矣。元福謹禀。宥。

致萊州古州鎮丁鎮台、李撫台光緒二十一年二月二十六日丑刻發

凡新式快槍快礮，必有隨營機器匠方能修理，不然一有損壞，即無用。請商鑑帥，於東省機器局撥兩名隨往。此節甚緊要。至新募勇丁，教習亦最要，并須常用洋油擦抹，亦宜製備。有。

致清江謝道台，海州徐牧、王鎮[二] 光緒二十一年二月二十六日午刻發

倭輪帶小船二三十號停兩日而去，定是探水，水深則復來，水淺則不來。若知其所探各處水之深淺，則其來否可必。務速雇漁船派妥實可信之人，往倭船到過之處細測水之深淺尺寸，速詳確電覆爲要。再，青口倭船既係一輪南行，恐已往灌河口測探水道。該牧、該鎮務速派妥實可靠之人，分赴灌河口及沿海一帶查

〔一〕録自抄本《張之洞電稿·致本省電》。

〔二〕底本僅載「青口」以後部分，今據抄本《張之洞電稿》補齊。

看有無倭船蹤跡，迅速電覆。如各處已有報到沿海未見倭船，該道即先電覆，一面專差將此電飛送徐牧、王鎮，迅速電覆。宥。

王鎮來電光緒二十一年二月二十九日申刻到

倭輪二號念二日未刻退，職鎮備防停當，民心安，請放心。示機遵辦。得勝稟。

致清江謝道台〔一〕光緒二十一年二月二十六日午刻發

海州電綫物料，聞已運抵清江。目下軍情緊急，此綫亟須造成，務速查明現已由清江竪立桿木否，已造成幾里，即刻電覆，并嚴催電局兼程趕造，至要。電局運料需用牛車，該道速酌撥若干輛，并飛飭沿途各州縣代覓車輛，并妥爲照料，切切。宥。

致清江東征轉運局、鎮江轉運局何道台光緒二十一年二月二十六日亥刻發

頃接督辦軍務處電，魚雷網及船上用物等件，北洋暫無用處，准由南洋就近撥用等因。所有此次信義三批運船，及去冬二批運船運到之魚雷網及船上用物等件，應即一併留南洋撥用。務望速將所有各件名色數目，現在運抵何處，迅速詳晰電覆。如有已運赴天津等處未經用者，均望趁放空回車之便帶回鎮江，聽候撥用，運費由江出。宥。

致鎮江江南轉運局何道台、吕道台光緒二十一年二月二十六日亥刻發

昨因徑電未聲叙明晰，以爲係信義船運到北洋之件，故飭更正。既係上海局解劉欽差之件，則應歸該局轉運，勿庸追還。嗣後電報起解軍火，務將名色、件數、某處解某處簡明聲叙爲要。宥。

致江陰李鎮先義光緒二十一年二月二十六日亥刻發

正月瑞記洋行運存江陰法國軋拉夫槍即格利槍千枝，當時起剥落水二百餘枝，究竟該槍現存若干，此外有無别槍存江陰，速查明電覆。宥。

致錦州愷字營吴副將元愷光緒二十一年二月二十七日未刻發

屢電悉。有過山礮三十二尊，克虜伯新式快礮十二尊，連珠黎意快槍千枝，彈百萬，軍火可爲關外諸軍之冠，何至出關以來，未接一戰。即使未派出隊，亦當自告奮勇。且雙台子距田莊九十里，賊並未到，何以不遵將令，十四日先行。即使賊追來，賊係行隊，只能用槍，豈能用礮。該將等若令輜重疲弱先行，留精鋭數百人護礮，我先掘濠列礮以待，平原無阻，探馬遠望，以静待動，追賊必然大創。我礮能及六里，即或不勝，賊近再退不遲，何至一日亦不能待。究竟賊果至雙台子否乎，可謂荒謬奇怪，令我慚愧萬分，憤恨萬分。假使彭宫保、多將軍爲帥，豈止一參議處而已哉。來電欲我設法位置，我爲諸將弁計，只有一法，宋宫保威望素好，部下將士亦奮勇，只可自向總統魏方伯言之，遇有

〔一〕以下四電録自抄本《張之洞電稿·致本省電》。

致福州譚制台光緒二十一年二月二十八日申刻發

感電悉。南洋木輪不能海戰，弁勇新募未練，往亦無益。此間地闊營稀，大率皆奉調北上，侍到後始新募，多未到防。海州連日倭輪窺伺，防軍甚平，正在催撥，即非渡海，亦無營可派矣。祈鑒諒。儉。

致輪墩龔欽差光緒二十一年二月二十九日丑刻發

敬電悉。英素重商，輒力保之。押臺事若英公司肯辦，英廷肯保公司否。祈飭馬一面與各公司商，一面密探外部意。速覆。勘。

致萊州李撫台光緒二十一年二月二十九日丑刻發

日來海州洋面有倭船探水，恐將覓深水處登岸。江省已飭沿海各州縣添設馬撥，以通軍報。請尊處亦飭膠州、日照、安東衛沿海等處，添設馬撥，通至贛榆，有事迅速飛報，俾兩省消息相通，得以及早籌備，尊處有飭日照、安東等處辦理之事，似可發電至清江照轉，或較速。勘。

致督辦軍務處光緒二十一年二月二十九日卯刻發

連日疊接唐電，澎湖擊沉倭船二，壞二，仍不退。今日自良文港登岸千餘人，水陸並戰，互有殺傷。澎綫忽斷，嘉義縣西刻尚聞礮聲，晚始息等語。索軍械甚急，已電飭滬局儘局存槍彈並借滬營與之。因斯美輪行急，撥林明敦槍五百，彈一百五十萬，毛瑟彈五十萬，黎意一百二十，彈十餘萬，交斯美帶回。澎孤懸，藥彈恐難久支，援臺實無策，只有急圖濟臺。江省借欵一時難提到，懇請飭撥匯豐洋欵百萬，令該洋行電匯臺，再遲恐難匯。江省借欵到，當撥還。軍火當盡力協濟，有船即解。恐唐未電京，或勞朝廷垂詢，並奉達。豔。

總署來電光緒二十一年三月初一日亥刻到

奉旨：譚鍾麟、唐景崧電奏均悉。倭攻澎湖，經我軍擊傷百餘人，逐賊下船，在防將士勇敢善戰，甚屬可嘉。惟孤立無援，軍火易罄，恐難久支，實深廑念。應如何暗渡接濟之處，著譚鍾麟、唐景崧密籌辦理，并著張之洞一併設法籌辦，以救眉急。元豐順借欵已由户部、總理衙門飭辦，并由户部先撥匯豐洋行借欵五十萬，交滬局委員賴鶴年轉解矣。欽此。冬。

致督辦軍務處光緒二十一年二月二十九日卯刻發

保定電綫是否已接通，京城、陝西通潼關綫是否已飭造，祈示。豔。

致下關招商局[一]光緒二十一年二月二十九日辰刻發

現有子母擡槍樣一桿，派弁附該局今日輪船解滬，務飭該輪妥爲照料。廿九。

[一] 以下三電録自抄本《張之洞電稿·致本省電》。

致清江謝道台、莫道台，徐州沈道台、德州江南轉運局周道台、天津林道台光緒二十一年二月二十九日辰刻發

軍火太多，各轉運局須多養車，至少須三百輛以外，馱騾、牛驢、二把手皆好。謝道、莫道、沈道、林道飛札着宿遷、臨城驛、兖州、東阿、德州、滄州各局速遵辦勿誤。儉。

致鎮江吕道台光緒二十一年二月二十九日未刻發

沁電悉。領事、船主初三到下關拜營官，營官回拜各節，已飭紮下關之該營官照辦矣。惟現值軍務事冗，如無要事須面談者，可囑其不必來轅，如必欲來，亦當見之。豔。

致廣州李制台、閻道台〔一〕光緒二十一年三月初一日午刻發

闢、纖喫緊，前敵催解毛瑟彈甚急，江省已將所存儘數解往，尚短甚鉅，務請飭局速撥毛瑟彈一百萬。如蒙允許，當派人到香港或黄埔設法運鎮，轉解前敵，或奏明作爲粵省解濟，或付價均可。即盼示覆。東。

致督辦軍務處光緒二十一年三月初一日申刻發

臺防孤危，南洋、海州一帶現亦戒嚴。漢納根所買兩艦，前奉旨交南洋用，既費鉅欵，該船早應到華，不知價已付否。敢請嚴飭漢納根催其速駛來華，倭見我漸有外洋購到之船，南洋聲勢猶壯，於事機總有裨益。東。

致鎮江吕道台光緒二十一年三月初二日寅刻發

英領事、船主到下關拜營官，營官派兵在營外站隊，優禮欵待，并到船答拜則可，若營官帶兵到馬頭站隊迎接，彼固簡捷矣，然斷無此辦法。此例切不可開，務駁正之，勿令藉小事而過要求。東。

致江西德撫台、九江誠道台〔二〕光緒二十一年三月初二日卯刻發

請速賜電飭沿途查明廣東委員潘叙解擡槍五百枝、擡礮二百枝何日過贛州，何日過吴城，現在何處，是否已到湖口。祈即示覆。東。

致清江松漕台、謝道台，鎮江吕道台、何道台、杜統領嵩齡、楊統領文彪〔三〕光緒二十一年三月初二日卯刻發

漕帥本日電悉。杜鎮五營廿八、廿九兩日乘輪赴鎮江，揚提督文彪五營初一日開兩營，初三日開三營，均乘輪。兩軍均飭其由瓜洲陸行，限四日到清江，再三日到海州。到鎮時吕道、何道務查催過江起旱，并速派小輪拖帶軍裝。船到浦時，請漕帥、謝

〔一〕〔二〕録自抄本《張之洞電稿·致各省電》。
〔三〕録自抄本《張之洞電稿·致本省電》。

道嚴催赴防，不准延誤。清江所需火藥，望即派差來領，并已電飭林保、黄守忠粤軍七營由江陰乘輪赴揚州陸行，亦赴海州，馮宫保軍已到兩營，已派輪赴湖口往接，約須五六日全到甯，到後亦囑其開赴清江。至杜、楊及粤軍到彼應紮何處爲扼要，請飛詢海州徐牧、王鎮等酌擬。速覆。東亥。

致安慶福撫台〔一〕光緒二十一年三月初二日巳刻發

海州防務喫緊，倭輪貼僞示，以利誘漁船作嚮導，恐不久即來滋擾。請飛飭王鎮心忠速募成軍，兼程馳赴清江以北沭陽一帶，相機防剿，其營所需軍火已運至清江相待。該鎮現抵何處，如知其地，望速示。沃。

致江陰飛送靖江彭提台、高鎮台〔二〕光緒二十一年三月初二日巳刻發

海州信息甚緊，清江宜嚴防。除已派杜嵩齡、楊文彪十營，廣忠、廣保軍七營馳往防禦外，竊思高鎮軍係瓜洲鎮，似可將所部四營移紮瓜洲，以爲清江聲援，藉可鎮定揚州民心，如倭寇已登岸，即赴清江防守，如大軍漸多，仍可回駐瓜洲。究竟此策妥善否，特奉商，即請彭軍門與高鎮軍籌酌示復，如妥，即派輪往載勇。沃。

致鎮江何道台，張、吴兩委員光緒二十一年三月初二日巳刻發

鎮江局實存何種槍若干，彈若干，即刻分晰電覆，切勿稍延。沃辰。

致蘇州奎撫台光緒二十一年三月初二日午刻發

海州喫緊，倭輪沿海貼僞示，以利誘漁船令作嚮導。杜鎮、楊提共十營自二十八日起先後馳往，須十日方能到齊。王鎮得勝五營甫成軍，現在青口一帶，又飭粤勇廣忠、廣保兩軍共七營亦由揚州赴海州。茲又飭瓜洲鎮高鎮光效四營自靖江回駐瓜洲，以爲清江聲援。馮軍須初十日内外可全到鎮江，到後亦擬商令赴清江以北。前飭總兵王心忠募江北勇五營防沭陽、清江，須中旬末方能到。合計諸軍不少，但到防不能速。黄軍門已照尊電阻其回太平矣。槍彈誠爲急需，尊論極當，與鄙意合。惟一月以來，訪覓無現成者。現已向外洋訂比快槍彈五百萬，但到華尚早耳。前來電所云槍萬枝，細查並未在滬，槍樣已見過，係舊式不佳，故未訂。承湊借十萬匯滬，感謝。忙冗萬狀，謹彙覆。沃。

致江陰林副將、黄游擊，李鎮營務處委員光緒二十一年三月初二日午刻發

帳棚已發。該兩軍發給江陰所存兩磅礮二十尊，每軍十尊，配足藥彈，現已告李鎮矣。廣忠軍尚有添發槍械，當運至鎮江等候。該兩軍迅速拔隊開赴瓜洲，已派江寬、愛仁、泰安三輪往載，限初三日起務必啟行，輪到即行。到瓜洲後陸行，由清江赴海州，

〔一〕録自抄本《張之洞電稿·致各省電》。

〔二〕以下六電録自抄本《張之洞電稿·致本省電》。

不可乘船，惟軍裝可用船，已派小輪在彼拖帶。瓜洲至清江陸路三百八十里，清江至海州二百八十里，自瓜洲起共限七日到防，勿稍延誤。沃。

致下關楊統領 光緒二十一年三月初二日午刻發

初三日寅刻乃行軍大勝吉時，萬勿延誤。初二午。

致臺北唐撫台 光緒二十一年三月初二日午刻發

屢電悉。澎湖苦戰破賊，想倭遁當確。沃。

唐撫台來電 光緒二十一年三月初一日亥刻到

澎信隔絶，屢探未回。偶有小船由澎來，皆云二十七八晝夜，我軍力戰。厦提電云，法兵輪觀戰，昨由澎到厦，云二十九日我軍仍勝。惟有澎勇數人昨渡到嘉義，云澎二十九日不守，此外文武軍民無一人渡過者，又似不確。我軍或尚堅持，彼已分輪在厦境開礮攻澎，輪料非堅者。官民僉請乞公派兵輪三艘，合以南琛，試探前進，彼輪多則退回，輪少則遥擊，以壯聲援，而通接濟，庶望轉危。迫切再懇，祈示。崧。冬。

唐撫台來電 光緒二十一年三月初三日午刻到

臺南電：澎弁勇帶傷逃渡者稱，二十七八日水陸並戰，擊毁倭輪三艘，岸賊驅走，我礮臺亦被毁，各亡千餘人。二十九日賊輪前攻，又由他處分登，我軍分禦血戰，統領知府朱上泮身受數傷，疑陣亡。澎湖鎮周振邦、通判陳步梯俱帶傷，不知下落。午刻賊擁入城等語。各述情節大略如此，憤懣何極。崧。江。

致俄京許欽差 光緒二十一年三月初三日卯刻發

現與信義洋行定借一百一十萬鎊，在德國辦船礮，連運費、雇用船上人等薪工等項一切在内，按九八扣作數，常年息六釐，二十年還清，前五年還利，後十五年本利並還，每六箇月爲一期，海關作保。如將來中國向他處借欵扣數在九扣之内，該行此次所賣股票，未經售完，准將所存餘票歸還中國。請先立草議，俟電奏奉旨後，再電請繕立合同畫押爲要。冬。

致清江松漕台[一] 光緒二十一年三月初三日卯刻發

宋電悉。所需火藥槍藥若干，礮藥若干，祈速分晰電覆，即飭委解，尊處派弁迎提可也。沃。

致清江松漕台 光緒二十一年三月初三日卯刻發

沈紳雲沛留辦團甚好，請即轉告。二萬即飭局設法籌解，但恐倉猝難籌，請尊處無論正雜何欵暫行挪用，十日後必令省局歸還。支應局已罄，洋欵尚未借妥，海州赴防各營立待巨餉，無從湊發，焦灼萬分，總須洋欵到，則諸事能辦矣。江寅。

致廣州水師提台鄭、廣協黄[二] 光緒二十一年三月初三日辰刻發

擡槍現已造成若干枝。擬向洋行商海運辦法，每月可造若干。

[一] 以下二電録自抄本《張之洞電稿·致本省電》。
[二] 録自抄本《張之洞電稿·致各省電》。

祈速示覆。沃。

致鎮江陳統領[一] 光緒二十一年三月初三日辰刻發

該營收存何種槍若干，彈若干，速明晰電覆。前該統領因添一營，請加發快槍，尚未批定，發若干應仍作爲存槍，不得扣除。沃。

致下關張統領仲春 光緒二十一年三月初三日辰刻發

初三日英領事及船主到下關，該統領可派勇二十名在馬頭站隊，如領事船主來拜，該統領可言前次船主到下關，營勇不懂事，怠慢了，勇丁已責飭開革，請不必介意，現原紮下關之統領營勇均已調去，該統領係新到云云，并到船答拜。如彼不先來拜，則只令勇丁站隊，該統領可不必親往，可差帖上船將以上之話說到可也。初三寅。

致清江松漕台、謝道台 抄送李道台、海州徐牧、王鎮得勝 光緒二十一年三月初三日申刻發

衡字營軍火係何處發給，有礮若干，祈示。現已赴海州否，紮何處。倭既以鈔票誘漁户，請飛飭海、贛、安東一帶文武紳團，曉諭漁户將所得鈔票加價收買，務須收盡，切諭不准爲倭嚮導。首先呈繳倭鈔兩紙之漁户，須立即優賞。我有重賞，漁户庶可不致通賊。無引水，倭輪自不能來，甚緊要。此項准開報，祈速飭認真查辦禀覆。電綫催晝夜趕工。江。

致萊州李撫台 光緒二十一年三月初三日申刻發

海州文武禀，倭以鈔票誘沿海漁户，令作嚮導，每票或一二元至十元不等，云持此既可保家，又可取銀。請飛飭電飭膠、日、安東衛等處，切實稽查，曉諭漁户，萬不可爲引水。令將所得倭鈔票繳呈，官加價收買之。我有重賞，自不爲賊用矣。無引水，倭輪不敢來，似甚緊要。祈覆。膠、日一帶，尊處似亦須派營防禦。江。

致臺北唐撫台 光緒二十一年三月初三日申刻發

屢電悉。澎竟不守，憤灼萬狀。以後如有欵，託洋商船當可寄。有輪於臺總有益。漢納根兩輪疊電詢總署，不報，悶極，只可再詢之。事竟至此，中國事事皆遲誤，真可痛也。合肥被倭民潛以槍擊傷頰，彈尚未取出，不知無礙否，公知之否。聞所議要挾太甚，不詳何事，惟聞欲以津關作押，再停戰議和，真狂悖也。江。

致煙臺劉道台 光緒二十一年三月初四日寅刻發

南洋兵輪需人。聞曹家祥在大東溝血戰傷愈，現在煙臺順泰號。請飭該員速來南洋爲感。江。

劉道來電 光緒二十一年三月初五日亥刻到

電諭遵即傳諭曹家祥，據稱受傷五處，尚有兩處筋其血未貫

[一] 以下三電録自《抄本張之洞電稿·致本省電》。

通，醫云須兩年在岸調養，方可全愈等語。如憲台委以在岸槍礮等學堂之差，現尚相宜，伏乞電諭。再，各艦大二副，芳兩月以來細加考究，僅有閩之劉冠雄、鄭祖彝、李鼎新、沈壽堃、張哲溁、饒鳴衢、鄭文超、高承魁、何品璋，粵之曹家祥、吴應科、徐振鵬，津之祁鳳儀十三人，技勇皆佳，均堪造用。如憲台訪察後有可調者，隨時電調考用，使無棄置可惜。芳稟。微。

致清江松漕台、謝道台，海州徐牧郎、參將王鎮得勝 光緒二十一年三月初四日寅刻發

海州沿海一帶可登岸之處甚多，防營不敷分布，只可於最要之地，如青口、灌河口等處，屯紮重兵，一聞何處有警，立即馳往，互相援應。惟海州、安東之間，河道甚多，務請飛飭該地方官，即速多用民船，搭成浮橋，以便隨時隨處可以渡兵，免得臨時阻滯無措。萬勿稍延，至要。江。

致海州王鎮得勝、李道、徐牧 光緒二十一年三月初四日申刻發

海、贛可登岸處太多，新派往各軍人地生疎，不如本地土勇地理熟悉，更得力。飭王鎮迅速添募三營，即名海勝新前、新左、新右，餉銀軍火已飭解清江，該鎮即派人來領。各營宜有馬方能哨探飛報，臨戰包抄。需馬隊若干，由王鎮酌配。查海州各口多沙，輪船皆不能近，均離岸二十里以外，船上大礮斷不能打至岸上，總須力阻其登岸方爲上策。彼用舢板或民船登岸，參差零星，有槍無礮，槍亦無準，我軍在岸上擊之甚易，若待其登岸列隊，則彼有火器矣。設或登岸，務必留勁勇一枝，從旁徑趁海岸，截其後路，彼必潰亂。此時有馬隊相助最好，行迅速而有聲勢。即或兵少，團練亦可抄截。王鎮與李道、徐牧及新到防軍速籌商，務必預先約定布置，何軍迎擊，何軍何團抄截，臨時方不散亂，至要。海州團練有眉目否，均即覆。支。此電并呈漕台一閱。

致厦門黃提台[一] 光緒二十一年三月初四日申刻發

電悉。大擔口倭輪尚在否，倭盜踞澎後有何動靜，祈示。支。

黃提督來電 光緒二十一年三月初四日戌刻到

據報澎湖大勝，沉倭輪五，倭退琉球。少春叩。

致清江松漕台、謝道台[二] 光緒二十一年三月初四日酉刻發

頃徐州沈道初三日未刻電，兖州姚道飛報倭船南赴青口，旗書帝君字樣等語。特奉達，即請飛飭海州文武、王鎮等嚴防。惟兖州到徐州係陸路，兖州距海濱日照、膠州約五六百里，此當係前五六日事，海州沿海兵團想已知悉，抑或即係上次倭船探水時事，祈飭速查探旗上字樣速覆。頃上海電亦有倭兵赴海州之説，是否係前次事，抑又來，皆不可知。總之，加意防禦而已。支申。

[一] 以下二電録自苑書義等主編《張之洞全集》第八册，第六二〇五頁，河北人民出版社一九九八年版。

[二] 以下三電録自抄本《張之洞電稿·致本省電》。

致清江松漕台光緒二十一年三月初四日酉刻發

王鎮心忠五營尚未募齊到清江，王思坤三百人，數既少亦無械，自應待該統領王心忠到，方能酌派赴防，此時可即飭紮清江。昨接丁鎮槐電，衡字營囑暫留，極贊兩營官及部勇得力，如倭船時去，則仍遣赴闗云云，此時既奏准，只可暫留。支。

致徐州沈道台光緒二十一年三月初四日酉刻發

江電悉。倭輪二隻日在海州青口、灌河口等處探水，乃二月廿二、廿四等日事，已飭嚴防。兖州距海濱甚遠，此飛報係何日所發，據何州縣所報，何日看見倭輪，將原信擇要詳晰照録，速電覆。再，以後山東如報有倭寇消息，可一併電達漕帥。支申。

致江陰李統領先義、沈守敦和光緒二十一年三月初四日戌刻發

聞江陰有舊洋礮七十二尊，經柯尼斯修整可用，望速挑選精壯勇丁數百名，撥交洋教習勤加操練，以備戰守。應辦事宜，該統領、該守與洋教習妥商，稟候核奪。應添配開花等子藥若干，稟請飭局照撥可也。支。

致江陰專送彭提台〔一〕光緒二十一年三月初四日戌刻發

清江貴軍紮營處無電綫，有事信息不靈，請派專人駐江陰電局，一有電報，可即飛送，較爲迅速。支。

致金山衛朱統領光緒二十一年三月初四日亥刻發

貴軍十營請領搭蓋營房，現經局議，照章每營給銀壹千零六十兩，望即具領，一面即行搭蓋。豪。

致江陰專送彭提台光緒二十一年三月初五日子刻發

現派鈞和、威靖兩輪自滬赴江陰，先裝廣保、廣忠兩軍到瓜洲，即回裝高鎮光效一軍，請飭速備妥，輪到即行，萬勿稍延。支。

致海州徐運判光緒二十一年三月初五日未刻發

來稟竈團練有三萬人，實在能戰者有若干人。竈丁向來勇健，務即傳諭獎勉激厲，迅速防備。果能殺賊，當照團練賞格重賞，既保家産，亦可立功。槍礮子藥足敷用否，當大批接濟。速電覆。歌。

致臺北唐撫台光緒二十一年三月初五日酉刻發

臺灣孤危，焦念萬分，義當救援。第日來海州文武紛紛來電，言倭輪在海州一帶游弋，帶小船二三十號，散給銀票，誘惑愚民，令爲嚮導，勢將南擾。漕帥、淮徐兩道屢電告警，電旨頻來，飭催添兵防禦。又東撫李鑑帥來電，北洋倭船已全赴南洋，囑爲嚴防。近日洋報亦屢言倭將窺海州。倭人慣技，聲東擊西，或由海

〔一〕以下三電録自抄本《張之洞電稿·致本省電》。

州南擾，或由揚子江崇明以北直入，或由乍浦襲蘇州等處，而江省地遼闊，防不勝防。新募各營尚未到齊，長江礮臺式舊礮少，尤不足恃，正在萬分焦急，只有木質數輪依臺輔守，臨時運兵運械，藉資策應，尚有少益。若令出洋，船質不堅，行不速，管駕新換亦未精練，萬難禦敵。總之，臺事弟日夜懸念，苟能兼顧，義無坐視，奈江省警報正急，自顧不遑耳。祈諒之。歌。

唐撫台來電 光緒二十一年三月初七日未刻到

奉旨：北停戰，臺不在列，倭並明言尅日大隊攻臺。竊思北不停戰，賊猶有牽掣，北停戰則放手攻臺，以彈丸之區獨抗强寇，其危可想。臺軍火難久支，毛瑟彈尤缺，惟公救之。崧。魚。

致清江謝道台 光緒二十一年三月初六日子刻發

歌電悉。清江土圍迅速修築，甚關緊要。所請赴海、贛各屬督辦團練，并挑募海濱習水性精槍法之人數百名，事屬可行，但須認真辦理，勿得有名無實。此項水勇令紮何處，交何人帶，即籌覆。歌。

致鎮江吕道台〔一〕 光緒二十一年三月初六日子刻發

江寬速赴湖口載馮宫保軍，泰安、愛仁兩輪速回江陰載廣保軍，廣保軍到後，即仍回江陰載高鎮光效四營來瓜洲。總之，隨卸隨行，晝夜往返裝運，不准停留。歌。

致揚州江運台、海州徐運判 光緒二十一年三月初六日寅刻發

海州消息甚緊，倭船恐必來，設被擾亂，則清江、揚州可危。鹽務全局大壞，焦急萬分。現派往揚、杜兩湘軍，林、黄兩粤軍，連王得勝軍共二十餘營。然沿海地廣，倭奸過多，新到諸營生疎，實無把握。據海分司徐運判禀練有竈團三萬人，鄙意若辦好竈團，必能協力捍衛。竈丁多强悍，地理熟，海州、清江若擾，該竈丁便無生計。徐運判才具幹練，素能辦事，可即切諭竈團，動以利害，挑選精鋭萬人，選派弁目領之，籌定辦法，分地戰守，總以分路横攻抄後爲要策。輪船距岸遠，礮不能到岸上，舢板登岸易於攻擊，即或登岸，彼生我熟，彼寡我衆，能迎擊固好，若不能迎擊，則或抄其旁，或襲其後，彼追則退，彼退復來，會合官軍民團，四路同時攻擊，尤宜夜間更番擾之，耗其槍彈火藥，且使彼通夜不得休息。但須約定，不可彼此觀望參差，賊自無從措手。但不可多人排成大隊，總以分爲散隊，或三人一攢，或五人作一起。尤宜重賞激勵，前發有漁團賞格，竈團、民團亦照此給賞。王鎮得勝老練熟習，或即令兼管督辦民團、竈團，當更得力。徐運判即籌復。懸賞須有現銀，方能鼓舞，省局匱竭難籌，請蓉舫都轉速於鹽務欵内，無論何欵暫挪十萬兩，換成洋錢，即日委員解往海州備用。若徐運判能在海州設法騰挪，能籌二十萬尤好。擒送奸細及一切出力者，立時重賞洋錢，取其簡便，無稱兑之繁，無平色多少之弊。半月後所借洋欵即可提銀，到日即行撥還。此乃鹽務大局，當以全力争之。倭以利誘，我必須以賞勸，百萬金不足道也。要緊要緊，即刻籌商電覆。歌。

〔一〕録自抄本《張之洞電稿·致本省電》。

致煙臺劉道台光緒二十一年三月初六日辰刻發

微電悉。曹家祥速來，當派學堂等差，必加優待。餘十三人俟函到再酌。語。

致清江松漕台、揚州府沈守、鎮江呂道台〔一〕光緒二十一年三月初六日巳刻發

呂道速雇民船，催黄守忠、林保兩軍自瓜洲速行，沈守催楊、杜兩軍陸路速行，勿延，并請漕台查催。語。

致盛京唐提台、裕將軍，遼陽州依將軍、錦州宋宫保光緒二十一年三月初七日子刻發

諸公前敵苦戰，敬佩之至。茲外洋新運到快礮數十尊，擇其輕便行營可用者，速解前敵，以助軍威。唐軍門處馬克遜兩磅半子快礮六尊，格林礮十尊，裕將軍處雲者士彈五十萬顆，依將軍處馬克遜快礮十尊，毛瑟彈五十萬顆，宋宫保處馬克遜快礮十尊，又史高德快礮六尊。各礮皆隨有彈，因轉運局遞運太遲，茲專派員弁押送，飭令加價雇車，兼程前進。惟各件笨重，至速亦須二十餘日方能到關，屆時軍情不知如何，或須繞越方能解到。南省委員路途不熟，務請諸公多派熟悉道路員弁，到關、津一帶迎提，方能妥速。至禱盼，即示覆。陽。

致清江松漕台、謝道台、劉鎮台光緒二十一年三月初七日午刻發

現擬於清江設一支應軍火局，飭局多發槍礮、各種彈藥，速解赴清江存儲，以備海州營團請領接濟。已派有專員，謝道可兼管，劉鎮可一同照料。請速飭覓一寬敞清静之地，或廟宇，或公所，只須有空地，可添蓋棚廠。即示覆。津電亦接到，要挾太甚，恐議難成，趁此兩旬趕辦諸事。瓜洲鎮高鎮四營已飭由靖江移紮瓜洲，備清江聲援。清江電綫究係何日開工，何日確可成。陽。

致清江松漕台、謝道台，海州徐牧、郎參將、王鎮光緒二十一年三月初七日午刻發

前電飭王鎮添營添馬隊，如需欵即由徐運判撥濟，勿令待欵延誤。海州城外宜築矮土圩，即牛馬墻，外開濠以阻敵，内開溝以伏兵避槍礮，惟不知地勢若何，可因地酌辦。陽一。

致清江謝道台光緒二十一年三月初七日未刻發

魚電土圩周圍幾里，高若干，厚若干。圩外必須開濠，寬深若干尺，即覆。務加工趕作，不必惜費，如此圩甚高大，略如土城，則須於此圩外再作一矮土圩環之，高四五尺，内直外斜，使敵不能藏，外面插竹木籤、荆棘礙足之物。可酌辦。陽二。并呈漕帥。

致清江謝道台光緒二十一年三月初七日未刻發

沭陽練董千總陳廣羣，材武可用。海州防務緊要，已札沭陽龍令并逕札該千總，迅招精健士勇五百名，自選得力哨弁，刻日

〔一〕録自抄本《張之洞電稿·致本省電》。

成軍，訓練防衛，由該縣點驗，就近歸該縣節制。委札已發，該道先轉飭。陽三。并呈漕帥。

致臺北唐撫台〔一〕光緒二十一年三月初七日未刻發

尊處需神機彈，滬局無之，是否係金陵局造四門神機礮，即外洋四管羅登飛也，抑或係田雞礮之誤，祈速覆。洋欵未借妥，急極。前聞澎陷，電請督辦處先撥匯豐百萬匯台，由江南撥還，奉初二日電旨，已飭撥五十萬，想已交賴道。聞臺南倭船已去，津電有停戰二十一日之説，不知確否。天津等處有臺灣探報委員否，似須託人常通軍電，但虛實遲速不定，亦須參考。陽。

致蘇州奎撫台、清江松漕台、謝道台光緒二十一年三月初七日酉刻發

盛道來電，李傅相電總署，云奉天、直隸、山東三省暫行停戰廿一天等語，此外各省均不在内。已飛飭海州各文武，照舊嚴防備戰，切勿誤會，致有疎虞。陽。

致上海劉道台、章字營朱鎮台光緒二十一年三月初八日辰刻發

朱鎮請修礮路經費，此極緊要事，必應速辦。惟省局枯竭，無欵可撥，應由該道在上海捐借各欵内籌撥應用，勿誤要需。至該軍應領營房經費，照章一萬零六百兩，亦由該道籌撥。此軍係保衛蘇松要路，萬勿推諉。陽。

朱鎮來電光緒二十一年三月初一日到

金山城外沿隄各處，應修車礮路，所需經費懇求飭發。隄遼闊，七十尊尚嫌不敷，不能聚於一處。俟礮路修好，隨時可以運用，何處有警即拉向何處迎擊。洪章稟。

致臺北唐撫台光緒二十一年三月初八日辰刻發

三電悉。田雞礮彈四百，即飭金陵局速解滬，交賴道。滬槍已搜索無遺，只可俟續到者儘力撥濟，隨時交賴道。滬必無警，無如實無械矣。毛瑟彈此間缺極，粵局能造，祈與粵切商之。停戰言明只直隸、奉天、山東三省，其餘各省均不在内。海州喫緊，各營尚未到防，到亦係新軍。清江、淮揚地衝勢散，緊急之至。此間諸事艱難掣肘，不便詳言。臺事萬分懸系，惟有趕造土礮土藥，陸路多掘坑坎，埋地雷，或可補助。臺事之危急，公宜電達朝廷及總署、督辦處爲要。庚。

致清江松漕台、謝道台〔二〕光緒二十一年三月初八日辰刻發

沈雲沛係翰林院庶吉士，文内未便云該紳遵照云云，若用平行照會，又似稍過，只可飭淮揚道照會該紳，請其出辦團練，札文内須贊其品端才練，鄉望素孚等語。即請尊處會敝銜會札謝道速辦，文内聲明防務緊急，已經電商妥協，會銜不及，會印可也。謝與沈須平行照會。陽。

〔一〕録自抄本《張之洞電稿·致各省電》。
〔二〕以下四電録自抄本《張之洞電稿·致本省電》。

致清江謝道台光緒二十一年三月初八日巳刻發

庚電悉。江北餉械局即設普應寺。土圩外務加築牛馬墻，需欵即先提淮揚屬捐欵用，洋欵到當撥濟。平礮擡礮既合用，即可多製，惟每日成十枝太速，必有錯誤，若太急率，煉鐵不精，亦恐炸裂誤事，曾一一試驗否，即徧試電覆。該道願練兵勇甚好，能練若干人，有得力將弁否，并即覆。庚辰。

致清江松漕台、謝道台、莫道台光緒二十一年三月初八日巳刻發

聞謝道、莫道有意見，未悉其詳。總之，萬萬不可。轉運局原飭兩道會同辦理，謝道不可推諉，莫道不可固執。軍械車船前經電飭併爲一局，係爲車輛可以通用，省費而濟事，兩道務須和衷。請漕帥切戒并即覆。庚辰二。

致清江謝道台、上海電局楊守廷杲光緒二十一年三月初八日巳刻發

海州電綫究竟何日可到清江，每日可造若干里。原議係兩頭分造接通，何以未聞清江向東造，即查覆。庚辰三。

致臺北唐撫台[一]光緒二十一年三月初八日巳刻發

金陵田鷄礮有數種，尊處所需彈須多大者，或礮若干大，口徑若干，或彈重若干磅，開明速示。庚。

唐撫台來電光緒二十一年三月初九日午刻到

神機礮子通身長四寸五分，鉛子大一寸，高出銅管七分，銅管長三寸五分，銅管口徑一寸零半分，銅管根邊厚七釐半，銅管根邊大一寸二分，銅管根大一寸一分，均英尺，連藥彈重中國九兩，銅管底有金陵制造四字，另有小圈印四箇。祈飭查。崧。庚。

致總署光緒二十一年三月初八日亥刻發

臺電危急萬分，已將存滬槍彈儘數解濟，惟爲數不多。屢接唐撫電，義勇能戰，惟求發械，情詞痛切。五日來，一日數電，無非此等事。聞殼件洋行有械萬餘件，係鈞署令密存滬局。臺灣正有船在滬，不揣冒昧，仰懇可否於此項軍火內酌撥若干件，交其原船解臺。此時尚可冒險運，再遲有械亦難運矣。祈速賜裁奪，示覆。庚。

致上海劉道台、嚴小舫觀察，天津盛道台光緒二十一年三月初八日亥刻發

怡和紗機，前云滬上紳商願買，速籌定確實辦法，與該行妥商，以便早結此事，即覆。今日總署函問此事究竟能否辦到，能否杜絕根株，飭滬道與領事會商妥結等語。庚。

盛道來電光緒二十一年三月初九日亥刻到

洋商覬覦華利，皆由微處嘗試。宣從前買回英商已造吳淞鐵路、大東北已造九龍、上海電綫，皆賴沈文肅、左文襄堅持，始就範圍。今怡和已到紗機不多，紳商籌買似當不難，難在堅持到

[一] 以下二電録自苑書義等主編《張之洞全集》第八册，第六二二五頁，河北人民出版社一九九八年版。

底。公使惟聽領事，領事惟聽怡和，請劉觀察設法與該行妥商結束，再由公所籌價。宣叩。佳。

盛道來電 光緒二十一年四月十八日丑刻到

劉道來電，怡和機事，領事不肯休，且按日索費。迭與辯阻，並挽担文商購，意稍動。因聞中倭約内有製造之條，遂又堅執，謂已允倭，不應阻英，争論不已。如倭約有此條，勢難再阻，且慮後言乞回中堂示遵云，當即轉呈。奉中堂諭：倭原請入内地用機器製造，鴻與力駁。嗣署電，此條可通融，乃將内地改為通商口岸，准運機製造。此蓋各國力争多年未允者，英尤覬覦，故俄、法、德出為調處，英不預焉。怡和雖在定約之先，似亦不能辯阻。按日索費應駁斥云。從此藩籬盡破，華商民利盡失，挽回乏術，徒切杞憂，乞憲臺鈞裁，即飭滬道商結。宣叩。霰。

致廣州李制台[一] 光緒二十一年三月初八日亥刻發

廣東營局所存大吉槍甚多，江南新募防營需槍操演，無從購買，望借撥四五千枝，以應急需，粵中購製皆易，應繳槍價飭局核明，如數匯還，如需還槍亦可，但須三箇月後。又，承撥粵造毛瑟彈一百萬顆，前託鄭軍門、黄署廣協代造擡槍，現已成二百枝，統祈遴委妥員將此槍彈三項領收，由江西内地轉運來甯，運費若干，電示即匯，至禱。祈即覆。庚。

致萊州李撫台 光緒二十一年三月初八日亥刻發

據籌餉勸捐局稟，聞尊處委員姚令錫光條陳擬減成數較多，殊與大局有礙，將來報銷亦必爲難。此間實官收三成，銜封二四折，貢監二五五折，飯銀照費亦在内。東省若肯照此折收，則事歸一律，否則互相争減，徒便宜於捐生，而與餉需無益，未知尊意以爲然否。再，滬、揚等處名爲殷富之區，實已蒐羅殆盡，自顧未遑，勢難分助，乞勿委員來勸，此間亦不赴東勸辦等語。所言彼此無益情形，亦甚有理。東省餉絀，鄙人深知，不能代籌，豈敢攔阻。鄙意或於滬、揚等處統收，酌量分撥何如。如可，再與局商，然各有減折，安能一一商辦畫一，彼此争減，勢所必然。此事弟亦無良策，姑據稟奉商而已。庚。

致鎮江江陰沈守敦和[二] 光緒二十一年三月初九日午刻發

洋弁已到多人，沈守現在何處，速來省與穆和德商洋弁事宜，如在圖山關，即由陳統領遣人告知。佳。

致鎮江轉運局何道台，張、吴兩委員 光緒二十一年三月初九日申刻發

黄守忠新添一營，共四營，加發大毛瑟二百枝、彈十萬，德快槍一百枝、彈五萬，速發，催令啟行。佳午。

致鎮江吕道台，清江謝、莫兩道台 光緒二十一年三月初十日卯刻發

本日湖北譚制台來電，魏軍陳東暘兩營已派測海、金甌於今

[一] 以下二電録自抄本《張之洞電稿·致各省電》。
[二] 以下三電録自抄本《張之洞電稿·致本省電》。

日開送鎮江，請電飭鎮江、清江速備船隻、車輛接運等語。即備車船，候接運。佳。

致鎮江瓜洲高鎮台光緒二十一年三月初十日卯刻發

揚州自需重兵扼駐，四營能全紮揚州最好，該鎮體察地勢軍情，速覆。再，南字尚有七營，能否再移數營紮瓜洲一帶。彭軍門意若何，并即妥籌電覆。佳。

致江陰兵輪統領吴鎮台，南瑞、開濟、寰泰、鏡清、保民、飛霆、策電、龍驤、虎威八管帶，吴淞沐統帶、獅子林班統帶光緒二十一年三月初十日午刻發

倭船現全在南洋，賊蹤剽忽，急嚴防。該統領及各管帶務須激勵弁勇，檢點機器，整理礮位，備齊彈藥，認真訓練，停泊一處，設有調動，一聞電調，即刻開行。設崇明、海門有警，則九輪全數開赴崇、寶、沙之尾以東駐泊，與獅子林礮臺遥爲援應，互相輔助。設海州、清江戒嚴，則全數開來鎮江，駐泊瓜洲口外焦山之上，均候電示辦理。迅速轉飭遵辦，勿忽。各輪有不在江陰者，均由該統領録電飛速傳知，如有在吴淞口外崇、寶、沙一帶者，并由沐、班兩統帶一併録電轉告。均即覆。蒸。

致萊州李撫台〔一〕光緒二十一年三月初十日未刻發

甯局造彈之機止有舊式者一分，所難者不在工料而在機。現造各種子彈忙迫萬分，峴帥令造者尚無從趕辦，江南更不能得其用矣，實難匀出餘機以濟東省來匠之用。尊處所需空銅殼，當飭局代造叁萬顆，造成解交領價，尊處無須派匠來甯。祈示覆。蒸。

致清江謝道台〔二〕光緒二十一年三月初十日申刻發

該道舉兩營官，擬募步勇八百、馬勇二百，合計千人，似乎兩營，惟營制馬隊一名當步隊二名，照此數則一千人即一千二百人之餉，每營須六百人之餉矣，與營制不合。尊意是否每營分配步四百、馬一百，或將馬隊另爲一營，抑别有辦法，即酌覆。此軍應名爲浦防營，由省發餉，歸兩江督標，以别於漕標。蒸。

致清江松漕台光緒二十一年三月初十日申刻發

沈庶常雲沛，細思仍應由尊處與弟會銜照會，請其出辦團練，方昭鄭重，僅謝道照會恐不甚鼓舞。緣通州紳士張殿撰謇係弟銜照會，兩翰林宜歸一律。即請尊處會列弟銜速辦一平行照會送往，其文與咨文移文同式，文内稱貴庶常，用請、煩字樣，宜稱贊數語，仍聲明會銜不及會印可也。謝道照會雖已發亦無妨，不嫌重出。蒸。

致鎮江瓜洲高鎮台、揚州江運台光緒二十一年三月十一日巳刻發

高鎮台四營，請全紮揚州。應紮何處爲扼要，速酌定示知。真。

〔一〕録自抄本《張之洞電稿·致各省電》。

〔二〕以下二電録自抄本《張之洞電稿·致本省電》。

致清江、徐州、濟甯東征轉運局〔一〕光緒二十一年三月十一日未刻發

禮富船前月中旬運到吳清帥曼理夏槍彈三百餘萬，現已運抵何處，務速催趲運。切要，并即覆。真。

致武昌譚護制台、岳州婁提台光緒二十一年三月十二日丑刻發

總署豪電，本日奉旨：張之洞兩電均悉。婁雲慶五營既已調防海州，若再添募多營，既需時日，且未練之卒亦難期得力。現據稱江路較緩，著再由江省上游防軍内酌量抽調數營，交婁雲慶統帶北上，可以剋日啟行。抽調何營，再行添募填紮等因。欽此。查海州防務喫緊，淮、揚一帶人心驚恐，各軍分防正患不敷，無從抽調。金陵止張仲春兩營，亦係新募未練，且有一營係湖北勇，不過稍資彈壓，恐婁軍門亦不願統帶。籌酌數日，敵信尚緊，竟難騰挪。竊思前於二月二十日電商請選出色將官速募十營，此時計已募有幾營，雖係新募，其中是否尚有曾經戰事之弁勇。婁軍門意，此事究應如何辦理，若此時已募有三四營，或即先帶數營北上，餘俟隨後續募續練，再候旨遵辦。約何時可以啟行，抑或別有辦法，或願在湖北所募湘軍中酌撥數營，統請敬帥與俊三軍門電商。速示覆，盼禱。真。

致清江謝道台〔二〕光緒二十一年三月十二日亥刻發

清江事正緊急，點驗唐勇，不必該道親往，可委員往點。文亥。

致上海宗令、輪船支應局劉守光緒二十一年三月十二日亥刻發

威海散弁王嘉齡等數十人，全令速來，候選擇委用，惟閩籍者不必來。文。

劉守、宗令致文案電光緒二十一年三月十八日子刻到

王嘉齡、徐金元、楊甘、林祥、黎元洪、李祥光六弁，十七日先赴甯。餘容續稟。宗得福、劉式通同稟。

致巴黎王欽差〔三〕光緒二十一年三月十二日亥刻發

船事極好，當即電奏。各船是否新式，速率各若干里，雷船長若干尺，是否魚雷礮船，抑係雷艇。電尾另開德鋼甲各船價若干，并祈查示。鄙意大船宜極堅，小船宜極速。十船尚嫌勢單，似宜併購另起德船，兼訂造極快大魚雷礮船數艘，方能有濟。祈速籌商示覆，務望稍候數日，訂妥爲要。文。

王欽差來電〔四〕光緒二十一年三月二十二日未刻到

文電悉。十船皆近年造。首號鋼甲，三百二十八英尺。又鋼甲三，三百五六十英尺，皆堅。又快船、雷艇皆速，必有濟，磨價待定。泊智利、阿根廷海，係無約國，例不阻。統率須大將。

〔一〕〔二〕録自抄本《張之洞電稿·致本省電》。
〔三〕指王之春。
〔四〕録自苑書義等主編《張之洞全集》第八册，第六二三七—六二三八頁，河北人民出版社一九九八年版。

適前水提琅威理賦閑，願自効幫華，使并任募招兵官并兵二千，密襲倭，和成聽用。兵費一年及辦事，先須銀約三十萬鎊。現與英商格林密行訂借三百萬鎊，長息五釐，六扣。此欵允借，大欵歸并此欵，故較滙豐為廉。船事不令該行與聞，欵事已立草約。乞速請旨，告歐使電該行即交銀聽撥。此欵滙豐頗嫉，已探龔，稍遲恐梗。德船未妥，已遣驗再陳。再，聞俄兵七萬至滿州界，尚議增。又，法與馬達及斯島有事，并陳。春。

致江陰統領兵輪吴鎮台、李鎮台先義，吴淞沐統領、獅子林班統領，上海劉道台光緒二十一年三月十三日子刻發

頃接陳鎮基湘來電：疊接電，云滬電有兵輪三上駛，旗不明。又福山電有兵輪一上駛，無旗等語。劉道、吴鎮速飭各該輪務將此數船查明，係何國兵輪，立刻電稟。嗣後吴淞、江陰稽查輪船，務須認真查詰，如有無旗及旗不明輪船，均扣留不准上駛，并知照各國領事，令兵商各輪一律懸挂鮮明國旗，不然開礮毁傷勿論。一面飭各礮臺兵輪嚴爲戒備，至要。即電覆。文。

致清江松漕台、王統領心忠，海州徐牧、分司徐運判、王鎮得勝，楊、杜、林、黄四統領光緒二十一年三月十三日巳刻發

前經面飭各軍到海州，應會商徐牧、王鎮得勝，應紮何處，候核定。昨接楊電，進兵西墅、太平、中富一帶，不勝詫異，何以自行分爲三處。太平距海州幾里，在州何方，中富距州幾里，在州何方，均未敘明。前電云謝道令紮響水口，尤可怪。粵軍應赴前敵，七營紮一處，此地去海州太遠，謝道何得徑行分派。總之，各軍勇丁或暫紮近處，五軍將領均應同赴海州會齊，看明地勢，與徐牧、徐運判、王鎮商妥，電請核定，不准擅專取便。查海州濱海多沙，倭輪不能近，須停泊二十里外，礮不能打至岸上，我軍總宜阻其登岸，方爲上策。老營可於稍近内處擇地勢穩固處紮之，然距登岸處不能甚遠，宜於近岸或作濠，或作壘，可出行隊憑岸擊賊方合。楊、杜、林、黄及王鎮得勝、王鎮心忠六軍，略分爲四枝，楊、杜湘軍爲一枝，粵軍爲一枝，海勝軍土勇爲一枝，忠字營江北勇爲一枝，相距亦不得過遠，方能聲氣相通，合力夾擊，互相援應。尤不宜零星分紮多處，即内外分紮，前路總不能無營。海州城爲要，灌河口以北爲要。灌河口水雖深，聞外有攔門沙，倭輪仍不能進口。再往南則外有五條沙，非所急矣。海岸嚴防，州城穩固，鹽場自然無驚矣。究竟灌河口外沙若何，大輪能入否，前飭造浮橋，已搭造否。海州城外有山岡，距城多遠，大小若何，能紮營否，并飭查覆。八人會商，孰前路，孰後路，孰游擊，孰護城，速電覆。恐林尚未到，王鎮心忠甫到清江，已飭先往看地勢。如兩三日内不到，七人先覆，請漕帥飛飭各員。元。

致萊州李撫台、清江松漕台〔一〕光緒二十一年三月十三日巳刻發

前奉旨，四省會議覆河運、修鐵路事。江省司道已會議，詳覆難辦。此事似應由山東主稿或漕台主稿。祈示覆，當咨請會奏。元一。

致清江松漕台〔二〕光緒二十一年三月十三日巳刻發

新到各軍，需前膛槍操練甚急，局存已罄，王心忠五營已到浦，該營需用後膛槍及擡槍已備妥，惟無前膛，不知清江能搜羅數百枝發給忠字營否，祈速覆。元。

致鎮江呂道台、何道台光緒二十一年三月十三日巳刻發

上海劉道來電，瑞生洋行運到南洋大批軍火已抵滬，十五日清晨必到鎮江。該船求早卸早回，務速多備人夫，其應知會安排各事俱密備妥，一到即起，萬勿躭延。元。

致清江王統領心忠、淮揚鎮劉鎮台光緒二十一年三月十三日巳刻發

王鎮心忠五營已到齊，即委淮揚鎮劉署鎮前往點驗。該軍俟軍火到後，須開赴海州，此時先暫紮王家營或清江。何處爲便，由王鎮自酌，電稟候示。

致海州徐牧、徐運判、電工委員光緒二十一年三月十三日午刻發

海州電局即設州署内，俟青口工作完後，可并設一綫接至海分司治所，須設分司署外，以便通商報。元。

致清江松漕台、王鎮心忠光緒二十一年三月十三日午刻發

王鎮心忠五營如有人照料，該鎮可速先赴海州，會同各統領及地方文武看明地勢，議定紮營處。所稟候核定再開往。元。

致上海上海道劉道台光緒二十一年三月十三日申刻發

頃接龔欽差電，熾大借欵恐難成。現餉需萬緊，不能再待，望速與瑞記訂立草約，借一百萬鎊，六釐息，九六扣，行用在内，廿年還清。限七日内先交銀數十萬兩，十四日内先交銀二百萬兩，屆期不交，罰銀五萬兩。務望即日畫押蓋印，切要。盼即電覆。元。

致杭州廖撫台光緒二十一年三月十四日卯刻發

江南四木輪，求外洋水師將弁不得。倭輪窺伺海州，欲擾清江，以斷運道，淮、揚頗驚，關繫南北大局。現發新舊二十餘營

〔一〕録自抄本《張之洞電稿·致各省電》。
〔二〕以下五電録自抄本《張之洞電稿·致本省電》。

防海州，馮軍將來，亦須赴清江以北，實不能專顧金山也。鹽。

致蘇州奎撫台[一] 光緒二十一年三月十四日卯刻發

昨日聞瑞藩司述公言，朱鎮十營全紮金山衛，他處尚形空虛。尊意擬如何布置，祈籌示。鹽。

致臺北唐撫台[二] 光緒二十一年三月十四日辰刻發

已撥奥槍一萬枝、彈二百萬寄臺。據劉道查驗，百餘箱槍，須大修者尚少，須拆卸擦抹者多，臺廠當可修。彈皆可用，惟每槍原止配二百。又哈乞彈十萬，神機礮彈四千，均交賴道。江省所訂魚雷船尚在外洋未起運，安世邦礮七十久已發朱洪章營，專爲防金山至川沙二百餘里海塘之用，專顧蘇松，尚嫌力薄，勢難收回，衆人必沮，祈諒。澎賊若干，報已探悉，必是待糧餉煤械運足再擾耳，度倭力必不能深入。元。

致清江謝道台、莫道台，委員高承裕、劉華清等[三] 光緒二十一年三月十四日辰刻發

第二批解依將軍大營之軍火速啟行，無論車船牛驢，總宜速行。鹽。

致鎮江何道台，張、吴委員 光緒二十一年三月十四日巳刻發

新運到鎮江之粤省擡槍五百枝，擡礮二十枝，每種各取一枝，即刻派一差弁附差輪速送江甯查閱。明日有大批軍火到，半解東征轉運局，半存鎮江，速備棚廠，以便存儲堆積。切切。鹽。

致臺北唐撫台[四] 光緒二十一年三月十四日巳刻發

蕪湖米禁未開，楊軍門辦軍米五千石，上海、鎮江均可。願。

致廣州李制台 光緒二十一年三月十五日辰刻發

佳電悉。王丞秉必料理粤軍來江事宜，尚有經手，且家有老親需人侍奉。鄭、黄擡槍及承借撥毛瑟彈百萬，吴清帥存黄埔快槍彈三百餘萬，共三項，請另委他員妥運，或令王丞薦舉妥員二人運解亦可。共計三十餘萬斤，約需運費六千兩，已飭局匯粤善後局，祈飭局轉交領解委員收領。至黄埔槍彈三百餘萬，係奥國曼理夏快槍，此槍乃關内外諸軍所用，江南並無此槍，因久閣黄埔，洋行不肯運，只可由内河運到江後，即解北軍。此爲大局計，故不敢分畛域，非江省欲留用此彈也。合併聲明。鹽。

致俄京許欽差 光緒二十一年三月十五日辰刻發

感電悉。五生三礮一種能爲九種之樣否，祈詢明。力拂如有不便，請再酌造，略大略小者各一尊，以免臨時延誤。各機務祈隨時切催，約何時須匯欵若干，祈先示知，當必照匯。本日即先

[一] 録自抄本《張之洞電稿·致本省電》。
[二] 録自抄本《張之洞電稿·致各省電》。
[三] 以下二電録自抄本《張之洞電稿·致本省電》。
[四] 以下二電録自抄本《張之洞電稿·致各省電》。

匯三萬馬，以備多造様礮價。咸。

致海州電工委員張、陳[一]光緒二十一年三月十六日午刻發

電綫何日方能造到青口，速確覆。銑。

致鎮江吕道台光緒二十一年三月十六日午刻發

軍火船已到否，一到即電聞。銑。

致上海電局楊守廷杲、揚州電局、清江電局、謝道台光緒二十一年三月十六日午刻發

海州綫急須接至海分司所駐之西壩，以通鹽務、商報。料物機器不多，速催委員造，勿藉口躭延。通州綫已到何處，此綫應接到都天廟營盤。兩綫均須趕造，海州綫尤緊要，萬勿刻延。速覆。咸。

致海州王、楊、杜、王、林、黄六統領，李道台、徐運判、郎參將、歐陽副將成松光緒二十一年三月十七日巳刻發

各營會看紮營地勢如何，除防岸、接應、游擊、護城分四枝外，須有一枝作伏兵，宜紮何處。再，粤軍宜於有山林處，尤得力。閲圖西墅以内，赴州城之陸路山頗多，有樹林否。如黄家跳、大村、法起寺諸處，何處最扼要而得勢。又州城外山亦不少，有無樹林，能否紮營。無山之處，能開濠否。沙頭口與大村東西直對之處，能開濠引水否，均即先覆大略。歐陽副將成松於海州情形頗熟，灌河口内外尤熟，可一併會商。洽。

李道來電光緒二十一年三月十九日酉刻到

昨奉電示祗悉。王鎮得勝、林副將、歐陽副將、徐運判均尚未到。現經職道鎮邦、沐恩、文彪、心忠、嵩齡、守忠，卑職懿立、桂林，會同熟商，沐恩、嵩齡五營擬紮西墅礮臺，起東南至北城，上兼顧孫家山，西南至平山頭止，扼要分紮防岸。文彪五營擬紮黄家跳、五洋湖，東西分紮十餘里，以為杜軍接應，兼作伏兵。心忠五營擬紮大村，距城四十里，係各海口登岸入州城要路，兼可護城。并挑沙頭之溝。守忠等粤軍七營擬紮灌河防岸。可否，祈核示。至西墅赴州城陸路山嶺并無樹林，州城外山半紮營，亦無樹林。太平、中富、鹽垣在西墅，離城八十里，若由高公島登岸，以法起寺、五洋湖為要路。北城西墅登岸，以黄家跳、平山為要路。各處山嶺多張旗幟為疑兵，前路有警，後路接應，可為游擊。除候憲裁核定示遵，另繪圖説稟陳外，先將大略情形稟覆。職道鎮邦等謹稟。效。

致廣州李制台[二]光緒二十一年三月十七日巳刻發

去冬奏借粤省銀元盈餘、四成報效等欵五十萬兩，接大咨，以軍需已用，無欵可撥復奏。極知尊處爲難，何敢再瀆。惟鐵局、

[一] 以下二電録自抄本《張之洞電稿·致本省電》。
[二] 此電録自抄本《張之洞電稿·致各省電》。

槍礮局乃目前海防急務，旨催甚急，需欵甚殷，無從籌措。竊思得一法，擬奏借洋欵五十萬兩，分三年計息歸還，指明以粵省銀元、報效兩欵抵還洋本，其息銀由江南自籌。明年海防必已平靖，粵省無急需之欵，此兩項係外銷，更無待用巨欵，當可騰挪。且分三年，於粵省用項尚無妨礙，而粵欵由江省按年籌給六釐息銀，現於鹽務籌有外銷一欵，每年給息尚可綽然，惟還洋欵本，則其力萬不能及。如此一轉移間，於槍礮局有益，於粵亦無損。務望籌酌俯允，至爲感禱。即盼示覆。洽。

致海州電工委員〔一〕 光緒二十一年三月十七日午刻發

何日綫可到青口，速確覆。洽。

致揚州電工委員 光緒二十一年三月十七日午刻發

通州綫已接到揚州、瓜洲否，速覆。洽。

致鎮江吕道台 光緒二十一年三月十七日午刻發

李鎮占春軍米五千五百石，由商輪運津，該道即給照免税。洽。

致安慶福撫台 光緒二十一年三月十七日未刻發

海州近日尚無警，各營已到。昨唐電臺灣洋面尚静，無沉倭船事。洽。

致吴淞泰安、馬加利兩輪船〔二〕 光緒二十一年三月十八日卯刻發

該兩輪現想在滬，聽候製造局委運槍彈，可告局知。即覆。十八。

致揚州速轉通州汪牧、錢道 光緒二十一年三月十八日卯刻發

上海製造局有新到奥槍，已飭撥二千枝，每枝配彈二百顆，發與通州、海門、如皋三屬團練用，何處發若干，由錢道與汪牧酌量分派，大約通州須一千以外。已飭滬局派輪送至任家港，該道、該牧可派船在彼處等候接提，惟能否在此處起岸，可與上海劉道、滬局潘道電商。此乃總署所購，雖係舊槍，究是後膛，彈數太少，亦係原來配定，已驗過，彈均可用，惟槍須擦抹耳。張鎮騰蛟營想已到，應紮何處，汪、錢與張殿撰商酌妥辦。汪牧、錢道禀均悉。張軍本令防海門，乃王丞賓禀及海門紳函，力言海門不能駐兵，故令防通州，並非令其駐通州城，或紮如皋之掘港，或紮海門之靈甸港，均可酌辦。此軍本係張仲春因到江後，察該提督與營官俱不得力，故改委張鎮騰蛟挑留三營，餘另募，四月初當到。若不擇將，不擇兵，隨意派往，有何用乎。遊擊鄧業良能任戰守否，如能即照札令速募成軍。金滿營到時宜防何處，并即預籌。海州近無警信，然倭輪既探水，早晚恐必來窺伺，意在

〔一〕以下三電録自抄本《張之洞電稿·致本省電》。
〔二〕以下二電録自抄本《張之洞電稿。致本省電》。

擾清江，斷運道，屢奉寄諭電旨催防，各輪運楊軍、杜軍、林軍、黄軍、王軍由清江以赴海州，運高軍赴揚州，又自江西運馮軍赴鎮江，運王軍赴崇明，日不暇給。該道、該牧僻處通州，想均不知耳。海州急則通州緩，此不比流寇也。嘯。

致吴淞沐統帶光緒二十一年三月十八日辰刻發

南石塘礮臺失火，聞之駭異。大礮甫經放過，何以不掃淨即裝藥，無此荒謬教習，其中必有別情。藥械損失若干，均速據實覆，勿諱飾，干重咎。斃傷弁勇甚慘，務妥爲撫恤。嘯。

致俄京許欽差光緒二十一年三月十八日午刻發

尊電云德華不願借，焦急萬分，餉已竭矣。江南只借一百萬鎊，分二十年還，息銀、扣頭一切俱照滙豐辦法，各口海關作保。其實此數即兩淮鹽課每年分還亦綽綽有餘。淮課每年三百五十萬，如渠願兼寫明兩淮鹽課認還亦可。此係已經於正月二十六日三月初四日兩次奉旨，如議定，即由閣下與之畫押立合同，寫明奉旨日期字樣。停戰期已將滿，必趕於此兩三日借妥方好，不然江南大局決裂矣。其間應如何變通之處，統請尊裁酌定，惟須言明旬日内即先交銀一二百萬兩。此與信義買船另爲一事，船可不買，餉不能不借。切盼速覆。效。

致倫墩龔欽差光緒二十一年三月十八日午刻發

熾大欵既難成，望速代借一百萬鎊，息六釐，扣用照户部與滙豐借欵一律，如能有減更佳，但須數日内先交銀數十萬鎊。還期不可太促，仍分二十年攤還爲妥，或即與滙豐商，更簡便。此事已兩次奉旨，或與容道閎商之，如渠有實在可靠辦法，較滙豐省者，可與之商辦，均請卓裁妥辦，速覆。嘯。

致清江謝道台、轉運局、清河縣[一]光緒二十一年三月十九日寅刻發

東征糧台胡臬司電，清江所存及五批到鎮，現飭浦局委員就近一併雇車，鄉民恐江南轉運局截留，不免裹足，請電飭楊道札飭清河縣，凡遇東征局就地自雇之車出勿封差等語。望即飭地方官東征車勿阻爲要。嘯。

致通州錢道台光緒二十一年三月十九日寅刻發

嘯電想已到，可照録送張殿撰并張鎮騰蛟一閲。騰字營應紮何處，或掘港，或靈甸港，或吕四石港。何處扼要而便於紮營，與張殿撰商酌，速電覆。嘯。

致清江松漕台、海州徐牧、衡字營營官李副將寶書、張遊擊顯榮光緒二十一年三月十九日寅刻發

古州鎮丁鎮來電：廿九抵萊州，見鑑帥，謂接漕台電，因倭艦至海州測水，適衡字一營到浦，已奏准暫留，俟江南大兵齊集，再令赴營等語，查後到之兵係各將官隨身得力親兵，因調各該員

[一] 以下七電録自抄本《張之洞電稿·致本省電》。

兼程來營，是以令將各兵統交副將李寶書、遊擊張顯榮管帶。現既奏留，已電飭李、張兩將即將所帶之兵分爲兩小營，李帶新左營，張帶副中營，聽候憲台差遣，可期得力。儻倭艦旋來旋去，懇仍飭速來前敵等語。即祈傳知該兩營官遵照，暫留江南，聽候本衙門差遣，俟將來酌看情形，再行飭赴前敵。嘯。

致鎮江吕道台、何道台，張、吴兩委員光緒二十一年三月十九日戌刻發

聞瑞生此次船有比國快槍彈二百萬，速查清覆。此彈須撥一百萬，解山海關劉峴帥營。即覆勿延。效。

致海州王鎮台得勝、徐刺史光緒二十一年三月十九日亥刻發

李道、徐牧及諸統領效電悉。王鎮近在本州，青口亦不遠，何以未會議，豈有意見托故不到耶，抑有他事耶，速覆，并將各軍應紮地段速議電覆。灌河口水雖深，外有攔門沙，輪船總不能入，究竟輪船停泊距灌河口若干里，徐、王均查覆。效。

致金山衛朱鎮台光緒二十一年三月十九日亥刻發

金山嘴距金山衛若干里，該處水深若干尺，沙灘若干遠，輪船可到距岸若干里，即覆。該處海塘内地基是否平坦堅實，便於紮營否。效戌二。

致清江轉運局謝道台、莫道台光緒二十一年三月十九日亥刻發

三批委員胡登衡、四批委員吴之珍，三批四批軍火有車船即速行。效。

致廣州閻道台〔一〕光緒二十一年三月十九日亥刻發

兩江勇營槍礮需機器匠甚多，請速在省港代覓數十名，分別技藝等差，代定月薪多寡，酌給盤費若干，示悉電匯，切盼。效。

致廣州李制台光緒二十一年三月十九日亥刻發

製造局監工委員游擊賴榜、賴馥弟兄，現尚在局當差否。江南現有製造槍礮等事需人甚殷，請飭該游擊等速來爲禱。效。

致揚州高鎮台、江運台光緒二十一年三月十九日亥刻發

高軍四營宜紮一處，不可分。防巨寇，備戰守，不比緝捕彈壓，分則力單，合則有用。務望照辦，酌定一地可也。效。

致廣州李制台〔二〕光緒二十一年三月二十日辰刻發

信義現到黄埔之船内，有南洋軍火若干件，祈速查詢示覆，以便由内河速運。號。

〔一〕以下二電録自抄本《張之洞電稿·致各省電》。
〔二〕録自抄本《張之洞電稿·致各省電》。

致徐州沈道台〔一〕 光緒二十一年三月二十日辰刻發

屢電均悉。軍火過徐已八批，甚慰。若早照此辦法，臘正各件早已到關外矣。以後來電可并電致金陵轉運總局，以便稽考，電尾加一語云并致轉運總局，即可矣。號。

致揚州江運台 光緒二十一年三月二十日巳刻發

户部來電，兩淮協甘新餉擬撥六萬解滬還洋欵，速電覆。户。效。等語。務即遵辦。查此項洋欵係五月初九日期，何日可解，并速覆。號。

致海州青口王鎮台得勝 光緒二十一年三月二十日巳刻發

海勝軍擬紮何處，新募三營已成軍否，沙頭須紮營否，竈團究能得力否。海勝八營情形較熟，不宜專顧一處。灌河口外攔門沙輪不能入確否，響水口與灌河口何處便於紮營，灌河口距海州若干里，須經由何地方。昨效電想已到，分防地段何以未與諸統領會商。該鎮速覆。號。徐牧同閱。

致通州汪牧飛送張殿撰〔二〕 光緒二十一年三月二十日巳刻發

覆函想已達。十八日致通州文武電，想已閱，速示覆。號。汪牧并録前電速送一閱。

致鎮江吕道台、何道台，張、吴兩委員 光緒二十一年三月二十日申刻發

號辰電悉。昨電所言之比槍彈二百萬，係劉任託龔星使所定，槍已早到，聞係搭此次瑞生船運來，與上海道向地亞士所購比槍五千枝所配之彈另是一起。查槍五千應配彈五百萬，來電言一百五十萬，有無錯誤，抑未到齊，即速分晰詢明該船電覆，并將此船貨單詳細電開。至要，即覆。號。

致通州汪刺史速送張殿撰 光緒二十一年三月二十一日子刻發

屢電想閱悉。張鎮騰軍宜紮何處，或任家港，或掘港，或吕四石港，或靈甸港，均即酌示。金滿軍到紮何處，并望預籌。盼即覆。號。

致鎮江陳統領 光緒二十一年三月二十一日子刻發

已派洋弁錫樂巴及王委員迴瀾赴焦山看礮台作法，速商定趕造。號。

致揚州高鎮台並送江運台一閱 光緒二十一年三月二十一日子刻發

電悉。貴部四營應全紮五台山。號。

〔一〕以下八電録自抄本《張之洞電稿·致本省電》。
〔二〕指張謇。

致海州青口楊、杜、王、林、黃、王六統領，徐牧、徐運判、李道 光緒二十一年三月二十一日子刻發

效電及王鎮電悉。楊軍、杜軍忠字營、王軍均照議分紮，林、黃粵軍七營不宜紮灌河口，可另擇陸路緊要地方駐紮，以作遊擊伏兵，距海州約在四十里以外，七八十里以內，林、黃兩將自行會商酌定電聞可也。緣粵軍剽悍，利於衝擊掩襲，略有山岡曲折處更好。灌河口距海州太遠，若孤懸彼處，則調動不靈，將來難於抽回。此時暫紮近處，將來尚可相機審勢，或移紮遠處，或出行隊攻擊。倭寇若來擾，意在清江運道，總在灌河口以北。若海州附近有重兵，州城穩固，彼斷不敢越過海州而深入二百餘里也。若海勝軍王鎮想係紮青口，或分紮何處，并自籌酌電復。總之，今日保清江運道之計，海州一帶防倭之法，總以斷其歸路爲主。各統領兵團務須會商熟計，專心作此一著，切要，萬勿視爲平常套話也。現已撥槍四千枝與海州民團、竈團，由鎮江運清江轉運。號。

致清江松漕台 光緒二十一年三月二十一日丑刻發

函悉。海州諸軍宜有統攝，尊見極當。擬派李道鎮邦或王鎮得勝爲前敵營務處，總司稽察約束。馮宮保十營已到鎮江，馮住金陵數日，明日行，擬即輕騎先赴海州，察看地勢軍情，所部暫住鎮江。如海州有警，再調全軍往。如馮到則可爲總統矣。現有新到槍，已撥七千餘枝發海州、贛、沭、宿、安等處團練，三千枝存清江備用。雖係舊槍，尚係後膛，并及。號。

致揚州江運台〔一〕 光緒二十一年三月二十一日丑刻發

電悉。部電只令撥六萬解滬，今尊處既餘八萬，則已敷解而有餘矣，何以來電云祗餘八萬之外，又籌墊六萬，未甚解，請再明晰覆。號。

致武昌譚制台、謝署鎮台得龍，漢口惲道台〔二〕 光緒二十一年三月二十一日寅刻發

鶴軍六營聞已到漢口，本擬即派輪往接，惟頃接天津盛道電，云得李相電，和議明日會晤即定，餘無他語。此軍及張鎮所募之騰字兩營，均祈飭令暫駐漢口，聽候電示，并飭妥爲約束，勿生事，切禱。和議係何條欵，秘不得知，惟據洋探報云喫虧太甚耳。號。

致海州徐牧 光緒二十一年三月二十一日寅刻發

海州現有三十餘營，六統領不相統轄，然各軍亦無堪勝總統者。擬派一前敵營務處爲之總匯，主持稽察約束，要事仍電請本衙門核定，但非節制調遣耳。或李道鎮邦，或王鎮得勝。李係文員較便，但不知才望若何。王曾任實缺總兵，資望老，情形熟，但遠在青口一隅，精力不知若何。兩員孰勝，體察衆情孰爲相宜，

〔一〕録自抄本《張之洞電稿·致本省電》。
〔二〕録自抄本《張之洞電稿·致湖北電》。

即密覆。再，沿海探馬須多設。號。

致清江王統領心忠、海分司徐運判〔一〕

光緒二十一年三月二十一日寅刻發

勇止能照原紮五營，不便多添。需銀數千，飭海分司徐運判照撥。既無馬，暫不必改。電綫擬接通板舖，設報房有益否，徐運判酌覆。號。

清江來電

光緒二十一年三月二十一日亥刻到

電綫接通板舖，有益商民。王鎮心忠遵撥數千。王鎮得勝添三營，已先撥一萬，無餘。平安。海分司叩。箇。

致鎮江呂道台、何道台〔二〕

光緒二十一年三月二十二日巳刻發

馮宫保到鎮江後，擬即帶員弁親兵數十人馳赴海州察看地勢軍情，務速備船并派小輪兩號拖帶，送至清江。兩日必須到清江，切要。養。

致鎮江楚材輪船

光緒二十一年三月二十二日巳刻發

該輪此時計已到鎮江，馮宫保何日渡江赴瓜洲，可請示問明，如一兩日内渡江，即候送到瓜洲後，速赴上海接湖南吴撫台，須二十六日到滬。如過江之期尚遠，即先赴滬可也。問明即覆。廿二。

致巴黎王欽差

光緒二十一年三月二十二日申刻發

廿一日電悉。救時要策，欣躍欽佩，已即刻電奏。惟前數日總署覆電云，此事暫緩辦，恐因和局將成之故。但無論和戰，欵總必需，請即代江南借定一百萬鎊。此早經奉旨允准。何日交銀，祈速。即内不允購船，琅威理亦請議定調來南洋練水師。均望速覆。養。

王欽差來電

光緒二十一年三月二十四日未刻到

養電悉。欵遵訂百萬鎊，候歐使電格林密，即畫押。十船非倉猝能辦，恐失機會，與英、美紳商昕夕籌畫，幸添足廿四生及各快礮百六十八尊，魚管廿箇，借商會旗駛華，兼旬就議，始願不及。據琅云，要盟雪恥，相機行權，西史歷歷可證。即我守大信，而門户已空。若不速計補牢，恐有强鄰接踵等語，華臣聽此能無愧憤。若仗公忠誠請命，得邀便宜行事，軀命不惜，即和亦當預購此船。趕辦已在兩月内外，似難再緩，乞密畫速成。琅自隸麾下。春叩。

致通州騰字營張鎮、汪牧

光緒二十一年三月二十二日申刻發

騰字五營宜紮一處，或任家港，或蘆涇港。兵力宜合不宜分，太單無用。速商酌定議，各自電覆。此外，如有要地，以金滿四

〔一〕以下二電録自苑書義等主編《張之洞全集》第八册，第六二七三頁，河北人民出版社一九九八年版。

〔二〕以下二電録自抄本《張之洞電稿·致本省電》。

營扼紮，頃金滿電，營已齊到滬。養。

致上海上海道劉道台光緒二十一年三月二十三日子刻發

瑞記借欵，即與立合同，定借一百五十萬鎊，六釐息，九六扣，匀分二十年還，利隨本減，各口海關作保，已兩次奉旨允准。本月底交銀一百萬兩，如到期交不足數，罰銀五萬兩，不必再立草約。該道與立正合同畫押蓋印，并令領事蓋印，一切辦妥後，再送來江甯加蓋本衙門印，以省周折遲延。萬勿先來甯，多費時日，本部堂屢電即是憑據，何必面禀。若不先立定正合同，未經領事蓋印，即來甯亦不見之。該行不願如此辦，必仍是推宕，意圖反覆。日來議有眉目，催定議者，英法共三家，本衙門即與他行訂，免致誤事。切切。即覆。養。

劉道來電（一）光緒二十一年三月二十四日申刻到

養電諭遵敬辦。李曼面稱，該行東家名則戈卜安何爾德，在德或在英，渠必謁兩欽差詢問此借欵，求憲台即電托許欽差諭該東家確系奉旨借欵百五十萬鎊。李曼求電禀多備，仍未允商訂合同，可否求另委員來滬會商訂定以期周妥之處，敬候諭遵。麟祥禀。迥。

致俄京許欽差光緒二十一年三月二十三日寅刻發

聞和議已成，倭虜貪狠萬狀。據朝鮮，賠巨欵，割要地，凡已占遼境東至旅順、營口，臺灣全島，皆屬於倭。此合肥致盛道電，必非虛語。從此中華何以自立，令人痛憤髮指。尊電及爵堂電皆云俄允俟倭索太過，約鄰勸讓。查俄土之約，土雖已允，各國脅而改議。此事於俄利害相關，上年俄皇在倭被刺，今李相亦然，凶狡詭謀，各國共見。倭占韓占遼，盡據東方海面，俄亦事事受制。此乃地球實事，并非縱横虛談。請閣下急速面謁俄皇，瀝懇相助。俄與本朝乃二百餘年盟聘之國，交久誼親，不比他國。倭若得志，斷不能如中國之睦鄰守約。三年前俄皇游歷漢口，僕周旋數日，甚爲欵洽，深承優待，其意甚殷，面言鄙人情誼，他日必不能忘，回國後尚令俄領事寄語致謝。此時僕本擬自行電懇俄皇，爲包胥乞秦之舉。特以中國大員，向未聞有與各國之君通電之事，未敢冒昧。特請閣下代爲轉陳，務達鄙意，誠切懇求。若肯代解危急，我國家必有以報。無論能否允助，總須聽其回覆一言。國家安危所關，但有一綫之機，必圖挽救。謀國不臧，敗壞至此，可爲痛哭，盡此心力，彼此同之。盼示覆。養。

致臺北唐撫台光緒二十一年三月二十三日卯刻發

公身處危島，屢陳忠讜，敬佩萬分。頃接盛道電云，李相創口漸愈，子未取出。約已定廿三畫押，即回津。遼東至營口又全臺均割，賠欵三萬萬等語，可駭已極。遼地或指已占者，然北無旅順，南無臺灣，中華海面全爲所扼，此後雖有水師，何從施展。梗遼瀋之路，扼津登之喉，卧榻養寇，京師豈能安枕。北洋三省沿海水陸，永遠不能撤防，國用如何能支。畏倭如是，各大國必將肆意要挾，如何能拒。三萬萬何從搜括。此後何論自强，直恐

（一）録自苑書義等主編《張之洞全集》第八册，第六二七六頁，河北人民出版社一九九八年版。

不能自立矣。大局敗壞，切齒痛心。不思倭寇止有此數，中國甚廣，豈能百道並攻，懸軍深入。彼所恫喝，惟在犯京，暫時巡幸以避凶鋒，關内援軍日多，軍械漸集，二百餘營何至不能一戰，即有敗挫，豈能盡掃諸軍。彼陸路深入數百里，軍火餉需皆須來自海外，截其歸路，一潰即不支矣。英俄各國以我空言求助，故藉局外爲辭，既肯以地與倭，何不以僻遠之地賂英俄，於全局尚無妨礙。至商務等事，更可通融。有助則必勝倭，勝倭則兵威振，各國仍不能藐視，何至甘受倭之吞噬哉。僕自去秋至今，屢次電奏瀝陳，深遭時忌。近已與王使之春電商，購得兵輪十艘，洋將琅威理，洋兵二千，三月到華，船礮價二百萬鎊，用費一年約二百餘萬兩。欵係王借，已電奏，但和局已定，恐難允矣。時局如此，愧疚憤恨，聊爲公發之。養。

致海州王、楊、杜、王、林、黄六統領，徐牧、郎參將、李道鎮邦光緒二十一年三月二十三日申刻發

李道鎮邦委充海州各軍營務處，兼司稽查約束，各軍統領均即遵照。漾。

致輪墩龔欽差光緒二十一年三月二十四日卯刻發

養電悉。祈速與克薩照借一百萬鎊，交欵愈速愈妙，能三日内先匯若干到華爲感。即盼速定速覆。敬。

龔欽差來電光緒二十一年三月二十二日午刻到

英大銀商克薩，允借一百至三百萬鎊，半月内交齊，六釐利，九零五扣，無費用，廿年攤還，五年後還本，條欵照匯豐合同一律。廿年内，可無論何時還清，惟須先六箇月知會，舍此無他商肯辦。借幾何，乞速示。容薦商未到。瑗。養。

致鎮江吕道台、何道台，張、吴委員，陳統領[一]光緒二十一年三月二十四日卯刻發

新到瑞生大快礮十尊，全安鎮江，大約焦山安五尊，鎮江五尊。陳統領即速與洋弁錫樂巴、王令迴瀾看定礮位，電稟候定。惟十礮現在利運剥船上，停泊何處，江中風浪大，十礮重，務須小心。即覆。敬。

致清江松漕台光緒二十一年三月二十四日辰刻發

已電請馮宫保總統節制海州、清江諸軍，惟漕標在海州之水陸數營應否一併歸馮總統，請裁酌示覆。敬。

致通州汪牧、錢道光緒二十一年三月二十四日辰刻發

泰州、鹽城、阜甯、東台四處團練槍一千五百枝、彈三十萬顆應解至何處轉運，陸道斟酌速覆，以便飭解。即由汪牧録電飛送陸道。再，錢道電悉，前膛槍早已飭發解往。金滿四營止能紮一處。掘港、豐利各距江若干里，距通若干里，何處最要，何處地勢最好，何處於紮營較便，均速覆。敬。

[一] 以下六電録自抄本《張之洞電稿·致本省電》。

致海州電工委員張、陳，上海電局楊守光緒二十一年三月二十四日辰刻發

海州綫分設板浦。敬。

致揚州高鎮台、江運台光緒二十一年三月二十四日辰刻發

邵伯距揚州若干里，地勢若何，想在河邊平地，不如五台山。至五台山係何形勢，距城幾里，原紮五台山之一營移紮何處，均即覆。敬。

致江陰李統領、舒統領光緒二十一年三月二十四日辰刻發

礮台工程若何，總未言及，悶極。第二尊大礮已運上山頂否，速覆。敬。

致海州王、楊、杜、林、黄、王六統領，李道、徐牧光緒二十一年三月二十四日辰刻發

已奏請馮宫保總統海州諸軍，昨日馮已率弁兵數十人自揚州至清江，赴海州察看地勢軍情。再，海勝軍舊五營何以分紮四處。總之，該軍新舊八營紮兩處最好，至多只能分三處，平日可操練，有事可戰守。禦寇不比緝捕，并酌定地方。速覆。敬。

致萊州李撫台光緒二十一年三月二十四日辰刻發

聞和議已定，種種可駭，從此中國不能自立，實堪痛恨。尤可怪者，旅順、營口歸倭，威海駐兵，想劉公島自必不還，北洋門户爲其所塞，京城亦不能安枕，北洋三省，水陸永遠不能撤防，餉費如何能支。議和不過圖目前粗安，如此則目前亦不安矣。并聞有收繳礮臺軍械一條，不知指何處，確否，公想必知其詳。尊意有何法挽救，祈速示。敬。

致天津盛道台光緒二十一年三月二十四日辰刻發

屢電悉，可駭已極。聞有礮臺收繳軍械一條，確否，係指何處礮臺軍械，抑各處皆繳。聞有威海駐兵一條，確否。劉公島想不退還。三事均祈速示。尊電謂偷安旦夕，竊恐外患内亂同時并起，雖欲偷旦夕之安亦不可得。夔帥、峴帥有何主見。保定通京綫，陝豫通潼關綫，已造否，均速示。敬。

致天津盛道台光緒二十一年三月二十四日亥刻發

有人自津來電云，條約十欵：一、割臺灣。二、要奉省邊境。三、賠費三萬萬。四、駐兵威海。五、遍地通商。六、屯兵八千。七、管各機局。八、管鐵路。九、商辦樞府。十、韓自主等語。又有人云繳收礮臺軍械，臺械係指何處。以上各條是否的確，此外尚有何欵，切懇即速明晰電覆。敬。

致漢口惲道台〔一〕光緒二十一年三月二十五日寅刻發

和議條欵甚多，不止割地賠費，真可痛憤駭怪。恐外間尚未盡知，尊處知其詳否，敬帥議論若何。敬。

致萊州李撫台〔二〕光緒二十一年三月二十五日寅刻發

和欵甚多，不止割遼、台，率皆荒謬可駭。請尊處於天津、京城速探詢爲要。敬。

致江陰統領兵輪吴鎮台光緒二十一年三月二十五日午刻發

該鎮即統率南瑞、開濟、寰泰、鏡清、保民五兵輪，龍驤、虎威、飛霆、策電四礮船，即日全行移泊崇、寶、沙一帶，與獅子林礮臺互相犄角援應，即專派保民看守水雷，如有移動，保民仍駐該處。至九輪駐泊地方，或應合駐崇、寶、沙，或應分駐石頭沙，到彼酌定後，速發電至吴淞電局轉電，聽候核奪。今日即須開行，不准延緩。即刻覆。有。

致天津盛道台光緒二十一年三月二十五日未刻發

敬電請速覆。聞有交俘一條，索宋、依、李鑑帥，確否，屯兵八千紮何處。聞英、俄不允割地，確否。并速示。有。

盛道來電光緒二十一年三月二十五日酉刻到

條議除割地賠欵外，秘不能知。威海屬我，倭仍駐兵。礮臺收械未悉。夔帥、峴帥未聞議論。現聞俄、法、德三國各論其駐東使臣，向日本外務説明，馬關條約三國不允，定要更改。英推卸不管。日本原畏泰西，惜我不求交際。陝豫綫一月可成，東綫本通保定。宣稟。徑。

致武昌譚制台、岳州婁提台光緒二十一年三月二十五日申刻發

前接譚敬帥咨，貴部已將原有之備調軍三營，防軍一營，共四營募齊，又添募兩營，候餉啟行等語。當以和局將成，奏請稍緩數日再定行止。昨接總署漾電，奉旨：張之洞電奏已悉。著該督傳知婁雲慶，無庸北上。欽此。等因。自須欽遵辦理。惟和議甫定，聞條欵離奇太甚，恐有更變，所有添募兩營，祈暫緩數日，再行遣散，俟得確信，再行奉達。徑。

致倫墩龔欽差光緒二十一年三月二十六日丑刻發

敬電請速定克薩借欵，務懇即定，先匯若干來華，即十餘萬鎊亦好，因軍餉及各項費用械價浩繁緊急，必須有此一欵方能支持。目前若稍遲，該行恐有變。和議亦恐難恃。英國於此次和約豈毫無一語，絶不相助耶。速示覆。有。

龔欽差來電光緒二十一年三月二十六日申刻到

敬電悉。頃與克薩面定借一百萬鎊。此借欵列匯豐前借三百萬鎊之後，一切條欵照匯豐合同立據，欵一月内交清，即日簽草

〔一〕録自抄本《張之洞電稿·致湖北電》。
〔二〕録自抄本《張之洞電稿·致各省電》。

約，收付各事由滬麥加利銀行經手，准三日内交十萬鎊。瑗。有。

致俄京許欽差光緒二十一年三月二十六日丑刻發

養電想到。見俄主否，意若何，有援助之望否，速示覆。有。

許欽差來電光緒二十一年三月二十八日巳刻到

養電昨始到。二等使無謁君例，即代擬節略送外部。據云，遇便即遞。俄已合法、德勸倭減讓，意在争遼，尚無覆。澄。宥。

致江陰彭提台〔一〕光緒二十一年三月二十六日寅刻發

頃接奎中丞電尊處函稱，江陰淮軍遣撤兩營内，有四百餘人因未給遣資，各隨帶槍械在靖江地方散住民間，深恐滋事等語，何以並未接尊處函電。查此次江陰資遣淮勇，原分新舊勇之别，舊勇補給兩箇半月餉，新勇給一月恩餉，並無不給遣資之事，該勇等或因此藉口求多。此事關繫頗重。查閱港汊河道尚可從緩，切懇暫緩前赴揚、泰一帶，務望暫駐靖江彈壓，俟李鎮將此事辦妥再行，勿任生事，至感。頃已電飭李鎮妥辦矣。祈速覆。有。

致江陰廣義軍李統領光緒二十一年三月二十六日寅刻發

頃接奎撫台電，彭軍門函告，江陰淮軍遣撤兩營，内有四百餘人因未給遣資，各隨帶槍械在靖江城東十二里之孤山地方散居民間，恐藉端滋事等語。該鎮務速設法妥辦，總以安静遣散，一切均可酌量通融，倘或滋事擾害地方，定惟該鎮是問。懔之。即刻電覆。有。

致天津盛道台光緒二十一年三月二十六日午刻發

俄、法、德不允，有實據否，是否出三國之意，抑係中國所託。英於臺灣及中俄强弱最關心，何以推卸不管，必有他故。尊意有何良策，均祈速示。宥。

盛道來電光緒二十一年三月二十七日寅刻到

俄、法、德不允，係巴蘭德來電所云，似出於俄，惟俄出亦但阻遼東，未必甘為我用。英不願俄獨雄東方，且倭約彼於商務有益，故推諉。交際須在平日，臨難又不肯利餌，拘泥成法，寸步難行。俘事與交械皆無此條。宣禀。宥。

致漢口惲道台〔二〕光緒二十一年三月二十六日申刻發

候選知縣張令炳麟與鄙人世交至好，境苦累重，擬派湖北分銷差事。該令現有緊要欠欵，必須稍優者方能救急解厄，關繫甚鉅。鄙人目覩迫切情形，不能不爲設法，惟武穴最相宜。查新隄係兼辦，擬即委張辦武穴，將現辦武穴之運判趙廷珍調新隄或他處。請就近與志道一商，并即示覆爲感。若非關繫緊急，亦不必爲之如此力籌也。宥。

〔一〕以下二電録自抄本《張之洞電稿·致本省電》。
〔二〕録自抄本《張之洞電稿·致湖北電》。

致海州林、黄兩統領[一] 光緒二十一年三月二十六日申刻發

大伊山好，粤軍七營即紮此。宥。

致武昌鐵政局蔡道台[二] 光緒二十一年三月二十六日酉刻發

上年瑞記代墊鐵、礮兩局水泥、火磚、鐵地板及運脚各費三單，共銀七萬三千餘兩，三月底届期，即在鄂籌快礮機價已解之十一萬内撥付。宥。

致巴黎王欽差光緒二十一年三月二十七日辰刻發

總署廿四日來電，奉旨：張之洞電奏已悉。現在和議甫定，至重整海軍，必須從長計議。王之春所議之船究竟是否精利，鋼甲厚薄，速率若干，亦未聲叙，僅憑商人之言，未經查驗，恐難深信。其價值必照平時加增，且驟招官兵二千，所費亦必不少。著張之洞將以上各節再行熟籌電覆。琅威理前經總理衙門飭總税務司電令赴華效力，旋以已受英國官職，辭而不來，現又賦閒，應仍由該衙門轉飭電詢明確，再行辦理。至借欵一節，前經總税務司借用匯豐行三千餘萬兩，現須借用巨欵，仍由匯豐一手經理。王之春所訂借欵，著張之洞電令即作罷論。等因。欽此。謹遵旨轉達。惟和議條欵離奇太甚，恐有變更。船事、欵事望勿全行推卻，留將來續議地步。一面請將各船鋼甲厚薄、速率、曾否查驗詳示，以便覆奏。宥。

王欽差來電光緒二十一年四月初三日午刻到

奉宥電悉。諭旨遵查智利全鋼甲，厚者十二寸，速率十八海里，造價三十九萬一千鎊。頭號帶甲快船，速率廿二海里，甲厚六寸，價三十五萬鎊。阿根廷帶甲快船二，價速率同智二號，帶甲快船二，速率十九海里，價每十五萬鎊。魚雷船二，速率廿一海里，價每六萬鎊。運船二，速率二十海里，價共七萬鎊。均議照造價，連礮位略加，餘詳前電。去秋龔使代北洋購卅五萬鎊之智輪克錫，擬給五十萬鎊，均未成。今合購十船，并包險等費，僅約二百萬鎊。春初疑未信，嗣遣西人查驗，其八輪造價、速率均取有該國家刊印船表，始敢電陳。至前請備之三百萬鎊，除申明外，餘七十萬鎊因議添購德船，兼籌後路之需，此舉本期助戰，故籲請自任。今和成，購船、練軍情形迥别，自應由公請飭駐使龔專辦，則查驗核價事較從容，且原議西人近在輪墩，不難招致。鉅欵一節，該行允足備三千萬鎊，以備善後急需。現遵令罷議，惟事期益國，以後匯豐若果居奇，仍請飭該行承辦。乞酌核覆奏。春叩。

致臺北唐撫台光緒二十一年三月二十七日辰刻發

讀有電，悲憤曷已。昨已將和議逐條利害瀝陳，請以重利求大國力助，不知有益否。頃王爵堂來電言，法外部謂倭力竭疲，甚不能久，冀華堅持，法、俄兩國已電勸倭減讓等語。又云，西人言普法議和，普索法兩省地，法以兩省人不願屬普，普不能駁，中國可援例，聽臺灣民自便等語，均照轉總署矣。乞援借助，必

[一] 録自抄本《張之洞電稿·致本省電》。
[二] 録自抄本《張之洞電稿·致湖北電》。

須有實際相餌，人方肯爲我用，惟在權其輕重而已。事由總署主持，疆臣不能擅許。遠交近攻，最切今日事勢。倭燄初張，僕即力持此議。去冬至今，敝處分致英、德、俄星使，轉商外部，電商數十次，電奏數次，百計俱施，然卒以無權，事竟不就。爵堂購船借欵，選將募兵諸事，以和局已成，未蒙允准。尊電所云某某願戰，未聞其語。總之，内無定見，外無同心，僕與公及鑑堂三人同爲痛憤而已。感。

唐撫台來電 光緒二十一年三月二十六日申刻到

總署來電，大致謂臺絶地難守，戰亦徒損生靈，京師視臺尤重，定約兩月交臺，以全大局等語。遼、臺俱割，大局何望，臺民憤恨一時，哭聲震天，無可撫慰，慘不可言。防營勢應即撤，但一撤則奸民立起，官紳先受其害，何能交割。劉、宋二帥來電，均稱願戰，而内間不理。今無可呼籲，惟望公邀同劉、宋二帥及各疆臣電告各國公使，轉商其政府，從公剖斷。賠欵而又割地，太不得情理之平。臺本未失，今民又不服倭，皆公法所可争者。且聞各國極有違言，迎機愬之，或有一綫轉機，舍此别無良策。非常之變，并可破格與各國商辦，若請總署轉商，斷不行矣。儻竟難挽回，遣勇運物非多輪不可，乞公濟之。崧。有。

致天津盛道台 光緒二十一年三月二十七日辰刻發

宥電悉。傅相已抵津，和議當已知其確實，請逐條明晰速示，至感。几緊要處，幸勿漏。事已揭曉，無須秘矣。感。同莘按：此電盛道台曾録條約全文電覆。中日條約備載官書，兹不録。

致鎮江吕道台、何道台，張、吴委員〔一〕 光緒二十一年三月二十七日辰刻發

地亞士洋行電稟，聞達武南船每天卸貨極少，憲台所費較鉅，緣停船一天須費四百元，且該船亦難久候，況聞十二生的礮卸存江邊，恐水漲受潮等語。務趕緊起卸，妥爲存儲，至要。十二生礮究竟現卸存何處，是否存利運船上，即刻電覆。感。

致萊州李撫台〔二〕 光緒二十一年三月二十七日巳刻發

和議條欵，已令天津探員奉達。讜言諫阻，佩甚，奉有電旨否。鄙人昨亦有電奏瀝陳。人不足重，恐言亦不足采耳。感。

致山海關劉欽差 光緒二十一年三月二十七日巳刻發

和議條欵，公當已備知，尊意謂何欲，有所陳説否，祈速示。感。

劉欽差來電 光緒二十一年三月二十七日亥刻到

坤於念二日中始知和議確有賠欵割地之説，即於申刻電奏力阻，竟寢不報。念四日復代丁鎮電奏，請停和議，並求陛見面陳，奉旨不許。無所為計，公謂何如。坤。沁。

〔一〕録自抄本《張之洞電稿·致本省電》。
〔二〕録自抄本《張之洞電稿·致各省電》。

致總署光緒二十一年三月二十七日

王之春來電：前偕慶常晤外部，論倭財竭疲甚，必難久，冀我固守。現又密告以法、俄已電倭勸減，英獨鬆勁，且向龔使危詞嚇迫，意在值百抽二，利益均霑，私意顯然。中英最好，可爲寒心。約中值百抽二，遼東一角關繫最重，倭意甚迫，如再堅持兼旬，二條可望減去。敬電陳。祈轉署等語。沁。

致通州汪牧、金千總滿〔一〕光緒二十一年三月二十八日子刻發

金千總滿陸隊軍三營全紥一處，水軍一營亦須相去不遠，豐利、掘港均可。該千總須速親往察看，何處地勢能紥營，自擬定一處，速發電稟明，即行開往可也。水軍不能紥外海，應紥地方該千總并自酌。該軍既暫駐通，務留弁妥爲約束，汪牧亦須照料彈壓。兩奏案須解天津一半，留江南止一半，須留以酌量分發各軍，仍須少有存儲，以備緩急，如將來有戰事時，當臨時體察情形，再爲酌量添發各軍，此時實不能專添萃軍也。至槍械不全，與該道商辦一節，鄙人並無其語，全字亦甚難言，此時實無此力。並告馮道。卅。

致武昌謝署鎮台、漢口惲道台〔三〕光緒二十一年三月二十八日子刻發

沁電悉。鶴軍暫駐漢口，日需用費，由志道、惲道或督銷局或江漢關暫行湊撥銀三千兩，交謝鎮領用。此軍鄙意總擬調來江，或全調或調數營，俟數日内大局稍定，方能酌定。即覆。感。

致臺北唐撫台光緒二十一年三月二十八日巳刻發

京電請轉薇帥：德、法、俄並阻批准約，英尤惜臺，有質臺之議，樞不受也，詔合肥有畫押以後，臺即屬倭，臺或不從，於中無涉之語。然則臺能自保，不累中矣。庇英自立，以保民爲詞，守口聘英將，巡海乞英船，土匪自緝，事當有濟，不必驟怒倭。襲澎慎舉，勝可無守。植。感。洞轉。儉。

致清江松漕台光緒二十一年三月二十九日丑刻發

敬電悉。漕標在海州防所水陸各營，尊意俱歸馮宮保節制調遣，以一事權。卓見極是。請即電飭札行貴標各營，并咨馮爲要。儉。

致清江松漕台〔三〕光緒二十一年三月二十九日丑刻發

勘電悉。合肥相眷借小輪二隻，請即飭普安、濟永兩輪拖帶赴揚。至馮宮保到海州後，須各處一看，回浦尚須數日，當不致誤也。儉。

致金山衛朱鎮台，上海劉道台、潘道台光緒二十一年三月二十九日寅刻發

電悉。礮路不能比馬路，似不宜太精工，斷不能費數萬金，

〔一〕〔三〕録自抄本《張之洞電稿·致本省電》。

〔二〕録自抄本《張之洞電稿·致湖北電》。

但由營勇修平，酌加工料而已，借撥二萬不至不敷，劉道、潘道速核計稟復。地營鄙人所親見，費工多，用料少，斷不能用至三萬。濱海土薄水淺，地營是否相宜，須妥酌變通。若照該鎮來電作法，是高出地上，與營房無異，似非地營本意。月餉預支，萬不能開端。江南産米之區，尚慮青黄不接，北上諸軍又將如何。沁。

致武昌譚護制台光緒二十一年三月二十九日卯刻發

津廿六日電，照轉一閲：相本午抵津，和約詳欵六百里馳奏，並請假廿天。議定約目十條：一、韓自主。二、讓臺、澎，限兩年内聽民去留，又奉天已失七州縣。三、所有軍隊，換約後三箇月撤回。四、賠費二萬萬兩，換約後半年還五千［萬］，再半年還五千［萬］，餘儘六年清還，加息五分。五、添各口通商，蘇、杭、沙市、重慶等處。六、内地皆通商。七、兩月内派員會同劃界。八、駐兵威海，年給兵費五十萬，賠欵清後撤。九、所有俘虜彼此儘送還。十、限六箇月議通商詳欵。現停戰期滿，展限至四月十四，以便期内換約等語。尚有劉公島駐兵一節，當係附威海條内。敝處前日已電奏力阻，不報。尊意如何。公去年曾請西幸，此時欲廢約力争，非先定計西幸暫避不可。一有此舉，倭聞之，諸事皆鬆矣，不知京城有建此議者否。儉。

致巴黎王欽差光緒二十一年三月二十九日卯刻發

兩電已即刻代轉。請閣下與外部密商，如法能以兵力助戰，脅倭廢約，臺遼不割，賠欵減少，我必以厚利相報。問其所欲何在，或越南、廣西、雲南界務，或代法收撫越地游衆，或各項商務不令英國獨擅東方利權，或别有願得之處，切實與商。如彼有意，望速電覆，當剴切電奏。盼覆。豔。

致蘇州奎撫台[一]光緒二十一年三月二十九日亥刻發

盛道來電：條欵第一，朝鮮自主，貢獻盡廢。第二，割地。第三，劃界。第四，賠欵庫平二萬萬，一年内交一萬萬，餘分六年交。第五，割地期限，全臺限兩箇月。第六，通商條欵悉照泰西外，添五欵：一、添開沙市、重慶、蘇州、杭州四口，以後日本臣民往來僑寓，從事商業工藝製作。二、倭輪駛入上開各口。三、進出口貨暫行存棧，勿庸輸納税鈔。四、日本臣民得在口岸城邑從事工藝製造，又將各機器任便製造。五、日本在口岸城邑製造一切貨物，即照日本運入之貨物一體辦理。第七，日本撤兵限三箇月。第八，威海抵押。第九，兩國釋回俘虜。第十，批准換約後息戰。第十一，批准後煙台換約。奎帥處因無密電，某另稟，乞代轉等語。

致鎮江吕道台、何道台光緒二十一年三月三十日辰刻發

豔電悉。江南購辦槍械，萬分艱難。馮軍十營已發上等快槍一千枝，上等後膛槍一千枝，四門快礮八尊，又粤省擡槍五百枝，擡礮廿尊，係馮宫保來電自要者。江省各軍一百餘營，器械皆遜

〔一〕録自抄本《張之洞電稿·致本省電》。

於此，礙難再爲多發。現在鄧正峰五營，王金榜五營，陳廣羣一營，唐高斗三營，張仲春二營，鶴軍六營，張騰蛟騰軍新到二營，謝道元福三營，金滿四營，皆未領一槍。此外原有之合字、春字、仲字、騰字、新湘奇兵，以及蘇州各營，大率皆并無快槍一枝，間或有每營得五十枝者。朱洪章十營，每營止四十枝。至鎮江新到快槍雖多，應照奏案須解天津一半，留江南止一半，須留以酌量分發各軍，仍須少有存儲，以備緩急，如將來有戰事時，當臨時體察情形，酌量添發各軍，此時實不能專添萃軍也。至槍械不全，與該道商辦一節，鄙人並無其語。全字亦甚難言，此時實無此力。並告馮道。卅。

致廣州李制台、馬撫台[一] 光緒二十一年三月三十日巳刻發

兩公豔電均悉。愛育堂買平糶米三十萬石，自可飭關放行，惟蕪湖米禁未開，係去年奏案，只能在鎮江、上海兩處購買，請飭該紳商知照更正爲要。卅。

致通州騰字營張統領、錢道、汪牧 光緒二十一年三月三十日酉刻發

該軍五營到齊後，全紮一處，即在任家港、蘆涇港之間。禦敵戰守之營，不比捕盜緝私之營，斷不宜零星分散，毫無用處，前已屢電飭遵，何總不能體會耶。至金滿營在外不相宜，已調省。豐利、掘港、吕四等處，如戰事不了，時需營屯紮，即由鄧游擊募勇，或錢道所練團勇酌量扼駐，省城酌量發餉。佳。

致萊州李撫台、煙臺謝委員 光緒二十一年四月初二日辰刻發

謝委員自津抄來和約，末一條云中日聯合以備戰守云云，公解之否。聯合備戰守者，爲中國經管製造軍火局及運兵鐵路也。險毒奇怪，真是自絕生機矣，普法和約亦無如此之狠。望速電託原抄之人，將此條詳細抄出，迅速電覆，千萬要緊。鄙人已兩次電奏力阻，不知動聽否。沃。

致西安鹿撫台[二] 光緒二十一年四月初二日巳刻發

和議十餘條，害不勝言。壞在旅順歸倭，威海、劉公島駐兵八千，賠款二萬萬，六年付清，加息五釐，遍地通商，內地城邑皆許倭人用工作及機器造土貨，完稅不完釐，代中國管製造軍火局、運兵鐵路數條，不僅如來電所說。鄙人已兩次電奏，痛切力阻。臺撫唐、東撫李及劉峴帥俱有電奏。邊未到閩，馬與鄙人甚生疎，來電聯銜云云，欲會台銜具奏耶，抑但囑諸人聯銜耶，未解。台端如欲阻止，請自行電奏。沃。

致清江松漕台、謝道台 光緒二十一年四月初二日巳刻發

謝道募馬步三營，共一千名，請漕帥即日點驗成軍，令其幫作土圩工程，勿稍延緩。此三營應名爲浦勝營，謝道前擬名福壽

[一] 録自抄本《張之洞電稿·致各省電》。
[二] 指陝西巡撫鹿傳霖。

營，不合。古者命將鑿凶門而出，豈有以福壽名軍之理，請飭務即遵辦。惟營制步每營五百，馬每營二百五十，今千人而分三營，與向章不合，難報銷。或仍併爲兩營，每營步四百，馬一百，或另設法變通，令與向章無礙。均飭籌覆。沃。

致桂林張撫台〔一〕 光緒二十一年四月初二日巳刻發

鄙人已兩次電奏力阻，不知能動聽否。台端如欲諫阻，請行電奏，蓋各人措詞不同，會商恐來不及也。沃。

致海州馮宮保、六統領、李道、徐牧 光緒二十一年四月初二日午刻發

台旆到海州，甚慰。請在海州多住數日，將險要處周歷察看，熟籌布置爲望。和議條款荒謬萬狀，斷難照行，必有變動，請飭諸統領及團練等趕緊訓練，籌備戰守，萬勿大意誤事。切要。沃。

致武昌蔡道台、漢口惲道台，鐵廠黃守、汪守〔二〕 光緒二十一年四月初二日午刻發

毅若斷絃，望排遣稍息數日。要事局員仍須請示，籌辦鐵廠事，請菘畇督同黃、汪兩守認真妥辦。粤匠事平，稍慰。譯員擅責，本有不合，總由總辦、提調不常在廠之故，請嚴飭兩提調務須駐廠，千萬不可遠離誤事，鄙人不能當此咎也。沃。

致武昌譚制台、司道諸君同閲，漢口惲道台 光緒二十一年四月初二日未刻發

敝處廿六、初一已兩次電奏，危言力阻，不知動聽否。文太繁，難照轉。大意言倭直欲吞噬中國，地險、商利、餉力、兵權一朝盡奪，各國效尤，更不能拒。債重難還，英必押地，民貧必亂，餉竭無兵，外患内憂同時并起，中國永遠不能自立，京城永遠不得安枕。惟有權其輕重，以界務商務之厚利求結俄英以乞援，則此約可廢，中國可保云云，請鑒察。俄法德已勸阻倭割遼，英推不管。洞、沃。再，和約除割臺灣、遼之旅順等處外，一賠款二萬萬，一年内交一萬萬，餘六年内交清，加息五釐。一通商條内添沙市、重慶、蘇、杭四處，又口岸城邑日本臣民任便往來，從事商業工藝製造，又將各機器任便製造，又倭在内地製造之貨完税不完釐，又進出口貨暫存行棧勿庸輸納税鈔，又倭輪駛入以上各口。一威海、劉公島抵押，駐兵數千，每年供兵費五十萬兩，如和約不實力奉行，兵即永遠不撤。一中日聯合，以備戰守，確有此條，大略是經管中國製造軍火局及運兵鐵路。看此各條，割臺灣尚是小事矣。緊要處前電多漏，特奉聞。

致廣州李制台〔三〕 光緒二十一年四月初二日未刻發

公引疾，得請温旨調理，何羨如之。彝卿太寃，歎惋不止；

〔一〕録自抄本《張之洞電稿·致各省電》。
〔二〕以下二電録自抄本《張之洞電稿·致湖北電》。
〔三〕以下二電録自抄本《張之洞電稿·致各省電》。

陸事亦出意外，似宜暫晦爲妥。沃。

致臺北唐撫台光緒二十一年四月初二日亥刻發

聞臺民因和欵閧撫署傷人，確否。和議中臺灣礮台軍械如何辦法，必已議及，是否須將軍火收回内地。均祈速示。沃。

致清江松漕台、謝道台、劉鎮台光緒二十一年四月初二日亥刻發

和議離奇太甚，萬不能行，必有更變，一切戰守之備，上緊晝夜趕辦。土圩及濠溝，兩次已發實收兩萬金，迅速多雇民夫，營勇練軍均須助工，務限十四日完工，不准延誤。請漕帥嚴飭謝道及劉署鎮即覆。沃。

致蘇州奎撫台[一]光緒二十一年四月初三日申刻發

二十九日轉盛電，查原電未署下欵，蓋欲隱其名也，祈勿言係彼所發爲禱。江。

致臺北唐撫台光緒二十一年四月初四日午刻發

江兩電悉，深爲焦灼。欲懇英保臺，商龔無益。僕自正二月疊電奏，並商龔，擬將臺押與英國，懇其派輪保衛。電旨已允，而龔復云英外部守局外，如英商願押臺，英廷亦不阻。復電龔詢英公司，屢催不覆。龔與合肥親厚，斷不肯翻和局，惟有電奏請旨設法，然斷不可與僕聯銜，因僕素爲要人深惡，半年來籌畫戰守之電奏太多，嫉惡尤甚，事事爲難。僕三次電奏，力阻和議。第一次被合肥奏駁，第二、第三奏尚無消息。若聯賤名，必謂全由僕主使，萬難望成。請公速自行電奏，瀝陳臺民萬不願歸倭，即日必致大亂。前日臺民攻撫署，戕中軍，劫官吏，留軍火及臺民自懇英領事，電英使外部，願將金、煤、茶、磺各利許英各節，均須痛陳，或可冀朝廷垂恩閔念，設法商英。發電後請將電奏全文照轉敝處，僕當再爲電奏力助之。再，僕第三奏因王使之春在法託人商外部，據覆云，俄阻遼東，法願阻臺灣，勸中國緩批准，但切囑秘密等語，即照此奏，不知能行否，務望密之。時局至此，將來中國禍變實難逆料，軍火斷難帶出，劉亦萬難放出，務請太夫人先内渡。文。

唐撫台來電光緒二十一年四月初四日丑刻到

頃接京電，謂俄、法、德阻倭佔華地，而臺不在列。汪柳門侍郎謂臺急，浼英設法，許以金、煤鑛及茶、磺、腦税之利益，速派兵輪來臺保護，當可轉圜。須由公挈崧銜速會電龔，仰蘧逕達英外部，一面會銜速電奏，言三國保遼，則臺益缺望，請飭總署晤商英使，許以利益，内外合謀，較求英領事得力等語，因臺民曾懇滬尾英領事電英公使電商英外部故也。事在危急，批准期近，乞公速挈銜分别發電，不必往返電商。崧九頓首。江。

唐撫台來電光緒二十一年四月初四日申刻到

昨夕電陳臺歸英護，漏言土地政事仍歸中國，請於會奏及致龔星使電内補敘。茲再有進策者，謂臺逼近香港，英領事自稱礙港商務，現各國阻約，英獨不與，恐有私見，或與倭有私約，或

[一] 録自抄本《張之洞電稿·致本省電》。

欲獨吞。俄、法、德只阻割遼，不阻割臺，若知英將得臺，必又不願。公與許竹篔星使交深，乞託其向俄、德兩政府商以保遼之法保臺，併歸公議，庶不至一國生心。至臺歸英護一節，仍請挈名電奏，不妨兩辦。崧。支。

致金山衛朱鎮台[一] 光緒二十一年四月初四日

世邦道礮用架，不用車，前電屬但由營勇修平，不准照馬路辦法，何以該鎮不遵照辦理，據令上海工部局估工，實屬不合。所有前項工程，務即遵照停止，候即行派員勘驗，禀候核定，勿得率違。支。

致廣州軍械局閻道台[二] 光緒二十一年四月初五日亥刻發

修槍匠能雇十人甚好，望公即分別議定月薪，酌給來江盤費，先請墊付，示悉照還。歌。

致俄京許欽差光緒二十一年四月初六日子刻發

前託外部遞俄主之件，已遞否。事機危急，無論動聽與否，均懇速遞。速覆。歌。

致武昌譚護制台光緒二十一年四月初六日丑刻發

尊處已電奏否，大指若何，祈示。俄阻割遼，兵船三十餘艘在長崎，俄使勸我緩批准，若批准則各國分其地，與華無涉矣，然不言臺灣。英不管，聞與倭聯合，倭餌以同分利益。內意不知若何，尊處如有所聞，祈示。歌。

致武昌龍藩台、善後局并傳知黃福華[三] 光緒二十一年四月初六日丑刻發

楚材薪糧，自今年正月起歸兩江發。歌。

致臺北唐撫台光緒二十一年四月初六日丑刻發

臺民必留公，宜速與臺之巨紳大豪若林朝棟、林維垣等商定辦法。臺民既有主腦，方不致亂。各府縣官吏及電報驛站，須令安堵勿動，擅動者以軍法從事。力以必能保臺不歸倭自任，衆情略定，方能從容設法。蓋條約本言兩月內交臺，兩年內可任聽臺民去留，若約必不能廢，只可一面託領事商各國，一面奏懇倭勿遽來偪索，以便從容曉諭軍民，此兩月中盡人力圖之耳。同舟遇風，劉必盡力。餘另覆。歌。

致蘇州奎撫台[四] 光緒二十一年四月初六日未刻發

據本轅海防文案葉丞大莊禀稱，奉尊飭傳考甄別，請假赴蘇等情。惟該員經手事多，未便久離，可否徑由尊處酌量加考，一面將試卷題目寄甯，考後寄蘇存案。據稱前此司考即係如此辦法，

[一] 録自抄本《張之洞電稿·致本省電》。
[二] 録自抄本《張之洞電稿·致各省電》。
[三] 録自抄本《張之洞電稿·致湖北電》。
[四] 以下二電録自抄本《張之洞電稿·致本省電》。

即祈裁覆。語。

致徐州沈道台、程署鎮台光緒二十一年四月初六日申刻發

白臉王三一案，現已擒渠撲滅，所有真實在事出力之武弁，擬獎一二人，官須在千總以下，團首或練丁擬獎三四人，速查明電覆，立候。語。

致臺北唐撫台光緒二十一年四月初六日申刻發

疊電均悉。鄙人四次電奏，請賂諸國以西域邊地商務實利，助華廢約，均不報，日來不知有轉機否。王爵堂屢電言俄、法阻倭割地，兵力已厚，請中國緩换約，亦已隨時照轉代奏。頃又接王電，言法外部云俄法以兵壓倭境，阻倭割地，倭謂若從諸國之請，恐激民變。倭尚以民變爲詞，若臺、閩、粤民變何以處之，中國更有詞矣云。請電臺、閩、粤，從民變著想，當有權衡等語，亦已加懇切語代奏矣。鄙意全約各條，皆有大害，不止割臺一事，應全作廢。若賂諸國以邊遠之地，可免倭割遼臺，或分新疆之回疆南數城賂俄，或分後藏賂英，商務工務實利與諸國均霑。倭素畏泰西，况兵輪已壓其境，言一出而倭已懾，全約可廢。若公在臺言臺，措詞自異，亦不妨從民變著想，一面電奏，一面電王、龔、許諸使，代爲設法。僕極力阻倭約，保遼臺，或電奏，或電各使，百計俱施，無所不可，但辦法與尊意迥别，只能結强援以翻全約，不能爲臺求各國保護也。若各國護臺，則臺仍非中國有矣。至協餉濟械一節，江南借洋欵至今未妥，萬分焦灼。若廢約開戰，則江南防務難撤。若朝廷竟恝然棄臺，臺爲自主，與中國無涉，則協餉濟械又有窒礙，只可届時相機商辦。再，英人袖手，實欲倭强，藉倭拒俄，非持盈保泰也。若臺向英言，英不爲中國保臺，臺當求法保護，情甘歸法，决不歸倭。英忌法，俄，或肯出力，然此語祇可出自臺民。語。

唐撫台來電光緒二十一年四月初五日未刻到

昨電公後，即慮有為難處。已有電奏，并電龔星使。至臺民不願歸倭，憤慮萬狀，七次瀝奏，并代臺民兩次泣奏，又兩次電總署，均不報。臺民并未攻署，實因革勇挾嫌，乘此大局摇動，遂戕中軍，尚非十分關要，業已電奏得旨，分别撫綏懲辦。臺民不放崧行亦并奏。聞劉慷慨，願與崧竭力守臺，不卜能始終如一否，且恐不知艱難底裏，届時任意索餉索械，不應則有詞，應之則無力耳。英持盈保泰，未必允護臺，如法果願阻止割臺，可否祈電王爵堂密商，以酬英利益酬法，土地政令仍歸中國，亦救急法，但法必須有兵輪到臺方有益，空言仍無濟也。崧。歌。

唐撫台來電光緒二十一年四月初五日申刻到

臺恐無轉機，崧必為民劫留。臺民自主，可請各國保護，或許以利益為租界，臺存則可借債，隨後自另有辦法。惟强寇即來，恐辦不及。和議成則江南撤防，能濟以軍火并餉百萬否。臺不服，堅持數月，必有解紛者，公謂如何。崧。歌。

致萊州李撫台〔一〕光緒二十一年四月初七日申刻發

怡順等商再赴滬運米五萬石，至煙平糶，飭滬關免税放行矣。

〔一〕録自抄本《張之洞電稿·致各省電》。

致漢口督銷局志道台〔一〕光緒二十一年四月初七日申刻發

張令炳麟分銷已委否，甚念。武穴分銷如有不便，或委新隄亦可。查新隄委員徐運判本係兼理，宜委專員，以專責成，即酌覆。陽。

致武昌譚制台光緒二十一年四月初七日申刻發

聞鄂善後局請將測海、金甌、楚威三輪暫行停泊，敝處運兵運械輪船不敷應用，請公飭該三輪速駛來江應差，所需餉項由江省發給，鄂省既紓餉力，江省亦得實用。如鄂有急用時，江仍可酌量派往協助也。請電覆。陽。

致督辦軍務處光緒二十一年四月初七日申刻發

頃聞上海洋人言，俄已致哀的美敦書於倭矣。陽。

致清江松漕台〔二〕光緒二十一年四月初七日申刻發

閲四月初一日申報，有廣勇到浦滋事一則，并云有格鬬斃命情事。敝處并無所聞，殊屬可駭。赴海州廣勇并無陳軍門其人，太無情理。請公查明速覆。

松漕台來電光緒二十一年四月初八日子刻到

廣勇到浦，甚受規範，并無格鬬斃命情事。或因語言不通，與人口角有之，并未滋事，亦無陳軍門其人。近來申報捉風捕影之詞甚多，即如上月竟有海州失守之條，荒唐太甚。似可請飭上海道訓飭，以免惑亂人心。椿。遇。

致俄京許欽差光緒二十一年四月初八日丑刻發

聞有旨令閣下商俄乞援，曾許俄酬謝否，謝以何事。並聞上自出名發國電懇俄主，究竟俄廷接國電否，感動否，肯以兵力脅倭否。聞人述尊電云俄只肯情勸，確否，何以俄艦廿餘已在倭境。又滬西人云俄已致哀的美敦書於倭，信否，速詳晰明示。電費過鉅，已交德華匯三千金至德使館爲軍務電費。二等使既不能謁君，擬奏派閣下爲頭等使，當可時常謁商，有益否。宗社安危，在此數日。祈速覆。庚。

許欽差來電光緒二十一年四月初十日酉刻到

國電商换約展期，俄未能辦，但謂已换仍可改議。旨令訂助，未有明許。俄、法、德係稱因大局公勸，非與我同，故尚無緒。俄限日催覆，雖非哀美，勢已緊。頭等使可面君論事，然久不行，改派無益。俟倭覆續聞。澄。佳。

許欽差來電光緒二十一年四月十一日亥刻到

倭割旅順，餘地作押，俄不允。澄。蒸。

〔一〕以下二電録自抄本《張之洞電稿·致湖北電》。

〔二〕以下二電録自苑書義等主編《張之洞全集》第八册，第六三二六頁，河北人民出版社一九九八年版。

致巴黎王欽差 光緒二十一年四月初八日丑刻發

頃總署初七日來電，奉旨：張之洞電奏已悉，著即派王之春將來電所言各節，速與法外部切實商辦，如有頭緒，即電覆。此旨即由張之洞轉電。欽此。陽。等因。請即遵旨速赴外部，切懇法力阻倭占臺灣，相機籌商。昨接閣下冬、江兩電，均照録電奏，並請旨即派閣下切託外部力阻倭占臺遼，并探其所欲，許以厚謝，一面暫宕，力託各國展限換約等語。并將臺撫電稱臺民將變，現已聚衆鬨撫署，戕中軍，欲劫留唐撫及軍械，割地必激變各實情瀝奏。此次奉旨内將來電所言各節商辦一語，自係包括懇阻臺、恐民變、探所欲、許厚謝、託展限（四層）〔五層〕在内。所謂切實商辦者，必須肯用兵力脅倭，方爲切實。祈速商速覆。聞上意已動，將廢約，結援尤要，若翻約而無援，則更可危矣。庚。

致江陰李統領〔一〕 光緒二十一年四月初九日巳刻發

齊電悉。據稱現有廣忠軍散勇數十名在南北兩岸游行，難免滋事。該鎮即速出示招集，留營差操，務須善爲約束，萬勿令其滋事，將來事定後再資遣回粵。即覆。佳。

致臺北唐撫台 光緒二十一年四月初九日午刻發

初七日奉旨，令敝處電王使之春與法密商，並有旨電許與俄密商，且有御名國電。昨夜盛道電，忽聞有批准之説，不勝驚異，恐未必確，如有傳聞，望諭衆勿驚擾。特密布，以便早爲之備。正發電間，接王使電，已有辦法，甚好。即刻另轉。佳。

致臺北唐撫台〔二〕 光緒二十一年四月初九日申刻發

連日商外部，答公已奉旨，始允議。昨唐中丞電到，又往懇。伊云，倭已有怵，陽許減餉，陰聳李入京逼批，以機不可緩，言次，遂發電調兵輪分佈基隆、滬尾，限日到，請唐若法提督就商，萬勿疑貳。法并約西班牙協助，另電詰倭。德本勉從，英私詐，前台電求，英置之不理。淡水英領事須防。縱令批准，法作不算等語。乞轉唐，以後臺電改用三碼。現囑外部勿告龔，我亦宜緩奏，防李阻。惟龔因遞國書來此，甚疑忌，客難處，儻消息通李，逼離歐洲，謀恐中斷，乞藎籌。春叩。齊。洞代轉，務望暫密。

致通州任家港騰字營張統領、錢道、汪牧〔三〕 光緒二十一年四月初九日亥刻發

該軍五營到齊後，全紮一處，即在任家港、蘆涇港之間。禦敵戰守之營，不比捕盗緝私之營，斷不宜零星分散，毫無用處，前已屢電飭遵，何總不能體會耶。至金滿營在外不相宜，已調省豐利、掘港、吕四等處如戰事不了時，需營屯紮，即由鄧遊擊募勇或錢道所練團勇酌量扼駐，省城酌量發餉。佳。并送張殿撰一閱。

〔一〕録自抄本《張之洞電稿·致本省電》。
〔二〕録自抄本《張之洞電稿·致各省電》。
〔三〕以下二電録自抄本《張之洞電稿·致本省電》。

致通州汪牧探交金千總滿 光緒二十一年四月初九日亥刻發

浙軍滿字營勇未經訓練，易致生事，若在省外遠處駐紮，恐兵民不相安，宜紮省城爲妥。該軍陸路兩營無論行抵何處，即行折回，或由江陰或在瓜洲渡江，先行電稟，以便派輪載送來甯，會同蕪湖所招一營一同駐紮訓練，以便約束。至水師一營，其師船應灣泊何處，即由該千總酌度，電稟候核定勿延。即電覆。佳。

致福州邊制台〔一〕 光緒二十一年四月初十日午刻發

大喜欣賀。伯潛來電，述尊意垂詢和約大謬，弟已四次電奏力阻矣。聞約已批准，十四日煙臺換約。台端有何卓見，速示。蒸。

致福州船政衙門轉送陳伯潛閣學 光緒二十一年四月初十日午刻發

聞已（换）［批］准，十四煙臺換約。公有何良策，速示。蒸。

致廣州馬撫台 光緒二十一年四月初十日未刻發

聞台端已電阻和約，大意措詞若何，祈示。敝處已四次電奏力阻矣。蒸。

致總署、督辦軍務處 光緒二十一年四月初十日未刻發

俄已派大戰艦二十七八艘，次等兵船、運船二十艘，即日赴煙臺，裝茶船亦留用，煤糧由上海美最時洋行供辦，明係俟我換約後即向倭索遼，駐兵據守，準備與英交戰。看此情形，倭必不敢與俄爭遼，若遼未屬倭，俄斷不至公然向中國奪遼。聞英已在香港聚煤二萬噸，調水師提督回華。謹奉聞。蒸。

致武昌譚制台、福州邊制台、萊州李撫台、江西德撫台、臺灣唐撫台、廣西張撫台〔二〕 光緒二十一年四月初十日亥刻發

本日聯銜電奏，云聞十四日在煙臺換約云云。同肅。蒸。謹録呈，祈鑒察。蒸。

致天津直隸提督聶軍門〔三〕 光緒二十一年四月十一日丑刻發

聞天津海嘯，被淹者數十營，軍裝多失。究竟實在情形若何，何營最甚，貴部紮何處，亦遭水患否。祈速示。蒸。

胡臬司來電 光緒二十一年四月初八日卯刻到

頃聞許電總署，倭已將遼東押與俄廷，是三國聯盟互保之説萬不可恃。且津沽沿海數百里，自初三起晝夜大風以雨，加以海

〔一〕以下三電録自抄本《張之洞電稿·致各省電》。「馬撫台」指廣東巡撫馬丕瑤。

〔二〕録自苑書義等主編《張之洞全集》第八冊，第六三三四頁，河北人民出版社一九九八年版。

〔三〕指聶士成。

嘯，橘棻定武十營均遭水患，最重者新河四營與宏字六營，淹斃勇丁不少。現在鳬水避至新河附近村莊，並由火車帶至天津者，人皆飢寒交迫，軍裝器械亦多淹失。其餘漢沽、蘆臺、新城、上古林等處聶、曹、章各軍共六十餘營，情形大致相同。此外，以電綫不通，尚未查清。現須將遭水勇丁撫恤，并重整軍裝，非一兩月不能成軍。此殆天意助倭，非人力所能挽回。似此情形，恐不能不俯就條約，但得沈道能虎來電，俄艦已赴神户，倭京俄官亦去，似俄日交戰在邇矣。橘棻叩。陽。

致南通錢道台、張統領〔一〕光緒二十一年四月十一日寅刻發

騰軍左右兩營本日到甯，十一日啟行赴通州防所，即委錢道前往，并先到之三營一律點驗具報。五營務紮一處，札由排遞。蒸。

致海州王統領心忠、徐牧、李道 光緒二十一年四月十一日巳刻發

新浦在何處，在大村之前乎，後乎，近水否，近何水，地勢若何，距黃家跳若干里，距沙頭若干里，距城若干里，即覆。如新浦緊要於大村，即宜全紮新浦，否則全紮大村。總之若爲戰守計，忠軍五營斷不可分紮兩處。屢經札飭電飭，切切。真。

致海州李道，王、楊、杜、王、林、黃六統領 光緒二十一年四月十一日午刻發

各軍紮營及沈庶常團練所紮地方，速繪圖飛送呈閱，方向道里須確，不可率誤。真。

致煙臺劉道台〔二〕光緒二十一年四月十一日亥刻發

曹嘉祥、徐振鵬均到，即分別派委。吴應科、祁鳳儀二人，祈飭即行來江。真。

致廣州前署中協楊 光緒二十一年四月十一日亥刻發

支電所舉千總楊恩宏、周行庶，何處人，向在何軍。楊善築礮臺，是否僅熟修造工程，抑諳悉礮臺作法，曾修何處臺工。周精測量，是否熟與地算法，或祇知行軍測繪，曾否在學堂肄業。即詳電覆。真。

致荆州周道台、武昌瞿臬台〔三〕光緒二十一年四月十二日辰刻發

湖北丁憂知縣袁福翰，聞將赴荆州處館，來稟意似願來江，祈轉告該令速來江一見，或差或幕，臨時再酌。文。

致上海上海道劉道台 光緒二十一年四月十三日子刻發

瑞記欵十一日已電奏。頃總署文電，云瑞記可訂借一百萬鎊，

〔一〕以下三電録自抄本《張之洞電稿·致本省電》。
〔二〕以下二電録自抄本《張之洞電稿·致各省電》。
〔三〕録自抄本《張之洞電稿·致湖北電》。

由滬關與該商妥訂合同，鹽釐抵還、海關作保一層，務詳叙合同，並聲明中國有欵即還，不拘年限，如匯豐借鎊合同之式，電覆到日，即便請旨，并照會德使，轉告瑞記照辦。户部五十萬鎊定議不借等語。江南借欵，去冬户部電不准動關税還，令以鹽課釐金還，只可應允。查兩淮鹽務課釐，每年四百萬，江蘇全省釐金每年四百餘萬，兩項合計較江海關爲多，勿慮不能還也。鹽釐認還，不過載入合同，以便備案，該洋行只認海關作保可也。務即與瑞記照此議定合同，即速電覆，以便電達總署速奏請旨，照會德使。再，屢次奉旨，江南只准借百萬鎊，故將多餘之五十萬請歸户部用。今總署、户部既不願多借，無可如何。至年限仍照原議，二十年還，但不能不照總署電，將有欵即還，不拘年限二語，添入此欵，務須議成。户部、總署挑剔太甚，如議不妥，他處恐不准借矣。速覆。文。

致巴黎王欽差 光緒二十一年四月十三日子刻發

文電悉。本日煙臺劉道含芳電稱，接李中堂電，商展換約日期等語。換約既展限，自係上意已有更動，雖批准而約未换，仍可另議。且尊電云法外部言雖批准，法可作不算。萬望仍切商外部，勿游移鬆勁，切禱。外部所欲，探詢速示。文。

王欽差來電 光緒二十一年四月十二日亥刻到

奉旨後偕龔赴外部，據云，輿地歸，不便居功。現雖連合西班牙正議保臺，聞新約批准，以後難辦云。業電署請旨，再籌辦法。前庚電包括四事，龔不令繙譯言意，藉推卸，殊與上不忍棄置臺民之意不合。生靈百萬，繫在我師一人，祈商臺撫，仍以激變情形設法，則法可著手，乞轉唐。再，事急矣，外部所欲，擬即預籌，或可補救，一面令慶開導。乞示遵。春叩。文。

致武昌蔡道台、黄道台[一] 光緒二十一年四月十三日午刻發

銀元到，色青黯，不好看，係何故，速另造潔白鮮明者，寄樣錢數枚來江，以便發上海商銷路。槍廠何日成功開造，焦炭爐何日煉，速覆。元。

致漢口惲道台 光緒二十一年四月十三日申刻發

前日有旨，令李商展換約日期，東征胡臬、煙臺劉道電均同。倭已允將全遼及旅順還中國，惟俄止阻遼，此外恐不管。刻又電奏力請緩期，並結三援、翻全約各辦法。法已允發兵保臺。屢有電旨飭王爵堂商辦，龔從中阻撓，令人急死。亦婉陳鄙人言不足重，閣下電懇常熟主持方有益。并呈敬帥。元。倭派書記官換約，伊藤不來。

致俄京許欽差 光緒二十一年四月十三日申刻發

俄已争回遼、旅，閣下功不小。請再切懇外部助阻倭約，先懇展限換約，國家必有實惠酬報。再，電旨訂助有酬謝語否，敝處養電究已呈俄主否，速示。元。

許欽差來電 光緒二十一年四月十三日午刻到

日本允退全遼，連旅順。澄。文。

[一] 以下二電録自抄本《張之洞電稿·致湖北電》。

致巴黎龔欽差、王欽差光緒二十一年四月十三日申刻發

俄已爭回全遼，望見法外部激之，英船已有在臺者，再遲則法落後著矣。元。

致臺北唐撫台光緒二十一年四月十三日申刻發

法確允保臺，王商甚力，龔沮撓，事將敗，請速電奏，以民變爲詞，懇朝廷堅懇法，遲則無及。全遼及旅順倭已允還我，但俄專阻遼，他事不管，保臺須求法。聞英德水師在安平上岸，何故。淵亭并致候，屬其自覆一電。元。

唐撫台來電光緒二十一年四月初十日戌刻到

約未批准固好，即批准只望法肯出兵輪來臺，臺即可固守接濟。可與法商，並願結法另創東南洋世界，一切阻撓不懼也，公謂何如。崧。蒸。

唐撫台來電光緒二十一年四月十一日亥刻到

本日奉電旨：據龔照瑗電奏，臺灣喫緊，法已派輪護商，先遣員晤臺撫，面商機宜，有兵登岸，請曉諭地方勿驚疑等語。著唐景崧將法輪係為護商來臺，先行出示，免致臨時驚擾，法員來時即與相見。欽此。謹達。崧。真。

唐撫台來電光緒二十一年四月十四日子刻到

民聞法輪將至甚喜，忽聞中止，變在旦夕。請總署堅請法輪速來。公有何術加奏，速示。崧。元。

致煙臺劉道台光緒二十一年四月十三日申刻發

換約日期，倭允展幾日，速示。元。

劉道台來電光緒二十一年四月十五日子刻到

旨飭伍、聯兩星使商展期，東使未允，今早發電請國示，尚未回電。芳稟。寒。

致清江松漕台、鄧統領正峰、王統領金榜、謝道台[一]光緒二十一年四月十三日亥刻發

鄧提督正字五營，王提督金字五營，均委謝道點驗具報。再，謝道浦勝三營准作爲步五百名、馬二百五十名，但須足數。餉係按何章，即速電覆。元。

致巴黎龔欽差、王欽差光緒二十一年四月十三日亥刻發

總署本日來電，奉旨：張之洞電奏已悉。王之春所商一節，已經總署告知法使電其外部，尚無回信。著該督電知王之春，仍探問法廷如何辦法，電聞，并令慶常幫同辦理。此事切須秘密，以免別生枝節。龔照瑗著仍回英國，以免兩使之疑。欽此。元。

等語。謹照轉。元。

王欽差來電光緒二十一年四月十七日午刻到

臺事屢奉旨催覆，不料自初六龔來巴後，春與外部消息阻絕，

[一] 録自抄本《張之洞電稿·致本省電》。

至今屢次照會不覆。慶言反覆，未敢遽奏，徒深焦灼。旨令龔回英，逾四日無行意。此事首重神速，法既允許，當先定約稿請旨，龔、慶匿不令知，故電臺展緩。洎諭旨屢頒，復輾轉宕延，直待換約而止，可為痛哭。春駐此無益，乞婉陳召歸。春叩。諫。

致俄京許欽差 光緒二十一年四月十四日巳刻發

遼、旅全歸，俄之力、君之勞也。此條已廢，約必改寫，倭必別索他項相抵，自須另議。何以前電云展期俄不能辦，俄意現擬如何辦法。此時惟有懇俄始終力助，若俄從此不管，他事則仍束手矣。旨令訂助，有酬謝意否，望足下切探外部，叩其所欲，示以厚報之意。大國不愛錢財，豈有不愛土地、界務、商務，必可歆動。樞譯兩署皆麻木不仁，必得使臣籌有辦法，商有端倪，或可冀采納照辦。此時使臣爲樞紐，國家將危，力所能爲，務望商之，二百兆如人受重傷，徧地通商如人飲酖酒，恐終無久存之理。速籌示。鹽。

許欽差來電 光緒二十一年四月十七日未刻到

元、鹽電悉。俄爭全遼，自衛重於援鄰，故盡力，使者往復傳電而已。俄現擬與日廷商立讓地約據，願我派使預議，如索償費，允代調停，以了此案，此外未必能助，懇亦不濟也。俄户部代辦借欵，署意方主赫德，現成聯絡尚未能決，况厚報乎。尊件已遞，俄主無覆。澄。咸。

致唐山劉欽差，鎮江呂、何兩道台，清江李、莫兩道台，徐州沈道台、兗州轉運局何太守、德州轉運局周道台、天津轉運局林道台〔一〕 光緒二十一年四月十四日午刻發

江南應解北路快槍，奥快槍共五千枝，每槍一枝應配彈一千顆，皮袋一千副。比快槍共二千五百枝，彈未到齊，每槍一枝應配彈二百三十顆，皮袋均照配。又另案比快槍彈二百萬顆，無槍。應分爲八批，第一批奥槍一千并袋彈一百萬，解奉天會辦唐提台。第二批奥槍一千并袋彈一百萬，解遼陽依將軍。第三批奥槍一千并袋彈一百萬，解錦州前路宋宮保。第四批奥槍一千并袋彈一百萬，解錦州總統魏藩台光燾。第五批奥槍一千并袋彈一百萬，解山海關丁鎮台槐。第六批比槍一千并袋彈二十三萬，第七批比槍一千并袋彈二十三萬，第八批比槍五百彈十一萬五千。又另案比彈二百萬，無槍，均解天津轉運局，請劉欽帥分撥。每三日運一批，不可遲。其解關外者，解至山海關，電請唐、依、宋各帥，魏藩台、丁鎮台，派弁勇迎提。前接鎮江轉運局來電，并不按槍配彈，殊屬錯誤淆亂，務即更正，方能眉目清楚。如已解至兗州、徐州、清江者，何守、沈道、李道、莫道飭該委員照此電查明，將多餘畸零之數截留，歸後一批解。以上各槍并彈統由江南轉運局解，不必再分與東征局，以免停待遲延，切切。各局均即覆。元。

〔一〕以下四電録自抄本《張之洞電稿·致本省電》。

致蘇州鄧藩台、上海劉道台光緒二十一年四月十四日午刻發

黄承暄在上海任内經手事多，且防務未竣，應仍留上海縣任。蔡匯滄應（合）［令］代理南匯縣，係代理非署理，勿誤。此據劉道電稟所擬，應即照辦，并報明蘇撫院。鹽。

致鎮江馮宫保、吕道台光緒二十一年四月十四日午刻發

海州所發各電均接到，日内當已旋鎮江。藎勞甚念，務請暫爲休息，暫勿來省，有要語望函示電示。和議一時未能定，換約已改期，并聞。鹽。

致鎮江吕道台探交千總金滿光緒二十一年四月十五日子刻發

電悉。該千總速來省，所部步隊兩營一併帶來省城，聽候點驗，酌核擇地駐紮訓練，沿路妥爲約束，嚴飭不准生事擾民，切切。水軍一營一併帶來點驗，暫停泊夾江内，不准登岸滋擾。謝訓導夢蘭已派充該軍營務處，明日即赴鎮江、通州照料。十四。

致福州邊制台[一]光緒二十一年四月十五日子刻發

元電悉。遼、旅已允全還，然倭必索他項抵補，聞有加一萬萬之説，臺將來恐亦如此。二百兆已足令中國困斃矣，況又加二百兆乎。此時操縱補救，事變甚多，亦甚不易。三國各有深心，情形亦不同，須數日後方知。言路多隔膜，中樞有成見，大局安危，恐非區區一不合時宜之外吏所能維持也。鹽。

汪委員來電光緒二十一年四月十五日未刻到

今日煙臺換約，中日使者已集。本早俄、法、德駐京使臣突告總署，俄廷已與倭言，勿得取奉天地，換約日期可展換七天等語。上諭著傅相傳電伍、聯，轉告伊東，候旨再換。伊東忿，欲立時回國。伍電相覆奏，午後奉旨：趕緊互換。頃伊藤來電又云，照議暫停換約。經相電奏，未奉旨。現倭船均回國，俄艦六，法德各國皆有兵船在煙。訪聞俄要奉天，法要臺澎，德謂賠欵須向該國息借等因。似此紛紛，干戈未已，奈何。喬年稟。鹽。

致漢口督銷局志道台專差飛遞湖南吴撫台[二]光緒二十一年四月十五日丑刻發

電悉。榮任遽遭莊戚，深爲嘆惋。已令賢女及婿借寺院成服諷經三日，希排遣爲望。前過金陵時，面許近有尊處購到槍四千留與南洋用，感甚。槍現到何處，係何名，交運何行，價費已付若干，須持何據赴該行提取，祈速詳示。感禱。鹽。

吴撫台來電光緒二十一年五月初五日午刻到

鹽電敬悉。内人之變，承命女、婿諷經三日，感甚。湘省教匪毁城隍像，民心惶惑。舊存槍械悉數帶出關外，現派任守之駒赴滬領槍二千桿，子百萬，回湘備用。尚存滿利夏小口徑槍二千

[一] 指閩浙總督邊寶泉。

[二] 以下二電録自苑書義等主編《張之洞全集》第八册，第六三五四頁，河北人民出版社一九九八年版。

桿，泰來洋行經辦，價全付，另有無煙藥彈百八十萬，寄存粵省黃埔，均乞電飭沈道能虎提歸南洋備撥。澂。敬。鈞謹代電。支。

致廣州李制台〔一〕光緒二十一年四月十五日午刻發

鄂省新設銀元局，仍歸南洋兼管。創舉必須熟手方有益，薛令培榕爲公留粵五年，辦理錢局已著成效，以後局員但能循守不失，可期無誤，務望即飭令迅速赴鄂辦理各局，以符奏案而資臂助。至感。咸。

致俄京許欽差、法京王欽差光緒二十一年四月十六日丑刻發

十四日晨，俄、法、德告總署，倭允還遼、旅，換約展期七日。旨令伍、聯暫勿換。倭使伊東恫喝。合肥電奏，午後允之，亥刻換訖。五鼓伊東即行，旋接伊藤電云照議暫停換約，已無及矣。國事一誤三誤，憤恨欲死。前電俄云雖批准仍可改，此時有何法挽救，俄、法廷有何意見，速詢覆。揮戈填海，古來常有之事，萬望勿遽歇手。咸。

許欽差來電光緒二十一年四月二十日酉刻到

咸電昨到，換約無礙歸地。前電立據一層，俄與德、法尚未商定，但三國不肯阻倭索償，太姆士報袒倭，估至一千萬鎊，殊可憂。澄。效。

致臺北唐撫台光緒二十一年四月十六日丑刻發

電悉。法兩輪已到否，法水師提督已見否。倭豈敢與西洋爭，倉卒數日豈能有多艦到華。一輪已足，一言已足，豈在多乎。十四日晨，俄、法、德告總署，倭允還遼、旅，換約展期七日。旨已令伍、聯暫勿換，合肥電奏，午後允之，昨夜亥刻換訖。旋接伊藤電，照議展期換約，已無及矣。大局敗壞，不可救矣，憤恨欲死。然大局壞，臺灣不盡壞，法既開口，倭斷不能得臺。刻又電詢王切商，請公速見法水師官，要緊。咸。

唐撫台來電光緒二十一年四月十五日申刻到

總署來電：法國尚無回信，屢詢法使，只兩船由澎赴臺等語。現兩船并未到，到僅兩船何益，此事恐有變。約想已批，割臺未聲明剔開另議，恐法亦難挽回。外間有法尚爭臺之説，恐不確。公所聞如何，祈速示。崧。咸。

唐撫台來電光緒二十一年四月十六日未刻到

法船未到，誠恐有人敗謀，一歎。英、德有兵三五十人在岸，係防亂民護洋行起見，似無他意。崧。銑。

致武昌譚制台、司道各衙門，漢口惲道台〔二〕光緒二十一年四月十六日午刻發

十四日早，俄、法、德公使告總署，倭允還遼旅，換約展期七日等語。旨已電伍、聯，令暫勿換，倭使伊東恫喝，合肥電奏，午後允之，亥刻換訖，五鼓伊東即行。旋接伊藤電云照議暫停換約，已無及矣。國事一誤三誤，憤恨欲死，古今有此怪事否。大

〔一〕録自抄本《張之洞電稿·致各省電》。
〔二〕以下二電録自抄本《張之洞電稿·致湖北電》。

局本可不壞，而必令其壞者，欲其了也，愈壞而愈不了，又將如何。銑。

致武昌鐵政局蔡道台光緒二十一年四月十六日未刻發

鐵政、槍礮兩局，三四月經費需欵甚鉅。無從籌措。查開辦鐵廠時奏撥庫平庫色銀貳百萬，計申平色銀九萬餘兩，飭存善後局，可即將此項全數提到鐵局備用。即覆。銑。

致巴黎王欽差光緒二十一年四月十六日亥刻發

總署來電：昨法使赴總署，述外部電詢臺灣一事，中國擬如何辦法。當告以臺民不甘外屬，願以税課鑛利給他國求保護，土地、人民仍歸中國。現兩國和約已换，前議辦法尤須歸之臺民，與國家無涉，方不致倭啟釁。往來籌商，切宜秘密。貴處可向外部將總署答法使之言告知，并詢法廷能否速以兵力護臺。前云臺澎交涉是否藉十一各事爲詞，想法廷必有計畫，并即詢明密覆。此電仍由南洋轉發。申滬耳目衆多，一切豫防傳播。諫。轉王之春等語。請速覆。銑。

巴黎楊部郎來電光緒二十一年四月十八日巳刻到

銑電謹悉。昨密探法意不忘臺，數日内尚未商辦，再遲恐自取。龔、慶均不遵旨，奈何。治屢陳更置之策，如不行則一切坐廢。爵氣病。治代覆。篠。

致海州團練李道台、徐牧〔一〕光緒二十一年四月十六日亥刻發

聞廣忠軍統領黄遊擊與營官黄寶珠因事械鬥，互有殺傷，其軍潰散頗多。如果屬實，大乖紀律。速查明電覆，勿稍徇飾。銑。

致上海上海道劉道台光緒二十一年四月十八日子刻發

總署來電，奉旨：張之洞電奏退還克薩借欵，改訂瑞記借欵，經總理衙門、户部議定，借用英金一百萬鎊，即著照所請辦理，并已由該衙門知照德使矣。等因。欽此。篠。恭録照轉，速催交銀。洽。

致臺北唐撫台〔二〕光緒二十一年四月十八日子刻發

姚文棟請飭到金陵一見。再，臺民若遣人赴京遞公呈，較得力。洽。

致鎮江吕道台、上海招商局沈道台〔三〕光緒二十一年四月十八日亥刻發

沈道諫電悉。平義、馬加利兩船即行退租，飭令回上海招商局。嘯。

〔一〕〔三〕録自抄本《張之洞電稿·致本省電》。
〔二〕録自抄本《張之洞電稿·致各省電》。

致廣州李制台〔一〕 光緒二十一年四月十八日亥刻發

電悉。薛令培榕係敝處奏准調鄂，公又奏留，似應由公咨赴鄂，或咨回蘇，情勢最順最易。鄂現正開鑄銀元，粵局已有效矣，何不亦惠及鄂局耶。如必不肯令離粵，鄂粵各半年何如。屢瀆，祈鑒。嘯。

致武昌蔡道台、槍礮廠汪守〔二〕 光緒二十一年四月十九日戌刻發

滇省借母懷胎平礮係何式，精工否，先將大略電告，并草繪一圖寄江閱看。效。

蔡道、汪守來電 光緒二十一年四月二十二日酉刻到

效電悉。借母懷胎礮即大母礮，敬帥前招土匠造者不佳，本廠自造較勝。先成一尊，連車已交楚富帶呈，現又成五尊候解。至平礮係前膛小礮，前只造一尊，并未再造。勇、霆禀。

致巴黎王欽差 光緒二十一年四月二十日巳刻發

總署皓電，奉旨：前令王之春商辦之事，據法使言，外部不願接見。究竟有無辦法，著張之洞電詢速覆。欽此。外部因何不見，敝處嘯電奏請總署電催龔回英，想已行。外部實情若何，聞臺民求在臺德領事，乞德保臺。唐撫已電奏，如法觀望，則爲德所先矣。祈速覆。號。

致臺北唐撫台〔三〕 光緒二十一年四月二十日巳刻發

效兩電悉。法事遷延，莫測用意。連日屢有旨催辦，敝處屢電催矣。陳季同與法最熟，法事與之商辦，必有益。法明係有人阻撓，四月支電已詳，求德助以激法，亦是一策，或稍緩看情形再酌。號。

致臺北唐撫台 光緒二十一年四月二十日巳刻發

尊處請部餉，旨令江南撥五十萬，陸續解往。洋欵甫議定，須陸續交，只可分批。滬槍旨撥一萬枝，僕請撥三萬，彈照發，不知允否。請速派輪來密運，輪名示知。號。

致臺北唐撫台轉交陳副將季同 光緒二十一年四月二十日巳刻發

聞法面告總署，護臺罷議，并請撤王使，不可解。該副將速電詢參贊慶常，或法國要人言語可信者，是否尚有機會可商。速覆。號。

致海州劉牧運吉、團練李道〔四〕 光緒二十一年四月二十日午刻發

十九電悉。海州團練經費酌量截存，捐欵及請發功牌獎勵民漁團練各事，該牧均應禀由李道核定，轉禀到日，聽候核奪飭辦。

〔一〕録自抄本《張之洞電稿·致各省電》。
〔二〕以下二電録自苑書義等主編《張之洞全集》第八冊，第六三六二頁，河北人民出版社一九九八年版。
〔三〕以下三電録自抄本《張之洞電稿·致各省電》。
〔四〕録自抄本《張之洞電稿·致本省電》。

以免紛歧。號。

致臺北唐撫台光緒二十一年四月二十日午刻發

頃聞法使告總署，護臺罷議，並請撤王使等語，不勝詫異。是否王爲忌者所讒，抑倭知法有護臺同莘按：此處疑脱一意字，以利餌法，故法變計，俱未可知。可一面託陳季同電詢法廷確情，一面電奏，催總署與德使速商，以免兩誤。切切。號。

唐撫台來電光緒二十一年四月二十一日戌刻到

聞俄照會總署，假道伐倭，恐非為我争遼，乃欲自取。各國忌俄，争端必啟，終是中華喫大虧，亂立見矣。陳副將得三海覆信，法實變志，臺絶望矣。崧。馬。

致輪墩龔欽差光緒二十一年四月二十日午刻發

克薩原議，奉旨三日交銀。嗣奉旨多日，該行不照原議交欵，必候英使知照海關給票簽字。敝處將疊次尊電爲難情形均已照轉，總署覆電云：赫德云嫌息扣多，以後借巨欵喫虧，税司不能簽字。詞意甚堅，并已奏明退還克薩借欵。此時雖欲不候英使知照，亦不能借矣。請告克薩即作爲罷論。此事固係赫德攔阻，然亦係該行不照原議，自誤於人，何尤。號。

致蘇州奎撫台、鄧藩台光緒二十一年四月二十一日巳刻發

房捐已開辦否，此事可不辦。洋欵已借妥。各州縣捐局自願報捐領實收者聽，萬不可派定一數，以期取盈，凡捐項稍近勉强者，即停止不辦爲要。祈速示覆。馬。

致鎮江吕道台、揚州沈守、清江謝道台、徐州沈道台、海州徐牧、通州汪牧[一]光緒二十一年四月二十一日巳刻發

江、淮、揚、徐、海各屬所有海防請奬捐項，務須聽人自便，發給實收，不可稍有抑勒。各州縣捐數多少，不拘定數，萬不可派定一數，以期取盈，切切。淮安即由謝道飛速飭知，除蘇屬已電撫院、蘇藩司飭遵外，鎮江、通州一併電飭遵辦。馬。

致清江松漕台光緒二十一年四月二十一日午刻發

去年奉旨會議規復河運、興修鐵路一案，甯蘇糧道俱已詳覆，應速覆奏，是否由尊處主稿，抑由敝處主稿，祈示。馬。

致萊州李撫台[二]光緒二十一年四月二十一日午刻發

聞公在煙臺查出合肥致丁汝昌、龔照璵、威海各統領電信多件，大率俱令勿戰，已録稿進呈，究竟其電信内有何支離之語，祈密示。威海駐兵八千，附骨之疽矣。馬。

〔一〕以下二電録自抄本《張之洞電稿·致本省電》。

〔二〕録自抄本《張之洞電稿·致各省電》。

致俄京許欽差光緒二十一年四月二十一日午刻發

使臣自有可辦之事。人臣出疆，苟利社稷，未嘗不可出一謀畫一策，各國使臣皆然。來電謂尊處不過來往傳電，竊不謂然。結强援豈能無厚報，果有厚報，自可立密約，何援不能結，何寇不能禦。閣下似可與外部深談，詢其所欲何在，有何相助之法，能助至如何分際，作爲尊意相商，俟籌有辦法，再電署電奏，如內意不肯，亦無妨礙。此時朝廷迫於不得已，若使臣能籌有善策，朝廷未必不采納。大局所關，何妨姑妄言之。望示覆。馬。

許欽差來電光緒二十一年四月二十三日午刻到

明誨服膺。鈞意須俄何助，願聞，但和約不肯再論矣。澄。養。

致漢口督銷局志道台〔一〕光緒二十一年四月二十一日申刻發

張令炳麟事代籌甚妥，請酌辦。馬。

致下關平義輪船〔二〕光緒二十一年四月二十一日亥刻發

昨已電上海沈道，准將平義及馬加利退租矣。廿一。

致臺北唐撫台〔三〕光緒二十一年四月二十一日亥刻發

槍在滬局，似須另有輪徑赴滬方密。屢奉旨慎密妥辦，毋致別生枝節。有何妥密之法，設爲倭知，有何措詞之法，速籌示。聞倭已派水提督樺山資紀交接臺地，不知何日往，尊處惟有電奏請商倭稍緩赴臺，方能與各國商保護之策。馬。

致總署汪侍郎光緒二十一年四月二十二日午刻發

臺勢洶洶，令合肥商日暫緩交接爲妥。請商農宰。廿二。

致臺北唐撫台光緒二十一年四月二十二日午刻發

十九日有電旨，令許使景澄與俄外部商，仍聯俄、法、德三國公同保護臺灣，尚無復音。廿一日臺民公電已轉總署，請代奏。禡。

致江西德撫台〔四〕光緒二十一年四月二十二日未刻發

屢電悉。公忠同志，欽佩良深。大局竟難挽回，曷勝憤懣。俄已代中國將遼爭回，但尚有膠葛。臺灣尚在未定，將來變端如何，尚難逆料。尊體違和，念甚，如有卓見，時賜教言爲幸。禡。

致煙臺劉道台光緒二十一年四月二十二日未刻發

俄艦顯有備戰情形，倭已允退還遼、旅，何以尚有戰事。各國議論若何，尊處想必知其梗概。現在俄船若干，他國船若干，祈速示覆。禡。

〔一〕録自抄本《張之洞電稿·致湖北電》。
〔二〕録自抄本《張之洞電稿·致本省電》。
〔三〕録自抄本《張之洞電稿·致各省電》。
〔四〕以下二電録自抄本《張之洞電稿·致各省電》。

致蘇州奎撫台[一] 光緒二十一年四月二十二日申刻發

前接有電，江陰淮軍遣撤營勇，有携帶器械，在靖江城東滋事一節。當經電知彭軍門、汪提督茂勝及該軍統領李先義查覆。旋據先後復稱，係屬謠傳，該軍裁撤應歸里者人數本不多，均發恩餉，更無器械，當時早已起身，始終并未滋事等語。查詢該處紳董亦同。現已匝月，地方照常安謐。箇。

致臺北唐撫台 光緒二十一年四月二十三日卯刻發

效、號、馬、養五電悉。法先許後拒，可怪，或被人撓，或受倭餌，俱難測。俄爲我索還全遼及旅順，倭早已允，現索加兵費一萬萬，尚未定議。尊電謂外國交戰，中華喫虧，似誤矣。若俄與倭戰，倭將亡矣，即或不亡，亦必大敗不振矣，尚能攻臺耶。現聞俄照會琿春副都統，假道進兵，此是由陸路攻朝鮮。養亥一。

致臺北唐撫台 光緒二十一年四月二十三日卯刻發

養電令敝處電王使，許法以利益各節，早已屢電王矣。總署十六日電，亦令王如此商外部，明言税課鑛利給他國，土地、人民歸中國。無如龔使在法，法不與王議，龔亦不與法議。迨敝處奏催龔回英，龔奉旨五日始行，法已變計矣。此外，惟有餌德。德有領事在臺，令臺民公商德領事，囑其電達駐京德使，或是一策。倭來若緩，當有辦法。養亥二。

致台北唐撫台[二] 光緒二十一年四月二十三日卯刻發

究係何輪來，是否斯美，抑茂達，速示。漾。

致福州慶將軍、邊制台 光緒二十一年四月二十三日卯刻發

今早接臺民公電，當即照録電奏矣。尊處應否電奏，請裁酌。至處置之法，綿力已竭而變故太多。法已許復推，近有旨令許使商俄，懇其聯合法、德，三國公同保臺，不知能行否。兩公有何卓見辦法，祈示。禡。

致福州慶將軍、邊制台 光緒二十一年四月二十三日巳刻發

臺民公電敝處雖已代奏，尊處似未便漠然。查此電全文已由臺徑達總署，兩公若但摘敘此電大略，將尊意酌加數語於後，即不嫌重複矣。請酌。漾。

致臺北唐撫台 光緒二十一年四月二十三日午刻發

俄已保遼，力恐不能再保臺。法、德乃俄所邀，非出己意也。保臺惟英最便，然始終袖手，不可解。僕屢電奏請商英，不報，惟有請公切電懇龔使商英外部，無論允否，總可得其真情，方能相機設法。雞籠、滬尾礮臺各有大礮幾尊，最大者口徑若干，并示。漾。

唐撫台來電 光緒二十一年四月二十三日酉刻到

三國護臺不知肯否，然當務者謂臺必自主，後與中日斷絶，

[一] 録自抄本《張之洞電稿·致本省電》。
[二] 以下二電録自抄本《張之洞電稿·致各省電》。

請外援方肯來。但民主之國，亦須有人主持，紳民咸推不肖，堅辭不獲，惟不另立名目，終是華官，恐倭藉口纏擾中國。另立名目，事太奇創，未奉朝命，似不可為。如何能得朝廷賜一便宜從事，准改立名目，不加責問之密據，公能否從旁婉奏，此亦救急一策。臺能自成一國，即自請各國保護，以及借債、開鑛、造輪、購械，次第舉行，始有生機，否則死守絶地，接濟幾何，終歸於盡也。臺之自主與留不肖，事機湊拍，公能牽合且坐實之，似尚易行。或由駐洋使者商之各國，謂臺不服倭，亦不强奪還華，公議臺為自主之地，公同保護，持理既正，倭氣略平，為解紛上策。先將臺自主一層造到，再由臺民自推主者，似更妥順，不肖亦可進可退。乞速藎籌。名心叩。漾。

致臺灣劉鎮台淵亭唐撫台轉 光緒二十一年四月二十三日午刻發

貴軍現駐紮何處，臺民留麾下守臺，正是豪傑立奇功報國家之日，必能與薇帥同心協力，保此危疆。尊意擬如何辦法，以後臺軍歸麾下統者幾營，麾下自駐何處，祈電覆。漾。

致揚州江運台〔一〕 光緒二十一年四月二十四日辰刻發

户部來電：馬電悉。福建協同慶、存義全現有匯解奉省之案，兩淮歲撥俸餉，希仍飭號商照舊匯奉。户。漾等語。即照辦。敬。

致唐山劉欽差 光緒二十一年四月二十四日辰刻發

聞藎體因積憤成疾，懸繫之甚。昨讀致胡道電，深感忠悃。時事至此，此各省疆臣之罪，非公一人之恥也。尚祈珍攝爲幸。敬。

劉欽差來電 光緒二十一年四月二十四日亥刻到

敬電感悉。朝廷任坤，不能辦賊而徒俯首乞和。欵議各條，屈損實甚。回天無力，何地自容。甘伏冥誅，敢煩重念。坤。敬。

致鎮江吕道台〔二〕 光緒二十一年四月二十四日未刻發

江浙助賑局赴鎮江採辦賑米萬石，請發給護照五紙，該關即照給放行。敬。

致武昌瞿署臬台、蔡道台〔三〕 光緒二十一年四月二十四日亥刻發

禡電悉。銑電飭提善後局所存串平九萬餘兩供鐵、礮兩局用，可暫在此欵內先借撥四萬付良濟紗機，俟鄂典存欵提出，仍由紗局繳還鐵局，其三四月經費不敷，江省當即另籌。敬。

致德州轉運局周道台、天津林道台〔四〕 光緒二十一年四月二十四日亥刻發

德州以至天津、榆關、錦州各局，長車即日停撤，以節糜費。以後各批軍火至德州後，統由船運至天津後，隨時雇車。務即遵

〔一〕〔二〕 録自抄本《張之洞電稿·致本省電》。
〔三〕 録自抄本《張之洞電稿·致湖北電》。
〔四〕 録自抄本《張之洞電稿·致各省電》。

辦並覆。敬。

致鎮江呂道台、何道台[一] 光緒二十一年四月二十四日亥刻發

元電將解津關槍彈分爲八批，此專指解北之新槍，聲叙甚明。今該局敬電仲丞文熙等解五批奥槍及鍬鋤赴關，作第十六批等語，兩數參差難計。該局知照北路各局，應按元電第幾批計算，若解清江、海州之件，北路不管也，速復。元電飭令每三日運一批，不可遲，係爲迅速運竣，復免其養長車起見，是否依限，并查覆。敬。

致臺北唐撫台光緒二十一年四月二十五日子刻發

另立何名目，大約稱總統。朝廷未必肯給密據，恐爲倭詰。如事至萬不得已時，只可由尊處自奏。昨臺民公電已轉奏，其意請臺自爲島國，即係臺自主，恐朝廷亦未必肯明允也。敬。

唐撫台來電光緒二十一年四月二十六日子刻到

名目惟有總統，仿洋制也。此事劉最宜，惜不能控全局。臺雖有傑士，斷難驟起草莽而馭全臺，崧無可辭。知此時一言不守，民亂頓起，欲行不能，惟守或有轉機，奈急切不能籌利器。餉最可慮，五十萬乞早賜撥，不卜尚能續濟否。毛瑟彈不敷，懇多濟為妙。自立後能結外援，借洋債，臺可存，不知能辦到否。均祈示。崧。宥。

致上海上海道劉道台光緒二十一年四月二十五日丑刻發

唐請將前買舊槍全數撥臺，奉旨准發一萬。鄙人又奏請發給三萬，旨未言可撥若干，但切飭慎密妥辦，勿生枝節，是數之多少，自可不拘。該道可速共備三萬枝并彈，交斯美帶去，商賴道，千萬慎密，即或遇人盤詰，即云臺民向洋行自購，與中國無涉。惟該輪不可帶公文，切切。局存者及附近蕭鎮等營可收回者，有車礮若干，世邦道礮有未發者，俱儘數撥往，遠營收回恐不密耳。毛瑟彈亦儘數解，均交賴。即覆。敬。

致俄京許欽差光緒二十一年四月二十五日丑刻發

俄已照會吉林、黑龍江邊界副都統，云將假道進兵，明係爭朝鮮。此時朝鮮已與中國無涉，俄據韓則雄於東方，倭踞韓則俄永無出路，此次和約雖言韓爲自主之國，但伊藤與李相明言中國不得再管韓事，倭須管韓事，是韓並不能自主，此節俄想已知。如能勸俄堅持不准倭干預韓事，不准倭留一兵在韓，倭必不從，即藉此與倭攻戰。一經開仗，倭船必燬，不惟臺灣之患可解，中國亦可乘機盡翻全約矣，豈非旋乾轉坤，轉禍爲福乎。如俄肯爲此，我即以界務商務酬之，有何吝惜。新疆、西域及松花行輪，陝漢陸路運茶各節，俄從前要求未允，以此餌之，斷無不願。何不商詢外部，指以相助之法，微示以酬謝之意。如有機會再奏請旨，其或允或否，仍在朝廷，并非使臣擅自許定。成則有大益，

[一] 録自抄本《張之洞電稿·致本省電》。

不成亦似無妨礙，望速設法，隨時飛示。既有旨令閣下商三國，祈速電飭駐德參贊往見外部巴蘭德，巴熟中國情形，臺必注意。電旨已覆奏否，并示。敬。

致萊州欽派團練王侍讀〔一〕 光緒二十一年四月二十五日寅刻發

太夫人定廿六日行，初二三日可到煙臺。閣下擬何時回京。俄艦聚於煙臺，威海駐倭兵八千，以後珂鄉恐不免時有訛言。太夫人如願到京，閣下何不奉安輿入都，舟行至津，通陸路止半日也。敬。

致萊州李撫台光緒二十一年四月二十五日巳刻發

養電悉。此等以下五字有誤，難解，祈再查示。俄脅倭退還遼東、旅順，并令展期換約，倭已允。俄法德三使十四日早已告總署已有旨令伍、聯緩換，伊東恫喝，欲回國。合肥電奏，午後旨允之，十四日亥刻仍換約。現索加費一萬萬未定議，尊處豈全未知耶。法護臺一節，已屢商，先允後推，不知因何變計，現尚無策。尊處宜派幹員分駐津滬偵探，常發電，京城亦宜托人，方能籌備。有。

致清江李道台、莫道台，徐州沈道台、兗州轉運局何守〔二〕 光緒二十一年四月二十五日巳刻發

元電解北路槍彈共分八批，各局想均已閱悉。此時已有第幾批過該局，即刻電覆。有。

致福州邊制台〔三〕 光緒二十一年四月二十五日午刻發

敬電悉。臺民公電尚未奉旨，尊處如奉電旨，亦祈示知。有。

致海州王統領〔四〕 光緒二十一年四月二十五日申刻發

迴電悉。該軍自點驗日起支大餉，已早已批行支應局，玆并電飭清江餉械局照發矣。有。

致鎮江馮宮保光緒二十一年四月二十五日申刻發

函悉。營中地勢如有未合，即請酌量改造，營棚自以上覆泥土爲最妥，請照辦。有。

致俄京許欽差光緒二十一年四月二十六日卯刻發

敬電想已到。聞三國不管，確否。如何覆奏，示及。假如請三國調處，云臺民將變，難交地，請援遼、旅例，加賠欵若干以抵臺，三國肯管否。遼、旅加費是俄開端，似尚可商。臺地利最厚，如能贖回，不惜重價也。洋例廢約者雖少，然原議未允，更訂續約者頗多，懇三國助我訂續約何如，即示覆。宥。

〔一〕以下二電録自抄本《張之洞電稿·致各省電》。

〔二〕録自抄本《張之洞電稿·致本省電》。

〔三〕録自抄本《張之洞電稿·致各省電》。

〔四〕以下二電録自抄本《張之洞電稿·致本省電》。

許欽差來電 光緒二十一年四月二十七日申刻到

俄不及顧臺，亦不能再向日本贅話。已覆奏。澄。宥。

致臺北唐撫台 光緒二十一年四月二十六日卯刻發

聞倭樺山擬兩禮拜到臺，李相電伊藤請緩，不知允否。請公自發急電，切懇李相且緩其來，再籌辦法。許商三國未允，敝處又電許設法，惟内意不聞許俄以厚報，恐未必肯助也。俄攻韓自是逐倭，倭斷不敢與俄戰，亦斷不肯輕捨韓，相持牽制。此一兩月内，倭之水陸軍必不能盡萃於臺，臺軍民合力戰守，足可取勝。各國見臺能自立，當有轉機，此時惟有剛柔互用一策。王使之春已購定十艦船，皆堅好，礮械齊全，洋兵三千，議定三月到華，專爲攻倭，共需一千四百萬兩，一年餉在内。欵已借妥，五釐息，朝廷因和議已成，未允購，十分可惜。此船三箇月可到，三箇月内倭斷不能奪踞全臺。若彼時臺民堅守，而我船已到，再與另議辦法，加賠欵以贖臺，倭必允矣。臺地所值甚多，去冬美國人云，如以臺作押，可借銀十萬萬兩。臺能收回，此欵不至無所出也。洞人微言輕，屢瀆無益。公如以此策爲然，請切囑臺民公電總署具奏，亦電閩省京官入奏，公并電閩督代陳，或可邀允。宥。

唐撫台來電 光緒二十一年四月二十七日寅刻到

徐牧賡陛、鄭守孝胥乞准渡臺。法來一艘，陳副將往晤，兵官云係提督遣來探臺情形。詢及護臺之説，答云有此事，而倭崛强不允，法現在他處用兵，與鬬恐力不及，因此躊躇未定，大致謂臺能自立較易辦。約明早來見崧，似可為。容續布。崧。宥。

唐撫台來電 光緒二十一年四月二十九日午刻到

法兵官昨來見，商護臺事，據云趕赴長崎與提督商，并云為中國爭回土地則難，為臺灣保民則易，必須臺自立，有自主之權，法即派全權來臺定約。與總署商辦，斷難望成。昨已開輪矣。崧。儉。

致臺北唐撫台[一] 光緒二十一年四月二十六日卯刻發

姚已見，即令北行。需用之件儘力籌濟，餉即撥廿萬，欵提到者甚少。宥。

致鎮江呂道台[二] 光緒二十一年四月二十六日未刻發

程提台派人赴鎮采辦軍米一萬四千石，該關即給護照七張。宥。

致鎮江呂道台、何道台，清江李道台、莫道台，徐州沈道台、兖州轉運局何守、德州轉運局周道台、天津轉運局林道台 光緒二十一年四月二十六日亥刻發

各局所養長車，自本日起一律裁撤，以節糜費。以後如有軍火，隨到隨雇車船運送。局費一切，力加撙節爲要。務即遵辦，并傳知各分局遵照。切切。宥。

[一] 録自抄本《張之洞電稿·致各省電》。
[二] 録自抄本《張之洞電稿·致本省電》。

致臺北唐撫台光緒二十一年四月二十七日午刻發

旬日來反覆籌思，只有一下策：倭歸遼、旅索加費一萬萬，大可援此成案，懇朝廷加費贖回，請旨敕李相與倭議之，託俄法德三國公評價值。臺地富饒，每年民間所産米、茶、糖、鹽、木、煤、土藥、磺、腦、五金、百貨之利，值五千餘萬，官收賦税二百萬，若索回此地，即可指臺作押，以借鉅欵，此次兵費兩萬萬及贖遼贖臺之費皆有所出。但抽出金鑛、煤鑛數處賣與各國，即可得銀數千萬。總之，從容議辦，巨欵不難，既免以輕棄膏腴，亦不致以各省海關全爲英國占踞，於大局實有裨益。公可詢問紳民，如贖回臺，則臺地每年亦須酌量多籌若干以佐度支，措詞方圓。再，遼旅價，據英國報館斷值一千萬鎊，并聞，望速酌。感一。

唐撫台來電光緒二十一年四月二十九日午刻到

本日電奏：聞倭歸遼、旅索加費一萬萬，臺灣係未失地，大可援成案加費贖回。原議償兵費二萬萬，又贖遼贖臺之費，請各國公評價值，即可指臺灣押與他國，抵借鉅欵，所有賠欵均由此出。似此辦法，則遼、旅、臺灣均退還中國，而賠欵數萬萬均由臺出。據江督電稱，美國曾估臺灣可押十萬萬，即不如數，大約數萬萬可押。請旨飭下總署與李鴻章向日本速議。臺民誓不服倭，倭難收取。李經方來臺交割，臺民憤極，定中奇禍，即澎亦斷不可往，實相愛非相忌之辭。改派他員來臺，恐亦無善全之策。伏思償欵二萬萬，又加贖遼旅費，部臣如何措手，借用洋債，各省海關全為英國所踞，已屬難堪。借必應還，我又何以立國。不如贖臺而轉押臺，則費有所出。至將來贖臺之費，從容計議，自有衆擎易舉之法，容再續陳。惟押臺之説，臺無外洋巨商，請飭江督與議。總之，朝廷不忍割地棄民，人心感奮，百事可為，一失人心，斷難再振。臺民聞李經方偕倭酋即日收臺，變在旦夕。儻蒙俯採末議，乞速諭知。請代奏，等語。不知臺灣究有外國肯押否，能押數萬萬否，押臺需還，臺難全應，須他省協之。此尚是後議。儻於押欵内抽三千萬與臺，則臺頓雄矣。不知内意如何。一歎。崧肅。儉。

致臺北唐撫台光緒二十一年四月二十七日午刻發

宥電所云購船一節，係請朝廷爲南洋買，非爲臺買。船到時中國氣壯，便可向倭議不交臺辦法，臺自陰受其福。若購船與臺，使之拒倭，和約已定，朝廷斷不能如此辦也。然此事費多而有痕迹，合肥從中堅持，必然不行，只可專商贖臺之法，或有一綫可圖。姚道所言滬港有兵船三艘，斷不可信，必係尋常商輪藉此圖售。兵輪須連礮價斷不止三十餘萬，若港滬有兵輪，南洋早買，不能留至今矣。滬上洋將亦難求，南洋搜羅半年，未得水師一人。此時爲臺計，只有憑臺民爲戰守，早遣無用客勇，以免耗餉，禁運銀錢内渡，以充軍實。感二。

致鎮江探交廣保軍洪光貽〔一〕光緒二十一年四月二十七日未刻發

廿四致王道電悉。新募兩營到齊後，即赴江陰貴軍原紮處所，

〔一〕録自抄本《張之洞電稿·致本省電》。

聽候點驗。和議既成，無庸再赴海州，該員務須嚴加約束，勿令生事，如有爲難之事，并可與廣義軍李鎮及陳游擊榮坤、莫都司善積商酌，要事隨時電稟請示，不必來甯，以免疏虞。感。

致上海上海道劉道台光緒二十一年四月二十七日亥刻發

奉旨撥洋欵五十萬與臺灣，陸續解往，可速於瑞記借欵内先提三十萬，交赴臺商輪運往。如無由滬赴臺之輪，即委員搭厦門之商輪先運至厦，由厦交商輪運臺，或能由滬匯厦更好。臺輪裝有他件，裝銀恐有不便，故擬用商輪由厦轉解臺較穩。沁。

致福州邊制台光緒二十一年四月二十七日亥刻發

聞倭水師提督將赴臺，限兩禮拜交割。倭艦到臺，水綫必斷，消息恐阻絶。祈尊處派委員會同厦門道，多雇海舶，扮作商船，偵探臺地戰守情形，可以隨時送信閩、厦兩處，并懇轉電敝處。總期不惜重費，方免誤事爲要。沁。

致臺灣打狗口劉鎮台淵亭〔一〕光緒二十一年四月二十七日亥刻發

沁電悉。此間有總署電信新法，與唐薇帥處電本相同。至所云新電碼，不知是何本，望示知。來電即用總署新法可也。速覆。沁戌。

致鎮江吕道台、何道台〔二〕光緒二十一年四月二十七日亥刻發

宥電悉。南洋轉運各局應即裁撤，除前五批軍火早已起解外，以後北運軍火應由輪船轉運，其昨日起解之第六批槍一千、彈三十萬亦應速即追回，存鎮局候諭再運，其東征局分撥之比彈百萬，原係留南洋用，並非運解北軍之物，切勿誤解。至要，即覆。感。

致鎮江吕道台光緒二十一年四月二十八日巳刻發

馬電悉。查閩浙等省缺米，均由督撫咨照本衙門，電商總署核覆，准在揚、鎮兩處販運，照津米取保，給照限繳，當經行關照辦，並照舊完納税釐。今商人自行在關請運米往煙臺，顯有情弊，應不准行。儉。

致臺北唐撫台光緒二十一年四月二十九日卯刻發

日來未接電，懸系。聞有旨令公來京陛見，派李經方赴臺，想係爲交接事。又聞留顧緝庭方伯幫辦一切。尊處想已奉電旨，祈將全文恭録電示。此時臺民情形若何，公能離臺否，速覆。豔。

唐撫台來電光緒二十一年五月初一日卯刻到

奉旨：唐景崧即開缺，來京陛見，其臺省大小文武各員，並著唐景崧飭令陸續内渡。欽此。只言撤官，未言撤兵，語甚囫圇。或以此旨應付倭人，了中國公案耶。次日紳民聞知，又蜂擁畢集，

〔一〕録自抄本《張之洞電稿·致各省電》。
〔二〕以下二電録自抄本《張之洞電稿·致本省電》。

萬難離臺。日内臺民即立為民主國，只可隨民去做，無可奈何矣。旨令李經方來臺交割，李相電詢陳季同，陳將臺情據實電覆，云切不宜來。次日有李請顧交之説，乃顧得密電，未見旨也。崧在此則各官可行，崧一人去，則無一人可脱矣。崧。豔。

致臺灣打狗口劉鎮台淵亭〔一〕 光緒二十一年四月二十九日卯刻發

請速用總署新法電示，無論何密碼，敝處皆能譯也。豔。

致上海上海道劉道台 光緒二十一年四月二十九日卯刻發

聞有旨令唐薇帥來京陛見，臺欵應暫緩匯，俟數日後看臺灣情形，如唐已内渡，則此欵可作罷論。軍火除已解外，不必再解。豔。

致武昌蔡道台，漢口鐵廠黃守、汪守〔二〕 光緒二十一年四月二十九日午刻發

焦炭爐已煉炭否，成色如何，槍廠屋尚差幾排，已開工造槍否，礮已作成幾尊，速覆。豔。

蔡道、黃守、汪守來電 光緒二十一年五月初一日申刻到

督署艷電謹悉。焦炭爐煉萍煤化驗可用，煉本山煤油重灰多，須參萍煤，試準方能適用，旬日間當有確信。萍煤到山已三千余噸。槍廠七排全完，現配輪軸、校機器，月内可竣，已開工先造槍上零件。架礮廠屋已完，現設機器，俱兼夜工。礮已成八生七二尊，連車，演放甚好。子母礮五尊，另新式快礮一尊，連水師架，月半成。勇、瓚、霆稟。東。

致臺北唐撫台 光緒二十一年五月初一日午刻發

臺民欲劫公守臺，無可如何，然名目宜酌。電奏只宜云自約爲民會、民政之國，不可云民主，不可云自立。外洋總統甚大，似不相宜，須稍變，或云總管，或云總辦，譏譖嫌疑亦須防也。最要是防倭人斷電綫，務速與洋行商，賤價賣與洋人，方能通消息，此事速辦要緊。再，同知鄭孝胥，公如願調，須電奏，言該員曾充東洋參贊領事官，熟悉洋情，辦交涉事宜必有益，請旨敕南洋令速赴臺。如奉旨准，始可派往。此時在臺文武且令内渡内地，官員不便擅令赴臺也。徐牧不能往。東一。

致臺北唐撫台 光緒二十一年五月初一日午刻發

儉、豔三電悉。贖臺、押臺是兩事，先須朝廷向倭商允，加費抵臺，倭允後則臺仍屬我，方能從容議押。果索回，巨欵不難。此時惟戰守爲急，三戰後尚能相持，方有辦法。二十六日合肥電奏臺民叛據係僕與公主使，謬極。公此電論押臺，多引僕爲證據，更中讒忌矣。以後措詞望詳酌。澎有倭船幾艘，倭兵約若干。東

〔一〕 録自抄本《張之洞電稿·致各省電》。

〔二〕 以下二電録自苑書義等主編《張之洞全集》第八册，第六三九八至六三九九頁，河北人民出版社一九九八年版。

二。

致臺北唐撫台 光緒二十一年五月初一日午刻發

前甯紹臺道薛福成請英國查照舊約，保護定海，稟稿大略云：道光二十六年，中國與英國互立保護舟山條約五欵。其第三欵中國允英國之兵退出舟山，以後亦不讓與別國。第四欵英國依允嗣後有別國攻打舟山一帶地方，英國必爲保守，務當將舟山送還中國。此事係兩國交誼和好，不須中國出欵等語。竊思此事於刊行條約中雖未載及，而詢之英國駐甯領事，攷之外洋新聞紙，均已確鑿無疑，計軍機處及内閣衙門必有檔案可稽。似應將此約照會英國公使，請其照約辦理。再，聞英領事與税務司談及此事，據稱，去年英商恐中法有事，損彼商務，憶及道光年間英有願保舟山，以免損壞港滬商局之約，即具稟香港總督，咨詢外務衙門。旋接覆稱，仍可照前約辦理。嗣英廷又守公法，不保舟山，法人知有此約，亦未必敢攻舟山，以召英人之怨云云。蓋英人如得中國一照會，亦可有辭以告法人，法不得以與英無干四字拒之等語。查光緒甲申，臺之鷄籠曾爲法踞，議和後退還，與英國於定海情事相同。此稿可發陳副將季同閲看，以備與法人商。東三。

致鎮江呂道台〔一〕 光緒二十一年五月初二日午刻發

山東翰林尹琳基號琅若，初一日自金陵附安慶輪赴滬，到鎮江後與閣下相見否，如晤及，望代致鄙意甚願一見，務請其回金陵，有要語面談。沃。

致武昌蔡道台〔二〕 光緒二十一年五月初二日午刻發

東電悉。焦爐是否每日常開，萍煤與本山煤參用各配若干，本山煤煉成焦炭，工料及運省費合計每噸銀若干，萍煤煉成焦炭合計各費每噸銀若干。生鐵爐已開否，久停不開似不成事，且賠累太多，能開兩爐最好，白煤能參用否。熟鐵爐工匠已有幾名，每日能開幾爐。槍廠機器較準後幾時可造槍，管架彈廠機器幾時可安好開造，每日可出槍彈幾萬粒。去年擬在漢陽廠内造外洋焦炭爐三十五座，磚似已訂，但記憶不確，速查明係何月訂，幾時可到。均即覆。沃。

致武昌蔡道台 光緒二十一年五月初二日午刻發

有、勘兩電悉。已致譚帥及龍方伯、善後局矣。鐵局需欵，已由籌防局撥十萬兩匯漢口。沃。

蔡道來電 光緒二十一年五月初一日寅刻到

善後局九萬餘兩一欵，已奉撫憲批准，照數解鐵局應用。而該局欲在此中扣去十八年底借錢欵三萬餘串，合銀二萬餘兩，購湘鄉賓館萬餘兩，益大借欵連息二萬二千餘兩，實擬解尾數三萬餘兩。趙道謂係撫憲所諭，如此是紗機四萬兩則已不敷，又況鐵、礮局三四月經費待用萬緊，無以應急，擬懇憲臺電咨敬帥，飭善後局暫勿扣抵，全數解鐵局應用。至前借錢欵三萬餘串，係外銷之欵，原奏有展轉騰挪，勻撥善後局雜欵應用之語，將來似可歸

〔一〕録自抄本《張之洞電稿·致本省電》。
〔二〕以下五電録自抄本《張之洞電稿·致湖北電》。

入鐵局報銷，無須扣還。湘鄉賓館原擬作彭、楊二公祠，鐵廠無需此地，似可撥歸善後局開銷。至益大之二萬餘兩，前已商允在快礮機二十萬欵内扣抵。是該局擬扣之欵，有可不扣者，有可緩扣者，且有應還鐵局開煤鑛項下一萬餘兩，鐵局輪船運載軍需營勇等陸續墊用煤價六千餘兩，尚可劃抵。惟非憲臺與商，難期允准，請核辦。勇稟。勘。

蔡道來電光緒二十一年五月初八日午刻到

沃電謹悉。焦炭爐日夜常開，不能停火。初煉多棘手，近漸順，適本山第三横窿之煤，成焦甚佳，惟須换大機器方能多出。上兩層須參萍煤，成數尚未較準。本山焦炭運省，每噸約三四兩，萍煤煉者須七兩零。俟焦炭積至千餘噸方敢開爐。修復舊爐費工料不少。兩爐皆完備，炭足即可全開。參用白煤俟開後詳試，現無把握。熟鐵工匠十餘名，能開六爐。槍管已鑽七枝，月底各機齊備，即可陸續成槍。架、彈各機閏月底可安好，出數未能預計。漢廠焦爐二月定，現將起運。今日會同惲道、黄道在廠演八生七兩礮，甚好，擬交寳令解甯。勇稟。陽。

致武昌譚制台、龍藩台、善後局并録送

蔡道台一閲光緒二十一年五月初二日午刻發

湘鄉賓館原擬建彭、楊二公祠，非鐵廠所用，可撥歸善後局。益大借欵二萬餘兩，前已商允在快礮機二十萬欵内扣抵，尊處已經奏明。至十八年底借錢欵三萬餘串合銀二萬餘兩，係外銷欵，去年弟原奏本有匀撥善後局雜欵應用之語，將來可歸入鐵廠報銷，似無須歸還，且善後局有應還鐵局開煤鑛項下一萬餘兩，鐵局輪船運載軍需營勇等陸續墊用煤價六千餘兩，尚未細核。現存善後局之串平色銀九萬兩，鐵局急待提取應用，望飭該局勿扣，切禱。沃。

致福州邊制台光緒二十一年五月初三日巳刻發

東電悉。此時斷難廢約。臺民果能堅守，自有辦法。臺自能守，倭豈能責我。臺無船而械少，能否阻其登岸，未敢必。若一鼓而下，斷無此事。地廣路險，瘴盛雨多，民强糧足，深入五十里以内，倭技窮，土兵利矣，一年亦不能得臺也，惟軍民須同心方好。海船通信要緊，臺南、臺北皆要，萬勿惜費，爲禱。江。

致上海劉道台、賴道台光緒二十一年五月初三日巳刻發

前奉旨，濟臺之欵即速撥三十萬，交匯豐匯臺，交唐撫台。如能一批全匯即全匯亦好，但須妥穩，勿誤交他人爲要。并告賴道知。肴。

致臺北唐撫台光緒二十一年五月初三日午刻發

日來臺地紛紜可想，衆心定否，軍民和否，林鎮朝棟、邱庶常意見相合否，劉淵亭有何主見，客軍有遣回者否，各官何日内渡，公係何名目，祈妥酌示知。已撥三十萬交匯豐匯交。電綫務速賣與洋人，電綫若斷，請發信交洋行寄滬。再，倭步兵以十六人爲一百，一副管帶三十二人。馬兵以七人七馬爲一百，凡言某隊兵幾萬人，皆虚張人數。并聞。江。

致蕪湖袁道台光緒二十一年五月初四日丑刻發

江電悉。蕪湖禁米出口，此間米釐歲可得二十餘萬金，而鎮江關米税大旺，尚不在其内。爲國家釐税，統籌全局，自以照現在辦法爲合宜。若米禁一開，釐金全失。現軍需浩繁，驟失巨欵，斷難支持。故此間司局皆不願蕪湖弛禁，堅持力爭，鄙人亦無以奪之。若欲開禁，惟有籌一彌補之法，或由蕪關代江南收釐金一次，或作爲米商每石捐欵協濟江南軍餉若干，祈飭米商妥籌速覆。總之，鄙意願蕪關仍開，而江餉亦裕，則兩得其平矣。江。

致安慶福撫台、蕪湖袁道台〔一〕光緒二十一年五月初四日丑刻發

昨北洋王夔帥咨滬商，請赴蕪湖辦米三十萬石，運至津關平糶，以天津水奉、錦荒爲詞，請免税放行，已奉旨允准等語。若照此辦法，則禁開而釐税無著，江、安兩省俱受其累矣。津、遼災民豈有食江南大米之理，顯係上海奸商藉詞蠹國射利，狡妄可恨。記光緒十六年安徽沈帥、江南曾宫保均有奏案，奏准以後來蕪湖、鎮江買米平糶放賑，及來辦軍米，皆照舊完税完釐，將來以此項税釐銀留備充賑充餉，以免奸商影射云云，兩省奏案大意略同。除江南案飭查酌辦外，皖案請速查，籌議辦法電覆。此端不塞，兩省餉源大虧矣。候示覆。江亥。

致煙臺謝委員庭芝光緒二十一年五月初四日亥刻發

俄限倭退遼，逾限即開戰之説，係何處所傳，確否。速覆。支。

謝委員來電光緒二十一年五月初三日巳刻到

聞俄限倭於西歷六月十五即華五月廿三，將奉天各城全行退讓，如不退，廿四開戰。并聞倭在旅順埋地雷。現在俄兵船停泊煙臺有十五艘。庭芝稟。

致天津東征糧臺胡臬台光緒二十一年五月初四日亥刻發

聞派大員數人赴津議遼事，已到津否，係派何人，所議係何辦法，祈示。支。

胡臬司來電光緒二十一年五月初六日亥刻到

遼事并未派大員來津。頃閲許電，俄、法、德派人會議遼事，促日退兵還地，勸免索費，如不獲已，必須從減。有此一語埋根，恐費又難免。棻叩稟。魚。

致宜昌川鹽局曹道台〔二〕光緒二十一年五月初四日亥刻發

先電悉。收數如能支持包繩、雜支，自以不停爲善。支。

致臺灣打狗口劉鎮台永福〔三〕光緒二十一年五月初五日巳刻發

來電將總署兩本皆翻不出。此電能由唐薇帥處轉否，如可，

〔一〕〔三〕録自抄本《張之洞電稿·致各省電》。
〔二〕録自抄本《張之洞電稿·致湖北電》。

即請發至唐處，請唐用常與敝處通電之本轉江省。或請尊處用新編，隨意約加幾碼，敝處當設法譯之可也。歌。

致臺北唐撫台光緒二十一年五月初五日午刻發

冬兩電悉。公爲臺民刼阻暫留，自係萬不得已，深爲焦灼。然自處須有分寸，方見恪守臣節，朝廷方能鑒察，天下方能共諒。奏事及行文内地各省暨臺灣本省，自應仍用開缺本銜與巡撫關防，此層尤須迅即電奏，并電知各省爲要，聲明此係暫時權宜，以免倭人向中國生衅，事定後臺仍歸中國。公此時只可云懇恩暫緩陛見，將來如能設法離臺，當赴京陛見等語。奏咨内只可云民會、民政，不可云民主。只可云暫留，不可云暫主。措詞須平淡謹畏，方爲得體。尊處初二日電奏已得閲，措詞尚較有斟酌，惜叙臺民滋鬧處太略，致各省電太不妥，望速妥酌更正聲明要緊。歌。

唐撫台來電並致各省　光緒二十一年五月初二日丑刻到

日本索割臺灣一島，臺民忠義，誓不服倭，屢次請爲代奏，籲求免割，未克挽回。全臺紳民不勝悲憤，因公議自立為民主之國。適崧奉旨内渡，摒當起程，臺民聞知，於五月初二日擁集衙署，捧送印旗，印文曰臺灣民主總統之印，旗為藍地黄虎，强崧暫留，保民禦敵，堅辭弗獲，不得已允暫主，一面電奏，一面布告各國，商結外援，圖復臺灣。總統由民公舉，遵奉正朔，遥作屏藩，能否久支，未可逆料，惟乞憫而助之。事起倉卒，迫不自由，想蒙亮鑒。景崧。冬。

唐撫台致總署電光緒二十一年五月初二日未刻再附

此電以備參考

四月二十六日奉電旨，臣景崧欽遵開缺，應即起程入京陛見。惟臣先行，民斷不容，各官亦無一保全，只可臣暫留此，先令各官陸續内渡，臣則相機自處。臺民聞割臺後，望有轉機，未敢妄動。今已絶望，公議自立為民主之國，於五月初二日齊集衙署，捧送印旗前來，印文曰臺灣民主國總統之印，旗為藍地黄虎，强臣暫留，保民理事，臣堅辭不獲。伏思倭人不日到臺，臺民必拒，若礮臺仍用黄旗開仗，恐為倭人藉口，牽涉中國，不得已允暫視事，將旗發給各礮臺暫换，印暫收存，專為交涉各國之用，一面布告外國，并商結外援。嗣後臺灣總統均由民舉，遵奉正朔，遥作屏藩。俟事稍定，臣能脱身，即奔赴宫門，席藁請罪。昧死上聞，請代奏。景崧肅。冬。

致福州慶將軍、邊制台〔一〕光緒二十一年五月初五日午刻發

唐竟爲台民刼留，以後事難逆料。其致各省電措詞多欠酌，其電奏措詞較妥，已飭電局照轉奉閲。弟於前日電奏，略叙數語，專爲聲明以後不便接濟餉械等語，尊處應如何電奏，請兩公裁酌。歌。

致福州慶將軍、邊制台光緒二十一年五月初五日亥刻發

弟奏臺事，僅叙大略，未加議論。因唐電信字句多欠酌，敝處電奏聲叙處，極力爲之斡旋，將臺民洶洶、唐暫留以救各官各

〔一〕録自抄本《張之洞電稿·致各省電》。

節詳叙。將自立爲民主之國，解釋爲自約爲民會之國。後見其電奏，措詞較妥。換旗爲免中國受累，印爲交涉各國結援，語尚圓到。嗣又來電，云奏事及行文臺地及內地各省，仍用本銜及撫印，如此甚妥。其言及餉械者，合肥電奏臺事係弟主使，故聲明此後不解，以防讒口也。歌。

致厦門黄提台光緒二十一年五月初五日亥刻發

倭使限日交臺，一有戰事，臺電綫必斷。務望多雇漁船商船，分到臺南、臺北探信，隨時電示，要緊，拜禱。澎湖現有倭船幾隻，祈確探速示。歌。

致福州慶將軍、邊制台〔二〕 光緒二十一年五月初六日辰刻發

初五日接唐撫台初二日電云：密。民主、總統亦慮非宜，又思不正名目恐外洋不認爲國，交涉事難，好在奏明不換旗，開仗恐倭牽累中國，總統印暫存，專爲交涉外洋之用。現擬行文臺地及內地，仍用開缺本銜與巡撫關防，即民主亦係權宜，臺倘倖存，自仍歸中國爲正。崧。冬。等語。照轉奉閲。語。

致鎮江吕道台、蘇州鄧藩台、黄臬台、上海劉道台〔三〕 光緒二十一年五月初七日丑刻發

頃接密電，上云係總署電信新法碼，本署所有新法兩本均譯不出，尊處有電信新法幾種，有去年新頒者否，望將各本即日寄甯一查，即行寄還，并望先電覆。語。

致臺北唐撫台光緒二十一年五月初七日巳刻發

除交涉外，奏咨及下行官民均仍用撫銜撫印，甚妥。已代電奏，并將公艱苦忠悃代陳，有云事成則國家受其利，不成則該撫身受其害等語。尊處似宜將用原銜原印及臺存仍歸中國兩層自電奏。電綫務賤價速售與西洋人，事平後另造一綫亦不難。再，俄限倭中歷五月二十三日退還遼地，如不退即開戰。又照會黑龍江將軍，假道派陸兵赴朝鮮，逼倭兵退出朝鮮，此確信。倭斷不能全力攻臺，請告諸將士必可破敵。陽一。

唐撫台來電并致各省 光緒二十一年五月初七日未刻到

臺民自立，萬不得已，非此不足拒倭，免其向中國饒舌，且冀自立後或求外國保護，或求各國公評，但有一綫轉機，仍歸中國，斷不肯自居化外。換用旗式，為開仗計。崧為民劫迫，無計脱身，權宜留此，奏懇暫緩赴京陛見。嗣後奏報及行各省公牘，仍用開缺本銜及臺灣巡撫關防。一息尚存，未敢稍逾臣節。謹此陳明。景崧叩。魚。

致臺北唐撫台光緒二十一年五月初七日巳刻發

斯美到否，念甚。劉淵亭若何位置，係何名目，渠意若何，能同心否，并速示。陽二。

唐撫台來電光緒二十一年五月初九日午刻到

劉無名目，頗有同心。臺中、臺北文武俱換定，惟臺南鎮、

〔二〕録自抄本《張之洞電稿·致各省電》。
〔三〕録自抄本《張之洞電稿·致本省電》。

道難其人耳。轉到總署電，謹悉。寇踞基隆五十里之滄底，我軍相持三日，昨粵勇報捷，斬首甚多。崧。佳。

致福州慶將軍、邊制台〔一〕光緒二十一年五月初七日巳刻發

敝處致總署歌電云：今日臺撫唐冬電稱，以後奏事及行文臺地暨内地各省，均仍用本銜及巡撫印，臺倘倖存，自仍歸中國，其印旗係爲交涉各國結援而設，免中國受牽累等語。竊思此節甚關緊要，謹代電陳。查臺民依戀本朝，不願他屬，唐迫於臺民，不能内渡，唐現在辦法洵屬無可奈何之苦心，事成則國家受其利，不成則該撫身受其害，諒蒙聖明鑒察。倘能支持數月，倭氣已沮，當可與倭商贖臺之法。臺若贖回，所值甚多。請代奏等語。録呈一覽。陽。

致安慶福撫台 光緒二十一年五月初七日午刻發

粵商運米，應由敝處奏明，方可弛禁。姑念已裝船者爲數無多，准其出口一次，其餘仍禁，俟敝處奏准方可續運，以符定章。已飭蕪湖關道遵辦矣。陽。

致蕪湖袁道台 光緒二十一年五月初七日午刻發

洋關禁米出口，係奉旨之案，不候本衙門奏准飭知，徑行裝運，大屬不合。姑念數尚無多，姑先准出口一次，餘仍禁止，俟議立認捐章程，再行奏明弛禁。此次係裝運若干，速將確數電復。陽。

致徐州沈道台〔二〕光緒二十一年五月初七日午刻發

江、魚兩電悉。以後各批軍火，俱隨漕運津。陽。

致武昌譚制台、善後局、龍藩台 光緒二十一年五月初七日午刻發

頃聞鄂局飭測海、金甌兩輪將船礮起上田鎮礮臺。查金甌係蚊子船，其礮用水力機升降，萬不可起上岸，若一起則機器全壞矣，是以去年弟在鄂時，從未議及起金甌之礮，只令其港汊内伏擊。至測海之礮，則船礮架矮於礮臺，本不甚合用。去年因防務喫緊，外洋礮無從尋覓，故爲此權宜之議。今和局已定，臺礮可以從容妥配。以後兩湖、長江一帶能否永遠安靖，殊難逆料。兩船雖不能與外洋接仗，而爲長江緝匪則極得用。一兵輪可抵水師舢板百餘隻，可抵陸路勇兩三營，況起拆大礮亦屬不易。此兩礮，務望飭局勿起上岸爲禱。弟擬爲鄂省籌臺礮數尊，容籌定再奉達。祈裁酌示覆。陽。

致齊齊哈爾增將軍 光緒二十一年五月初七日午刻發

聞俄國照會尊處，現派陸兵赴朝鮮，假道貴治等情。俄兵若干人赴朝鮮，作何事，何日過境，約幾時可到，朝鮮照會如何措詞。祈速電示，至感。陽。

增將軍來電 光緒二十一年五月十四日申刻到

陽電悉。四月十六接俄阿木畢照會，稱日本欺凌中國，强占

〔一〕以下三電録自抄本《張之洞電稿·致各省電》。
〔二〕録自抄本《張之洞電稿·致本省電》。

地方，應即幫兵助剿，以安地方，所需一切發價皆無用强，預告滿洲各官憲云云，并未明言兵有若干，假道前路。迨聞倭允退還遼地，據探兵已歸伍，目下亦無動静。惟同時吉林亦有電云，由甯古塔、琿春帶兵督走瀋陽，欲我備辦糧草，係以言知會，後亦無聞。餘函詳。增祺。真。

致臺北唐撫台 光緒二十一年五月初八日子刻發

總署來電：初五日來電已呈遞，唐景崧亦有電至。現在臺事未便過問，若仍用奏咨文件，即難免牽累，有礙大局。唐爲臺民劫制，如能設法脱身，宜即日歸，庶免別生枝節。遵旨電達，希即電知爲要等語。謹照轉。陽。

致武昌蔡道台〔一〕 光緒二十一年五月初八日丑刻發

銀元五種鋼模俱造好否，新造各種式樣何日可寄來。馬鞍煉出焦炭如何，速覆。新成礮二尊是否八生七，抑係六生七，電碼似誤，速示。陽。

致俄京許欽差 光緒二十一年五月初八日卯刻發

快礮機現訂造幾種，必須多買數種礮樣，兼有數種礮機。鄂廠力能速成，即請速購定示知，立即匯欵。和局雖訂，兵事未有已時，快礮必須早成爲妙，且須礮廠成功，鄙人方能引退，尤深焦急。此間欵尚充裕，籌十數萬金不難。盼覆。陽。

致俄京許欽差 光緒二十一年五月初八日申刻發

陽電悉。臺地廣山險，瘴盛雨多，民强糧足，海口礮臺難恃，且沿海太寬，亦難阻其登岸。若深入五十里内，倭技窮矣，數月内斷不能取全臺。黑旗現在臺。此兩層是否俄外部問，有何語氣，速示。臺地要而沃，英既無志，何不勸俄保護，專東海以饜英乎。庚。

致鎮江吕道台〔二〕 光緒二十一年五月初九日亥刻發

王、鄧兩統領因要公，明早乘輪回浦，一俟到鎮，該道即派小輪送至清江，至要。佳亥。

致清江松漕台、謝道台、王提督金榜所統五營營官等 光緒二十一年五月初九日亥刻發

漕帥電悉。王統領已飭令明早乘輪趕回，務請漕帥速派幹弁馳往該營體察彈壓，飭令該營官等嚴行約束，不得稍滋事端，致干軍律。現在情形若何，請漕帥電覆，謝道飛速電稟。佳。

致武昌蔡道台 光緒二十一年五月初十日巳刻發

槍礮廠原訂機器，每年出槍一萬五千枝，礮百尊，實數不過出三分之一耳。槍彈每日出二萬五千顆，月止七十餘萬顆，亦太

〔一〕録自抄本《張之洞電稿·致湖北電》。
〔二〕以下二電録自抄本《張之洞電稿·致本省電》。

少。現擬另籌巨款，添槍礮并彈四種機器，須每月實能出雙管小口快槍三千枝，每月實出無煙彈三百萬顆，快礮一兩磅子者每月實出五十尊，每月實出彈五萬顆。可問洋匠，各種機價脚需欵若干，廠工需若干，能就本廠相連地擴充否，抑在鐵廠内空地另造。此事在必辦，且須速辦，速詢覆勿遲。蒸。

致武昌蔡道台〔一〕 光緒二十一年五月初十日巳刻發

馬鞍煤井換大機器須銀若干兩，速擬電，候核訂購。現三座每日共出生煤若干噸，焦炭何日可積至千餘噸，兩大爐均當即速修整，工料需費若干，現煉出之鋼能造雙管槍否，槍管一月可鑽幾枝。熟鐵爐速添匠學習，催多開，一月學四匠，亦應早全開矣。鐵廠辦事太遲延，用費無所底止，不知該道亦著急否。天已熱，布局造冰機器有效否。聞銀元五種鋼模已全速造寄。均即覆。蒸。

蔡道來電〔二〕 光緒二十一年五月十二日丑刻到

蒸兩電謹悉。馬鞍山生煤日可出百二十噸，上兩層多粉。北、萍煤不一色，屢較不準。今日已晴，即同黄道到山詳勘并商洋匠，籌議換大機器并改洗煤機、添挂綫路，各事回省後另禀。焦炭初煉較少，積千余噸約須一月。新、舊兩大爐皆完備。舊爐修費約三千兩。自煉鋼單管槍可造，雙管則不能。鑽機四部，先安一部，鑽甚慢，人手未熟，不能作準。廠存生鐵合煉鋼用者較多，煉熟鐵用者所存無多，故不能多開爐，亟盼生鐵大爐速開，方能接濟。布局冰機日出冰半噸，亦敷用。擴充槍礮廠事，容商洋匠另禀。克廠代雇鐵廠總管，聞已起程來鄂。許欽差有電來否，懇示。勇禀。真。

致蘇州鄧藩台〔三〕 光緒二十一年五月初十日午刻發

江瑞曾飭赴青浦新任。蒸。

致武昌譚制台〔四〕 光緒二十一年五月初十日午刻發

臺電倭踞基隆北五十里之滄底，我軍相持三日，初八日粤勇報捷，斬首甚多等語。看此情形，是我軍尚不畏賊。惟盼數日内獲一大勝，則全臺人心定矣。

致蕪湖袁道台〔五〕 光緒二十一年五月初十日午刻發

委知府羅章赴蕪湖與閣下面商蕪關開米禁事宜，今晚可到。可與詳談熟籌，總期江、安均有益，將來能蕪、鎮兩關會詳，江、安兩省會奏再妥。蒸。

致上海上海道劉道台 光緒二十一年五月十一日丑刻發

據鄭令學書、顔令澍禀請將洋藥加收防費一案，作爲膏捐辦理，與煙臺條約無礙。又稱，煙膏以兩計算，上海每歲出棧約二千萬兩之譜等情。若照直百抽五收捐，每兩之膏市價或千文，或

〔一〕〔四〕 録自抄本《張之洞電稿·致湖北電》。
〔二〕 録自苑書義等主編《張之洞全集》第八册，第六四二四頁，河北人民出版社一九九八年版。
〔三〕 録自抄本《張之洞電稿·致本省電》。
〔五〕 録自抄本《張之洞電稿·致各省電》。

七八百文不等，酌中定數每歲二千萬兩之膏，可收釐金八九十萬串，鎮關尚不在内，實爲餉需巨欵。該道務須極力督率勸諭，期以必成，并轉飭上海黄令，會同認真妥辦，方能有益。現經舉董籌議，飭即妥訂章程，刻期開辦。粤商素稱好義，此項膏捐果能集成鉅欵，准其援案給奬。該道先將籌議大概情形電覆。真。

致無錫委員沈守桓[一] 光緒二十一年五月十一日亥刻發

藺捐一事，洋商寶昌等屢向上海道瀆擾，謂有違條約，前已電滬道及蘇釐局轉飭妥辦在案。查此事係捐之藺客，非捐之洋商，且准請奬，與釐金無涉，何以向洋商收銀，顯係藺户請洋商代扛。現在已收捐若干，通共可捐若干，若藺户必不願，即不辦亦可，勿爲瑣事生枝節。速覆。真。

致臺北唐撫台光緒二十一年五月十三日子刻發

屢電悉。初聞獲勝，甚喜。不意忽敗，焦急萬分。所謂全軍盡散者，自係客軍，若土勇當不至全潰。他處尚有幾營，粤勇尚可用否。基隆距省城中間山險甚多，法攻半年不能入，此時惟有激勵土勇用之。若本地土豪能馭衆力戰者，可即以臺北府城與之，令其駐守，許以封爵，世守其地，若日本之諸侯。公自率大枝親兵護餉械，擇便利駐紮，或戰，或攻，或守，相機因應，務取活便，方能得勢。全臺地廣，待倭深入，然後以兵截其歸路，斷其軍火，彼軍火不繼，終必敗竄也。教民係何教，此時宜撫爲我用。三十萬已全交賴道，尊處已收到否。聞魯麟洋行可匯銀，祈示。如公在他府他縣亦能交到，敝處仍可隨時接濟。船不便派，此外雖不易辦，當相機爲之。基隆早知不可守，勿以此爲恨。總之，臺地廣，倭兵少，但存一府一縣，即有生發，相持三月，各國必有出頭者，僕當力籌。臺北府即爲倭占，仍可自存，何遽云事不可爲耶。若至糜爛過甚時，可將總統印付與劉淵亭，公在臺南設法内渡，聽劉與土民爲之。公此時總以有親兵、握巨餉、擇便利爲主，萬勿氣餒。昨許電，俄無意臺，惟西班牙關注，法次之，若支數月，或冀二國以礙海局，糾俄、德出論，并聞。公有何別號，并示。文。

唐撫台來電光緒二十一年五月十二日未刻到

基隆血戰六日，將士傷亡不少，統領張兆連重傷，全軍頓散。基隆不守，教民四起，省城瓦解，事不可為矣。景崧肅。真。

邊制台來電光緒二十一年五月十四日申刻到

臺事瓦解，亂民肆劫，撫署被燬，唐撫十二晚率官僚奔滬尾，將内渡，為兵士扣留。倭兵距省廿里，大隊數千往攻，滬尾危在旦夕，可為一哭。泉。寒。

邊制台來電光緒二十一年五月十四日亥刻到

頃臺局洋匠手報，唐撫今早附雅打商輪内渡，滬尾礮臺攔截，經德兵輪放礮救之，始開去。又昨晚峒城火藥局被燬，倭兵現尚未入城云。泉。鹽。

[一] 録自抄本《張之洞電稿。致本省電》。

致武昌楚材輪船黃福華〔一〕光緒二十一年五月十四日未刻發

聞熟鐵爐因熟手工匠少，現止開六座。前據該廠稟，三箇月可練熟手一班，現維時已久，何以尚未練出。該千總速赴鐵廠一查，究竟有何爲難之處，熟鐵匠何處可招。又槍廠鑽機四部，現止安好一部，亦屬遲延，該千總并往槍廠一查情形，有無趕速之法。漢陽各廠一併詳細考究，以備回甯詳稟一切，至要。願。

致鎮江呂道台〔二〕光緒二十一年五月十四日申刻發

福建提督程軍門委盛令宜懷赴鎮江、蕪湖采辦軍米一萬四千石，因蕪湖米禁未開，曾於前月宥電飭令鎮江關發給一萬四千石護照，俾全由鎮江采辦。該關已照給否，速發給，電覆。如該軍有續辦之件，亦在鎮江發照。願。

致安慶福撫台〔三〕光緒二十一年五月十四日申刻發

寒電悉。蕪湖米禁未開，程軍軍米祇可全在鎮江采辦，已飭鎮關發給一萬四千石護照矣。祈飭盛令宜懷速赴鎮江領照採運。願。

致俄京許欽差光緒二十一年五月十四日亥刻發

江南擬照德國營制練步馬礮工兵約萬人，需用德員約四五十員、末弁一二百人，祈速代照覓。務須步、馬、礮、轉運、工程、糧餉各門俱備，員弁酌配。現已雇定幾人，務須精選曾經戰陣之員爲要。克廠所薦者選定幾人，先需欵若干，祈示。此事屢詢未復，盼切。此事已開辦，各員弁務速遣來，以免廢時糜餉。至禱。願。

致鎮江呂道台〔四〕光緒二十一年五月十五日巳刻發

鎮江關自去年蕪湖禁米出口以後，運軍米、賑米者皆在鎮江裝輪，計此數月內，較向年多收税銀若干，速據實電覆勿遲。咸。

致蕪湖袁道台、江南委員羅守章〔五〕光緒二十一年五月十五日午刻發

羅守章已到否，所議若何，究竟蕪湖洋關向來每年收米税若干，常關亦收米税否。或云蕪湖若不開禁，則蕪關少一米税，而皖卡多一米釐，確否，此釐卡設在何處。鄙意須將江、安兩省蕪、鎮兩關通盤籌計，蕪關所短之洋税，可奏明照數在鎮江關撥補，然蕪湖税絀則關道辦公無資，可據實查開蕪湖道向來有米税時所得公費數目，照數由江省釐局提出撥補，如此豈不江、安俱便，釐税兩益。袁道、羅守速會同籌議電復，如意見未能畫一，即各自電覆。立候，勿延。

致上海劉道台光緒二十一年五月十七日丑刻發

臺事不支，唐中丞已内渡。前數日交賴道轉交魯麟洋行匯銀

〔一〕録自抄本《張之洞電稿·致湖北電》。
〔二〕〔四〕録自抄本《張之洞電稿·致本省電》。
〔三〕〔五〕録自抄本《張之洞電稿·致各省電》。

三十萬，倉卒數日，該行必未在臺交銀，速問賴道向該行收回，萬不容其含混。即覆。諫。

致鎮江呂道台〔一〕光緒二十一年五月十七日辰刻發

魏方伯光燾所部需用軍糧，委孫使志焄赴鎮江採米一萬石，鎮江關即給照免税放行。洽。

致福州邊制台 光緒二十一年五月十七日巳刻發

咸電悉。臺地客勇萬餘，粤軍一敗，各軍盡潰，焚署劫庫，紛紛搶掠，此等糜餉怯懦害民誤國之將卒，形同寇盜，實堪痛恨，只可聽其自然。内渡則酌量遣散，留臺者聽之。妙在倭斷不留此等人一名，自然全數逃回内地。若不甘逃回者，亦如越南游勇，稍爲倭賊作梗，豈不甚好，斷不必商倭使也。切禱。洽。

邊制台來電 光緒二十一年五月十五日戌刻到

唐招勇數萬，一旦不支，隻身脱去。疊據滬尾各將領電禀，兵士環泣，慘不忍覩。閩省無船無餉，從何收拾。本可任其去留，第念朝廷赤子，何忍棄之。海外儻置之不理，竄回内地，益滋寇亂。鄙意我輩聯名電請總署與倭使商明雇商輪載回資遣。可否照辦，抑另有卓見辦法，均望速覆，盼切。泉。咸。

致蕪湖袁道台〔二〕光緒二十一年五月十七日巳刻發

清恙念甚。鹽電悉，自是未接僕咸電時議論。蕪關雖絀，鎮關撥補洋税，釐局提還公費，似無窒礙，即吏役所得亦當照數貼還。鎮江關自去年九月十五日開禁起，至本年五月十五日止，已多收四十三萬兩。甯、蘇兩處釐局一年可多收三十四五萬，撥補蕪湖税費，照最旺之年核計甚不爲難。江省各官堅持甚力，故不能不思一解圍之法耳。即覆。洽。

袁道來電 光緒二十一年五月十七日酉刻到

捧讀咸電，鈞慈周浹，莫名感悚。羅守訪查蕪市情形，昨會同電禀在案。遵查新關自十八年八月至十九年八月四結一年期滿，出口米貳百叁拾叁萬捌千叁百伍拾陸擔，計收税貳拾叁萬叁千捌百叁拾餘兩。十九年八月至二十年九月四結一年期滿，出口米叁百捌拾叁萬貳千柒百玖拾玖擔，計收税叁拾捌萬叁千貳百柒拾餘兩。此項米税，隨時奉部撥解京、協各餉。常關米每石征六釐，為數極微。粤商歲運六七百萬金來辦米，内河各處米船輻輳，全皖釐卡旺收，常税亦隱受其益。如永禁出口，則歲少此巨款周轉，銀根日緊，各業生計蕭索，百貨滯銷，常税奇絀，皖南釐卡亦無多收一米釐之事。蒙憲恩委任地方，民商交困，詎難漠視，洋税短收持其一端耳。今即就洋税計之，每月向收四五萬者，自奉禁後，收止二三千兩，入難敷出，除部撥無欵外，税務司每月公費五千兩，十箇月内已挪墊不資。本年應解京餉一萬兩，内務府經費一萬兩，又欠解憲臺指撥槍價三萬兩，以上銀五萬兩及税務司每月公費五千兩，能否仰乞憲恩咨商總署、户部，酌量改撥鎮關解支。職道未便自與鎮關會商，事亦窒礙難行，且即使蒙憲恩奏請撥補，而米禁永無開期，地方紳商皆歸咎職道争之不力，米市

〔一〕录自抄本《张之洞电稿·致本省电》。
〔二〕以下三電録自苑書義等主編《張之洞全集》第八册，第六四三四至六四三六頁，河北人民出版社一九九八年版。

為職道所賣，顧一關之利，忘百姓之害，物議可畏，尤不敢以請撥補為了事也。現洋藥税釐亦因米禁滯銷收絀，奉撥海軍經費改解户部十九萬兩，能否照解，尚難預料。至米税平餘雜費歲入二萬數千兩，一切辦公及教堂賠欵、常關虧短、免九賠一，均於此挹注，然此係關道私計，所失究小，義不敢顧。職道愚昧，為地方利弊起見，米不弛禁，利甯小而弊皖大，似難兩全。可否乞憲恩仍就初十日認捐甯釐之稟，批示飭商再議，期保蕪市而留皖餉。以上皆實在情形，遵諭瀝陳，伏候鈞裁。職道昶稟。霰。

袁道來電 光緒二十一年五月十九日酉刻到

奉洽電，渥荷垂念，叩謝。長江關章，向無以此關撥補彼關之例，恐格部議。蕪關公費仰甯局之餘潤，義尤不安，轉輾籌思，惟有上乞鈞慈。教堂賠欵歲幾九千金，乞賜附片奏請展限五年，感戴萬分。接總署、户部司員來函，云鈞咨已到，堂憲可允，第係十七年南洋奏案，未便據咨核准，須乞鈞處一奏即允行耳。羅守無事，可否即日赴甯。受業昶稟。效。

致蘇州奎撫台[一] 光緒二十一年五月十七日巳刻發

電旨飭查私運軍械濟臺一事，敝處以飭上海道查明禁止覆奏。尊處已覆奏否，如何措詞，應否會銜覆奏，抑單銜，祈示覆。河運事窒礙難行，即日當擬稿會奏。洽。

致鎮江呂道台 光緒二十一年五月十七日午刻發

關外魏軍采辦軍米四萬石，計護照八張，即日由文報局遞寄該道，轉交蘇委員收領。洽。

致俄京許欽差 光緒二十一年五月十七日午刻發

鄂省槍礮廠原訂機器每年所出槍礮太少，現擬另籌巨欵，添快槍快礮并槍礮彈、礮車五種機器，須每月實能出雙管小口快槍三千枝，無煙彈三百萬顆，快礮一磅子者五十尊，彈五萬顆，兩磅子者五十尊，彈五萬顆。祈問洋廠各種機價、運保共需若干，擬令該廠派匠頭數人來華包辦，連廠屋、鐵料、火磚、水泥一切統需工料、機價、運保各費若干。望即令該廠詳細實估，并速電示爲禱。此新廠即在鄂廠相連地擴充。洽。

致武昌龍藩台、瞿臬台、朱鹽道台、志道台[二] 光緒二十一年五月十八日午刻發

督銷局志道來稟，備悉麻城緝私滋事一案。查麻城私梟素悍，此次司事蔡文炳固屬不合，然私鹽簿據確已搜獲，乃敢火器拒捕，毆傷多勇，凶悍已極。梟黨斃命，似與平民不同。此案麻城、羅田兩縣皆有案據，自當以再飭兩縣驗查質訊爲憑。若謂吴提督建瀛不能得力，撤差已足示儆，儻再奏參，則私梟從此更横行無忌，緝私弁勇無從措手矣。鹽務爲江鄂兩省餉源所繫，務望詳酌，不宜偏重。至謝鎮濬畬恐有成見，想在朗鑒之中，且相距數百里，亦難得實，所言似宜裁擇。請婉達敬帥爲禱，并祈示覆。嘯。

[一] 以下二電録自抄本《張之洞電稿·致本省電》。
[二] 録自抄本《張之洞電稿·致湖北電》。

致江西德撫台〔一〕光緒二十一年五月十八日亥刻發

九江鎮已委前陽江鎮宋聲平署。該員曾任實缺，人亦老成，在兩江資格較深，故予委署，以免向隅。王國權以後當相機獎勵之。祈鑒。號。

致鎮江馮宫保 光緒二十一年五月二十日丑刻發

篠電悉。台駕赴江陰、獅子林、吴口等處閲看各礮臺，甚好。現派祥雲、常平兩輪赴鎮，并已電飭吕道另派小輪一隻聽用，并請將現在崇、寶、沙之四兵輪及四蚊子船一併查閲。效。

馮宫保來電 光緒二十一年五月二十五日未刻到

廿四閲吴淞、獅子林各礮臺，甚堅固，礮尤佳，可無虞。是日見南琛輪船載淮勇及甯波勇共七八百人至獅子林，風聞此勇係受日匪銀四十萬，燒臺省藥局，焚撫署，殺臺民。兹日匪保其回，限廿六到籍云。合電聞。材。敬。

致鎮江吕道台〔二〕光緒二十一年五月二十日丑刻發

馮宫保明日赴江陰、獅子林、吴淞等處閲看礮臺，除已由省派二輪外，望即在鎮江派小輪一隻赴往，以便差遣。效。

致海州李道台、徐牧 光緒二十一年五月二十一日亥刻發

風聞海州各軍中有一二軍風聲不佳，兵心亦不甚翕，望查明即覆。馬。

致福州邊制台〔三〕光緒二十一年五月二十一日亥刻發

號電悉。臺勇到滬，已飭劉道分別湘、淮，仍由原船分送較妥，若登岸則四散矣。所需煤食遣資，亦飭酌給。惟此後如有續至者，務請分別湘、淮籍貫，各爲一船，能有營哨官同行押遣，較爲妥協。馬。

致武昌譚制台〔四〕光緒二十一年五月二十四日未刻發

昨邊帥電，臺灣散勇内渡，請派輪資遣。頃據上海劉道電，接厦門道電，臺勇由厦轉滬赴長江者，派南琛、伏波載送，煤食均給至滬止，二十一南琛、二十二伏波自厦行，如有續到厦者，再電知等語。請飭泊口外，發給煤食，由原船逕赴長江等情。查臺勇本應由閩資遣，然閩帥既已由厦送滬，口食又僅給至滬止，現由弟處加發煤食，立即遣行。已分別湘、淮各爲一船，由原船載送湘勇送至漢口，淮勇送至蕪湖、大通等處。所需煤食酌量給發，登岸後酌量籍貫遠近，按名給與川資，遠者銀三兩，近者銀二兩，均由上海道撥欵發訖。又因所散之勇不盡長沙人，若徑送湘省，恐中途不能分散，轉滋口舌，是以轉送漢口。請俟該勇到日，酌給口食，雇船派小輪送湘，並派妥員押送，分遣回籍，以免沿途生事。切禱。敬。

〔一〕〔三〕録自抄本《張之洞電稿·致各省電》。
〔二〕以下二電録自抄本《張之洞電稿·致本省電》。
〔四〕録自抄本《張之洞電稿·致湖北電》。

致安慶福撫台〔一〕 光緒二十一年五月二十四日申刻發

昨邊帥電，臺灣散勇内渡，請派輪資遣。頃據上海劉道電，接厦門道電，臺勇由厦轉滬赴長江者，派南琛、伏波載送，煤食均給至滬止，二十一南琛、二十二伏波自厦行，如有續到厦者，再電知等語。現由弟處照給煤食，分湘、淮各爲一船，由原船載送，湘勇送至漢口，淮勇送至蕪湖、大通等處。所需煤食酌量給發，登岸後酌量籍貫遠近，按名給與川資，遠者銀三兩，近者銀二兩，均由上海道撥欵發訖。請俟至日派員押送，分遣回籍，以免沿途生事。敬。

致南昌德撫台、安慶福撫台 光緒二十一年五月二十五日亥刻發

總署來電：川省初五日東校場看會起事，盡將城厢内外教堂打毁，旬日而及外府州縣，起釁之謡略如辛卯蕪湖、宜昌機局。此必奸民爲患，藉民教積怨以滋事端。英法兩使嘖有煩言，川省辦理正棘手。頃美使函稱，長江一帶近有蠢動之機，甚危險，如再有傷斃洋人之事，必難處置。請先事設法嚴禁，所言當非無因。現當倭患之後，沿江散勇較多，最易句結。川、鄂連界，長江消息相通。務望飭屬於教堂處所，密派兵役，認真保護，毋令生事。并祈轉電江西、安徽一體照辦爲要。敬。等語。轉。徑。

致九江誠道台〔二〕 光緒二十一年五月二十六日辰刻發

九江關米糧可弛禁，惟須查照定章辦理，不得令洋商販運出洋。切切。宥。

致漢口惲道台〔三〕 光緒二十一年五月二十六日辰刻發

商局運賑米，速即放行。宥。

致武昌蔡道台 光緒二十一年五月二十六日巳刻發

聞熟鐵廠熟手工匠祇六七名，中等者約十名，因現存白口鐵無多，不能多煉熟鐵等語。現生鐵雖少，若不趁此多招工匠，令熟手者趕緊分投教習，將來大爐出鐵多時，仍短熟手，臨時再招再教，豈不又是廢時虚糜。又聞槍礮廠亦因工匠太少，不敷分撥，以致諸事遲延。查各廠委員司事月糜薪水不貲，各廠日用不少，而實在作工能造槍礮安機器出鋼鐵之工匠，總不肯多雇，實屬不解。上海、香港熟手工匠不少，儘可招覓，務趕速多雇，勿延。又寶令聞汪守、馮倅言，槍礮如欲趕造，必須添購車床百副等語。趕造槍礮疊經嚴催，該守等豈未之聞，既知必須添購車床，何以從未禀請購買，殊堪詫異。所需車床係何種尺寸，若干，即飭該守等明白電覆。總之，各廠工匠必須多雇，應用機器物料務須預爲禀請核辦，勿至臨時停待，徒致糜費誤事，切切。再，新成八生七車礮太笨重，於中國道路不相宜，且止十倍口徑，式様未免太老，豈機器皆只能造短礮，不能造長礮耶。以後務須改造長身輕小者，總須六生以下爲宜，如三四生過山礮尤妙。徑。

〔一〕〔二〕 録自抄本《張之洞電稿·致各省電》。

〔三〕 録自抄本《張之洞電稿·致湖北電》。

蔡道來電〔一〕光緒二十一年五月三十日申刻到

徑電謹悉。熟鐵匠二十五名，能一手煉成者即加工資至二十元，僅得七名，非不奮勉，實未易學，需中等者學成，添匠方有用處。槍礮廠選雇工匠二百六十餘名，多係北洋及粤東來者，寧滬官局熟手皆不得來，遵當陸續趕雇。擬添車床百副，係汪守等約略言之。勇在南京請購二十餘副已寄到，目前足用，餘俟核定再稟購。昨呈八生七兩礮，係克廠鋼坯，實有二十五倍口徑，原置礮機配件至二十五倍口徑為止，現制六生四十倍口徑快礮，係通挪改配，故工夫不能速，以後遵當專造長身小礮。勇稟。艷。

致廣州譚制台〔二〕光緒二十一年五月二十六日亥刻發

前奉旨撥濟臺餉，當交臺灣駐滬轉運委員賴道鶴年三十萬兩。據賴道稟稱，於本月中交魯麟洋行匯至廣東運局唐令芷安二十萬兩。現臺事瓦解，此項應即追回。查唐芷安即知州唐鏡沅，務祈迅速嚴飭唐牧速將此二十萬金全數繳回爲感。如有欠付軍火之價，其軍火應歸南洋接收，其尾價亦由南洋認還。祈即電覆。宥。

致蘇州奎撫台〔三〕光緒二十一年五月二十七日申刻發

宥電悉。糧商販運平糶米麥，誠如尊論，必須示以限制，以杜影射。弟已於廿四日電奏，擬請加以區別，將糶二麥、粟米及各項雜糧准免税釐，大米一項仍舊完納税釐，以惠灾黎而顧軍餉。惟已數日，尚未奉旨，擬即照此先行各關照辦。兹將原奏全文附録呈覽，如公以爲然，擬再聯銜電奏，此外亦無良策。祈速示覆爲禱。感。

致武昌蔡道台〔四〕光緒二十一年五月二十七日申刻發

德華銀行願代銷銀元一節，已議妥否，願先寄銀條五千兩，已寄到否，現在該局尚有銀可鑄否。速電覆。感。

蔡道來電〔五〕光緒二十一年閏五月初一日寅刻到

函電謹悉。德華、瑞記俱願代銷銀元，而不肯包銷。請早出示曉諭民間通行，自不患不銷。粤鑄小元太多，上海行用每百須貴水二兩。銀條五千餘兩，今日始寄到，擬即鑄成銀元估價。彼不包銷，積壓太多，局中别無鑄本，請速籌寄。勇稟。艷。

致武昌譚護制台、漢口惲道台、荆州周道台、宜昌署鎮台〔六〕光緒二十一年五月二十八日寅刻發

廿四日總署來電：川省初五日東校場看會起事，盡將城厢内外教堂打毁，旬日而及外府州縣，英法兩使嘖有煩言。川省辦理正棘手，頃美使函稱長江一帶近有蠢動之機，甚危險。現當倭患之後，沿江散勇較多，最易句結。川、鄂連界，長江消息相通，務望飭屬於教堂處所密派兵役，認真保護，毋令生事等語。尊處想亦已接署電。川、鄂密邇，謡風易及，宜昌、漢口、襄陽必有

〔一〕〔五〕録自苑書義等主編《張之洞全集》第八册，第六四四七、六四四八頁，河北人民出版社一九九八年版。

〔二〕指兩廣總督譚鍾麟。録自抄本《張之洞電稿·致本省電》。

〔三〕〔六〕録自抄本《張之洞電稿·致各省電》。

〔四〕録自抄本《張之洞電稿·致湖北電》。

奸民藉端滋事，宜昌尤屬可危。現倭事未了，我與西洋各國尤不可節外生枝，若再有波瀾，大局從此不可收拾矣。祈敬帥切飭所屬一體認真保護，宜、漢鎮道尤望嚴飭多派兵勇，加意防範爲禱。感。

致清江謝道台、徐州沈道台、鎮江呂道台、蕪湖袁道台、九江誠道台[一]

光緒二十一年五月二十八日寅刻發

二十四日總署來電：川省初五日東校場看會起事，盡將城厢内外教堂打毁，旬日而及外府州縣，英、法兩使頗有煩言，川省辦理正棘手。頃美使函稱，長江一帶近有蠢動之機，甚危險。現當倭患之後，沿江散勇較多，最易句結。川、鄂連界，長江消息相通，務望飭屬於教堂處所密派兵役、認真保護，毋令生事等語。現倭事未了，我與西洋各國尤不可節外生枝，若有波瀾，大局從此不可收拾矣。所有洋場及有教堂處所，務必密派得力弁兵，嚴爲防範，并望切飭所屬有教堂各州縣，一體認真保護，勿令奸民稍滋事端。至要。感。

致吴淞統領兵輪吴鎮台、沐統領[二]

光緒二十一年五月三十日未刻發

南琛輪船管帶康長慶不遵調度，縱容水手，應即撤差。該船係南洋兵輪，借撥臺灣，現應仍歸南洋，俟該輪此次載勇赴漢回至吴淞，即由吴鎮、沐鎮派兵輪營勇將南琛輪船扣留，勒令康長慶即日將船交出，由吴鎮派員暫管，候本部堂另揀妥員接帶，至要。豔。

致唐山劉欽差

光緒二十一年閏五月初一日午刻發

傳聞湘軍儘撤南下，確否。管見湘軍甚多，似應分別辦理，不宜驟然全撤。若遣撤太驟，恐兩湖、長江未能帖然，且其中精鋭者遽裁，亦覺可惜。如今時勢，内地恐不久將有變亂，豈可無健將重兵數枝備緩急，維大局乎。已費兩千餘萬，似不在此百餘萬也。若内地不靖，所傷多矣。公統筦兵符，大局所關，藎籌必已慮及。此事實關南北各省利害，故謹抒管見，非敢越俎，幸惟鑒察裁擇。其冗雜疲弱無用之營，自宜早遣，不在此列。至裁撤回南之軍，無論湘、淮，似宜用海輪運滬，由滬换江輪，分送湘、皖，較爲妥速，萬望勿令由陸路南下。至禱。東。

致武昌譚制台[三]

光緒二十一年閏五月初二日子刻發

南琛裝勇，二十七日開，即請轉飭該輪到金口候過民船，不得在漢口停船，并請委員到船彈壓押送。東。

又致南琛一電，請派弁候該輪到交閲。文曰：南琛管帶康守備長慶：該輪所載勇，務須至金口過民船，不得在漢口停泊，以致兵勇上岸。切勿違玩，致干未便。初一。

〔一〕〔三〕録自苑書義等主編《張之洞全集》第八册，第六四五〇、六四五五頁，河北人民出版社一九九八年版。

〔二〕録自抄本《張之洞電稿·致本省電》。

致漢口湖南吴撫台〔一〕光緒二十一年閏五月初二日丑刻發

有電悉。毁家紓難，深佩忠悃。惟以古器文玩抵兵費，事太奇創。倭奴好兵好利，豈好古哉。且尊藏雖富雖精，估值不能過十萬金，今乃欲抵賠欵二十分之一，是作價一千萬兩矣，亦似可怪。此事恐徒爲世人所譏，倭人所笑，鄙意不敢以爲然，弟實不便與聞。如尊意堅欲行之，請公自行電商合肥。至代奏一節，弟更不敢如此僭妄。竊謂公此時不可再作新奇文章，總以定静爲宜。拙見如此，采納與否，統請尊裁。東。

致武昌蔡道台光緒二十一年閏五月初二日丑刻發

鑄本即日匯六萬至滬，以備買銀條之用，其餘六萬，數日即續匯滬。至銀條價值，該道在漢口自與德華及各洋行議購，徑行寄鄂可也。此機器原議每日鑄銀二萬兩，何以來稟每日止鑄數千，令人焦急疑悶。究係何故，有何法可趕速，如須添鋼模及小機器，速添。快礮何日可造成寄甯，即覆。東。

致武昌蔡道台光緒二十一年閏五月初三日丑刻發

鑄本十二萬，已告瑞記即在借欵内撥用，銀條即由鄂局議購，可省周折。德華與瑞記係同辦一事，想尚便也。望速購速鑄，并備樣錢進呈。沃。

致廣州譚制台〔二〕光緒二十一年閏五月初三日丑刻發

銀元局委員薛令培榕，係侍奏調赴鄂，奉旨允准者，李筱帥强留數年。今粤局功效已著，成規可循，鄂局現甫開鑄，關係甚重，必須明幹熟手。前與筱帥商允，令薛令赴鄂一行，以後粤鄂各住半年，似與粤事無妨。尚祈俯允，至感。沃。

致俄京許欽差光緒二十一年閏五月初三日寅刻發

礮機前屢電請訂九種，今究係定幾種，務請明白示復。總之，鄙意必須九種式樣全備，方能製造如意，所費不甚多也。戰事已息，格廠樣礮能購否，或向德兵部借作樣，如此方能速辦否，祈復。聞俄又不管遼事，倭至今未退，何故。俄借欵已定若干，息幾釐，祈速確示。沃。

許欽差來電光緒二十一年閏五月初七日午刻到

現定五生三、七生五兩種，大小已扼要。七生五樣礮克廠允開造，而稱此係新樣，尚須另商，餘無可借樣。歸遼事俄仍商辦，近因借欵，意見稍□。澄。

致虎門鄭提台〔三〕光緒二十一年閏五月初三日申刻發

東電代造擡槍，連黄副將造者，祈全數交輪船寄來，請委妥弁押送。造價尾數二千零九十四兩八錢，已飭局即匯，輪船運費示知照匯。江。

〔一〕以下三電録自抄本《張之洞電稿·致湖北電》。
〔二〕〔三〕録自抄本《張之洞電稿·致各省電》。

致武昌蔡道台〔一〕 光緒二十一年閏五月初三日申刻發

許欽差來電：五生三樣礮成，請查十一月元電，匯礮機六萬七千馬，碰火機半價，俾趕造。力拂稱，礮彈礮架須添件共價十萬馬，請詢桂勃爾酌定。前定七生半礮未竣。澄。先。等語。快礮機價六萬七千馬，碰火機半價五萬馬，均已匯去。其彈架添件係何物，是否全係必需之件，望詢桂勃爾，擬復候核訂。定七生半礮是否樣礮，并覆。江。

蔡道來電〔二〕 光緒二十一年閏五月初六日酉刻到

江電謹悉。彈架添件乃車刀器具九類。擬致許欽差言：先電悉。據桂勃爾稱，接力拂函，本年洋四月初十，僅定五生三快礮子壓銅殼機全副三十六萬馬，餘皆未定。統計須定快礮機價廿一萬，五生三快礮家伙五萬馬。又，三生七、四生七、六生快礮家伙計三式，每式加價一萬六千七百五十馬。又，壓銅殼機器須添三生七、四生七、六生家伙共三式，每式加價一萬六千馬。又，碰火機兩種，共價十一萬七百三五十馬。又，快礮彈添件七萬五千馬，快礮車添件二萬五千馬。總共應添定之價五十六萬九千馬，桂勃爾謂必不可少者。查快礮機二月佳電匯去定銀十五萬馬，今補匯六萬七千馬，及碰火機半價五萬馬，想已早定。此外未定各件，務請查明核價全定為感。七生半礮未竣，是否樣礮，并覆等語。請核發。勇稟。語。

致蘇州奎撫台〔三〕 光緒二十一年閏五月初四日巳刻發

江電悉。桐守澤資格最深，辦事穩練，自以桐守請調蘇州爲宜。支。

致蘇州奎撫台 光緒二十一年閏五月初五日亥刻發

司詳太倉州缺以陳謨升補，擬即會列台銜具奏，不及先送摺稿，可否，祈示覆。歌。

致清江餉械局吴守、全牧 光緒二十一年閏五月初五日亥刻發

即發銀一千兩，交黄寶珠領收，由廣忠軍月餉内提扣。該軍已調回鎮江，交馮宫保約束矣。歌。

致江陰江靖軍統領李鎮 光緒二十一年閏五月初五日亥刻發

昨接上海道來電，法領事來言，該國有兵船三艘赴江南京、蕪湖、九江等處游歷等語。法船當是因川案而來，然斷不致開衅，性森所言，必係法船恫喝之詞，決無其事，萬勿輕聽。務須飭令各弁勇毋稍驚慌，但當照常嚴爲防守，夜間尤須留人瞭望，勿稍懈怠，至要。再，江陰電報房傳電各局江陰有警，尤屬謬妄糊塗。該鎮速即傳諭嚴行申飭，并令即刻再電各局，將前電更正，以免訛傳，以後不得妄爲傳電各局，致干未便，切切。歌。

〔一〕録自抄本《張之洞電稿·致湖北電》。
〔二〕録自苑書義等主編《張之洞全集》第八册，第六四六一頁，河北人民出版社一九九八年版。
〔三〕以下五電録自抄本《張之洞電稿·致本省電》。

致鎮江吕道台、蕪湖袁道台、九江誠道台光緒二十一年閏五月初五日亥刻發

上海道劉道來電，法領事昨來説及該國有兵艦三艘，一名依西理，一名人爾善，一名蓬帶蓬勃，明日赴鎮江、南京、蕪湖、九江游歷，乞飭知關局等語。歌。

致總署光緒二十一年閏五月初五日亥刻發

前因防務喫緊，將長江白茅沙、狼山等處長江口外燈塔停點，浮筒撤去。現防務稍鬆，似可重設，以便商輪。惟現因四川教案，有法兵輪數艘進長江游歷，現駐江陰。英國洋人來告，該輪聲言前來索費，不允即將攻擊等語。雖係恫喝之詞，斷不至開衅，然既有是説，長江口外燈塔暫緩然點，長江各處浮筒暫緩重設，似亦有益。祈示遵。歌。

總署來電光緒二十一年閏五月初八日巳刻到

各口燈筒可以重設便商，不必以法輪游弋而擱。現福州港口已開，甯波正商辦，即祈尊處將長江口外重設燈筒情形，分電閩浙，以昭一律。陽。

致海州黄統領守忠，營務處李道、徐牧光緒二十一年閏五月初六日子刻發

昨有札飭該軍即日起程回鎮江駐紮，歸馮宫保節制約束，務須即速起程。沿途務須嚴加管束勇丁，如稍滋生事端，該游擊難當此重咎也。懔之。歌。

致海州王統領得勝，營務處李道鎮邦、徐牧[一]光緒二十一年閏五月初六日子刻發

昨裁各軍所發恩餉兩月，此係指湘、粤各軍遠來撤回者而言。該鎮所統諸營，原札均係令就本地招募，與别營不同，自應有所區别，現撤陳廣韋土勇四百人僅給半月恩餉，即是此意。該鎮所裁各軍應准各給予一箇月恩餉，已屬從優，不得藉口援湘、淮軍例。速即遵辦。歌。

致清江王統領金榜光緒二十一年閏五月初六日子刻發

官馬豈有令散勇騎去之理，謬極。該軍妥速繳械遣撤，勿稍疏率，如有不妥，惟該提督是問。懔之。歌。

致泰州趙牧光緒二十一年閏五月初六日午刻發

頃上海劉道電稱，法領事述及泰州教案，總以地方官未能按約妥辦，堅囑禀請轉飭保護等語。法領事並不提及領價退屋，將來教士必再往泰州，且聞法領事日内來甯，此事必然饒舌。近來教案恐不能硬行攔阻，有何善法阻止，或有何善法勸導民間，預爲防維設法，妥爲保護。速電覆。語。

[一] 以下三電録自抄本《張之洞電稿·致本省電》。

致安慶福撫台[一] 光緒二十一年閏五月初六日午刻發

江南諸軍現經酌裁，王總兵心忠所部五營，業已撤三營留兩營，或將此兩營酌留若干，或令將原帶之精健一營三百人仍帶回皖北，照舊駐防，祈裁酌示覆。語。

致泰州團練陸道台[二] 光緒二十一年閏五月初七日子刻發

團練已札飭停辦，該道速進省，有要差相委，其團練收束各事，隨後再清理稟報，或交地方官清理，何如。即酌覆。語。

致鎮江吕道台光緒二十一年閏五月初七日子刻發

法輪之來，固因川案，欲藉以恫喝要挾，然斷不至開衅也。洋兵登岸游行，與我軍無涉，千萬不必管他。務望力勸馮宫保嚴行約束勇丁，勿任稍滋事端，萬不可鹵莽從事，致礙大局，至要，并即電覆。陽。

致鎮江馮宫保光緒二十一年閏五月初七日子刻發

此次法輪係因四川教案而來。歷來教案，洋人皆派兵輪，名爲保護洋人教堂，不過藉爲恫喝要挾之計，斷無遽行開衅之理。如洋兵登岸遊行，務請千萬約束勇丁，勿任稍生事端，切要。凡兩國開衅，必須聽候諭旨，萬無遽行互相攻擊之理。此事關繫甚大，萬勿輕率從事，鄙人不能當此重咎也。陽。

致武昌蔡道台[三] 光緒二十一年閏五月初七日子刻發

白乃富可展留數月，改派鄂工局，各局洋文案兼管各工程，年臣賞給三箇月薪水銷差，均照准。語電已照轉許欽差矣。語。

致上海劉道台光緒二十一年閏五月初七日巳刻發

法兵輪自係爲四川教案而來，然與江南無涉，至南京商辦何事不可解。可速詢法領事，該副領事來此所商何事，以便相機應答辯論。究竟以後尚有兵輪幾艘來長江，確探電覆。陽。

致海州李道台、徐牧[四] 光緒二十一年閏五月初七日巳刻發

王鎮心忠、王鎮得勝所裁各勇，所給恩餉刻已解至清江餉械局，速令領回，即委該道會同該牧按名點驗，核實支放，毋令妄開濫領。至王鎮心忠撤勇應回皖省，須將恩餉酌留一半，委員同押送到本籍再發，以免沿途逗留，或在此浪費，到家無資。即妥議辦法電覆。陽。

致蘇州奎撫台光緒二十一年閏五月初七日巳刻發

歌、魚兩電悉。陳謨升補事，遵示會奏。尊處措欵兩萬金分

〔一〕録自抄本《張之洞電稿·致各省電》。
〔二〕以下二電録自抄本《張之洞電稿·致本省電》。
〔三〕録自抄本《張之洞電稿·致湖北電》。
〔四〕以下三電録自抄本《張之洞電稿·致本省電》。

濟順、直，感佩之甚，但不知是否捐欵，抑係公欵，祈示。江甯艱窘已極，尚未能籌解，并聞。陽。

致清江謝道台光緒二十一年閏五月初七日巳刻發

訪聞王統領金榜所部人馬均不足額，現在全數遣撤，所有恩餉月餉，即派該道會同鄧提督正峰認真點名核實支放，勿令妄開濫支，并須將恩餉酌留一半，委員同押送到本籍再發，以免沿途逗留，或在此浪費，到家無資。即妥議辦法電覆。陽。

致湖北譚制台請加封五百里排遞湖南吴撫台[一] 光緒二十一年閏五月初七日午刻發

前接有電，即以東電奉復諫阻，想已達。頃覆奉兩函并江電具悉。此事在公固係忠悃，然弟實不敢以爲然。公前係統兵攻戰之人，今忽干預賠欵，并以私物作抵，一不可也。尊藏古器雖精，價值不過數萬金，今欲抵銀一千萬兩，徒爲倭所笑，二不可也。來函云榎本武陽曾見過各器，尊處擬函託武陽婉商倭主，未免可駭，公未派議約全權大臣而私與倭官通信議賠欵，三不可也。至尊意欲託俄主令倭減賠欵而以古器酬之，似近戲談，尤爲必無之事。鄙意奉勸公萬勿作此舉，必致招人訾議。至電合肥、電總署電奏各件，弟斷不敢與聞，祈鑒諒。因兩電皆係譚敬帥處轉來，兹仍託敬帥轉達，以期迅速。陽。

吴撫台來電[二] 光緒二十一年閏五月十六日午刻到

佳電奉覆。陽電并悉，即作罷論。湘旱將成，虔禱不應，鄰省無米可購，積穀僅存十七萬石，若再不雨，官民同困，不堪設想，奈何。澂。文。

致成都王藩台光緒二十一年閏五月初七日午刻發

川省教案現稍平静否，教士與川省如何商議、如何了結，已有眉目否。總署必有指示辦法，當已奉有電旨，祈速示爲感。現有法兵輪四艘入長江，載兵頗多，與前數次情形不同，意在恫喝要挾。倭事如此，各國自必更肆意欺陵，以後洋務更難措手矣。陽。

致武昌蔡道台[三]光緒二十一年閏五月初七日未刻發

前專差抄寄總署咨文一件，爲以後教堂買地不須報明地方官事，請閣下酌籌補救之法，以便咨復總署，想早接到，祈將尊意大略辦法即刻速電示。遇。

致下關張統領仲春[四] 光緒二十一年閏五月初七日亥刻發

現有法國兵輪三艘到下關，如有洋員、水手登岸，務須嚴飭哨弁約束勇丁，勿任稍滋事端，致干未便。此事關繫非輕，萬勿大意，切切。即電覆。陽。

[一][三] 録自抄本《張之洞電稿·致湖北電》。

[二] 録自苑書義等主編《張之洞全集》第八册，第六四七五頁，河北人民出版社一九九八年版。

[四] 以下二電録自抄本《張之洞電稿·致本省電》。

致海州王統領得勝光緒二十一年閏五月初八日辰刻發

挑札裁四營，月餉截至五月底止，文義甚明。來電乃云陸續裁極好，不可解。該營所募勇丁均係本籍，何難一律裁撤。餉已飭局解交，速即照文截餉，妥爲遣散，不得藉詞浮冒，致干未便。庚。

致俄京許欽差光緒二十一年閏五月初八日亥刻發

銑電悉。此間只游擊一員，恐不敷。擬再覓副、參、遊之類一兩員，分教兩軍，每軍四五千人，以便比較勤惰優劣，餘弁請尊處酌定。庚。

致漢口督銷局志道台、南昌督銷局範道台、大通督銷局李道台、湖南督銷局李道台、揚州江運台、正陽督銷局凌道台〔一〕光緒二十一年閏五月初九日辰刻發

户部飭查淮鹽加價，速將該局已收若干，已解金陵支應局若干，確切查明電覆，以便電覆户部。正陽督銷局即由運台飛函轉達，湘局即由鄂局飛函轉達，均催速覆。佳。

李道來電光緒二十一年閏五月初九日酉刻到

皖局自去年十月二十一起，至本年四月底止，共收商運加價湘紋二萬五千七百八十一兩二錢五分，官運加價湘紋一千三百七十七兩七錢零，均解支應局交收無存。至五月份，尚未收齊報解。瑜稟。

范道來電光緒二十一年閏五月初十日申刻到

電諭敬悉。西岸淮鹽加價，正月至四月底，共收二萬三千七百三十九兩二錢，已解金陵支應局一萬六千二百三十五兩四分，餘銀即起解。職道德培稟。

志道來電光緒二十一年閏五月初十日亥刻到

佳電敬悉。淮鹽加價，查鄂局自上年十月截至本年四月，通共收銀三萬六千五百六十八兩零，先後解支應局一萬七千五百六十八兩零，又墊解支應局四萬兩，除收外實墊銀二萬一千兩零。湘局已專差轉遞矣。鈞稟。蒸。

志道來電光緒二十一年閏五月二十六日寅刻到

前奉電詢鹽斤加價一欵。據湘岸李道函覆，自上年十月初一起，截至本年五月中旬，共收湘平銀三萬七千八百七十兩零，業曾墊解三萬零七百三十餘兩，交支應局收用。囑代電稟。志鈞。蒸。

致上海劉道台光緒二十一年閏五月初九日午刻發

滬局每月實能出小口快槍若干枝，彈若干顆，快礮若干尊，彈若干顆，無煙槍藥若干，礮藥若干，栗色礮藥若干，槍礮係用何處鋼料製造，鋼用何處鐵煉，望分晰電覆。佳。

〔一〕以下五電録自苑書義等主編《張之洞全集》第八冊，第六四七八至六四八〇頁，河北人民出版社一九九八年版。

劉道來電 光緒二十一年閏五月十一日午刻到

佳電諭敬悉。查職局造各項軍火，每歲除禮拜與年節放工，祇可按三百天工作計。小口快槍每年造成一千五百桿，計每日五桿，每月百五十桿，專造四十磅子快礮，每年可造成十二尊，約每月一尊，專造百磅子快礮，每年可造六尊，若大小各種并造，則難計成數。快槍彈每日可造成五千顆，栗藥每日出八百磅，無煙槍礮藥每日共可出四百磅。惟藥料極貴，每月約料費萬金。槍礮鋼料用湘生鐵鑛石自煉，惟礮料間參用瑞典生鐵。麒祥稟。蒸。

致成都王藩台〔一〕 光緒二十一年閏五月初九日午刻發

陽電悉。川省教案，教士索費若干，除索費外尚有何要求之事，現係何人與之議辦，祈示。佳。

王藩司來電〔二〕 光緒二十一年閏五月十一日未刻到

佳電敬悉。省城毀教堂并一切物件，法最重，各州縣教堂法最多，教士各先携物件聞風遠避，僅毀墻壁、門窗。現議賠費，兩司、督署、首府唐承烈經理。法主教無他説，專議省城，索杖圖之數。唐守極明干，屢與辯論，彼未肯減，故現在未定議。總之，歸於賠償而已。藻。佳酉。

致蘇州鄧藩台〔三〕 光緒二十一年閏五月初九日午刻發

瑞記借欵一百萬鎊，奏准由江蘇鹽課、釐金、籌捐等項歸還，合同須兼蓋蘇藩印，本衙門已於初四日用印，由該行將合同送蘇，一俟送到，祈即蓋印，以便提欵爲要，並轉稟撫院可也。佳。

致清江王統領金榜、餉械局謝道台 光緒二十一年閏五月初九日午刻發

金字營官馬一百五十四，即全數連鞍韉點交餉械局驗收，由謝道派員解省。佳。

致鎮江吕道台 光緒二十一年閏五月初九日午刻發

豪電悉。該道所擬給資遣散臺北潰勇，詢明姓名年貫，視道途遠近，定數目多寡，以免逗遛滋事，甚爲妥善，望即迅速照辦，遣資准予開報。至所云以後海輪多艘，不知其數，此説不確。臺勇潰回者已不多，即或有數起，此間早已電飭上海道派輪給資分送本籍矣，此起臺勇不知何處送來，可怪。佳。

致蘇州鄧藩台 光緒二十一年閏五月初十日未刻發

太倉州印照擬以陳謨署理。蒸。

致清江謝道台、鄧統領 光緒二十一年閏五月初十日未刻發

散勇先放一月餉，餘一月給票，赴潁郡領取，其實在病不能行者，查明酌辦。所有號衣，如查各勇實在貧而無衣者，准只收

〔一〕録自抄本《張之洞電稿·致各省電》。

〔二〕録自苑書義等主編《張之洞全集》第八册，第六四八三頁，河北人民出版社一九九八年版。

〔三〕以下五電録自抄本《張之洞電稿·致本省電》。

月子。長夫斷不准給恩餉，從無此章。至該道及該提督各派馬隊彈壓護餉，即照辦。蒸。

致武昌蔡道台〔一〕光緒二十一年閏五月初十日申刻發

來禀言查各國購産條例，遇有來歷不明，串買盜賣，經官查出，契據作廢，且須罰辦等語。此外國購産條例係載何書，此書有譯出華文者否，望速查明電覆，以便奏咨。蒸。

致武昌譚制台光緒二十一年閏五月十一日辰刻發

此間本省撤勇及臺灣散勇甚多，輪船不敷裝運，加以租雇，仍不敷用，又不可停緩，懇公飭令測海即速前來瓜洲，載高鎮光效一營之勇徑赴岳州遣散爲感。祈示覆。真。

致清江謝道台〔二〕光緒二十一年閏五月十一日辰刻發

來電悉。已飭鎮江轉運局派淺水各小輪赴浦拖帶，並飭籌防局派江安、江平、江清、江泰各輪在瓜洲接替，民船由尊處飭催可也。真。

致鎮江吕道台、轉運局何道台光緒二十一年閏五月十一日辰刻發

速派各小輪赴浦，拖帶雲字五營、廣忠四營並山東各營來瓜洲，由江平、江清、江泰、江安各輪接替，前往岳州遣散，如有不敷，再由此添派可也。真。

致江陰彭提台光緒二十一年閏五月十一日亥刻發

電悉。軍械、旗幟、號衣、帳棚均交鎮江轉運局驗收。洋槍教習、機器匠薪水并帳棚折價、造營房費，已飭局核明，即日發給，交委員帶回給領。務望嚴飭各統帶營官認真約束妥辦，勿令稍生事端，切禱。此麾下責任也。真。

致成都王藩台〔三〕光緒二十一年閏五月十二日巳刻發

佳、灰兩電均悉。省城附近教堂被毁者共幾處，川東幾處，祈示。省城索費至七十萬，貪妄可駭。尊處與立草約，訂明查看情形輕重再定，操縱得宜，佩甚。昨法船三艘到江甯，其兵官來見，其意自係隱存恫喝，而措詞甚爲和平得體，首提及四川教案，并懇爲之保護江南教堂。鄙人以冠冕堂皇之語答之，告以川案不日即可妥結，他省教堂必爲照約保護，不待囑付，不勞過慮等語，渠等甚爲欣慰感謝。昨日已行，聞將赴蕪湖、九江，不日即回滬。大約以前已毁之堂賠欵儘可駁減，惟須預爲開導彈壓，以後不可再出事，則各處事已了結矣。管見如此，請轉達鹿滋帥。文。

致安慶福撫台光緒二十一年閏五月十二日巳刻發

真電悉。劉道昨日禀辭，現當已到蕪湖，或已往合肥。據請假兩月回籍，擬七月赴任。請就近查傳飭催可也。真。

〔一〕以下二電録自抄本《張之洞電稿·致湖北電》。
〔二〕以下三電録自抄本《張之洞電稿·致本省電》。
〔三〕以下二電録自抄本《張之洞電稿·致各省電》。

致總署光緒二十一年閏五月十二日巳刻發

法兵輪三艘來江甯，其兵官與上海副領事同來，見其意自係隱存恫喝，而措詞甚爲和平得體，大約言中法交誼正篤，首提及四川教案，并懇爲之保護江南教堂。當告以川案總署已電川省，不日即可妥議完結，他省教堂必爲照約保護，不待囑付，不勞過慮等語，渠等甚爲欣感。昨日已行，聞將赴蕪湖、九江，不日即回滬，謹奉聞。燈塔浮筒等已飭復設，并電浙、閩矣。文。

致福州邊制台光緒二十一年閏五月十二日巳刻發

青電悉。教堂買産不報地方官，流弊太多，以後教案更多更難辦矣。總署失策，然已允許通行，只可出示。現具一疏，稍圖補救，不知有益否。奏稿容咨達。文。

致靖江彭提台〔一〕光緒二十一年閏五月十二日午刻發

現派南琛、江順、保民、開濟、鏡清五船，前來裝載貴部七營，前赴岳州遣散。請部勒以待，并嚴飭各該分統、營官約束，勿令生事。此關係閣下威名，想必能辦理妥善也。文。

致福州邊制台光緒二十一年閏五月十三日辰刻發

江電悉。劉鎮懸軍孤島，繫念之至。惟五月内已奉旨查禁接濟餉械，自未便再爲協濟。前奏明撥臺三十萬，現正在飭查用過實數，陸續提回，礙難再撥。渠忠勇可敬，孤危可憂，然事已至此，只可任其自爲之，成則爲鄭成功，敗則爲田横，皆不失爲奇男子，聽之於天，聽之於數而已。即使終歸身殉，總可殺倭賊數千，斷不能令倭賊唾手而得全臺，較之越南游勇力量，總較大也。來電云渠素有威名，爲洋人所憚，若渠此時忽然舍臺而去，則威名頓損，洋人亦不憚矣。如尊處必欲勸其離臺内渡，萬勿列賤名爲禱。元。

邊制台來電光緒二十一年閏五月初三日亥刻到

劉鎮專弁賫函來閩乞援，以存餉僅敷兩月，囑轉求我公設法暗助餉械，以期恢復臺灣，詞直氣壯。此人為外夷所憚，我輩若恝然不顧，聽其孤立無援，勢難持久，以棄地失此健將，殊為可惜。第刻下動多窒礙，特此奉商。儻能設法接濟，俾克成功，豈非全局一大轉機。或由敝處聯諸公名，募壯士賫送回書，勸其出險，尊意云何。另有奇謀，均盼速示。泉。江。

致杭州廖撫台〔二〕光緒二十一年閏五月十三日辰刻發

昨來法船三艘，名爲游歷，實因川案，意圖要挾。惟近日辦理教案無不遷就者，既肯遷就，則斷無決裂之事。長江口内外燈筒，已飭滬關遵總署電重設矣，并遵署電轉達閩浙，請一律復設。文。

致福州邊制台光緒二十一年閏五月十三日辰刻發

元一電想達。臺南、厦門海道必梗，如接濟劉餉，公有何法可以運到，祈示。再臺所急者在械而不在餉，公有濟械之策否，

〔一〕録自抄本《張之洞電稿·致本省電》。
〔二〕以下三電録自抄本《張之洞電稿·致各省電》。

尤望密籌，詳晰速示。元一。

致福州邊制台光緒二十一年閏五月十三日辰刻發

防務漸定，長江口內外燈塔浮筒已飭照舊復設，并遵總署電奉達，請一律照辦。元。

致武昌譚制台〔一〕光緒二十一年閏五月十三日亥刻發

上海道租輪轉送臺灣散勇九百名，派員押送，沿途資遣，直至岳州。十四日午刻自滬開行，一俟到岳，務望照料，并妥爲遣散回籍，至要。并請飛飭岳州府鍾守。元。

致江陰彭提台〔二〕光緒二十一年閏五月十四日酉刻發

來電悉。船上火食，即由船主預備，准其報銷，希告知營哨各官。願。

致江陰彭提台光緒二十一年閏五月十五日未刻發

頃接武昌譚敬帥願電，南字七營不日裝載岳州，懇嚴飭各官輪管帶於將抵鄂時，加足煤火，鼓輪逕過，不准片刻停留，即遇天色將晚，亦須駛至金口以上空曠地方下椗，並已由鄂先派官輪二艘隨往岳州，飭府縣預備民船，俟該營勇到岳，酌量籍貫遠近，或就地遣散，或過載拖送，飭令派往文武各員押送過湖，至長沙一帶分遣完竣回鄂，免滋事端等語。請飭各營哨及各輪船管帶遵辦。翰。

致福州邊制台、廣州譚制台〔三〕光緒二十一年閏五月十五日酉刻發

督辦軍務處來電，現在南洋及閩廣共有兵輪若干，某船礮幾尊，是何項礮位，某船配兵若干名，即查明電覆。文。等語。謹照轉。尊處已接督辦處電否。祈示。咸。

譚制台來電〔四〕光緒二十一年閏五月十七日巳刻到

咸電悉。督辦處無來電。粤省兵輪悉毀於北洋，現無一輪，祈匯覆。麟。銑。

邊制台來電光緒二十一年閏五月十八日戌刻到

督辦處無專電來閩。閩惟福靖兵輪一艘，弁勇一百十八名，安克鹿卜十二生後膛礮三尊，五生後膛礮四尊。運船二艘，琛航弁勇七十名，安宇字號前膛礮二尊，伏波弁勇六十九名，安法華士後膛鋼礮二尊，後膛螺紋鋼礮二尊。靖遠練船一艘，弁勇八十七名，安舊式礮位。新收臺灣飛捷水綫船一艘，尚未據報弁勇名數，亦未安礮。請轉電督辦處。泉。嘯。

致武昌譚制台〔五〕光緒二十一年閏五月十六日巳刻發

願、感兩電均悉。願電當轉致彭軍門暨行各官輪遵辦矣。江

〔一〕〔五〕 録自抄本《張之洞電稿·致湖北電》。
〔二〕 以下二電録自抄本《張之洞電稿·致本省電》。
〔三〕 録自抄本《張之洞電稿·致各省電》。
〔四〕 以下二電録自苑書義等主編《張之洞全集》第八册，第六四九四至六四九五頁，河北人民出版社一九九八年版。

南所撤湘勇現止十六營，餘係他省勇，不送鄂。其經過武、漢者，彭軍門南字七營，十六七日自靖江開，以南琛、寰泰、鏡清、保民、江順五官輪載之。高鎮光效所部南字一營，候測海到後即行。杜嵩齡雲字五營又騰字三營，現在官輪不敷，商輪不肯徑到岳州，議均未定，俟船定啟行，再電達。各勇船上火食均令船主備辦，每人日給銀一錢，准其開報。又臺勇九百餘人現租野雞輪船即日自滬西駛，劉道派有委員押送，至岳州登岸，并給川資，大約其中湘勇不過五六百人也。并聞。咸。

致清江謝道台、鄧統領〔一〕光緒二十一年閏五月十六日午刻發

删電悉。金字營勇既經點驗，分别遠近酌給恩餉，所辦甚妥，即飭速行，勿稍逗留。至各哨官哨長恩餉，准照議再加給一月。所交官馬即由謝道發加浦勝營暫行收養，務須加意喂養，准其開報，若令倒斃，殊屬可惜，萬不可解來江甯，俟另委將官到浦挑作馬隊之用。王統領金榜關防，即就近交該道驗明即繳，該統領所領招勇經費即速册報，并留用槍十枝一併收繳解省，無庸來甯。銑。

致九江江順、南琛、鏡清、寰泰、保民、開濟各管帶〔二〕光緒二十一年閏五月十六日未刻發，江陰戌刻再發九江

各輪裝載南字七營赴岳州遣散，將抵漢時，加足煤火，鼓輪逕過，不准片刻停留，以免登岸滋事，即遇天晚，亦須駛至沌口、金口地方下椗，如敢稍違，在漢口躭延，致勇丁登岸，定將該管帶撤參。并已由鄂另派官輪二艘隨至岳州，俟各該輪所載勇丁盡數過民船後，由鄂輪拖送過湖，該管帶等即行展輪回甯，另載别營，切勿延誤。銑。

致鎮江吕道台、上海劉道台〔三〕光緒二十一年閏五月十七日辰刻發

此次運津平糶米，奉旨有直隸運照者均免税釐，如查無直隸運照，仍納税釐，已恭録行知該關。至順天府咨飭由關出示招商給照免税之案係在先，自應遵以後電旨。若運二麥、粟米各項雜糧赴北省平糶者，自應遵照本衙門奏案，一律免納税釐。可一面電稟本衙門，一面由該關給照，不必候直隸給照也，但須查明實係運津或運奉天方可，并須定限爲要。即覆。諫。

致清江謝道台光緒二十一年閏五月十七日未刻發

王鎮金榜，現有哨官千總湯鳳鳴呈控尅減口糧及虚缺勇額情事，已札飭該道查訊。應先傳諭扣留，聽候查辦，並稟知漕帥。洽。

致福州邊制台光緒二十一年閏五月十八日巳刻發

前兩次由閩送來散勇，遵已重價租輪轉送回籍，并分别遠近，

〔一〕録自抄本《張之洞電稿·致本省電》。
〔二〕録自抄本《張之洞電稿·致各省電》。
〔三〕以下二電録自抄本《張之洞電稿·致本省電》。

每名或給三兩，或給二兩，妥爲遣散，所費已經不貲，過滬過鎮江、漢口各碼頭，尤費防範。現江省正在裁勇數十營，官輪不敷分送，閩勇到滬，急迫不能租輪應接，若閩輪止送抵滬即不問其所之，滬上華洋雜處，驟添數千游勇，必然滋事，辦法似未周妥，在閩則省事，在江則生無窮之事矣。向來閩省裁勇舊章，皆係徑送湖南，請查案即知。頃接滬道電，琛航、伏波兩輪各載三百餘勇，日間又將到滬，無輪接送，各省散勇續來尚多等語。祈速電飭該兩輪，務須將勇送至原籍，發給資糧，妥爲遣散，以免在滬停泊，候輪過載，逃散滋擾。以後續有來者，務祈飭令在閩稍候，俟前輪已回，再循環飭送原籍，給資妥遣。務望通籌大局，并代江省設想，以免爲難。大局幸甚，切禱。霰。

邊制台來電光緒二十一年閏五月十九日酉刻到

霰電悉。疊次貲送乃臺灣潰勇，非閩省裁勇。使唐遵旨入覲，照章遣散，閩不至受累，江亦不至幫忙。乃倉卒行遯，棄之不顧，各勇狼奔豕突，既無將領，又無定數，前船甫至，後船又來。此時若不顧大局，當別有辦法，然弟不為也。隱忍求全，惟冀通力合作，以結此局。故訂閩輪送滬為止，俾資週轉，固非圖省事，破除舊章，以江省為鄰壑也。至閩業酌給到籍川資，不再令乞恩他處，乃荷優給，實願望所不及。此後江省既難接應，當逕送漢口，免勞藎慮。泉。效。

致上海經道、嚴道信厚光緒二十一年閏五月十八日午刻發

倭約蘇杭製造，蘇滬行輪，意在奪我絲綢、紗布、小輪之利，故我急宜籌護華商華工之法，以抵倭人。總署來電，重在先抽釐以重成本，廣設織布、織綢等廠，多行内河運貨小輪，以占先著。閲來電，諸商似未盡曉。特將署電照轉，望速示嚴道信厚與諸商，熟籌辦法，來甯面稟。總署來電照録於後。奉旨：日本約内改造土貨一節，關繫最重，江浙等省如斤絲花布，可否於出産處先抽釐金，方准運出，并招商多設織布織綢等局，廣爲製造。又籌欵購置小輪船十餘隻，專在内河運貨，以收利權。著張之洞、奎俊、廖壽豐妥速籌商覆奏。欽此。等語。嘯。

致鎮江呂道台〔一〕光緒二十一年閏五月十九日午刻發

吴運同惇蔭運錦州米五萬石，計護照五十張，每張千石，已電詢北洋。據覆，係改填發給，前已准咨轉行，應免税，即放行。效。

致吴淞吴統領光緒二十一年閏五月十九日未刻發

寰泰早經飭局電調赴通，何以尚在上海，係何人派往，何以并不電知本部堂，碰壞商船係在何時，查碰船章程，是否可以免賠。其實在情形如何，即蒙飭該管常據實電稟，勿得欺飾，以憑核辦。登瀛洲何以尚未起椗赴通，該統領亦不電覆，殊屬可怪。效。

〔一〕以下四電録自抄本《張之洞電稿·致本省電》。

致鎮江呂道台、何道台光緒二十一年閏五月十九日未刻發

聞近日遣撤各軍到鎮江繳呈槍械，長短新舊不齊，并有喧嚷情事，營官均未親來。係屬何營何軍所繳，槍械是否原領之物，曾否照册驗收，因何與局喧嚷，務即查明詳晰電覆，立候。效。

致通州張統領、汪牧光緒二十一年閏五月十九日未刻發

官輪既多周折，商輪亦屬遲滯，總須三五日，始有輪來裝載，輪到即行。該軍三營務須嚴加約束，如稍生事端，惟該統領是問，切切。皓。

致廣州譚制台〔一〕光緒二十一年閏五月十九日亥刻發

昨接滬道電，琛航載粵散勇三百餘名，日間到滬，無輪接送，各省散勇續來者尚多等語。現江南裁數十營，官輪不敷運送，復租商輪多艘，尚應接不及，致有守候生事者。若添各省散勇到滬，滬上華洋雜處，必貽大患。務祈切飭粵輪照裁勇舊章徑送原籍，給資妥遣，過滬千萬勿停，以免逃散滋擾爲禱。效。

致總署光緒二十一年閏五月十九日亥刻發

閏五月十七日准鈞署咨開美使函稱，上海美商有米五千石運赴牛莊，請海關道給照，轉飭照辦等因。查善後條約，米糧一項，洋商不准運出外國，今雖議和弛禁，牛莊被倭占踞，中國尚未收回，照約應不准其運往。是否，祈電覆。禡。

總署來電光緒二十一年閏五月二十三日亥刻到

禡電悉。牛莊刻雖未收回，仍不得視為外國，希飭滬關仍照前咨辦理。漾。

致鎮江呂道台、何道台〔二〕光緒二十一年閏五月二十一日子刻發

皓電悉。所繳各營軍械究係何軍何營，何以係水師火船代繳，殊未明晰，務即明晰電覆。再，彭軍門南字八營械已繳清否，并即覆。號。

致漢口惲道台光緒二十一年閏五月二十一日丑刻發

鄂湘均旱，鍾祥又水，江勇正撤，閩勇忽至，諸事紛乘，可憂之至。然先已行文裁撤者，不能不送歸，殊爲懸心。以後當稍緩再裁耳。號。

致武昌蔡道台〔三〕光緒二十一年閏五月二十一日丑刻發

槍廠機器已安齊否，架彈三廠工已完否，機已安否，槍管已鑽成幾枝，何日可造成槍，快礮并架究竟何日可完，悶急之至。造礮大汽錘當已到，已安設否，焦炭每日煉出若干噸，銀元又鑄成若干，每日趕快能鑄若干，均即覆。現派潘道學祖赴鄂看鐵廠

〔一〕録自抄本《張之洞電稿·致各省電》。
〔二〕録自抄本《張之洞電稿·致本省電》。
〔三〕以下二電録自抄本《張之洞電稿·致湖北電》。

槍礮廠各工，其人甚心細，解機器，通造槍煉鋼之法，可與詳談細商之。號。

致武昌譚制台、蔡道台 光緒二十一年閏五月二十一日亥刻發

開濟輪船載南字營勇上駛，自蘭溪鎮來電，在雞頭擱淺求救，已電飭鏡清、保民并令雇過往商輪拖救，祈就近派輪前往過載幫拖爲禱。馬。

致蕪湖袁道台〔一〕 光緒二十一年閏五月二十二日午刻發

北洋王制台來電，頃接沈能虎、施善昌電稟，能虎據請照各商來稱，已在蕪購米共二萬六千石，善昌在蕪辦米一萬石，係運津助賑。懇一併電咨飭蕪關將此三萬六千石均免税放行，其餘虎、昌兩處發出蕪照均已繳回，不再續購等因。此三萬六千石即免税放行，以後不得援例。養。

致武昌蔡道台〔二〕 光緒二十一年閏五月二十二日未刻發

許欽差來電，力拂槍機日出百枝，價二百十五萬五千馬，無煙彈機日出十萬，一百零五萬馬，十八月成，扣七釐，裝箱運海口費在內，如修復前機約百萬馬，礮機須得樣再估，文電十八萬馬收。號。等語。電內如修復前機約百萬馬一語未解，不知洋匠有無函致該廠，望詢明電覆。養。

致通州汪牧、曹鎮〔三〕 光緒二十一年閏五月二十二日戌刻發

騰字營勇候船日久，難免生事，何以狼山鎮曹鎮帶有練兵，竟付之不管，專靠團練彈壓，殊屬可怪。即日明白電覆。禡。

致武昌蔡道台〔四〕 光緒二十一年閏五月二十二日亥刻發

快槍已造成幾枝，已驗過合用否，即刻覆。有電旨查詢，立待覆奏。禡。

致武昌蔡道台 光緒二十一年閏五月二十三日午刻發

快礮一尊并架何日可成，試令洋匠約略估計，照此式之快礮，以後每月可造成若干，目前機器不全，可成幾尊，機器全到後可成幾尊，即據實電復，立待具奏。昨電問槍已成幾枝，可按月出槍若干，并覆。漾。

致蘇州撫台、藩台、釐捐局〔五〕 光緒二十一年閏五月二十三日申刻發

據招商局沈道能虎稟，採買津米赴鎮江辦運，均未邀免捐釐，擬在鎮江報關，驗照出口，并免鎮江一處釐金，以免税爲稽考。

〔一〕録自抄本《張之洞電稿·致各省電》。
〔二〕録自抄本《張之洞電稿·致湖北電》。
〔三〕〔五〕録自抄本《張之洞電稿·致本省電》。
〔四〕以下二電録自抄本《張之洞電稿·致湖北電》。

又稱米糧以皖爲大宗，皆集南岸金山河，各路米船行駛到鎮，即須捐釐，不俟售賣之後始行報捐，就鎮江一處之釐金，已無可免，是有免釐之名而無免釐之實。請將運津米糧應從何處局卡免釐，請示前來。查蕪湖尚未弛禁，前經飭由鎮江採買，則鎮江以上抽自賣客，本與該商無涉，鎮江以下由輪運滬者，釐卡向不過問，自已普免完税。若由民船運滬，由滬裝輪，已飭該道給照，由各局卡概行驗放，固已遵旨免釐，何云尚無免釐之實。兹查甯屬祇有總巡驗票一卡，並不抽釐，其鎮江一帶有無蘇屬釐卡，如何收捐，未能深悉。尊處行知各釐局如何辦理，究竟鎮江以下由輪船運滬者有無抽釐，由民船運滬者共歷幾卡，係何地名，此次津米該道曾否給過護照到卡驗放，請飭確查速覆，以便批飭遵照。至鎮江以上蘇屬有無釐卡，並即速查示。湪。

致江漢關惲道台〔一〕 光緒二十一年閏五月二十四日子刻發

南琛違令，過漢停輪，不赴岳州，可恨。惟該員業已撤差，除回省另行嚴辦外，請通諭各管帶，倘敢效尤，即行撤參不貸。湪。

致蘇州奎撫台 光緒二十一年閏五月二十四日巳刻發

蘇州通商，不久即將開辦。上海道爲蘇省通商樞紐，甚爲喫重。近奉旨籌辦招商，開設織局及絲花加釐等事，尤爲繁細。劉道麒祥辦事奮勉，惟於洋務商務閱歷尚未甚深。黄道祖絡較爲老練熟習，且係本任，籌辦較易。聞陳臬司湜經依將軍奏留，恐返蘇尚需時日。擬令黄道速回上海道本任，以專責成，實於洋務商務有益。特此奉商，即請裁酌示覆。敬。

致鎮江馮宫保〔二〕 光緒二十一年閏五月二十四日巳刻發

貴軍月餉已由局委解。黄游擊月餉，前日局電令其來省具領，并令將清江餉械局有無借支電覆，即請轉飭遵辦。湪。

致鎮江吕道台 光緒二十一年閏五月二十四日巳刻發

黄守忠需餉甚急，該道速借二千兩應用。湪。

致武昌譚制台〔三〕 光緒二十一年閏五月二十四日未刻發

湪、養兩電均悉。南琛管帶康長慶不遵調度，業經撤差，惟該革弁謬妄不馴，屢生事端，請派將領即日到船，會同江省所派管帶副將陳廷梁，勒令該革弁即日離船，將船交陳副將廷梁接收，所有以前薪糧及載勇火食，飭該革弁迅速回甯清領。該船大副暨各執事以及水手等，即由陳廷梁分别去留，以免膠葛。至開濟尚未脱淺，業飭江順前往過載，裝赴岳州矣。再，現又租商輪裝載雲字五營，即日赴岳，如船大不能去者，臨時再行電請派輪拖送。迥。

〔一〕録自抄本《張之洞電稿·致湖北電》。
〔二〕以下二電録自抄本《張之洞電稿·致本省電》。
〔三〕以下六電録自抄本《張之洞電稿·致湖北電》。

致江漢關惲道台 光緒二十一年閏五月二十四日未刻發

卸帶南琛康長慶不遵調度，可惡已極，業經電飭勒令即日將船交出，已電請敬帥派委將領會同陳副將廷梁督飭移交。陳副將廷梁即日到船接管，勿令抗延，并飭陳副將一面令暫帶委員曹汝英前往道士洑，速將開濟之勇過載赴岳，再行回甯。敬。

致漢口南琛、江順管帶陳廷梁 光緒二十一年閏五月二十四日未刻發

譚帥來電，云開濟擱淺，飭該輪前往拖帶，何以不遵。着即日飭令江順曹汝英暫帶，前往過載赴岳。刻已電請譚帥派委將領，到南琛督同該管帶接管南琛，所有接收以前薪糧，自康長慶離船之日，再由該管帶起支，以免膠葛争執。南琛所載之勇如尚未赴岳，即着載往岳州，卸載後再行回甯，如違定於撤究。敬。

致漢口南琛管帶康長慶 光緒二十一年閏五月二十四日未刻發

該革弁十二電稟，據稱已經交卸，何以至今延不交出。既已裝勇，自應遵照本部堂諭徑送岳州，始能過載。昨接敬帥來電，該革弁抗不遵辦，到漢即將勇過載民船，停泊過夜，殊屬膽玩已極。著見電諭後即將南琛交陳廷梁接管，該革弁速回江甯，清理應領月餉散勇火食等項，以資遣散。如再違延，定即從重參辦。敬。

致武昌蔡道台 光緒二十一年閏五月二十五日辰刻發

前月陽電云槍管已鑽七枝，月底各機齊備，即可陸續成槍等語。現已成槍若干枝，已試放合用否。立待覆奏，務速試驗據實電覆。禡、漾兩電想已接到。徑。

致漢口鐵廠潘道台學祖 光緒二十一年閏五月二十五日巳刻發

槍礮廠務望詳細查考，應如何布置鼓勵，方能盡機器之力，多出槍礮。該道於槍礮等機向來熟悉，當能妥籌，有何善法，或須添華工，或須責洋匠，或須責委員，如多方趕辦，每月究可出快槍若干枝，彈若干顆，快礮若干尊，彈若干顆，即電覆。有。

潘道來電[一] 光緒二十一年閏五月二十七日戌刻到

有電諭敬悉。連日會同蔡道在各廠考核。查新修三廠建屋工程，安設機器與初創同，日夕趕造，至速至六月中旬可試車力。其槍機經火後尚可因材修用，恐未全美，較另購及運洋修理，巨費可省，惟鑽槍筒端考係接輪、鑽頭、用料三項，未全合法，現均照滬局樣法改造挑選，已每部車床每日可鑽八枝，共計三十二枝。再，遞試節套、機簧管、拔絲木殼等機，槍彈機雖新，礮機、礮彈機均舊式，其新式未到，然皆須安齊配試無疵，於大開工後得盡機器之力，方能各定成貨數目。洋匠雖固執，尚可商辦。各委員、匠目督率工作均認真不懈，并擬添募華工，加夜工，竭力

[一] 録自苑書義等主編《張之洞全集》第八冊，第六五一一五頁，河北人民出版社一九九八年版。

報稱，以期速成。是否有當，仍乞訓示。學祖謹稟。宥。

致廣州譚制台[一] 光緒二十一年閏五月二十五日巳刻發

效電未接復示。昨琛航載勇三百六十餘名已到滬，到後該勇即上岸四散，派人極力招回，現收齊約二百人。江省官輪租輪日不暇給，無輪可送，勢難久候，恐致生事，務請速電上海琛航管帶，令其將原船徑送岳州，如必不能到岳，亦必須送至漢口以上六十里之沌口，鄂省當派民船過載送岳州，萬不可在漢口登岸。其煤油、添雇帶水費、勇丁火食及資遣費，均歸江省出，並派員押送到岳。江省并非省費，因江省倉卒無輪，故須派原輪耳。粵省給過遣費若干，并祈示。至散勇須送岳州及沌，乃譚敬帥屢電苦口諄囑，深恐在漢口洋街滋事，務望切飭。即示覆，爲禱。有。

致俄京許欽差光緒二十一年閏五月二十五日巳刻發

現奏明練洋兵萬人，用洋將洋弁爲統領、營官，非僅爲教習也。務請代覓副、參、游之類一兩員，洋弁添足四十人。欵已備，川資尚需若干，電知即日匯。徑。

致俄京許欽差光緒二十一年閏五月二十五日巳刻發

現擬在長江口崇、寶、沙造礮臺，並添造沿江礮臺多處，祈代覓熟諳水陸礮臺工程洋員二三人，務須測量精、閱歷深者。德雖無海口，想精此學者水陸當必兼通，盼禱。祈速覆。有。

許欽差來電光緒二十一年閏五月二十九日亥刻到

添訂千總六、弁十四，七月初行。原訂遊、都二人分管礮、步，各不相統。另覓副、參、游作統，疑非便，現商克廠再聞。又克廠派礮監督總兵某來華，詢考兵備，因囑先赴甯代籌造臺事。募工程千總一偕來，亦七月行。澄。感。

致武昌蔡道台光緒二十一年閏五月二十五日午刻發

現添機器擴充槍廠，急宜定一最新式樣，望速詢明洋匠，小口毛瑟槍以何式爲最新。聞西班牙小口毛瑟最新，該槍係一千八百九十幾年所出。如新添槍機與漢陽原機出槍口徑機簧略有參差，原機可就新機改造一律否，或須將原機修改費工需時否，速詢明詳覆，立待定議具奏。有。

致杭州廖撫台光緒二十一年閏五月二十五日午刻發

霰、馬兩電悉。此次條約改造土貨，並非專指蘇杭，恐難限定兩處。洋造土貨，不完釐金及各項税，其正、半税自必照進口洋貨完納，至釐金短折，勢所必然。大錯鑄成，夫復何言。弟愚陋，實無善策，如籌有辦法，當即電商。有。

致蘇州奎撫台[二] 光緒二十一年閏五月二十五日未刻發

敬電悉。黄道回任，胡道署臬，遵即會銜分別奏委。所遺鹽巡道一缺，查有候補道前任淮揚道桂嵩慶，老成穩練，資望最深，曾任實缺道員，似可令桂道署理鹽巡道，以昭平允，未知尊意以

[一] 録自抄本《張之洞電稿·致各省電》。
[二] 録自抄本《張之洞電稿·致本省電》。

爲何如，祈裁酌示覆。有。

致武昌蔡道台〔一〕光緒二十一年閏五月二十五日未刻發

鑄本十二萬兩，已電飭由瑞記借款撥存上海，備該局購辦銀條矣。有。

致武昌譚制台光緒二十一年閏五月二十七日午刻發

廿六日，和生商輪裝載雲軍三營自鎮江啟椗，約廿九午刻過漢口，餘二營約廿八日乘探馬由鎮江開行，均徑赴岳州，不准在漢停輪。該軍到岳後，即換民船，請派小輪在岳拖送長沙。感。

致萊州李撫台〔二〕光緒二十一年閏五月二十八日丑刻發

閲邸鈔，知徐牧賡陛黄縣任内有交代迄未清解等語。據該員聲稱，黄縣交代，僅有司駁飭令補解之銀二百餘兩，因來江後未悉確數，故未遵解。可否飭查確數電示，當即日電匯解清，斷不延緩，務請扣參爲禱。沁。

致户部光緒二十一年閏五月二十八日巳刻發

咸、徑兩電謹悉。洋行給息墊辦快槍快礮，曾於二月初一日東電奏明請旨。旋奉初三日電旨：快槍快礮實爲行軍利器，張之洞現與洋行商妥，墊欵訂購，一切辦法均著照所請即行訂定爲要。等因。欽此。當即遵旨訂購，而洋行恐將來中朝不認，堅求給予奉旨實據，故給予海關期票，以示係奉旨飭辦之件。合併聲明。儉。

致總署光緒二十一年閏五月二十八日午刻發

自五月初四日洞處奏明此後不便接濟臺灣餉械，以後遂再無濟臺之事。嗣奉五月初十日電旨，復飭上海道查禁。據覆，查無私運軍械勇丁之事，遵當隨時查禁。儉。

致蕪湖袁道台光緒二十一年閏五月二十八日午刻發

蕪關米暫緩弛禁，試辦一年，轉行部文想已接到。辦公費即飭解。爲軍餉計，事非得已，惟蕪湖市面必稍減色，豈惟足下慨歎，僕忝兼轄，亦愧對蕪人也。幸惟鑒之。詩不云乎，挹彼注茲，蓋賴有，豈弟君子耳。儉。

致武昌譚制台〔三〕光緒二十一年閏五月二十八日午刻發

吴提督馬隊三營，本係湖北原營帶往，今當撤兵之際，其在津所募之步隊自當裁撤，至此三營馬隊，襄樊緝匪緝私斷不可少。吴以帶馬隊起家，是其所長，渠既須回任，似不便裁，且錢永林一人亦不足以控襄樊。特稟商，即請裁酌速覆。再，吴來函言今年鄂餉止解過四萬，欠累甚鉅，情詞迫切。此軍係鄂奏派往，似

〔一〕〔三〕以下二電録自抄本《張之洞電稿·致湖北電》。
〔二〕録自抄本《張之洞電稿·致各省電》。

須接濟，祈查核辦理并示覆。儉。

致漢口鐵廠潘道台光緒二十一年閏五月二十八日未刻發

宥電悉。槍機被火氣熏灼，何以出槍便少，力減耶，運動不靈耶。原訂此機每日出槍五十枝，每年一萬五千枝，今既經修理，每月約可出若干枝，一年以後人工漸熟，每年約可出若干枝。望即刻電覆，切盼。儉。

潘道來電〔一〕光緒二十一年六月初一日亥刻到

儉電諭敬悉。遵查除礮廠齊全外，槍機三十四種共三百六十四副，槍彈機四十四種共七十三副，礮彈機十四種共四十副，礮架機二十種共四十六副，連翻砂共六廠，需用工匠五百九十名。現正、副領工及工匠只有二百五十名，應添三百三十捌名。連日與道熟商，昕夜督催，槍廠、礮、彈、礮架四廠趕裝各機，限六月中旬裝齊試車。職道現赴馬鞍山，回至武昌，閱歷織布、銀元、繅絲各廠，即擬先回金陵，面禀詳細情形，請示一切，赴滬招募大批工匠來鄂，俾盡各機器之力，以定出槍并彈數目。學祖謹禀。

致安慶福撫台〔二〕光緒二十一年閏五月二十八日未刻發

覆函想入鑒。蕪税撥補，蕪米緩運，試辦一年，接部文後即轉咨，當已接到矣。此事江省司局爲軍餉計，堅持力懇，無可如何，只可試辦，俟一年後有無窒礙，再當商酌。蕪關經費，當飭鎮關及釐局自去年九月十五日起速籌解往，以資辦公，尚祈鑒原。蕪湖市面必稍清淡，豈惟公軫念，弟忝兼轄，亦深愧歉耳。儉。

致廣州譚制台、馬撫台光緒二十一年六月初一日巳刻發

現有廣忠軍散勇約共一千七八百名，由駕時、斯美分送赴廣州省河及廉州北海遣散，均已發給兩月恩餉。請飛飭南、番及合浦等縣，於各勇登岸後加派兵役，知會前途一體妥護回籍爲禱。東。

致武昌蔡道台〔三〕光緒二十一年六月初一日午刻發

宗令得福開來上海銀條價目，花旗大條九九八，計廣平每百兩合規平銀一百十一兩貳錢五分，英國大條九九八，計廣平每百兩合規平銀一百十一兩二錢。以上成色高升低補，保運外加等語。此價與瑞記價符否，速查明電覆。東。

致鎮江馮宮保〔四〕光緒二十一年六月初二日巳刻發

廣忠軍右營管帶，請我兄遴委。藥已寄呈，貴部將士已平安否，甚念。沃。

〔一〕録自苑書義等主編《張之洞全集》第八册，第六五二四頁，河北人民出版社一九九八年版。
〔二〕録自抄本《張之洞電稿·致各省電》。
〔三〕録自抄本《張之洞電稿·致湖北電》。
〔四〕録自抄本《張之洞電稿·致本省電》。

致蘭州楊制台、西安張護撫台〔一〕 光緒二十一年六月初二日未刻發

兩公電均悉。防剿回匪各軍需用槍礮，自應力籌解濟，惟前膛槍無大益，後膛槍此間數千枝尚能分撥。至運送一節，由江至漢口，由漢口上水運老河口、龍駒寨，再陸運西安轉解。襄河盛漲，上水躭延，計由江至陝，至速須五十日，緩不濟急，且漢水暴漲甚險。竊思江南現有槍礮存天津局，擬即由津特派將弁兵勇護解，陸運至陝，不過二十八日，可到西安。甘陝事同一律，故合電奉詢。如以爲然，即望分別速示，以便趕辦。至兩公之意，是否恐西軍不解用後膛槍，抑係因後膛珍貴，恐難多撥，如必以前膛爲合用，當分別照撥前膛可也。礮當照解。至扣餉一節，從容再議，此時説不到此。請兩公各自速示覆。肴一。

張護撫台來電〔二〕 光緒二十一年六月初六日子刻到

復諭謹悉，感佩實深。賊火器無多，且不精，陝甘兩省前膛槍即算利器，足以制勝。亦因欵絀，後膛價貴也。即求照前電賜撥。再，求後膛及快槍每桿加子五百，以備應用，并乞即電津局派弁勇押解來陝。現大雨時行，四大天門路崎嶇，恐有阻滯，由正定取道衛、懷，路平坦易行，侄當派員由此道迎提，以期迅速。均求電飭是叩。侄汝梅謹覆。叩謝。歌。

楊制台來電 光緒二十一年六月初六日未刻到

肴電悉。請撥後膛千桿、前膛二千桿，即照來示由天津特派員弁解陝，轉解來蘭，莫名感幸。濬叩。歌。

致鎮江馮宮保〔三〕 光緒二十一年六月初二日亥刻發

電悉。隨營機匠只合拆卸擦抹之用，新購槍礮機簧精巧，非所勝任，如須修理，請解省交機器局辦理。至爐錘、風箱大小若何，件數若干，請開清單寄來，以便飭局照購應用。冬。

致武昌譚制台〔四〕 光緒二十一年六月初三日未刻發

宜昌關周道之稟未到，所言籌欵、節費兩層如何辦法，請撮要電示。該道稟内想係聲明并稟敝處，并望示知。江。

致總署 光緒二十一年六月初三日申刻發

據署上海道劉麒祥電稱，倭商將棉紗運售城廂内外，一再請内地税單，當查此事前經美商茂生稟請，駁覆有案。且照中日原約，不能給單。新約未頒，即按各國約章，上海城廂係在本口，不能作内地。單名内地，顧名思義，祇能行於内地，不能用於本口，是以約内特揭明運入内地字樣。且口岸釐金，定章僅租界内照免，則界外本未免釐，似難獨准日本照給税單。頃倭商來勢洶洶，意在必成，職道未敢擅便等語。查此事流弊太大，且中日通商新約未經議定，斷難率准。請鈞署裁酌示覆。江。

〔一〕指陝甘總督楊昌濬、護理陝西巡撫張汝梅。録自抄本《張之洞電稿·致各省電》。
〔二〕以下二電録自苑書義等主編《張之洞全集》第八册，第六五三〇至六五三一頁，河北人民出版社一九九八年版。
〔三〕録自抄本《張之洞電稿·致本省電》。
〔四〕録自抄本《張之洞電稿·致湖北電》。

致唐山劉欽差、天津王制台〔一〕 光緒二十一年六月初三日申刻發

總署來電，奉旨：張之洞電奏已悉。丁槐所部各營已飭將新募之營就近裁撤外，即帶原有五營前赴江南，聽候調遣。欽此。等語。祈即轉飭欽遵辦理。江。

致荊州周道台〔二〕 光緒二十一年六月初四日子刻發

昨接譚敬帥電，閣下籌擬興利、節費兩端，懇請核奏一稟，想必并稟敝處。所興何利，所節何費，望先撮要速電示，盼切。肴。

致上海葉令大莊上海縣轉交 光緒二十一年六月初四日酉刻發

倭約蘇杭製造，蘇滬行輪，意在奪我絲綢、紗布、小輪之利，我亟宜籌護華商華工之法，以抵倭人。前奉電旨：江浙等省如絲斤花布，可否於出産處先抽釐金方准運出，并招商多設織布織綢等局，廣爲製造，又籌欵購置小輪十餘隻，專在内河運貨，以收利權。等因。欽此。查滬上洋貨機器業道員葉成忠，洋布業許春榮，絲業徐棣山、黄宗憲、楊兆鼇，紗業湯松巖，洋貨業朱佩珍，招商局鄭道官應及在日本三十年最熟倭情之朱鑑，以上均大商，可即面詢各商該董，并可託怡和洋行之唐道榮俊訪詢廣幫大商，均即妥速籌議辦法電稟，以便酌辦。即覆。支。

致武昌蔡道台光緒二十一年六月初四日酉刻發

白乃富經理鐵廠，雖有微勞，業已奏賞寶星。現在合同已滿，且新募洋匠已到，鄂自應照合同辦理。該道務飭白乃富即日將經手事件妥交德培接辦，不得藉詞延緩把持。至該道所擬將該匠暫留數月，可斟酌妥辦。至辦理鄂工局洋文案一節，似乎不妥，務須慎之。以後鐵廠一切事宜，萬不可再令干預，不如酌送數月薪資，令其及早離廠爲善。其年滿亦應照約給予三箇月薪水，令即銷差。昨接總署咨，比使照稱，不應將白乃富辭退，鄂省應仍留用等語。總署以不知原委，由外間酌辦覆之，顯係該洋匠營謀戀差，意欲永遠盤踞把持，可惡已極，是數年來該匠之有意延緩，藉便私圖。今日已和盤托出，此人萬不可再用，速設法妥爲安置，若令干預，必攪局誤事。切切。支。

致武昌蔡道台光緒二十一年六月初四日戌刻發

生鐵爐必須趕緊開煉，焦炭爐目下每日實能煉出幾十噸，生煤每日實能開出若干噸，速據實覆。若爐久不開，每月徒有工費而無出貨，成何事體。每月總需七八萬金，以後用欵無從羅掘，以前欠債無從籌還，鄙人實無顏再向朝廷請欵，亦無詞以謝讒謗之口，是死證矣。惟有速購外洋焦炭數千噸，與自煉焦炭配合開煉，假如每月用洋焦炭一半，約計千噸，價值運費每噸約十七八兩，自煉萍鄉焦炭約每噸九兩，不過每月費九千金，而每月一爐

〔一〕王制台指直隸總督兼北洋大臣王文韶。
〔二〕録自抄本《張之洞電稿·致湖北電》。

所出鋼鐵總值六萬兩，較之一錢不能收回者上算多矣。現有旨飭議辦鐵路，若鄂廠無軌，朝廷詰責，將奈之何。鄂廠大爐不開，既不能再奏請撥欵，閣下亦不能引見，徒受羈累，亦殊不便，望速籌之。五、閏兩月經費設法湊撥十萬兩，此挪用他欵，將來尚不知如何籌還也。即覆。豪。

蔡道來電〔一〕 光緒二十一年六月初八日亥刻到

豪、支電謹悉。白乃富、年臣遵即飭令銷差。馬鞍山第三層焦煤現開巷道，只能供煉焦炭十八爐，每日約出三十噸。官運萍煤舊者走油，新者間被船户攙雜柴煤，屢試成炭皆不佳，三十五爐不能全開。上月令商人熾昌盛包運萍煤，徑送馬鞍山，月半前後可到五萬噸，以後陸續接運，包無攙雜，三十五爐即可全開。現下廠存焦炭千七百餘噸，焦爐全開，即可煉大爐。惟焦爐、大爐既開之後，皆不能停火，經費、煤價若不應手，必致停火貽誤。漢廠磚窰焦爐七十五座，因萍煤乏欵少到，不能全開，總以寬籌煤價、官商並運萍煤為急務，已具稟詳陳。至洋焦炭價貴難為繼，亦且緩不濟急。現係爐多煤少，不能供鍊焦炭，不如將購洋炭之欵多購萍煤為穩妥也。勇稟。語。

致武昌譚制台、龍藩台〔二〕 光緒二十一年六月初四日戌刻發

鐵廠欵早罄，待用萬分緊急。前存善後局欵，尚有尾數未解六萬餘兩，祈速飭解濟急。望即示覆，切禱。支。

致武昌蔡道台 光緒二十一年六月初四日戌刻發

匯豐、德華兩行均稱鄂鑄銀元花文太粗，恐難行銷等語。不知近日所鑄較前稍精否，務望速將銀模設法加工，令其精緻，以期暢銷。要緊，即覆。歌。

致萊州李撫台〔三〕 光緒二十一年六月初五日辰刻發

總兵徐景川來見，據云台端由桂調來，委統數營，春間在威海連戰，身受四傷，現因其母在金陵多病，不能遠離，求敝處給差委等語。究竟其人才氣如何，可用否，力戰確實否，既係受傷，何以尊處不令帶營，渠何以不願回東，請密示。歌。

致萊州李撫台 光緒二十一年六月初六日丑刻發

江電感悉。徐牧雜欵，已飭月内交匯號兑濟南提用。縣庫欵據稱因數目不符，已電黄縣查確數，俟覆到，秋間必專寄後任，稟報捐欵亦續措解。歌。

致蘇州奎撫台 光緒二十一年六月初六日丑刻發

宥、微兩電均悉，蘇州牙釐局詳亦到。查内河行小輪以杜洋輪攘利，亟應遵旨籌辦。惟此舉乃於商輪大有利益之事，只有令

〔一〕録自苑書義等主編《張之洞全集》第八册，第六五三五頁，河北人民出版社一九九八年版。
〔二〕以下二電録自抄本《張之洞電稿·致湖北電》。
〔三〕以下二電録自抄本《張之洞電稿·致各省電》。

其捐助餉需，方准承辦，豈有反領官款之理，太屬取巧欺蒙。現有商人四起，在江甯呈請製造小輪行駛內河，並聲明報效若干。鄙意擬傳集各商，同赴江甯詳詢章程，以何人爲最善，及身家以何人爲殷實，擇其人可靠而報效較多者，批准給照承辦，較爲妥善，官商均有裨益，並須詳議杜弊章程，方准開辦，以免洋商將來影射。此事務望詳酌，暫緩批准爲要。再，行輪事宜，似應由敝衙門主稿，會商尊處定議。合併附陳。祈鑒。歌。此電并致牙釐局司道。

致蘇州牙釐局司道、上海淞滬釐捐局[一]

光緒二十一年六月初六日巳刻發

頃奉寄諭：有人奏，請免無錫等處米捐等因。原奏內稱蘇省自籌辦海防以來，釐捐貨捐一例增加，無錫等處之米逢卡輸捐，販運到滬，每石加至制錢三百文之多，以致米價日形騰貴，請飭迅行停免等語。查蘇省釐捐貨捐如何增加，並未據各該局稟請核示，亦未專案稟報本衙門。究竟何項加抽若干，至無錫米到滬是否確有加至三百文之事，米價是否騰貴，向來價若干，去冬以來長價若干，速分晰據實電覆，不可稍有虛飾。除恭録札查外，務即先行電覆，不得稍延。語。

鄧藩司、朱道來電[二]

光緒二十一年六月初七日酉刻到

電諭謹悉。伏查近十年來，百貨釐金體恤商艱，名按五成抽收，實收三四成不等。去年籌辦海防，奉部文加抽茶、糖各二成，絲捐每包照浙章加抽洋四元，此外，别無加釐之處。時因需餉浩繁，收不抵放，詳請奉准暫復米釐。蘇局自十一月下旬開辦，每擔照章應捐錢五十文。各卡名按八成抽收，實則減至六成不等。凡米至滬，由無錫、蘇城、車坊及滬局之趙屯港、貨捐局五處，合計每擔共捐錢不足二百文。又查蘇市行簿每月米價，大致十月以前統拉，糙粳每擔二元二角七八分至三角，十月二元四角零，十一月二元三角，十二月二元二角。彼時各州縣辦漕無多，故米價較減。本年正、二月兩元四角，三月兩元五角，至閏月遞加至兩元八角。歷來五六月間值青黄不接，米價稍昂。今出洋米多，不無增價，若糙秈比糙粳每擔約短二三角不等，白米賤時比糙秈約漲三四角，貴時七八角。本司前奉電諭，所借一百萬鎊洋款，作二十年歸償。蘇、滬兩局派數雖未攤定，擬仗米捐挹注，恐一時勢難遽停。惟上年十一月，錫、金兩縣舉辦團練，援照常時米捐，於買賣户名下，每石各捐錢四文，此款現可裁撤。仰承飭查，據實稟復，不敢稍涉虛飾，致蹈欺罔，俟奉行知，再行縷陳。華熙、之榛稟。陽。

致蘇州奎撫台、鄧藩台、蘇州府三首縣

光緒二十一年六月初七日巳刻發

蘇州將設租界，通商製造，我宜急籌取益防損之道，早佔先著。預留水道暢通運貨利便之處，利我工商，一也。指定各國界

[一] 録自抄本《張之洞電稿·致本省電》。

[二] 録自苑書義等主編《張之洞全集》第八册，第六五三九頁，河北人民出版社一九九八年版。

址，杜彼妄求，二也。將界外之地先行估定，限其界址，免其將來推廣無窮，三也。至購地所需，當酌籌官欵，將來不患無盈餘。然須有詳圖，方能酌定何處留爲我用，何處可與某國。請公督飭藩司，速委妥員會同首府縣，將擬設租界及附近處所詳細履勘籌議，緊要地段，何處紳民已購，何處未購，何處應歸官留用，速即繪具圖説，以便商酌一切辦法。至禱。陽。

致漢口漢陽鐵廠潘道台、蔡道台[一] 光緒二十一年六月初七日午刻發

漢陽所煉鐵條紫口抑係白口，是否滬局合用。潘道務詳細考驗，并帶式樣來甯爲要。陽。

致武昌龍藩台、善後局盛守 光緒二十一年六月初八日戌刻發

盛守改造湖北舊擡槍，昨委員試驗五桿，竟致震壞四桿，一火門裂損，一扎火機炸落，一燃藥退兜槍托炸破，一將槍口準尖震落，其子路約至數十弓遠，即參差墜下，且旁飛斜出，不能取直，皆因槍膛殼厚薄不一，膛内凸凹鱗次不光，子出不速。此槍太壞，萬不合用。該守承辦軍械如此草率，徒糜巨欵，全成棄物，實爲可恨。未改者即停辦，已改者萬不必再解來，只好留鄂聽候酌辦。請即飭盛守知。庚。

致漢口關惲道台 光緒二十一年六月初八日戌刻發

去歲九月間在鄂時購買槍礮，行文二次，一係爲本省購買者，一協濟北上諸軍者，望將此二件分别照案録寄一分。庚。

致蕪湖袁道台[二] 光緒二十一年六月初八日亥刻發

聞太平府忽又滋鬧教堂，美國兵輪、領事已赴蕪湖等語。究竟實在情形若何，望即刻確覆，并望嚴飭妥爲彈壓爲要。庚。

致福州邊制台 光緒二十一年六月初八日亥刻發

潤帥、劉鎮、黎守、臺紳各電均悉。接濟臺灣餉械，已兩次奉旨查禁，江南雖有餉械，礙難解往，無法可設，抱歉萬分。祈潤帥轉致劉鎮等爲禱。庚。

劉鎮來電 光緒二十一年閏五月十九日酉刻到

臺北義勇甚得力，臺南餉械極支絀，易道順鼎目覩，慨然任往江南力求垂救，紳庶留權道篆，助福為理，乞即飭令回臺。事關大局，無論如何多撥餉械，千萬莫延。臺南税務司必理已行，乞致赫總税司派員來安平，一切照章為叩。永福叩稟。蒸。

黎守來電 光緒二十一年閏五月十九日戌刻到

倭五月初攻基，交戰互有勝負。十二，游匪焚搶臺北撫、藩署及各局，唐帥避滬尾。是日嵩赴臺灣府任，各統將膽怯内遁，土匪蜂起。募新楚一軍分别剿辦，中路以安。各海口有倭船停泊，飭營逐去。苗栗生員吴湯興率義民數萬在新竹力戰獲勝，餉械不足，小郤，劉幫辦守臺南，難兼顧。嵩籌濟，派所部助戰，連捷，

[一] 以下三電録自抄本《張之洞電稿·致湖北電》。

[二] 録自抄本《張之洞電稿·致各省電》。

殺倭兵數千，頭目數名。求帥速助餉械，恢復可立待。乞覆。署臺灣府知府黎景嵩稟。

劉鎮來電 光緒二十一年閏五月二十五日亥刻到

月前共肅三稟，由厦門復寄三電，易道去又呈一緘，不知已邀垂鑒否，心甚懸懸。餉械奇絀，恩賞多少，祈速接濟，並請撥輪船一艘到臺。永福叩。稟。

致天津盛道台 光緒二十一年六月初八日亥刻發

内河通行小輪，奉旨飭由敝處籌辦。聞尊處擬派人赴蘇、揚等處探水。此事敝處已傳集紳商多人來甯，另設公司承辦，經司道與議有眉目，與招商局無涉，請不必派人前來，以免兩歧，爲要。庚。

致武昌蔡道台〔一〕 光緒二十一年六月初九日辰刻發

語電悉。漢廠磚窰焦爐七十五座一語不解。此是何爐，何人所造，馮倅所造祇數座，此外數十座是否全是土爐。去年疊次詢考洋匠，皆云土爐所出焦炭合用者甚少，何以今日忽又合用，速明晰復。再，湘萍煤如果能濟，事尚易辦。兹籌解三萬兩，專爲購萍煤之用，或由官辦，或由商包辦，均由該道酌量可也。佳。

蔡道來電〔二〕 光緒二十一年六月初十日午刻到

佳電謹悉。馮倅焦爐本有二十座，續添十五座。俞翻譯照呂伯圖造磚窰數座，試煤甚好，隨即添至四十座，共七十五座，皆已完全。俞爐前月又添四十座，月内可完。每座除磚、鐵料外，工資不過二十餘串，□烈常須修理。五日煉一爐，得焦炭二噸，連引煤約得焦炭四成，遠勝地穴土爐，惟質堅而不松，不能通風，必參馬鞍山洋爐之炭，方能煉鐵。奉撥煤價二萬兩，遵即購辦萍煤，目下商運實勝官運，然一撤官局，商必居奇，仍當官商并辦為穩。五、閏月經費蒙撥十萬，急待支用，請付招商局船運來。勇禀。青。

致蕪湖袁道台〔三〕 光緒二十一年六月初九日巳刻發

户部來電：總署接英使照會，英輪赴蕪湖裝米，海關不發准單，致該船花費受累，請將攔阻裝米之故明示等因。應如何辦理，速電覆。户。陽。等語。英輪係華商抑洋商所雇，赴蕪運米被阻係何時事，是否即小麥三百石事，速查明并擬議辦法電覆，以便酌覆户部。佳。

致鎮江吕道台〔四〕 光緒二十一年六月初九日巳刻發

美輪船主、領事定於十一日八點鐘接見，望即轉告。聞該輪及領事已赴蕪湖，現已回鎮否，如赴蕪未回，改遲數日亦可。即覆。佳。

〔一〕底本僅載「湘萍煤」以下文字，今據抄本《張之洞電稿》補齊。

〔二〕録自苑書義等主編《張之洞全集》第八册，第六五四六頁，河北人民出版社一九九八年版。

〔三〕録自抄本《張之洞電稿·致各省電》。

〔四〕録自抄本《張之洞電稿·致本省電》。

致武昌譚制台〔一〕光緒二十一年六月初十日巳刻發

總署來電：歌電已進呈，新約商務由本署專函寄遞轉鄂督等語。陽。洞轉。

致武昌譚制台光緒二十一年六月初十日午刻發

蘇州撫標駐防柘林，湘軍右、後兩營，現擬於月望前後裁撤，刻已派和生前往裝載，徑送岳州。請飭岳州府縣先期預備船隻。蒸。

致蘇州奎撫台〔二〕光緒二十一年六月初十日午刻發

佳電悉。即派和生商輪前往柘林，裝載湘軍右、後兩營。該輪可以徑抵岳州，過漢無庸停輪，以免上岸生事，請轉飭該營管帶遵照。該勇等到船火食，已飭照料委員王開禧預備，每人每日銀一錢。蒸。

致鎮江吕道台、何道台、和生照料委員王開禧光緒二十一年六月初十日午刻發

和生於十三日開往柘林，裝載湘軍右、後兩營徑送岳州，勇丁火食照備勿誤。蒸。

致武昌蔡道台〔三〕光緒二十一年六月十一日巳刻發

頃潘道言，快礮係水師架，尚須兩月方能成，不勝焦急。可速將礮身口耳各尺寸電知，或即將礮上各件配齊運江甯，以憑飭滬局設法暫配。無論何種陸路車架，先行試放，至要。即電覆。真。

致武昌蔡道台光緒二十一年六月十一日巳刻發

前以白乃富合同已滿而貪戀鑽謀，故有支電飭令即行銷差。頃聞潘道言白乃富合同未滿，果爾，其求暫留尚不足怪，務查明合同，如未滿，可照前議暫留數月，辦理鐵局洋務文案，以全其顔面而示體恤，但不可令其干預廠事，以免阻撓爲要。真。

致武昌蔡道台光緒二十一年六月十一日巳刻發

潘道言，焦炭爐多座，若能多購萍煤，則將來焦炭儘可供兩大爐之用，惟打風機力不足，即有焦炭，仍不能開兩爐等語。前聞該道言用石煤則風機力不足，未聞用焦炭而風力不足之説，究竟有焦炭現機風力可開兩大爐否。如果力不足，是不添風機終不能開兩爐矣，豈容不添乎。望速詳細考查，如果真力不足，速將風機房屋價值分别估計電覆，以便即速添定，至要。即覆。真。

致瓜洲、下關新任撫台趙〔四〕光緒二十一年六月十一日亥刻發

讀致兩縣電，敬悉台旆抵揚，欣慰。尊意願即住船，具見體

〔一〕以下二電録自抄本《張之洞電稿·致湖北電》。
〔二〕以下二電録自抄本《張之洞電稿·致本省電》。
〔三〕以下三電録自抄本《張之洞電稿·致湖北電》。
〔四〕指新任江蘇巡撫趙舒翹。録自抄本《張之洞電稿·致本省電》。

恤盛意。惟泊船處距敝署七八里，往還諸多不便。昨已飭縣備行館，並不費事。應商之件甚多，請公仍進城，以便就教。真。

致武昌蔡道台〔一〕光緒二十一年六月十一日亥刻發

聞萍鄉煤碎多整少，如各輪能用，江南即可多買供用。煤局采辦多，經費足，周轉易，於鐵局自有大益。即覆。真。

致武昌譚制台光緒二十一年六月十二日巳刻發

前因防務緊急，調鶴字營來江，現防務解嚴，該營不能不撤。惟該營代統謝鎮得龍原署宜昌鎮，代統襄河水師，因調來江數月，遂致投閒，未免向隅。擬請飭謝鎮回宜昌署任，或仍令統襄河水師，則鶴營可早裁，而該鎮亦有位置。務望俯允示覆，至感。文。

致上海劉道台光緒二十一年六月十四日丑刻發

倭商在上海城廂內外銷紗一事，前電總署，昨接覆電云：江電悉。詢據赫税司云，條約載明洋貨完清進口税，運入內地者，若交納內地税，請領內地税單，則由通商口岸運往單內報明之內地某處，中途不重征。又英約准以各口租界爲免收洋貨釐金之處，是一離租界，即照已繳税單之貨納釐。惟此條英國雖已承認，他國未經認明，今若不給日本税單，恐彼將寬定免釐地界，不如給單爲妥等語。現日本商約未定，姑允通融，先照各國約章辦理，儻別有要求，再行駁拒，乞酌辦并覆。庚。等語。即查照酌辦電覆。元。

致寗波寗紹台道吴道台光緒二十一年六月十四日丑刻發

聞洋人在寗波並無租界，謂之洋人寄居之處，中國官出欵爲雇巡捕，彈壓保護，辦法較他口爲妥。祈迅速將此事全案并詳細章程録寄來寗，擬於蘇、杭新開等處仿照辦理。元。

吴道來電光緒二十一年六月二十二日戌刻到

寗波口向未定有租界。光緒二年煙臺會約，奉飭將洋人住處劃定。瑞前道以江北岸洋房民居犬牙相錯，且多墳墓，勘劃實難。十一年薛任，佳領事催議定界，亦託辭緩宕，至今未辦。巡捕房當同治二年與各領事議定，由金局月支三百元，餘由江北岸洋行商鋪捐助。六年洋商不肯再捐，又月加二百元。光緒六年，經瑞道定章，巡捕房一切均歸道署自理，照會領事有案。稟稿抄件由文報局寄呈。先覆陳。引孫稟。養。

致户部、總署光緒二十一年六月十七日辰刻發

陽、咸兩電悉。米糧出口，有關各省民食，或准或禁，中國自有權衡，非外國所能干預。江南運米出口，歷來皆在鎮江關，近年始改在蕪湖，現已飭歸鎮江，應由中國官斟酌。蕪湖米禁未開，係奏明奉旨之案，豈特英輪不能裝運，即我招商局輪船亦不能往載。明知中國輪船皆不往運，英輪何得冒昧强行前往攬運。花費受累，係彼自取。祈總署照覆英使，如英輪運米，可往鎮江運載，不必前赴蕪湖。銑。

〔一〕以下二電録自抄本《張之洞電稿·致湖北電》。

致四川王藩台〔一〕光緒二十一年六月十七日辰刻發

法兵輪早已返滬。洽。

致甯波吴道台光緒二十一年六月十八日丑刻發

甯波巡捕房章程，立待查核，請速交文報局寄江甯，或專差乘輪送江甯爲禱。洽。

致鎮江廣忠軍黄游擊守忠〔二〕光緒二十一年六月十八日戌刻發

該軍散勇正餉截至六月二十日止，札文閏五月係筆誤。外加恩餉兩月，已飭支應局補發矣。嘯。

致武昌蔡道台〔三〕光緒二十一年六月二十日申刻發

耶松廠欠欵先還規銀六萬兩，已飭籌防局迅速如數撥付矣。號。

致蘇州鄧藩台〔四〕光緒二十一年六月二十一日子刻發

嘉定縣缺，部覆已到。查章令鴻森，係候補班，到省二十餘年，資格甚深，以補此缺合例，現委辦洋務，甚爲出力。即請裁酌，轉商中丞，可否以章令請補此缺。如章令補嘉定，則南匯不必委該令署，請尊處商中丞另委一員署理可也。即示覆。號。

致天津盛道台光緒二十一年六月二十一日亥刻發

稟悉。總署來電，並無加釐字樣，祇云可否於出産處先抽釐金云云。蓋洋商入内地購辦土産，若不先於出産處抽釐，則止華商完釐，偏受其累，故欲先行併抽一次，以後不抽，以保華商耳，似加而實非加也。先抽固佳，但恐倭人自於出産處設行，向散户自收，仍然於彼無損，且華商必買洋票。正在籌議，未定辦法，閣下有何卓見，祈示爲盼。馬。

盛道來電光緒二十一年六月二十五日戌刻到

馬電謹悉。查日約第三欵内地買貨或進口貨運内地時，暫行存棧，勿庸納税鈔派徵諸費，得暫租棧房存貨等語，自應重讀棧房存貨四字，斷不准其内地設行，徑向散户收買。凡洋商買土貨，應仍向華行躉買，照向來絲茶辦法，出産釐金係取之華商行店。今雖准其存棧，明是棧也，非行也，是存貨之棧也，非買貨之行也。出産釐金是貨物存行店時所徵，非貨物存棧時所徵也。勿庸納税鈔派徵諸費，是指暫行存棧之時，非指貨未入棧之先，亦非指貨已出棧之後。今蘇杭既作通商城邑，兩省沿途釐金必短，小輪船得駛入運河以至蘇杭，華商必盡冒洋旗免釐。只可悉准發子口單徵收半税，仍設卡查驗，各貨相符，總使保全半税，勿令稍失。惟路遠者完半税抵全釐，虧甚大，土貨只有重抽出産釐金，洋貨只有重抽落地釐金，藉補其闕。竊謂洋貨之落地釐金，尤比

〔一〕以下二電録自抄本《張之洞電稿·致各省電》。
〔二〕〔四〕録自抄本《張之洞電稿·致本省電》。
〔三〕録自抄本《張之洞電稿·致湖北電》。

土貨之出産釐金更為緊要，因土貨欲其本輕多銷，洋貨欲其本重少銷，以杜漏卮。從前釐金已扼重兩頭矣，扼重兩頭必先清查行店，凡城鎮大小行店，均須隨時清查，另頒部帖，兼立印花税。蓋欲取諸民，必假手於商，欲取諸洋商，尤須假手於華商。至機器製造，必購買内地自生之物，如欲保護華廠以敵洋廠，或將華廠所納之加釐另行登記，暗中退還貼補。若使華人到外國設廠，彼必設此等密謀，以保其自己利權。中國欲求富國足民，非從此著意，利權必致盡散。仰蒙下詢，用敢密陳。宣稟。徑。

致俄京許欽差光緒二十一年六月二十一日亥刻發

已有旨擬開辦鐵路，祈速詢外洋大銀行借欵。辦蘆漢鐵路，大約三千餘萬兩，息若干，幾年還。辦江甯經鎮江至蘇州、上海、吴淞口，旁通杭州鐵路，大約一千萬兩，息若干，幾年還。均須實數，不扣，但以本路作保，不能寫海關保，但須奏准奉旨耳。祈即分別詢明速覆爲禱。馬。

致甯波甯紹台道吴道台〔一〕光緒二十一年六月二十一日亥刻發

新開各口，即日將議商約，不能久候鈔録甯波詳細章程，務望速按元電所詢各節，洋界是否名爲洋人寄居之處，有無租界名目，巡捕是否中國官代雇，即刻撮要電覆。千萬勿遲，切要。馬。

致蘭州楊制台、西安張護撫台光緒二十一年六月二十二日寅刻發

津關覆電，械難收回，現擬仍由江委解。漢口局無存械，向各營陸續收回湊集，先得前膛槍二千枝，毛瑟槍二千枝，每枝配彈五百顆，後膛兩鎊車礮二十尊，彈酌配，分解陝甘兩省，各係前膛一千，毛瑟一千，車礮十尊。其餘前膛二千，實無從搜羅。十日内恰有新向外洋購到者二千枝，一到即續解，請派員至襄陽、老河口一帶迎提爲禱。馬。

致武昌譚制台〔二〕光緒二十一年六月二十二日寅刻發

總署函寄日本商約第六條已到，與京、滬刊本相同，即照録飛寄。箇。

致武昌譚制台光緒二十一年六月二十三日辰刻發

户部來電轉湖南巡撫：本部奏准紳富捐銀鉅萬，准由各省專摺奏請恩施，其餘零星報效銀兩，一律停收。户。馬。等語。請即專差飛送湖南爲禱。漾。

致俄京許欽差光緒二十一年六月二十三日未刻發

養電悉。鐵路籌欵有旨詢問，故昨電請查詢外洋銀行行情，俾與上海諸商所言息扣年限比較。至定議訂約，須俟勘路估工後，大約將及一年，斷不止六箇月。仍祈先將借欵大略辦法詢明電示，以便籌議覆奏，爲禱。敬。

〔一〕以下二電録自抄本《張之洞電稿·致各省電》。
〔二〕以下二電録自抄本《張之洞電稿·致湖北電》。

致鎮江馮宮保〔一〕光緒二十一年六月二十三日亥刻發

號電悉。前據黄守忠禀揭黄寶珠長用銀一千六百餘兩，黄寶珠覆禀黄守忠應補銀二千數百兩，彼此各執。當經飭營務處查據所陳各摺，并黄守忠報銷册逐欵清釐，詳加稽核，所有黄守忠已列報銷應補給黄寶珠者補給，不應扣抵黄寶珠正餉者删除，黄寶珠摺内應補領者補領。兩相抵除，黄寶珠實只長領銀一百八十九兩零。除即日咨達并札行該游擊遵照外，請即由吕道先將黄寶珠長領之一百八十九兩交該游擊具領，再由黄寶珠如數歸欵。黄寶珠既未長領如許之多，其餘銀兩皆該游擊扣存入己及虚開浮數，與該營勇丁月餉恩餉毫不相涉。如果該游擊藉端剋扣，定惟該游擊是問。望公曉諭該軍知之爲要。馬。

致鎮江馮宮保光緒二十一年六月二十五日丑刻發

敬電云據黄守忠禀不應扣抵一節，非對質斷難明白，屬委解黄寶珠到鎮交吕道質審，當已照辦。惟前電係飭營務處據兩造所呈册摺詳加稽核，始行抵除，並非據黄寶珠一面之覆。至於誰曲誰直，既經質訊，自有分曉也。詳情已另函達。營務處王道病已半月，鄙人病已三日，今日始略減，尚未愈，故遲未作覆。敬。

致武昌蔡道台光緒二十一年六月二十六日巳刻發

萍煤欵自六月起，每月定由江南發三萬金至鄂，交該道轉發酌辦，官若干，商若干，均不拘。此專爲趕緊開爐而設，萬不可徒糜費而無炭，尤必須塊煤，萬不可多參碎屑。究竟幾時能開生鐵爐，即確覆。鄙人爲此事日夜焦急，懼無以仰副朝命，萬不可視爲兒戲，隨意搪塞也。宥。

致武昌蔡道台，漢口鐵廠槍礮廠黄守、汪守〔二〕光緒二十一年六月二十七日巳刻發

礮架廠、礮彈廠何日開工，槍廠已一律開工否，快礮水師架何日成，現能造快礮彈否，即覆。感。

蔡、趙道來電〔三〕光緒二十一年六月二十八日戌刻到

感電謹悉。礮架、彈兩廠二十八開工。槍廠現在較機，隨校隨造，未較齊以前參用人工，能成槍而不能多。快礮水師架初四成，快礮彈六生以下能造，惟無專機，不能〔多〕造，俟壓銅殼機到後，可多造。勇、濱謹禀。儉。

致督辦軍務處光緒二十一年六月二十七日午刻發

閏月文電敬悉。查南洋連臺灣收回者，共有南琛、南瑞、寰泰、鏡清、開濟、保民兵船六艘，龍驤、虎威、飛霆、策電蚊子船四艘。南琛、南瑞兩船各配一百八十磅子八寸口徑阿摩士莊礮二尊，四十磅子五寸口徑阿廠礮八尊，四十磅子局造阿摩士莊式快礮一尊。寰泰、鏡清兩船各配一百二十磅子七寸口徑阿廠礮二尊，四十磅子四寸七分口徑阿廠礮七尊，四十磅子局造快礮一尊。開濟配

〔一〕以下三電録自抄本《張之洞電稿·致本省電》。

〔二〕録自抄本《張之洞電稿·致湖北電》。

〔三〕録自苑書義等主編《張之洞全集》第八册，第六五六五頁，河北人民出版社一九九八年版。

二百二十磅子克虜伯礮二尊，八十磅子克礮五尊，四十磅子克礮一尊，又四十磅子局造快礮一尊。保民配一百六十磅子十七生克礮一尊，一百一十磅子十五生克礮一尊，五十磅子十二生克礮六尊，四十磅子局造快礮一尊。以上均後膛。龍驤、虎威兩蚊船各配六百磅子十一寸五分口徑阿廠前膛礮一尊，十二磅子三寸口徑阿廠後膛邊礮二尊。飛霆、策電兩蚊船各配八百磅子十二寸五分口徑阿廠前膛礮一尊，十二磅子三寸口徑阿廠後膛邊礮二尊。統計兵、蚊船各礮自八百磅至十二磅子共七十二尊。南琛、南瑞兩船各配弁勇二百二十一人，寰泰二百一十九人，鏡清二百一十七人，開濟二百零七人，保民一百八十四人，龍驤、虎威各五十人，飛霆、策電各五十四人，統共管帶十員，弁勇一千四百七十七人。閩督來電，閩惟福靖兵輪一艘，弁勇一百十八名，安克鹿卜十二生後膛礮三尊，五生後膛礮四尊。運船二艘，琛航弁勇七十名，安宇字號前膛礮二尊，伏波弁勇六十九名，安法華士後膛鋼礮二尊，後膛螺蚊鋼礮二尊。靖遠練船一艘，弁勇八十七名，安舊式礮位。新收臺灣飛捷水綫船一艘，尚未據報弁勇名數，亦未安礮等語。粵督來電，粵省兵輪悉燬於北洋，現無一輪等語。謹此彙覆。感一。

督辦軍務處來電光緒二十一年閏五月十三日酉刻到

現在南洋及閩廣共有兵輪若干，某船礮幾尊，是何項礮位，某船配兵若干名，即查明電覆。文。

致武昌蔡道台、盛守〔一〕光緒二十一年六月二十七日午刻發

繅絲廠開工後，各女工技藝如何，純熟順利否，守規則否，繅成之絲佳否。今年買新繭若干，去年舊繭俱無損壞否。據吳熙麟言，當試機器時馬力足用，繅絲時亦必足用，此理確否，并覆。吳不願扣價，願自到鄂看明修理。布局冰機所造冰敷用否，布廠中較去年熱稍減否。感。

蔡道、盛守來電〔二〕光緒二十一年七月初一日戌刻到

感電恭悉。絲廠開工後，各女工雖未甚純熟，有滬南工頭引導，尚為順手，亦守規矩。現已開足一排，計五十二盆，繅成之絲雖未能如江產盡美，質色亦甚細潔勻潤。本年辦繭一萬一千餘串，上年之繭尚無大損，惟稍有鼠耗蟲傷，較新繭成色稍減。機器馬力據黃晉荃言，恐不足二百盆之用。至抽水機尤不敷用，應俟吳熙麟到鄂看明後商辦。布局冰不敷用。熱較去年稍減，工作照常。勇、頤稟。儉。

致督辦軍務處光緒二十一年六月二十七日午刻發

南洋各輪礮位弁兵數目，已於感一電詳陳。惟所有各輪均係木殼，甚爲單薄，且機器均係舊式，出於水綫之上，船中一礮即燬。所配各礮均係舊式，亦多需修理，并無外洋新式快礮，每輪只有滬局仿造外洋快礮一尊。至四蚊子艇尤爲劣薄，甚至有放大礮而船進水者。兵輪蚊艇皆萬萬不能禦敵，若爲海戰，必須另設新好鐵艦、快船、雷船。已具奏，將來新船到時，擬將原有各輪

〔一〕録自抄本《張之洞電稿。致湖北電》。

〔二〕録自苑書義等主編《張之洞全集》第八册，第六五六八頁，河北人民出版社一九九八年版。

酌量裁省，或留爲巡緝之用，或改爲運船。合併陳明。感二。

致蘇州鄧藩台[一] 光緒二十一年六月二十七日午刻發

養電悉。章令即令赴蘇謁見撫院。至南匯縣缺，請尊處酌擬一員見示爲望，須擇其或資格深，或有勞績者。又寶山縣缺，即照尊擬，以桃源縣沈佺調署。感。

致鎮江馮宫保、吕道台、黄游擊守忠、唐丞玉藻 光緒二十一年六月二十七日戌刻發

廣忠遣撤之勇，隸粤西者即派駕時送廣東之北海，隸粤東者即派斯美送廣州省河，其餘分隸楚、黔、江西者，有小輪在鎮，即派拖送九江、漢口，無則電覆，即飭局另派。廿七。

致鎮江馮宫保 光緒二十一年六月二十八日巳刻發

廣忠散勇隨身刀礮，請飭交營哨官收存，捆成包束，設簿登記，到境按名發還，以免洋人攔阻遺失。侯副將前日已赴鎮江。儉。

致鎮江吕道台、轉運局何道台 光緒二十一年六月二十八日巳刻發

駕時、斯美兩輪未派管帶，係以董事代辦船務。現該輪派赴廣東，請傳問該船董，如經費及用煤不敷，即由尊處墊付，以便開行，仍將該船董銜名查覆。勘。

致鎮江馮宫保、吕道台、侯副將勉忠 光緒二十一年六月二十九日亥刻發

廣忠一營既不願留，即由吕道墊給恩餉，飭令隨黄守忠迅速回粤，不許逗留。侯副將勉忠應飭另候差委可也。豔。

[一] 以下五電録自抄本《張之洞電稿·致本省電》。